La rémunération du cocontractant de l'Administration dans les contrats de la commande publique

Logiques juridiques

Fondée par Gérard Marcou

Dirigée par Thomas Perroud

Le droit n'est pas seulement un savoir, il est d'abord un ensemble de rapports et pratiques que l'on rencontre dans presque toutes les formes de sociétés. C'est pourquoi il a toujours donné lieu à la fois à une littérature de juristes professionnels, produisant le savoir juridique, et à une littérature sur le droit, produite par des philosophes, des sociologues ou des économistes notamment.

Parce que le domaine du droit s'étend sans cesse et rend de plus en plus souvent nécessaire le recours au savoir juridique spécialisé, même dans des matières où il n'avait jadis qu'une importance secondaire, les ouvrages juridiques à caractère professionnel ou pédagogique dominent l'édition, et ils tendent à réduire la recherche en droit à sa seule dimension positive. À l'inverse de cette tendance, la collection « Logiques juridiques » des éditions L'Harmattan est ouverte à toutes les approches du droit. Tout en publiant aussi des ouvrages à vocation professionnelle ou pédagogique, elle se fixe avant tout pour but de contribuer à la publication et à la diffusion des recherches en droit, ainsi qu'au dialogue scientifique sur le droit. Comme son nom l'indique, elle se veut plurielle.

Dernières parutions

Rigobert N. BUTANDU, *La neutralisation judiciaire de Joseph Kabila Kabange, Un tournant décisif pour la justice et la responsabilité en Afrique*, 2026.

Evelyne BONIS et Charlotte CLAVERIE-ROUSSET (dir.), *La délinquance lucrative. Tome 1 : Formes et approches criminologiques*, 2026.

Evelyne BONIS et Charlotte CLAVERIE-ROUSSET (dir.), *La délinquance lucrative. Tome 2 : Traitement procédural et sanctions*, 2026.

Marianthi Stathaki

La rémunération du cocontractant de l'Administration dans les contrats de la commande publique

Étude comparée des droits français, grec et allemand

Préface de David Capitant

TOME I – La notion de la rémunération

L'Harmattan

5-7, rue de l'École polytechnique, 75005 Paris

www.harmattan.fr

ISBN : 978-2-336-62961-2
EAN : 9782336629612
Dépôt légal : août 2026

À Dimitris

À mes parents

REMERCIEMENTS

Je remercie mon premier directeur, le Professeur Gérard Marcou, de m'avoir fait l'honneur de diriger ma thèse. Sa disparition si subite a laissé un grand vide.

Je tiens à exprimer ma profonde gratitude à mon directeur en France, Monsieur le Professeur David Capitant, non seulement parce que, sans son aide et son soutien, ce travail n'aurait pas pu être mené à bien, mais aussi pour m'avoir fait l'honneur de rédiger la préface de cet ouvrage.

Je remercie également très sincèrement mon directeur en Grèce, Monsieur le Professeur Constantin Yannakopoulos, pour l'attention avec laquelle il a dirigé mes recherches, ainsi que pour son soutien et ses conseils si précieux tout au long de ces années.

Outre mes directeurs, je voudrais remercier Messieurs les Professeurs Théodoros Fortsakis et Thomas Perroud, ainsi que Laurent Vidal, maître des conférences, de m'avoir fait l'honneur de participer au jury de ces travaux.

Je suis également redevable à Monsieur le Professeur Wolfgang Kahl et à l'Institut de droit administratif allemand et européen (Institut für deutsches und europäisches Verwaltungsrecht) de l'Université de Heidelberg pour l'aide qu'ils m'ont apportée au cours de mes recherches en droit allemand, ainsi qu'à Madame la Professeure Carine Staropoli pour ses précieux conseils sur la théorie économique appliquée aux contrats de la commande publique.

Je tiens également à exprimer ma sincère reconnaissance à Madame la Professeure Lia Athanassiou et à Monsieur le Professeur Georges Gerapetritis pour le soutien qu'ils m'ont apporté tout au long du processus de mise à jour et de publication de cet ouvrage. Leur confiance, leur encouragement et leurs précieux conseils ont contribué de manière déterminante à l'aboutissement de ce travail.

Le travail de relecture constitue une étape indispensable de la rédaction d'une thèse, en particulier lorsque le français n'est pas la langue maternelle de son auteur. À ce titre, je remercie Madame Aurélie Dort, maître des conférences, Madame Despina Anastasopoulou et Monsieur Seymour Bessa, avocat.

Je suis, enfin, reconnaissante envers toutes les personnes qui m'ont encouragée au cours de mes recherches et, en particulier, envers mon époux, Dimitris, mes parents – que je ne remercierai jamais assez – ainsi que mes enfants, Nicolas et Anthi, dont la patience et le soutien m'ont été précieux pour mener à bien ce projet.

PRÉFACE

Il est des notions que la pratique manipule chaque jour sans jamais les regarder vraiment. Elles semblent aller de soi, au point de disparaître derrière les procédures, les formulaires, les délais, les décomptes. La rémunération du cocontractant de l'Administration appartient à cette catégorie d'évidences trompeuses. On la confond avec un prix, on l'agrège à des clauses financières, on l'invoque comme si son contenu était connu de tous. La thèse de Mme Marianthi Stathaki, dont j'ai repris la direction à la suite de mon regretté collègue Gérard Marcou, entreprend de la tirer de l'ombre, d'en construire la notion et d'en déployer la fonction, dans l'espace si exigeant de la commande publique, à la lumière conjointe du droit français, du droit grec et du droit allemand, et sous le regard constant du droit de l'Union. C'est peu dire qu'elle y parvient : elle montre que la rémunération n'est ni un simple montant ni un artifice de langage, mais le point d'équilibre – et parfois de bascule – où se lisent la promesse d'échange public, la discipline concurrentielle européenne et la soutenabilité économique des contrats.

L'un des mérites premiers de ce travail est de prendre le mot « rémunération » au sérieux. Partir de l'usage courant – rémunération comme « droit le plus important » du cocontractant – et en révéler les limites ; quitter le confort d'une définition subjective pour proposer une définition objective, opératoire, et, pour tout dire, juridiquement féconde. La thèse affirme, avec une persistance argumentée, que la rémunération doit être entendue stricto sensu comme la marge nette de profit que le cocontractant tire de la contrepartie convenue. Elle n'est pas la contrepartie elle-même (notion plus large, englobant coûts, charges, fiscalité, aléas), mais ce qui, au sein de la contrepartie, demeure comme avantage économique. Elle n'est pas davantage un pur signe distinctif entre marchés et concessions, même si l'histoire du droit positif l'a largement utilisée comme tel ; elle est un élément essentiel du contrat, devant être déterminé, ou à tout le moins déterminable, dès la conclusion, et un facteur vivant de l'exécution, appelé à être préservé – parfois adapté – au fil des circonstances.

Cette clarification n'est pas qu'un raffinement de vocabulaire. Elle dissipe des confusions lourdes d'effets telles que l'assimilation de la rémunération au « prix » en marché public, l'évanescence de la rémunération derrière les « résultats de l'exploitation » en concession, l'indifférence à la pluralité des sources de financement (prix, redevances d'usagers, subventions, garanties d'intérêts) ou encore la difficulté à qualifier des montages hybrides. En réarticulant prix, coût et marge, en réinscrivant la rémunération dans cette équation, Mme Stathaki donne aux praticiens une grille de lecture solide, et aux juges un vocabulaire mieux ajusté à la réalité économique des contrats.

Le second mérite de la thèse de Mme Marianthi Stathaki est méthodologique. La comparaison n'est pas prétexte à une promenade érudite mais se révèle un véritable instrument de connaissance. En France et en Grèce les contrats de la commande publique relèvent d'un droit administratif mêlant prérogatives et tempéraments ; en Allemagne domine un « droit privé de l'Administration » et où le BGB irrigue l'exécution, sous réserve d'une forte normalisation de la passation par le GWB ; partout s'exerce la pression structurante du droit de l'Union, des directives de 2014, de la jurisprudence Pressetext, des exigences de transparence et d'égalité, du contrôle des aides d'État et de la doctrine Altmark. L'originalité de l'ouvrage tient à l'alliance de deux fils conducteurs : l'axe contractuel (caractère synallagmatique, force obligatoire, loyauté, équilibre contractuel/financier) et l'axe concurrentiel (préservation de l'effet utile du cadre européen, discipline des modifications, prévention des surprofits qualifiables en aides). De leur rapprochement naît la « détermination institutionnelle » de la rémunération : un seuil (zéro profit, couverture minimale des coûts) et un plafond (bénéfice raisonnable), encadrés en amont (passation, contrôle des offres, rejet des anormalement basses) et en aval (interdiction des modifications substantielles, garde-fous européens et nationaux).

La comparaison est menée avec une rigueur rare : identification d'un tertium comparationis (rémunération = αμοιβή / Vergütung), recontextualisation systématique des termes (sources, jurisprudences, pratiques), mise à l'épreuve des catégories par des situations-limites (concessions « mixtes », clauses de paiement, régies intéressées, gérances, DSP et risque d'exploitation, in-house exclu par construction). La convergence sur la notion et la divergence sur les régimes ne sont pas posées en dogmes mais sont établies, nuancées, expliquées. On sort de cette lecture avec une double conviction : l'Europe a rapproché les droits au stade de la passation mais les traditions nationales continuent d'imprimer leur marque au stade de l'exécution. Un même souci cependant les rapproche : préserver l'équilibre économique sans fausser la concurrence.

La structure en deux tomes, l'un consacré à la notion, l'autre à la la fonction, n'est pas pure rhétorique. Le Tome I isole deux perspectives: la conception contractuelle, d'abord, dans sa dimension synallagmatique (la rémunération comme corollaire de l'obligation de payer et de l'équilibre contractuel) et dans sa dimension économique (articulation coût/prix/marge, risque et imprévision) ; la détermination institutionnelle, ensuite, revenant sur le seuil de remboursement des coûts et l'éventuelle qualification en aide publique. Il faut insister sur ce dernier point car avoir rapproché la « rémunération raisonnable » du « bénéfice raisonnable » au sens d'Altmark, montré comment la large acception d'« avantage » en droit des aides peut attraper des revalorisations en cours d'exécution, et, symétriquement, comment une compensation correctement paramétrée garantit la licéité de la marge, est une contribution majeure. Elle permet de sortir d'un débat opposant profit privé et deniers publics pour le replacer dans un cadre de rationalité juridique et économique.

Le Tome II, consacré à la fonction, en décline les conséquences pratiques, par une dialectique transparente intégrant l'intérêt du cocontractant et celui de l'administration. S'agissant du cocontractant, les garanties substantielles allant de la mise en demeure aux intérêts moratoires en passant par la responsabilité pour retard ou méconnaissance de l'obligation de payer, l'indemnisation raisonnable en cas de résiliation ou la restitution/enrichissement sans cause en cas d'anéantissement et les garanties juridictionnelles (actions en paiement pour créances certaines, liquides et exigibles, référés-provision, plein contentieux indemnitaire, mesures provisoires) forment un tout cohérent, rigoureusement comparé entre la France, la Grèce et l'Allemagne et utilement hiérarchisé. S'agissant de l'administration, deux aspects sont traités successivement : la préservation de l'équilibre économique et l'obtention de la bonne exécution. Sur ce dernier point, la thèse prend parti avec mesure et audace en plaidant pour redonner droit de cité à des clauses incitatives calibrées, sous contrôle, en complément des pénalités et résiliations. L'idée n'est pas de moraliser l'exécution mais d'outiller l'acheteur pour aligner, lorsque cela est possible, l'intérêt privé sur l'intérêt généra, et réduire ex ante le coût social de la non-conformité.

La conclusion générale formule avec clarté les acquis de la recherche ainsi menée. Elle met d'abord en évidence une convergence de la notion puisque la rémunération, définie comme marge nette de profit, constitue un élément essentiel du contrat de la commande publique, déterminé ou à tout le moins déterminable dès la passation, intangible par principe, adaptable par exception et indissociable du risque, omniprésent dans les marchés comme dans les concessions. Elle dessine ensuite une dynamique selon laquelle la rémunération vit au rythme du contrat, soumise à une tension constante entre sécurité juridique et stabilité des engagements d'une part, plasticité fonctionnelle et adaptation raisonnable aux circonstances d'autre part.

La divergence entre systèmes n'est ni un folklore ni un obstacle. Elle se résorbe souvent dans la pratique car les pouvoirs exorbitants reconnus par les droits français et grecs sont codifiés et encadrés tandis que le droit privé de l'administration allemand connaît ses propres dérogations. Partout, l'office du juge s'est élargi et a imposé un langage commun.

Au terme de la lecture de la thèse de Mme Marianthi Stathaki, il apparaît que celle-ci a su clarifier son sujet en dissociant nettement contrepartie et rémunération et en objectivant la notion de juste rémunération par des critères juridico-économiques. Elle est parvenue à rassembler, dans chaque ordre juridique, les moyens matériels et processuels de protection du droit à rémunération tout en cartographiant les possibilités d'adaptation et les limites que pose le droit européen et en proposant une articulation convaincante entre sanctions et incitations, tenant compte des risques de surprofits et de qualification en aide d'État. Elle n'a pas hésité à formuler des recommandations sobres et opératoires, par exemple rejeter les offres anormalement basses selon des critères transparents ou encore tracer des matrices d'impact pour qualifier une modification substantielle, mais également calibrer des clauses incitatives selon des critères objectifs, traçables et susceptibles de faire l'objet d'une évaluation ex post ou encore articuler, dans les contentieux, les voies rapides et le plein contentieux de manière à préserver la fluidité qui caractérise l'activité économique sans sacrifier les exigences de la légalité.

Cette belle thèse rappelle qu'un mot aussi prosaïque que celui de rémunération porte, en réalité, la promesse d'un État acheteur fiable, d'un marché non faussé et d'un service public effectivement rendu. En redonnant à la rémunération sa juste place, ni totem, ni tabou, Mme

Marianthi Stathaki offre à la commande publique un centre de gravité conceptuel et pratique. Sa thèse est une œuvre de clarification et d'équilibre. Elle mérite d'être lue, discutée, et mise en oeuvre.

David Capitant

SOMMAIRE

TOME I – LA NOTION DE LA RÉMUNÉRATION

PRINCIPALES ABRÉVIATIONS

Abréviations françaises

AFDI	Annuaire Français de droit international
aff.	affaire
AJCT	L'actualité juridique – Collectivités territoriales
AJDA	L'actualité juridique – Droit administratif
AJDI	L'actualité juridique – Droit immobilier
BJCL	Bulletin juridique des collectivités locales
BJCP	Bulletin juridique des contrats publics
Bull. civ.	Bulletin des arrêts des chambres civiles de la Cour de cassation
C.	Chroniques
CAA	Cour administrative d'appel
Cass. civ.	Chambre civile de la Cour de cassation
Cass. crim.	Chambre criminelle de la Cour de cassation
CCAG -FCS	Cahier des clauses administratives générales - fournitures courantes et services
CCAG-MI	Cahiers des clauses administratives générales - marchés publics industriels
CCAG-PI	Cahier des clauses administratives générales - marchés de prestations intellectuelles
CCAG- TIC	Cahier des clauses administratives générales - marchés publics de techniques de l'information et de la communication
CCAG Travaux	Cahiers des clauses administratives générales
CCC	Contrats, concurrence, consommation
C. comptes	Cour des comptes
CE	Conseil d'État
CEDH	Cour européenne des droits de l'Homme
Chron.	Chronique
CJCE	Cour de justice des Communautés européennes
CJF	Code des juridictions financières
CJEG	Cahiers juridiques de l'électricité et du gaz
CJUE	Cour de justice de l'Union européenne
CMP	Contrats et marchés publics

coll.	collection
comm.	commentaire
Conc.- Cons.	Concurrence – Consommation
concl.	conclusions
Cons. const.	Conseil constitutionnel
cons.	considérant
Cons.- Urb.	Construction – Urbanisme
CP	Conseil de préfecture
CP-ACCP	Contrats publics. L'actualité de la commande et des contrats publics
CRC	Chambres régionales des comptes
CRDF	Cahiers de la Recherche sur des droits fondamentaux
CURAPP	Centre universitaire des recherches administratives et politiques de Picardie
D.	Recueil Dalloz
sous dir.	sous la direction de
Dr.	Droits – Revue française de théorie juridique
EDCE	Études et documents du Conseil d'État
EStAL	European State Aid Law Quarterly
GACA	Les grands arrêts du contentieux administratif
GACE	Les grands avis du Conseil d'État
GADD	Les grands arrêts du droit de la décentralisation
GAJA	Les grands arrêts de la jurisprudence administrative
GAJC	Les grands arrêts de la jurisprudence civile
Gaz. Com.	La gazette des communes, des départements, des régions
Gaz. Pal.	La gazette du palais
JCP A	La semaine juridique (édition administrations et collectivités territoriales)
JCP G	La semaine juridique (édition générale)
JDI	Journal de droit international
JORF	Journal officiel de la République française (éd. lois et décrets)
LGDJ	Librairie générale de droit et de jurisprudence
LPA	Les petites affiches
Mon. TP	Le Moniteur des travaux publics et du bâtiment
MP	Marchés publics

obs.	observations
OPHLM	Office public d'habitations à loyer modéré
PPLR	Public Procurement Law Review
préf.	préface
PUAM	Presses universitaires d'Aix-Marseille
PUF	Presses universitaires de France
PUG	Presses universitaires de Grenoble
PUJP	Presses universitaires juridiques de Poitiers
PUL	Presses universitaires de Lille
RBDI	Revue belge de droit international
RDC	Revue des contrats
RDI	Revue de droit immobilier
RDILC	Revue de droit international et de législation comparée
RDP	Revue du droit public et de la science politique en France et à l'étranger
RDPI	Revue du droit de la propriété intellectuelle
RDUE	Revue du droit de l'Union européenne
Rec.	Recueil des décisions du Conseil d'État
req.	requête
Rev. crit. DIP	Revue critique de droit international privé
Rev. UE	Revue de l'Union européenne
RFDA	Revue française de droit administratif
RGCT	Revue générale des collectivités territoriales
RGDIP	Revue générale de droit international public
RJEP	Revue juridique de l'entreprise publique, puis Revue juridique de l'économie publique
RMCUE	Revue du Marché Commune de l'Union Européenne
RTD civ.	Revue trimestrielle de droit civil
RTD eur.	Revue trimestrielle de droit européen
S.	Recueil Sirey
Section	Section du contentieux
Série A	Recueil des arrêts et décisions de la CEDH
SNCF	Société nationale des chemins de fer français
TA	Tribunal administratif
TC	Tribunal des conflits
TGI	Tribunal de grande instance

TPICE	Tribunal de première instance des communautés européennes

Abréviation grecques

C. comptes grec	Cour des comptes grecque
CE grec	Conseil d'Etat grec
ChID	Chronika Idiotikou Dikaiou (Revue)
DiDik	Dioikitiki Diki (Revue)
DiSKE	Dimosies Symvaseis – Kratikes Enischiseis (Revue)
EDD	Efimerida Dioikitikou Dikaiou (Revue)
EfAD	Efimerida Astikou Dikaiou (Revue)
NoV	Nomiko Vima (Revue)
ThPDD	Théoria kai Praksi Doiikitikou dikaiou (Revue)
ToS	To Syntagma (Revue)

Abréviations allemandes

AGB	Allgemeine Geschäftbedingungen
BauR	Baurecht (Revue)
BGB	Bürgerliches Gesetzbuch
BGBl.	Bundesgesetzblatt
BKartA	Bundeskartellamt
BVerwGE	Bundesverwaltungsgerichtsentscheidungen, Amtliche Sammlung
DÖV	Die öffentliche Verwaltung (Revue)
DVBl	Deutches Verwaltungsblatt (Revue)
GG	Grundgesetz
GmbH	Gesellschaft mit beschränkter Haftung
GWB	Gesetz gegen Wettbewerbsbeschränkungen
HOAI	Honorarordnung für Architekten und Ingenieure
IBR	Immobilien- und Baurecht (Revue)
JZ	Juristenzeitung (Revue)
LKR	Lieferkoordinierungsrichtlinie
NJW	Neue Juristische Wochenschrift
NJW-RR	Neue Juristische Wochenschrift-Rechtssprechungsreport
NVwZ	Neue Zeitschrift für Verwalungsrecht (Revue)

NZBau	Neue Zeitschrift für Baurecht und Vergaberecht(Revue)
OLG	Oberlandesgericht
ÖPP	Öffentlich-private Partnerschaft
PR Nr. 30/53	Verordnung PR Nr. 30/53 über die Preise bei öffentlichen Aufträgen
SektVO	Sektorenverordnung
StGB	Strafgesetzbuch
VergabeR	Vergaberecht (Revue)
VK	Vergabekammern
VOB/A	Vergabe- und Vertragsordnung für Bauleistungen, Teil A
VOB/B	Vergabe- und Vertragsordnung für Bauleistungen, Teil B
VOB/C	Vergabe- und Vertragsordnung für Bauleistungen, Teil C
VOF	Vergabeordnung für freiberufliche Leistungen
VOL/A	Vergabe- und Vertragsordnung für Leistungen, Teil A
VOL/B	Vergabe- und Vertragsordnung für Leistungen, Teil B
VO-PR Nr. 1/72	Verordnung PR Nr. 1/72 über die Preise für Bauleistungen bei öffentlichen oder mit öffentlichen Mitteln finanzierten Aufträgen
VwGO	Verwaltungsgerichtsordnung
VwVfG	Verwaltungsverfahrengesetz
WuW/E	Wirtschaft und Wettbewerb, Entscheidungssammlung
ZfBR	Zeitschrift für Baurecht (Revue)
ZIP	Zeitschrift für Wirtschaftsrecht (Revue)
ZPO	Zivilprozessordnung

INTRODUCTION GÉNÉRALE

1. La contractualisation en tant que *phénomène politico-juridique*[1] est reconnue et adoptée globalement, puisqu'elle correspond à plusieurs besoins des États contemporains. Sa signification économique et financière s'illustre bien par des statistiques. Selon les statistiques de l'Union européenne[2], plus de 250.000 pouvoirs adjudicateurs dans l'Union européenne investissent 2 billions d'euros (environ 13,6 % du PIB) chaque année, afin de procurer des services publics à leurs citoyens.

2. Les contrats de la commande publique matérialisant cette activité, revêtent alors incontestablement une importance économique vitale. Des questions fondamentales sur les contrats de la commande publique comme leur nature, leur exorbitance, leur fin, leur régime, sont toujours d'actualité non seulement en droit administratif mais également dans la vie politique, dès lors, ces questions et surtout au prisme de l'économie du contrat se posent avec une acuité particulière. Ces contrats, consistant dans leur immense majorité en des marchés publics et des contrats de concession[3], déguisent un rapport économique entre pouvoir adjudicateur et son cocontractant. À son tour, ce rapport se décompose, pour l'essentiel, entre la prestation faisant l'objet du contrat, nécessairement objet de service public, et la contreprestation, de laquelle le cocontractant de l'Administration aspire à tirer un profit économique : sa rémunération.

3. Entendue en ce sens, la rémunération du cocontractant de l'Administration « constitue le point d'équilibre entre les intérêts contradictoires défendus par chacune des parties [...] il focalise, au

---

[1] Richer L.- Lichère F., *Droit des contrats administratifs*, 13e éd. LGDJ, Paris, 2024, p.53-54.

[2] Informations présentées par le site officiel de la Commission européenne, disponible sur l'adresse https://single-market-economy.ec.europa.eu/single-market/public-procurement/digital-procurement/public-procurement-data-space-ppds_en .

[3] Les contrats de partenariat, qui apparaissent également comme une catégorie de contrats de la commande publique en tant que contrats globaux, sont tenus ainsi que juridiquement traités comme des marchés publics. Par conséquent, il nous paraît plus précis de suivre la distinction classique entre marchés publics et contrats de concession au sein des contrats de la commande publique. On se référera à cette classification de manière plus analytique ultérieurement, v. *infra* n°131 et s.

même titre que l'objet vendu ou loué ou le service fourni, l'échange des consentements »[1]. Ainsi située au cœur de l'économie du contrat, elle constitue une clause indispensable du contrat, alors que son absence peut remettre en cause la validité du contrat, voire son existence[2]. En outre, en adoptant une vision plus utilitariste, on constate qu'elle constitue non seulement, bien évidemment, l'aspiration prioritaire du cocontractant de l'Administration, mais également un vecteur du succès du contrat lui-même, dans la mesure où elle assure sa pérennité.

4. La question se pose également en vertu de la conjoncture économique actuelle. En effet, la crise économique globale appelée « La Grande Récession », deuxième partie de la crise financière débutant aux Etats-Unis en 2007, qui a touché l'Europe à l'automne 2008, a conduit évidemment à la révision des systèmes financiers étatiques, y compris par des plans de relance des contrats de la commande publique[3]. La question est posée également après le Covid et la Guerre en Ukraine. Cette démarche était jugée cardinale, non seulement en raison du lien étroit desdits contrats avec la bonne gestion des deniers publics, mais également au prisme de leur incidence sur l'économie publique[4] : la commande publique, classiquement tenue comme « un vecteur important de stimulation de la croissance économique »[5] se transforme en période de crise à un « vecteur contracyclique »[6].

5. Sans aucun doute, la crise économique en Europe a forcé les États membres à agir. Cet effort s'est matérialisé par l'institution de sources de financement potentiel visant à sécuriser l'exécution, en rendant plus attractive la contractualisation par l'institution des

---

[1] Brunet A.- Ghozi A., « La fonction du prix en droit de la concurrence » in *Mélanges Christian Mouly*, Litec, Paris 1998, t. II, p. 27-48.

[2] Jèze G., *Théorie générale des contrats de l'Administration : formation et exécution des contrats,* 3e éd., M. Giard, Paris, 1934, p. 631.

[3] Braconnier St.- Noguellou R., « L'influence de la crise économique sur les marchés publics et les contrats de partenariat public- privé », *RDI*, 2010, n° 1, p. 24.

[4] V. à propos de l'exemple de la crise budgétaire grecque et l'émergence de la notion de *« l'intérêt financier primordial de l'État »,* Moukiou Ch., « La crise grecque et le droit public », *RFDA,* 2016, p.835.

[5] Gabayet N., *L'aléa dans les contrats publics en droit anglais et droit français,* (préf. Lichère F.), coll. Bibliothèque de droit public, t. 288, LGDJ, Paris, 2015, n° 1.

[6] *Ibid.*

garanties[1], ainsi que par la renégociation des contrats conclus avec des opérateurs privés[2]. Ainsi, deux enseignements peuvent être tirés à propos de l'économie des contrats de la commande publique : d'une part, l'accentuation du rôle de l'État en tant que garant de service public ; d'autre part, la nécessité d'une certaine plasticité des relations contractuelles au service de l'intérêt général, vecteur de fragilisation de leur force obligatoire. Toutefois, la crise économique actuelle n'est pas la seule explication de l'importance d'une étude à propos de la rémunération. Elle ne constitue qu'une conjoncture stimulante, suscitant l'intérêt d'une recherche, une source d'inspiration et de réflexion importante, en l'alimentant d'hypothèses supplémentaires.

6. Par ce biais, la présente étude aspire, avant tout, à contribuer à la compréhension de la notion de rémunération du cocontractant de l'Administration, entendue au sens strict, en tant que la marge du profit qu'il vise à tirer de l'exécution du contrat. Admettant qu'elle soit une notion profondément économique, nous constatons qu'elle n'est guère dénuée de sa conception juridique **(Section I).** Cette démarche paraît indispensable afin que cette étude atteigne son objectif : démontrer que la rémunération, bien qu'elle vise – de toute évidence – à satisfaire les intérêts lucratifs du cocontractant de l'Administration, elle s'avère en même temps un moyen pour l'Administration contractante pour poursuivre ses propres objectifs. Autrement dit, les intérêts financiers des deux parties aux contrats de la commande publique ne sont pas contradictoires **(Section II).**

Section I - L'OBJET DE L'ÉTUDE

7. La pratique contractuelle en matière de contrats de la commande publique dispose d'une large palette de modalités différentes de contrepartie : prix, droits d'exploitation, subventions, garanties

---

[1] Braconnier St., « Les parades étatiques », *RDC*, 2010, n° 1, p. 444.

[2] En guise d'illustration v. l'exemple de renégociation des contrats de concession des grandes autoroutes en Grèce, analysé dans l'article Kitsos I., « La reprise des autoroutes grecques, concédées aux constructeurs privés : la restitution de l'équilibre économique bouleversé des contrats de concession » (« Η επανέναρξη των παραχωρημένων σε ιδιώτες αναδόχους αυτοκινητοδρόμων : η αποκατάσταση της διαταραχθείσας οικονομικής ισορροπίας των συμβάσεων παραχώρησης »), *EDD*, 2014, n° 2, p. 247-257.

d'intérêt. Chacune correspond à un type de contrat, édictée par la nature de ce dernier, convenable à chaque objet. Du surcroît, ne sont pas rares les cas où un contrat stipule plusieurs types de contrepartie. En tout état de cause, le choix de modalité de contrepartie par les parties contractantes repose sur la nature du contrat. La contrepartie alors est étroitement liée à l'objet du contrat. En effet, dans le cas des marchés publics, ressemblant aux contrats d'achat, la contrepartie consiste en un prix, un montant fixe ; au contraire, dans le cas des contrats de concession, ayant comme objet la gestion d'un service public, la contrepartie consiste dans les droits d'exploiter le service. De ce point de vue, l'émergence par la jurisprudence et la doctrine du type de la contrepartie comme indicateur fiable de la qualification juridique du contrat ne surprend pas.

8. Lesdites contreparties versées, ou, au moins, accordées par l'Administration, tombent sous l'emprise de la notion de la rémunération de manière automatique. Or, ce caractère éminemment casuistique des contreparties en fonction de leur modalité fait obstacle à une lisibilité satisfaisante des deux notions. Contrepartie (ou contreprestation) et rémunération sont souvent mêlées par souci de commodité. Cet assouplissement ne saurait être considéré comme dénuée de conséquences pratiques, liées, dans leur majorité, à la qualification juridique des contrats. Du point de vue utilitariste et par manque d'une définition claire, la rémunération devient un critère inopérant. On se trouve alors devant un paradoxe : utiliser une notion sans la comprendre sur le fond. La présente étude aspire à contribuer à la définition de cette notion **(§1)**. À cet effet, nous prenons comme point d'appui la comparaison de la notion et la fonction de la rémunération à la recherche de son efficacité, dans les contrats de la commande publique des trois États membres de l'Union européenne : la France, la Grèce et l'Allemagne. Cette comparaison mettra en lumière leurs différences profondes ainsi que leurs conceptions et évolutions communes, dues à une convergence forcée, du fait de l'application du droit de l'Union européenne. Cela permettra de mieux comprendre le diptyque public- privé en matière des contrats de la commande publique **(§2)**.

§1 – LA DÉFINITION D'UNE NOTION

9. De manière générale, la rémunération figure en droit positif des contrats de la commande publique en tant que critère traditionnel de distinction entre les deux catégories principales : marchés publics et concessions. En effet, elle détermine la qualification juridique des contrats de la commande publique de manière suivante : lorsque le cocontractant de l'Administration tire sa rémunération d'un prix versé par l'Administration contractante, le contrat doit être qualifié de marché public ; lorsque la rémunération du cocontractant de l'Administration est substantiellement liée aux résultats de l'exploitation du contrat, il s'agit d'un contrat de concession. Par conséquent, on a coutume de conceptualiser la rémunération de manière verticale, par rapport au type de contrat auquel elle correspond **(B)**.

10. Or, la contrepartie, s'agissant soit d'un prix soit des redevances perçues auprès des usagers, n'est pas synonyme de la rémunération. Bien évidemment, elle constitue l'environnement qui la détermine, mais n'est pas limitée à elle. Ainsi, en vertu de la présente étude, la rémunération est définie de manière étroite, au sens d'une marge nette de profit que le cocontractant de l'Administration tire de la contrepartie de la prestation fournie dans un contrat de la commande publique, qu'il soit un marché public ou un contrat de concession **(A).**

A. Une notion obscurément définie de manière horizontale

11. D'une manière générale, la rémunération est traditionnellement définie comme *le droit le plus important du cocontractant de l'Administration.* De prime abord, il paraît aisément concevable qu'il jouit un droit à recevoir une contrepartie pour les prestations qu'il est tenu de fournir, dont le fondement juridique, sa cause, se trouve dans le contrat conclu. Or, en réalité, sa nature est plus complexe.

12. En évitant, cependant, d'élucider son contenu et son étendu, la rémunération est devenue un critère de qualification juridique de ces contrats. Ainsi, on se trouve face à un paradoxe : bien que la rémunération soit définie de manière subjective **(i)**, sa fonction juridique en tant que critère demande une définition objective **(ii)**. Malgré l'inclination traditionnelle de la doctrine d'accentuer cette approche subjective de la rémunération, en pratique cela n'est fait qu'au détriment de la définition de son contenu.

i. Une définition subjective accentuée : le droit à rémunération

13. De manière générale, la rémunération du cocontractant de l'Administration est perçue de manière subjective, au prisme de son titulaire. La doctrine juridique se contente d'identifier un « droit à rémunération » du cocontractant de l'Administration, fondé sur la justice commutative qui régit le contrat.

14. Plus précisément, la doctrine juridique propose une définition subjective, en définissant la rémunération en tant que *le droit le plus important du cocontractant de l'Administration.* Plus particulièrement, on retrouve cette définition dans les ouvrages de Gaston Jèze, d'après lequel le cocontractant de l'Administration a un droit à la « rémunération pécuniaire inscrite dans le contrat administratif » [1], précisant de plus que « les profits doivent être limités, la rémunération doit être raisonnable, normale, sans plus »[2]. La doctrine publiciste sur la rémunération du cocontractant de l'Administration a emprunté cette définition et sa logique Ainsi, dans l'ordre chronologique, on retrouve cette définition dans la thèse de Georges Péquignot[3], dans le *Traité des contrats administratifs*[4], le Professeur Christophe Guettier l'a également récemment affirmé qualifiant la rémunération comme « le droit le plus important à l'attribution duquel il peut prétendre »[5]. Nonobstant sa souplesse, cette définition prête à discussion.

15. Ainsi, d'une part, le droit à rémunération consiste en un droit qui existe et qui doit être respecté pendant la phase de la passation du contrat. Le cocontractant de l'Administration aspire non seulement à couvrir les charges liées aux prestations faisant l'objet du contrat,

---

[1] Jèze G., *Théorie générale des contrats administratifs, op. cit.,* t. III, p. 90-91.

[2] *Ibid.*

[3] Péquignot G., *Théorie du contrat administratif,* (thèse- Faculté de droit de Montpellier), Pédone A., Paris, 1945, p. 432 et s.

[4] de Laubadère A. et al., *Traité des contrats administratifs,* t. II, 2e éd. LGDJ, Paris, 1983, p. 217 et s., n° 1010.

[5] Guettier Ch., *Droit des contrats administratifs*, 3e éd. PUF, Paris, 2011, p.288-289. En ce sens, v. également Gaudemet Yv., *Traité de droit administratif,* t. II, 15é éd. LGDJ, Paris, 2014, p. 705, n° 1471.

mais également à en tirer un profit. D'autre part, le droit à rémunération constitue un droit qui dérive directement du contrat et qui doit être préservé tout au long de son exécution. Sa nature, traditionnellement considérée comme contractuelle, est déduite aisément par la nature – en principe – contractuelle de ses clauses[1] et, de manière consécutive, par l'engagement de la responsabilité contractuelle des parties comme sanction de tout manquement à leurs obligations[2].

16. Au fil de cette logique, on retrouve également le « droit du cocontractant à l'équilibre financier du contrat »[3], complément nécessaire du droit à rémunération. S'agissant d'une contrainte relative au respect de la rémunération accordée au cocontractant de l'Administration tout au long de la vie du contrat, ce droit se traduit par le droit pécuniaire du cocontractant de l'Administration à demander une indemnisation[4] dans le cas où l'équilibre financier du contrat est rompu. La consécration consécutive de la théorie de *l'équation financière* du contrat a également inspirée une jurisprudence riche du Conseil d'État français, reconnaissant ce droit à indemnisation dans le cas où l'Administration modifie ou résilie le contrat causant un préjudice économique à son cocontractant *(théorie du fait du prince)*[5], ou même en raison de survenance d'un aléa (*théorie de sujétions imprévues et théorie de l'imprévision)*[6].

17. Néanmoins, la persistance de cette conception subjective de la rémunération par la doctrine, ainsi que la satisfaction de la

---

[1] De Laubadère A. et al., *Traité des contrats administratifs, op. cit.*, n° 1011.

[2] Terneyre Ph., *La responsabilité contractuelle des personnes publiques en droit administratif*, coll. Science et droit administratifs, Economica, Paris, 1984 ; Oum-Oum F.-J., *La responsabilité contractuelle en droit administratif* (préf. Sabiani F.), LGDJ, Paris, 2014.

[3] CE, 11 mars 1910, *Compagnie générale française des tramways Rec.* 216, concl. Blum L. ; *D.* 1912.3.49, concl. *; S.* 1911.3.1, concl., note Hauriou M. ; *RDP* 1910.270, note Jèze G.) ; *GAJA*, n° 20.

[4] Brenet F.- Melleray F., *Les contrats de partenariat de l'ordonnance du 17 juin 2004,* LexisNexis, Litec, Paris, 2005, p. 184-221.

[5] V. *infra*, n°1045 et s.

[6] V. *infra*, n° 1364 et s. V. aussi Vidal L., « La construction historique du droit de l'exécution des contrats administratifs «, in Bouhier V. – Ricardi D. (sous dir.), *L'exécution des contrats administratifs - actes du colloque des 27 et 28 avril 2017, L'exécution des contrats administratifs. Quelle mutation pour un droit adapté aux enjeux du XXIème siècle*, éditions Le Moniteur, Paris, 2018, p. 27-45.

jurisprudence à l'affirmer en cherchant des interprétations et des solutions *ad hoc,* n'ont pas permis la définition claire et univoque du contenu de ce qu'on étend par *rémunération.*

ii. Une définition objective atténuée : le contenu de la rémunération

18. De manière générale, le terme *rémunération* (lat. *remuneratio* de *munus, muneris* : présent, récompense), désigne l'« [a]rgent reçu pour prix d'un service, d'un travail » [1], ou *« toute prestation, en argent ou même en nature, fournie en contrepartie d'un travail ou d'une activité »*. Précisée notamment en matière du droit de travail, elle est tenue en tant que la « contrepartie du travail ou de la disponibilité du travailleur, fixe ou variable, calculée au temps ou au rendement, fixée en argent ou pour partie en nature ; elle comporte non seulement le salaire et ses accessoires (primes, gratifications, indemnités, pourboires), mais l'ensemble des avantages accordés au travailleur en vue de lui permettre de satisfaire à ses besoins »[2]. Si ses racines plongent traditionnellement dans le droit du travail, la rémunération constitue un élément constitutif des contrats de la commande publique.

19. De ces définitions juridiques on pourrait déduire une présomption de convergence conceptuelle des notions de rémunération et de contrepartie. En effet, ne sont pas rares les cas où les auteurs ou le juge mêlent les deux notions, en les considérant comme synonymes. En guise d'illustration, il conviendrait de mentionner les auteurs du *Traité des contrats administratifs* qui, tenant les deux notions comme synonymes, constatent que « dans les contrats les plus fréquents et les plus importants (marchés, concessions), le cocontractant fournit soit à l'Administration soit au public des prestations dont la contrepartie consiste toujours à une rémunération »[3]. Or, une telle présomption, cependant, est inexacte ou à tout le moins équivoque par insuffisance de précision. La contrepartie constitue une notion plus large. En matière de contrats de

---

[1] Le Petit Robert, disponible sur : https://dictionnaire.lerobert.com.

[2] Cornu G., *Vocabulaire juridique,* Association Henri Capitant, éd. PUF, 2011, p. 883.

[3] De Laubadère et al., *Traité des contrats administratifs, op. cit.*, t.II. n° 1010, p. 217.

la commande publique, la contrepartie, prenant la forme d'un prix ou d'un droit à exploitation dans l'immense majorité de cas, est susceptible d'embrasser, outre la rémunération, le financement de service public faisant l'objet du contrat au sens de compensation du coût du service, la responsabilité du cocontractant de l'Administration ainsi que d'autres frais éventuels selon le type du contrat. En rejetant l'identification de la rémunération avec la contrepartie et acceptant que la contrepartie constitue une notion plus vague que la rémunération, on pourrait qualifier leur rapport comme un rapport condition-résultats : les composantes de la contrepartie sont les conditions déterminant la rémunération.

20. Cette distinction est décrite dans la définition de la rémunération proposée par le Professeur Gaudemet, qui passe d'une approche subjective à une approche objective. Selon lui, « le cocontractant cherche d'abord dans le contrat administratif son intérêt financier. Ses droits consistent de ce fait, d'abord et essentiellement, dans les avantages prévus par le contrat à son profit et qui constituent sa rémunération »[1]. En ce sens, la rémunération est entendue de manière étroite. Dans le cadre de la présente étude, on épouse une logique identique, en définissant la rémunération *stricto sensu.*

21. Au sens d'une marge de profit, la rémunération du cocontractant de l'Administration est concevable dans les contrats de la commande publique qui sont conclus entre l'Administration et des opérateurs privés, qui, par construction, aspirent à tirer un profit. Au contraire, cette définition étroite de la rémunération impose l'omission des contrats de type *in-house* de la présente recherche, définis en tant que des contrats conclus entre, d'une part, une collectivité territoriale et, d'autre part, une personne juridiquement distincte de cette dernière, mais sur laquelle la collectivité territoriale exerce « un contrôle analogue à celui qu'elle exerce sur ses propres services et où cette personne réalise l'essentiel de son activité avec la ou les collectivités qui la détiennent »[2]. De cette définition, il s'ensuit aisément que ces

---

[1] Gaudemet Yv., *Traité de droit administratif*, *op. cit.*, n° 1471.

[2] CJCE, 18 novembre 1999, *Teckal Sarl*, aff. C-107/98, ECLI:EU:C:1999:562, point n° 50 ; *D.* 1999, p.276; CJCE, 11 janvier 2005, *Stadt Halle*, aff. C-26/03, ECLI:EU:C:2005:5, point n° 49, Yannakopoulos C., *Marchés publics et contrats de concession- Les grands arrêts de la Cour de justice de l'Union européenne, (Δημόσιες συμβάσεις και συμβάσεις παραχώρησης- Μεγάλες αποφάσεις του Δικαστηρίου της Ευρωπαϊκής Ένωσης)*, coll. Grands arrêts, Sakkoulas, Athènes,

contrats, outre qu'ils ne relèvent pas du champ d'application du droit des contrats de la commande publique, ne sauraient pas être considérés dans le cadre de la présente étude car le but lucratif de l'obtention d'une rémunération est incompatible avec les buts poursuivis par une personne si étroitement liée à la personne publique-pouvoir adjudicateur. Il ne doit pas être omis, d'ailleurs, qu'ils sont exclus des contraintes de publicité et de mise en concurrence prévues pour les autres contrats de la commande publique, ce qui prouve l'absence d'intérêt financier par construction pour l'opérateur contractant[1].

22. En effet, la rémunération constitue une notion qui entretien un lien étroit avec le profit, notion renvoyant à une logique entrepreneuriale de gestion. Comme le Professeur Guettier l'explique « le recours au terme "rémunération" suppose, pour celui qui assure la gestion du service public, une prise de risque obligeant le délégataire à assumer les aléas économiques du service, ce qui est exclu dans l'hypothèse d'un marché public où les risques sont principalement à la

---

2019, n°22 p.347; *AJDA,* 2005, p. 898, note Rolin F., et p. 1108, chron. Belorgey J.-M,. Gervasoni S. et. Lambert C. ; *RDI* 2005. 123, obs. Dreyfus J.-D ; CJCE, 11 mai 2006, *Carbotermo et Consorzio Alisei*, aff. C-340/04, ECLI:EU:C:2006:308; *DA,* octobre 2006, n° 10, comm. 148, obs. Ménéménis Al. ; CJUE 19 décembre 2012, *Azienda Sanitaria Locale di Lecce, Università del Salento*, aff. C-159/11, ECLI:EU:C:2012:817, *AJDA* 2012, p. 2407 ; *ibid.* 2013, p.. 335, chron. Aubert M., Broussy E.et Cassagnabère H. ; *D.* 2013, p. 309, obs. Capitant D. ; Noguellou R., « Confirmation de la jurisprudence sur les contrats de coopération entre personnes publiques », *RDI*, 2013, p.213. Au fil de cette jurisprudence, les contrats dits *in-house* sont définis en vertu des directives du 26 février 2014. V. article 12, paragraphe 2, de la directive n° 2014/24/UE et article 28, paragraphe 2, de la directive n° 2014/25 relative aux secteurs spéciaux (*JOUE* L 94 du 28 mars 2014, p. 243). En ce sens, parmi une riche bibliographie, v. également Simmonet Y., « Application de l'exception in house aux opérations dites « internes horizontales « : retour vers le futur ? », *AJDA*, 2014, p. 2001 ; Martucci F., « Concessions entre entités dans le secteur public », *JCP A*, 5 mai 2014, n° 18-19, 2138 ; Broux G. et al., « La 'coopération public-public' à l'aune des nouvelles directives communautaires : entre opportunités et incertitudes », *JCP A,*6 octobre 2014, n° 40, 2275. V. infra n° 175.

[1] En guise d'illustration, v. CE grec, arrêt n° 1080, 1081/2019, point n°8, à propos de l'organisme chargé de l'exploitation du port de Pirée (O.L.P.). Dans ce cas, le contrat est exclu du champ de l'application du droit de contrats de la commande publique, car il n'est pas tenu être à titre onéreux, puisque le cocontractant n'obtiendra aucune rémunération.

charge de l'Administration »[1]. Or, en liant exclusivement rémunération et gestion de service, on exclut l'existence d'une rémunération dans le cas où l'objet du contrat n'est pas la gestion d'un service public, mais la simple construction des travaux ou la prestation des fournitures ou des services publics. De plus, une telle acception n'explique pas le cas de la rémunération dans les contrats pour maîtrise d'œuvre[2], qualifiés traditionnellement de marchés publics[3].

23. Il ressort par cette analyse qu'il n'y a pas de terme plus précis que la rémunération pour illustrer le droit du cocontractant de l'Administration, lorsqu'elle incorpore toutes les caractéristiques indispensables : principe de réciprocité des obligations, subjectivité d'un droit personnel et conception étendue de la nature de la contrepartie. La rémunération, définie ainsi comme une marge de profit, illustre à merveille le droit respectif du cocontractant de l'Administration. S'agissant d'un droit pécuniaire, la rémunération comprend non seulement les montants de nature purement monétaire, mais l'ensemble des avantages économiques consentis au cocontractant de l'Administration qui se traduisent en tant que son profit économique.

24. Il s'agira donc de construire notre propre définition de ce qui correspond au terme rémunération. En effet, nous définissons la rémunération du cocontractant de l'Administration dans les contrats de la commande publique comme « l'avantage consenti (ou qui peut au moins se traduire en argent) que le cocontractant de l'Administration reçoit au sein d'un contrat de la commande publique duquel il tire un profit ». En ce sens, la rémunération constitue le dénominateur commun des différentes modalités de contrepartie accordée dans le cadre des contrats de la commande publique,

---

[1] Guettier Ch., *Droit des contrats administratifs,* 3e éd., PUF, coll. Paris, 2011, p. 288.

[2] Ramus G., « La rémunération du maître d'œuvre », *CP-ACCP,* n° 79- dossier « Les marchés de maîtrise d'œuvre », juillet-août 2008, p. 55-59 ; Hache Ol., « La rémunération des maîtres d'œuvre », *CP-ACCP*, n° 172- dossier « État de lieux de la maîtrise d'œuvre », janvier 2017, p. 62-65 ; Drouineau Th., « La rémunération des maîtres d'œuvre : une valse à trois temps », *CP-ACCP*, n° 172- dossier « État de lieux de la maîtrise d'œuvre », janvier 2017, p.66-68.

[3] Loi n°85-704 du 12 juillet 1985 relative à la maîtrise d'ouvrage publique et à ses rapports avec la maîtrise d'œuvre privée, *JORF* du 13 juillet 1985, p.7914.

inhérente au prix et aux redevances perçues auprès des usagers en vertu de l'exploitation d'un service public.

B. Une notion traditionnellement conçue de manière verticale

25. La pratique et la doctrine juridique mettent en avant traditionnellement la fonction de la rémunération au sens d'un critère financier distinguant les deux grandes catégories de contrats de la commande publique, les marchés publics et les contrats de concession. Or, la complexité des besoins liés au service public ainsi que la conjoncture économique ont entrainé une créativité de la pratique contractuelle en matière de contrats de la commande publique. Par conséquent, les modalités de financement de ces contrats sont rendues de plus en plus complexes, combinant un ensemble variable de sources, ce qui rend souvent difficile l'identification de la modalité de rémunération du cocontractant de l'Administration. Bien que la dichotomie prix-marchés publics/ résultats de l'exploitation-contrats de concession demeure toujours fondamentale et à l'épreuve de la pratique contractuelle, elle paraît à la fois une hypothèse d'école.

26. Toujours au regard de cette division persistante, il conviendrait d'esquisser le concept de la rémunération du cocontractant de l'Administration en vertu du prix **(i)**, ainsi qu'en vertu des résultats de l'exploitation **(ii)**.

i. Rémunération et prix dans les marchés publics

27. En premier lieu, en ce qui concerne le prix en matière de marchés publics, le cas est relativement simple. De manière générale, le prix est défini en tant que « la valeur, exprimée en termes monétaires, attribuée à une prestation pour un ouvrage, un produit ou un service »[1], ou en tant qu'« une somme d'argent due par l'acquéreur au vendeur »[2]. Il s'agit alors d'une contrepartie pécuniaire définie par le contrat, dont le débiteur est l'Administration contractante.

---

[1] Direction des affaires juridiques du ministère de l'Économie des finances et de la souveraineté industrielle et économique- OECP, *Le prix dans les marchés publics-Guide et recommandations,* novembre 2023 (mise à jour juin 2024), p. 8: article 1583 Code civil français.

[2] V. le terme *prix* in Cornu G. *Vocabulaire juridique,* Association Henri Capitant., PUF, 2011.

28. Ainsi défini, le prix constitue la contrepartie destinée à couvrir essentiellement les coûts du service public faisant l'objet du contrat, permettant en outre à son titulaire d'y tirer un profit. Il découle, cependant, de cette définition que le prix, le coût du service et la rémunération du cocontractant de l'Administration ne sont pas identiques.

29. Certes, prix et coût sont des montants distincts. Les dispositions de la directive 2014/24/UE en matière des marchés publics reflètent cette distinction à plusieurs reprises[1]. Le prix comporte non seulement la compensation de ce coût, mais également des charges diverses liées à la prestation faisant l'objet du contrat dont les charges fiscales frappant les prestations[2], ainsi que la rémunération du cocontractant de l'Administration.

30. En effet il n'est pas rare que prix et rémunération sont considérés comme des notions synonymes[3]. Pour autant, le prix consiste en la contrepartie globale que le cocontractant de l'Administration reçoit en vertu du marché public d'où il tire son

---

[1] En guise d'illustration v. cons. n° 103 du préambule de la directive 2014/24 relative aux marchés publics (*JOUE* L 94 du 28 mars 2014, p.65) « …ce prix ou ces coûts anormalement bas » ; article 67, paragraphe 2 « Le facteur coût peut également prendre la forme d'un prix ou d'un coût fixe » ; article 69, paragraphe 2 : « Les pouvoirs adjudicateurs exigent que les opérateurs économiques expliquent le prix ou les coûts proposés dans l'offre ».

[2]CE français, 27 mars 1981, *S.A. Bureau de recherches et d'études pour l'architecture, D.*167. Dès lors, cette pratique est prévue par les Cahiers des clauses administratives générales (CCAG) : CCAG travaux (article 9.1.1), CCAG Fournitures courantes et services (article 10.1.3), CCAG Marchés industriels (article 11.1.3) CCAG Technologies de l'information et de la communication (article 10.1.3) CCAG Prestations intellectuelles (article 10.1.3) et CCAG Marchés publics de maîtrise d'œuvre (article 10.1.3). V. aussi art. R. 2112-2 CCP prévoyant que les clauses du marché peuvent être déterminées par référence à des documents généraux tels que les cahiers des clauses administratives générales et les cahiers des clauses techniques générales approuvés par arrêté du ministre chargé de l'économie et des ministres intéressés.

[3] Parmi de nombreux auteurs, en guise d'illustration, v. Hoepffner H., *La modification du contrat administratif*, (préf. Gaudemet Yv.), coll. Bibliothèque de droit public, LGDJ, Paris, 2009, p. 184, n° 298, utilisant en tant que synonymes rémunération et prix entendu au sens large ; Douence J.-C., « Observations sur l'application à certains contrats de la distinction entre marchés et délégations fondée sur le mode de rémunération », *op. cit.* À propos de la jurisprudence mêlant rémunération et contrepartie (ou contreprestation) v. *supra*, n°23, se référant à la confusion de la rémunération avec le prix et les résultats de l'exploitation.

profit, c'est-à-dire sa rémunération. Le Guide sur le prix dans les marchés publics élaboré par le Ministère de l'Économie et des Finances et de la souveraineté industrielle et économique français définit les deux notions de manière pragmatique : « Le prix est la somme du coût estimé de la prestation et de la marge du cocontractant ; le coût de la prestation comprend les charges directes résultant de l'exécution des prestations, comme par exemple l'achat des matières premières, la main d'œuvre, les frais de déplacement imposés par le cahier des charges ou jugés nécessaires par le candidat à la réalisation du cahier des charges, les charges indirectes (approvisionnement, stockage, impôts frais de gestion…) et les aléas liés à l'exécution du marché ; la marge du prestataire comprend son bénéfice et la part de provision qui n'est pas consommée par les aléas ». Schématiquement, la relation entre prix, coût et marge est : Prix= coût + marge[1].

31. De cette façon, les parties cocontractantes arrivent dès la conclusion du contrat à un accord sur une contrepartie globale, qui comprend le coût du service rendu, qui couvre les aléas du marché prévisibles et laisse aux mains de son titulaire une certaine marge Ainsi, force est de constater que le prix, comme l'environnement dans lequel la rémunération du cocontractant de l'Administration est fixée, se rend déterminé ou au moins déterminable, présentant une certaine stabilité[2]. C'est cette stabilité, liée à la sécurité juridique indispensable en vertu du contrat qui qualifie le prix quel qu'en soit la modalité retenue : définitif ou provisoire, forfaitaire ou unitaire, ferme ou révisable[3]. En pratique, le choix de ce type de contrepartie est lié à la

---

[1]Direction des affaires juridiques du ministère de l'Économie des finances et de la souveraineté industrielle et économique -OECP, *Le prix dans les marchés publics-Guide et recommandations, op.cit.*, p. 8.

[2] En ce sens, v. aussi à propos du droit allemand v. §316 BGB également applicable en matière des marchés publics, prévoyant que le créancier du prix le détermine et plus précisément « Lorsque l'étendue de la contre-prestation promise en échange d'une prestation n'est pas déterminée, la détermination appartient, dans le doute, à celle des parties qui a le droit de réclamer cette contre-prestation ». V. aussi Kutscher-Puis F., « Détermination du prix de vente : l'expérience allemande », *RIDC*, v. 49, n° 1, 1997, p. 175-185.

[3] Direction des affaires juridiques du ministère de l'Économie des finances et de la souveraineté industrielle et économique *Le prix dans les marchés publics- Guide et recommandations, op.cit,* p. 10-14 ; Bigas X., « Le prix du marché public : notions et caractéristiques », *CP-ACCP*, n°97- dossier « Les marchés publics à quel prix ? »,

solvabilité du pouvoir adjudicateur et à la possibilité d'un financement public.

32. Au fil de ces remarques, et comme les auteurs du Traité des contrats administratifs l'expliquent, « [l]'établissement du prix consiste en la fixation, lors de la conclusion du marché, des conditions de rémunération du cocontractant pour les prestations qu'il doit réaliser »[1]. Force est de constater alors que le prix, au sens de la contrepartie à sa conception globale, comporte la rémunération, notion, par conséquent, plus étroite, ainsi que l'ensemble des conditions financières qui la déterminent.

33. En cas d'absence, ou, au moins, d'insuffisance de ressources publiques de financement, dans les contrats de concession, descendant des conventions de délégation de service public de la loi Sapin de 1993[2], le cocontractant de l'Administration n'est pas tenu de tirer sa rémunération par une somme versée par l'Administration contractante, mais par les résultats de l'exploitation.

ii. Rémunération et résultats de l'exploitation dans les contrats de concession

34. Par opposition aux marchés publics et à la contrepartie consistant en un prix qui les qualifie en tant que tels, se trouvent les contrats de concession – pour emprunter la terminologie européenne établie par la directive 2014/23/UE du 26 février 2014[3]. Ces contrats,

---

p. 24-28 (not. p. 27). En particulier, à propos du prix révisable v. Gardelin M., « Le prix révisable dans les marchés publics », *CP-ACCP*, n°199, juin 2019, p.37-41.

[1] De Laubadère et al., *Traité des contrats administratifs,* LGDJ, Paris, 1983, t. II. n° 1022.

[2] Loi n° 93-122 du 29 janvier 1993 relative à la prévention de la corruption et à la transparence de la vie économique et des procédures publiques, regroupant certaines catégories des contrats (contrats de concession, affermage, etc.), échappant à l'application des dispositions du Code des marchés publics, y compris, des contraintes de publicité et de mise en concurrence.

[3] Le terme concession est ici utilisé pour décrire les conventions de délégation de service public. Après la directive européenne n° 2014/23 du 26 février 2014 relative aux contrats de concession (*JOUE* L 94 du 28 mars 2014, p. 1) et après sa transposition dans le droit français par l'ordonnance n° 2016-65 du 29 janvier 2016 et son décret d'application n° 2016-86 du 1er février 2016, ce terme est désormais utilisé *lato sensu,* en remplaçant de celui des « conventions de délégation de service public » de la loi Sapin n° 93-122 du 29 janvier 1993, comme en témoigne le nouveau article L.1411-1 du CGCT, selon lequel « Une délégation de service public

ayant pour objet de confier l'exploitation au sens de l'exécution des travaux ou des services publics à un opérateur privé, sont traditionnellement qualifiées en tant que tels au prisme de la contrepartie[1].

35. Plus précisément, l'ancien article L.1411-1 du Code général des collectivités territoriales après la loi MURCEF définissait la catégorie des conventions de délégation de service public de manière suivante : « Une délégation de service public est un contrat par lequel une personne morale de droit public confie la gestion d'un service public dont elle a la responsabilité à un délégataire public ou privé, dont la rémunération est substantiellement liée aux résultats de l'exploitation du service ». Avant cette définition législative, et selon les conclusions du Commissaire du Gouvernement Chardenet sous l'arrêt *Gaz de Bordeaux*[2], en 1996 le Conseil d'État français dans son arrêt *Préfet des Bouches-du-Rhône c/ Commune de Lambesc*[3] a fait appel au

---

est un contrat de concession au sens de l'ordonnance n° 2016-65 du 29 janvier 2016 relative aux contrats de concession, conclu par écrit, par lequel une autorité délégante confie la gestion d'un service public à un ou plusieurs opérateurs économiques, à qui est transféré un risque lié à l'exploitation du service, en contrepartie soit du droit d'exploiter le service qui fait l'objet du contrat, soit de ce droit assorti d'un prix ».

[1] V. article 5 de la directive 2014/23 portant sur les contrats de concession, distinguant les concessions de travaux des concessions de service : « a) «concession de travaux», un contrat conclu par écrit et à titre onéreux par lequel un ou plusieurs pouvoirs adjudicateurs ou entités adjudicatrices confient l'exécution de travaux à un ou à plusieurs opérateurs économiques, la contrepartie consistant soit uniquement dans le droit d'exploiter les ouvrages qui font l'objet du contrat, soit dans ce droit accompagné d'un prix;
b) « concession de services », un contrat conclu par écrit et à titre onéreux par lequel un ou plusieurs pouvoirs adjudicateurs ou entités adjudicatrices confient la prestation et la gestion de services autres que l'exécution de travaux visée au point a) à un ou à plusieurs opérateurs économiques, la contrepartie consistante soit uniquement dans le droit d'exploiter les services qui font l'objet du contrat, soit dans ce droit accompagné d'un prix » ;

[2] CE, 30 mars 1916, *Compagnie Générale d'éclairage de Bordeaux*, *Rec.* 125, concl. Chardenet ; *D.* 1916.3.25, Concl ; Chardenet ; *RDP,* 1916, p. 206 et 388, concl. Chardenet, note Jèze G. ; S. 1916.3.17, concl. Chardenet, note Hauriou M. ; de Gaudemar H.- Mongoin D., *Les grandes conclusions de la jurisprudence administrative (GCJA)*, LGDJ, Paris 1re éd., vol 1, 2015, n°58 ; Long M. et al., Les grands arrêts de la jurisprudence administrative, 21e éd. 2017, n°29, p. 175-183.

[3] CE, 15 avril 1996, *Préfet des Bouches-du- Rhône c/ Commune de Lambesc*, req. n°168325, v. Chauvaux D.-Girardot T.-X., « Incidence de la loi Sapin sur le champ

critère de la rémunération pour qualifier les conventions de délégation de service public au sens de la loi Sapin[1].

36. Le lien étroit entre rémunération tirée des résultats de l'exploitation et concession figurait également dans l'arrêt de la Cour de justice de l'Union européenne *Telaustria Verlags GmbH* du 7 décembre 2000[2]. Cependant, la modalité de la rémunération en tant que critère de distinction entre contrats de concessions et marchés publics est mise en lumière notamment par l'ancienne directive générale relative aux marchés publics 2004/18/CE en définissant la concession comme un contrat présentant les mêmes caractéristiques qu'un marché public « *à* l'exception du fait que la contrepartie des travaux [et des services] consiste soit uniquement dans le droit d'exploiter l'ouvrage, soit dans ce droit assorti d'un prix » [3].

37. La consécration du lien contrat de concession- droit d'exploitation ne saurait, cependant, pas étonner, compte tenu que la prestation faisant l'objet des contrats appartenant à cette catégorie est

---

d'application du Code des marchés publics », *AJDA,* 1996, p. 729 et s. ; Terneyre Ph., « Marchés d'entreprise de travaux publics: marchés publics ou délégations de service public- Note sous Conseil d'Etat, 15 avril 1996, Préfet des Bouches-du-Rhône », *RFDA,* n° 4, 1996, p. 718 et s. CE, 15 avril 1996 ; Preat D., « Délégations de service public: l'éclairage décisif du critère de la rémunération », *Les Petites Affiches,* n°84, 1996, p. 30 et s.; Chantepy Ch., « Marchés d'entreprise de travaux publics: marchés publics ou délégations de service public? Conclusions sur CE, 15 avril 1996, Préfet des Bouches-du-Rhône », *RFDA,* 1996, 715 et s.; Bergeal C., « Clause de paiement différé et marchés publics », *AJDA,* 1999, p. 364 et s.; Symchowicz N., « Délégation de service public- Le délicat critère de la rémunération », *Revue LeMoniteur des travaux publics et du bâtiment,* 8 mai 1998 ; Symchowicz N., « La notion de délégation de service public, critique des fondements de la jurisprudence « Préfet des Bouches-du-Rhône «, *AJDA*, 1998, p. 195.

[1] À propos de la définition de cette catégorie de contrats v. Marcou G., « La notion de délégation de service public après la loi du 29 janvier 1993 (I) «, *RFDA,* 1994, p. 691 et p. 875 (suite et fin) ; Douence J.-C., « Les contrats de délégation de service public », *RFDA*, 1993, p. 936 ; Dreyfus J.-D., « La définition légale des délégations de service public », 2002, p. 38.

[2] CJCE, 7 décembre 2000, *Telaustria Verlags GmbH Telefonadress,* aff. C-324/98, ECLI:EU:C:2000:669; v. aussi concl. Fennelly N. du 18 décembre 2000, surtout points 5 et 24.

[3] Article 1, paragraphes 3 (concessions de travaux) et 4 (concessions des services) de la directive n° 2004/18/CE du 31 mars 2004, relative à la coordination des procédures de passation des marchés publics de travaux, de fournitures et de services, *JOCE* L 134, 30.4.2004, p. 114–240.

la gestion même d'un service public. La contrepartie financière alors consiste dans les redevances perçues auprès des usagers du service. L'intégration de l'élément de la contrepartie dans la définition de cette catégorie des contrats paraît alors absolument logique et cohérente.

38. La question qui émerge, consiste dans la définition de ces résultats de l'exploitation. Selon la définition purement comptable, ce type de contrepartie «… figure parmi les soldes intermédiaires de gestion entre l'excédent brut de l'exploitation et le résultat courant avant impôts. On obtient le premier en déduisant de la valeur ajoutée (production moins consommation) les impôts et taxes (TVA) et les frais de personnel. On arrive au résultat de l'exploitation en déduisant de l'excédent brut de l'exploitation les dotations aux amortissements et aux provisions ainsi que certaines autres charges. Il reste à ajouter les résultats financiers (produits moins charges) pour obtenir le résultat courant qui sert d'assiette à l'impôt sur les bénéfices, au terme de quoi on parvient au résultat net (autrefois appelé bénéfice net) »[1].

39. Au fil de ces réflexions, force est de constater que, au niveau conceptuel, contrepartie et rémunération sont plus clairement distinguées en matière des contrats de concession. Ainsi, la rémunération liée aux résultats de l'exploitation pourrait être décrite en tant que le résultat net ou bénéfice net, dérivant après l'amortissement des investissements[2], des charges fiscales ainsi que les éventuelles charges, pesant sur les épaules du cocontractant de l'Administration sous forme des droits d'entrée, autrement dit les redevances pour occupation et utilisation de domaine public, dans le cas d'un contrat d'affermage par exemple. En effet, une marge de profit entendue comme rémunération est reconnue en vertu du revenu qui dérive du droit d'exploitation économique[3].

---

[1] Douence J.-C., « Observations sur l'application à certains contrats de la distinction entre marchés et délégations fondée sur le mode de rémunération », *RFDA*, 1999, p. 1134. V. aussi Dufau V., « À propos de la notion de redevances (Premier Partie) », *DA*, n°6, juin 2000, chron. 9.

[2] À propos de la notion de l'amortissement en matière des contrats de la commande publique, v. Vila J.-B., *Recherches sur la notion d'amortissement en matière de contrats administratifs,* (préf. Linditch F.) L'Harmattan, coll. Logiques juridiques, Paris, 2016 ; Vila J.-B., « Recherches sur le rôle de l'amortissement pour rationaliser la rémunération du cocontractant de l'Administration - Cas des délégations de services publics et des partenariats public-privé », *CMP,* 2010, n° 5, étude 5.

[3] Arrêt du 7 décembre 2000, *Telaustria Verlags GmbH Telefonadress, op. cit*, points 14 et 16.

40. Or, la notion de concession ne se borne pas à ses résultats financiers. Pour emprunter les mots du Professeur Delvolvé « [l]e lien exploitation et rémunération du concessionnaire est fondamental : la rémunération du concessionnaire est tirée de l'exploitation. L'essentiel est, dans tous les cas, que la rémunération du contrat dépend des résultats financiers de l'exploitation : la perception de redevances permet effectivement de reconnaître une concession, mais la concession n'est pas enfermée dans la perception des redevances »[1]. La complexité de l'objet de gestion de service public que le contrat de concession implique, ainsi que l'importance de réalisation de ces contrats, a conduit à l'émergence de modes de financement alambiqués. Ainsi, dans la pratique contractuelle, la contrepartie accordée au titulaire du contrat est souvent mixte. Plus précisément, outre les revenus de l'exploitation du service, la contrepartie peut comporter également le versement d'un prix par l'Administration contractante, ou l'octroi d'une subvention. Ce point obscur a nourri un vif débat jurisprudentiel, notamment en raison de certains types de contrats qui ne pourraient pas être *a priori* rattachés à l'une ou l'autre catégorie, en raison de la modalité de rémunération accordée au cocontractant de l'Administration[2]. En insistant sur le critère de la

---

[1] Delvolvé P., « Les arrêts et le système de la concession de service public- note sous CE, 16 avril 1986, *Compagnie luxembourgeoise de télédiffusion et autres*, *RFDA,* 1987, p. 2.

[2] En guise d'illustration, nous citons les arrêts les plus remarquables du Conseil d'État français qui ont tracé la jurisprudence récente en matière des catégories résiduelles des contrats créant une zone grise des contrats à la fois qualifiés comme des marchés et à la fois comme des conventions de délégation de service public. À propos du cas des marchés d'entreprise des travaux publics et la problématique relative à la qualification du marché à cause de l'interdiction par le CMP de clause de « paiement différé » v. CE, 8 février 1999, *Préfet des Bouches-du- Rhône c/ Commune de Ciotat*, req. n°150931, Braconnier S., « Un contrat en péril : le marché d'entreprise de travaux publics. A propos des arrêts du CE du 8 février 1999, Préfet des Bouches-du-Rhône c/ Commune de Ciotat et du 30 juin 1999 Département de l'Orne, Société Gespace France «, *RFDA,* 1999, p. 1172 et s. ; Douence J.-C., « Observations sur l'application à certains contrats de la distinction entre marchés et délégations fondée sur le mode de rémunération «, *RFDA,* 1999, p. 1134 et s ; À propos de la qualification du contrat de gérance v. CE, 7 avril 1999, *Commune de Guilherand-Granges,* req. n° 156008, concl. Bergeal C. « Notion du marché public «, *AJDA,* 1999, p. 517 et s. ; Douence J.-C., « Observations sur l'application à certains contrats de la distinction entre marchés et délégations fondée sur le mode de rémunération «, *ibid.* ; Vidal L. « Le juge administratif, l'économie et le contrat -

rémunération, la jurisprudence du Conseil d'État a entrepris à plusieurs reprises à l'interpréter, soit à l'aune de la condition de son lien substantiel aux résultats de l'exploitation[1], soit en recourant à la condition du transfert du risque d'exploitation[2]. Cette dernière condition, consacrée notamment par la directive européenne dite « concession », s'inscrit dans l'esquisse de la définition de cette catégorie[3].

41. En dépit d'une inclination à accentuer ce critère du risque, en réalité, le critère de la rémunération n'est guère abandonné. Au contraire, comme nous allons le démontrer par la présente étude, il contribue à une définition dynamique de la rémunération[4], au sens d'un élément constitutif du contrat de la commande publique, qui

---

réflexions à propos de deux arrêts du Conseil d'État », *RFDA,* 1999, p. 1147 et s. ; Orsoni G., « La gérance est un marché public «, *RTD Comm.,* 1999, p. 854 et s. Enfin, nous pourrions y ajouter les contrats de régie intéressée et l'arrêt CE 30 juin 1999, *SMITOM,* Raymundie Ol., « Une régie intéressée peut être qualifié de marchés publics », *AJDA,* 2002, p.338 et s. ; v. aussi Douence J.-C., « Le critère financier de la délégation de service public à l'épreuve de la pratique contractuelle », in *Mouvement du droit public- Mélanges en l'honneur de Frank Moderne,* Dalloz, Paris, 2004, p. 501-520, surtout p. 505 : « Dans les droits classiques de concession ou d'affermage, la rémunération s'entend des recettes destinées à couvrir les charges d'exploitation. Depuis l'arrêt SMITOM, il peut aussi s'agir de la somme versée par le délégant au délégataire une fois couvertes les charges d'exploitation ».

[1] CE 30 juin 1999, *SMITOM, ibid,* rejetant une évaluation quantitative de la dépendance de la rémunération par les résultats de l'exploitation. Ce contrat était qualifié en tant que convention de délégation de service public, nonobstant le fait que la part des recettes autres que celles correspondant au prix payé par le syndicat ne représentait que le 30M de l'ensemble des recettes perçues par le cocontractant de l'Administration.

[2] CE, 7 novembre 2008, *Département de la Vendée,* req. n° 291794, *Rec.*(tables), *DA*, n° 1, janvier 2009, comm. 5 ; *BJCP*, n° 62, 2009, p. 55-60, concl. Boulouis N. ; Capitant D., « Le risque économique, nouveau critère de la délégation de service public «, *Revue Lamy des Collectivités territoriales*, n° 43, février 2009, p. 40-43 ; Pez Th., « Le risque d'exploitation et la rémunération substantiellement liée aux résultats de l'exploitation (À propos de l'arrêt du Conseil d'État du 7 novembre 2008, *Département de la Vendée*)» , *BJCP*, n° 62, 2009, p. 7-20. V. aussi l'affirmation immédiate de cette jurisprudence, CAA Paris, 16 décembre 2008, *Commune Boulogne- Billancourt*, req. n° 07PA00954, *CMP*, n° 3, mars 2009, comm. 97, note Delacour Er.

[3] Article 5, alinéa 1, de la directive 2014/23 du 26 février 2014 sur l'attribution des contrats de concession.

[4] À propos de la définition du rapport entre risque et rémunération v. Partie I, Titre I, Chapitre II.

évolue tout au long de la vie du contrat. En poussant cette affirmation plus loin, on oserait même affirmer que la rémunération constitue un élément constitutif de son régime. Ainsi, sa définition ne saurait en aucun cas être isolée de son régime juridique.

§2 – LA COMPARAISON DES TROIS RÉGIMES

42. L'étude de la notion de la rémunération nous amène incontestablement à l'étude de son régime juridique, y compris tant au stade de passation du contrat de la commande publique qu'au stade de son exécution. À cet égard, la comparaison conséquente des régimes juridiques français, allemand et grec, sous l'influence, bien évidemment, du droit de l'Union européenne en la matière, constitue une *micro-comparaison* d'après les renseignements du droit comparé, lorsqu'elle concerne un ensemble de règles juridiques et institutions relatives aux contrats de la commande publique, et plus précisément leur volet économique[1].

43. Par ce biais, ayant défini le concept de la rémunération en droit français, il nous paraît indispensable d'identifier ce *tertium comparationis,* c'est-à-dire la définition retenue de la rémunération en tant que dénominateur commun autorisant la comparaison **(A)**. Cette démarche nous permettra de justifier le choix des systèmes juridiques examinés et comparés par la présente étude **(B)**.

A. Le *tertium comparationis* : circonscription de la notion dans les droits grec et allemand

44. Pour atteindre cet objectif, la comparaison du concept de la rémunération du cocontractant de l'Administration dans les contrats de la commande publique a suivi les trois étapes prévues par la méthodologie du droit comparé : la connaissance des termes à comparer, leur compréhension et, enfin, leur comparaison[2]. De prime

---

[1] La *micro- comparaison* se distingue de la *macro- comparaison* (comparaison de systèmes juridiques entiers. À propos de cette distinction v. Constantinesco L.-J., *Traité de droit comparé,* LGDJ, Paris, 1974, t. I, p. 209-214 ; Moustaira El., *Droit comparé- cours universitaires (Συγκριτικό Δίκαιο- Πανεπιστημιακές Παραδόσεις),* Ant.N. Sakkoulas, Athènes, 2004, p. 28-31.

[2] Constantinesco L.-J., *Traité de droit comparé, op. cit.,* p. 135 et s. Selon cet auteur, la connaissance des termes à comparer repose sur les principes suivants : 1. Étudier le

abord, l'étape de traduction constitue une démarche indispensable, mais le travail du comparatiste ne s'arrête là[1]. La construction de ce *tertium comparationis*, au sens d'isoler les points importants pour la définition à l'aide d'évaluations normatives[2], constituera une base solide pour édifier notre raisonnement relatif à son régime. Il s'agit d'un travail indispensable afin de démanteler et de comprendre la logique sur laquelle se fonde chaque régime et ensuite de les comparer.

45. Cette procédure intellectuelle nous permettra d'isoler le concept de la rémunération du cocontractant de l'Administration en droit français correspond aux termes « *amivi* » *(αμοιβή)* en droit grec **(i)** et « *Vergütung* » en droit allemand **(ii)**.

i. Le concept de la rémunération en droit grec (αμοιβή)

46. Le terme retenu pour illustrer le concept de la rémunération en droit grec des contrats de la commande publique est celui de *αμοιβή*, qui, d'un point de vue linguistique, est lui-même défini en tant que rémunération. Il s'agit d'un terme très présent dans la règlementation des marchés publics ainsi que des contrats de concession, notamment

---

terme à comparer tel qu'il est ; 2. Étudier le terme à comparer dans ces sources originaires ; 3. Étudier le terme à comparer dans la complexité et la totalité des sources du droit considéré ; 4. Respecter la hiérarchie des sources juridiques de l'ordre juridique considéré ; 5. Interpréter le terme à comparer selon la méthode propre à l'ordre juridique auquel il appartient.

[1] V. Sacco R., *La Comparaison juridique au service de la connaissance du droit*, Économica, Paris, 1991, p. 22, qui discerne clairement l'œuvre du comparatiste de celle des autres juristes dans la phrase suivante : « La traduction comporte sûrement la recherche de signification d'une phrase juridique dans une première langue et la recherche de la phrase qui est appropriée pour examiner dans une deuxième langue et la recherche de la phrase qui est appropriée pour exprimer, dans une deuxième langue, cette signification. La première partie de l'opération est l'œuvre d'un juriste ; la deuxième partie est également l'œuvre d'un juriste ; l'opération toute entière appartient au comparatiste, qui est seul compétent pour établir si deux idées, appartenant à deux systèmes juridiques différents, se correspondent ou non, et si une différence des règles emporte une différence dans les catégories ».

[2] Jansen N., «Comparative Law and Comparative Knowledge » in *The Oxford Handbook of Comparative Law*, Oxford University Press, 2006, p. 306-336, not. p. 314-315, à propos du choix du *tertium comparationis*, au sens de définir *"what matters"*.

au sens de la rémunération du maître d'œuvre. Cela s'explique par le fait que la pratique contractuelle en matière des contrats de la commande publique en Grèce met l'accent sur les contrats de travaux étroitement liés aux conjonctures socio- économiques.

47. En effet, en vertu de la réglementation en vigueur en matière des marchés publics, la rémunération est présentée avec des nuances. Plus précisément, dans la Loi grecque en matière des marchés publics n° 4412/2016 on retrouve la possibilité d'une *rémunération provisoire*, s'agissant du montant estimé par le pouvoir adjudicateur pour la réalisation des travaux d'études et de services corollaires[1], la *rémunération contractuelle*, au sens d'un prix forfaitaire prévu dans l'avis de concours, s'il ne prévoit pas un processus de mise en concurrence, et, à défaut, celui qui figure dans l'offre retenu[2], ainsi que la *rémunération finale,* c'est-à-dire le montant effectivement payé au cocontractant de l'Administration pour l'exécution du contrat[3]. Parmi eux, seule la rémunération finale correspond au concept de la rémunération au sens de la présente étude, lorsque les autres rapprochent plutôt la notion de la contrepartie[4].

48. Rappelant que la rémunération est étroitement liée au régime du contrat de la commande publique, en matière du droit grec, il mérite d'être mentionné qu'il suit à la fois les enseignements du droit français, et à la fois ceux du droit allemand[5]. Plus précisément, bien que le droit grec ait adopté en général la dualité des systèmes juridiques d'origine française, concernant l'existence d'un régime exorbitant de droit public, il faut admettre qu'à propos du stade de

---

[1] Article 2, paragraphe 2, n° 7 de la Loi grecque relative aux marchés publics n° 4412/2016, *JO* A' 147 du 08.08.2016.

[2] Article 2, paragraphe 2, n° 8 de la Loi grecque relative aux marchés publics n° 4412/2016, *ibid.*

[3] Article 2, paragraphe 2, n° 9 de la Loi grecque relative aux marchés publics n° 4412/2016, *ibid.*

[4] V. également le terme grec dessinant la contrepartie *(συμβατικό αντάλλαγμα),* art. 1 al.2 a et b. de la loi n° 4413/2016 à propos des contrats de concession, ainsi que Gerontas Ap., *Droit des travaux publics (Δίκαιο Δημοσίων έργων)*, Sakkoulas, Athènes- Thessalonique, 2009, p. 583 et s.

[5] À propos de la définition des contrats de la commande publique qualifiés en tant que contrats administratifs en droit grec et l'analyse de la pénétration du droit français et du droit allemand en la matière v. Flogaitis Sp., *Le contrat administratif- Notion et Nature (Η διοικητική σύμβαση- Έννοια και φύση),* Ant. N. Sakkoulas, Athènes- Komotini, 1991, not. p. 114, n° 73 et s.

l'exécution, le droit grec ressemble plutôt au droit allemand, notamment en ce qui concerne le renvoi aux dispositions du Code civil[1]. Cette particularité du droit grec, comme on va analyser plus loin[2], s'explique selon le Professeur Flogaitis par des raisons historiques : si le Conseil d'État français était forcé au début du XXe siècle de se saisir, en matière de contrat administratif, des dispositions du Code civil français de l'époque, le juge administratif grec disposait son propre Code civil[3]. En outre, l'influence civiliste s'explique davantage par le fait que le contentieux des contrats administratifs relevait de la compétence du juge judiciaire et que la compétence du juge administratif est relativement récente[4].

ii. Le concept de la rémunération en droit allemand (Vergütung)

49. Le droit des contrats de la commande publique fait partie du droit contre les restrictions à la libre concurrence *(Gesetz gegen Wettbewerbsbeschränkungen- GWB),* en vertu duquel sont transposées *a minima* les exigences du droit européen des contrats de la commande publique. Ainsi, le droit allemand adopte la division des contrats de la commande publique, au fil des définitions européennes des marchés publics et contrats de concession, en laissant entendre que la rémunération constitue le critère de leur qualification juridique en tant que marchés *publics (Vergabe öffentliche Aufträge-* §97 GWB*)* et aux contrats de concession *(Konzessionnen-* §105 GWB*).*

50. Partant de la définition européenne selon laquelle des contrats de la commande publique sont des contrats à titre onéreux, les dispositions allemandes consacrent une condition d'onérosité *(Entgeltlichkeit).* Par conséquent, le terme *Entgelt* dessine la contrepartie en générale *(Gegenleistung).* Tel fut l'esprit de l'ancien

[1] Flogaitis Sp., *Le contrat administratif- Notion et Nature, ibid.*
[2] V. infra, n°124.
[3] *ibid.*
[4] Article 7, paragraphe 1, de la loi n° 702/1977 *JO* 268/A/19-9-1977 et 1§ de la loi n° 1406/1986, *JO* 182/A/14.12.1983 (complété par la loi n° 2721/1999, *JO* A'112/03.06.1999, article 29, paragraphes 2, 3 et 4). Le Conseil d'Etat grec est compétent à saisir dans le cas des actes concernant le stade de passation (au fil de la théorie des actes détachables d'origine française). Avant cette réglementation ce contentieux était tenu en tant que plein contentieux administratif, soumis, cependant au contrôle des juges ordinaires. V. *infra*, n°124.

§99 du GWB transposant la définition du marché public du droit européen, maintenu également après la réforme de cette loi entrée en vigueur le 18 avril 2016, s'agissant de la transposition des directives européennes du 26 février 2014. Suivant, cependant, la dichotomie classique entre marchés et contrats de concession, le droit allemand distingue de manière respective le prix (*Preis*)[1] et les droits d'exploitation (*Recht zur Verwertung der Dienstleistungen*).

51. Dans ce cadre, le terme *Vergütung*[2] nous paraît le plus approprié pour décrire le concept de la rémunération en droit allemand, au sens d'un intérêt économique *(wirtschaftliche Interesse)*[3]. En outre, une réglementation particulière définissant le mode de calcul des prix et des tarifs en matière des contrats de la commande publique orienté vers les coûts, *(Preisrecht)*[4], vise à encadrer la marge s'agissant de l'*Entgelt stricto sensu.*

52. Sur ce point, il conviendrait de remarquer une particularité des contrats de concession en Allemagne, étroitement liée à sa tradition juridique. Outre que les contrats de concession au sens du §105 de la Loi contre les restrictions à la libre concurrence *(Gesetz gegen Wettbewerbsbeschränkungen – GWB)*, une partie des contrats de concession, sont des contrats administratifs, selon le §54 du Code de la procédure administrative (*Verwaltungsverfahrengesetz – VwVfG*). Selon cette disposition, l'objet de ces contrats, qualifiés

---

[1] Sulk J., *Le prix dans le droit de la commande publique* (*Der Preis im Vergaberecht)* coll. *Schriften zum Vergaberecht,* n° 1, Duncker & Humblot, Berlin, 2015.

[2] V. le terme *Vergütung,* prenant à la fois le sens de la rémunération (§2 du règlement VOB/B en matière des travaux publics et §13 VOL/B en matière des marchés des services), mais également celui du remboursement (§9b VOB/A).

[3] Ziekow- Völling, *Commentaire de la Loi contre les restrictions de la concurrence* (*GWB- Kommentar)*, 5e éd. 2024, éd. C.H. Beck, n° 45.

[4] Règlement PR Nr 30/53 relative aux prix dans la commande publique du 21 novembre 1953 (BAnz. 1953 Nr. 244), modifiée par l'art. 70 de la loi du 8 décembre 2010 (*BGBl.* I S. 1864), Pauka M. –Chrobot G., « Droit public des prix et droit de la commande publique- Remarques sur § 2 al. 4 VOL/A, notamment à propos de l'implication de sous-traitant « (« Öffentliches Preisrecht und Vergaberecht- Hinweise zu §2Abs.4 VOL/A, insbesondere bei der Einbeziehung von Unterauftragnehemern »), *VergR,* 2011, p. 405-412 ; Bestermann A.- Petersen M., « Droit de la commande publique et droit relatif au contrôle des prix- Nullité au sens du droit civil dans la passation en cas de dépassement du prix autorisé », («Vergaberecht und Preisrecht- Zivilrechtliche Umwirksamkeit des Auftrages bei Überschreitung des preisrechtlich zulässigen Höchtspreises »), *ZfBR,* 2008, p. 22.

d'administratifs, peut également constituer l'objet d'un acte administratif unilatéral[1]. En effet, il s'agit de service non marchand[2], qui exclut par construction la conceptualisation d'une rémunération. En ce sens, il conviendrait d'écarter ce type de contrats de notre recherche.

B. Justification du choix des droits mis en comparaison

53. Le choix des systèmes juridiques mis en comparaison s'explique par l'objectif de la recherche. Les systèmes juridiques retenus appartiennent à la grande famille des droits continentaux de l'Union européenne. Ainsi, en même temps qu'ils sont nécessairement convergents dans la mesure où le droit européen des contrats de la commande publique est respecté, voire transposé, notamment à propos du stade de leur passation, ils disposent de différences profondes en matière du régime juridique d'exécution, et parfois, en ce qui concerne les contrats sous les seuils européens. La comparaison qui s'effectuera dans la présente étude entre le droit français, le droit allemand et le droit grec est justifié par des raisons purement juridiques, mais également pratiques.

54. Plus précisément, la comparaison prend en considération la dualité des régimes juridiques des contrats de la commande publique, étroitement liée à la tradition juridique de chaque État membre, expliquée par le contexte historique et politique. Ainsi, d'une part, la France et la Grèce qualifient les contrats de la commande publique – au sens retenu dans la présente étude – comme des contrats administratifs, soumis à un régime exorbitant de droit public et au contrôle des juridictions administratives. En contrepied, l'Allemagne rattache ces contrats au droit commun. Par conséquent, les dispositions du Code civil allemand *(Bürgerliches Gesetzbuch- BGB)* s'appliquent directement sous réserve du stade de passation, pour lequel on peut reconnaître les prémices d'un droit public[3]. Alors,

---

[1] V. également infra, n°52.

[2] V. la notion de service public administratif (SPA) opposée à la notion de service public industriel et commercial (SPIC) en droit français.

[3] Fromont M., *Droit administratif des États européens*, coll. Thémis- Droit, PUF, 2006,p. 313-318. À propos du droit appliqué en matière des contrats de la commande publique, au sens d'un « droit privé de l'Administration «, v. Stelkens

d'une part, le droit français des contrats de service public dispose une longue tradition de doctrine et de jurisprudence du Conseil d'État, inspirant jusqu'à nos jours les évolutions du droit européen en la matière. C'est à cette tradition qu'on doit les notions du « service public », de « délégation de service public » (après la loi Sapin de 1993) et des théories liées au pouvoir prétorien du Conseil d'État (ex. théorie d'imprévision). D'autre part, le droit allemand balance entre sa conformité aux exigences européennes et sa tradition d'entreprises publiques responsables de la prestation des services publics.

55. En outre, le choix du droit grec s'explique par, outre les compétences linguistiques et scientifiques de l'auteur, deux raisons de nature juridique. D'une part, le droit grec des contrats de la commande publique constitue, en grande partie, un amalgame des enseignements du droit français et du droit allemand[1], ce qui explique sa comparabilité. D'autre part, ce choix repose sur les évolutions récentes dans le secteur public en raison de la conjoncture actuelle de la crise économique. Dans le cadre de la signature d'une série des protocoles d'entente en vue de la mise en œuvre du plan de sauvetage commun « Union européenne–Fonds Monétaire International » (UE-FMI), le gouvernement grec a restructuré le domaine des finances publiques, aspirant à l'assainissement du secteur public par des procédures susceptibles de sauvegarder la transparence et la libre concurrence. Par conséquent il incombe à la doctrine grecque que des juges et des praticiens du droit en général la reformulation du régime des contrats de la commande publique voire de trouver des solutions radicales en la matière.

56. Bien évidemment, une telle comparaison pique l'intérêt d'un publiciste entreprenant de trouver des réponses à propos de questions de nature des contrats visant à l'exécution de service public, de leur ouverture à la concurrence et de l'évolution de la rémunération du cocontractant de l'Administration en cas de survenance de conditions imprévues, comme par exemple une crise économique. Par ce biais, et si l'étude de chacun de ces trois droits nationaux sous l'influence du

---

Ul., *Droit privé de l'Administration (Verwaltungsprivatrecht)*, coll. Schriften zum öffentlichen Recht, n° 994, Duncker & Humblot, Berlin, 2005.

[1] Pour une présentation de l'influence des droits français et allemand sur le droit grec en matière des contrats de la commande publique, v. Flogaitis Sp., *Le contrat administratif- Notion et Nature (Η Διοικητική Σύμβαση- Έννοια και Φύση), op. cit.*

droit européen peut donner des connaissances importantes, c'est la comparaison entre eux qui deviendra encore plus fructueuse.

Section II – LES ENJEUX DE L'ÉTUDE

57. La présente étude vise à contribuer à l'appréhension juridique de la notion de la rémunération, notion *a priori* économique. Par conséquent, son objectif ne consiste pas en la reproduction du débat classique autour de la qualification juridique des contrats de la commande publique et la dichotomie entre marchés publics et contrats de concession. À l'inverse, la jurisprudence en la matière ainsi que le dialogue fructueux au niveau doctrinal constitueront le point de référence de notre recherche, afin d'en tirer des conclusions contribuant à la compréhension de la notion juridique de la rémunération. Or, cela ne constitue que l'étape nécessaire pour concevoir sa portée, sa fonction et son importance pour la pratique juridique.

58. Pour parvenir à cet objectif, l'étude opère une analyse institutionnelle de la notion de la rémunération. Ce choix repose sur l'acception que « cette analyse permet de développer sur le droit un autre point de vue, qui révèle des choses que les analyses classiques ne saisissent pas, même si, à l'évidence, il existe d'autres types d'analyse qui peuvent également révéler des éléments intéressants. Et il nous semble que chercher cet autre point de vue, essayer de saisir ce qui est caché, peut correspondre à une approche critique du droit : à une approche scientifique »[1].

59. Comme il convient à tout travail scientifique, la recherche effectuée a abordé une série d'enjeux qui, selon nos aspirations, contribueront à notre objectif principal. Par ce biais, on pourrait classifier ces enjeux dans deux catégories : d'une part, les enjeux conceptuels embrassant l'ensemble d'hypothèses scientifiques contribuant à approfondir notre syllogisme autour de la notion de la rémunération **(§1)** ; d'autre part, on retrouve, bien évidemment, des enjeux inhérents par construction d'une étude comparée. Ainsi, outre que sa contribution à la connaissance en soi, au sens de la compréhension approfondie d'une notion, la comparaison effectuée

---

[1] Millard E., « Hauriou et la théorie de l'institution ». *Droit et Société*, Ed. juridiques associées -L.G.D.J., 1995, p.381-412 (ici p.408).

entre les régimes français, allemand et grec des contrats de la commande publique vise également aux objectifs utilitaristes, relatifs à la mise en lumière des convergences et divergences des systèmes juridiques **(§2).**

§1 – LES ENJEUX CONCEPTUELS

60. La démonstration qui suivra aspire à contribuer à une conception dynamique de la rémunération, qui est fixée dès la passation, mais qui évolue tout au long de la vie du contrat, dans le respect, cependant, des contraintes relatives à la libre concurrence et à la préservation de l'effet utile de la réglementation, nationale ainsi qu'européenne, qui la consacre.

61. En ce sens, le démantèlement du droit positif applicable en matière des contrats de la commande publique comporte deux volets étroitement liés, voire inséparables, autour desquels s'articulent les hypothèses de la présente étude : un volet contractuel, remontant à l'affirmation de leur nature contractuelle **(A),** ainsi qu'un volet concurrentiel, dégagé par la forte présence de contraintes liées à la protection de la transparence et de la libre concurrence **(B).**

A. L'axe contractuel

62. Postulant que la rémunération est définie en tant que le droit le plus important du cocontractant de l'Administration, il s'ensuit qu'elle doit correspondre à une obligation respective de l'Administration contractante. Ce rapport ne saurait être défini qu'au prisme du lien contractuel **(i).** Or, l'implication de l'Administration, n'est pas dénuée de conséquences sur la définition de ce droit, compte tenu du fait que son assimilation à n'importe quel cocontractant serait imprécise voire trompeuse. Par conséquent l'étude de la notion de la rémunération doit incontestablement rendre compte des particularités inhérentes à la définition même des contrats de la commande publique **(ii).**

i. *Rémunération et enseignements de la théorie du contrat*

63. L'affirmation traditionnelle de la nature contractuelle des contrats de la commande publique[1] et la qualification conséquente des clauses stipulant la rémunération également de nature contractuelle[2] imposent nécessairement son examen au prisme d'une logique contractuelle, selon les enseignements de la théorie du contrat.

64. Partant de l'axiome que « le contrat n'est qu'une procédure spécifique de création d'effets juridiques »[3], force est de constater que la rémunération, au sens d'un droit du cocontractant de l'Administration, ne saurait avoir son fondement ailleurs que dans un lien contractuel. Il s'ensuit alors que les parties sont engagées au nom d'une équité contractuelle, exprimée au niveau terminologique, par les termes de *l'équilibre contractuel*, au sens d'un mécanisme artificiel au service de l'évaluation d'un rapport équitable entre droits et obligations contractuels[4], ainsi que celui de *l'équilibre financier*, au sens d'un rapport équitable entre dépenses et recettes[5]. Ces mécanismes artificiels, mis au service de l'évaluation du rapport économique inhérent au contrat, contribuent à l'émergence d'un principe de *juste rémunération*[6] régissant l'ensemble des contrats.

65. De surcroît, force est de constater que le contrat constitue un accord des volontés des parties et un acte de prévision. Ainsi, le complément de cette idée d'équité, indispensable au contrat, est une

---

[1] Gaudemet Yv., « Le contrat administratif, un contrat hors la loi », *Cahiers du Conseil constitutionnel*, n° 17 (dossier *Loi et contrat*), 2005, selon lequel : « il n'est ni plus ni moins reconnaître dans le contrat administratif un véritable contrat, nettement dégagé de la gangue des procédures, un accord de volonté générateur d'obligations, et non plus seulement une modalité particulière d'Administration ».

[2] De Laubadère et al., *Traité des contrats administratifs*, *op. cit.*, p. 218-219 n° 1012.

[3] Ghestin J., « La notion du contrat », *D.* 1990, chr. 147 ; Aynes L., « Le contrat, loi des parties », *Cahiers du Conseil constitutionnel*, n° 17 (dossier *Loi et contrat*), 2005.

[4] Fin-Langer L., *L'équilibre contractuel*, coll. Bibliothèque de droit privé, n° 366, LGDJ, Paris, 2002 ; Lardeux G., « Équilibre contractuel et sécurité juridique » in Lardeux G. (sous dir.), *L'équilibre du contrat*, PUAM, Aix-en-Provence, 2012, p. 65-74.

[5] Vidal L., *L'équilibre financier du contrat dans la jurisprudence administrative*, (préf. Bréchon-Moulènes Ch.), Bruyant, Bruxelles, 2005.

[6] V. *infra*, n°219.

contrainte de sécurité juridique. Le principe *pacta sunt servanda*[1], ou, autrement dit, la force obligatoire du contrat, vise, bien évidemment, à protéger les intérêts des parties, tout au long de la vie du contrat.

66. Du point de vue déontologique, voire idéaliste, l'idée de la *loyauté contractuelle* ajoute un sens moral au lien contractuel[2]. Loin de vouloir faire fi de sa définition subjective au sens du comportement d'une personne sincère et fidèle, il faut constater un glissement vers une conception objectiviste, afin d'évaluer les irrégularités éventuelles du contrat, autrement dit, l'appréciation de la légalité des stipulations contractuelle par rapport au droit positif applicable : les parties sont en général tenues de conclure un contrat légalement formé[3]. D'un point de vue utilitariste, la loyauté contractuelle, contribue au renforcement du lien contractuel[4], et à la primauté de l'application du contrat, puisqu'elle est « invoquée pour marquer le territoire d'un droit subjectif, ainsi que pour sanctionner les comportements dommageables par l'engagement de la responsabilité du cocontractant, notamment quasi-délictuelle »[5]. Les principes de bonne foi[6] et de bonnes mœurs de droit commun des contrats, l'obligation et sa sanction – autrement dit la responsabilité en vertu du contrat – sont fondés sur un socle commun, celui de la loyauté contractuelle.

---

[1] Stelkens U., « *Pacta sunt servanda* en droit administratif allemand et français » (« *Pacta sunt servanda* im deutschen und französischen Verwaltungsvertragsrecht,»), *DVBI,* 2012, n° 15, p. 609-615.

[2] Picod Yv., *Le devoir de loyauté dans l'exécution du contrat,* (préf. Couturier G.), coll. Bibliothèque de droit privé, t.208, LGDJ, Paris, 1989 ; Flécheux G., « Renaissance de la notion de bonne foi et de loyauté dans le droit des contrats » in *Le contrat au début du XXIe siècle- Études offertes à Jacques Ghestin*, LGDJ, Paris, 2001, p. 344.

[3] À propos de la problématique de la loyauté contractuelle ainsi que la possibilité des dérogations éventuelles v. infra, n°1120.

[4] V. Lafaix J.-F., « La loyauté des relations contractuelles au regard de la théorie du contrat » in *Mélanges en l'honneur du Professeur Laurent Richer- À propos des contrats des personnes publiques*, LGDJ, Paris, 2013, p. 369 : « En tant qu'elle empêche la remise en cause d'un acte juridique, l'exigence de la loyauté est une sorte de réplique (au sens sismologique) du principe de sécurité juridique, qui est également lié à l'idée de prévisibilité. Mais, alors que le juge administratif répugnait à s'engager sur la voie dite « subjectiviste» de la confiance légitime, il semble avoir franchi le pas sous l'étiquette de la loyauté ».

[5] Le Tourneau Ph. - Poumadère M, « Bonne foi », *Rép. dr. Civ*. Dalloz, janvier 2017 (actualisation juillet 2025).

[6] *ibid*, n° 20, à propos d'une obligation de bonne foi.

67. Or, on ne peut pas négliger le fait que les contrats de la commande publique ne sont pas de contrats comme les autres. Le Professeur Gaudemet reconnait une catégorie générique du contrat administratif ainsi qu'une théorie des contrats de la commande publique, *plus aboutie et institutionnalisée*[1]. Comme il sera démontré tout de suite, la loyauté contractuelle en matière des contrats de la commande publique semble se renforcer progressivement, en gagnant du terrain au détriment de la marge de manœuvre des parties à définir volontairement leurs droits et obligations.

ii. Rémunération et particularités des contrats de la commande publique

68. En matière des contrats de la commande publique, le principe de loyauté contractuelle paraît accentué, notamment en raison d'une dense réglementation d'origine européenne ainsi que nationale. En entretenant un rapport particulièrement étroit avec le principe de légalité régissant l'ensemble de l'activité de l'Administration, le devoir de loyauté contractuelle s'avère être un catalyseur de la détermination des stipulations contractuelles etm par conséquent, des droits et obligations qui naissent. En effet, « [l]a référence au principe de loyauté ne rapproche pas le contrat administratif du contrat civil. Elle accentue, au contraire, la dimension institutionnelle du contrat administratif. Ce contrat constitue le cadre évolutif dont les parties ne peuvent aisément s'extraire. Cette dimension explique aussi que le contrat intéresse les tiers, qui deviennent, de ce fait, les acteurs légitimes (et même plus légitimes que les parties), pour en contester la légalité »[2]. Il s'agit, d'une réduction de l'apport du dogme de l'autonomie de la volonté en tant que matrice du régime du contrat[3].

69. Du point de vue comparatif, le droit allemand ainsi que le droit grec, en adoptant une conception plus normative du contrat de la commande publique étroitement liée à leur tradition juridique, mettent l'accent sur le principe de légalité et sur la formation du contrat

---

[1] Gaudemet Yv., « Le contrat administratif, un contrat hors la loi », *op. cit.*

[2] Lafaix J.-F., « La loyauté des relations contractuelles au regard de la théorie du contrat », *ibid,* p. 365-366.

[3] Nicinski S., « Le dogme de l'autonomie de la volonté dans les contrats administratifs » in *Les contrats publics- Mélanges en l'honneur du Professeur M. Guibal*, PUM, Montpellier, 2006, p. 45.

conformément aux dispositions normatives applicables[1]. Comme en témoigne le régime des contrats de la commande publique, cette obligation de loyauté embrasse le principe de légalité régissant l'ensemble de l'activité de l'Administration[2], ainsi qu'aux principes de bonne foi et de bonnes mœurs, déduits par le Code civil allemand[3] et grec[4].

70. Bien que ces principes ne cessent de jouer en matière des contrats de la commande publique du droit français, dans la pratique, l'impératif de la satisfaction de l'intérêt général par le truchement des principes de service public[5] est justifié même la préservation des contrats irréguliers à moins que l'illégalité ne porte une atteinte excessive à l'intérêt général ou à celui d'une partie. Ainsi, loin de vouloir faire fi de la contribution de la jurisprudence du Conseil d'État français *Commune de Béziers I et II*[6], il faut, pourtant, constater qu'il ne s'agit pas d'une innovation radicale, mais plutôt la confirmation

---

[1] V. infra, n° 1032 à propos du droit grec et n° 1035 à propos du droit allemand des contrats de la commande publique.

[2] Parmi une riche bibliographie, v. Maurer H., *Allgemeines Verwaltungsrecht (Droit administratif général)*, 18e éd. 2011, §14, n° 25 à propos du droit allemand ainsi que Jacquemet- Gauché A., « Le principe de légalité en droit administratif allemand », *RFDA*, 2022, p. 217.

[3] §242 BGB *(Treu und Glauben)*.

[4] Articles 200, 288 et 388 du Code civil grec.

[5] V. Truchet D., « Unité et diversité des 'grands principes' de service public », *AJDA*, 1997, p. 38.

[6] En guise d'illustration, v. la jurisprudence dite « Béziers I et Béziers II, » : CE, 28 décembre 2009, *Commune de Béziers*, req. n° 304802, *Rec.* 509, concl. Glaser ; concl., *BJCP*, 2010, p.138, *RFDA*, 2010, p.506 ; *AJDA*, 2010, p.142, chr. Liéber et Botteghi, et 2011, p..665, chr. Lallet et Domino ; *AJCT* novembre 2010, p.114, note Didriche ; *CMP*, mars 2010, comm.38, note Rees ; *Gaz. Pal.*, 16 mars 2010, p. 13, note Seiller ; *JCP A*, 2010, comm. 2072, note Linditch ; *RDI* 2010, p. 265, note Noguellou ; *RDP*, 2010, p.553, note Pauliat ; *RFDA*, 2010.519, note Pouyaud ; *RJEP*, juin 2010, p.19, note Gourdou et Terneyre ; *GACA*, n ° 8; *GAJA*, n° 104 ; Glaser Em., « Béziers I, à propos d'un "notamment" « in *Mélanges en l'honneur du Professeur Laurent Richer- À propos des contrats des personnes publiques*, *op. cit*, p. 642, ainsi que CE, 21 mars 2011 *Commune de Béziers*, req. n° 304806, *Rec.* 117, concl. Cortot- Boucher ; *RFDA* 2011, p.507, concl., 518, note Pouyaud ; *AJDA*, 2011, p.670, note Lallet ; *CP-ACCP*, mai 2011, p. 64, note Le Chatelier ; *CMP* mai 2011, n° 150, note Pietri ; *DA*, 2011, n° 46, note Brenet et Melleray ; *JCP A*, 2011, comm..2171, note Linditch ; *JCP*, 2011, comm.658, note Ubaud- Bergeron ; *RDI*, 2011, p.270, note Braconnier ; *RJEP*, octobre 2011, comm.26, note Cossalter Ph. Février 2013, comm.11, note Gourdou ; *GACA* n ° 8, et *GAJA*, n° 104.

d'une obligation atténuée, qui le fait « sortir de l'ombre » [1]. Cette jurisprudence confirme deux types de contestations en vertu des recours entre parties, ceux concernant la validité du contrat, ainsi que ceux concernant son exécution, ayant ainsi contribué à l'élargissement de l'office du juge de plein contentieux. En outre, et malgré qu'il ne s'agit que d'un principe procédural qui, « ne peut être utilisée que dans le respect de règles textuelles de compétence et de procédure qui s'imposent au juge lui-même »[2], ce devoir de loyauté, comme il sera analysé, ne se limite pas à une souhait déontologique, mais il se matérialise par une réglementation abondante, qui non seulement détermine avec minutie la procédure, mais qui conditionne, également, de manière contraignante le comportement et les choix de l'Administration à la base des critères objectifs et abstraits.

71. Les évolutions en matière du droit européen ont également contribué à cette tendance[3]. D'un point de vue processuel, la directive

[1] Seiller B., « La loyauté [hors] des relations contractuelles » in *Mélanges en l'honneur du Professeur Laurent Richer - À propos des contrats des personnes publiques*, *op. cit.*, p. 435-449.

[2] Sestier J.-F., « La loyauté dans l'exécution des relations contractuelles : un standard juridique commode ? » in *Mélanges en l'honneur du Professeur Laurent Richer- À propos des contrats des personnes publiques*, *ibid.*, p. 451-462 (not. p. 461-462).

[3] En premier lieu, les directives pertinentes sont adoptées à partir des années 1970 et jusqu'à nos jours ; on peut distinguer quatre catégories : i. Directive 77/62/CE modifiée par la directive 80/767/CE et la directive 88/295/CE qui décrivent le premier effort de la communauté de faire le cadre normatif commune de la passation des marchés publics en structurant le marché européen ; ii. Directive 2001/78/CE du 13 septembre 2001 qui modifie les directives 93/36/CE, 93/37/CE et 92/50/CE (déjà modifiée par la directive 97/52/CE) et 93/38/CE (déjà modifiée par la directive 98/4/CE) ; iii. Directives 2005/51/CE du 7 septembre 2005 et 2005/75/CE du 16 novembre 2005 qui modifient les directives 2004/18/CE et 2004/17/CE et leurs annexes à propos de la procédure de passation de marchés publics dans l'espace communautaire ; iv. Directive 2007/24/CE du 23 mai 2007 abrogeant la directive 71/304/CE sur la suppression des restrictions à la libre prestation des services dans le domaine des marchés publics de travaux et à l'attribution par l'intermédiaire d'agences ou de succursales. Il y a aussi une autre classification de ces directives en quatre générations qui apparaît dans l'ouvrage du Professeur Laurent Richer *L'Europe des marchés publics,* L.G.D.J. Lextenso éditions, Paris, 2009, par rapport à une hiérarchie chronique de l'évolution du droit communautaire dérivé (i. les directives 71/395 et 77/62 avant l'Acte unique de 1986 qui avaient une application limitée, ii. la directive 89/440 portant coordination des procédures de passation sur le marché intérieur, iii. les directives de 1993 qui ont classifié les marchés publics selon leur objet et enfin iv. les directives 2004/18 et 2004/18).

« recours » du 2007/66/CE a consacré outre le référé précontractuel, la possibilité du référé contractuel, visant à renforcer la protection des tiers au contrat, et notamment des concurrents évincés. Ces évolutions du régime contentieux ont entraîné de conséquences matériellesm lorsque les tiers justifient également d'intérêt à agir pour contester sa validité. Ainsi, le contrat de la commande publique conclu n'est plus une affaire exclusivement *inter partes,* ce qui met en lumière une conception normative, voire institutionnelle, desdits contrats[1].

72. Selon Maurice Hauriou « l'institution ou l'analyse institutionnelle s'agit d'une construction intellectuelle d'un modèle explicatif du droit et de son rapport social »[2]. En ce sens, la présente étude aspire à contribuer à une définition de la rémunération en tant qu'une situation institutionnelle, atténuant sa conception objective au détriment de sa définition traditionnellement subjective, à travers une critique des institutions, réglementations et procédures de passation, ainsi que sa préservation tout au long de la vie du contrat.

73. Au-delà, cependant, de cette approche purement juridique de la rémunération, il ne faut pas omettre sa connotation économique et financière. Par ce biais, la rémunération est forgée par les deux forces du marché concurrentiel, l'offre et la demande.

B. L'axe concurrentiel

74. L'étude attentive du droit positif des contrats de la commande publique révèle l'accentuation de la réglementation au stade de la passation. À cette dense réglementation contribue notamment la multiplication progressive des contraintes du droit européen, qui, visant à l'achèvement du marché intérieur, tend à l'encadrement du jeu de la libre concurrence, en consacrant un principe général de protection[3]. « La concurrence apparaît [...] en tant que garantie de la

---

[1] Yannakopoulos C., « L'apport de la protection de la libre concurrence à la théorie du contrat administratif », *RDP*, 2008, 20 août 2008, n° 2, p. 421 et s. V. sur ce point, infra n°515.

[2] Millard Er. « Hauriou et la théorie de l'institution », *Droit et société*, n° 30-31, 1995- *L'environnement et le droit*, p 381-412.

[3] Yannakopoulos C., « L'apport de la protection de la libre concurrence à la théorie du contrat administratif », *op. cit.*

meilleure efficacité dans l'utilisation des ressources, être un élément de l'intérêt général »[1].

75. Ainsi, la libre concurrence n'est pas tenue en tant qu'un objectif per se mais en tant qu'instrument pour la réalisation de l'objectif du marché unique européen et de la protection des deniers publics au niveau des États membres.

76. En affirmant le rôle cardinal de la concurrence en matière des contrats de la commande publique, la rémunération est conditionnée par le jeu entre offre et demande en vertu de cette transaction économique. Les enseignements de la théorie économique de la concurrence contribuent à l'appréhension de ce processus soumis aux contraintes visant à une protection contre les distorsions de la concurrence **(i)**. Bien que les personnes publiques ne soient a priori pas directement justiciables de ces contraintes – en principe relatives à l'élimination des pratiques anticoncurrentielles – le droit européen consacre des règles s'adressant directement aux États membres **(ii).**

i. Rémunération et libre concurrence

77. Du point de vue économique, le contrat de la commande publique peut être considéré comme un marché pertinent[2], dont la délimitation repose sur la combinaison de certaines caractéristiques liées notamment à l'objet du contrat. Au premier abord, il pourrait être constaté que la détermination des prix du marché est le résultat de ce jeu entre l'offre et la demande. C'est d'ailleurs dans ce champ que les opérateurs exercent leurs libertés économiques. En ce sens, il est évident qu'un opérateur privé, en tant que cocontractant potentiel, cherche l'obtention du profit le plus grand possible. Cependant, une telle cible présuppose la domination du marché, autrement dit sa sélection par le pouvoir adjudicateur et la conclusion du contrat avec lui, ce qui paraît contradictoire avec ses buts lucratifs. Pour autant, il doit présenter l'offre qui, en comparaison avec les autres, sera l'offre

---

[1] Conseil d'État (Section des rapports et des études), *Collectivités publiques et concurrence, Rapport public 2002*, La documentation française, Paris, 2002, p. 219. V. également Clamour G., *Intérêt général et concurrence : essai sur la pérennité du droit public en économie du marché,* coll. Nouvelle bibliothèque de thèses, v. 51, Dalloz, Paris 2006.

[2] V. infra, n°783.

économiquement la plus avantageuse, qui, en vertu d'un marché concurrentiel, conduit au prix concurrentiel.

78. De surcroît, le contrat de la commande publique, bien défini par la demande de la part de l'Administration, permet le dévoilement de plusieurs offres, qui, pourtant, ne déterminent pas de manière uniforme les prix sur le marché. Telle est l'acception qui s'ensuit de l'évolution de la doctrine économique en la matière. Le dépassement de la théorie de la *main invisible du marché* d'A. Smith reposant sur l'acception que le marché conduit par lui-même à une optimisation des ressources lorsque les prix sont fixés par rapport aux coûts de production[1] et la théorie de L. Walras reposant sur une égalité des offres impersonnelles[2], conduit au refus d'une concurrence pure et parfaite établie *a priori* dans le marché concurrentiel.

79. En contrepied, la doctrine économique au début du XXe siècle, prenant en considération les difficultés dans le marché concurrentiel, est arrivée au résultat que la situation normale du marché est celle d'une concurrence imparfaite[3]. *La théorie de la différenciation*, reposant sur les différents prix des produits proposés, ainsi que leurs qualités différentes (préférences) pour qualifier l'attractivité d'une offre[4], a bien démontré que chaque offre présentée ne fait pas le même écho dans le marché. Cette différenciation est également invoquée soit par rapport aux structures du marché susceptibles de fausser la concurrence par *l'école structuraliste* de Harvard, soit par rapport aux comportements individuels des opérateurs de *l'école comportementale* de Chicago[5]. À côté de cela, s'ajoute la *théorie des marchés contestables* [6], qui constitue une évolution de la théorie comportementale et avec laquelle constituent les fondements du droit anti-trust d'origine américaine qui a inspiré également le droit de la concurrence européen. La théorie d'*Ordolibéralisme*, théorie de l'École de Fribourg, qui a accueilli la théorie anti-trust américaine, au

---

[1] Smith A., *La richesse des nations*, 1776.
[2] Walras L., *Les éléments d'économie politique pure*, 1874.
[3] Robinson J., *The economics of imperfect competition*, Londres, 1933.
[4] Chamberlin E., *The theory of monopolistic competition*, New York, 1933.
[5] À titre indicatif, on se réfère notamment aux travaux de Coase R., *Law and Economics* at Chicago, vol. 36, n°1.1, Part 2. À propos d'une critique des différentes théories économiques relatives à la concurrence v. Malaurie- Vignal M., *Droit de la concurrence interne et européen*, 6e éd. Sirey, Paris, 2014, p. 30-35, n° 75-87.
[6] Posner R., *Antitrust Law*, Chicago University Press, 2e éd. 2001.

lendemain de la Seconde Guerre mondiale, sous le prisme de « l'économie sociale de marché », ou de « constitutionnalisation de l'économie »[1], vise également la condamnation des comportements susceptibles de fausser la détermination du prix concurrentiel, toujours à l'aune de l'efficacité économique[2], ou, autrement dit, « l'efficience en vue de la meilleure allocation des ressources »[3].

80. De toute façon, les enseignements de la théorie économique démontrent que l'imprégnation de la concurrence dans le contrat, perçu en tant que marché pertinent, expose la détermination des prix aux comportements des opérateurs. Afin d'apprécier le pouvoir de chaque opérateur, la doctrine ainsi que les autorités de la concurrence ont adopté la notion du *marché pertinent,* ou *marché en cause (relevant market),* assimilable au marché des produits, dont la délimitation repose sur la substituabilité ou interchangeabilité des offres[4]. Le contrat de la commande publique peut ainsi constituer un marché pertinent : « Un marché des produits en cause [qui] comprend tous les produits et/ou services que le consommateur considère comme interchangeables ou constituables en raison de leurs caractéristiques, de leur prix et de l'usage auxquels ils sont destinés. Le marché géographique en cause comprend le territoire sur lequel les entreprises concernées sont engagées dans l'offre des biens et des

---

[1] À propos du contexte économique et politique en Allemagne dans cette période de naissance de la théorie d'Ordolibéralisme v. Ullrich H., *La politique de concurrence en Allemagne fédérale*, coll. Que sais-je ?, PUF, 1996. Plus précisément pour la théorie de l'Ordolibéralisme v. Mongouachon Cl., « L'ordolibéralisme : Contexte historique et contenu dogmatique », *Concurrences*, 2011, n° 4, p. 70-78. V. Prieto C., « Fondamentaux du droit européen de la concurrence », *JCP Europe*, synthèse n° 130 ; « Droit européen de la concurrence- Champ d'application », *JCP Europe Traité*, fasc. 1400.

[2] Pour une critique de la doctrine économique relative à la concurrence, v. Malaurie Vignal, *Droit de la concurrence interne et européen*, *op. cit.*, p. 30-35, n° 75-87 ; Combe E., *Économie et politique de la concurrence*, Dalloz, 2005, p. 3-14.

[3] Prieto C., « Pouvoir de marché et liberté des entreprises, les fondements de la politique de la concurrence », *op. cit.*

[4] En guise d'illustration v. Décision de la Commission européenne, 22 octobre 1964, *DECA*, 64/559/CEE, *JO* n° 173 du 31 octobre 1964, p. 2761- 2762, CJCE, 9 juillet 1969, *Franz Vôlk c/ Ets J.Vervaeke*, aff. C-5/69, ECLI:EU:C:1969:35. Décision de la Commission 20 décembre 1974, *SHV -Chevron*, 75/95/CEE, *JOCE* n° L 38 du 12 février 1975. V. aussi Oikonomou M., *Contrats publics et droit de la libre concurrence (Δημόσιες συμβάσεις και δίκαιο ελεύθερου ανταγωνισμού)*, *op.cit.*, p.47-48, n° 45-47.

services en cause, sur lequel le les conditions de la concurrence sont suffisamment homogènes et qui peut être distingué de zones géographiques voisines parce que, en particulier, les conditions de la concurrence y diffèrent de manière appréciable »[1].

81. Sous ces considérations, le marché pertinent du contrat est défini par la demande du pouvoir adjudicateur qui détermine la substituabilité des offres présentées[2]. C'est alors dans ce cadre que le pouvoir de chaque opérateur peut être évalué en vue de la fixation de la contrepartie, d'où ce dernier va tirer sa rémunération. Toutefois, et nonobstant l'éventuelle objectivité du critère de la substituabilité, la différenciation des offres ainsi que le pouvoir conséquent du marché ne peuvent pas aisément se distinguer du comportement subjectif des opérateurs. Certes, le marché n'est pas par définition neutralisé, sinon l'utopie de la concurrence pure et parfaite serait le cas normal. À cet égard, la Professeure Marie-Anne Frison-Roche, propose la notion de l' *opérateur crucial,* au sens de l'opérateur sans lequel un secteur ne peut pas fonctionner. Selon cette position, les opérateurs cruciaux peuvent être classifiés à trois catégories : les titulaires des infrastructures essentielles, les porteurs de l'innovation du secteur ou

---

[1] Pour la définition du marché pertinent par le droit européen v. Communication nº 97/372/04 de la Commission relative à la définition du marché en cause, *JOCE*, nº C 372, 9 décembre 1997, ainsi que Cabanes A. « Abus de position dominante dans les contrats publics », *JCl CMP,* fasc. 37, point nº 17: « le marché pertinent comprend tous les produits et/ou services que le consommateur considère comme interchangeables ou substituables en raison de leurs caractéristiques, de leur prix et de l'usage auquel ils sont destinés ».

[2] V. la définition donnée par le Conseil français de la concurrence, Rapport d'activité, 1992 : « Le marché, au sens où l'entend le droit de la concurrence, est défini comme le lieu sur lequel se rencontrent l'offre et la demande pour un produit ou un service spécifique. En théorie, sur un marché, les unités offertes sont parfaitement substituables pour les consommateurs qui peuvent ainsi arbitrer entre les offreurs lorsqu'il y en a plusieurs, ce qui implique que chaque offreur est soumis à la concurrence par les prix des autres. À l'inverse, un offreur sur un marché n'est pas directement contraint par les stratégies de prix des offreurs sur des marchés différents, parce que ces derniers commercialisent des produits ou des services qui ne répondent pas à la même demande et qui ne constituent donc pas, pour les consommateurs, des produits substituables. Une substituabilité parfaite entre produits ou services s'observant rarement, le Conseil regarde comme substituables et comme se trouvant sur un même marché les produits ou les services dont on peut raisonnablement penser que les demandeurs les considèrent comme des moyens alternatifs entre lesquels ils peuvent arbitrer pour satisfaire une même demande ».

les porteurs du risque du système. Comme elle précise, « [l]'opérateur crucial constituerait une catégorie intermédiaire, car en tant qu'elle est une entreprise ayant une activité d'offre et de demande, elle relève de cette catégorie si générale des entreprises, mais, en tant qu'elle est indispensable au marché, elle subit à la fois moins de contrainte et plus de contrôle, jouxte la qualité d'un quasi-régulateur et se rattache à une fonction qui dépasse le but ordinaire des entreprises »[1].

82. La prise en compte des comportements des opérateurs dans le marché au prisme de la détermination du prix du marché permet à conclure que la rémunération dans le contrat ne constitue pas le fruit de la seule rencontre de la demande de l'Administration avec les offres présentées par cocontractants potentiels. L'ouverture à la concurrence d'un contrat de la commande publique l'expose incontestablement à de tels comportements, qui, déterminant le prix concurrentiel selon leur pouvoir du marché, décident de la rémunération qui sera accordée à la fin du processus concurrentiel. Selon la Professeure Nicinski, « le prix est en fait à la fois la conséquence et la manifestation finale d'une série des facteurs de distorsion de la concurrence »[2]. Ainsi, la protection de la libre concurrence, visée par le droit de la concurrence, aboutit à la délimitation du pouvoir du marché susceptible de la fausser et par conséquent à la délimitation de son apport sur la détermination du prix concurrentiel. Afin d'achever cette protection, le droit de la concurrence condamne certaines pratiques à effet anticoncurrentiel.

83. Or, les personnes publiques ne sont pas directement justiciables du droit de la libre concurrence et à ses contraintes. Afin que la libre concurrence en matière des contrats qu'elles concluent soit effectivement protégée, le droit européen de la concurrence prévoit certaines contraintes concernant les personnes publiques.

ii. Rémunération et droit européen de la concurrence

84. De manière générale, il conviendra d'affirmer que le droit des contrats de la commande publique constitue un point de convergence entre mise en concurrence et droit de la concurrence. Le droit

---

[1] Frison-Roche M.-A., « Proposition pour une notion : l'opérateur crucial », *D.*, 2006, p. 1895.

[2] Nicinski S., *Droit public des affaires,* 10e éd., LGDJ, Paris, 2025, p.556, n°941.

européen a profondément contribué à cette affirmation. Ainsi, bien que les personnes publiques exerçant la puissance publique échappent aux règles de libre concurrence au niveau national, le droit européen a fait sauter le verrou, en insérant de règles qui les concernent.

85. Plus précisément, le droit européen interdit, de manière expresse, les aides publiques, au sens des « aides accordées par les États ou au moyen de ressources d'État sous quelque forme que ce soit qui faussent ou qui menacent de fausser la concurrence en favorisant certaines entreprises ou certaines productions »[1]. Ainsi, tout avantage accordé par une personne publique à un opérateur privé est soumis à cette interdiction, sous réserve des compensations de service public. Le paragraphe 2 de l'article 106 du Traité sur le fonctionnement de l'Union européenne précise cette exception de manière suivante : « Les États membres, en ce qui concerne les entreprises publiques et les entreprises auxquelles ils accordent des droits spéciaux ou exclusifs, n'édictent ni ne maintiennent aucune mesure contraire aux règles des traités, notamment à celles prévues aux articles 18 et 101 à 109 inclus »[2]. De sa part, la Cour de justice a imposé à plusieurs reprises le respect des règles concernant traditionnellement les entreprises privées aux personnes publiques. Depuis la jurisprudence *Altmark*[3] les critères de compatibilité des compensations de service public avec les contraintes du droit européen sont consacrés. Dans ce cadre, l'obtention d'une marge de profit, d'un *bénéfice raisonnable* au profit des opérateurs privés est également reconnue[4].

86. Sous ces considérations, la recherche que nous proposons de mener, passe par plusieurs étapes. En aspirant à démontrer la possibilité d'une détermination institutionnelle de la rémunération raisonnable, nous allons examiner l'efficacité de la réglementation en

---

[1] Article 107, paragraphe 1 TFUE ; Dubouis L.- Blumann Cl., *Droit matériel de l'Union européenne,* 7e éd. Montchrestien, Paris, 2015, n°869.

[2] *Ibid.*, n° 929 ; CJCE, 16 novembre 1977, *SA GB Inno BM c/ Atab*, aff. C-13/77, ECLI:EU:C:1977:185; 10 janvier 1985, *Centres distributeurs Leclerc,* aff. C-229/83, ECLI:EU:C:1985:1 ; *RTDE*, 1985, p. 174, note Gavalda C. ; 18 juin 1998, *Commission c/ Italie*, aff. C-35/96, ECLI:EU:C:1998:303; 8 juin 2000, *Giovanni Cara e.a.*, aff. C-258/98, ECLI:EU:C:2000:301. V. également, Kovar R.- Poillot-Peruzzetto S., « Politique de la concurrence » *Rép. droit européen Dalloz*, août 2005 (actualisation avril 2016), n° 40 et s.

[3] CJCE, 24 juillet 2003, *Altmark Trans GmbH*, aff.C-280/00, ECLI:EU:C:2003:415 ; *AJDA* 2003, p. 1739, note Rodrigues S.et p. 2146.

[4] V. infra n° 216 et 794 et s.

vigueur et des procédures de passation (procédure ouverte, négociation etc.) en critiquant certains points faibles mis en lumière à l'aide de la pratique contractuelle. Ensuite, en dépassant la dichotomie passation – exécution, nous examinerons l'efficacité de la réglementation et des institutions pour préserver cette *rémunération raisonnable*, démarche indispensable pour la satisfaction non seulement de l'intérêt du cocontractant de l'Administration, mais, également, comme nous allons expliquer, de l'intérêt de l'Administration.

87. Cette critique passera par la comparaison des systèmes juridiques nationaux français, allemand et grec, mettant en œuvre cette réglementation.

§2 – LES ENJEUX COMPARATIFS

88. En général, il est admis que « [l]e comparatiste vise à proposer un autre regard sur son propre droit à la différence du spécialiste d'un droit étranger. Il peut aussi faire d'autres choix ; privilégier soit une comparaison intégrative qui accentue les similarités soit, au contraire, une comparaison différentielle qui insiste sur les différences ou encore essayer d'identifier des principes communs aux systèmes juridiques comparés »[1]. Au fil des renseignements de la méthode de comparaison fonctionnelle **(A),** la présente étude abordera des questions relatives au niveau d'harmonisation des systèmes juridiques français, grec et allemand en matière des contrats de la commande publique. À ce travail scientifique contribuera l'examen du droit européen des contrats de la commande publique, qui érige une convergence entre les droits internes des droits des États- membres. En ce sens, notre étude met en œuvre une méthode hybride, mettant la méthode juridique comparative au service de l'analyse institutionnelle de la notion de la rémunération **(B).**

---

[1] Ponthoreau M.-C., « Le droit comparé en question(s). Entre pragmatisme et outil épistémologique ». *RIDC,*vol. 57 n°1, 2005. pp. 7-27 (ici p. 10).

A. La méthode de l'étude selon les renseignements de droit comparé

89. Selon la définition élaborée par le Professeur Constantinesco, «[l]a méthode comparative consiste dans l'ensemble des démarches et des procédés, s'enchaînant selon une suite rationnelle, destinés à amener l'esprit juridique à constater et à saisir, par un processus ordonné, méthodique et progressif, de confrontation et de comparaison, les ressemblances, les différences et leurs causes, c'est-à-dire finalement à dégager les rapports existants entre les structures et les fonctions des termes à comparer appartenant à des ordres juridiques différents »[1].

90. En effet, le droit comparé ne saurait être défini seulement comme l'étude simplifiée de droits étrangers. Une telle conception se heurtait à des questions ontologiques comme quel système juridique serait le point de repère de l'étude ou quel système juridique peut être caractérisé comme *étranger*. En même temps, on ne pourrait pas restreindre l'objet de la recherche à la simple « expression indexicale comme "moi" ou "ici", dont la signification dépend des paramètres de la situation où elle est utilisée »[2]. Par ce biais, postulant que le droit comparé a comme objet scientifique la comparaison en soi, au sens d'identification des similitudes et des différences entre systèmes juridiques, il s'ensuit aisément qu'il dispose lui-même de certaines méthodes scientifiques. La qualification du droit comparé en tant que méthode ou science échappant au cadre de la présente étude[3], on se contentera sur ce point à affirmer que la méthode de la comparaison ici appliquée suit les enseignements du droit comparé.

91. Plus précisément, ayant circonscrit la rémunération en tant que le *tertium comparationis*, socle commun et point de départ de notre comparaison[4], il paraît indispensable de l'examiner au regard de son contexte juridique, c'est-à-dire de variantes comme le contexte normatif, les interprétations proposées par la jurisprudence, ou même la tradition juridique et la conjoncture socio-politique et économique.

---

[1] Constantinesco L.-J., *Traité de droit comparé, op, cit*, Tome II, p. 24.

[2] Pfersmann Ot., « Le droit comparé comme interprétation et comme théorie du droit », *RIDC,* v. 52 n° 2, p. 280.

[3] Picard Et., « L'état du droit comparé en France en 1999 » in *L'avenir du droit comparé*, Société de législation comparé, p. 149-152.

[4] V. *supra* n°43.

En effet, une notion ne saurait être tenue comme isolée de pratique. Elle est fondée sur les éléments constitutifs propres de sa notion, mais uniquement sur ceux qui sont indispensables, dénués de connotations et de présomptions, liés à leur contexte. En même temps, elle ne constitue pas une « notion commune supérieure »[1]. Ce cadre nous permettra subséquemment d'exposer la procédure intellectuelle que nous suivrons.

92. Pour autant, le sens de la méthodologie du droit comparé et sa portée à la théorie du droit se cache derrière la notion de la *comparabilité fonctionnelle,* c'est-à-dire, l'élément commun qui permet la comparaison. Bien évidemment, on ne peut pas mettre l'accent de la comparabilité sur le plan linguistique, mais sur le plan de réalité juridique[2]. Ce prérequis de comparabilité fonctionnelle, repose sur la présomption scientifique fondamentale que chaque système juridique fait face à des problèmes identiques, mais propose des solutions différentes, qui, cependant, entraînent souvent des résultats également identiques. En ce qui concerne la présente recherche, elle implique la comparaison d'un régime de droit public à un régime ordinaire des contrats, renvoyant à leur qualification en tant que contrats publics ou privés. Ainsi, la comparabilité permettant sa réalisation repose sur l'unité fonctionnelle des contrats de la commande publique *per se*, au sens des moyens visant à l'accomplissement des missions liées à la satisfaction de l'intérêt économique général, indépendamment du régime juridique qui leur est applicable. Au fil de ces remarques, la méthode de comparaison fonctionnelle est adoptée[3]. Ainsi, la présente étude met l'accent sur la fonction des règles de droit définissant le régime des contrats de la commande publique.

93. Partant alors d'une « pluralité simultanée de systèmes en tant que système unique »[4], nous aborderons une comparaison à double détente : dans un premier temps, la comparaison se réalisera entre le droit européen des contrats de la commande publique et les systèmes juridiques nationaux français, allemand et grec, qui sont tenus de

---

[1] Constantinesco L.-J., *Traité de droit comparé, op. cit.* p. 79.

[2] Zweigert K- Kötz H., *An Introduction to Comparative Law*, 2e éd., Clarendon Press, Oxford, 1987, p. 31.

[3] Ralf M., « The functional method of comparative law », *in The Oxford Handbook of Comparative Law, op. cit.* p. 339-382.

[4] *Ibid.*, p. 278.

respecter les contraintes du premier ; dans un second temps, la comparaison traitera les systèmes juridiques nationaux en matière des contrats de la commande publique, prenant en considération leur tradition juridique ainsi que les divergences éventuelles de leurs institutions.

94. Outre la connaissance profonde du concept de la rémunération, l'étude qui suit vise également à aborder des hypothèses utilitaristes.

B. Les objectifs utilitaristes de l'étude

95. Partageant le constat du Professeur Pfersmann, selon lequel « Le droit comparé est [...] l'instrument le plus puissant pour décrire le droit national »[1], la présente étude vise, en premier lieu à contribuer à la connaissance du droit, en élucidant la notion de la rémunération à l'épreuve des différents systèmes juridiques nationaux, appartenant à l'Union européenne.

96. Plus précisément, la méthode de comparaison fonctionnelle imposée par l'objectif de la recherche, c'est-à-dire démontrer l'unicité de la rémunération au sein des contrats de la commande publique, est définie comme « discipline qui permet de décrire les structures de n'importe quel système juridique à l'aide de concepts généraux présentant la finesse nécessaire et suffisante »[2]. À cet égard, la présente étude est consacrée à la notion de la rémunération du cocontractant de l'Administration en tant que notion juridique, fonctionnelle et transnationale, comme elle sera décrite en vertu des contrats de la commande publique. Il s'agit d'une esquisse juridique entreprenant dans un premier temps la construction d'un concept unique et dans un second temps appréhender sa fonction et ses potentialités.

97. Il ne faut pas omettre, pourtant, que le droit européen des contrats de la commande publique, s'agissant des directives visant à la convergence des règles nationales en vue de la réalisation du marché unique, contribue à la comparabilité fonctionnelle des régimes en comparaison. Leur transposition requise, consiste à mettre en accord les règles de droit d'origine différente. Or, les systèmes juridiques sont

---

[1] Pfersmann Ot., « Le droit comparé comme interprétation et comme théorie du droit », *RIDC*, vol. 53 n° 2, avril-juin 2001, p. 275-288 (not. p. 287).

[2] *Ibid.* p. 286.

« formellement fermés et matériellement ouverts »[1], pour emprunter les mots du Professeur Pfersmann. La comparaison embrassant une démonstration de leurs règles communes ainsi que leurs divergences constitue un outil pour expliquer la nécessité de leur convergence, mais également pour justifier le maintien de leurs différences, au nom d'une équivalence fonctionnelle, souhaitée par l'Union européenne.

98. Outre la proposition d'une conception institutionnelle de la rémunération, nous aspirons à mettre en lumière les potentialités de la fonction de la rémunération pour assurer la pérennité et l'optimisation de l'exécution des contrats de la commande publique. Admettant, cependant, les éventuels problèmes de corruption dans le secteur public, liés au pouvoir discrétionnaire de l'Administration, un pouvoir limité mais inaliénable des personnes qui l'encadre et sans lequel leur mission se vide en substance, on adopte un esprit déontologique en vertu de nos propositions, visant à une *win-win situation.*

99. La recherche que nous proposons de mener passe par plusieurs étapes qui permettront d'approfondir notre étude et concevoir la notion **(Tome I)** et la fonction de la rémunération **(Tome II)**.

Il conviendrait, cependant, pour de raisons méthodologiques, de circonscrire le contexte juridique des systèmes juridiques français, allemand et grec.

[1] *Ibid,* p. 277.

Chapitre Préliminaire – CIRCONSCRIPTION DU CONTEXTE JURIDIQUE DE L'ÉTUDE EN VERTU DES SYSTÈMES JURIDIQUES COMPARÉS

100. La rémunération du cocontractant de l'Administration est une notion qui se forme et qui transcende le contrat dès sa conception jusqu'à son exécution. Elle permet d'approfondir l'étude des contrats de la commande publique en droit français, grec et allemand, sous l'influence du droit européen.

101. En abordant une notion non juridiquement définie telle que la rémunération du cocontractant de l'Administration en matière de contrats de la commande publique, il apparaît nécessaire de définir son contexte. Cette terminologie courante dans le contexte juridique est indispensable afin de définir la rémunération. Notre travail emprunte une logique mathématique, qui consiste à définir les constantes, c'est-à-dire les notions données à définition déterminée de notre recherche pour rapprocher notre variante, celle de la notion de la rémunération. De plus, ce chapitre préliminaire est indispensable pour une étude de droit comparé. La définition de ces termes juridiques ne se borne pas à un travail de traduction mais impose un travail d'interprétation juridique.

102. La définition de cette toile de fond est alors nécessaire afin d'établir quelles sont les différentes inclusions ou exclusions que la conception étroite de la rémunération recouvre. Ce travail de mise en contexte consiste à une délimitation d'un point de vue objectif, aboutissant à la définition des contrats de la commande publique au sein de la présente étude **(I)**, ainsi qu'à une délimitation d'un point de vue subjectif, afin de préciser les parties cocontractantes **(II)**.

Section I – CIRCONSCRIPTION DE L'ÉTUDE *RATIONE MATERIAE*

103. La compréhension du contexte de la rémunération implique nécessairement la définition de la catégorie des contrats en vertu de laquelle elle sera abordée. Une conception étroite de la rémunération nous amène à exclure certaines catégories des contrats conclus par l'Administration.

104. Du fait que la rémunération constitue une notion juridique ainsi qu'économique, l'étude ne saurait traiter que les contrats qui comportent une dimension économique. Ayant retenu la catégorie des contrats de la commande publique[1], l'étude sera abordée dans le cadre de contrats qui impliquent une relation marchande entre les parties et qui résultent d'une importance économique considérable.

105. L'expression « contrats de la commande publique » constitue une notion fonctionnelle, à l'instar de la grande majorité des notions juridiques d'origine européenne. En tant que telle, elle incite à une définition claire **(§1)** ainsi qu'à une précision des types des contrats que cette catégorie de contrats embrasse **(§2)**.

§1 – LA DÉFINITION DES CONTRATS DE LA COMMANDE PUBLIQUE

106. De manière générale, les expressions « contrats administratifs », « contrats publics », « contrats visant l'exécution d'un service public » sont utilisées de manière presque synonyme. En effet, ce sont des expressions définissant plus ou moins la même catégorie des contrats. Si le langage juridique incite – par définition – à une précision des termes utilisés, une étude comparée pousse cette exigence encore plus loin. Ainsi, bien que ces expressions soient très proches, le terme retenu ici est celui des *contrats de la commande publique*. Ce choix repose sur l'impératif d'une construction d'un socle commun pour le droit français, grec et allemand, permettant de mener avec efficacité l'étude de la rémunération.

---

[1] Il convient de mentionner que l'expression retenue par les textes européens et nationaux est celle de « contrats de la commande publique » et non celle de « contrats de commande publique ». Comme remarque le Professeur Guézou à propos de ce point « Dans l'expression 'contrats de commande publique', il s'agit de qualifier le contrat, de définir son objet (passer une commande), sa nature, comme on parle des contrats de vente ou de location. Dans l'expression 'contrats de la commande publique', il s'agit d'insister sur l'appartenance du contrat à une catégorie générale celle 'de la commande publique' » Guézou Ol., *Traité de contentieux de la commande publique*, 3e éd., coll. Référence juridique, LeMoniteur, Paris, 2023, p. 17.

107. En effet, d'une part, cette expression met en lumière un concept commun d'origine européenne, indispensable pour la comparaison **(A)**. D'autre part, elle engendre une série d'astuces qui peuvent être identifiées dans les droits nationaux, nonobstant l'éventuelle divergence du langage juridique courant et du régime applicable en la matière **(B)**.

A. L'origine européenne

108. L'expression « commande publique » *(Public Procurement-Öffentliche Aufträge etc...)* relève du droit des marchés publics européens. Elle qualifie une catégorie de contrats qui relèvent d'un régime européen de publicité et de mise en concurrence.

109. Plus précisément, les contrats de la commande publique font l'objet de directives européennes dès 1977 jusqu'à la dernière réforme en la matière du 26 février 2014[1]. Destinées à lutter contre la

[1] En premier lieu, les directives en la matière qui sont adoptées à partir de 1977 et jusqu'à nos jours on peut distinguer quatre catégories : i. Directive 77/62/CE (*JOCE* L13 du 15.01.1977, p. 1) modifiée par la directive 80/767/CE (*JOCE* L 215 du 18.08.1980, p. 1) et la directive 88/295/CE (*JOCE* L 127 du 20.5.1988, p. 1) qui décrivent le premier effort de la communauté de faire le cadre normatif commune de la passation des marchés publics en structurant le marché européen ; ii. Directive 2001/78/CE (*JOCE* L 285 du 29.10.2001, p. 1) qui a modifié les directives 93/36/CE (*JOCE* L 199 du 09.08.1993, p. 1), 93/37/CE (*JOCE* L 199 du 09.08.1993, p. 54) et 92/50/CEE [*JOCE* L 209 du 24.07.1992, p. 1, déjà modifiée par la directive 97/52/CE (*JOCE* L 328 du 28.11.1997, p. 1-59)] et 93/38/CEE [*JOCE* L 199 du 09.08.1993, p. 84, déjà modifiée par la directive 98/4/CE (*JOCE* L 101 du 01.04.1998, p. 1)] ; iii. Directives 2005/51/CE ((*JOCE* L 257 du 01.10.2005, p. 127) et 2005/75/CE (*JOCE* L 323 du 09.12.2005, p. 55) qui ont modifié les directives 2004/18/CE (*JOCE* L 134 du 30.04.2004, p. 114) et 2004/17/CE (*JOCE* L 134 du 30.04.2004, p. 1) et leurs annexes à propos de la procédure de passation de marchés publics dans l'espace communautaire ; iv. Directive 2007/24/CE (*JOCE* L 154 du 14.06.2007, p. 22) abrogeant la directive 71/304/CEE (*JOCE* L 185 du 16.08.1971, p. 1) sur la suppression des restrictions à la libre prestation des services dans le domaine des marchés publics de travaux et à l'attribution par l'intermédiaire d'agences ou de succursales. Il y a aussi une autre classification de ces directives qui apparaît à l'ouvrage du Professeur Laurent Richer *L'Europe des marchés publics,* LGDJ Lextenso éditions, Paris, 2009, par rapport d'une hiérarchie chronique de l'évolution du droit communautaire dérivé (i. les directives 71/395 et 77/62 avant l'Acte unique de 1986 qui avaient une application limitée, ii. la directive 89/440 portant coordination des procédures de passation sur le marché intérieur, iii. les directives de 1993 qui ont classifié les marchés publics selon leur objet et enfin iv.

corruption nationale et permettant la création du Marché unique européen, ces directives établissent un régime unique des règles de publicité et de mise en concurrence.

110. Avant la réforme de 2014, les contrats de la commande publique étaient souvent pris comme synonymes de marchés publics. On pouvait rattacher cette délimitation au champ d'application des anciennes directives. En effet, les directives de 2004 ne considéraient comme contrats de la commande publique que les marchés publics de travaux, des fournitures et des services au sein de la directive générale portant sur les marchés publics (2004/18/CE) et celle en matière des secteurs de l'eau, de l'énergie, des transports et des services postaux au sein de la directive des secteurs spéciaux (2004/17/CE). En ce qui concerne les contrats de concession, ils n'étaient considérés qu'en tant qu'une sous-catégorie des marchés publics, dont seules les concessions de travaux tombaient sous son champ d'application. La directive générale n° 2004/18 les distinguait à l'aune du critère de la rémunération, sans aucune autre référence à leur régime.

111. À la suite de la réforme européenne du 26 février 2014 et le rapprochement des régimes des contrats de concession à celui des marchés publics, force est de constater l'affermissement du droit de la commande publique. Ainsi, les contrats de la commande publique sont définis en tant que les contrats en vertu desquels les autorités publiques cherchaient à se procurer des travaux et des fournitures ou à gérer un service ou une activité. En tant que tels, ils sont soumis à un régime européen commun de mise en concurrence régissant notamment le stade de leur passation[1]. Or, le droit européen s'intéresse seulement aux contrats de la commande publique dont la valeur dépasse les seuils européens[2]. Pour les contrats de la commande publique au-delà de ces seuils qui échappent au champ

---

les directives 2004/18 et 2004/18). Désormais, les directives en vigueur sont celles du 26 février 2014 : Directive 2014/23 relative aux contrats de concession (*JOUE* L 94 du 28 mars 2014, p. 1) ; Directive 2014/24 relative aux marchés publics (*JOUE* L 94 du 28 mars 2014, p.65) et Directive 2014/25 relative aux secteurs spéciaux (*JOUE* L 94 du 28 mars 2014, p. 243).

[1] Il convient de noter que les directives européennes mettent l'accent sur la passation, à l'instar des anciennes directives. Or, pour la première fois, elles prévoient également des restrictions relatives au stade de passation, afin que la libre concurrence ne soit pas faussée *ex post*. Sur ce point, v. *supra* n° 1446 et s.

[2] Article 4 de la directive 2014/24 (marchés) et article 8 de la directive 2014/23 (concessions) du 26 février 2014.

d'application des directives européennes, s'appliquent toujours les principes fondamentaux du Traité et notamment ceux de non-discrimination, de l'égalité de traitement et de la transparence, visant à la préservation d'une concurrence réelle.

112. Dès lors, la catégorie des contrats de la commande publique[1] gagne de plus en plus de terrain en dépit d'autres expressions visant à embrasser dans une catégorie ces contrats d'importance économique, même à l'échelon national des États membres.

B. La transcription nationale

113. « Contrats publics », « contrats administratifs », « contrats publics d'affaires », « contrats visant à l'exécution du service public » : toutes sont des expressions destinées à regrouper dans une catégorie les marchés publics et les contrats de concession. La « commande » est interprétée comme « une manifestation de la volonté par laquelle l'une des parties demande à l'autre de réaliser un ouvrage ou de livrer une marchandise en général dans un délai et à des conditions déterminées ». L'expression « commande publique » en matière des contrats de l'Administration démontre l'initiative de l'Administration dans un ensemble des contrats. Quel que soit le terme employé, le concept de cette catégorie de contrats existe depuis longtemps à l'échelon national. Dès lors, au fil des dernières évolutions sur le plan européen, la consécration de l'appellation « contrats de la commande publique » qualifie une catégorie valide de point de vue juridique, nonobstant les hésitations de la doctrine française **(i)**, la confusion avec des contrats publics en droit grec **(ii)** et les entraves d'une longue tradition de régie directe en droit allemand **(iii)**.

i. Les contrats de la commande publique en droit français

114. L'État français détient une expérience très riche des contrats entre personnes publiques et personnes privées assimilés aux contrats actuellement connus en tant que contrats de la commande publique.

---

[1] En guise d'illustration v. Delvolvé P., « Les contrats de la commande publique », *RFDA*, 2016, p. 200.

Ce sont notamment les conventions de délégation de service public qui sont considérées comme des contrats proprement administratifs. Ainsi, on retrouve les concessions du Service des Ponts et Chaussées depuis le XVIe siècle, comme les concessions de canaux[1]. Depuis le XIXe siècle, la confiance des services publics au secteur privé connaît une expansion à d'autres domaines d'activité, comme les services en réseau, notamment des transports urbains, de distribution d'eau, de gaz et d'électricité[2]. En contrepartie, le cocontractant- concessionnaire recevait « une modeste finance » (carosse*)* ou la prestation en nature gratuite (l'opéra) ou tout simplement il attentait un objectif de service public (magasins généraux) au sens d'un monopole. Au début, la concession était accordée à travers des actes unilatéraux pour la construction de l'opéra ou des magasins généraux, qui, cependant, se fondaient sur la volonté commune des parties. Cet accord entraînait l'engagement des parties : le Roi devait le fief en cas de succès avec toutes ses conséquences (péage, fiscalité, justice, droits annexes) et son cocontractant devait construire à ses frais et dépens un canal dans un délai déterminé (par exemple dans le cas du canal de Briare dans 4 ans) et le mettre en service. Le dépassement de ce délai signifiait la disparition de leurs droits[3].

115. Depuis le XIXe siècle, l'implication des opérateurs privés au service public gagne de plus en plus du terrain dans la gestion des services publics. Avec l'écoulement du temps, et sous l'influence des modèles contractuels du droit privé, de nouveaux contrats émergent[4]. La construction du *Tunnel sous la Manche*[5], ainsi que l'exemple du

---

[1] Il s'agit notamment des fameuses concessions du Canal de Craponne en 1554 et du Canal du Midi en 1666- et de dessèchement des marais en 1599.

[2] Bezançon X. *Les services publics en France, du Moyen-Age à la Révolution*, Presses des Ponts et Chaussées, 1997 ; Marcou G., « L'expérience française de financement privé des infrastructures et des équipements » in *Annuaire des Collectivités Locales de GRALE*, Litec, Paris 1999, p. 61-99 (not. p. 61-62). V. également Lepoint G., *L'Histoire des marchés d'État en France*, Dalloz, Paris 1962.

[3] Bezançon X., *Essai sur les contrats de travaux et de services publics- Contribution à l'histoire administrative de la délégation de mission publique*, (préf. Long M), Coll. Bibliothèque de droit public, t. 206, LGDJ, Paris, 1999, p. 20-21.

[4] Marcou G., « L'expérience française de financement privé des infrastructures et des équipements », *op. cit.* ; Gaudemet Yv., « Les contrats de partenariat public-privé : étude historique et critique », *BJCP*, n° 36, 2004, p. 331-339.

[5] Marcou G., « L'entrée en service du tunnel sous la Manche et la frontière franco-britannique », *Annuaire français de droit international*, n° 39, 1993, p. 833-849.

Parc Disneyland Paris[1], projets de grande envergure, constituent des exemples remarquables de la créativité contractuelle.

116. Le droit français détient une riche tradition en matière de contrats administratifs. La persistance de la qualification « administratif » pour les contrats conclus entre personnes publiques et opérateurs privées avait conduit à une forte résistance doctrinale à adopter l'expression « contrats de la commande publique ».

117. Forgée par une riche jurisprudence du Conseil d'État français, la notion de contrat administratif occupe traditionnellement une position dominante, se trouvant en concurrence avec celle du contrat de la commande publique. Ayant élaboré une théorie des contrats administratifs, le Professeur Péquignot a défini le contrat administratif de la manière suivante : « Le contrat administratif est bien un acte de gestion quant à sa fin, puisqu'il a pour but le fonctionnement ou l'exécution d'un service public. Mais, quant aux moyens qu'il emploie pour atteindre cette fin, il mêle le droit privé et le droit public, les procédés ressortissants de la gestion et ceux apparaissant nettement comme des actes d'autorité »[2]. Ainsi, comme l'indique la jurisprudence de la Haute juridiction administrative française, un contrat est qualifié de contrat administratif parce qu'il doit relever d'un régime de droit public. Afin de soumettre un contrat à ce régime, des critères jurisprudentiels ont émergés : l'objet du contrat présentant un caractère public, les critères matériels consistant en la présence d'une clause exorbitante du droit commun[3] et le critère organique s'agissant de la participation d'une personne publique au contrat. Par

---

[1] Marcou G., « Partenariat et urbanisation : L'exemple de Disneyland Paris et du Secteur IV de la ville nouvelle de Marne-la-Vallée » in *Mélanges en l'honneur de Henri Jacquot,* Presses Universitaires d'Orléans, 2006, p. 363-384.

[2] Péquignot G., *Théorie du contrat administratif* (thèse- Faculté de droit de Montpellier), éditions A. Pédone, Paris, 1945.

[3] Parmi une jurisprudence abondante, v. CE, 31 juillet 1912, *Société des granits porphyroïdes des Vosges*, *Rec.*909, concl. Blum ; *D.* 1916, 3.35, concl., *S.* 1917.3.15 concl. ; *RDP* 1914, p. 145, note Jèze ; *AJDA* 2013, p. 1489 comm. Gros, et p. 2474, comm. Giacuzzo, *GAJA,* n° 23, concl. Romieu sous CE, 6 février 1903, *Terrier*, *S.* 27, note Hauriou ; TC, 7 novembre 1922, *Manon*, *RDP*, 1923, p. 433. Voir en ce sens cependant la position du Professeur de Laubadère, selon lequel on peut caractériser un contrat comme administratif *« sans qu'il soit besoin de rechercher si ledit contrat comportait des clauses exorbitantes du droit commun »*de Laubadère A.et al., *Traité des contrats administratifs*, t. 1, 2e éd., Librairie générale de droit et de jurisprudence, Paris, 1983, §§ 120, 126.

ailleurs, le droit français prévoit le cas d'une qualification *a priori* d'un contrat comme un contrat administratif délimitant le champ d'application des critères jurisprudentiels : la qualification par la loi[1].

118. Or, sous la catégorie des contrats administratifs tombent également des contrats des services purement administratifs (SPA) sans intérêt économique, en vertu desquels la rémunération n'est pas concevable. Il s'ensuit alors qu'une recherche autour de la notion de la rémunération, entendu au sens d'une marge de profit, rend indispensable la délimitation des contrats concernés à ceux visant à un service industriel et commercial, présentant un intérêt économique (SPIC)[2].

119. Ainsi, les contrats de la « commande publique », autrefois synonymes des marchés publics[3], constituaient jusqu'à récemment une catégorie ambivalente au sein de la doctrine juridique française. Selon la première conception « la commande publique se limite à l'achat public et recouvre en partie les marchés publics et en partie d'autres contrats par lesquels une personne publique se procure un bien ou un service »[4]. En ce sens, les contrats de délégation de service public ne sauraient être intégrés à cette catégorie, puisque, par ces contrats, l'Administration vise à organiser la gestion d'un service public par la voie contractuelle[5]. Les réticences d'une partie de la doctrine voyaient « une hypertrophie de la catégorie du contrat administratif et de son hétérogénéité »[6] voire que cette expression « n'a rien d'une notion

---

[1] Il s'agit du cas des contrats soumis au Code des marchés publics après la loi dite « MURCEF « du 11 décembre 2001 ou les contrats d'occupation du domaine public (article L.2331-1 du Code général de la propriété des personnes publiques- CGPPP).

[2] Guglielmi G.- Koubi G., *Droit du service public*, 4e éd., Montchrestien-Lextenso, Paris, 2016, p.118 et s.; Kaloudas Ch., « La conception française du service public à l'épreuve du droit de l'Union européenne », *RdUE*, n° 566, mars 2013, p. 156-181.

[3] Article 1er de l'ancien Code des marchés publics français (version 2006 abrogé le 1er avril 2016).

[4] Fatôme E. –Richer L., « Le Conseil constitutionnel et le « droit commun » de la « commande publique » et de la domanialité publique- À propos de la décision du Conseil constitutionnel n° 2003-473 DC du 26 juin 2003 », *AJDA*, 2003, p. 2348 et s.

[5] Gaudemet Yv., « Pour une nouvelle théorie générale du droit des contrats administratifs- mesurer les difficultés d'une entreprise nécessaire », *RDP*, 2010, n° 2, p. 313 et s.

[6] *Ibid.*

juridique »[1], ou, à tout du moins, qu'elle avait des « contours mal définis »[2], rejetant le rapprochement des délégations de service public aux marchés publics.

120. Selon une autre conception, plus étendue, la commande publique « englobe l'ensemble des conventions par lesquelles les personnes publiques cherchent à se procurer un bien ou un service, y compris ce service d'une nature particulière qui consiste à gérer, avec une relative autonomie, une activité ou un équipement »[3]. Cette partie de la doctrine a anticipé l'extension de l'emploi du terme « commande publique » opérée par les directives européennes de 2014[4]. Ayant proposé une définition selon laquelle « le terme doctrinal de 'commande publique' recouvre l'ensemble des processus par lesquels une personne publique procède à des achats des travaux, de fournitures et de services ou organise une prestation pour le compte de tiers (en général pour la collectivité qu'elle gère) » [5], cette sous-catégorie des contrats embrasse l'ensemble des marchés publics et des contrats de concession, y compris les contrats dont la valeur n'atteint pas les seuils européens, désormais régissant le Code de la commande publique.

---

[1] En premier lieu, l'expression de la commande publique ne renvoyait qu'aux principes généraux du 1er article du CMP (le principe d'égalité de traitement, le principe de liberté d'accès et le principe de transparence des procédures), notamment depuis la décision du Cons. const. Du 26 juin 2003, n° 2003-473 DC, Loi habilitant le gouvernement à simplifier le droit, *AJDA,* 2003 p. 1404, note Fatôme E. ; p.1391, note Schoettl J.-E. et Fatôme E. –Richer L., « Le Conseil constitutionnel et le « droit commun » de la « commande publique » et de la domanialité publique- À propos de la décision du Conseil constitutionnel n° 2003-473 DC du 26 juin 2003 », *AJDA*, 2003, p. 2348 et s.

[2] Ménémenis Al., « Commentaire de la décision du Conseil constitutionnel du 26 juin 2003 », *DA,* 2003, n° 191.

[3] Définition du Professeur Llorens dessinant cette catégorie des contrats même avant la réforme de 2014, selon laquelle Llorens F., « Typologie des contrats de la commande publique », *CMP*, n° 5, mai 2005, étude 7 ; Eckert G., « Les délégations de service public sous l'influence du droit de l'Union européenne », *RJEP*, n° 704, janvier 2013, ét. 1. ; Delvolvé P., « Les contrats de la commande publique », *op.cit.*

[4] V. à propos de l'évolution du terme « commande publique » Amilhat M., « Le code, les principes fondamentaux et la notion de la commande publique «, *AJDA,* 2019, p.793.

[5] Bezançon X.- Cucchiarini Ch.- Cossalter Ph., *Le guide de la commande publique : marchés publics, contrats de partenariats publics-privés, délégations de service public,* coll. Guides juridiques marchés publics, LeMoniteur, Paris 2007 (Voir en ce sens également éd. 2017).

ii. Les contrats de la commande publique en droit grec

121. La pratique des contrats de la commande publique en droit grec remonte même à l'ancienneté. En effet, on osait identifier leurs racines au IVe siècle av. JC (340-270 av. JC) au contrat d'asséchement d'un lac des Ptéches dans la région d'Eubée en Grèce, ancêtre des contrats *Build- Operate-Transfert (BOT)* de nos jours[1]. De même, les marchés publics étaient connus : les lois de Thémistocle confient la fourniture d'équipements maritimes, notamment la construction des navires (*triiris*)[2], ainsi que l'étude et la construction du bâtiment de Philon (Pirée 347 A.D.), ainsi que la construction des fossés d'égouts à Amphiaraé (330 A.D.). Ce qui paraît particulièrement intéressant est le fait que les grecs anciens cherchaient une certaine transparence dans la comptabilité publique en la matière. En effet, ils publiaient les décomptes approuvés par les comptables *(Logistai-Apologoi)* nommés par le Parlement[3], en les traçant sur des plaques ou par un affichage sur les travaux réalisés, comme en témoignent les comptes d'Érechthéion.

122. Dans l'État grec contemporain, c'est-à-dire à la suite de la déclaration de l'état grec indépendant en 1830, on retrouve des lois encadrant l'activité contractuelle de l'Administration[4]. Sous

---

[1] Markakis K, *Aspects du contrat d'exécution des travaux publics dans les droits grecs anciens et les lois de Platon – Compte rendu officiel de la 2e Conférence de l'Association des juges administratifs (Στοιχεία της συμβάσεως εκτελέσεως δημοσίου έργου στ αρχαία ελληνικά δίκαια και τους νόμους του Πλάτωνα- Επίσημα Πρακτικά Β' Συνεδρίου της Ένωσης Διοικητικών Δικαστών)*, Athènes, 1990.

[2] En ce sens, v. Tsatsos Th, *Cas ancien de l'influence des sujétions imprévues sur le sort d'un contrat de travaux publics (Αρχαία περίπτωσις επιρροής απροβλέπτων γεγονότων επί της τύχης συμβάσεων δημοσίου έργου)* et Maridakis G., *La loi de Thémistocle sur les équipements maritimes (Ο νόμος του Θεμιστοκλέους περί θαλασσίου εξοπλισμού)* cités par Gerontas Ap. *Droit des travaux publics (Δίκαιο Δημοσίων Έργων), op. cit.*, p. 71.

[3] Tassios Th., « Travaux publics à l'ancienneté » (« Δημόσια έργα στην αρχαιότητα), article publié au journal *To Vima* le 01.07.2007, disponible sur : http://www.tovima.gr/opinions/article/?aid=182056.

[4] Plus précisément : Décret du 3 avril 1833, selon lequel le service des travaux publics tombait sous la compétence des constructeurs de l'armée ; loi n° 5367/1932 établissant un système unique d'exécution des travaux publics ; Décret régl., n°

l'influence des pays occidentaux, l'activité contractuelle de l'Administration gagnait de plus en plus du terrain, ce qui a progressivement conduit à la construction de projets de grande envergure, prévus par des contrats particulièrement complexes. L'expérience grecque paraît particulièrement riche : de la construction du Canal de Corinthe (1890-1893) et l'assèchement du lac de Kopaïda (1880-1930), jusqu'aux derniers années, et la construction de l'aéroport Elefthérios Vénizelos d'Athènes (2001), du pont Rio-Antirrio (2004), des travaux réalisés en vue des Jeux Olympiques de 2004, ainsi que les contrats de concession des grandes autoroutes (2007).

123. Au fil des enseignements du droit administratif français, les contrats de la commande publique en droit grec sauraient être définis en vertu des contrats administratifs. Cependant, ces deux notions sont marquées par le conflit entre l'insertion dans le droit grec de la notion du contrat administratif au contrepied du contrat de droit commun et, dans un second temps, du transfert de la compétence du contentieux respectif aux juridictions administratives. On oserait identifier le contrat administratif à la suite de la loi n°1406/1983[1] sur la compétence des juridictions administratives en tant que catégorie distincte.

124. Transcrivant l'expérience française, la doctrine grecque ajoute deux éléments supplémentaires. Ce terme du contrat administratif paraît tant en droit français qu'en droit grec (*διοικητική σύμβαση*)[2] pour qu'il exprime une catégorie des contrats, dont le contentieux est soumis à la compétence des juridictions administratives. Le Conseil d'État en Grèce reconnaît l'existence des contrats administratifs en les distinguant des contrats du droit civil et en établissant des critères semblables à ceux du droit français qui les qualifient en tant que tels. En ce sens, selon la jurisprudence, un contrat peut être qualifié comme un contrat administratif lorsqu'il correspond aux critères suivants : i. au moins l'une des parties contractantes est soit l'État, soit une

---

1266/1972, *JO* A 198/10.11.1972 (abrogé par la loi n° 1418/1984 relatif aux travaux publics).

[1] Loi n° 1406/1983, *JO* A 182/14.12.1983, relatif aux travaux publics et des matières connexes.

[2] V. article 6 par. 2 du Code du contentieux administratif grec (Loi n° 2717/1999, *JO* A 97/17.05.1999) et article 22 du Code de la procédure administrative non-contentieuse grec (Loi n°2690/1999, *JO* A 45/09.03.1999.

personne publique, soit une personne d'économie mixte qui se comporte comme une autorité publique (critère organique ou formel); ii. le contrat doit participer à l'exécution du service public, mais intégrant une clause exorbitante du droit commun, reposant sur l'idée de la distinction entre gestion privée et gestion publique (critère matériel ou fonctionnel)[1]. Toutefois, la jurisprudence administrative grecque paraît s'éloigner de ses racines, c'est-à-dire de la jurisprudence française. Plus particulièrement, lorsque la jurisprudence du Conseil d'État grec et de la Cour suprême de cassation grecque (*Άρειος Πάγος*)[2] disposent dans leur jurisprudence permanente un concours cumulatif des deux points du critère matériel, c'est-à-dire tant le service public que la clause exorbitante du droit commun[3]. Selon le Professeur Spiliotopoulos, le contrat administratif a toujours pour objet de préserver les intérêts et les buts des parties. Ces intérêts et buts peuvent être soit communs soit différents, mais pas forcément contraires[4]. Cette persistance de la jurisprudence administrative grecque paraît plutôt injustifiable, étant donné que la pratique simplifiée de la jurisprudence française ne paraît pas s'opposer aux dispositions des articles 94 et 95 de la Constitution grecque, relatifs à la compétence du Conseil d'État et des tribunaux administratifs[5].

125. Si les contrats de la commande publique peuvent être définis en tant que sous-catégorie des contrats administratifs en droit français et en droit grec, tel n'est pas le cas du droit allemand.

---

[1] Richer L., *Droit des contrats administratifs*, *op. cit.*, p. 91 et s. ; Ap. Gerontas et al., *Droit administratif*, 4e éd. A. Sakkoulas, Athènes, 2018, p. 301-430.

[2] Dont les compétences sont prévues par l'article 100 de la Constitution grecque.

[3] En guise d'illustration, v. les arrêts n°10/1987, 45/1991, 8/1992, 15/1992 de la Cour Spéciale Suprême grecque, et n°108/1991, 3524/1992, 898/1993 du CE grec.

[4] Spiliotopoulos Ep., *Manuel du droit administratif* (*Εγχειρίδιο Διοικητικού Δικαίου),* 13e édition, Nomiki Vivliothiki, Athènes, 2011, t.1, p. 195.

[5] Articles 94-95 de la Constitution grecque, relatifs à la compétence du Conseil d'Etat et des tribunaux administratifs. En ce sens v. aussi Mpardoutsos D., « Critères de distinction des contrats administratifs. Question de la jurisprudence », *DiDik*, 1994, n° 6, p. 783-793.

iii. Les contrats de la commande publique en droit allemand

126. Les contrats de la commande publique en Allemagne sont marqués par une tendance à restreindre la puissance publique, notamment en ce qui concerne la partie de son activité où elle se comporte comme un individu *(Fiskus).* Historiquement, les contrats de la commande publique en Allemagne puisent leurs racines au XVIe siècle, comme en témoignent les Instructions sur la construction de la Forteresse d'Ingolstadt en Bavière en 1592[1]. On peut, cependant, reconnaitre la première réglementation de la procédure d'attribution en vertu du règlement *Bauhofsordung Hamburg* en 1617. Cependant ce sont les *Submissionsplakate de Mannheim* en 1699 qui ont franchi le pas vers la commercialisation des services publics, sous l'influence des idées de *Merkantilismus* et de *Kameralistik* concernant le domaine public[2]. Cette esquisse de réglementation est consolidée par le règlement sur les travaux de bâtiments[3]. L'idée d'une concurrence sur les prix et la notion de la libre concurrence ne fait son apparence qu'au XIXe siècle, en se matérialisant par la procédure de *Lizitation (Lizitationsverfahren),* pour l'attribution du contrat, qui rappelle le dialogue compétitif. L'importance économique du domaine des contrats financés par la manne publique gagnant progressivement du terrain irritait l'apparence d'une réglementation solide. Tel fût le cas des Instructions bavaroises *(Bayerische Instruktionen)* du 29 avril 1833[4].

---

[1] Kleeman, *Histoire de la forteresse d'Ingolstadt (Gesichte der Festung Ingolstadt),* 1883, p. 29.

[2] Pour une présentation analytique v. Grau Ul., *Évolution historique et perspectives du droit de la commande publique (Historische Entwicklung und Perspektiven des Rechts der öffentlichen Aufträge*), éd. P. Lang, Frankfurt am Main, 2004, p. 49-64.

[3] Bauregiement Friedrich Wilhems I. von Preußen de 1724, révisé en 1727 et en 1864. *Ibid.* p. 64-68.

[4] À propos de la réglementation du XIXe siècle voir également l'Ordonnance provençale du comité du palais badois *(Provinzial Verordnung der badischen Pfalzgrafschaft -1806),* L'instruction relative aux prix du Haut Conseil comptable *(Instruktion für die Preußliche Oberrechnungskammer* (18 décembre 1824) ainsi que l'Ordonnance supérieure pour la direction des travaux concernant les infrastructures de l'eau et des travaux routiers *(Höchste Verordnung für die Leitung des centralisierten Wasser- und Straßenbauwesens des Großherzoglich Badischen Ministeriums des Innern* -1823).

127. La réglementation des contrats de la commande publique au XXe siècle était élaborée par la République de Weimar qui a consolidé les premières versions des règlements en matière des travaux publics (*Vertragsordnung für Bauleistungen-VOB*)[1] et les prestations et services (*Vertragsordnung für Leistungen- VOL*)[2], qui, bien que réformées, sont actuellement en vigueur[3] constituant des contrats-modèles dont l'utilisation est obligatoire pour tout pouvoir adjudicateur[4].

128. En raison de cette longue tradition juridique orientée vers la restriction de la puissance publique, le droit allemand « est loin de posséder un système semblable à celui du contrat administratif, qui en France, regroupe tous les contrats dans lesquels les individus s'engagent à collaborer à l'accomplissement des tâches administratifs en apportant leurs services ou leurs fournitures. [...] Lorsque les autorités ont reçu de la loi des prérogatives de puissance publique pour remplir leur mission, on hésite à leur laisser le choix entre l'exercice de leurs prérogatives et le recours à la technique contractuelle » [5]. Cette méfiance a empêché l'insertion des contrats de

---

[1] Règlement sur les travaux *(Verordnung für Bauleistungen-VOB)* du 6 mai 1926, comprenant trois parties : VOB/A fixant les conditions générales d'attribution, VOB/B relative au stade d'exécution et VOB/C prévoyant les spécifications techniques.

[2] Règlement sur les prestations et fournitures (Verordnung für Leistungen- VOL) du 26 juin 1928).

[3] La version consolidée aujourd'hui puise ses racines à la révision de 1952. Le règlement VOB est élaborée par le *Deutscher Vergabe- und Vertragsausschuss für Bauleistungen (DVA)*, s'agissant d'une association au sens du § 54 BGB. En réalité, il s'agit d'une sorte de comité, attaché au ministre fédéral de l'Urbanisme, qui est composé de manière paritaire par des représentants des pouvoirs adjudicateurs publics (Administrations fédérales et Administrations des Länder, associations des collectivités locales, etc.) et des groupes d'intérêts économiques (lobbies). De même, le règlement relatif aux contrats des services VOL est élaborée par le *Deutscher Vergabe- und Vertragsausschuss für Lieferungen und Dienstleistungen (DVAL)* qui a été conçu sur le modèle du DVA.

[4] Stelkens Ul., « Le contrôle et le contentieux des contrats publics en Allemagne « in Folliot-Lalliot L. (sous dir.), *Contrôles et contentieux des contrats publics-Oversight and Challenges of Public Contracts,* Bruyant, Bruxelles, 2018, p. 33-66 (not. p. 57-58).

[5] Forsthoff E., *Traité de droit administratif allemand,* traduit par Fromont M., Bruxelles, 1969, *ibid.,* p.420-421. V. aussi la théorie de Forsthoff sur la *Daseinsvorsorge* Forsthoff E., *L'Administration comme fournisseur des services (Die Verwaltung als Leistungsträger),* Stuttgart et Berlin, 1938.

la commande publique dans une catégorie générique des contrats administratifs à l'opposé du droit français et du droit grec. Le droit allemand ne reconnaît des contrats de la commande publique soumis au droit public au sens des paragraphes 54 et suivants de la loi sur la procédure administrative non contentieuse *(Verwaltungsverfahrengesetz- VwVfG).* Plus précisément, l'article 54 de loi sur la procédure administrative non-contentieuse (§ 54 VwVfG) prévoit les contrats de droit public (*öffentlich- rectliche Vertrag*) et se réfère aux contrats de l'Administration (*Verwaltungsverträge*) dont l'objet pourrait constituer également l'objet d'un acte administratif unilatéral. Il s'agit d'un choix lié au pouvoir discrétionnaire dont l'Administration dispose[1]. Pourtant, ces contrats ne semblent pas avoir le même sens avec les contrats administratifs ou publics du droit français ou du droit grec, puisque cette catégorie englobe les contrats liés à la puissance des personnes publiques, surtout des contrats de coopération ou de coordination (*Koordinationsrechtlicher Vertrag, Kooperationsrechtlicher Vertrag*)[2]. Ces contrats échappent au champ de la présente étude, puisque le cocontractant public ne peut pas justifier d'intérêt à l'obtention de profit. Ainsi le concept de la rémunération n'est pas envisageable dans ce contexte.

129. En revanche, les contrats de la commande publique font depuis longtemps l'objet du droit budgétaire, au niveau fédéral *(Bundeshaushaltsrechts)*[3] ainsi qu'au niveau des états fédérés

[1] Pour une présentation des contrats de droit public selon le §54 VwVfG, v. Ziekow J., *Commentaire de la Loi sur la procédure administrative non-contentieuse (VwVfG Kommentar),* éd. Kohlhammer, Stuttgart, 2012, p. 409-424 ; Reinker J., « Contrat de droit public » (« Öffentlich-rechtlicher Vertrag ») in Bauer - Heckmann – Ruge-Schallbruch, *Loi sur la procédure administrative non-contentieuse (Verwaltungsverfahrensgesetz –VwVfG),* 2e éd., Beck, Wiesbaden, 2014, p. 716-734 ; Bonk- Neumann, « Contrat de droit public » (« Öffentlich-rechtlicher Vertrag ») in Stelkens et al., *Commentaire de la Loi sur la procédure administrative non-contentieuse (VwVfG Kommentar),*8e éd. Beck, Munich, 2014, p. 1959-2030.

[2] Maurer H., *Droit administratif général (Allgemeines Verwaltungsrecht), op. cit.*

[3] §30de la Loi sur les principes du droit budgétaire de l'État fédéral et des états fédérés (*Gesetz über die Grundsätze des Haushaltsrechts des Bundes und der Länder- Haushaltsgrundgesetz-HGrG)* du 19 août 1969 (*BGBl* I, 1969, p. 1273), modifiée par l'article 1er de la Loi du 15 juillet 2015 (*BGBl*, I 2015, p. 2178) et §55 de l'Ordonnance sur le budget de l'État fédéral (*Bundeshaushaltsordnung-BHO)* du 19 août 1969 (*BGBl* I, 1969, p. 1284) modifiée par l'article 8X de la Loi du 3 décembre 2015 (*BGBl* I 2015, p. 2178) et désormais par l'article 3 de la Loi du 18 mai 2026 (*BGBl* I, n° 137).

(Haushaltsordnungen der Länder), imposant, dans une certaine mesure des exigences de transparence et de mise en concurrence. Sous la pression de transposition des directives européennes et le renforcement de ces impératifs, le législateur fédéral a incorporé les contrats de la commande publique - au sens du droit européen - aux dispositions de la Loi contre les restrictions de la concurrence *(Gesetz Gegen Wettbewerbsbeschränkungen - GWB),* le règlement sur les marchés publics *(Vergabeverordnung-VgV)*[1], le règlement sur les aux contrats de concession *(KonzVgV)*[2] et le règlement sur marchés sous les seuils européens *(UVgO)*[3]. Par conséquent, ces contrats sont soumis au régime de droit privé de l'Administration *(Verwaltungsprivatrecht)* qui renvoie à l'application des dispositions du Code civil allemand (BGB)[4]. Selon la définition juridique, le §103, alinéa 1, du GWB dispose, que les contrats de la commande publique *(Öffentliche Auftrag)* sont « des contrats à titre onéreux (*Entgeltlichkeit*) entre des pouvoirs adjudicateurs ou des entités adjudicatrices et des entreprises ayant pour objet la fourniture de biens, l'exécution de travaux ou à la prestation de services » [5].

130. Contrats administratifs ou contrats de droit commun, les contrats de la commande publique constituent une catégorie valide des contrats visant à la satisfaction des besoins d'intérêt général. D'une manière générale, elles se distinguent en deux catégories génériques des contrats, les marchés publics et les contrats de concession.

---

[1] Verordnung über die Vergabe öffentlicher Aufträge (*Vergabeverordnung – VgV*) dans la version de l'article 1er du *VergRModVO*) du 12 avril 2016 (*BGBl.* I. 2016, p. 624), modifiée par l'article 4 de la loi du 10 juillet 2018 (*BGBl.* I p. 1117).

[2] Konzessionsvergabeverordnung KonzVgV du 12 avril 2016 (*BGBl.* I p. 624, 683), modifié par l'article 6 de la loi du 10 juillet 2018 (*BGBl.* I p. 1117). crée par l'article 3 de la *Verordnung zur Modernisierung des Vergaberechts* (*Vergaberechtsmodernisierungsverordnung- VergRModVO*) du 12 avril 2016 (*BGBl.* I. 2016, p. 624).

[3] *Unterschwellenvergabeordnung – UVgO* du 7 février 2017, *Bundesanzeiger BAnz* AT 07.02.2017 B1.

[4] À propos d'une présentation systématique du droit de la commande publique dans le système juridique allemand, v. Müller S., « Le droit de la commande publique dans le système juridique » (« Das Vergaberecht im Rechtssystem »), *VergabeR*, 2024, p. 239.

[5] §103, alinéa 1, GWB (notre traduction).

§2 – LA TYPOLOGIE DES CONTRATS DE LA COMMANDE PUBLIQUE

131. La pratique contractuelle à l'échelon national en matière de contrats de la commande publique paraît assez créative. Les contrats visant à la satisfaction du service public sont ainsi nombreux, correspondant aux besoins et à la tradition juridique des États membres. Le paradigme du droit administratif français illustre bien le cas. À l'occasion de la réforme du droit européen des contrats de la commande publique, la dichotomie traditionnelle en marchés publics et contrats de concession, telle que codifiée par les directives européennes du 26 février 2014[1] et affirmée par la jurisprudence de la Cour de Justice est plus que jamais affermie **(A)**. En ce sens, il est indispensable d'identifier ces deux catégories dans le droit des États membres ici examinés et y intégrer les différents types de contrats pratiqués à l'échelon national **(B)**.

A. La typologie européenne

132. Au fil de la *summa divisio* classique[2], en tant que contrats de la commande publique, au sens du droit européen, sont considérées comme les deux grandes catégories des contrats visant à l'achat des travaux et des fournitures et la gestion des travaux, définies au sein des directives du 26 février 2014 : d'une part, ce sont les marchés publics **(i)**, et désormais, les contrats de concession **(ii)**.

i. Les marchés publics

133. Les marchés publics, faisant traditionnellement l'objet des directives européennes, ont conservé leur définition pendant les réformes des dernières années. Ainsi, les directives dites « générales » définissent en tant que marchés publics les « contrats à titre onéreux conclus par écrit entre un ou plusieurs opérateurs économiques et un

---

[1] Directives 2014/24 (abrogeant la directive 2004/18/CE) ; 2014/25 (abrogeant la directive 2004/17/CE) ; 2014/23 sur l'attribution des contrats de concession, précitées.

[2] Pour la distinction entre les marchés publics et les contrats de concession Voir en ce sens CJCE, 10 novembre 2011, *Norma-A Sia*, aff. C-348/10, ECLI:EU:C:2011:721.

ou plusieurs pouvoirs adjudicateurs et ayant pour objet l'exécution de travaux, la fourniture de produits ou de prestation des services »[1].

134. Au fil de cette définition répétant – plus ou moins – celle de la directive 2004/18[2], on peut en déduire quelques critères de qualification d'un contrat en tant que marché public conclu et exécuté sur le territoire d'un État membre de l'Union européenne. Ces critères sont les suivants : le critère organique, selon lequel il est un contrat conclu entre un ou plusieurs opérateurs économiques et un ou plusieurs pouvoirs adjudicateurs ou entités adjudicatrices ; le critère matériel, selon lequel il est un contrat dont l'objet consiste à la construction des travaux, ou la prestation des fournitures et des services, et le critère financier, selon lequel il s'agit d'un contrat conclu à titre onéreux[3].

135. Par voie de conséquence, il s'ensuit que les contrats à titre gratuit échappent à la notion des contrats de la commande publique[4]. Ainsi, à cette définition du marché public échappent les contrats publics de subvention, et, comme la jurisprudence l'a précisé, les contrats publics de vente ou d'achat des biens immobiliers déjà construits[5]. Cependant, la seconde distinction des contrats de subvention des marchés publics n'est pas toujours aisée. En tant que subvention est définie tout avantage économique octroyé de manière unilatérale par une collectivité publique à un opérateur ou à un ensemble d'opérateurs, dans un but économique et sans contrepartie[6].

---

[1] Article 2, paragraphe 5, de la directive n° 2014/24.

[2] Directive 2004/18/CE du Parlement européen et du Conseil du 31 mars 2004 relative à la coordination des procédures de passation des marchés publics de travaux, de fournitures et de services *JOUE* L 134 du 31 mars 2004, p. 114

[3] Terneyre Ph., « La notion du marché public : rupture ou continuité ? », *CMP*, n° 6, juin 2014, dossier 3.

[4] Llorens F.et Soler- Couteaux P., « Le gratuit et l'onéreux », *CMP,* 2013, n° 3, repère 3.

[5] CJUE, 25 mars 2010, *Helmut Müller*, aff. C-451/08, ECLI:EU:C:2010:168, points n° 45-58, à propos de l'exclusion de la qualification de marché public d'un contrat de vente par un organisme public d'un terrain sur lequel l'acquéreur envisage d'exécuter ultérieurement des travaux.

[6] Nicinski S., *Droit public des affaires*, p. 556, n°941 et s. Magnet J. *Lexique- Droit budgétaire et comptabilité publique,* Paris PUF, 1980, p. 114 ; Hertzog R., « Linéament d'une théorie des subventions », *RFFP*, n° 23, 1988, p. 5-45. V. aussi la définition Cornu, *Vocabulaire juridique,* op. cit., p. 986 : « Aide financière sans contrepartie, somme allouée, en général par les pouvoirs publics, en faveur d'une œuvre, d'une institution ou d'une entreprise digne d'intérêt et d'encouragement ; se

Sans prétendre à une définition exhaustive des contrats de subvention sur ce point, on se contente de préciser leur différence profonde. Ainsi, bien que le prix puisse aisément se confondre à la subvention[1], leur différence consiste en l'absence de contrepartie dans le cas d'une subvention et à l'onérosité d'un marché public.

136. En revanche, certains types de contrats de partenariat tombent partiellement sous la notion du marché public tel que définie aux termes de la directive 2014/24. Au fil de la définition des contrats de partenariat au sens du Livre vert sur les partenariats public-privé au sens « des formes de coopération entre les autorités publiques et le monde des entreprises qui visent à assurer le financement, la construction, la rénovation, la gestion ou l'entretien d'une infrastructure ou la fourniture d'un service »[2], l'article 31 de la directive est consacré aux partenariats d'innovation : le pouvoir adjudicateur définit le besoin relatif à un produit, un service ou à des travaux innovants qui ne peut être satisfait par l'acquisition de produits, de services ou de travaux déjà disponibles sur le marché et à

---

distingue du prêt qui suppose le versement d'intérêts et le remboursement du capital ». V. la définition donnée par l'Instruction du 28 août 2001 prise pour l'application du Code des Marchés publics, selon laquelle la subvention constitue *« une contribution financière de la personne publique à une opération qui présente* un caractère d'intérêt général, mais qui est initiée et menée par un tiers pour répondre à des besoins que celui-ci a définis. Dans le cas d'une subvention, la somme d'argent n'a pas de contrepartie directe pour la personne publique ». Voir en ce sens aussi la définition donnée au sein du Rapport du groupe de travail mixte « Transparence financière des associations » cité par *Association*s, éd. Dalloz Actions, n° 2003, selon laquelle la subvention constitue « une aide financière versée par une collectivité publique pour les activités dont elle n'a pris ni la responsabilité et qui ne constitue pas le prix d'une acquisition directe par cette collectivité de biens ou de services. Elle est accordée soit, pour favoriser l'exécution d'un service d'intérêt public, soit à titre de secours ou de soutien, si elle a un caractère de libéralité et n'implique aucun remboursement de la part du bénéficiaire ». À propos de leur place vis-à-vis les aides publiques, v. Fromont M., « Aides économiques- Notion. Création », *JCP A,* fasc. 256 (notamment n°8). Le droit européen n'imposant aucune forme particulière, la forme des aides publiques dépend du droit interne des États- membres. À titre d'exemple, v. circulaire du 26 janvier 2006 à l'application au plan local des règles communautaires de concurrence relatives aux aides publiques des entreprises, engendrant l'ensemble des avantages potentiellement octroyés.

[1] V. *supra,* n°40.

[2] À propos de la définition des contrats de partenariat v. Livre vert sur les partenariats public-privé (COM/2004/0327).

l'article 31m paragraphe 2, que le partenariat d'innovation vise tant au développement d'un produit, d'un service ou de travaux innovants « qu'à l'acquisition ultérieure des fournitures, services ou travaux en résultant »[1]. Ainsi, ils sont soumis au régime de passation des marchés publics. Outre cette précision, le droit européen ne paraît pas admettre d'autres contrats de partenariat, tels que développés par les États membres. En effet, les contrats de la commande publique sont soit des marchés publics, soit des contrats de concession, cette dichotomie désormais ferme ne laissant aucune place pour une troisième catégorie.

ii. Les contrats de concession

137. D'inspiration française, les contrats de concession sont traditionnellement définis comme des contrats qui ont « pour objet l'exploitation d'un service public, le fonctionnement d'un service public »[2]. Bien qu'ils fassent l'objet d'un régime européen particulier de mise en concurrence depuis la directive 2014/23, leur définition n'est guère innovante.

138. Divisés en deux catégories, les contrats de concession des travaux et les contrats de concession de services sont définis de manière suivante : En tant que « concession de travaux », est entendu « un contrat conclu par écrit et à titre onéreux par lequel un ou plusieurs pouvoirs adjudicateurs ou entités adjudicatrices confient l'exécution de travaux à un ou à plusieurs opérateurs économiques, la contrepartie consistant soit uniquement dans le droit d'exploiter les ouvrages qui font l'objet du contrat, soit dans ce droit accompagné d'un prix »; en tant que « concession de services » est entendu, « un contrat conclu par écrit et à titre onéreux par lequel un ou plusieurs

---

[1] Dal Farra Th., « La consécration des partenariats d'innovation dans les nouvelles directives relatives aux marchés publics », *BJCP*, n° 95 juillet- août 2014, p.254; Pintat P.- N'Gouah-Beaud A., « Le partenariat d'innovation : une procédure à suivre », *CP- ACCP*, n° 143, mai 2014, p. 46; Benjamin M.- Yv., « Le partenariat d'innovation et les clauses de propriété intellectuelle », *CP- ACCP*, n° 143, mai 2014, p. 51; Sorbara J.-G., « Marchés publics et innovation », *CMP*, n° 6, juin 2014, dossier 13.

[2] Jèze G., *Les contrats administratifs de l'État, des départements, des communes et des établissements publics*, t. 1, Giard, Paris, 1927, p. 55.

pouvoirs adjudicateurs ou entités adjudicatrices confient la prestation et la gestion de services autres que l'exécution de travaux [...] à un ou à plusieurs opérateurs économiques, la contrepartie consistant soit uniquement dans le droit d'exploiter les services qui font l'objet du contrat, soit dans ce droit accompagné d'un prix »[1]. De ces définitions deux critères de qualification d'un contrat de concession sont déduits : un critère matériel et un critère financier.

139. D'emblée, du point de vue du critère matériel, leur définition en vertu de la directive dite « concessions » s'aligne sur celle de la directive 2004/18. Elle témoigne la persistance de la division concessions des travaux – concessions des services, par rapport à leur objet. En revanche, contrairement au régime indicatif antérieur, concernant seules les concessions des travaux, le droit dérivé embrasse pour la première fois en vertu de la directive 2014/23 les contrats de concession des services. Désormais, les deux catégories sont soumises à un régime de mise en concurrence unique et distinct de celui des marchés publics. Il s'agit d'un régime commun obligatoire, résolvant le problème de qualification des contrats[2]. En

---

[1] Article 5, n° 1, alinéa a) (travaux) et b) (services). Voir en ce sens la définition des contrats de concession de la Directive 2004/18 article 1 al. 3 et 4. Selon ces dispositions « ... 3. La concession de travaux publics est un contrat présentant les mêmes caractéristiques qu'un marché public de travaux, à l'exception du fait que la contrepartie des travaux consiste soit uniquement dans le droit d'exploiter l'ouvrage, soit dans ce droit assorti d'un prix. 4. La « concession de services » est un contrat présentant les mêmes caractéristiques qu'un marché public de services, à l'exception du fait que la contrepartie de la prestation des services consiste soit uniquement dans le droit d'exploiter le service, soit dans ce droit assorti d'un prix ».

[2] Kalflèche G., « Les concessions : faut-il avoir peur du rapprochement avec les marchés ? », *CMP*, n° 6, juin 2014, dossier 4. De plus, il conviendrait remarquer que les contrats de concessions ne sauraient être confondus avec les contrats de subvention. Cette distinction qui en pratique est considérablement plus aisée que celle entre subvention et prix, apporte alors la preuve de la distinction entre une subvention versée par une personne publique qui caractérise le premier cas, et une rémunération liée aux résultats de l'exploitation qui définit la seconde. Or, dans le cadre d'un contrat de ce type, une rémunération liée aux résultats de l'exploitation coexiste dans le même cadre avec une subvention, lorsque ses clauses renvoient à une telle compensation. Même si l'Administration par cette voie confie la gestion d'un service public à son cocontractant, rien ne l'empêche contribuer à son soutien financier, demeurant toujours le garant de la continuité et du bon fonctionnement du service public. Ainsi, une subvention peut être octroyée au concessionnaire, afin qu'il puisse subir successivement le coût du service confié, uniquement lorsque certaines conditions visant à empêcher le favoritisme du bénéficiaire en dépit des

réalité, l'immense majorité des concessions impliquent tant la construction des travaux ainsi que la prestation des services (contrats mixtes), ce qui, jusqu'à récemment, suscitait souvent des questions sur le régime applicable.

140. De point de vue du critère financier, les concessions des travaux et des services ne cessent d'être qualifiés par rapport aux marchés publics, puisqu'elles ne se distinguent de ces derniers que par le mode de rémunération du cocontractant de l'Administration, à l'instar de la directive 2004/18[1]. Depuis la directive 2014/23 ce critère n'est pas suffisant. « La rémunération du concessionnaire doit être assortie d'un transfert de risque économique lié à l'exploitation »[2]. La définition des concessions implique alors un critère financier supplémentaire, celui du transfert du risque, entendu lato sensu, comprenant le risque lié à la demande, le risque lié à l'offre, ou les deux[3]. En réalité, il ne s'agit que de la simple codification de la jurisprudence européenne, dont émerge le critère du risque en tant que critère fiable de qualification des contrats[4].

---

autres candidats, ainsi que la requalification de la subvention en tant qu'aide publique, incompatible avec les dispositions du droit européen en la matière. Cela dit, une fois les critères de la jurisprudence *Altmark* sont remplis, la subvention est susceptible de compenser uniquement les coûts occasionnés de l'objet du contrat. V. sur ce point infra, n°806.

[1] Directive 2004/18/CE du Parlement européen et du Conseil du 31 mars 2004 relative à la coordination des procédures de passation des marchés publics de travaux, de fournitures et de services, *op. cit.*

[2] CJCE, 18 juillet 2007, *Commission c/ Italie*, aff. C-382/05, ECLI:EU:C:2007:445, point n°34, *Europe*, 2007, comm. 252, obs. Meisse É. V. également Braconnier St., *Précis du droit de la commande publique*, 8e édition, LeMoniteur, Paris, 2025, p. 171-172; Hoepffner H., « La nouvelle directive Concessions- Sécuriser le cadre juridique des concessions et préserver la liberté des concédants : une conciliation impossible ? », *Europe*, n°6, juin 2014, étude 5 ; Frackowiak C.- Delaloy G., « Nouvelles directives européennes sur les marchés publics et les concessions : quels changements pour le droit français de la commande publique ? », *BJCP*, n° 94, 2014, p. 155-163.

[3] À propos de la définition du risque v. infra n° 368-383. Pour une analyse abondante de la notion du risque ainsi que de son rapport avec la rémunération v. infra, n°407 et s.

[4] V., parmi d'autres, notamment CJCE, 10 septembre 2009, *WAZV Gotha c/Eurawasser*, aff. C-206/08, ECLI:EU:C:2009:540 ; CJCE, 18 juillet 2007, *Commission c/ Italie*, aff. C-503/04, *op.cit.*, CJCE, 7 décembre 2000, *Telaustria Verlags GmbH Telefonadress*, aff. C-324/98, *op.cit.*

141. Dès lors, la dichotomie des contrats de la commande publique en marchés publics et en contrats de concession paraît plus que jamais affermie et persistante. Or, malgré sa clarté, voire sa rusticité, cette classification n'est pas toujours évidente à l'échelon national.

B. La typologie nationale

142. D'une manière générale, les contrats de la commande publique obéissent à la dichotomie traditionnelle marchés publics et contrats de concession, même à l'échelon national. La pratique contractuelle a engendré l'émergence d'autres contrats balançant entre les deux grandes catégories, suscitant des ambiguïtés relatives à leur qualification et à leur soumission à tel ou tel régime de mise en concurrence. Au lendemain de la transposition des directives européennes et de l'affermissement de cette *summa divisio,* la qualification des contrats en tant que contrats de la commande publique dépend de leur soumission à ces deux catégories.

143. Il convient alors de se demander quels sont les contrats qualifiés de marchés publics et de contrats de concession en droit français **(i)**, en droit grec **(ii)** et en droit allemand **(iii)**.

i. *En droit français*

144. Depuis longtemps, la *summa divisio* marchés publics et contrats de type concessif est cristallisée en droit français. Les marchés publics sont qualifiés de contrats administratifs par la loi, soumis au code des marchés publics depuis la codification du 2001[1]. En ce qui concerne les contrats de type concessif comme les contrats de concession (stricto sensu) et les contrats d'affermage (concessions, dont les frais d'installation sont supportés par le pouvoir adjudicateur), ils sont compris dans la catégorie des conventions de délégation de

[1] Décret n°2001-210 du 7 mars 2001 portant Code des marchés publics, *JORF* n°57 du 8 mars 2001, p. 37003, texte n° 6. V. aussi à propos des contrats de travaux Loi n° 85-704 du 12 juillet 1985 relative à la maitrise d'ouvrage publique et à ses rapports avec la maitrise d'œuvre privée, *JORF* du 13 juillet 1985 p. 7914 et son décret d'application Décret n°93-1270 du 29 novembre *JORF* du 1 décembre 1993, p. 16609- depuis le 1er avril 2019, articles L.2410-1 à L. 2432-2 CCP.

service public (DSP)[1] suite à la loi Sapin du 29 février 1993[2]. Bien que cette loi ait visé à établir des contraintes de publicité et de mise en concurrence, le pas vers l'harmonisation avec les exigences européennes des directives de 2004 n'était franchi qu'en 2009[3]. En parallèle de ces contrats classiques, ont émergé de nombreux contrats intermédiaires : régie intéressée, gérance, marchés d'entreprise des travaux publics (METP) ainsi que des contrats plus complexes, par commodité appelés montages contractuels globaux. Il s'agit des contrats « de longue durée, par lesquels des personnes publiques confieraient à des opérateurs économiques aussi bien le financement d'ouvrages ou d'équipements que leur conception, leur construction, leur entretien et leur exploitation ou encore la gestion des services publics, en s'abstenant d'être maîtres d'ouvrage et en rémunérant leurs cocontractants en tout ou partie par des paiements échelonnés tout au long de la durée des contrats, présenteraient des avantages décisifs »[4]. Le Professeur Llorens les classe en quatre catégories : « les marchés

---

[61]Cette catégorie assez vaste et hétérogène intègre toutes les sous-catégories des contrats administratifs présentant selon la doctrine française les caractéristiques suivantes : i. confiance à un tiers l'exécution d'un service public à caractère industriel ou commercial ; ii. La commande publique conserve la maîtrise du service public ; iii. Les relations contractuelles des usagers avec le service sont établies par le délégataire et iv. La rémunération du cocontractant de l'Administration est liée sinon totalement, mais au moins substantiellement au droit d'exploitation de l'objet du contrat. Voir en ce sens aussi Richer L., *Droit des contrats administratifs*, *op. cit.* n°1064, selon lequel, cette catégorie des contrats « a pour modèle le contrat de concession, dont est proche de l'affermage, mais il ne se confond pas avec ces deux contrats, qui sont englobés dans la catégorie plus générale de la délégation, laquelle peut, elle-même, être rattachée à une nébuleuse de contrats qui existent partout dans le monde et que la Commission européenne désigne par l'expression « Partenariat Public- Privé « (PPP) » .

[2] Loi n° 93-122 du 29 janvier 1993 relative à la prévention de la corruption et à la transparence de la vie économique et des procédures publiques, *op.cit.* En ce sens, v. Auby J.-F., « La délégation de service public : Premier bilan et perspectives », *RDP*, 1996, p. 1095-1115 ; Marcou G., « La notion de délégation de service public après la loi du 29 janvier 1993 », *RFDA,* 1994, p. 691 et *RFDA*, 1994, p. 875 (suite et fin) ; Douence J.-C., « Les contrats de délégation de service public », *RFDA,* 1993, p. 936.

[3] Ordonnance n°2009-864 du 15 juillet 2009 relative aux contrats de concession de travaux publics : *JORF* 16 juillet 2009, p.11853.

[4] Ménémenis Al., « L'ordonnance sur les contrats de partenariat : heureuse innovation ou occasion manquée ? », *AJDA*, 2004, p. 1737. V. également Delvolvé P., « Les contrats globaux », *RFDA*, 2004, p. 1079.

de conception, construction, aménagement, entretien et maintenance passés pour les besoins de la sécurité intérieure, de la justice, de la défense, des centres de rétention et des établissements de santé ; les conventions de bail dites « Sarkozy » créées dans les domaines de sécurité intérieure, de la justice et de la défense ; les baux emphytéotiques au sein desquels il faut distinguer entre ceux qui sont conclus par les collectivités territoriales dans les secteurs susmentionnés, et les baux emphytéotiques spéciaux conclus par ces mêmes collectivités ou les établissements publics de santé pour les besoins de ces derniers ; [...] les contrats de partenariat »[1].

145. Désormais, une classification tripartite paraît anachronique. L'*ingénierie juridique* française traduisant une complexité voire une insécurité juridique dans le champ de la commande publique est en conflit avec l'assouplissement auquel tentent les directives européennes. Ainsi, sous pression de la dichotomie rigoureuse établie par ces directives, certaines catégories des contrats *sui generis* ne tombent ni sous la notion des marchés publics ni sous celle des concessions entendues *lato sensu*[2]. Plus précisément, selon la lettre des dispositions du CCP[3], les contrats à paiement différé constitutifs des droits réels sur le domaine public, comme les baux emphytéotiques administratifs (BEA) ou d'un contrat d'autorisation d'occupation temporaire (AOT) sont dorénavant interdits[4].Les contrats globaux qui demeurent autorisés sont les marchés publics

---

[1] Llorens F., « Typologie des contrats de la commande publique », *CMP,* n° 5, mai 2005, ét. 7.

[2] Frackowiak C.- Delaloy G., « Nouvelles directives européennes sur les marchés publics et les concessions : quels changements pour le droit français de la commande publique ? « Pour une rationalisation de l'architecture du droit français de la commande publique, *BJCP,* n° 95 2014, p. 219-253.

[3] Article L2191-5 CCP. Voir en ce sens CGPPP, article L 2122-6 à propos des AOT délivrées par l'État, et L. 2341-1 à propos des BEA conclus par l'État et CGCT article L. 1311-2 à propos des BEA et L. 1311-5.III à propos des AOT conclus par les collectivités territoriales.

[4] Braconnier St., *Précis du droit de la commande publique*, *op. cit.* p. 148. Comme le Professeur Braconnier remarque : « Désormais, les personnes publiques doivent directement emprunter, pour mettre en œuvre ces montages, soit la voie du marché de partenariat si la contrepartie de la mission confiée au cocontractant consiste à un prix, soit la voie de la concession si cette contrepartie réside dans le droit d'exploiter l'ouvrage. L'occupation du domaine public, éventuellement constitutive de droits réels ne sera que l'accessoire ou la conséquence du contrat principal ».

globaux accordant un prix au cocontractant de l'Administration pour une mission globale[1] ou les marchés de partenariat[2].

146. En somme, depuis l'entrée en vigueur du Code de la commande publique (CCP) le 1er avril 2019[3], en tant que contrats de la commande publique sont qualifiés les marchés publics, y compris les contrats de maîtrise d'ouvrage et les marchés de partenariat ainsi que les contrats de concession au sens large.

---

[1] V. article L. 2171-4 CCP. Il s'agit des marchés publics de a conception, la construction, l'aménagement, l'entretien et la maintenance des immeubles affectés à la police nationale, à la gendarmerie nationale, aux armées ou aux services du ministère de la défense, à la brigade des sapeurs-pompiers de Paris ou affectés par l'Etat à la formation des personnels qui concourent aux missions de défense et de sécurité civiles ; La conception, la construction et l'aménagement des infrastructures nécessaires à la mise en place de systèmes de communication et d'information répondant aux besoins des services du ministère de l'intérieur ; La conception, la construction et l'aménagement des établissements pénitentiaires. Cette mission peut en outre porter sur l'exploitation ou la maintenance des établissements pénitentiaires, à l'exception des fonctions de direction, de greffe et de surveillance ; La conception, la construction, l'aménagement, l'entretien, l'hôtellerie et la maintenance de centres de rétention ou de zones d'attente. Cette mission ne peut conduire à confier l'enregistrement et la surveillance des personnes retenues ou maintenues à d'autres personnes que des agents de l'Etat ; La conception, la construction, l'aménagement, l'exploitation, la maintenance ou l'entretien des infrastructures linéaires de transport de l'Etat, hors bâtiments. À propos des marchés globaux v. articles L. 2171-1 à L. 2171-8 CCP.

[2] Article L.1112-1 CCP.

[3] Ordonnance n° 2018-1074 du 26 novembre 2018 portant partie législative du code de la commande publique, *op.cit.* et son décret d'application Décret n° 2018-1075 du 3 décembre 2018 portant partie réglementaire du code de la commande publique, *op.cit.* À propos de l'adoption du Code de la commande publique et d'une présentation critique v. parmi d'autres Frackowiak C., « Des ordonnances de transposition au code de la commande publique », *AJDA,* 2019, p. 395 ; Dacosta B. « L'écriture du code », *AJDA,* 2019, p. 376 ; Melleray F.- Noguellou R., « La codification de règles jurisprudentielles », *AJDA,* 2019, p. 381 ; Brenet F., « La codification des textes 'épars' du droit de la commande publique, *AJDA,* 2019, p. 389 ; Eckert G., « Code de la commande publique : la sécurité juridique au service de l'efficacité économique ? », *CMP,* n° 1, janvier 2019, rep. 1 ; Ubaud-Bergeron M., « Code de la commande publique- Champ d'application du Code de la commande publique », *CMP,* n°1, janvier 2019, dossier n° 5 ; Clamour G., « Code de la commande publique-Dispositions propres de l'ordonnance et du décret portant Code de la commande publique », *CMP,* n°1, janvier 2019, dossier n°14 ; Braconnier St.-Meslin S., « Code de la commande publique-Contrats de concession », *CMP,* n°1, janvier 2019, dossier n° 11.

ii. En droit grec

147. Toujours fidèle à la tradition du droit français, le droit grec suit la division classique fondée sur le critère de la rémunération du cocontractant de l'Administration. D'une part, nous rencontrons des marchés publics (travaux, fournitures, services) au sens du droit européen ; d'autre part des contrats qui présentent les mêmes caractéristiques avec les conventions de délégation de service public françaises, désormais contrats de concession.

148. Dès lors, le droit grec reconnait les marchés publics soumis au régime de la loi n° 4412/2016[1] et les contrats de concession régis par la loi n°4413/2016[2]. En ce point il convient de signaler deux points où le droit grec des contrats administratifs s'éloigne du droit français. En premier lieu, en droit grec il n'existe pas le cas de la régie intéressée comme moyen de gestion du service public, mais un mode de régie directe, caractérisée par un rôle plus actif de l'Administration pendant le fonctionnement et la gestion du service public et par l'intégration du service à la personnalité morale de son organisme. En second lieu et en ce qui concerne la procédure de passation d'un contrat de concession *lato sensu*, le droit grec prévoit une condition supplémentaire, celle de la ratification législative du contrat après sa signature ayant pour but la reconnaissance des droits du cocontractant de l'Administration et parfois l'introduction des dérogations de la loi, si nécessaire.

149. Toutefois, avant l'affermissement de la distinction marchés publics - contrats de concession[3], la doctrine grecque utilisait le terme « concession » à la fois, même pour décrire une vaste catégorie des contrats autres que les marchés publics, embrassant également les contrats de partenariat au sens de la loi n°3389/2005[4]. Or, cette loi

---

[1] Loi n° 4412/2016 *JO* A' 147/08.08.2016 relative aux marchés publics des travaux, fournitures et services, transposant les directives n° 2014/24 et n° 2014/25.

[2] Loi n° 4413/2016, *JO* A' 148/08.08.2011 relative à la passation et l'exécution des contrats de concession, transposant la directive n° 2014/23.

[3] Gkitsakis I., *La concession de service et des travaux publics (Η παραχώρηση δημόσιας υπηρεσίας και δημοσίου έργου)* (thèse), Sakkoulas, coll. « Études de droit administratif », Athènes- Théssalonique, 2006, p. 173-189.

[4] Loi n° 3389/2005, *JO A'*232/22.09.2005, relative aux contrats de partenariat. En ce sens v. Kyriakopoulos I., *Droit administratif grec (Ελληνικόν Διοικητικόν Δίκαιον),* 4e éd. Théssalonique, 1961, t. B p. 434-435 ; Dendias M., *Droit administratif (Διοικητικό Δίκαιο),* 5e éd., Pantazis, Athènes, 1964, t. A, p. 22-223 ; Stassinopoulos

faisant écho du Livre vert sur les partenariats public-privé, ne définit qu'une catégorie hétérogène des contrats de coopération entre les opérateurs publics et les opérateurs privés[1]. À la suite de la réforme du droit de la commande publique en 2016, ces contrats de partenariat sont soumis au régime des marchés publics régi par la loi n°4412/2016[2] et les dispositions de la loi n°3389/2005 sont appliquées à titre complémentaire[3].

iii. En droit allemand

150. Le droit allemand, ayant transposé – au moins au début – *a minima* les exigences européennes connaît bien la *summa divisio* marchés publics - contrats de concession dans le cadre de la loi contre les restrictions à la concurrence (GWB) après sa 7ème réforme en 2005[4] et surtout suite à la réforme du 12 avril 2016 *(Vergaberechtsmodernisierungsverordnung – VergRModVO)*[5]. Prenant en considération les particularités du droit allemand[6], il est

---

M., *Cours de droit administratif (Μαθήματα Διοικητικού Δικαίου)*, 2e éd., Athènes, 1957, p. 170 ; Papachatzis G., *Système du droit administratif existent en Grèce (Σύστημα του ισχύοντος στην Ελλάδα διοικητικού δικαίου)*, 7e éd., Athènes, 1991, p. 879-880 ; Korsos D., *Droit administratif (Διοικητικό Δίκαιο)*, 2e éd., A.N. Sakkoulas, Athènes- Komotini, 1995, p. 475 ; Spiliotopoulos Ep., *Manuel du droit administratif (Εγχειρίδιο διοικητικού δικαίου), op. cit.*, p. 362-363 ; Dagtoglou P., *Droit administratif général (Γενικό Διοικητικό Δίκαιο), op. cit.*, p. 346.

[1] À propos des contrats de partenariat en droit grec v. Kitsos I., *Partenariats public-privé et contrats de concession (Συμπράξεις Δημοσίου- Ιδιωτικού Τομέα και Συμβάσεις Παραχώρησης)*, Sakkoulas, Athènes-Théssalonique, 2014 ; Venieris I., *Partenariats public-privé- le cadre contractuel (ΣΔΙΤ- Συμπράξεις Δημοσίου και Ιδιωτικού Τομέα- Το Συμβατικό Πλαίσιο)*, Nomiki Vivliothiki, Athènes, 2007; Koutras D.- Skouris P.- Trova H., *Les contrats de concession et les partenariats public-privé- La nouvelle loi n° 3389/2005 (Οι συμβάσεις παραχώρησης και οι Συμπράξεις Δημοσίου και Ιδιωτικού Τομέα- Ο νέος νόμος 3389/2005)*, éd. Ellinika grammata, Athènes, 2005.

[2] V. en ce sens, Autorité unique indépendante des contrats publics (ΕΑΑΔΗΣΥ), directive technique n°1/2018 du 14.09.2018.

[3] Article 1, paragraphe 7, de la loi n° 4412/2016.

[4] Surtout, §97 -101 GWB.

[5] *Vergaberechtsmodernisierungsverordnung – VergRModVO)* du 12 avril 2016, *BGBl* I 2016, n°16 du 14.04.2016.

[6] Au-delà des seuils et en ce qui concerne le droit interne en matière des contrats de l'Administration, le Professeur Stelkens suit une classification plutôt matérielle. Selon lui, il est possible d'identifier cinq catégories des contrats publics par rapport

indispensable à identifier dans ce contexte les deux catégories des contrats de la commande publique.

151. Les contrats de la commande publique en droit allemand étaient à leur immense majorité qualifiés de marchés publics[1]. S'agissant de l'achat des travaux, des fournitures et des services, ils étaient soumis à un double régime de passation : en matière des marchés publics dépassant les seuils européens, sont applicables les dispositions de la Loi contre les restrictions à la libre concurrence (GWB) et la *Vergabeverornung* (VgV)[2] ; en matière des marchés publics sous les seuils européens était applicable le droit budgétaire allemand *(Haushaltsrechts)* jusqu'à la réforme de 2016 et la transposition des directives européennes du 26 février 2014. Ce régime impliquait des inégalités importantes dues à la légèreté des contraintes de la libre concurrence par rapport au régime européen de passation prévu par le GWB. Désormais, à la suite de la réforme du droit allemand de la commande publique de 2016, les marchés publics sous les seuils européens sont soumis à un régime assez assimilable de mise en concurrence, conformément au règlement relatif aux contrats sous les seuils européens *(Unterschwellenvergabeordnung – UVgO)* du 2 février 2017[3].

152. En revanche, l'identification des contrats de concession en droit allemand soulève des difficultés importantes, tant à propos de sa définition ainsi qu'à propos du régime applicable. La concession fait

---

à leur soumission à la compétence des cinq ordres de juridiction (juridiction ordinaire, administrative, financière, sociale et du travail) : les contrats de « coordination » entre et « intra » personnes publiques ; les contrats de travail des agents contractuels du secteur public, les contrats des marchés publics « simples » et des contrats de gestion du patrimoine public ; les contrats d'aménagement de rapports de droit public et les contrats de subvention, les contrats de l'urbanisme, les contrats de privatisation et les partenariats public-privé v. Stelkens U.- Schröder H., « Allemagne/ Germany » in Noguellou R.- Stelkens U. (sous dir.) *Droit comparé des contrats publics,* Collection droit administratif, Bruyant, Bruxelles, 2010, p. 307-338, (not. p. 310-313). À propos de la circonscription des contrats de la commande publique en droit allemand v. Burgi M., *Droits des contrats de la commande publique (Vergaberecht)*, 4 éd., C.H. Beck, Munich, 2025, p.77-105.

[1] §103 GWB. V. aussi ancien §97 GWB.

[2] V. Vergaberechtsänderungsgesetz du 26 août 1998 (*BGBl.* I.1998, p. 2512) et la publication de la nouvelle version de la GWB du 26 août 1998 (*BGBl.* I. 1998, p. 2546). V. aussi sa version consolidée du 26 juin 2013 (*BGBl.* I. 2013 p. 1750 et 3245), modifiée par la loi du 12.07.2018 (*BGBl.* I p. 1151).

[3] Unterschwellenvergabeordnung – UVgO du 2 février 2017, *op.cit.*

plutôt l'objet d'un acte unilatéral, au sens de concession des droits par l'Administration. Par conséquent, des contrats de concession sont plutôt mises en œuvre pour que l'Administration puisse contrôler l'organisation et la gestion des services qui constituent des monopoles naturels[1]. En ce qui concerne les contrats de concession au sens des contrats de la commande publique, ils sont des contrats de droit privé, parfois confondus avec les partenariats public- privé[2]. La notion la plus proche répandue est celle de *Beleihung* qui se rapproche de la délégation de service public du droit français et plus précisément de la régie intéressée[3]. Bien que le droit allemand ait entrepris de transcrire les enseignements du droit français[4], le recours à ces contrats est relativement rare. Soumis à la théorie des deux étapes *(Zweistufentheorie)*[5], ils balançaient en fait entre les dispositions du Code de procédure administrative non-contentieuse et celles de la loi budgétaire, sans exigences importantes de transparence et de mise en concurrence. Ils étaient soumis au droit privé, et étaient traités comme des marchés sous seuils (régime de « *Vergaberecht light* »). Désormais, la passation des contrats de concession dont la valeur surpasse les seuils fixés par la Directive 2014/23 est soumise au régime des §97 et suivants GWB qui est concrétisée par le règlement relatif aux contrats de concession *(Konzessionsvergabeverordnung –*

---

[1] Marcou G., « Les modes de gestion des services publics locaux en Allemagne et le problème de l'ouverture à la concurrence », *RFDA,* 1995, p. 462.

[2] Jennert C. « Partenariat Public-Privé, y compris la concession de services et des travaux » (« Öffentlich –Private Partnerschaft einschließlich Dienstleistungs-und Baukonzession »), *in* Müller S.-Wrede M. (sous dir.), *Manuel du droit de la commande publique (Kompendium des Vergaberechts)*· Bundesanzeiger, Köln, 2012, p. 301-338.

[3] *Ibid* ; Koch M., *L'activité économique des communes- Un montant de la politique d'ordre économique et financier (Die wirtschaftliche Betätigung der Gemeinden- Ein Betrag zur finanzwirtschaftlichen Ordungspolitik)*, Duncker& Humbolt, Berlin, 1992.

[4] Voir en ce sens la correspondance de typologie des contrats entre l droit français et le droit allemand : la régie privée d'équipement public *(öffentliche Einrichtung in privater Regie),* proche du contrat de concession, la délégation d'exploitation *(Nutzungsübertragung)* qui rapproche l'affermage, et le contrat d'opération *(Betreiber)* rappelant le marché d'entreprise des travaux publics. Marcou G. « Les modes de gestion des services publics locaux en Allemagne et le problème de l'ouverture à la concurrence », *op. cit.*

[5] À propos de la théorie des deux étapes *(Zweistufentheorie)* v. *infra* n°697.

KonzVgV)[1] crée par l'article 3 de la loi modernisant le droit de la commande publique *(Vergabemodernisierungsverordnung-VergRModVO)*[2].

153. Ayant circonscrit le champ de la présente étude en précisant la définition des contrats de la commande publique ici retenue, il convient de préciser également les personnes impliquées, au sens du créancier (Administration) et du débiteur (cocontractant privé de l'Administration) de la rémunération.

Section II – CIRCONSCRIPTION DE L'ÉTUDE *RATIONE PERSONAE*

154. À côté de la délimitation matérielle de la présente étude, pour des raisons méthodologiques, il convient d'effectuer également une délimitation personnelle. La définition étroite de la rémunération elle-même impose la délimitation de notre recherche en ce qui concerne les deux acteurs du jeu contractuel.

155. Du fait que la rémunération se définit dans le contexte des contrats de la commande publique, il s'ensuit par définition que l'Administration constitue l'une des parties contractantes. Or, les entités publiques tombant sous la notion d'Administration ne sont pas toujours clairement définies, notamment sur le plan comparatif. En imitant le droit européen, l'Administration contractante saurait être conçue de manière étendue **(A).** Au contrepied, le cocontractant de l'Administration peut être *a priori* aisément défini. Cependant, l'objet de la présente étude nous incite à restreindre la casuistique des cocontractants examinés aux cocontractants privés. En effet, la rémunération entendue en tant que marge de profit n'est concevable que dans les contrats de la commande publique entre personnes publiques et opérateurs privés **(B)**

---

[1] Konzessionsvergabeverordnung KonzVgV du 12 avril 2016 *op.cit.* V. à propos des contrats de concession après la réforme Burgi M.- Zimmermann P., « Les concessions d'approvisionnement et les concessions d'utilisation en tant qu'instruments politiques de l'État » (« Beschaffungskonzession und Nutzungskonzession als Gestaltungsinstrumente des Staates »), *NZBau*, 2023, p. 635.

[2] Verordnung zur Modernisierung des Vergaberechts (VergRModVO) du 17 février 2016, (*BGBl* I, p. 203).

§1 – L'ADMINISTRATION

156. L'Administration contractante concerne l'ensemble des personnes publiques qui sont autorisées à contracter pour le compte du secteur public. En ce sens, on peut aisément y rattacher l'État, les collectivités territoriales ainsi que d'autres personnes morales de droit public. Or, l'inclination européenne adoptant traditionnellement les notions de pouvoir adjudicateur et d'entité adjudicatrice, incitent à reconsidérer quelles sont les personnes que l'on peut considérer capables de contracter ainsi que d'administrer **(A).** À l'échelon national, l'Administration contractante est définie conformément aux particularités de l'organisation administrative de chaque État membre **(B)**.

A. Les notions de « pouvoir adjudicateur » et d'« entité adjudicatrice » en droit européen

157. Le droit européen des contrats de la commande publique emploie les notions de pouvoir adjudicateur et d'entité adjudicatrice, afin de dessiner l'opérateur public contractant. La transposition de ces deux notions a progressivement incité à l'extension de la notion de l'Administration contractante.

158. La notion de pouvoir adjudicateur regroupe les opérateurs publics dits classiques : « l'État, les autorités régionales ou locales, les organismes de droit public ou les associations formées par une ou plusieurs de ces autorités ou un ou plusieurs de ces organismes de droit public »[1]. Parmi eux, le cas des organismes de droit public sont ceux qui impliquent une complexité supplémentaire. Pour cette raison, à l'instar de la directive 2004/18, la directive 2014/24 conserve les critères émergés par la jurisprudence de la Cour de justice dans l'arrêt *Mannesmann*[2], et qui ont été précisés ensuite à plusieurs reprises[3].

---

[1]Article 2, paragraphe 1, alinéas 1- 4 de la directive 2014/24, *op.cit.*

[2] CJCE, 15 janvier 1998, *Mannesmann* aff. C-44/96, ECLI:EU:C:1998:4 ; concl. Leger Ph., ECLI:EU:C:1997:402; *Europe* 1998, comm. n° 94; *CMP,* 1998, n° 5, p. 33.

[3] En guise d'illustration v. CJCE, 10 novembre 1998, *BFI Holding* aff. C-360/96, ECLI:EU:C:1998:525 - CJCE, 3 octobre 2000, *University of Cambridge,* aff. C-380/98, ECLI:EU:C:2000:529 - CJCE, 10 mai 2001, *Agorà Srl et Excelsior Snc di Pedrotti Bruna & C.,* aff. jointes C-223/99 et C-260/99, ECLI:EU:C:2001:259-

Ainsi, un tel organisme doit remplir les conditions suivantes : « i. il a été créé pour satisfaire spécifiquement des besoins d'intérêt général ayant un caractère autre qu'industriel ou commercial ; ii. il est doté de la personnalité juridique, et iii. soit il est financé majoritairement par l'État, les autorités régionales ou locales ou par d'autres organismes de droit public, soit sa gestion est soumise à un contrôle de ces autorités ou organismes, soit son organe d'Administration, de direction ou de surveillance est composé de membres dont plus de la moitié sont désignés par l'État, les autorités régionales ou locales ou d'autres organismes de droit public »[1]. À l'inverse, un organisme ne peut pas être qualifié d'organisme de droit public, s'il opère dans les conditions normales de marché, poursuit un but lucratif et supporte les pertes liées à son activité[2].

159. Par ailleurs, dans le cadre de la directive 2014/25 consacrée aux secteurs dits « spéciaux », le droit européen va plus loin en affirmant le rôle d'entité adjudicatrice[3] tant aux entités publiques qu'aux entités privées bénéficiant de droits exclusifs ou spéciaux, puisque ces services sont également gérés par ces dernières sous le contrôle étatique. Même si ses entités publiques ne suscitent pas de questions, l'insertion des entités privées dans le champ du secteur public paraît paradoxale. Un tel choix est cependant justifié par la nature même de ces secteurs aujourd'hui libéralisés selon les principes de libre circulation des marchandises et des capitaux. Traditionnellement, ses secteurs constituaient des monopoles confiés

---

CJCE, 12 décembre 2002, *Universale Bau* aff. C-470/99, ECLI:EU:C:2002:746- CJCE, 27 février 2003, *Adolf Truley* aff. C-373/00, ECLI:EU:C:2003:110- CJCE, 22 mai 2003, *Riita Korhonen Oy e.a* aff. C-18/01, ECLI:EU:C:2003:300- CJCE, 15 mai 2003, *Commission c/ Espagne,* aff. C-214/00, ECLI:EU:C:2003:276- CJCE 16 October 2003, *Commission c/ Espagne,* aff. C-283/00, ECLI:EU:C:2003:544- CJCE, 13 décembre 2007, *Bayerischer Rundfunk e.a.* aff. C-337/06, ECLI:EU:C:2007:786- CJCE, 10 avril 2008, *Ing. Aigner,* aff. C-393/ ECLI:EU:C:2008:213- CJUE 11 juin 2009, *Oymanns,* aff. C-300/07, ECLI:EU:C:2009:358. En ce sens, Voir en ce sens Karpenschif M., « Définition du pouvoir adjudicateur par la Cour de justice des communautés européennes », *AJDA*, 2004, p. 526. V. aussi à ce propos des arrêts plus récents CJUE 3 février 2021, *FIGC et Consorzio Ge.Se.Av.*, aff. C-155/19, ECLI:EU:C:2021:88, CJUE, 5 octobre 2017, *LitSpecMet*, aff. C-567/15, ECLI:EU:C:2017:736.

[1] Article 2.1.4 de la directive 2014/24, *op.cit.*

[2] Braconnier St., « La typologie des contrats publics d'affaires face à l'évolution du champ d'application des nouvelles directives », *AJDA*, 2014, p. 832.

[3] V. Braconnier St., *Précis du droit de la commande publique*, *op.cit.*, p. 98-101.

aux entreprises publiques. Évidemment, ces évolutions sont transposées dans le droit interne des États membres dès la mise en vigueur de la précédente directive 2004/17[1]. Dès lors, cette ouverture à la concurrence considère également les contrats de concession, dans les restrictions relatives aux particularités de l'objet du contrat, tout en respectant les principes du TFUE et la liberté du choix de mode de gestion des services par les États membres eux-mêmes.

160. Ainsi, l'évolution de la conception du pouvoir adjudicateur et des entités adjudicatrices a entrainé un glissement vers la dominance de la notion des opérateurs publics au détriment des entreprises publiques, ce qui ne pourrait pas rester sans conséquences sur les droits nationaux des États membres.

B. La définition de l'Administration contractante en droit national

161. Les notions d'origine européenne du pouvoir adjudicateur et de l'entité adjudicatrice trouvent un écho dans les ordres juridiques des États membres. Malgré la clarté évidente de la définition des pouvoirs adjudicateurs dits « classiques », quelques points obscurs pourraient être indiqués à cet égard, du fait des particularités de l'organisation administrative nationale. Certes, les cas dans lesquels un contrat peut être qualifié d'administratif bien qu'il soit conclu entre deux personnes privées ne sont pas rares, lorsque l'une d'entre elles agit en qualité de mandataire d'une personne publique. Cela ne constitue pas une véritable exception car il repose sur le principe de représentation. Si les juridictions administratives françaises ont établi quelques exceptions originales en la matière déplaçant l'intérêt au lien entre le contrat et le service public **(i)**, l'adoption des définitions européennes est prise au pied de la lettre en droit grec **(ii)** et en droit allemand **(iii)**.

---

[1] Directive 2004/17/CE du Parlement européen et du Conseil du 31 mars 2004 portant coordination des procédures de passation des marchés dans les secteurs de l'eau, de l'énergie, des transports et des services postaux, *JOUE* L 42 du 30 avril 2004, p.1.

i. En droit français

162. Sous l'influence du droit européen, le droit français a adopté une conception large de l'Administration contractante. La personne fonctionnellement chargée de mettre en œuvre les procédures de passation des marchés publics doit être qualifiée soit en tant que pouvoir adjudicateur soit en tant qu'entité adjudicatrice au sens du droit européen. Il s'agit des opérateurs publics, autorisés à se contracter pour le compte du secteur public.

163. Au fil de cette évolution européenne, l'ordonnance n° 2015-899 du 23 juillet 2015[1] sur les marchés publics et l'ordonnance n° 2016-65 du 29 janvier 2016[2] sur les contrats de concession énumèrent les personnes morales autorisées à conclure des contrats de la commande publique. Ainsi, outre que l'État et les collectivités territoriales, peuvent être conçus en tant qu'Administration contractante les établissements publics nationaux dont l'activité est à caractère administratif (EPA), comme la Banque de France[3], et le Conseil d'État[4], les Académies scientifiques[5], la Caisse de Dépôts et consignations ou les Autorités administratives indépendantes[6], ainsi qu'à caractère industriel ou commercial (EPIC)[7]. De même, sous cette notion tombent également les associations sous la dépendance de pouvoirs adjudicateurs, les établissements publics locaux (Offices publics de l'habitat (OPH) notamment), les entreprises publiques locales (Société d'économie mixte locale (SEML), les Sociétés publiques locales (SPL) et Sociétés publiques locales d'aménagement

---

[1] Article L, 1211-1 CCP, à propos de la définition des pouvoirs adjudicateurs et articles L, 1212-2 à L. 1212-4 CCP à propos de la définition des entités adjudicatrices en matière des services en réseau.

[2]Articles L, 1211-1 et L, 1212-2 à 4 CCP.

[3] TC, 16 juin 1997, *Époux Muet, Société la Fontaine de mars c/ Banque de France*, req. n° 03054, *RFDA*, 1997, p. 823, concl. Arrighi de Casanova.

[4] CE, Avis du 9 décembre 1999, *EDCE*, 2000, p. 211 ; *BJCP*, 2000, p. 277.

[5] Plus précisément, il s'agit de l'Institut de France, l'Académie des sciences, l'Académie française, l'Académie des inscriptions et belles-lettres, l'Académie des beaux-arts et l'Académie des sciences morales et politiques.

[6]Article 2 de la Loi n° 2017-55 du 20 janvier 2017 portant statut général des autorités administratives indépendantes et des autorités publiques indépendantes, *JORF* n°0018 du 21 janvier 2017, texte n° 2.

[7]Article L2191-1 CCP. Pour une présentation plus analytique d'exemples des établissements publics, v. Braconnier St. *Précis du droit de la commande publique*, *op. cit.*, p. 91 et s.

(SPLA), ainsi que les Groupements d'intérêt économique (GIE) constitués majoritairement de pouvoirs adjudicateurs, et les groupements de coopération sanitaires[1].

ii. En droit grec

164. À la suite des directives européennes du 26 février 2014, les dispositions de l'article 1er de la loi n° 4412/2016 relative aux marchés publics font écho à des définitions européennes du pouvoir adjudicateur et de l'entité adjudicatrice. En ce sens, le législateur national a procédé à certaines précisions.

165. D'une manière générale, en tant que « pouvoirs adjudicateurs » sont tenus l'État, les collectivités territoriales, les organismes de droit public ainsi que leurs associations[2]. La même définition est retenue à propos des contrats relatifs aux secteurs spéciaux[3], selon l'article 223, paragraphe 1, de la loi n°4412/2016. Elle embrasse les autorités gouvernementales centrales ainsi que autorités gouvernementales sous-centrales[4]. La première catégorie considère notamment l'État et les organismes qui s'y rattachent, notamment les ministères compétents en tant qu'acheteurs centraux. La seconde catégorie concerne toutes les personnes publiques organisées en deux degrés : le premier, s'agissant des municipalités et des communes locales et les institutions qui s'y rattachent ; et le second, le niveau régional embrassant les 13 régions[5]. À ces catégories s'ajoutent les organismes de droit public. La loi prévoit quatre critères cumulatifs pour la qualification de ces derniers, répétant les dispositions européennes[6]. En matière des contrats relatifs

---

[1] Karpenschif M., « Pouvoirs adjudicateurs, unités opérationnelles, centrales d'achat et entités adjudicatrices : évolutions ou révolution ? », *CMP*, n°6, juin 2014, dossier 5.

[2] Article 2, paragraphe 1, alinéa 1, de la loi grecque n° 4412/2016.

[3] Articles 222-338 de la loi grecque n°4412/2016, transposant la directive européenne 2014/25.

[4] Article 2, paragraphe 1, alinéas 2 et 3, de la loi grecque n° 4412/2016.

[5] V. Loi n° 3852/2010 dit « projet Callicrates », *JO* A' 87/7-6-2010. À propos des niveaux d'organisation de l'Administration décentralisée v. Spiliotopoulos Ep., *Manuel de droit administratif (Εγχειρίδιο Διοικητικού Δικαίου)*, *op. cit.*, t. 1, n° 311-333 p. 275-306.

[6] Article 2, paragraphe 1, alinéa 4 et article 223, paragraphe 4, alinéas α-δ de la loi n° 4412/2016. Ainsi, l'organisme du droit public a) il a été créé pour satisfaire

aux secteurs spéciaux, au niveau local, sont adoptés les paradigmes des collectivités territoriales énumérés à titre indicatif au règlement européen n°1059/2003 relatif à l'établissement d'une nomenclature commune des unités territoriales statistiques[1]. En ce qui concerne les entités adjudicatrices, le droit grec a pris au pied de la lettre la définition européenne, comme en témoigne l'article 224 de la loi n°4412/2016.

166. Si le droit français et le droit grec sont des cas de transposition des définitions européennes relativement simples, en droit allemand, la transposition s'heurte sur la tradition juridique allemande et la confiance des services publics aux entreprises de statut public.

iii. En droit allemand

167. Malgré la rareté de tels contrats en Allemagne, il ne faut pas omettre que la Fédération et surtout les Länder participent à la conclusion des contrats visant l'exécution du service public. En effet, le droit allemand a adopté les définitions européennes du pouvoir adjudicateur et de l'entité adjudicatrice au sein des dispositions de la Loi contre les restrictions à la libre concurrence (GWB)[2].

168. Par souci méthodologique, dans le cadre de la présente étude, il paraît préférable à restreindre la notion de l'Administration contractante aux autorités gouvernementales centrales, embrassant l'État fédéral allemand et les états fédérés (*Länder*). En revanche,

---

spécifiquement des besoins d'intérêt général ayant un caractère autre qu'industriel ou commercial; b) il est doté de la personnalité juridique; et c) soit il est financé majoritairement par l'État, les autorités régionales ou locales ou par d'autres organismes de droit public, soit sa gestion est soumise à un contrôle de ces autorités ou organismes, soit son organe d'Administration, de direction ou de surveillance est composé de membres dont plus de la moitié sont désignés par l'État, les autorités régionales ou locales ou d'autres organismes de droit public.

[1]Règlement n° 1059/2003 du Parlement européen et du Conseil du 26 mai 2003 relatif à l'établissement d'une nomenclature commune des unités territoriales statistiques (NUTS), (*JOUE* n° L 154 du 21/06/2003 p.1 – 41) transposé par l'article 223 par. 2 et 3 de la loi grecque n° 4412/2016.

[2] Plus précisément : §99 à propos de la définition du pouvoir adjudicateur *(Öffentliche Auftraggeber)* ; §100 à propos de la définition de l'entité adjudicatrice *(Sektorenauftraggeber)* et §101 à propos de la définition de l'autorité concédante *(Konzessionsgeber).* En ce sens, v. Hertwig St., *Praxis der öffentlichen Auftragsvergabe, op. cit.* p. 46-48, n° 66-67.

seront exclues les sociétés et les associations de droit privé engendrant de difficultés conceptuelles délicates.

169. Centralisée ou décentralisée, l'Administration prise au sens du pouvoir adjudicateur ou d'entité adjudicatrice, une fois autorisée par la loi, elle peut conclure des contrats contre rémunération. Or, la rémunération, au sens de marge de profit, ne peut être accordée à n'importe quel cocontractant.

§2 – LE COCONTRACTANT DE L'ADMINISTRATION

170. D'emblée, en tant que cocontractant de l'Administration peut être défini toute personne avec lequel l'Administration a conclu un contrat. Le cas échéant, le choix de la catégorie des contrats de la commande publique exclut, par construction, les contrats avec un agent, puisque le cocontractant de l'Administration dans ce cas n'est pas un offreur économique sur le marché.

171. Cette réserve mise à part, le cocontractant de l'Administration est ainsi entendu au sens de l'opérateur privé retenu par le pouvoir adjudicateur lors de l'attribution du contrat. Ainsi, les candidats – les concurrents évincés pour reprendre la terminologie européenne – échappent au sens du cocontractant de l'Administration, puisqu'aucun lien contractuel n'est établi entre eux et le pouvoir adjudicateur. Par conséquent, la question de leurs droits pécuniaires potentiels (indemnisation pour responsabilité précontractuelle de l'Administration etc.) échappe également du champ de la présente étude.

172. La conception de la rémunération de manière étroite implique une délimitation des contrats concernés à ceux qui impliquent nécessairement une activité économique. Au sens d'une marge de profit, la rémunération du cocontractant de l'Administration est concevable dans les contrats de la commande publique qui sont conclus entre l'Administration et des opérateurs privés, qui, par construction, aspirent à tirer des profits.

173. Ces dérogations à propos de la définition du cocontractant de l'Administration en vertu de la présente recherche sauraient être précisées à l'échelon européen **(A)** ainsi que national **(B)**.

A. La définition du cocontractant privé de l'Administration en droit européen

174. Selon le point 14 de la directive générale n° 2014/24 « il convient de préciser que la notion de l'opérateur économique devrait s'interpréter au sens large, de manière à inclure toute personne ou entité qui offre la réalisation de travaux, la fourniture de produits ou la prestation de services sur le marché, quelle que soit la forme juridique sous laquelle elle a choisi d'opérer. Dès lors, les sociétés, les succursales, les filiales les associations, les sociétés coopératives, les sociétés anonymes, les universités, qu'elles soient publiques ou privées, ainsi que d'autres formes d'entités que les personnes physiques, devraient toutes relever de la notion de l'opérateur économique, qu'il s'agisse ou non de 'personnes morales' en toutes circonstances »[1].

175. La définition étroite de la rémunération, cependant, impose l'omission des contrats de type *in-house* par la présente recherche, définis en tant que contrats conclus entre, d'une part, une collectivité territoriale et, d'autre part, une personne juridiquement distincte de cette dernière, mais sur laquelle la collectivité territoriale exerce « un contrôle analogue à celui qu'elle exerce sur ses propres services et où cette personne réalise l'essentiel de son activité avec la ou les collectivités qui la détiennent »[2]. De cette définition, il s'ensuit

---

[1] V. CJUE, 14 juillet 2022, A*ssociation Estatal de Entidades de Servicios de Atencion a Domicilio*, aff. C-436/20, ECLI:EU:C:2022:559 ; *CMP*, 2022, comm. n° 258, note Ubaud- Bergeron M., à propos de la possibilité d'un cocontractant privé à but non lucratif.

[2] CJCE, 9 juin 2009, *Commission c/ Allemagne,* aff. C-480/06, ECLI:EU:C:2009:357 ; *AJDA*, 2009, p. 1131 ; *CMP,* 2009, comm. n°226 note Hoepffner H. ; *RDI* 2009, p. 469, note Noguellou R. ; *JCP A* 2009, 2158, note Proot Ph., à propos de la dérogation du champ d'application du droit des marchés publics les contrats de coopération public-public. Voir en ce sens également, CJCE, 18 novembre 1999, *Teckal Sarl* aff. C-107/98, ECLI:EU:C:1999:562, point n° 50. *D.* 1999, p. 276; CJCE 11 janvier 2005, *Stadt Halle*, aff. C-26/03, *op.cit.*, point n° 49 ; *AJDA* 2005, p. 898, note Rolin F., et 1108, chron. Belorgey J.-M. Gervasoni S. et. Lambert C. ; *RDI* 2005. 123, obs. Dreyfus J.-D ; CJCE, 11 mai 2006, *Carbotermo et Consorzio Alisei*, aff. C-340/04, *DA*, octobre 2006, n° 10, comm. 148, obs. Ménéménis Al. ; CJUE 19 décembre. 2012, *Azienda Sanitaria Locale di Lecce, Università del Salento*, *op.cit., AJDA,* 2012, p. 2407; *ibid.* 2013, p. 335, chron. Aubert M., Broussy E. et Cassagnabère H.; *D.* 2013, p. 309, obs. Capitant D. ; Noguellou R., « Confirmation de la jurisprudence sur les contrats de coopération

aisément que ces contrats, malgré le fait qu'ils appartiennent à la catégorie des contrats de la commande publique, ne sauraient pas être considérés dans le cadre de la présente étude car le but lucratif de l'obtention d'une rémunération est incompatible avec les buts poursuivis de la personne si étroitement liée à la personne publique - pouvoir adjudicateur. Il ne faut pas d'ailleurs omettre qu'ils sont exclus des contraintes de publicité et de mise en concurrence prévues pour les autres contrats de la commande publique, ce qui prouve l'absence d'intérêt financier par construction pour l'opérateur contractant.

B. La définition du cocontractant privé de l'Administration en droit national

176. Au fil des renseignements du droit européen, le cocontractant privé de l'Administration saurait être défini en vertu du droit français **(i)** du droit grec **(ii)** et du droit allemand **(iii)**.

i. En droit français

177. Le cocontractant privé de l'Administration en droit français de la commande publique est défini de manière assez large, reprenant la définition de l'opérateur économique du droit européen. Il s'agit de toute personne physique ou morale ou encore tout groupement de personnes doté ou non de la personnalité morale[1]. Même avant la réforme du droit de la commande publique de 2016, la circulaire du 14 février 2012 relative au *Guide des bonnes pratiques en matière des marchés publics*[2], renvoyait à la définition de l'opérateur économique,

---

entre personnes publiques », *RDI*, 2013, p.213. Au fil de cette jurisprudence, les contrats dits *in-house* sont définis en vertu des directives du 26 février 2014. V. article 12 al. 2 de la directive n° 2014/2/UE et article 28 al. 2 de la directive n° 2014/25. En ce sens, parmi une riche bibliographie, v. également Simmonet Y., « Application de l'exception in house aux opérations dites « internes horizontales « : retour vers le futur ? », *AJDA*, 2014, p. 2001 ; Martucci F., « Concessions entre entités dans le secteur public », *JCP A*, 5 mai 2014, n° 18-19, 2138 ; Broux G. et al., « La 'coopération public-public' à l'aune des nouvelles directives communautaires : entre opportunités et incertitudes », *JCP A,* 6 octobre 2014, n° 40, 2275.

[1] Article L.1220-1 CCP.

[2] Circulaire du 14 février 2012 relative au *Guide de bonnes pratiques en matière de marchés publics*, *JORF* n°0039 du 15 février 2012 p. 2600, texte n° 16.

au sens d' « une entité, quel que soit son statut juridique et son mode de financement, qui exerce une activité économique »[1].

178. Le cocontractant privé de l'Administration étant ainsi défini, sont exclus les contrats in-*house* , du fait de la nature publique du cocontractant de l'Administration qui ne justifie pas de buts lucratifs.

ii. En droit grec

179. De la même manière, le droit grec de la commande publique, adopte la définition européenne de l'opérateur économique au sens de l'offreur de service public, et plus précisément la construction des travaux ou la prestation des fournitures et services[2]. La seule délimitation du champ de la présente étude reste ainsi la dérogation des contrats *in-house*[3] à propos du cocontractant de l'Administration.

iii. En droit allemand

180. À l'instar du droit français et du droit grec, le droit allemand adopte également la définition étendue de l'opérateur économique du droit européen. Cependant, la tradition juridique allemande de la régie directe *(Stadtwerke)* occupe la position dominante dans la gestion des services d'intérêt général. À l'encontre alors du droit français et du droit grec, les contrats *in-house* ne constituent pas l'exception, mais le principe.

181. Cela entraîne une restriction considérable du recours à des contrats avec des opérateurs privés. En effet, l'Administration soit au niveau de la Fédération soit au niveau des Länder confie la prestation du service public à des entreprises publiques. En ce sens, deux formes juridiques principales sont utilisées : la société à responsabilité limitée *(Gesellschaft mit beschränken Haftlung- GmbH)*, et la société par actions *(Aktiengesellschaft- AG)*. Quelle que soit la solution retenue, on distingue la société propre *(Eigengesellschaft)* et la société de participation *(Beteiligungsgesellschaft)*. Dans cette dernière catégorie, on distingue encore entre la société publique mixte de participation *(gemischtöffentliche Beteilingungsgesellschaft)*, à laquelle ne

[1] Braconnier St., *Précis du droit de la commande publique*, *op. cit.* p. 102-103.

[2] Article 2 n° 11 de la loi n° 4412/2016.

[3] Article 12 de la loi n° 4412/2016 Raikos D., *Droit des contrats publics (Δίκαιο Δημοσίων Συμβάσεων)*, 5e éd. Sakkoulas, Athènes- Thessalonique, 2026, p. 255.

participent que des collectivités locales, et qui est donc une société mixte dont le capital est en totalité public.

182. La circonscription du contexte de notre recherche tant à propos des contrats que nous allons trancher qu'à propos des personnes que nous concevons en tant que parties cocontractantes, permettra tout de suite l'analyse de la notion de la rémunération.

Partie I – LA NOTION DE LA RÉMUNÉRATION

183. De point de vue conceptuel, la rémunération est – à tort – confondue avec la contrepartie. En effet, les auteurs mêlent souvent la contrepartie et la rémunération, et notamment, le prix et la rémunération. Prendre comme synonymes contrepartie et rémunération est inexact voire trompeur. La question à aborder est alors quel est le rapport entre rémunération et contrepartie. Comme souvent la vérité est probablement hybride des deux conceptions. Ainsi, il ne faut pas ni les mêler, ni les opposer : il vaut mieux distinguer avec subtilité les deux notions.

184. La rémunération s'explique dans le cadre contractuel et elle est définie en tant que le droit le plus important du cocontractant de l'Administration. De ce point de vue, elle implique la notion d'une contrepartie. Cependant, la contrepartie recouvre des charges et des dépenses qui ne correspondent pas à la notion de la rémunération au sens de marge de profit. Partant de la conception duguiste selon laquelle « le contrat de la commande publique est un accord de volontés générateur de situations juridiques subjectives »[1], il apparaît indispensable de recourir à la définition de la rémunération dans le cadre contractuel. Cela permettra tant la compréhension de sa dimension synallagmatique ainsi que de son caractère dynamique, avec l'aide des renseignements de la théorie économique (**Titre I**).

185. En opposition à ce caractère dynamique se trouve l'impératif de sécurité juridique – et économique si l'on ose dire – exigée non seulement par les parties au contrat, mais également par les tiers. En effet, des intérêts économiques différents se trouvent – *a priori* – en conflit à propos de l'économie des contrats de la commande publique : bonne gestion des deniers publics par l'Administration contractante, aspirations lucratives du cocontractant de l'Administration, intérêt des tiers-candidats à contracter, tarifs raisonnables et accessibles pour le public. La nécessité de leur conciliation rend indispensable une détermination institutionnelle de la rémunération par l'intermédiaire

[1] De Laubadère A. Venezia J.-C., Gaudemet Yv., *Traité de droit administratif*, 12e éd. LGDJ Paris, 1992, t.1 n° 1000 p. 654. À propos de l'appréciation de la doctrine de Léon Duguit et son école, v. de Laubadère et al., *Traité des contrats administratifs*, op. cit., t. I, n°19-22, p. 39-42.

des contraintes du droit interne et européen des contrats de la commande publique et de la préservation de la libre concurrence **(Titre II)**.

Titre I – LA CONCEPTION CONTRACTUELLE

186. La définition étroite de la rémunération au sens de la marge de profit qui *a priori* apparaît suffisamment pertinente, constitue la connaissance de base pour la compréhension juridique de la notion de la rémunération ; son concept qui la qualifie en tant que telle.

187. En ce sens, la rémunération est une notion plus étroite que celle de contrepartie. Or, la question du rapport subtile entre ces deux notions s'explique par le lien contractuel. Schématiquement, la notion juridique de la rémunération est abordée à l'aide des diptyques droit - obligation et prestation - contreprestation, permettant la rationalisation de sa nature synallagmatique **(Chapitre I)**.

188. Cependant, une telle approche n'est pas suffisante. En ignorant son évolution dans l'environnement dynamique d'un contrat de la commande publique, la valeur explicative de la rémunération est réduite. Son abandon en tant que critère de distinction entre marchés publics et concessions en témoigne. Les indices qui approuvent cette insuffisance sont nombreux, forçant tant la doctrine que la jurisprudence à bâtir des interprétations *ad hoc*, jusqu'à la codification du critère du risque. Si cette solution est longtemps apparue comme la panacée, il a bien fallu se rendre à l'évidence et admettre ses faiblesses liées à l'introversion conceptuelle d'une rémunération apparemment dynamique. Cette nature dynamique de la rémunération peut être rationalisée avec l'aide de la notion du risque économique **(Chapitre II)**.

Chapitre I – LA DIMENSION SYNALLAGMATIQUE

189. Le résultat d'une imbrication d'engagements réciproques entre les parties cocontractantes forme l'objet du contrat ainsi que leurs droits et obligations. Par conséquent, c'est du contrat lui-même et sa force obligatoire que le cocontractant de l'Administration tire son droit à rémunération. Rappelons que la rémunération est la marge de profit que le cocontractant de l'Administration tire[1]. Si on postule que le service rendu vise à la satisfaction d'un but d'intérêt général, comment pourrait-on justifier la légitimité de ce profit ? La question devient encore plus complexe à propos des contrats où l'Administration cède à son cocontractant le droit à exploiter une infrastructure ou un service, autrement dit dans les cas où ce dernier tire sa rémunération par l'exploitation, qui, par définition, ne pourrait être qualifiée comme une notion stable ou certaine. Les dispositions législatives, lui préservent-elles son droit à rémunération au sens d'un taux de profit, ou délimitent-elles ce droit à une simple compensation des coûts réels des prestations fournies ? La réponse à ces questions nous permettra de délimiter l'étendue du droit à rémunération, afin de mieux illustrer la prépondérance d'une définition statique et démontrer les ambiguïtés survenues.

190. La définition subjective classique, en tant que droit le plus important du cocontractant de l'Administration[2] entraîne une obligation respective de l'Administration. Autrement dit, dans le contrat naissent des obligations et des droits réciproques. Partant de la définition subjective de la rémunération en tant que droit du cocontractant de l'Administration, **(Section I**), nous passerons à l'esquisse de sa définition objective. Son identification en vertu des différentes modalités de contrepartie, permettra la compréhension de sa nature synallagmatique **(Section II)**.

Section I – L'UNITÉ DU CONCEPT DE LA RÉMUNÉRATION

191. Quelle que soit la définition que nous donnerons à la rémunération, statique ou dynamique, il y a toujours un noyau dur qui demeure intouchable. C'est le concept de la notion qui nous permet de

---

[1] V. *supra* n° 39.

[2] V. *supra* n°13 et s.

l'identifier dans plusieurs ordres juridiques en dehors du contexte ou du régime. Une telle recherche ne saurait commencer ailleurs qu'en vertu du contrat de la commande publique, qui, avant tout, constitue un contrat synallagmatique au sens commun du terme, en tant qu'acte de création des obligations[1]. En la rapprochant *ratione personae,* la rémunération constitue le droit le plus significatif du cocontractant de l'Administration **(§1)**. Ensuite, il s'avère essentiel d'affirmer que le contrat de la commande publique comporte des engagements respectifs également pour l'Administration **(§2)**. Ces deux rapprochements constituent, sur le fond, les deux faces d'une même pièce, confirmés par la doctrine et la jurisprudence à plusieurs reprises. Affirmant ces deux points consubstantiels de la notion de la rémunération, on forme son noyau dur ; ce concept restera intouchable et sera notre point de référence.

§ 1 – LA RÉMUNÉRATION, DROIT DU COCONTRACTANT DE L'ADMINISTRATION

192. De manière générale, la rémunération du cocontractant est stipulée par des dispositions du contrat et elle constitue un de ses éléments substantiels qui le qualifie. Ainsi, elle constitue le résultat d'un accord commun de volontés des parties à assumer des obligations, poursuivant la réalisation du contrat. Les obligations que chaque partie assume, en reposant sur une logique d'échange qui régit incontestablement le contenu du contrat, correspondent aux droits de l'autre partie. Tel est le cas de la rémunération, qui peut être conçue en tant que droit du cocontractant de l'Administration, indivisiblement liée à l'objet du contrat : le cocontractant de l'Administration est chargé de fournir la prestation accordée et il a droit à recevoir une rémunération.

193. On se demande toutefois quelle est l'étendue d'un tel droit. Autrement dit, est-ce que le cocontractant de l'Administration jouit d'un droit de pleine valeur constitutionnelle ou ce droit se fonde-t-il uniquement dans le cadre du contrat ? Ayant comme postulat que la rémunération constitue le droit le plus important du cocontractant de l'Administration, nous identifierons ses rapports avec un cadre

---

[1] En ce sens, v. Cornu G., *Vocabulaire juridique, op.cit., « contrat »* p. 257, ainsi que *« synallagmatique »* p. 1000.

extracontractuel édifié sur des dispositions normatives et des principes juridiques généraux tant au niveau européen qu'au niveau national des États membres, reconnu également par la jurisprudence en la matière. De ce point de vue, la rémunération repose sur les libertés économiques **(A)**. Or, la nature particulière du contrat de la commande publique due à l'implication de l'Administration et à la satisfaction de l'intérêt général restreint considérablement cette liberté. Il serait alors plus précis de qualifier la rémunération de « droit » plutôt que de « liberté ». Plus précisément, l'examen de la nature de ce droit passera à travers sa qualification en tant que « droit acquis ». Par ce biais, nous circonscrirons l'étendue de ce droit, en définissant les limites obscures entre la préservation de ce droit et les mutations inévitables du contrat **(B).**

A. Un droit fondé sur les libertés économiques

194. La recherche de la notion de la rémunération implique nécessairement sa définition subjective classique. Ainsi, la définition de la rémunération en tant que droit du cocontractant de l'Administration entraîne l'identification de son fondement juridique. Son caractère économique oriente la recherche vers son fondement sur les libertés économiques[1]. Par ce biais, le droit à rémunération repose sur les libertés jouissant de valeur constitutionnelle à l'échelon national **(i)**, ainsi qu'aux libertés à l'échelon européen, prévues par le Traité sur le fonctionnement de l'Union européenne, ainsi que par la Convention européenne des droits de l'homme **(ii)**.

i. Un droit fondé sur les libertés économiques de droit interne

195. La définition étroite de la rémunération ici retenue traduit la poursuite du profit pécuniaire de la part du cocontractant de l'Administration. Sa qualité entrepreneuriale qui ne cesse de jouer même après la conclusion du contrat et la prise en charge du service public, constitue le fondement de ses aspirations lucratives. Ainsi, sur le plan contractuel, on pourrait identifier cette qualité à l'exercice de

---

[1] V. à ce propos Kalogeropoulos M., « Commande publique et droit de propriété des opérateurs privés », *AJDA*, 2021, p. 2326.

ces libertés économiques, notamment de la liberté contractuelle et la liberté d'entreprendre, jouissant de valeur constitutionnelle en droit français **(a)**, en droit grec **(b)**,ainsi qu'en droit allemand **(c)**.

a. En droit français

196. Selon une conception classique, la rémunération est entendue comme la perception des sources nécessaires, soit pour la réalisation des travaux ou des fournitures, soit pour le fonctionnement d'un service[1]. Une telle définition ne peut que susciter des ambiguïtés à propos de l'étendue du droit que le cocontractant de l'Administration détient, puisqu'elle reste imprécise en ce qui concerne la poursuite du profit. Ce dernier, corollaire du but lucratif, semble cohérent à la rationalité entrepreneuriale des entreprises privées, fondée juridiquement sur la liberté industrielle et commerciale ainsi que sur la liberté d'entreprendre[2]. Toutefois, la liaison entre liberté d'entreprendre et remède contractuel pourrait sembler périmée voire discutable. Ainsi, le Professeur Moderne paraît répugner une telle approche : « Nul ne conteste que, dans une société libérale, la liberté d'entreprendre [...] est une liberté fondamentale, même si elle n'a pas été consacrée ès qualités par la Déclaration des droits de l'homme et du citoyen de 1789 - et que le droit de créer "une entreprise"

---

[1] À titre d'exemple v. à propos des contrats de concession Guettier Ch., Droit des contrats administratifs, *op. cit.*, p. 288 : « Dans le droit classique des concessions de service public, la rémunération est entendue comme la perception de ressources nécessaires au fonctionnement du service ».

[2] À propos de la valeur constitutionnelle de la liberté d'entreprendre : Cons.const., décision du 16 janvier 1982 sur la Loi de nationalisation n°81-132 DC *JO* du 17 janvier 1982, p. 299. Toutefois, le Conseil Constitutionnel a refusé un apport général et absolu, mais la liberté saurait être encadrée par une règlementation instituée par la loi, notamment préservant l'intérêt général (Cons. const., décision du 27 juillet 1982 n° 82-141 DC Loi sur la communication audiovisuelle *JO* du 27 juillet 1982, p. 2422 à propos de la liberté d'entreprendre et la liberté de communication ; Cons.const., décision du 10 juin 1998, loi d'orientation et d'incitation relative à la réduction du temps de travail, n° 98-401 DC, *JO* du 14 juin 1998, p. ; Cons. const., décision du 13 janvier 2000, loi relative à la réduction négociée du temps de travail (35 heures), n° 99-423 DC, *JO* du 20 janvier 2000, p. 992. v. aussi Nicinski S., *Droit public des affaires, op.cit.*, p. 53-61 et Rapp L.- Terneyre Ph., *Droit public des affaires*, Lamy, Paris, 2020, n° 20 et s., et pour l'affirmation de la liberté de commerce et de l'industrie p. 58-61, n°71-78 ; Eckert G., *Droit public des affaires,* 2e éd., LGDJ, Paris, 2013, p. 106-114.

s'accompagne nécessairement de la prohibition des entraves abusives à la libre concurrence [...]. Nul ne conteste non plus que la liberté d'entreprendre, tout comme la liberté du commerce et de l'industrie, postule l'utilisation de l'instrument contractuel »[1]. En vertu de l'hypothèse concevant la rémunération comme droit du cocontractant de l'Administration, la question se posera à nouveau.

197. La liberté d'entreprendre en droit français est un principe général jouissant d'une valeur constitutionnelle. De manière générale, elle implique le droit de créer et d'exercer librement une activité économique dans le domaine de son choix et comme on l'entend. Des restrictions à caractère légal (nationalisation) ou contractuel (la clause de non-concurrence) sont possibles, « mais à condition qu'elles ne soient pas disproportionnées au regard des objectifs, d'intérêt général ou privé qu'elles entendent poursuivre »[2]. En effet, dans ce cadre, le cocontractant de l'Administration peut toujours escompter d'une rémunération lors de l'exercice de son activité économique en vertu d'un contrat de la commande publique.

198. Sur le plan contractuel, la liberté d'entreprendre qui se fonde sur une rationalité libérale et entrepreneuriale s'analyse autour du bilan assomption de risques – obtention de profit. En effet, on pourrait déduire que le cocontractant de l'Administration détient un droit à recevoir une rémunération par laquelle il tire de profit correspondant aux risques qu'il assume. En matière des marchés publics le cas peut être aisément conçu, étant donné, en premier lieu, qu'existent traditionnellement des ambiguïtés relatives à l'assomption du risque du titulaire et, de plus, le prix reçu par ce dernier comprend *a priori* un pourcentage lié au profit, qui est déjà fixé par le titulaire au moment du dépôt de son offre et affirmé par l'Administration au moment de la sélection de ladite offre. En vertu des contrats de concession, le droit à une rémunération prend la forme d'une certaine liberté tarifaire, qui constitue une expression plus spécifique de la liberté d'entreprendre. Selon les auteurs du *Traité des contrats administratifs*, la liberté d'entreprendre consiste en la reconnaissance d'une certaine marge

---

[1] Moderne F., « La liberté contractuelle est-elle vraiment et pleinement constitutionnelle ? », *RFDA,* 2006, p. 2.

[2] Picod Yv.- Auguet Yv.- Gomy M., « Concurrence (Obligation de non-) » *in Répertoire commercial*, février 2009, à propos de la liberté d'entreprendre.

d'initiative dans la détermination du taux des redevances applicables[1]. Ainsi, le concessionnaire dispose d'une liberté pour fixer un tarif qui lui rendrait un bénéfice à son profit.

199. Il conviendrait, cependant, préciser qu'il en va différemment pour les cocontractants privés et pour les cocontractants publics de l'Administration. Si l'on considère le lien évident entre la poursuite du profit et la liberté d'entreprendre en vertu d'une rémunération destinée à une personne privée, tel ne saurait être le cas des personnes publiques. Il est traditionnellement admis qu'elles ne disposent pas de la liberté d'entreprendre, qui se distingue du droit de propriété et de la liberté contractuelle dont elles bénéficient[2]. Le Conseil d'État affirme d'ailleurs dans son arrêt du 3 mars 2010, *Département de la Corrèze* que « les personnes publiques sont chargées d'assurer les activités nécessaires à la réalisation de missions de service public dont elles sont investies » [3]. Cela dit pour les personnes publiques, il faut retenir qu'une personne privée, comme titulaire d'un contrat de la commande publique, conserve sa qualité entrepreneuriale et continue de se comporter en tant qu'entrepreneur, c'est-à-dire en visant à un but lucratif. Bien évidemment, ce sont les dispositions contractuelles qui stipulent les conditions et le montant d'une rémunération comportant un profit. Si la reconnaissance d'une certaine compétence contractuelle en la matière est admise, la question de la légitimité d'une rémunération rentable demeure ouverte. Ainsi, nous aborderons cette question à l'aube de l'entendue de la liberté d'entreprendre[4].

200. Ces observations sont plus évidentes à propos des établissements publics administratifs, dont le fonctionnement repose sur une logique purement liée à une Administration au service de

---

[1]De Laubadère A ., Moderne F., Delvolvé P., *Traité des contrats administratifs,* Tome II, LGDJ, Paris, 1984, p. 341-344 et surtout p. 343.

[2]Pour une analyse des droits fondamentaux des personnes publiques v. Maetz Ol. *Les droits fondamentaux des personnes publiques,* (Thèse- Université de Strasbourg), Fondation Varenne, coll. de Thèses, 2011, et surtout p. 164-167 à propos de la liberté d'entreprendre.

[3] CE, 3 mars 2010, *Département de la Corrèze*, req. n° 306911, *Rec.* (tables).

[4] Pour le rapport entre liberté contractuelle et liberté d'entreprendre voir la décision du Con. const. français, n° 2013-672 DC du 13 juin 2013, *JO* 16 juin 2013, p. 9958 à propos de la loi sur la sécurisation de l'emploi dans laquelle, le Haut Conseil s'autorise pour la première fois à invalider une loi au nom de la liberté contractuelle, commentée dans Pérès C., « La liberté contractuelle et le Conseil Constitutionnel », *Revue des contrats,* 1er octobre 2013, n° 4, p. 1285 et s.

l'intérêt public. Son incompatibilité avec la liberté d'entreprendre convenant à une entreprise poursuivant un but lucratif est évidente en droit positif. L'absence de cette liberté à propos des personnes publiques ne saurait étonner, au moment où une telle acceptation trouve son expression dans la pratique.

201. Plus particulièrement, le droit français l'affirme quand il distingue le service public administratif (SPA) du service public à caractère industriel et/ou commercial (SPIC). Parmi les critères utilisés pour cette distinction, le plus objectif et le plus important est celui du financement du service. Ainsi, dans le cas où le service est financé par des subventions couvrant uniquement son coût réel ou dans le cas d'un service fourni gratuitement au public, le service rendu est présumé comme service public administratif, ne permettant pas, par construction, l'obtention d'un profit par le gestionnaire, public ou privé. En revanche, quand le service est financé par des redevances perçues auprès les usagers, le service tend à avoir un caractère industriel et commercial[1]. Cette distinction occupe la place dominante en droit français. On pourrait alors en déduire que les établissements

---

[1]En dehors de la qualification textuelle d'un service comme SPIC ou SPA, la doctrine suit une qualification reposant sur trois critères jurisprudentiels (l'objet du service, le financement du service et les modalités de son fonctionnement), à la suite de l'arrêt CE Ass., 16 novembre 1956, *Union syndicale des industries aéronautiques* ; *Rec.* p. 434, D.1956.759 concl. Laurent ; *AJDA*, 1956, p. 489- 490 ; *JCP*, 1957, fasc. 150, (n° 9968), notes Blaevoet. v. Chapus R., *Droit administratif général,* t. 1, 15e éd., Montchréstien, Paris, 2001, p. 592-596 (surtout p. 596); Guglielmi G.- Koubi G., *Droit du service public,* 3e éd. Montchréstien, Paris, 2011, p. 106-112 (surtout p. 110-111). En ce sens, v. aussi Mescheriakoff S.A., « L'arrêt du Bac d'Eloka. Légende et réalité d'une gestion privée de la puissance publique », *RDP,* 1988, p. 1059-1081 ; Lemasurien J., « À propos du service des Postes et Télécommunications- Réflexions sur la distinction des services publics administratifs et des services publics industriels et commerciaux », *AJDA,* 1969, p. 139-155. Plus particulièrement, pour le mode de financement comme critère v. CE Sect., 30 juin 1950, *Société Merienne, Rec.* p. 408 ; TC, 12 janvier 1987, *Compagnie des Eaux et de l'Ozone, Rec.* p.442, *RFDA,* 1987 p. 284 concl. Massot ; CE, 2 janvier 1988, *Société civile immobilière « La Colline » c/ Commune de la Benisson-Dieu, Rec.* p.21, *AJDA*, 1988 p. 407 obs. J.-B. Auby, *CJEG*, 1988, p. 328, concl. De la Verpillière, note Delpirou D., *RFDA*, 1988, p. 880-883 ; CE, 10 novembre 1993, *Commune de Mirebeau-sur-Bèze c/ M. Roux, Rec.* p. 314, *CJEG,* 1994, p. 145-147, concl. Pochard, Guengant Al.- Uhaldeborde J.-M. 7. « Economie et finances locales » in *Annuaire des collectivités locales*, t. 14, 1994. pp. 301-332 ; TC, 24 octobre 1994, *Préfet de Mayotte, Rec.* p. 607 ; CE, 2 avril 1997, *Commune de Montegron*, *Rec.* p. 706, *CJEG*, 1998, p. 433 ;

publics (administratifs et aux cas rares les établissements publics industriels et commerciaux) qui assurent des services publics administratifs, ne bénéficient pas, par définition, de la liberté d'entreprendre et, par conséquent, d' un droit à une rémunération comportant des profits.

202. La jurisprudence du Conseil d'État français à propos des redevances domaniales tend vers l'affirmation d'un certain « avantage spécifique » [1]. Ainsi, fuyant une conception patrimoniale et statique des redevances domaniales, la Haute juridiction administrative a reconnu une proportion entre les redevances perçues et le coût du service, admettant de plus une certaine rentabilité, puisque le coût pour la collectivité de l'occupation du domaine est bien souvent inexistant.

b. En droit grec

203. En droit grec, la liberté économique permettant la revendication d'une rémunération de la part d'un opérateur privé jouit d'une valeur constitutionnelle, puisque le fondement du droit à rémunération sur les libertés économiques relève de l'article 5,

---

[1] CE, 12 décembre 1923 *Peysson, Rec.*, p. 826 ; CE, 3 février 1933, *Syndicat des patrons et marins pêcheurs du Tréport, Rec.*, p. 153 reconnaissant au conseil municipal le droit *«de fixer sur une base autre que la superficie de emplacements utilisés et en proportion de la valeur des poissons vendus les tarifs des droits perçues sur ceux qui occupent les places à la poissonnerie municipale »*. En ce sens, v. Untermaier El., « Redevances et rentabilité des activités et des biens publics », *RFFP,* n° 120, p. 119-129, surtout p. 125-126. v. aussi CE Ass. 21 nov. 1958, *Syndicat national des transporteurs aériens*, *D.* 1959, p. 572, concl. Chardeau: « Une commune ne peut en effet établir une redevance pour service rendu qu' «en vue de couvrir les charges d'un service public déterminé ou les frais d'établissement ou d'entretien d'un ouvrage public et qui trouvent leur contrepartie directe dans des prestations fournies par le service ou dans l'utilisation de l'ouvrage » ; CE, 16 novembre 1962 *Syndicat intercommunal d'électricité de la Nièvre et autres, Rec., p. 612 ;* CE, 10 novembre 1993, *Commune de Mirebeau-sur-Bèze c/ M. Roux.* V. aussi, en guise d'illustration parmi une jurisprudence riche, CE, 21 novembre 2018, *SNCF Réseau*, req. n°413839, *AJDA*, 2019, p.595, note Alhama F. req. n° 338665, CAA Marseille, 20.01.2023, req. n°21MA00484 et 21MA00500, CAA Nantes, 11.06.2021, req. n° 20NT01588 et 20NT01433, CAA Nancy, 17.11.2022, req. n° 20NC00872, CAA Nantes, 27.07.2021, req. n° 20NT01438.

paragraphe 1, de la Constitution, portant sur la liberté du développement de la personnalité et la liberté personnelle[1].

204. Parmi ces libertés, la première est celle de la liberté contractuelle, prévue par l'article 361 du Code civil grec. Elle s'agit de la liberté du cocontractant de l'Administration de contracter, de s'abstenir du contrat, ainsi que de conclure un contrat avec un certain contenu ou avec un certain cocontractant[2], ou même de s'engager par un contrat où il ne participe pas[3]. De plus, conjointement au principe de la confiance légitime des individus face à la puissance publique, telle que prévue par la Constitution grecque à la suite de la révision constitutionnelle de 2001[4], elle embrasse également la protection du cocontractant de l'Administration contre les interventions législatives ou de puissance publique sur le lien contractuel.

205. Le droit du cocontractant de l'Administration de poursuivre à des aspirations lucratives en matière de contrats de la commande publique trouve son fondement dans la liberté d'entreprendre. La valeur constitutionnelle de ce principe se déduit de la combinaison de l'article 5, paragraphe 1, relatif à la liberté personnelle et de l'article 106 – notamment son paragraphe 2, relatif à l'initiative économique[5]. Ces dispositions synthétisant le fondement du droit à rémunération impliquent deux volets : l'un, subjectif (article 5), justifie le droit du cocontractant de l'Administration à tirer un profit, une rémunération de son activité entrepreneuriale ; l'autre, institutionnel (article 106), implique le bon fonctionnement du marché dans lequel le cocontractant de l'Administration exerce son activité.

206. Or, ces libertés économiques ne sont pas sans limites. Comme l'a précisé la Cour suprême de cassation grecque (*Άρειος Πάγος*), l'expression de la liberté contractuelle ne doit être contraire ni à la

---

[1] Chrysogonos C.- Vlachopoulos Sp., *Droits individuels et sociaux (Ατομικά και Κοινωνικά Δικαιώματα)*, 4e éd., Nomiki Vivliothiki, Athènes, 2017, p. 226 et s. ; Tsiliotis Ch., « La liberté professionnelle et la liberté d'entreprendre » in Vlachopoulos Sp., *Droits fondamentaux (Θεμελιώδη Δικαιώματα)*, 2e éd., Nomiki Vivliothiki, Athènes, 2022, p. 356- 357.

[2] Dagtoglou P., *Droits individuels (Ατομικά Δικαιώματα),* 4e éd., Sakkoulas, Athènes- Théssalonique, 2012, p. 1299 et s.

[3] CE grec, arrêt n° 1202/1980, *ToS, p.* 89.

[4] À cet égard, v. CE grec, (Ass.), arrêt n° 237/2015, et arrêt n° 1508/2002, *DiDik* 2004, p. 794 et s.

[5] Chrysogonos C.- Vlachopoulos Sp., *Droits individuels et sociaux (Ατομικά και Κοινωνικά Δικαιώματα), op. cit.*, p. 230-238.

Constitution, ni aux bonnes mœurs et à l'ordre public, ainsi qu'elle ne peut pas, bien évidemment, entrainer un dommage au détriment de l'économie nationale. À défaut, elle est tenue abusive, au sens de l'article 25, paragraphe 3, de la Constitution grecque et de l'article 281 du Code civil grec[1]. En même temps, il est admis que la détermination par l'état des prix de certains biens constitue une restriction légitime – sous conditions – des libertés économiques[2]. En particulier, en ce qui concerne les contrats qu'ils concluent avec l'Administration publique, il est admis que la liberté contractuelle du cocontractant privé à propos de la détermination du contenu contractuel, cède devant la « volonté »[3] du cocontractant public[4]. Cette restriction s'explique par l'impératif de la satisfaction de l'intérêt général. Ces dispositions de l'article 5, paragraphe 1, de la Constitution grecque, sont inspirés par des dispositions de la loi fondamentale allemande.

c. *En droit allemand*

207. Le droit allemand traite les contrats de la commande publique comme des contrats de droit privé. Il s'ensuit alors que, *a priori*, le cocontractant de l'Administration dispose d'une certaine liberté contractuelle (*Vertragsfreiheit*)[5]. Au niveau constitutionnel, la liberté contractuelle ainsi que la liberté d'entreprendre permettant la poursuite de la rémunération, ne sont pas spécialement prévues dans la Loi fondamentale. Cependant, il est admis que ces libertés sont des expressions spécifiques de la liberté personnelle, prévue à l'article 2,

---

[1] Cass (civ.), arrêt, n° 717/1985, *ToS*, 1986, n° 92, p. 682.

[2] Cependant, il est admis que la détermination du prix d'un médicament à la base de son prix de gros le plus bas dans un autre pays européen, constitue une restriction abusive (CE grec (Ass.), arrêt n° 3633/2004. V. en ce sens, CE grec, arrêts n° 85, 1192, 3586/2006, 323, 2170, 3055/2007, 441/2011, CAA Athènes, arrêts n° 766, 768, 769/2012. En ce sens, v. Pararas P., *Liberté économique- Article 5 paragraphe 1 de la Constitution (Οικονομική Ελευθερία- Άρθρο 2 παρ. 1 Σ),* Sakkoulas, Athènes- Théssalonique, 2019, p. 334-339.

[3] Le mot est mis entre guillemets, puisque, comme il sera expliqué tout de suite (v. *infra* n°268) les personnes publiques ne jouissent pas de volonté, mais de compétence circonscrite par la loi.

[4] V. CE grec (Ass.), arrêts n° 1909-1910/2001, 1972/2012.

[5] Il s'agit d'une grille des dispositions du code civil allemand où on trouve l'apport de la liberté contractuelle : § 248, alinéa1, §276, alinéa 2, §§419, 443, 476 BGB.

paragraphe 1, de la Loi fondamentale (*Grundgesetz für die Bundesrepublik Deutschland- GG*)[1].

208. Ces dispositions, jouissant d'une valeur constitutionnelle, justifient le droit légitime du cocontractant de l'Administration à contracter et à avoir des aspirations lucratives. En réalité, cette liberté n'est que très limitée pour deux raisons. D'une part, l'activité contractuelle de l'Administration est marquée de la superstition de l'incompatibilité entre l'intérêt public et le but lucratif. Il est ainsi établi depuis longtemps que l'intérêt public ne peut être mieux satisfait, et de manière plus économique, que par une collectivité publique[2]. D'autre part, en conséquence de cette position, les contrats de la commande publique, en vertu desquels un opérateur privé peut tirer une rémunération, sont relativement plus rares[3].

209. Il s'ensuit alors qu'à l'échelon national, le droit à la rémunération repose sur les libertés économiques dont le cocontractant de l'Administration dispose comme la liberté contractuelle et la liberté d'entreprendre. À l'échelon européen, on peut même déduire un droit à rémunération des textes officiels,

---

[1]Von Münch In. - Kunig Ph., *Loi fondamentale – Commentaire (Grundgesetz Kommentar),* 8e éd.t. 1, C.H. Beck, Munich, 2025, p.123 et s., Durig/ Herzog/ Scholz, *Loi fondamentale – Commentaire (Grundgesetz Kommentar),* 106e éd., C.H.Beck, Munich, 2025, n° 101. Pour une étude minutieuse à propos de la liberté contractuelle du point de vue constitutionnel en droit allemand, v. Baüer M., *Liberté contractuelle et Loi fondamentale- normativité et effectivité de la liberté contractuelle des individus de point de vue constitutionnel* (*Vertragsfreiheit und Grundgesetz- Normativität und Faktizität individueller Vertragsfreiheit im verfassungsrechtlicher Perspektive)*, Nomos, Baden- Baden, 2000, pp. 121-279, notamment p.136.

[2]V. loi communale du 30 janvier 1935 *(Deutsche Gemeindeordung),* ainsi que l'article 28 de la loi fondamentale (*GrundGesetz- GG*). Cette position était conservée également dans les années soixante à propos des services de transport et les entreprises qui fournissent un service en réseau *(Versorgungsbetriebe)* ayant pour but la satisfaction de l'intérêt général et non pas la recherche de gain. En ce sens, v. Marcou G., « Les modes de gestion des services publics locaux en Allemagne et le problème de l'ouverture à la concurrence », préc. À propos de la distinction entre les deux catégories à l'aune de la rémunération concevable uniquement en matière des contrats publics, v. VK Baden Württemberg, arrêt du 20 juin 2002- 1VK 27/02, *ZfBR,* 2003, p. 81.

[3] Marcou G., « Les modes de gestion des services publics locaux en Allemagne et le problème de l'ouverture à la concurrence », *op. cit.*

rattachant la rémunération aux libertés européennes et aux droits de l'homme.

ii. Un droit lié aux libertés économiques de droit européen

210. En parallèle des libertés économiques présentes à l'échelon national, le droit à rémunération du cocontractant de l'Administration trouve des fondements à l'échelon européen. D'une part, la rémunération fait partie de l'économie des contrats de la commande publique, présentant un intérêt économique et financier pour le marché unique. Pour cette raison, il s'ensuit aisément qu'elle est étroitement liée aux libertés du TFUE **(a).** D'autre part, la rémunération ne cesse d'être un droit subjectif du cocontractant de l'Administration protégé par la Convention européenne des droits de l'homme, dans la mesure où, selon la jurisprudence de la Cour de Strasbourg, elle tombe sous l'emprise du droit de propriété prévu à l'article 1 du 1er Protocole additionnel **(b).**

a. Le fondement sur le droit primaire de l'Union européenne

211. L'intérêt évident de l'Union européenne en matière des contrats de la commande publique entraîne l'affirmation d'un lien étroit entre leur régime et les principes européens. Partant du constat que la rémunération constitue un élément substantiel du régime du contrat, il conviendrait aborder la question des rapports entre elle et les principes fondamentaux. Le préambule de l'ancienne directive générale relative aux marchés publics[1], répété par les actuelles directives marchés et concessions, renvoie explicitement aux principes du traité, prévoyant que « la passation de marchés conclus dans les États membres pour le compte de l'État, des collectivités territoriales et d'autres organismes de droit public doit respecter les principes du traité, notamment les principes de la libre circulation des marchandises, de la liberté d'établissement et de la libre prestation de services, ainsi que les principes qui en découlent [...]. Par conséquent, ces dispositions de coordination devraient être interprétées

[1] Directive n° 2004/18/CE, *op. cit.*

conformément aux règles et principes précités ainsi qu'aux autres règles du traité »[1]. Nous voyons que parmi les principes évoqués figure celui de la libre prestation des services, imposé par l'article 56 du Traité sur le fonctionnement de l'Union européenne. Appliquée à la définition des services auxquels l'Union est intéressée, les services sont considérés comme des prestations fournies contre rémunération conformément à l'article 57 du Traité.

212. Le principe de la libre prestation des services est interprété par la jurisprudence de la Cour[2] qui reconnaît la prestation de services à caractère industriel et commercial contre rémunération et, par conséquent, le droit relatif au prestataire[3]. Certes, il ne pouvait en être autrement, puisque la prestation d'un service au sein du droit européen constitue un échange économique. Or, le droit du prestataire constitue une condition et un dérivé du principe de la libre prestation des services : il faut que ce service soit rémunéré, afin que le principe soit applicable ; et, à l'inverse, le cocontractant de l'Administration doit être rémunéré, car il fournit sa prestation librement dans le champ du marché intérieur européen[4].

---

[1] Directive 2004/18/CE du 31 mars 2004, considérant n° 2. v. directive 2014/24 du 26 février 2014 considérant 1 pour les marchés publics et directive 2014/23 du 26 février 2014 considérant 4 pour les contrats de concession.

[2] CJCE, 27 septembre 1988, *Humbel,* aff. C-263/86, ECLI:EU:C:1988:451, points n°15-17 (à propos du financement public de l'enseignement public), v. la solution contraire à propos de l'enseignement privé dans l'arrêt du 7 décembre 1993, *Wirth,* aff. C-109/92, concl. Trstenjak ; CJUE, 19 décembre 2012, *Azienda Sanitaria Locale di Lecce Università del Salento, op.cit.*, points n° 30-33. Voir aussi l'arrêt du 12 juillet 2001, *Smits et Peerbooms,* aff. C-157/99, dans lequel il est admis que « la délivrance de soins par un hôpital sans que le patient ait à les rémunérer constituait une prestation de service car l'hôpital était rémunéré par un tiers, la caisse de l'assurance maladie : cette solution marque un infléchissement de la jurisprudence parce que la caisse ne remboursait pas le coût des prestations mais assurait à l'hôpital un financement sur une base forfaitaire » ; Dubouis L.- Blumann Cl., *Droit matériel de l'Union européenne,* 7 éd. Montchréstien, Paris, 2015, p. 79-80.

[3] *ibid* ; Sibony An. -L. – Defossez Al., « Liberté d'établissement et libre prestation des services », *RTDEur.,* 2009, p. 511.

[4] Pour que le rapport soit plus limpide, nous cite la définition du principe de la libre prestation des services, consacré à l'article 56 TFUE : Dubouis L.- Blumann Cl., *Droit matériel de l'Union européenne, op.cit.,* « la libre prestation des services permet au prestataire d'exercer à titre temporaire son activité dans le pays où la prestation est fournie ». V. en ce sens CJCE, 18 juillet 2007, *Commission c/ Allemagne*, aff. C-503/04, ECLI:EU:C:2007:432, point n°33 ; conclusions de l'avocat général Dámaso Ruiz- Jarabo Colomer sur CJCE, 15 mai 2008, *SECAP et*

213. La libre prestation des services, étroitement liée à la liberté d'établissement et aux principes de la libre circulation des capitaux, pourrait être conçue comme une expression de la liberté d'entreprendre au sein du marché intérieur qui favorise les échanges économiques entre les États membres. Il s'en déduit que la rémunération est indivisiblement liée à la notion de service en tant que prestation d'intérêt économique : le prestataire fournit le service, action qui constitue, la cause légitime de sa prétention à rémunération[1].

214. De plus, les libertés européennes reconnaissant un droit à rémunération du cocontractant de l'Administration sont étroitement liées à 15 de la Charte européenne des droits fondamentaux. Plus précisément, les fondements de ce droit se trouvent à la liberté professionnelle et le droit de travailler, prévue à l'article 15ainsi qu'à l'article 16 de la Charte[2] , relatif à la liberté d'entreprise. En fait, à propos de la liberté d'entreprise de l'article 16, il est jugé que « [l]a protection conférée par ledit article 16 comporte la liberté d'exercer une activité économique ou commerciale, la liberté contractuelle et la concurrence libre, ainsi qu'il découle des explications afférentes à ce

---

Santorso, aff. C-147/06 et C-148/06, présentées le 27 novembre 2007, ECLI:EU:C:2007:711, point n°29 ; CJCE, 24 avril 2004, *CAS Succhi di Frutta SpA*, aff. C-496/99, ECLI:EU:C:2004:236.

[1]Ce cadre normatif complète subsidiairement les dispositions de l'article 16 de la Charte des Droits Fondamentaux de l'Union européenne, qui jouit la même valeur juridique que les Traités sur l'Union, après l'entrée en vigueur du Traité de Lisbonne (1er décembre 2009).

[2] Article 15 de la Charte : « 1. Toute personne a le droit de travailler et d'exercer une profession librement choisie ou acceptée. 2. Tout citoyen de l'Union a la liberté de chercher un emploi, de travailler, de s'établir ou de fournir des services dans tout État membre. 3. Les ressortissants des pays tiers qui sont autorisés à travailler sur le territoire des États membres ont droit à des conditions de travail équivalentes à celles dont bénéficient les citoyens de l'Union ». En guise d'illustration de ces libertés v., parmi d'autres, CJCE, 5 octobre 1994, *République fédérale de l'Allemagne c/ Conseil de l'Union européenne*, aff. C-280/93, ECLI:EU:C:1994:367, point n°78 ; arrêt du 10 juillet 2003, *Booker Aquaculture et Hydro Seafood,* aff. C-20/00 et C-64/00, ECLI:EU:C:2003:397, point n°68 ; 12 juillet 2005, *Alliance for Natural Health et autres*, aff. C-154/04 et C-155/04, ECLI:EU:C:2005:449, point n°126 et 6 décembre 2005, *ABNA et autres*, aff. C-453/03, C-11/04, C-12/04 et C-194/04, ECLI:EU:C:2005:741, point n°87 ; CJUE, 29 mars 2012, *Interseroh Scrap and Metals Trading,* aff. C-1/11, ECLI:EU:C:2012:194, point n°43, selon lesquels, le libre exercice d'une activité professionnelle fait partie des principes généraux du droit européen.

même article, lesquelles doivent, conformément aux articles 6, paragraphe 1, troisième alinéa, TUE et 52, paragraphe 7, de la Charte, être prises en considération pour « l'interprétation de celle-ci »[1]. En ce sens, la protection de l'activité économique, en général, telle que reconnue par ces articles de la Charte, se trouve également liée au paragraphe 3 de l'article 3 du TUE, ainsi qu'aux paragraphes 1 et 2 de l'article 119 et l'article 120 du TFUE, visant à l'instauration d'une politique économique en vertu du marché intérieur, conformément au respect du principe d'une économie de marché ouverte où la concurrence est libre. De plus, il ne faut pas omettre que la Cour reconnait une certaine liberté économique du cocontractant de l'Administration en matière des contrats de la commande publique, en acceptant qu'« une concession de services se singularise d'un marché public par l'octroi au concessionnaire du droit, éventuellement assorti d'un prix, d' exploiter les services qui font l'objet de la concession, le concessionnaire disposant, dans le cadre du contrat conclu, d'une certaine liberté économique pour déterminer les conditions d'exploitation des services qui lui sont concédés et endossant, parallèlement, le risque lié à l'exploitation desdits services »[2].

215. Cependant, la Cour de justice a reconnue aux États membres la possibilité de prévoir des restrictions à ces libertés[3]. Or, conformément à la jurisprudence de la Cour, les mesures nationales prises en ce sens sont justifiées autant que certaines conditions soient remplies. Ainsi, une restriction ne peut être justifiée, à moins qu'elle réponde à des raisons impérieuses d'intérêt général, qu'elle soit propre à garantir la réalisation de l'objectif d'intérêt général qu'elle poursuit,

---

[1]V., parmi d'autres, CJUE, 21 décembre 2016, *Anonymi Geniki Etairia Tsimenton Iraklis (AGET Iraklis)*, aff. C-201/15, ECLI:EU:C:2016:972, point n°62 ; CJUE, 26 février 2013, *Åkerberg Fransson,* aff. C-617/10, ECLI:EU:C:2013:280, points n° 19-21 ; CJUE, 22 janvier 2013, *Sky Österreich*, aff. C-283/11, ECLI:EU:C:2013:28, point n°42. V. également en ce sens, CJUE, 22 décembre 2010, *DEB,* aff. C-279/09, ECLI:EU:C:2010:811, point n°32, ainsi que 17 octobre 2013, Schaible, aff. C-101/12, point n°25.

[2] CJUE, 10 novembre 2022, *SHARENGO najem in zakup vozil d.o.o.*, aff. C-486/21, ECLI:EU:C:2022:868, point n° 60. V. aussi, en ce sens, CJUE, 14 juillet 2016, *Proimpresa e.a.*, aff. C-458/14 et C-67/15, ECLI:EU:C:2016:558, point n° 46.

[3] V. Conclusions Kokkot J. présentées le 8 mai 2008, *Satakunnan Markkinapörssi et Satamedia*, aff. C-73/07, point n°47. En ce sens, v. CJCE, 9 mars 2000, *Commission c/ Belgique,* aff. C-355/98, ECLI:EU:C:2000:113, point n° 28, 19 janvier 1999, *Calfa,* aff. C-348/96, ECLI:EU:C:1999:6, points n° 21 et 23.

elle permette d'atteindre les objectifs poursuivis, elle n'aille pas au-delà de ce qui est nécessaire pour l'atteindre et elle ne soit pas de caractère discriminatoire[1].

216. Comme nous l'avons déjà expliqué auparavant, le rapport entre rémunération et liberté d'entreprendre telle qu'elle est décrite ci-dessus se rend plus évident, étant donné que l'Union même se fonde sur une logique libérale. Cela se déduit aisément par la jurisprudence de la Cour de justice. Dans le fameux arrêt à propos des subventions et de leur distinction avec les aides d'état qui faussent la libre concurrence, la Cour a reconnu de manière assez restrictive la réception par un cocontractant de l'Administration d'un « bénéfice raisonnable » en statuant que « ... la compensation ne saurait dépasser que ce qui est nécessaire pour couvrir tout ou partie des coûts occasionnés par l'exécution des obligations de service public, en tenant compte des recettes y relatives ainsi que d'un bénéfice raisonnable pour l'exécution de ces obligations... »[2]. Par conséquent, si un bénéfice raisonnable est admis en vertu d'une subvention accordée à une entreprise, *grosso modo* une telle affirmation saurait être aussi concevable à propos de la rémunération, qui par définition, comme nous avons déjà évoqué[3] conserve un profit pour son titulaire et qui peut également comprendre d'autres paiements suivant une subvention (par exemple des redevances perçues par les usagers d'un service). Ainsi, dans l'arrêt *Telaustria Verlags GmbH* du 7 décembre 2000 la Cour qualifie comme rémunération le revenu qui dérive du droit de l'exploitation économique exclusive qui « ne sera pas négligeable et dépassera vraisemblablement les coûts de la prestation

---

[1] CJUE, 7 novembre 2018, *Commision c/ Hongrie,* aff. C-171/17, ECLI:EU:C:2018:881, points n° 88 et s. V. aussi CJUE, 23 février 2016, *Commission c/Hongrie*, aff. C-179/14, ECLI:EU:C:2016:108, point n°166.

[2]CJCE, 24 juillet 2003, *Altmark Trans GmbH*, aff. n° C-280/00, surtout points 92 et 95 ; Pour le commentaire de la décision v. Rodrigues St., « Les subventions aux entreprises de service public ne sont plus nécessairement des aides d'État », *AJDA,* 2003, p. 1739 ; Bracq St., « Droit communautaire matériel et qualification juridique : le financement des obligations de service public au cœur de la tourmente », *RTD Eur.* 2004, p. 33.

[3]V. *supra,* n°24.

des services », admettant par cette voie l'acquisition d'un certain profit par le titulaire[1].

217. Bien qu'on admette que le droit à une rémunération comportant un profit – sous réserve des restrictions décrites ci-dessus – constitue un droit du cocontractant de l'Administration stipulé par le contrat, disposé également par la liberté d'entreprendre dont il jouit, il ne faut pas oublier qu'il est soumis à une appréciation raisonnable voire restrictive, qui laisse subsister un malaise même dans la jurisprudence de la Cour de Justice[2].

218. On conçoit bien, qu'en vertu d'un contrat de la commande publique, il y a un conflit de plusieurs intérêts (intérêt général, intérêt du cocontractant de l'Administration), qui, au bout du compte, forment la hauteur de la rémunération. Ce conflit crée plusieurs limites au détriment du droit à rémunération. Ainsi, on peut distinguer deux limites principales : celles relatives à l'application d'une certaine proportionnalité, et celles qui relèvent de la préservation de l'intérêt général.

219. En premier lieu, il convient d'aborder la question de la définition du *bénéfice raisonnable,* reconnu et utilisé par la Cour de Justice[3] et son apport aux droits nationaux. Il s'agit d'une expression plutôt utilisée au sein des aides d'état octroyées par rapport à un marché public ou un contrat de concession. Ainsi, la Cour se réfère au droit du cocontractant de l'Administration à recevoir une contrepartie qui ne dépasse pas des coûts occasionnés, à la base d'un bénéfice raisonnable qui est déterminée soit dans le cadre d'une procédure de

---

[1]CJCE, 7 décembre 2000, *Telaustria Verlags GmbH Telefonadress,* aff. C-324/98, *op.cit.* ; v. concl. Fennelly N. du 18 décembre 2000, ECLI:EU:C:2000:270surtout points 5 et 24.

[2] V. Bracq St., « Droit communautaire matériel et qualification juridique : le financement des obligations de service public au cœur de la tourmente », *op.cit.* À propos de l'arrêt Altmark, « C'est en fait la façon dont la question est posée qui laisse subsister un malaise, lui-même engendré par le lien entre les deux jeux de qualifications. Ce malaise est perceptible pour d'autres aspects du droit communautaire matériel. Un rapprochement, même succinct, entre ces différents cas permet de mieux cerner les enjeux de la qualification ».

[3] L'expression du bénéfice raisonnable est plutôt répandue dans la jurisprudence concernant les aides publics relatives aux marchés publics ou aux contrats de concession. V. notamment CJCE, arrêts *Altmark, Ferring,* précités à propos du bénefice raisonnable en matière des aides d'état ainsi que CJUE, 19.10.2023, *Sad Transporto Locale*, aff. C-186/22, ECLI:EU:C:2023:795.

marché public, soit « sur la base d'une analyse des coûts qu'une entreprise moyenne, bien gérée et adéquatement équipée » supporterait[1]. Cela paraît tomber sous le sens du principe de la juste rémunération, qui englobe toutes les restrictions imposées au droit à rémunération du cocontractant de l'Administration, qui repose sur une logique de proportionnalité. Une expression précise de ce principe est le cas de la liberté tarifaire au sein des contrats de concession et des contrats voisins, qui subit néanmoins de nombreuses restrictions liées notamment au principe d'égalité devant le service public[2].

b. Le fondement sur la Convention européenne des droits de l'homme

220. L'effet horizontal de la Convention permet d'engager la responsabilité de l'État devant la personne privée. Cette théorie est inspirée de la théorie de *Drittwirkung* allemande, c'est-à-dire de l'effet de la convention sur les tiers, et l'on voit dès lors poindre le lien évident existant entre les obligations positives et l'effet horizontal[3].

221. Plus précisément, l'article 1 du Protocole n°1 tend pour l'essentiel à prémunir l'individu contre toute atteinte de l'État au respect de ses biens[4]. Selon cette disposition, « [t]oute personne

---

[1] CJCE, 24 juillet 2003, *Altmark Trans GmbH*, aff.C-280/00, *op.cit.* ; *AJDA* 2003, p. 1739, note S. Rodrigues et p. 2146, *op. cit.*

[2] Pour l'analyse du principe de la juste rémunération ainsi que pour les autres restrictions auxquelles la fixation de la rémunération est soumise, notamment celle de l'interdiction des aides publiques, v. *infra.* n° 780 et s.

[3] Marty N., « Contrats publics et droit européen des droits de l'homme » in *Contrats publics, mélanges en l'honneur du professeur Michel Guibal, op. cit.*, p. 321-340. Sur l'effet horizontal, v. Spielmann D., « Obligations positives et effet horizontal des dispositions de la Convention » in Sudre F., *L'interprétation de la Convention européenne des droits de l'homme*, coll. Droit et Justice, Bruyant, Bruxelles, 1998, p. 133.

[4] À propos de la notion du bien protégé par l'article 1 du Protocole n°1 CEDH v. À titre indicatif, v. également CEDH, 25 mars 1999, *Iatridis c/ Grèce*, paragraphe n° 54 ; CEDH, 5 janvier 2000, *Beyeler c/ Italie* req. n° 33202/96, paragraphe n° 100 ; CEDH, 29 mars 2010, *Depalle c/ France*, req. n° 34044/02, point. n° 62. Le « droit au respect des biens », qui constitue, selon la Cour, un élément *« traditionnel fondamental du droit de propriété »* (CEDH, 13 juin 1979, *Marckx,* série A, n° 31 ; Sudre F., *Les grandes décisions de la Cour européenne des droits de l'homme*, PUF, n° 42 ; *RBDI* 1980, p. 53, note Bossuyt M.; *AFDI,* 1980, p. 317, obs. Pelloux R.; *JDI* 1982, p. 183, note Rolland P.), autorise, en effet, mais sous conditions, trois types de limitation : la

physique ou morale a droit au respect de ses biens. Nul ne peut être privé de sa propriété que pour cause d'utilité publique et dans les conditions prévues par la loi et les principes généraux du droit international. Les dispositions précédentes ne portent pas atteinte au droit que possèdent les Etats de mettre en vigueur les lois qu'ils jugent nécessaires pour réglementer l'usage des biens conformément à l'intérêt général ou pour assurer le paiement des impôts ou d'autres contributions ou des amendes ». La Cour a adopté une interprétation extensive du bien, lui attachant une connotation économique flagrante. En ce sens, il est admis que la notion de *biens* constitue une notion autonome, indépendante des conceptions ou des notions voisines des droits internes[1].

222. Ce qui est indispensable, c'est « d'examiner si les circonstances, considérées dans leur ensemble, ont rendu le requérant titulaire d'un intérêt substantiel protégé par l'article 1 du Protocole n° 1 ». Cette condition d' *intérêt substantiel* doit reposer, sinon sur l'existence d'une créance exigible, à moins sur l'existence d'une espérance légitime ou raisonnable, afin qu'elle tombe sous l'emprise de cette disposition. En effet, le point crucial consiste en la qualification des créances prétendues être un bien au sens dudit

---

privation de propriété, la réglementation de l'usage des biens et, catégorie résiduelle créée prétoriennement, les atteintes à la substance du droit de propriété (CEDH, 23 septembre 1982, *Sporrong et Lönnroth*, série A, n° 88). La notion extensive de « biens » retenue par la Cour a permis à cette dernière d'étendre la protection de l'article 1er du premier protocole aux créances, qui, à l'instar des choses corporelles, présentent une valeur patrimoniale (CEDH, 20 novembre 1995, *Pressos Compania Naviera*, série A, n° 332 ; CEDH ; 26 juin 1986, *Van Marle et autres*, série A, n° 101). Le juge administratif français adopte d'ailleurs, sur la question de la qualification des créances liées aux revenus futurs, une approche similaire à celle de la Cour (v. par ex., CAA Bordeaux, 6 septembre 2007, *Mutuelles de Poitiers Assurances, JCP Adm.* 2008, n° 2012, obs. Pacteau B.

[1] CEDH, 23 avril 1998 *Doustaly c/ France* à propos de la reconnaissance du caractère pécuniaire des créances du requérant. À propos de la notion du droit de propriété en droit interne français,v. articles 2 et 7 de la Déclaration des droits de l'homme et du citoyen du 1789. À propos du droit français et la protection des créances en vertu du droit de propriété, v.Cons. const., décision du 10 juin 2010, n° 2010-607 DC, *D.* 2010, p. 2553, note Mouton S.; *Constitutions* 2010, p. 377, obs. Bergougnous G. V. également, de Montgolfier J.-F., « Dossier : Le droit des biens et des obligations), *Cahiers du Conseil Constitutionnel,* n° 31, mars 2011. À propos du droit grec et la notion du droit de propriété, v. article 17 de la Constitution grecque et, à propos du droit allemand et la notion du droit de propriété, v. article 14 GG.

article. D'après la Cour, cela est possible à condition que ces créances soient considérées en tant que liquides, exigibles et certaines ou, pour reprendre la terminologie de la Cour dans l'affaire *Anheuser-Busch Inc. c/ Portugal,* « incontestées ». Un manque à gagner résultant de la disparition législative d'un revenu futur peut ainsi constituer une créance, et donc un bien au sens de cet article, si celui qui s'en prévaut à une « espérance légitime de voir sa créance se réaliser »[1], en clair si elle est suffisamment certaine.

223. C'est depuis l'arrêt *Raffinéries grecques Stran et Stratis Andreadis c/ Grèce*[2] où cette interprétation extensive de l'article 1 du Protocole n° 1 de la Convention a également embrassé les créances du cocontractant privé de l'Administration en matière de contrats de la commande publique. Dans la présente affaire, la violation constatée consistait en un refus de l'État démocratique grec à exécuter le contrat de constructions des Raffineries grecques Stran, conclu entre la société requérante et le régime militaire, pour des raisons d'intérêt général. À la suite d'une péripétie auprès des juridictions nationales, la promulgation d'une loi « relative à [...] la révision ou la résiliation des contrats [...] conclus pendant la période dictatoriale » à effet rétroactif a entraîné la nullité du contrat litigieux. La Cour de Strasbourg n'a pas douté du motif d'intérêt général justifiant la résolution dudit contrat. Pourtant, elle a constaté l'ingérence du législateur et a conclu qu'il y a eu une violation de l'article 1 du Protocole n° 1 de la Convention, du fait que « le législateur a rompu, au détriment des requérants, l'équilibre devant régner entre la sauvegarde du droit de propriété et les exigences d'intérêt général »[3].

224. En ce sens, le retard voire l'inexécution des décisions accordant des créances dues aux cocontractants à la suite de l'exécution des contrats de la commande publique est traditionnellement qualifiée par la Cour de Strasbourg en tant

---

[1] CEDH, 11 janvier 2007, *Anheuser-Busch Inc. c/ Portugal*, n° 73049/01 et CEDH, 14 avril 2009, *S.C. Ghepardul SRL c/ Roumanie*, n° 29268/03. Le juge administratif français adopte d'ailleurs, sur la question de la qualification des créances liées aux revenus futurs, une approche similaire à celle de la Cour (v. par ex., CAA Bordeaux 6 sept. 2007, *Mutuelles de Poitiers Assurances, JCP Adm.* 2008, n° 2012, obs. Pacteau B.

[2] CEDH, 9 décembre 1994, *Raffinéries grecques Strat et Stratis Andreadis c/ Grèce*, req. n° 13427/1987.

[3] *ibid.*

qu'ingérence dans le respect des biens du cocontractant de l'Administration. Dans ce cas, la violation du droit de propriété est étroitement liée au respect des droits procéduraux des cocontractants, lorsque le requérant n'est pas indemnisé pour le préjudice qu'il a subi sur sa propriété[1]. De même, dans l'affaire *Karahalios c/ Grèce*[2] la violation du droit à la propriété du cocontractant résidait dans l'omission de l'Administration de se conformer pendant une longue période à l'arrêt n°175/1993 de la Cour administratif d'appel de Tripoli et de payer au requérant les sommes que cet arrêt lui avait alloué. De ce fait, son droit incontesté aux sommes accordées par ledit arrêt n'était pas respecté.

225. Or, toute ingérence ne saurait pas être tenue pour violation au droit de biens. Tel fût le cas dans l'affaire *Société Sud Parisienne de construction c/ France*[3]. Dans cet arrêt, la Cour a accepté qu'il y a eu ingérence du fait de l'effet rétroactif d'une loi corrective des finances publiques modifiant le taux d'intérêt et, par conséquent défavorisant le montant du taux des intérêts moratoires exigibles par le cocontractant de l'Administration. Néanmoins, elle a estimé que cette ingérence était prévue par la loi et suffisamment justifiée pour cause d'utilité publique, « en corrigeant dans un rapport raisonnable à l'inflation, un écart résultant du changement des conditions monétaires intervenu ». Ainsi, il incombe à la Cour d'examiner si un juste équilibre a été maintenu entre les exigences d'intérêt général et les droits de la société requérante. En cherchant un rapport raisonnable de proportionnalité entre les moyens employés et le but poursuivi, elle a conclu que la mesure ne portait que sur une partie du montant des intérêts de retard de la société requérante et, par conséquent, n'a donc pas atteint la substance même de son droit de propriété.

226. De plus, il faut qu'il y ait un lien de causalité entre le comportement de l'Administration et la violation du droit de propriété. Dans l'affaire *Tunnel Report Limited c/ France*[4], la chute du chiffre d'affaires de la société requérante entraînée par la décision de la

---

[1] V. également CEDH, 26 septembre 2006, *Société de gestion du port de Campoloro et Société Fermière de Campoloro c/ France*, req. n° 57516/00. À propos des droits procéduraux, v. *infra* n°1307 et s.

[2] CEDH, 11décembre 2003, *Karahalios c/ Grèce,* req. n° 62503/00.

[3] CEDH, 11 février 2010, *Société Sud Parisienne de construction c/ France,* req.n° 33704/04.

[4] CEDH, 18 novembre 2010, *Tunnel Report Limited c/ France*, req.n° 27940/07.

SNCF de restreindre le trafic via le tunnel sous la Manche pour des raisons de sécurité – force majeure d'après l'État défendeur – ne saurait engager la responsabilité de l'État en raison de son intervention. Comme il ressortait des faits de l'affaire, la réaction des gouvernements était « rapide et efficace », et par conséquent, aucun lien de causalité n'était établi entre l'ingérence de l'État et le préjudice subi.

227. Il s'ensuit alors aisément de la jurisprudence de la Cour européenne des droits de l'homme que le droit à rémunération du cocontractant de l'Administration ne saurait être protégé en vertu du droit de propriété prévue à l'article 1er du Protocole premier de la Convention qu'en cas de certitude de la créance : la rémunération doit être tirée d'une créance certaine, liquide et exigible ou, à tous le moins, le cocontractant de l'Administration doit avoir une espérance légitime de son acquisition. Dès lors, se pose la question suivante : à quel moment le cocontractant de l'Administration est considéré avoir obtenu ce droit méritant une protection ?

B. Un droit à préserver

228. Le droit du cocontractant de l'Administration à rémunération est en principe déterminé par voie contractuelle. À cet égard, l'impératif de la stabilité des relations contractuelles implique sa préservation au sein du principe d'intangibilité de la rémunération **(i).** Néanmoins, bien que ce principe interdise sa modification qu'en cas de commun accord des parties, les dérogations implicites de ce principe gagnent progressivement du terrain. L'intangibilité de la rémunération est ainsi, de moins à moins suffisante à garantir le droit à rémunération, notamment en l'absence d'une créance certaine, liquide et exigible. La protection du droit à rémunération doit être recherchée dans une autre direction, celle du moment de l'acquisition du droit **(ii)**.

i. D'un droit intangible…

229. D'une manière générale, il est traditionnellement admis que les clauses prévoyant la rémunération du cocontractant de l'Administration sont de nature contractuelle. D'ailleurs, la rémunération ne constitue qu'un droit subjectif du cocontractant de l'Administration fondé sur le contrat. Cette acception s'ensuit de manière automatique à propos des contrats de la commande publique allemands, en raison de leur qualification des contrats de droit privé. À propos des contrats de la commande publique français et grecs, la question est plus complexe. La doctrine française[1] ainsi que la doctrine grecque[2] leur accordent – en principe – une nature contractuelle.

230. Il s'ensuit que, en principe, la rémunération du cocontractant de l'Administration ne peut être modifiée que par un nouvel accord des parties, dans la mesure où elle est déterminée contractuellement. Cette interdiction constitue le contenu du principe d'intangibilité régissant la rémunération en matière de contrats de la commande publique. En tant qu'expression du principe général *pacta sunt servanda,* régissant l'ensemble des contrats, il engendre l'impératif d'un certain niveau de sécurité juridique dans les relations *inter partes.* À cette fin, il pose des limites aux modifications unilatérales contrevenant aux principes de bonne foi et de bonnes mœurs, ce qu'on entend par la préservation de l'équilibre économique du contrat. Cela est justifié par le besoin de protection du cocontractant de l'Administration entreprenant une démarche risquée, celle de la contractualisation avec l'Administration.

231. En effet, l'intangibilité de la rémunération revêt une acuité particulière à propos des contrats de la commande publique soumis à un régime de droit public, accordant des pouvoirs exorbitants à l'Administration cocontractante. En pratique, elle se matérialise à travers de l'irrévocabilité du décompte définitif général. Ainsi, « l'intangibilité de la chose contractée dans le décompte général et définitif contraint la personne publique contractante à la vigilance, ce qui serait particulièrement utile à une époque où les externalisations sont fréquentes. Derrière une liberté apparente, la mécanique aboutit donc à une rigueur inattendue pour la personne publique, contrainte de participer de façon diligente à l'établissement du décompte. Sous cet aspect, la position du juge apparaît comme une forme de garantie de la

---

[1] De Laubadère et al., *Traité des contrats administratifs*, *op.cit.* t.2 n°1012, p. 218-219 ; Guettier Ch., *Droit des contrats administratifs*, *op.cit,*, n° 573.

[2] Flogaitis Sp., *Le contrat administratif- Notion et Nature (Η διοικητική σύμβαση-Έννοια και φύση), op.cit.*, p. 86 et p.123 (à propos des contrats de concession, qui, préservent leur caractère contractuel bien qu'ils soient ratifiés par une loi); Gerontas Ap., *Droit des travaux publics (Δίκαιο Δημοσίων Έργων), op.cit.* p. 611 et s.

diligence de la personne publique à agir dans son intérêt, et donc, dans l'intérêt général, et, dans son originalité, elle répondrait aux exigences classiques du droit administratif »[1].

232. Outre cette modération formelle, le principe d'intangibilité des clauses financières fixant la rémunération du cocontractant de l'Administration connaît des dérogations importantes, restreignant considérablement son apport sur la protection du cocontractant de l'Administration. D'ailleurs, il est banal d'affirmer que le champ d'application d'un principe se définit comme recouvrant l'ensemble des hypothèses qui ne sont pas couvertes par ces exceptions.

233. De manière générale, il est admis que le pouvoir exorbitant de modification unilatérale accordé à l'Administration contractante ne couvre que les clauses relatives au fonctionnement du service public. Comme le précise les auteurs du Traité des contrats administratifs, « sont modifiables les seules clauses qui intéressent le service et son fonctionnement : il se trouve que ces clauses sont en fait les clauses réglementaires, mais cette nature réglementaire fournit seulement au pouvoir de modification un fondement en quelque sorte supplémentaire »[2]. En revanche, selon eux, les clauses de nature contractuelle qui sont, en principe, les clauses financières qui définissent le droit à rémunération du cocontractant de l'Administration ne sont pas modifiables unilatéralement, car elles concernent notamment les avantages financiers consentis au cocontractant de l'Administration. Pourtant, dans l'immense majorité des cas, les modifications des conditions d'exécution du contrat entraînent des conséquences financières. Dans ces cas, même si les clauses de rémunération ne sont pas affectées, la rémunération en tant que résultat de l'exécution du contrat est modifiée. En allant encore plus loin, la jurisprudence du Conseil d'État français a depuis longtemps accepté la possibilité de modifier unilatéralement des clauses financières du contrat[3]. Une partie de la doctrine a également

---

[1] Trigeaud B. « Le décompte définitif dans le règlement des marchés publics », *RDP*, 2016, n° 2, p. 497 et s. À propos des voies de contestation du décompte avant son établissement v. *infra* n°1157 et s.

[2] De Laubadère et al., *Traité des contrats administratifs*, *op. cit.* t. 2, n° 1175, p. 402.

[3] CE, 2 février 1983, *Union des Transports publics, urbains et régionaux*, *Rec.* 33 ; *RFDA,* 1984, p. 45 ; note Llorens F. ; *RDP,* 1984, p. 212, note Auby J.-M ; CAA Nancy du 20 décembre 2007, *Sté Vivendi c/ Cne Saint-Dizier*, req.n° 05NC00897 : tempérament de l'intangibilité de la rémunération- commission prévue par le

envisagé cette possibilité[1], sans, cependant, excluant la possibilité des dérogations importantes.

234. Ces considérations se réfèrent aux cas où la rémunération est fixée par des clauses de nature contractuelle. Toutefois, ce n'est pas toujours le cas. En fait, certaines catégories des contrats de la commande publique, surtout concernant des services, répètent obligatoirement des dispositions réglementaires (cahiers des charges, décrets, même lois) qui fixent *a priori* des prix et des tarifs et, par conséquent, la rémunération du cocontractant de l'Administration[2]. Cela restreint dès le début la possibilité de fixer contractuellement la rémunération et laisse, en plus, pendant la durée du contrat, la rémunération du cocontractant de l'Administration vulnérable aux interventions potentielles du législateur[3]. En excluant, par conséquent, les clauses stipulant la rémunération du cocontractant de

---

contrat-à défaut de l'accord des parties- a conclut à une nouvelle formule de révision des prix en raison d'une différence importante entre la marge déclarée par le fermier et celle résultant de ses propres évaluations- la collectivité a adopté unilatéralement cette formule proposée par la commission- modification unilatérale des clauses financières.

[1] Richer L. *Droit des contrats administratifs*, *op. cit.*, p. 254-255 ; Umbaud – Bergeron M., *La mutabilité du contrat administratif*, Université Montpellier I, thèse dactyl., 2004, p. 709, selon lesquels l'exercice du pouvoir unilatérale est parfaitement envisageable lorsqu'il affecte des variables financières non constitutives d'un prix.

[2] Pour une analyse des tarifs réglementés v. *infra* n° 754.

[3] De Laubadère A. et al.,*Traité des contrats administratifs*, *op. cit.* p.219-223. Selon les auteurs du Traité et en application du principe de l'intangibilité des droits acquis, « En toute hypothèse, en dehors du Conseil Constitutionnel, la loi ne saurait être contestée devant les juridictions et devrait être appliquée par elles ». De plus, ils identifient les cas suivants d'intervention du législateur susceptibles à porter des modifications à la rémunération du cocontractant de l'Administration mentionnant des exemples. Selon eux, ces cas sont : une loi à objet particulier se référant directement aux stipulations financières d'un contrat déterminé (v. CE, 7 déc. 1894, *Cie algérienne*) ; une mesure générale édictée par le législateur et dont l'objet ne se limite pas nécessairement à la matière des contrats, réduisant les éléments de rémunération inscrits dans des contrats administratifs (CE, 28 avril 1939, *Chemins de fer de l'Ouest* ; CE, 31 mars 1944, *Chemin de fer de Belfort*) ; la prescription ou autorisation de la révision d'une catégorie particulière des contrats administratifs, portant aussi de révision des clauses financières d'un contrat (ex. décret-loi du 16 juillet 1935) ; la cession législative des pouvoirs spéciaux aux autorités administratives qui « mettaient obstacle à l'application des contrats » (CE, 17 juillet 1950, *Dilly ;* 25 janvier 1952, *Ville de Clermont).*

l'Administration, ladite hypothèse concerne les clauses affectant la rémunération, et, à titre d'exemple, celles relatives à la durée ou aux avantages supplémentaires du cocontractant de l'Administration.

235. La modification implicite de la rémunération ne considère particulièrement que les contrats de concession. En effet, concernant la modification des tarifs de service public dans les contrats de par voie règlementaire, le Conseil d'État reconnaît, dans l'arrêt *Bernard*[1], au gestionnaire du domaine public la faculté de faire usage de son pouvoir de modification unilatérale du contrat d'occupation pour en « modifier les conditions pécuniaires » et notamment, comme en l'espèce, afin de « répercuter sur les amodiataires une partie de la cotisation de taxe foncière mise à sa charge par l'Administration fiscale ». Même limitée aux conventions d'occupation domaniale, l'innovation est importante.

236. En ce sens, même si on accepte que le droit à rémunération ne puisse être modifiable que sous condition d'un commun accord des parties, on a répondu à la question de son fondement que partiellement. L'intangibilité de la rémunération ne répond pas suffisamment à la question de la modification des clauses du contrat, entraînant des conséquences financières au détriment du cocontractant de l'Administration. La réponse de la part de l'Administration contractante se cache derrière le facteur temporel de son établissement.

ii. … à un droit acquis

237. L'inévitable mutabilité du contrat pour des raisons d'intérêt général s'agissant à l'adaptation de l'ordre micro-juridique du contrat aux conditions de l'ordre macro-juridique dont il fait partie, met en cause le droit du cocontractant de l'Administration à une rémunération raisonnable. En effet, le contenu contractuel évolue et se modifie avec de temps entraînant dans son sillage la rémunération résultante. Or, la modification de la rémunération par le truchement d'un commun accord des parties n'est pas sans limites. Elle se heurte sur

[1] CE, 5 mai 2010, *M. Bernard*, req. n°301420 ; *Dr. fisc.* 2010, n°29-34, comm. 427, note Collet M.

l'interdiction de modification substantielle[1]. La stabilité des relations contractuelles requise ne peut être alors que relative en pratique. Si l'intangibilité rattachée à la protection du droit à rémunération du cocontractant de l'Administration ne justifie pas suffisamment sa protection dans l'écoulement de temps, il paraît indispensable de reconsidérer sa qualification.

238. Ainsi, la protection du droit à rémunération doit mettre en balance l'impératif du principe *pacta sunt servanda* et la mutabilité du contrat de la commande publique en vue de satisfaire l'intérêt général. Par ce biais, on osait qualifier le droit à rémunération à un *droit acquis,* une notion répandue dans la doctrine juridique française, grecque et allemande[2] . D'un point de vue général, un droit acquis consiste en un droit à maintenir un acte créateur des droits. Cette notion est traditionnellement liée aux actes administratifs unilatéraux et à l'impératif de la protection du bénéficiaire de l'acte contre la puissance publique.

239. L'Administration est alors, par construction, à l'origine des droits acquis, ce qui nous amène à croire qu'ils soient également envisageables, par extension, sur le champ contractuel. En effet, l'intangibilité relative régissant le droit à rémunération est assimilable à celle des situations émanant des actes unilatéraux[3]. Au sens d'un droit intangible, il implique une connotation de stabilité assimilable à celle d'un droit acquis. Les droits à l'égard de l'Administration contractante sont à l'origine acquis, mais sur le terrain contractuel, en

---

[1] À propos de l'interdiction de modification substantielle du contrat, v. *infra* n°1439 et s.

[2] En ce sens v. Barthélemy J., *Essai d'une théorie des droits subjectifs des administrés dans le droit administratif*, thèse (dact.), Paris, 1899 ; Lassale F., *Traité systématique des droits acquis- Conciliation du droit positif et de la philosophie du droit*, Paris, Giard, 1904 (v. t. II à propos du droit allemand); Tallineau L., *Les actes particuliers non créateurs des droits - Essai critique de la théorie des droits acquis,* thèse (dact.), Poitiers, 1972 ; À propos de la notion des droits acquis en droit grec v. Pavlopoulos P., « Règles de retrait des actes administratifs » («Κανόνες ανάκλησης διοικητικών πράξεων»), *EDD,* 1988, p. 459 et s. ; Papachatzis G., « Formes de droits et obligations réciproques entre le pouvoir politique et les particuliers en droit administratif » («Μορφαί αμοιβαίων δικαιωμάτων και υποχρεώσεων μεταξύ πολιτικής εξουσίας και ιδιωτών εν τω διοικητικώ δικαίω»), in *Mélanges en l'honneur de la Cour des comptes 1833-1983*, Athènes, 1984, p. 175 et s.

[3] Yannakopoulos C., *La notion des droits acquis en droit administratif français*, (préf. Gaudemet Yv.), coll. Bibliothèque de droit public, t. 188, LGDJ, Paris, 1997, n° 120-126, p. 64-69.

raison d'un consensualisme contractuel. Par conséquent, la définition des droits acquis au sens « des droits au maintien d'une situation acquise, c'est-à-dire d'une situation qui est créée par un acte administratif ou par un fait qui a évolué dans le temps dans le cadre d'un processus de la matérialisation d'une institution administrative »[1], illustre bien *a priori* le cas de la rémunération. Néanmoins, il y a une différence : « la protection des situations administratives contractuelles présente une particularité par rapport à la protection des situations émanant d'actes unilatéraux : elle repose sur le plan de la responsabilité et non pas sur le plan de la légalité objective »[2]. Cette réserve mise à part, la requalification du droit à rémunération en droit acquis consiste plutôt à une précision linguistique. Le droit acquis, à l'encontre du droit intangible qui implique une essence d'un droit intouchable, inadaptable, correspond au mieux au cas d'un droit subjectif en vertu des contrats de la commande publique.

240. En ce sens, la qualification du droit à rémunération en droit acquis du cocontractant de l'Administration illustre à merveille le conflit entre la stabilité du droit et son adaptabilité mesurée dans un contexte dynamique, comme celui du contrat de la commande publique. Le droit à rémunération est intangible en vertu de l'ordre micro-juridique du contrat, mais en même temps il doit s'adapter aux conditions extrinsèques de l'ordre macro-juridique dans lequel il s'inscrit. Autrement dit, la rémunération est un droit qui puise ses racines dans l'acte de signature du contrat, mais il transcende toute la vie du contrat, en subissant toutes ses fluctuations éventuelles. De sa part, la notion du droit acquis implique nécessairement l'existence d'une opération continue, comme celle de l'exécution, pendant laquelle la situation créée doit survivre.

241. La question cruciale reste, cependant, quel est l'acte de création du droit à rémunération. Bien évidemment, le contrat signé et notifié à l'opérateur retenu constitue la matrice des droits et obligations des parties. Or, ce contrat n'est pas originel. En réalité, il reprend les clauses et les dispositions de la décision d'attribution du

---

[1] *Ibid.* n° 28, p. 21.

[2] *Ibid.* n°120, p.65. Les conséquences de cette différence sont, en principe, de nature contentieuse. En effet, les litiges relatifs aux droits acquis en matière contractuelle s'inscrivent sur le contentieux subjectif, à l'encontre des litiges relatifs aux droits acquis résultants des actes unilatéraux, qualifiés en contentieux de légalité.

contrat, s'agissant d'un acte unilatéral de l'Administration prévoyant ces droits et obligations[1]. Néanmoins, la création du droit à rémunération n'est pas automatique.

242. Comme remarque le Professeur Yannakopoulos dans son étude consacrée à la notion des droits acquis, ces derniers présentent une certaine autonomie par rapport aux actes juridiques qui l'ont créé[2]. La rémunération n'est pas due du seul fait que le contrat est effectivement signé. À l'inverse, même si on déplace l'établissement du droit à rémunération au moment d'établissement du décompte général définitif, cela ne serait pas exact. Prenons l'exemple du droit français, ayant formé la règle d'irrévocabilité du décompte général définitif en matière des marchés publics[3]. Même dans ce cas, le Conseil d'État retient que le caractère définitif et l'unicité du décompte d'un marché public ne sont pas d'ordre public[4], ce qui permet, par conséquent, de construire des dérogations. Tel est le cas du droit à rémunération des maîtres d'œuvre. Le cas échéant, les droits au paiement d'un marché de maîtrise d'œuvre à rémunération forfaitaire sont acquis dès l'établissement du projet du décompte par l'architecte ou à partir de la réception définitive de l'ouvrage sans réserve ou par l'établissement du décompte général et définitif[5].

---

[1] En guise d'illustration v. le formulaire de l'acte d'engagement en matière des marchés publics, remplaçant l'acte d'attribution, disponible sur: https://www.economie.gouv.fr/formulaire_acte_d'engagement

[2] Yannakopoulos C., *La notion des droits acquis en droit administratif français, op. cit.*

[3] À propos de l'intangibilité du décompte définitif, v. *infra* n°1158.

[4] CE, 8 décembre 1961, *Société Nouvelle compagnie général de travaux,* req. n°44994 : « l'ensemble des opérations auxquelles donne lieu l'exécution d'un marché de travaux publics est compris dans un compte dont aucun élément ne peut être isolé et dont seul le solde arrêté lors de l'établissement du décompte définitif détermine les droits et obligations définitifs des parties ». Cette jurisprudence est affirmée à plusieurs reprises (ex. CE, 3 novembre 2014, *Société Bancillon BTP,* req. n°372040 ; CE, 12 novembre 2015, v. également en ce sens CE, 5 juillet 1950, *Société française de construction et d'aménagement industriel, Rec.* 416, selon lequel le décompte d'un marché forme un ensemble dont le solde est le résultat de tous les éléments actifs et passifs qui le composent.

[5] V. article 12.4.3 CCAG Travaux (arrêté du 30 mars 2021 portant approbation du cahier des clauses administratives générales des marchés publics de travaux, *JORF* n°0078 du 21 avril 2021, ainsi que CE, 19 décembre 1941, *Ets Dikson, Rec.*, 231 ; CE, 11 juin 1943 *Min Marine c/ Société des grands travaux de Marseille, Rec.*, 143 ; CE 18 juillet 1973, *Commune Morosaglia, RDP*, 1974, p. 1181, date d'acquisition

243. Ainsi « si un droit peut être identifié par rapport à une situation juridique (fait administratif) créée par un acte juridique (acte créateur due droits), ce droit devient acquis par sa mise en œuvre »[1]. Bien évidemment, la signature du contrat crée une espérance légitime pour le cocontractant de l'Administration qu'il obtiendra la rémunération convenue en contrepartie de l'accomplissement de sa mission prévue par le contrat conclu. La situation acquise présupposée alors à la fixation de la rémunération en vertu de l'attribution du contrat. En revanche, l'acquisition définitive s'effectue à travers une opération continue. Cette opération continue se matérialise en vertu d'un fait institutionnel, celle du contrat de la commande publique, impliquant nécessairement une certaine objectivité. La rémunération évoluant en fonction des mutations du contrat, la situation acquise permet la préservation du noyau du droit dans l'écoulement du temps.

244. Bien que, d'un point de vue subjectif, la rémunération repose sur des libertés économiques nationales et européennes, force est de constater que le droit respectif du cocontractant de l'Administration subit de restrictions considérables liées aux particularités des contrats de la commande publique. Ces restrictions sont inhérentes à la nature de ce type de contrats et sont communes indépendamment au régime applicable, puisqu'elles sont liées à la satisfaction de l'intérêt général, ce qui nous a amené à qualifier la rémunération en droit acquis du cocontractant de l'Administration. À l'origine de la définition de ce droit se trouve l'Administration. Il s'ensuit alors que la compréhension de la rémunération au sens du droit du cocontractant de l'Administration passe inévitablement à travers une autre approche, au prisme de l'Administration contractante.

---

des droits à rémunération est la date de notification du décompte général et définitif, date à partir de laquelle court la prescription quadriennale. V. également CE, 11 février 2005 *Desnoes*, n° 249211, *Rec.* (tables) selon lequel les droits au paiement d'un marché de maîtrise d'œuvre à rémunération forfaitaire sont acquis lors de l'établissement du projet de décompte par l'architecte et non lors de celui du décompte général du marché par le maître d'ouvrage. La prescription quadriennale commence donc à courir à compter du 1er janvier de l'année suivant celle au cours de laquelle le projet de décompte a été établi.

[1] Yannakopoulos C., *La notion des droits acquis en droit administratif français*, *op.cit.*, n°400, p. 220.

§ 2 – LA RÉMUNÉRATION, OBLIGATION DE L'ADMINISTRATION

245. Admettons que la rémunération constitue le droit légitime du cocontractant de l'Administration qui résulte des engagements réciproques au sein d'un contrat de la commande publique, il conviendrait d'aborder la question de deux côtés : non seulement de son débiteur, mais également de son créancier, c'est-à-dire, de la part de l'Administration. Son implication entraîne une série de particularités. Le contrat de la commande publique est, avant tout, un contrat, mais en même temps un contrat subissant de nombreuses restrictions visant à la satisfaction de l'intérêt général. Partant de la prérogative d'initiative de l'Administration, on se demande si elle détient véritablement une autonomie de volonté. Par conséquent, est-ce qu'elle est libre d'accorder à son cocontractant la rémunération qu'elle souhaite, le cocontractant ne pouvant que l'accepter ou la refuser ? En poussant ce syllogisme plus loin, est-ce qu'elle peut arriver à un accord avec son cocontractant de manière arbitraire ? Une telle possibilité ouvrirait, bien évidemment, la porte aux phénomènes corruptifs.

246. Partant de la nature contractuelle des contrats de la commande publique, il conviendrait recourir dans un premier temps à la théorie du contrat synallagmatique au sens du droit commun, afin d'y identifier ses éléments consubstantiels : sa conception dans un cadre contractuel, son caractère synallagmatique et sa réciprocité **(A)**. Dans un second temps, et prenant en considération les particularités de cette catégorie de contrats relative non seulement à un certain rapprochement avec l'acte administratif mais en général à la satisfaction de l'intérêt général, nous aborderons les conséquences d'une telle forme intermédiaire à la fixation de la rémunération du cocontractant de l'Administration, qui ne constitue pas toujours un résultat purement contractuel, mais en réalité, un avantage consenti **(B)**.

A. Une obligation fondée sur la théorie du contrat synallagmatique

247. Les contrats appartenant à la catégorie des contrats de la commande publique engendrent un accord de volontés et une création consécutive d'obligations réciproques. Comme un auteur le remarque utilement, « pour que l'on puisse prouver un contrat public, il faut en élément d'engagement des parties, un élément de réciprocité, il faut un caractère synallagmatique »[1]. Cet élément synallagmatique du contrat constitue le fondement de la rémunération : le cocontractant de l'Administration est chargé d'une prestation – l'exécution du service faisant l'objet du contrat – et l'Administration contractante doit lui verser une contrepartie. Par ce biais, la rémunération, étroitement liée à la notion de la contrepartie se rationnalise à travers le schéma prestation - contreprestation et la réciprocité que ce schéma implique.

248. On peut remarquer que le concept de la rémunération puise ses racines à l'antiquité grecque, au concept de *synallagma*, répandu dans les ouvrages d'Aristote[2] qui a introduit l'idée d'équité contractuelle au sens de la justice commutative. Bénéficiant des renseignements de la théorie du contrat synallagmatique **(i)**, on peut définir le caractère synallagmatique des contrats de la commande publique, justifiant la contrepartie et la rémunération consécutive **(ii)**.

i. L'application de la théorie du contrat synallagmatique

249. La qualification « synallagmatique » implique l'échange des consentements[3] et au surplus une réciprocité (ou au moins une

[1] Lenica F., *Droit des contrats publics,* notes Master Droit Notarial, Université Paris Dauphine, ressource en ligne:
http://www.adndauphine.com/blog/Cours_et_Sujets/Entrees/2011/1/5_Cours_et_sujets_2010-2011_files/3%20-%20Droit%20des%20contrats%20publics%20%28M.%20LENICA%29.pdf

[2] Aristote, *Éthique à Nicomaque,* V,1131a 1. Pour l'évolution du terme en droit romain et byzantin voir Houin R., *La distinction des contrats synallagmatiques et unilatéraux,* (thèse), Université de Paris, 1937 ; Partsch J., *Le dogme du Synallagma dans le droit romain et byzantin* dans le recueil de ses œuvres posthumes, (*Das Dogma des Synallagma im römischen und byzanntinischen Rechte, Aus Nachgelassenen und Kleinerenvesrtreuten Schriften*), Berlin, 1931 (cité par Houin R., *ibid.*)

[3] V. aussi Marcus L. *L'unité des contrats publics*, coll. Nouvelle Bibliothèque des Thèses, Dalloz, Paris, 2010, p. 39 selon laquelle « L'unité dans la définition de la notion du contrat est principalement réalisée par l'utilisation en droit public de la notion civiliste de consentement. L'accord de volontés est non seulement un élément constitutif du contrat en droit public, mais aussi un critère de distinction des actes contractuels et non contractuels. La définition juridique du contrat à partir de la notion civiliste de consentement vérifie ainsi la règle scolastique héritée d'Aristote

connexité) entre les obligations nées ou les prestations fournies[1], autrement dit, d'un *vinculum juris* évident entre la prestation et contreprestation. La qualification des contrats de la commande publique en contrats synallagmatiques répandue en droit français **(i)**, ainsi qu'en droit grec **(ii)** et en droit allemand **(iii)** contribuera à la compréhension du lien de réciprocité rationnalisant la rémunération qui en dérive.

a. En droit français

250. Même si le contrat synallagmatique existait dès l'antiquité grecque et a évolué dans le cadre du droit romain, sa distinction par les contrats unilatéraux n'est établie que par les juristes après la Renaissance. Si les Humanistes de l'époque (Cujas, Duaren, Doneau, Connan) reposant sur la codification justinienne (*Corpus juris civilis*) ont repris la conception large du contrat synallagmatique[2], la contribution des auteurs coutumiers, qui assimilent le contrat synallagmatique au contrat à titre onéreux, est plus pertinente à la conception contemporaine. Ainsi dès cette époque-là, coexistaient ces deux conceptions, une plus large et une plus étroite. Toutefois, la rupture en la matière n'est effectuée qu'au XVIIIe siècle grâce à la jurisprudence du Parlement[3] et l'approche doctrinale du Professeur Pothier[4], auquel nous devons l'originalité de la distinction limpide

---

suivant laquelle la définition se fait per *genus proximum et differentiam specificam* ».

[1] Sériaux Al., « La notion du contrat synallagmatique » in *Le contrat au début du XXI siècle- Études offertes à Jacques Ghestin,* LGDJ, Paris, 2001, p. 777-788.

[2] À titre d'exemple, nous citons la définition du contrat indivisiblement liée à la qualification du contrat synallagmatique, proposée par Cujas (cité par Houin, *La distinction des contrats synallagmatiques et unilatéraux,op. cit.* p. 75) : « Contractus sunt qui, ut Graecilo quuntur, sunt « dipleuron », id est qui ex utraque parte, ex utroque latere obligant, qui et « synallagma » dicuntur e quibus mutuales obligationes ultro citro quenas cuntur ut emptio venditio, locatio conductio, societas, mandatum, depositum » (« On nomme 'contrats' ceux qui, comme disent les Grecs, sont 'dipleuron', à savoir qui se construisent par chacun de deux parties, qui engagent de deux côtés, qui s'appellent aussi 'synallagma', et à travers lesquels naissent réciproquement de mutuelles obligations, telles que l'achat et la vente, la location et le bail, l'association, le mandat, le dépôt » - notre traduction).

[3] Arrêt de la Chambre des Enquêtes, 30 août 1736, *Denisart,* coll. des Décisions nouvelles de Jurisprudence, 1773, V°.

[4] V. Pothier, *Traité des obligations,* t. 1, Siffrein, Paris, 1821, p. 86-87.

entre contrat synallagmatique et contrat unilatéral qui a survécu jusqu'à aujourd'hui.

251. À cet égard et selon le droit contemporain, on distingue les contrats unilatéraux quand « une ou plusieurs personnes sont obligées envers une ou plusieurs autres, sans que de la part de ces dernières il y ait d'engagement » par les contrats synallagmatiques où « les contractants s'obligent réciproquement les uns envers les autres »[1]. Bien évidemment, c'est la stipulation d'une rémunération qui rend les contrats de la commande publique aux contrats synallagmatiques[2].

252. D'une part, partant des dispositions du code civil français, la position de la doctrine dominante française admet comme fondement du caractère synallagmatique du contrat la communauté d'origine, jointe à la réciprocité des obligations[3]. Selon Houin qui renvoie à la

---

[1] Articles 1102 et 1103 du Code civil français ; v. §320 (*Gegenseitige Vetträge*) et s. du Code civil allemand- BGB; v. aussi article 353 (v. pour les principes appliqués article 374-388) du Code civil grec à propos des contrats synallagmatiques *(αμφοτεροβαρείς συμβάσεις)* qui entraînent des obligations réciproques, définis comme une possibilité des contrats à titre onéreux *(συμβάσεις εξ επαχθούς αιτίας)* qui produisent des obligations soit unilatérales soit réciproques.

[2] Par ailleurs, on distingue traditionnellement les contrats à titre onéreux si le contrat « assujettit chacune des parties à faire ou à donner quelque chose » (article 1106 du Code civil français) par les contrats à titre gratuit (ou de bienfaisance) si « l'une des parties procure à l'autre un avantage purement gratuit » article 1105 du Code civil. Toutefois, l'article 1106 du Code civil découle une définition du contrat à titre onéreux qui en fait recouvre le contrat synallagmatique. Notons qu'en pratique le contrat à titre onéreux est aussi un contrat synallagmatique, mais la coïncidence n'est pas parfaite. En fait, il existe des contrats unilatéraux à titre onéreux (ex. prêt d'argent à intérêt). Toutefois, en l'espèce des contrats de la commande publique nous sommes intéressés à la règle générale et non pas aux cas exceptionnels. De plus, nous avons choisi à approfondir la qualification « synallagmatique » et non pas celle du contrat à titre onéreux, estimant que celle-ci découle plus clairement le rapport entre la rémunération et le contrat, mettant l'accent à la contrepartie plutôt qu'à la cause.

[3] V. Houin R., *La distinction des contrats synallagmatiques et unilatéraux, op. cit.*, p. 117 et s. ; v. aussi Sériaux Al., « La notion du contrat synallagmatique » *op. cit.* ,p. 777-788. Le Professeur Sériaux, de sa part, discerne trois critères justifiant le caractère synallagmatique d'un contrat : la réciprocité, la connexité et la dualité des obligations. Si le dernier critère de la dualité paraît assez évident, la connexité suscitait d'ambiguïtés, puisqu'en première vue, elle pourrait être intégrée à la réciprocité. Toutefois, l'analyse qui suit, conduit à une convergence entre cette position contemporaine et celle entraînée par la thèse de Houin, puisque la connexité des prestations évoquée par le premier n'est que la communauté d'origine évoquée par le second.

conception de Pothier, « les obligations réciproques qu'elles soient principales ou incidentes ont toujours la même origine, dès lors qu'elles tendent à réaliser l'exécution d'un contrat ou d'un quasi-contrat ou qu'elles résultent de cette exécution »[1]. Autrement dit, quand les parties cocontractantes sont créancières et débitrices l'un de l'autre, on peut qualifier le contrat comme synallagmatique sans risque d'être démenti. Néanmoins, ces contraintes conduisaient à une conception assez rigide, écartant de cette catégorie des contrats, les contrats de délégation. Même si la doctrine accepte une réciprocité d'intérêts dans le cas des stipulations pour autrui, elle refuse de les y rattacher, car « le délégué consent à s'engager sur l'ordre du délégant pour une raison extérieure à la délégation elle-même »[2].

b. En droit grec

253. Remontant aux œuvres d'Aristote, on retrouve l'ancêtre des contrats et des conventions, les *synallagmata volontaires,* définis en tant qu'actes interhumaines qui « portent, directement ou indirectement, sur les biens [...] qui sont facteurs de la prospérité des hommes et, en général, des conditions extérieures de leur bonheur et qui constituent, par conséquent, le domaine de l'injustice en provoquant des actes motivés par le plaisir du gain »[3], où on rencontrerait le terme de synallagma utilisé pour exprimer l'acte d'échanges des prestations comme la cause légitime entraînant des effets de droit, tel qu'il est admis dans le droit contemporain par le concept du contrat. Dans l'intervalle, le *synallagma* fût le synonyme de *contractum* désignant la réciprocité du consentement au sens large[4] ainsi que la proportion, considérations mathématiques. Le Professeur Despotopoulos remarque « une certaine emprise en l'occurrence, sur

[1] Houin R., *La distinction des contrats synallagmatiques et unilatéraux, op. cit.*, p. 131.

[2] *ibid.*, p. 135.

[3] Despotopoulos C., « La notion de synallagma chez Aristote », in *Sur la notion du contrat- ADP*, 1968, n° 13, p. 115-127, (not. p. 118-119).

[4] Pour l'évolution historique du contrat synallagmatique, voir Houin R., *La distinction des contrats synallagmatiques et unilatéraux, op.cit.*, p.17-116. Selon lui, cette conception vaste du *synallagma* était conservée pendant toute la période romaine tant par les Romains de la période classique que de la période du Bas-Empire. Toutefois, ils ignoraient leur distinction par des contrats unilatéraux. v. *ibid.*, p. 17-42.

l'esprit d'Aristote, des concepts mathématiques, jugés aptes à mettre au point les solutions des problèmes moraux en question d'après une tradition, par ailleurs, déjà établie. Or, cette mathématisation jusqu'à un certain degré de ce domaine moral, a eu comme résultat indirect de faire négliger, et à peu près ignorer, l'élément qualitatif de l'acte moral »[1].

254. Au fil de ce bref rappel historique, la doctrine juridique grecque a adopté la qualification « synallagmatique » à propos des contrats en vertu desquels les parties conviennent de l'échange des prestations. Plus précisément, sur le terrain des contrats administratifs, les contrats synallagmatiques sont des contrats hétérogènes qui prévoient des prestations réciproques entre l'Administration et son cocontractant. La qualification des contrats de la commande publique en contrats synallagmatiques est confirmée par la doctrine à plusieurs reprises[2]. En absence de toute précision de la condition de prestation, l'ensemble des contrats de la commande publique sont considérés en tant que contrats synallagmatiques. En effet, les marchés publics détiennent un caractère synallagmatique puisque le cocontractant de l'Administration prend à sa charge la construction des travaux, ou la prestation des fournitures et services, et l'Administration, de sa part lui accorde le versement d'un prix. En outre, dans les contrats de concession, le cocontractant de l'Administration est chargé d'une mission de gestion de service public et l'Administration lui cède le droit de l'exploitation. Ce droit tombe sous la notion de « contreprestation », puisqu'il implique le transfert d'une source de redevances de l'Administration au cocontractant, permettant l'obtention de profit par ce dernier. La qualification « synallagmatique » est également répandue dans la théorie allemande du contrat.

c. *En droit allemand*

255. La doctrine allemande, ayant à sa disposition aucune définition particulière du code civil (BGB), a entrepris à donner sa propre définition. Ainsi, elle distingue tout d'abord les simples

---

[1] *ibid*, p. 140.

[2] Dagtoglou P., *Droit administratif général (Γενικό διοικητικό δίκαιο)*, *op. cit*, n°768-771, p. 349-352 ; Raikos D., *Droit des contrats publics (Δίκαιο Δημοσίων Συμβάσεων)*, *op.cit.*, p. 48-52.

contrats bilatéraux ou imparfaitement synallagmatiques (*unvollkommenzweiseitige Vetträge*) des contrats synallagmatiques proprement dits (*gegenseitige Vetträge*). Il reprend les principes fondamentaux du droit français en la matière, c'est-à-dire la condition de la communauté d'origine et un certain degré d'interdépendance – *conceptuelle* et *fonctionnelle* – des obligations dérivant du contrat, sans exiger nécessairement une réciprocité ni une équivalence absolue pour qu'un contrat puisse être rattaché à la catégorie des contrats synallagmatiques[1]. Un rapport de dépendance entre prestations corrélatives suffit, même si l'échange ne concerne pas exclusivement les parties cocontractantes[2]. En ce sens, la qualification des contrats de la commande publique en droit allemand, à l'instar du droit français et du droit grec en contrats synallagmatiques, ne rencontre pas de difficultés.

256. Bien évidemment, les renseignements de la théorie du contrat en matière des contrats synallagmatiques contribuent à la compréhension de la dimension synallagmatique de la rémunération. Or, cela n'explique pas ses fluctuations.

ii. La qualification des contrats de la commande publique en contrats imparfaitement synallagmatiques

257. De la convergence des droits français, grec et allemand sur la qualification des contrats de la commande publique en contrats synallagmatiques, on peut en déduire deux séries de remarques. En premier lieu, nous constatons une convergence conceptuelle à propos des contrats synallagmatiques. Tous les trois visent une conception large de ces contrats, mais en même temps ils disposent une division intérieure. En second lieu, nous pouvons établir des rapports entre ces catégories de contrats de droit commun et les contrats de la commande publique au prisme de la stipulation d'une rémunération. Or, le

[1] Constantinesco L., *La résolution des contrats synallagmatiques en droit allemand, op. cit.,* p. 69-81.

[2] Cette conception large du contrat synallagmatique en droit civil allemand a acquis la position dominante de la doctrine, affirmée aussi par la jurisprudence. v. RG in LZ 1912, p. 555 (la Cour Suprême a admis la résolution d'un contrat, en le considérant comme synallagmatique malgré l'absence d'équivalence des prestations), cité par Constantinesco, *ibid.*

cocontractant de l'Administration fournit les prestations accordées et l'Administration lui verse sa rémunération dans le cas d'un prix, ou il crée l'environnement convenable afin qu'il puisse recevoir sa rémunération par les résultats de l'exploitation du service. Ainsi, nous pouvons aisément confirmer la qualification du contrat synallagmatique aux marchés publics, ou, en général, aux contrats en vertu desquels l'Administration est forcée de verser à son cocontractant de l'Administration sa rémunération, mais on hésite à confirmer la même qualification aux contrats comme la concession, où la rémunération ne dépend pas totalement de l'Administration.

258. En abordant cette problématique, on se trouve vers une relation tripartite, qui implique les usagers d'un service fourni, auxquels dépend, au total, le versement de la rémunération. Cela dit, nous ne pourrions pas affirmer une réciprocité croisée au sein de ces contrats. Toutefois, la communauté d'origine des prestations, autrement dit le contrat lui-même, nous paraît soutenable voire évidente. Une rémunération liée aux résultats de l'exploitation, ne peut être parfaitement équivalente par rapport à la prestation fournie que de manière fortuite. Cela semble incohérent au regard des contrats synallagmatiques, dans lesquelles selon le Professeur Sériaux « les prestations réciproquement dues en vertu du même contrat se mesurent et partant s'épuisent l'une par l'autre ; elles naissent, croissent et meurent en autarchie, en un infini jeu de miroir »[1].

259. Même s'il n'y a pas de contrats synallagmatiques par nature, car en principe ils sont soumis à la volonté des parties, tous les contrats de la commande publique *a priori* ne sauraient qu'être qualifiées en tant que tels, puisqu' ils sont toujours fondés sur une logique « donnant-donnant ». Cela n'exclut guère la possibilité de transformation d'un contrat pendant son exécution, en revanche, on pourrait dire qu'il est assez fréquent dans les contrats de la commande publique. En l'espèce, bien évidemment, ces modifications ne sont pas susceptibles ni d'écarter une rémunération, ni par conséquent rend le contrat unilatéral, mais ils sont capables de rendre un contrat parfaitement ou imparfaitement synallagmatique.

260. La subdivision des contrats synallagmatiques, qu'ils soient parfaits ou imparfaits, pourrait être la clef, donnant une réponse satisfaisante à la matière. Dans la mesure où la prestation et la

---

[1] Sériaux Al., « La notion de contrat synallagmatique », *op. cit.*,,p. 786.

contreprestation sont réciproques au moment de la conclusion du contrat, son caractère synallagmatique n'est guère réduit et on parle de contrats parfaitement synallagmatiques. En revanche, si l'une ne s'épuise pas par l'autre, même si leur origine commune est évidente, on ne peut que qualifier un tel contrat comme imparfaitement synallagmatique. En ce sens, et admettant dans une certaine mesure la connexité des prestations entre l'Administration et son cocontractant, nous pourrions rattacher lesdits contrats à cette catégorie intermédiaire.

261. Bien évidemment, ces considérations nous conduisent à évoquer un critère subsidiaire, voire critiquable à la fois par la doctrine[1]: celui de la nature des prestations, qui nous renvoie incontestablement à la nature de la rémunération en tant que contrepartie. Une distinction entre prestations principales et secondaires paraît tant caduque au sein doctrinal[2], qu'inopérante en pratique, puisque « celle-ci dépend du critérium que l'on adopte pour la connexité entre les obligations nées d'un contrat synallagmatique et que chaque auteur a sur ce sujet une conception particulière »[3]. En outre, on ne peut pas discerner des catégories d'obligations principales par une autre d'obligations secondaires, mais cela varie chaque fois. Afin d'affirmer telle ou telle qualification, il faut prendre en considération une conception dynamique de la rémunération versée, qui incontestablement évolue dans un marché concurrentiel. Par ailleurs, nous estimons que cette conception dynamique de la rémunération reposerait sur une appréciation des paramètres qui la déterminent dès sa fixation et qui sont susceptibles de la modifier pendant son exécution, conservant une cohérence avec la règle fondamentale selon laquelle, pour la qualification d'un contrat, le point critique est le temps de la conclusion du contrat.

262. Dès lors, ayant comme postulat que le contrat de la commande publique est, avant tout, un contrat synallagmatique, on se demande dans quelle mesure la rémunération constitue un résultat pur de

---

[1] Houin R., *La distinction des contrats synallagmatiques et unilatéraux, op. cit.*, p.139 ; v. la position contraire établie par Ponthier R.-J., *Traité des obligations, op. cit.*, p. 86-87, et en droit allemand, Constantinesco L., *La résolution des contrats synallagmatiques en droit allemand, op. cit.*, p. 69-91.

[2] *Ibid.* p. Houin R., *La distinction des contrats synallagmatiques et unilatéraux, op. cit.*, p. 138 et s.

[3] *Ibid.* p. 138-139.

l'accord des volontés des parties qui convient à tous les contrats[1]. Tout en respectant la force obligatoire du contrat et son indépendance convenant à sa normativité, la tradition en matière des contrats de la commande publique ne nous permet pas de l'hypertrophier. Plus particulièrement, un tel contrat ayant comme cible la satisfaction de l'intérêt général, implique des particularités qui l'éloignent des contrats au sens du droit commun. Une telle évidence met en cause la rémunération du cocontractant de l'Administration qui, malgré le caractère contractuel des dispositions qui la fixent, elle est affectée par des contraintes spécifiques qui mettent en cause même sa dimension contractuelle.

B. Une obligation déterminée par la compétence contractuelle de l'Administration

263. De prime abord, la dimension synallagmatique de la rémunération, telle qu'issue de la nature des contrats de la commande publique, repose nécessairement sur les libertés économiques du cocontractant de l'Administration. Or, ces contrats ne sont pas comme tous les autres contrats, car les parties ne sont pas n'importe quelles parties. En effet, les contrats de la commande publique impliquent par construction la participation de l'Administration. Si on peut confirmer l'exercice des libertés économiques du cocontractant de l'Administration, il n'en va pas de même pour l'Administration, dont l'activité contractuelle est exercée en vertu de sa compétence contractuelle. Autrement dit, elle ne peut pas formuler librement le contenu contractuel, y compris les dispositions prévoyant la rémunération du cocontractant de l'Administration. Bien qu'elle jouisse de la prérogative de l'initiative, cela ne joue que sous condition d'autorisation par la loi. Ainsi, les libertés économiques du cocontractant de l'Administration justifiant la poursuite d'une rémunération se bornent à ce que la loi permet. Le conflit doctrinal de la conception volontariste vers une conception normative **(i)** contribuera à la compréhension de cette particularité de la dimension synallagmatique de la rémunération **(ii).**

---

[1] Pour emprunter les mots du Professeur Ghestin, « la création de règles juridiques par un accord de volontés apparaît comme le trait commun de tous les contrats dont elle constitue ainsi le critère. Le contrat se caractérise par la participation des assujettis à l'élaboration de la règle qu'il crée », *ibid.*, p. 13.

i. Le débat entre conception volontariste et conception normative du contrat de la commande publique

264. Respectant la position que le contrat de la commande publique est, avant tout, un contrat, il ne faut pas oublier qu'il aboutit au service d'intérêt général. Même si le contrat de la commande publique est un contrat édifié sur ces fondements qui renvoient au droit commun[1], il présente de particularités considérables, étroitement liées tant à leur fin qu'à l'implication de l'Administration. Bien évidemment, ces particularités ne pourraient laisser intacte la rémunération versée au cocontractant de l'Administration, puisque cette dernière est étroitement liée à l'objet même du contrat. En revanche, elles jouent un rôle significatif surtout en ce qui concerne la définition de la rémunération ainsi que son régime. À propos de la première, la pondération entre la signification de l'accord des volontés et les contraintes normatives prend la forme du débat entre la conception volontariste et la conception normative du contrat de la commande publique, ayant comme dénominateur commun le régime de passation imposé par le droit européen. À propos du second, cette pondération favorise à la fois soit l'application d'un régime particulier de droit public, soit l'application des dispositions du Code civil. Ainsi, le traitement de la fixation de la rémunération prime, pour mieux illustrer la notion de la rémunération vis-à-vis des deux conceptions, car il s'agit, avant tout, d'une question conceptuelle et après d'une question de régime.

---

[1] En ce sens, v. Marcus L. *L'unité des contrats publics, op.cit.,* not. p. 56 ets. Selon l'auteur « … pour identifier les éléments essentiels de l'accord des volontés, le juge administratif prend en compte un critère objectif tiré de la nature du contrat projeté, mais aussi un critère subjectif lié à l'intention des parties. Dans un contrat ayant pour objet un échange de biens ou de services, ce sont donc la prestation (la chose) et la contre-prestation (le prix) qui sont objectivement les éléments essentiels de l'accord. Toutefois, tout autre élément qui a un caractère déterminant pour les parties devient un élément essentiel. En recherchant généralement un accord sur la chose et le prix, le juge administratif étend aux marchés publics et plus généralement aux contrats de l'Administration le principe posé par l'art. 1583 du code civil sur le contrat de vente. Le juge judiciaire réalise la même extension pour les autres contrats civils spéciaux ».

265. Certes, c'est la doctrine qui a abordé cette question, laquelle a pris la forme d'un débat entre la conception volontariste et la conception normative des contrats de la commande publique. Quand la première met l'accent sur la liberté contractuelle des parties à conclure des contrats et définir leur contenu, en admettant quand-même l'existence de restrictions de la loi **(a)**, la seconde, nie l'existence d'une telle liberté et considère la limitation de la volonté par la loi comme le principe **(b)**.

a. Le dépassement de la conception volontariste

266. Le contrat de la commande publique en droit français, tombant sous l'emprise de la catégorie des contrats administratifs, a suscité des conversations doctrinales à propos de la liberté contractuelle des parties et, surtout, de la liberté contractuelle de l'Administration. Le Conseil Constitutionnel français a d'ailleurs reconnu la valeur constitutionnelle de cette liberté aussi bien pour les personnes privées que pour les personnes publiques[1]. Néanmoins, à propos de ceux dernières cela suscite des ambiguïtés. La liberté contractuelle des personnes publiques s'heurtait à l'entité juridique de l'Administration qui ne pourrait pas être conçue comme personne physique au sens de la Constitution, et évidemment, au but d'intérêt général que ces contrats suivent[2]. Dépassant ces obstacles, le Conseil a reconnu la

---

[1] En ce sens, v. Gahdoun P.- Yv., « Le Conseil constitutionnel et le contrat » in *Nouveaux Cahiers du Conseil,* n° 31, mars 2011, (disponible sur http://www.conseil-constitutionnel.fr/conseil-constitutionnel/francais/nouveaux-cahiers-du-conseil/cahier-n-31/le-conseil-constitutionnel-et-le-contrat.96754.html).

[2] *ibid.* ; Pour la notion de la liberté contractuelle en générale, v. Leveneur L., « La liberté contractuelle en droit privé : les notions de base (autonomie de la volonté, liberté contractuelle, capacité ...), *AJDA,* 1998, p. 676 et s. À propos de l'affirmation de la liberté contractuelle en tant que telle v. Bréchon- Moulènes Ch., *« Liberté contractuelle des personnes publiques », AJDA, 1998, p. 643 et s.* Selon cette auteur « [l]a liberté contractuelle permet de gérer l'indéterminer, et elle le permet, dans certains cas, d'autant mieux que la rencontre des intérêts de la personne publique avec ceux de son cocontractant peut favoriser une meilleure maîtrise du futur. D'une certaine façon, on passe d'une marge d'indétermination à une marge de détermination » ; À propos de la liberté contractuelle à l'aune du droit constitutionnel v. Picard Et., « La liberté contractuelle des personnes publiques constitue-t-elle un droit fondamental ? », *AJDA,* 1998, p. 651 ; Terneyre Ph., « La liberté contractuelle est-elle un droit fondamental ? Le point de vue constitutionnel,

liberté de valeur constitutionnelle, fondée sur l'article 4 de la Déclaration à sa décision du 30 novembre 2006 et confirmée à plusieurs reprises[1]. Cette liberté, liée aussi à la libre Administration des collectivités territoriales ainsi que à l'État lui-même[2], a deux implications : le libre choix de son cocontractant par l'Administration et la libre définition du contenu du contrat[3]. Ainsi, *a priori*, le droit à rémunération du cocontractant, stipulé par les dispositions contractuelles, se lie à cette liberté de l'Administration.

267. Au fil de la reconnaissance de la liberté contractuelle des personnes publiques en tant que principe à valeur constitutionnelle[4], la conception volontariste est adoptée par la doctrine française et renforcée par la jurisprudence des cours françaises. En analysant la jurisprudence, on remarque que cette liberté porte sur les points les plus importants du contrat, de la décision même de contracter jusqu'au contenu du contrat. Il s'ensuit qu'elles en disposent pour fixer librement parmi les clauses du contrat qui constitue son contenu, également celles qui stipulent la rémunération. En réalité, l'hypothèse est plus complexe car il s'agit d'une liberté interstitielle, « comme une

---

AJDA, 1998, p. 667 et s.; Lajoye Chr., « De la valeur constitutionnelle de la liberté contractuelle », *CRDF,* n° 1, 2002, p. 118-133.

[1] Décision n° 2006-543 DC du 30 novembre 2006, Loi relative au secteur de l'énergie, *AJDA,* 2007, p. 192, note Marcou G. *; ibid* p. 273 ; *ibid,* 2006, p. 2437, confirmée par la décision n° 2009-584 DC du 4 juillet 2009, *AJDA,* 2009, p. 1399.Voir aussi la décision abordant la possibilité des personnes publiques de nouer des relations contractuelles Décision n° 83-160 DC du 19 juillet 1983 ;

[2] Article 72 de la Constitution française ; Richer L., « Constitution, contrats et commande publique » *in Nouveaux Cahiers du Conseil constitutionnel,* n° 37, 2012, (disponible sur http://www.conseil-constitutionnel.fr/), note de bas de page n°11.

[3] *Iibid.*

[4] Même si la liberté contractuelle est officiellement reconnue comme principe de valeur constitutionnelle pour les collectivités territoriales depuis l'arrêt du Conseil constitutionnel français du 30 novembre 2006, (Cons. const., 30 novembre 2006, déc. n° 2006-243 DC- loi relative au secteur de l'énergie ; *CMP*, 2007, comm. 24, note Eckert G. ; *Droit administratif*, 2007, comm. 14, note Bazex M.; *LPA*, 4 janvier 2007, n° 4, p. 3, note Clarenc C., *RJEP/ CJEG*, 2007, p. 41, note Molina P.-A.; *RFDA*, 2006, p. 1163, note de Bellescize R.), il trouve un champ d'application personnel assez vaste, embrassant toutes les personnes publiques. Certes, selon le Professeur Llorens souligne avec justesse, c'est le fait que le Conseil constitutionnel a fondé la liberté contractuelle sur un principe assez large, celui de l'article 4 de la déclaration de 1789 qui conduit à cette acceptation. D'ailleurs, rien ne paraît s'y opposer.

liberté qui se niche dans les espaces laissés libres par la réglementation du contrat »[1].

268. Toutefois, il ne s'agit pas d'une liberté sans restriction. Il ne faut pas omettre qu'au sein d'un contrat de la commande publique, la loi et l'intérêt général constituent ses limites. Les restrictions de la première se fondent sur l'article 34 de la Constitution et sur le principe de légalité de l'Administration : la rémunération est librement stipulée par les parties sous réserve de loi, règlement etc. contraire. La deuxième est plutôt évaluée *ad hoc.* Par ce biais, il serait alors plus convenant de parler de compétence contractuelle de l'Administration liée à un pouvoir discrétionnaire plutôt qu'à une pure liberté[2]. La conception volontariste recule au profit du caractère normatif du contrat de la commande publique. La loi émerge comme fondement des droits et obligations des parties, et par conséquent comme fondement du droit à rémunération.

269. Si le droit français accepte largement une telle conception volontariste reposant sur l'expression particulière de la liberté contractuelle des collectivités territoriales, le droit à rémunération du cocontractant de l'Administration dans le cadre d'un contrat de la commande publique relève de dispositions constitutionnelles de portée générale. En amont d'une pondération au profit de la théorie volontariste ou de la théorie institutionnelle en matière des contrats de

---

[1] Rolin F., « La liberté contractuelle des personnes publiques, *RDC,* 1er avril 2004, n° 2, p. 423 et s.

[2] La phrase appartient au Professeur Yannakopoulos, selon lequel « Le fait que les collectivités publiques peuvent conclure des contrats ne signifie plus qu'elles le font librement sur le fondement d'une soi-disant liberté contractuelle liberté contractuelle. […] les personnes publiques passent des contrats toujours en vertu d'une compétence contractuelle préétablie, surdéterminée, le cas échéant, par le principe de leur spécialité » Yannakopoulos C., « L'apport de la libre concurrence à la théorie du contrat administratif », *RDP,* n° 2, 2008, p. 421 et s ; Yannakopoulos C, *La protection de la libre concurrence pendant l'exécution des contrats administratifs, (Η προστασία του ελεύθερου ανταγωνισμού κατά την εκτέλεση των διοικητικών συμβάσεων),* éd. A.N. Sakkoulas, Athènes- Komotini, 2006, p. 181 et s.v aussi Picard Et., « La liberté contractuelle des personnes publiques constitue-t-elle un droit fondamental ? », selon lequel « [o]n peut donc conclure que non seulement les personnes publiques ne bénéficient pas d'un 'droit fondamental' à la liberté contractuelle, mais encore qu'elles ne jouissent même pas à proprement parler d'une 'liberté contractuelle', ni sur le plan des principes ni sur le plan pratique. Les personnes publiques ne bénéficient, simplement et le cas échéant, que des pouvoirs plus ou moins discrétionnaires d'user du procédé contractuel ».

la commande publique, on peut affirmer que la rémunération constitue, sans aucun doute, un droit profondément légitime du cocontractant de l'Administration, déduit non seulement par des dispositions contractuelles, mais également mis en conformité avec un cadre normatif extracontractuel.

270. Or, cette conception se heurte sur plusieurs contradictions. En effet, les contrats de la commande publique ne sont pas des contrats au sens des contrats communs, puisque les parties ne sont ni pleinement libres, ni égales. De plus, cela entraînait l'impression que l'Administration pourrait fixer librement la rémunération de son cocontractant. Du fait de sa prérogative d'initiative, elle pourrait accorder à son cocontractant une rémunération selon sa volonté, et pourrait dès lors soit accepter soit refuser ; du fait de ses prérogatives de puissance publique lors de l'exécution du contrat, elle pourrait intervenir à la déterminer à sa volonté. Cependant, « le contrat administratif serait alors le 'négatif de ce qu'implique le dogme de l'autonomie de la volonté »[1], et cela en raison de l'implication de l'Administration. En effet, comme remarque la Professeure Nicinski « selon l'idée d'auto-limitation de l'État[2], quand ce dernier contracte, il consentit à se limiter, il s'oblige par sa propre volonté ; il s'autolimite, mais sa volonté ne se détermine encore que par elle-

[1] Nicinski S., « Le dogme de l'autonomie de la volonté dans les contrats administratifs » in *Les contrats publics- Mélanges en l'honneur du Professeur M. Guibal*, op. cit. p. 45-61 (p. 49).

[2] À propos de la théorie d'autolimitation v. Chevallier J., « L'État de droit », *op. cit,* notamment p. 348-352(qui engendre les théories de Hobbes et Jellinek (*Volksgeist*) en droit allemand. Selon le Professeur Chevallier, étaient émergés deux groupes de théories au sein de la doctrine allemande et la doctrine française : d'une part, celle de l'autolimitation (, de Carré de Malberg en droit français , édifiées sur une celle conception subjective du droit qui ne constitue que produit de l'État mais en même temps sa contrainte ultime ; d'autre part, celle de l' hétérolimitation (Chevallier J., « L'État de droit », *RDP,* 1988, n° 2, notamment p. 352-359) ,cherchant le fondement du droit à un principe intérieur ou supérieur et qui a donné naissance à la hiérarchie de normes et son schéma pyramidale de Kelsen . Toutefois, tous les deux groupes présentent une série de lacunes, notamment à propos de leur mise en œuvre en pratique. Si l'acception de Kelsen à propos de la suscite une critique, présentant surtout l'argument de l'infinité des renvois aux normes ainsi que des points obscurs d'interprétation, celle de la subjectivisation du droit engendre de pièges comme une activité arbitraire voire manipulatrice incohérente avec l'intérêt général.

même. L'État reste donc souverain tout en s'obligeant par contrat »[1]. Ainsi, la volonté de l'Administration ne peut être qu'encadrée par le droit positif.

b. *La consécration de la conception normative*

271. Aux antipodes de cette conception qui rend la volonté des parties à la source prépondérante de la valeur juridique du contrat de la commande publique, se trouve une conception normative, plutôt répandue en droit allemand et en droit grec. Selon cette conception la loi encadre la volonté des parties de sorte que leur liberté contractuelle s'élimine considérablement. L'adoption de cette conception par un droit national qui qualifie les contrats de la commande publique en contrats administratifs (droit grec) ainsi que par un droit national qui les qualifie en contrats de droit commun (droit allemand) témoigne qu'il ne s'agit pas d'une question de régime, mais d'une question de conception.

272. Ayant comme postulat l'inégalité évidente entre personnes publiques et personnes privées en vertu des contrats de la commande publique tirée même par l'initiative à contracter, il s'ensuit que l'encadrement concerne, en premier lieu, la liberté contractuelle des personnes publiques. Cette inégalité ne repose pas nécessairement sur la reconnaissance des prérogatives exorbitantes, mais sur l'implication même de l'Administration et aux objectifs poursuivis, allant au-delà des intérêts des parties. En effet, le principe de légalité qui régit incontestablement l'ensemble de l'activité de l'Administration, contribue à la transformation de la liberté des personnes publiques en compétence préétablie par la loi, étroitement liée par leur spécialité et au but qu'elles suivent.

273. Cette limitation est en particulière évidente dans le droit allemand[2] avec sa définition de manière négative du principe de légalité. En effet, pour des raisons historiques et politiques, la science juridique allemande fût concentrée non à la définition de ce que le

---

[1] Nicinski S., « Le dogme de l'autonomie de la volonté dans les contrats administratifs », *op.cit.* p. 48.

[2] Schmidt-Aßmann E., « L'Administration et le principe de légalité », *RFAP*, n° 78, avril –juin 1996, p. 279-290 ; Marcou G., « Les modes de gestion des services publics locaux en Allemagne et le problème de l'ouverture à la concurrence », *op.cit.*

l'Administration peut faire, mais à ce que l'Administration ne peut pas faire[1]. Par conséquent, le droit positif allemand insiste sur les restrictions de la puissance publique de l'Administration, rendant inconcevable l'affirmation de toute liberté[2].

274. Dès lors, cette conception élimine l'effet relatif qui convient à un contrat au sens du droit commun, même lorsqu'elle n'hésite encore à assimiler les contrats de la commande publique aux actes décisoires de l'Administration, dans le sens où il s'agit d'une norme juridique appartenant au bloc de légalité qui incorpore la volonté d'une personne publique susceptible de modifier l'ordonnancement juridique[3].

275. En revanche, si l'accent est mis sur la nature contractuelle du contrat de la commande publique, c'est la volonté des parties qui prévaut. Une telle acception repose notamment sur la production d'effets relatifs ne concernant que les parties au contrat, rappelant la distinction théorique entre droit subjectif et droit objectif. Cette conception volontariste, irradiée en droit français, se reflète dans la position prise par les auteurs du *Traité sur les contrats administratifs* des années 1980. Selon eux, les contrats ne s'incorporent pas à la légalité, puisqu'ils produisent normalement effet entre les seules parties et, par conséquent la situation qui en résulte n'a pas le caractère objectif, opposable à tous, qui résulte par exemple de la loi ou des règlements. D'ailleurs, ajoutent-ils, il n'est possible, ni de demander au juge de l'excès de pouvoir juge de la légalité d'annuler les contrats alors qu'il a la qualité pour annuler les actes administratifs, ni de se prévaloir de la violation d'un contrat à l'appui

---

[1] En ce sens v. Stelkens Ul., « *Pacta sunt servanda* en droit administratif allemand et français » (« *Pacta sunt servanda* im deutschen und französischen Verwaltungsvertragsrecht,»), *op. cit.*

[2] Dans cette logique s'inscrit l'article 33, paragraphe 4 de la Loi fondamentale allemande prévoit qu'«[e] n règle générale, l'exercice de pouvoirs de puissance publique doit être confié à titre permanent à des membres dela fonction publique placés dans un rapport de service et de fidélité de droit public ». Ergbuth W.– Guckelberger A., *Droit administratif général (Allgemeines Verwaltungsrecht),* 9e éd., Nomos, Baden – Baden, 2018, p. 498 et s.

[3] Yannakopoulos C., « L'apport de la protection de la libre concurrence à la théorie du contrat administratif », *RDP,* n° 2, 2008, p. 421 et s ; Yannakopoulos C, *La protection de la libre concurrence pendant l'exécution des contrats administratifs, (Η προστασία του ελεύθερου ανταγωνισμού κατά την εκτέλεση των διοικητικών συμβάσεων), op.cit,* n°174 et s.

d'un recours pour excès de pouvoir [1]. En revanche, le droit allemand distingue clairement les contrats de la commande publique des contrats administratifs. Toutefois, cette conception volontariste n'exclut guère la normativité du contrat de la commande publique, lorsque la normativité ne constitue pas nécessairement le corollaire d'un régime exorbitant.

276. Ainsi, la nature contractuelle du contrat de la commande publique ne semble pas empêcher l'émergence de sa normativité, telle que cela s'avère par deux arguments. Avant de procéder à une analyse par le biais de ses résultats, il conviendrait mieux d'aborder la question de sa formation. Tout en respectant alors le contrat de la commande publique en tant que contrat, il conviendrait d'examiner la nature de la volonté des parties. À propos de la volonté de l'Administration, il mérite d'être rappelé qu'il s'agit d'une activité publique, qui est par définition soumise au principe de légalité, autrement dit aux règles et principes-normes qui la concernent. Son expression, telle qu'incorporée dans le contrat, ne constitue que la précision du droit objectif applicable. C'est justement cette soumission au principe de légalité qui garantit la préservation de l'intérêt général contre la possibilité d'un comportement arbitraire de l'Administration. Ainsi, il serait imprécis de confirmer une pleine autonomie de volonté de la part de l'Administration. Le cas de la partie privée est incontestablement encore plus limité, en rappelant la carence de l'initiative privée *a priori*, ainsi que les possibilités limitées pour déterminer la conclusion.

277. Dès lors, « on parle de pouvoir discrétionnaire plus que d'autonomie, de fonctions plus que de droits, d'habilitation ou de compétence plus que de liberté »[2].

ii. L'apport de la compétence contractuelle de l'Administration

278. Bien que la divergence entre conception volontariste et conception normative du contrat de la commande publique semble au

---

[1]De Laubadère A.- Moderne F.- Delvolvé P., *Traité des contrats administratifs*, *op.cit.*, n° 36 et s.

[2] Nicinski S., « Le dogme de l'autonomie de la volonté dans les contrats administratifs » in *Les contrats publics- Mélanges en l'honneur du Professeur M. Guibal*, *op. cit.*

prime abord comme un conflit doctrinal, il conviendrait d'affirmer sa signification pratique en la matière. Mettant l'accent sur son apport à l'obligation de rémunération pesant sur les épaules de l'Administration [1], la question à aborder est la suivante : est-ce qu'il existe une vraie liberté contractuelle de l'Administration à définir les clauses contractuelles ? Pour obtenir une réponse suffisante, il faut traiter la question par rapport à la création et au fonctionnement de l'Administration.

279. En premier lieu, l'Administration contractante, ou, pour emprunter le terme européen, le « pouvoir adjudicateur » ou l' « entité adjudicatrice », couvre un ensemble de personnes morales telles que définies par le droit des contrats de la commande publique – européen et interne – visant à la satisfaction de l'intérêt général[2]. L'idée de personne physique qui, par définition, jouit d'une liberté contractuelle ou économique de valeur constitutionnelle semble plutôt incohérente dans ce contexte. Certes, leur création est due à la production normative, et non à un fait physique ; les personnes publiques ou morales entendues en tant que pouvoirs adjudicateurs sont par construction créées - et non pas nées - par de lois, ordonnances ou d'autres actes constitutifs. Autrement dit, « la légalité précède la réalité »[3]. Par conséquent, les personnes morales surtout dans le cas où elles comportent comme bénéficiaires de la puissance publique, ne sauraient être assimilées ni aux personnes physiques ni aux personnes privées. Cela serait un « faux anthropomorphisme », pour emprunter les mots du Professeur Yannakopoulos[4]. D'après lui, dans ce cas des personnes publiques, il s'agit plutôt d'une garantie institutionnelle liée

[1] V. également la notion de l'« obligation de service public » au sens d'une mode de réglementation qui traduit la volonté de l'autorité publique selon Ziani S., *Du service public à l'obligation de service public*, *op. cit.*, n° 390.

[2] À propos de la définition des termes Administration et pouvoir adjudicateur, v. *supra* n° 157 et s. et n°161 et s.

[3] Yannakopoulos C, *La protection de la libre concurrence pendant l'exécution des contrats administratifs*, *op. cit.* n° 175.

[4] Yannakopoulos C.,« La succession des personnes publiques » (« Η διαδοχή των δημοσίων νομικών προσώπων »), *Journal du droit administratif (Εφημερίδα Διοικητικού Δικαίου)*,2008, n° 4, pp. 569-582.

à l'exercice des compétences qui leur sont attribuées que d'une vraie liberté[1].

280. En second lieu, c'est le fonctionnement de l'Administration en tant que tel qui fait preuve de cette fausse comparaison. Certes, leur fonctionnement, leurs obligations et leurs libertés ne sont pas le produit d'une volonté physique, mais, elles sont encadrées par les normes sur lesquelles ces personnes morales sont fondées et qui régissent l'ensemble de leur activité. Une telle acception semble rapprochant la conception normative, adoptée par les droits grec et allemand des contrats de la commande publique.

281. Néanmoins, même dans le cas du droit français, qui est attaché à une conception volontariste et reconnaît une valeur constitutionnelle à la liberté contractuelle des collectivités territoriales[2], celle-ci ne demeure pas absolue. Rappelant que le principe de légalité irradie l'ensemble de l'activité publique, elle est fortement encadrée par les normes qui la régissent. Ainsi, elle doit se concilier avec d'autres principes constitutionnels, comme le principe d'égalité devant les services publics, la protection du service public et aux propriétés publiques, la liberté d'entreprendre ainsi que d'autres principes fondamentaux reconnus au sein de la commande publique. De plus, le Conseil constitutionnel français a accepté que cette liberté peut être également délimitée pour des raisons d'intérêt général[3]. Par conséquent, même constitutionnalisée, la liberté contractuelle des personnes publiques se heurte à un certain nombre de restrictions – principalement normatives – et qui la délimitent considérablement.

282. Au fil de ces considérations, le recul de la liberté contractuelle devant une compétence contractuelle des personnes publiques qui semble plus cohérente, saurait être admis, compte tenu d'un

---

[1] *ibid.* ; v. Yannakopoulos C. « La conception institutionnelle de la compétence des organes publics » (« Η θεσμική θεώρηση της αρμοδιότητας των διοικητικών οργάνων »), *La Constitution (Το Σύνταγμα),* 2003, n° 6, p. 1101 et s.

[2] Favoreu L.- Roux A., « La libre Administration des collectivités territoriales est-elle une liberté fondamentale ? », *Cahiers du Conseil Constitutionnel*, n° 12, mai 2002.

[3] Décision n° 2006-543 DC du 30 novembre 2006 Loi relative au secteur de l'énergie, *AJDA,* 2007, 192, note Marcou G.; *ibid.* 473 ; *ibid.* 2006. 2437, chron. Richer L., Jeanneney P.-A. - Charbit N., note Marcou G.; *D,* 2007. 1760, note Verpeaux M.; *ibid.* 1166, obs. Bernaud V., Gay L. et Severino C.; *RFDA,* 2006. 1163, note de Bellescize R.; *ibid.* 2007. 564, note Levade A.; *ibid.* 596, chron. Rambaud T. et Roblot-Troizie A.

encadrement normatif réglant avec minutie l'activité publique. En réalité, le rôle de l'Administration est délimité à un pouvoir discrétionnaire dans les marges de manœuvre octroyées par la loi. Autrement dit, l'obligation contractuelle de rémunérer son cocontractant est déterminée par la loi. À l'inverse, même le droit à rémunération du cocontractant de l'Administration fondé sur ses propres libertés fondamentales, est exercé dans les limites de la compétence contractuelle de son cocontractant public.

283. La doctrine grecque paraît divisée même pour la reconnaissance des droits constitutionnels aux personnes publiques[1]. L'article 62 du Code civil grec instaure un principe général qui s'applique en la matière, mentionnant que la capacité d'une personne morale ne comprend pas les affaires qui présupposent les qualités d'une personne physique. Suivant ce principe directif, nous pourrions assumer que les personnes publiques sont bénéficiaires de droits constitutionnels quand cela n'est pas contraire à leur nature en tant que telles.

284. Ces réflexions théoriques font écho à la définition de la rémunération, mettant en lumière sa nature profondément compliquée. Partant d'une définition purement synallagmatique selon laquelle la rémunération constitue un droit du cocontractant de l'Administration incombant l'obligation respective de l'Administration, on ne rapproche la notion que de manière marginale. Cette définition ne démontre pas suffisamment l'apport du droit objectif de la commande publique. Loin de vouloir faire fi de sa définition synallagmatique, il conviendrait de la compléter. Ainsi, la rémunération est un droit du cocontractant de l'Administration exercé en vertu de la compétence contractuelle de l'Administration.

---

[1]Vrontakis M., « La question de la protection constitutionnelle de la propriété des personnes publiques » (« Το ζήτημα της Συνταγματικής Προστασίας της Ιδιοκτησίας των Δημόσιων Νομικών Προσώπων »), in *Tome honoraire du Conseil d'État (Τιμητικός Τόμος του Συμβουλίου της Επικρατείας),* 1929 – 1979, vol.B', 1982.p. 441 et s. ; Rammos A., *Les personnes morales comme bénéficiaires des droits constitutionnels (Τα νομικά πρόσωπα ως φορείς συνταγματικών δικαιωμάτων),* (mémoire) Université d'Athènes, 2004.

Conclusion Section I

285. Partant de la définition classique de la rémunération par la doctrine en tant que droit le plus important du cocontractant de l'Administration, on est arrivé à sa qualification en droit acquis. Cette précision est justifiée par l'implication de l'Administration contractante et sa position de force à l'encontre de son cocontractant. Si l'Administration est chargée d'une obligation respective de lui verser une rémunération, elle le fait dans le cadre de sa compétence contractuelle, autrement dit, dans les limites autorisées par la loi. Dans ce cadre, l'Administration forme les clauses figurant à l'avis d'appel au public, qui détermineront ensuite l'offre économique proposée par le cocontractant de l'Administration, ainsi que l'offre retenue. Par conséquent, le pouvoir du cocontractant de l'Administration se réduit alors à une liberté d'engagement.

286. L'impact de la compétence contractuelle de l'Administration sur la stipulation de la rémunération, conduit notre syllogisme vers une conceptualisation plus objective. On pourrait y déceler une essence conceptuelle à travers les différentes formes de la rémunération.

Section II – LA DIVERSITÉ DES MODES DE RÉMUNÉRATION

287. Même si nous avons affirmé la définition de la rémunération au sens d'une marge de profit, cela ne pourrait être aisément compréhensif qu'au sein de la pratique contractuelle. La rémunération constitue une notion générique, intégrant une variété importante de modalités diverses. La conception entendue de la condition d'onérosité en témoigne. Chaque modalité convient à un certain contexte contractuel dans lequel elle évolue. Son caractère synallagmatique se déduit du fait qu'elle fait part de la contreprestation au sein du diptyque prestation-contreprestation. À l'inverse, elle définit le type du contrat et, par conséquent, le régime qui s'y applique.

288. L'encadrement législatif ainsi que l'expérience jurisprudentielle ont depuis longtemps classifié les formes contingentes de la contrepartie et de la rémunération résultante, en les identifiant à certains types des contrats de la commande publique. Dès lors, sur le plan européen ainsi que sur le plan national domine la bipolarité traditionnelle : marchés publics en cas de versement d'un prix par l'Administration d'où il tire sa rémunération, contrats de concession et contrats voisins en cas d'une rémunération perçue auprès les usagers au sein de l'exploitation d'un service public. Ce chemin restreint paraît même parfois insuffisant.

289. Malgré des différences secondaires, ce postulat constitue le résultat d'une conception statique de la rémunération qui nous paraît périmée. L'obscurité de la définition et la modalité de la rémunération du fait de la complexité de la pratique contractuelle entraînent une insécurité juridique en ce qui concerne la qualification des contrats de la commande publique par référence au critère de la rémunération. Cette difficulté sera mise en lumière à l'aide de la classification dominante des modes de rémunération selon la modalité de la contrepartie **(§1)** ainsi que, subsidiairement à l'aune de son créancier **(§2)**.

§1 – LES MODES DE RÉMUNÉRATION SELON LA MODALITÉ DE LA CONTREPARTIE

290. Étroitement liée à l'objet du contrat, la modalité choisie reflète la logique économique du contrat, les finalités souhaitées par les parties, ainsi que le partage des responsabilités entre eux : confiance d'un service public à la partie cocontractante, ou service public assuré et géré par l'Administration elle-même ? La distinction classique se trouve entre la rémunération tirée d'un prix **(A)** et la rémunération liée aux résultats de l'exploitation **(B)**.

A. La rémunération tirée d'un prix

291. L'onérosité constitue une condition indispensable des contrats de la commande publique en droit européen ainsi qu'en droit national des États membres. À sa plus simple expression, elle se matérialise à travers l'obligation du versement d'un prix. Le prix est aisément concevable, notamment en raison de sa nature commune, répandue également à tout contrat de vente. Défini comme « la quantité de monnaie donnée en échange d'une unité, d'un bien ou d'un service, la contrepartie financière d'une prestation »[1], le prix est réputé engendrer le coût de la prestation, ainsi qu'une marge de profit convenue. Traditionnellement rattaché à la catégorie des marchés publics de travaux, de fournitures et de services, il est qualifié notamment à l'aune de son caractère déterminé – ou du moins déterminable – dès la conclusion du contrat **(i)**. Toutefois, cette stabilité- prérequis s'avère parfois discutable à l'épreuve de la pratique contractuelle et, plus précisément, au regard de la nature dynamique du contrat **(ii)**.

i. Une rémunération déterminable

292. Si on remontait à une définition de la notion du prix, il pourrait être défini, en termes généraux, comme la valeur exprimée en termes monétaires, attribuée à une prestation pour un ouvrage, un produit ou un service[2]. En ce sens, le prix caractérise une rémunération précise et fixe – au moins *a priori* – versée pour des prestations rendues à l'Administration. La définition d'une rémunération tirée d'un prix déterminé ou à tous les moins déterminable est commune en droit français **(a)** en droit grec **(b)** ainsi qu'en droit allemand **(c)**.

a. En droit français

293. Comme le soulignent les auteurs du *Traité des contrats administratifs* à propos du prix « il s'agit [...] de fixer *ab initio* les modalités en fonction desquelles le cocontractant sera payé des prestations que le marché a pour objet de lui confier »[3]. Ce caractère déterminé du prix lors de la conclusion du contrat est adopté par le décret relatif au marchés publics n° 2016-360 du 25 mars 2016, selon lequel « les prix des prestations faisant l'objet d'un marché public sont soit des prix unitaires appliqués aux quantités réellement livrées ou

[1] Delvolvé P., *Droit public de l'économie*, Dalloz, 1998, n° 432 ; Truchet D., « prix » in *Dictionnaire de la culture juridique*, Lamy-PUF, 2003, p. 1212.

[2] Direction des affaires juridiques du ministère de l'Économie des finances et de la souveraineté industrielle et économique, *Guide sur le prix dans les marchés publics,* novembre 2023 (mise à jour juin 2024), p. 8 *;* v. aussi Cornu G. *Vocabulaire juridique, op.cit.* v. la définition de manière générale du terme 'prix' : une somme d'argent due par l'acquéreur au vendeur ; article 1583 Code civil français.

[3] De Laubadère A. et al., *Traité des contrats administratifs*, *op. cit.* p. 225.

exécutées, soit des prix forfaitaires appliqués à tout ou partie du marché public, quelles que soient les quantités livrées ou exécutées »[1], repris par l'article R.2112-6 du Code de la commande publique.

294. La synthèse du prix et bien illustrée dans les Cahiers des clauses administratives générales (CCAG). Ainsi à propos des travaux publics « les prix sont réputés comprendre toutes les dépenses résultant de l'exécution des travaux, y compris les frais généraux, impôts et taxes, et assurer au titulaire une marge pour risque et bénéfice… »[2], à propos des fournitures courante et les services que « les prix sont réputés comprendre toutes les charges fiscales ou autres, frappant obligatoirement les prestations, les frais afférents au conditionnement, au stockage, à l'emballage, à l'assurance, et au transport jusqu'au lieu de livraison, les frais afférentes à l'application de l'article 18.2, ainsi que toutes les autres dépenses nécessaires à l'exécution des prestations, les marges pour risque et les marges bénéficiaires »[3]. Le prix comprend alors toutes les charges concernant l'exécution du contrat, y compris les charges fiscales frappant les prestations[4]. Or, il est différent du montant du marché, ce dernier correspondant « à l'ensemble des sommes versées au titulaire en fonction des prix toutes taxes comprises (TTC) du marché établis aux

---

[1] Article 17 du décret n° 2016-360 du 25 mars 2016, *JORF* n°0074 du 27 mars 2016 texte n° 28.

[2] Article 9.1.1 CCAG-Travaux.

[3] Article 10.1.3 CCAG-FCS v. également en ce sens, à propos de marchés industriels (article 11.1.3 CCAG-MI) que «les prix sont réputés comprendre toutes les charges fiscales ou autres, frappant obligatoirement les prestations, les frais afférents au conditionnement, au stockage, à l'emballage, à l'assurance, et au transport jusqu'au lieu de livraison, les frais afférentes à l'application de l'article 18.2, ainsi que toutes les autres dépenses nécessaires à l'exécution des prestations, les marges pour risque et les marges bénéficiaires ».

[4]CE français, 27 mars 1981, *S.A. Bureau de recherches et d'études pour l'architecture,* D.167. Dès lors, cette pratique est prévue par les six Cahiers des clauses administratives générales (CCAG) : CCAG Marchés publics de travaux (article 9.1.1), CCAG Marchés publics des Fournitures courantes et services (article 10.1.3), CCAG Marchés publics industriels (article 11.1.3), CCAG de Prestations intellectuelles (article 10.1.3), CCAG Marchés publics de Techniques de l'information et de la communication (article 10.1.3) et CCAG de maîtrise d'œuvre (article 10.1.3).

conditions économiques initiales » [1], car « [i]l constitue la somme des prix forfaitaires ou des prix unitaires multipliés par les quantités à commander ».

295. Conservant son caractère déterminé, le prix est immédiatement appliqué au contrat, susceptible de prendre des formes différentes. Certes, il peut être qualifié comme unitaire ou forfaitaire, selon les unités rémunérées à la fois. Dans le premier cas, le prix s'applique aux quantités réellement livrées ou exécutées, quand dans le second il s'agit d'un prix global qui constitue le prix du contrat, et qui constitue le principe des contrats de maîtrise d'œuvre[2]. Pourtant, un prix est ferme quand il demeure invariable pendant toute la durée du contrat, ou révisable dans le cas où il est susceptible à subir des modifications relatives à l'équilibre économique du contrat tout en respectant les droits des parties. Pour cette raison, le recours au prix ferme est permis «… lorsque cette forme de prix n'est pas de nature à exposer les parties à des aléas majeurs du fait de l'évolution raisonnablement prévisible des conditions économiques pendant la période d'exécution des prestations… »[3]. Toutefois, lesdits cas se réfèrent aux cas du prix définitif qui constitue la règle. À titre exceptionnel et dans des conditions rigoureusement prévues, un contrat peut être conclu à prix provisoire. Les raisons justifiant une telle exception sont principalement liées à la complexité du contrat, à l'imprévisibilité du coût de la prestation, ou à des raisons techniques[4].

---

[1] Direction des affaires juridiques du ministère de l'Économie des finances et de la souveraineté industrielle et économique, *Guide sur le prix dans les marchés publics, op. cit.*, p. 48 et s..

[2] CE, 29 septembre 2010, *Société Babel,* req. n° 319481.

[3] Article R.2112-9 CCP. V. aussi à propos du prix ferme Direction des affaires juridiques du ministère de l'Économie des finances et de la souveraineté industrielle et économique, *Guide sur le prix dans les marchés publics,* op.cit., p. 49.

[4] Articles R. 2112-6 à R. 2112-18 CCP. À propos du prix provisoire v. CE, 10 février 2014, *Communauté d'agglomération Tour(s) Plus*, req. n° 36582. Ainsi il doit alors être fixé, à titre provisoire, en fonction de l'estimation prévisionnelle provisoire des travaux. La Haute juridiction a jugé que « les parties au contrat doivent, par la suite, fixer le montant du forfait définitif de rémunération du maître d'œuvre en fonction du coût prévisionnel des travaux arrêté, avant le lancement de la consultation des entreprises pour la passation des marchés de travaux, à partir des études d'avant-projet définitif, lorsque la mission confiée au maître d'œuvre comporte l'assistance au maître de l'ouvrage pour la passation du ou des contrats de travaux », Pastor J.-M., « La rémunération forfaitaire provisoire du maître d'œuvre », *AJDA,* 2014, p. 376.

296. Quelle que soit la forme du prix retenue, les parties cocontractantes y arrivent dès la conclusion du contrat. Elles s'accordent sur une contrepartie globale, qui comprend le coût du service rendu, couvre des aléas du marché - qui sont à ce moment-là prévisibles - et laisse aux mains de son titulaire une certaine marge de bénéfice, c'est-à-dire une rémunération[1]. Ainsi, le prix et la rémunération tirée se rendent déterminés ou à tout le moins déterminables, présentant une certaine stabilité. C'est cette stabilité qui est la plus évidente dans ce cas parmi toutes les modalités de la rémunération, et encore, c'est cette forme de rémunération que l'Administration paraît préférer quand elle est son créancier[2], insistant à préciser le prix au sein de la réglementation des marchés publics.

297. En principe, le règlement du prix, d'où le cocontractant de l'Administration tire sa rémunération, s'effectue au titre de l'établissement du décompte général et définitif. En matière des marchés publics de travaux et de maîtrise d'œuvre, les CCAG Travaux et les CCAG Maîtrise d'œuvre prévoient également la possibilité de paiements mensuels. Dans ce cas, le titulaire remet sa demande de paiement mensuelle au maître d'œuvre, sous la forme d'un projet de décompte. Ce projet de décompte établit le montant total des sommes auxquelles il peut prétendre du fait de l'exécution du marché depuis sa notification. Ce montant est établi à partir des prix initiaux du marché, mais sans actualisation ni révision des prix et hors TVA. Le maître d'œuvre accepte ou rectifie le projet de décompte mensuel

---

[1]Le Guide des marchés publics proposé par le Ministère de l'Économie et des Finances de France définit les deux notions de manière suivante : « Le prix est la somme du coût estimé de la prestation et de la marge du cocontractant ; le coût de la prestation comprend les charges directes- résultant de l'exécution des prestations, comme par exemple l'achat des matières premières, la main d'œuvre, les frais de déplacement imposés par le cahier des charges ou jugés nécessaires par le candidat à la réalisation du cahier des charges, les charges indirectes (approvisionnement, stockage, impôts frais de gestion…) et les aléas liés à l'exécution du marché». Schématiquement, la relation entre prix, coût et marge est : Prix= coût +marge, Direction des affaires juridiques du ministère de l'Économie des finances et de la souveraineté industrielle et économique, *Guide sur le prix dans les marchés publics*, op.cit., p. 10. À propos de cette distinction, v. également art. 9.1.1 CCAG Travaux, art. 10.1.3 CCAG Maîtrise d'œuvre, art. 10.1.3 CCAF FCS, art. 11.1.3 CCAG PI, art.10.1.3 CCAG TIC et art.10.1.3 CCAG PI.

[2]À cet égard et à propos d'une analyse de toutes les modalités de rémunération à l'aune de l'Administration comme créancier v. *infra* n°335 et s.

établi par le titulaire. Le projet accepté ou rectifié devient alors le décompte mensuel. À partir du décompte mensuel, le maître d'œuvre détermine le montant de l'acompte mensuel à régler au titulaire. Après l'achèvement des travaux, le titulaire établit le projet de décompte final, concurremment avec le projet de décompte mensuel afférent au dernier mois d'exécution des prestations ou à la place de ce dernier[1]. De plus, si le contrat le prévoit, son paiement peut s'effectuer à travers de paiements partiels en avance (avances)[2] ou à la suite de l'exécution des certains prestations (acomptes)[3], qui, cependant, ne sont pas considérés définitifs[4].

298. À cet égard et quelle que soit sa forme, le prix conserve une stabilité profonde qui n'est pas toujours compatible avec un système dynamique dans lequel s'évoluent le contrat et son économie. Sa nature prédéterminée dérive aisément par l'obligation qui incombe au pouvoir adjudicateur de préciser le prix dès le stade de la procédure de publicité (publication de l'appel d'offres), afin que toute la procédure de passation soit conforme aux exigences de la libre concurrence et surtout au principe du libre accès des concurrents à la procédure. Ainsi, le prix prend sa forme dès la conclusion du contrat.

---

[1] À propos de la procédure de demande et de règlement des paiements en matière des marchés des travaux et de maîtrise d'œuvre v. article 12 CCAG- Travaux et article 11 CCAG- Maîtrise d'œuvre.

[2] Lorsque le montant initial du marché est supérieur à 250 000 euros hors taxes et dans la mesure où le délai d'exécution est supérieur à trois mois. Lorsque le titulaire est une petite ou moyenne entreprise ou un artisan au sens de l'article R. 2351-12, une avance est versée lorsque le montant initial du marché ou de la tranche est supérieur à 50 000 euros hors taxes et dans la mesure où le délai d'exécution est supérieur à deux mois (article R2391-1 CCP). V. aussi articles L.2391-2 à L.2391-3 et R. 2191-3 à 2191-5 CCP. De plus, depuis le décret n° 2024-1251 du 30 décembre 2024 (*JORF* n°0309 du 31 décembre 2024 texte n° 67) ; le CCP, l'avance peut donc être récupérée jusqu'au dernier paiement pour solde du marché.

À ce propos, v. Martinez B.- Serr F., *Exécution des marchés publics*, 5e édition, LeMoniteur, Paris, 2025, p.143-156, ainsi que Direction des affaires juridiques, fiche technique « Les avances », mise à jour le 01.01.2020.

[3] *Ibid.* V. article L.2391-4 CCP. V. aussi à propos des acomptes, Direction des affaires juridiques, fiche technique « Les acomptes », mise à jour le 01.04.2019.

[4] À propos de l'interdiction des paiements partiels définitifs en droit français, v. *infra*, n°1168.

b. *En droit grec*

299. À l'instar du droit français, le prix en droit grec est considéré comme la contrepartie déterminée lors de la conclusion d'un marché public[1]. La loi grecque distingue la rémunération prévue[2] par le pouvoir adjudicateur pour l'accomplissement des études attribuées ou des prestations techniques, la rémunération contractuelle[3] prévue dans l'avis d'appel au public au sein d'un prix forfaitaire, et la rémunération finale[4], au sens du montant global versé au cocontractant de l'Administration pour l'exécution des prestations faisant l'objet du marché. Force est de constater un malentendu conceptuel : les dispositions règlementaires entraînent une confusion entre prix et rémunération, faute de précision de la différence entre prix *(συμβατικό αντάλλαγμα)* en tant que contrepartie et rémunération *(αμοιβή)* en tant que marge de profit[5]. En outre, ce qui présente un intérêt particulier est la procédure formalisée de son règlement, permettant au cocontractant de l'Administration de tirer sa rémunération par des paiements partiels.

300. En effet, contrairement au droit français, les paiements partiels définitifs constituent la règle en matière de marchés publics en droit grec. On peut constater qu'ils constituent le principe, notamment dans le champ des marchés des travaux publics et des contrats d'études. Plus précisément, dans le cas des marchés des travaux publics, le maître d'œuvre envoie au maître d'ouvrage à la fin du mois ou d'une période contractuellement prévue, les décomptes (*επιμετρήσεις*) ainsi que des déclarations relatives aux travaux non apparents, c'est-à-dire tous les documents récapitulatifs des travaux effectivement réalisés[6]. De sa part, le maître d'ouvrage doit les approuver et les signer dans un mois[7].

---

[1] Conseil juridique de l'État grec, avis n° 497/1991. En ce sens, v. également Gerontas Ap., *Droit des travaux publics (Δίκαιο Δημοσίων Έργων), op. cit.* p.583-584.

[2] Article 2, paragraphe 2, alinéa 7, de la loi n° 4412/2016.

[3] Article 2, paragraphe 2, alinéa 8, de la loi n° 4412/2016.

[4] Article 2, paragraphe 2, alinéa 9, de la loi n° 4412/2016.

[5] V. *supra* n°24.

[6] Article 151 de la loi n° 4412/2016

[7] À propos de la présentation de la procédure de paiement des acomptes, v. Raikos D., *Droit des contrats publics (Δίκαιο Δημοσίων Συμβάσεων), op. cit.* p.783-787;

301. Les comptes (*λογαριασμοί*), c'est-à-dire les documents présentant la valeur économique des travaux réalisés décrits dans les décomptes (*επιμετρήσεις*) ainsi que dans les déclarations relatives aux travaux non apparents, constituent des titres de paiement du prix[1]. Si le contrat le prévoit, le paiement du prix peut être également effectué à travers des avances[2], qui, cependant, ne sont pas tenus, par construction, des paiements partiels définitifs. De même, la loi prévoit à propos des contrats d'études que le règlement du prix s'effectue à travers des paiements partiels correspondants à chaque stade d'étude[3]. En revanche, à propos des marchés des fournitures et services, la loi prévoit deux systèmes à retenir : soit le paiement du prix suite à la réception définitive des fournitures ou des services, soit par le paiement d'une avance de 10% de sa contrepartie, suivi d'une garantie d'un même montant de la part du cocontractant de l'Administration et après la moitié du temps d'exécution, le paiement du 20% de sa contrepartie et le règlement de la solde s'effectue partiellement lors de l'exécution. Ces paiements sont suivis des garanties d'un même montant de la part du cocontractant jusqu'à la réception définitive de l' étude[4].

302. Il s'ensuit alors que le cocontractant de l'Administration peut justifier un droit à rémunération à tout paiement partiel définitif. Autrement dit, il tire sa rémunération d'une créance certaine, liquide et exigible lors de l'approbation et la signature des acomptes par le maître d'ouvrage. Son caractère déterminable voire déterminé repose sur la préservation du prix initialement prévu et sa prise en compte pour le calcul des paiements partiels définitifs.

c. *En droit allemand*

303. La Loi allemande contre les restrictions à la libre concurrence (GWB) ne comporte aucune définition explicite du prix. Faisant écho à des dispositions de la directive européenne n°2014/24 qui rappelle le

---

Gerontas Ap. *Droit des travaux publics (Δίκαιο Δημοσίων Έργων), op.cit.*, p. 584-600.

[1] Article 152 de la loi n° 4412/2016.

[2] Article 150 de la loi n° 4412/2016.

[3] Article 187 de la loi n° 4412/2016.

[4] Article 200 paragraphe 2 alinéa a et b de la loi n° 4412/2016.

caractère onéreux des marchés publics[1], ne laissant que sous-jacent le versement d'un prix au sens de contrepartie *(Entgelt- Gegenstand)*, comprenant le coût de la prestation fournie ainsi qu'une certaine marge[2]. La doctrine, de sa part, a emprunté une conception de contrepartie fixe lors de la conclusion du contrat, déterminée en vertu du stade de sa passation[3].

304. Plus précisément, l'identification de la rémunération en vertu du prix est prévue dans les secondes parties des règlements allemands relatifs à l'exécution des marchés des travaux publics *(Verordnung für Bauleistungen- VOB/B)* et aux marchés des fournitures et services *(Verordnung für Leistungen VOL /B).* Ces dispositions reflètent une distinction claire entre prix *(Preis, Entgelt)* et rémunération *(Vergütung).*

305. Plus précisément, le §2 VOB/B prévoit explicitement l'acquisition d'une rémunération par le cocontractant de l'Administration en vertu du prix. Selon cette disposition « les prix convenus couvrent l'ensemble des services qui font partie de la prestation contractuelle conformément à la description du service, aux conditions particulières du contrat, aux conditions complémentaires du contrat, aux conditions techniques complémentaires du contrat, aux conditions techniques générales du contrat, aux conditions techniques particulières du contrat en matière des travaux et aux bonnes mœurs »[4]. Empruntant une logique identique à celle du droit français, le prix peut être unitaire *(Einheitspreis)*[5] ou forfaitaire

[1] §103, alinéa 1, GWB. À propos de la notion d' *Entgeltlichkeit* v. *infra* n°340.

[2] En guise d'illustration des coûts compris dans le prix, v. Pauka M., « Éléments du coût du prix dans le cas de la gestion de projet intégrée » (« Kostenelemente des Selbstkostenerstattungspreises in Integrierter Projektabwicklung »), *NZBau*, 2024, p. 139.

[3] Sulk J., *Le prix en droit des contrats de la commande publique (Der Preis im Vergaberecht), op. cit,* p. 22 et s. En ce sens, v. aussi à propos du droit allemand v. §316 BGB également applicable en matière des marchés publics, selon lequel « Si l'étendue de la contrepartie promise pour un service n'est pas déterminée, la détermination appartient, en cas de doute, à celle des parties qui a le droit de réclamer cette contrepartie»(notre traduction), prévoyant que le créancier du prix le détermine ; Kutscher-Puis F., « Détermination du prix de vente : l'expérience allemande », *RIDC*, v. 49, n° 1, 1997, p. 175-185.

[4] §2, alinéa 1, VOB/B (notre traduction).

[5] §2, alinéa 2, VOB/B.

(Pauschalsumme)[1]. En ce qui concerne son caractère déterminé, il peut être fixe *(Festpreis)* c'est-à-dire déterminé au moment de la conclusion du contrat[2] , sinon il reste ferme en cas de fluctuations aux alentours de 10% du prix initial[3].

306. Le règlement du prix est explicitement prévu au §16 VOB/B. Les paiements partiels au titre d'avances *(Vorauszahlungen)*[4], ou acomptes *(Abschlagszahlungen)*[5] avant le règlement définitif *(Schlusszahlung)* est possible, ces paiements n'ayant pas le caractère de paiements définitifs[6].

307. Nonobstant le fait qu'il n'est pas toujours évident, le prix est conceptuellement distinct de la rémunération. En tant que tel, il est prévu dès la conclusion du contrat voire l'avis d'appel au public. Or, ce prix prévu n'est pas toujours le même que le prix de règlement, et le prix n'est pas déterminé, mais déterminable.

ii. Une rémunération dynamique

308. Plus que d'autres formes de contrepartie, la rémunération tirée d'un prix en tant que telle est *ab initio* protégée par le principe d'intangibilité[7]. Le cas du prix ferme en constitue l'exemple le plus évident. Mais tel est le cas également du prix définitif en général, un prix *a priori* fixé et, par conséquent, difficilement modifiable. En pratique, un prix préalablement fixé en prenant en considération un certain coût et certains aléas liés au marché lors de sa conclusion entraîne la divergence entre prix de règlement et prix de base, qui à son tour, suscite des réductions de la rémunération du titulaire. Dans le cas contraire, où le prix est provisoire à cause de circonstances

---

[1] §2, alinéa 7, VOB/B.

[2] OLG Düsseldorf, arrêt du 07.10.2016 - I-22 U 79/16, *BauR* 2017, p. 327 et p. 727 mettant l'accent sur la persistance d'un prix fixe, même en raison de prestations supplémentaires, lorsque ces prestations sont liées aux défauts imputables au cocontractant de l'Administration.

[3] §2, alinéa 3, n° 1, VOB/B.

[4] §16, alinéa 2, n°1, VOB/B.

[5] §16 alinéa 1, n° 1, VOB/B. À propos des paiements partiels et définifs en droit allemand, v. OLG Stuttgart, arrêt du 12. 02.2019 – 10 U 152/18.

[6] V. également §17 VOL/B à propos des marchés des fournitures et services. v. également *infra* n°1159, à propos de règlement du prix et de l'établissement d'une créance certaine, liquide et exigible.

[7] V. *supra* n°121 et s. à propos de l'intangibilité de la rémunération.

particulières, il faut admettre qu'il n'est qu' « approximatif » jusqu'à la fixation du prix que les parties qualifient comme définitif. Il résulte que, jusqu'à la fixation, le cocontractant de l'Administration peut subir les risques liés au marché et cela constitue la raison de la non-fixation du prix définitif[1]. Cependant, force est de constater que le recours à un prix ferme n'est que limité dans le cas où la nature de la prestation le permet – notamment en ce qui concerne les prestations courantes – et lorsque le marché a une durée limitée[2].

309. Même si nous admettions que le choix d'un prix révisable atténuerait cette rigidité, cela se heurterait à de sérieux obstacles. Comme un auteur le remarque, le choix d'intégration d'une clause de révision du prix comporte un risque considérable : si la clause de révision du prix est irrégulière, elle constitue un manquement aux obligations de mise en concurrence dès la passation du contrat. Ainsi, une telle clause attaquable au sein d'un référé précontractuel par un concurrent évincé peut susciter le retard voire l'annulation de toute la procédure de la passation[3]. Une telle évolution ne pourrait qu'être reprouvée au moins par la personne publique qui se voit responsabilisée, ou, pour aller plus loin, cette possibilité freine la mise en œuvre d'une telle pratique.

310. Même si cette approche nous renvoie à une conception de la rémunération en tant que somme pécuniaire fixe, l'actualité récente rend le cas plus complexe. À titre d'exemple, nous nous référons au cas des contrats de mobilier urbain. Le Conseil d'État français, dans le

---

[1] de Laubadère A. et al., *Traité des contrats administratifs*, *op. cit.*, p. 236-237; v. aussi CE, 25 février 1976, *Min. de la Défense c/ Laboratoires R. Derveaux.*, *Rec.*110.

[2] En revanche, le recours à la stipulation à un prix ferme est interdit, dès lors que certaines conditions sont remplies. En guise d'illustration v. article R.2112-4 CCP interdisant un prix ferme lorsque le marché a une durée d'exécution supérieure à trois mois ou lorsque le marché nécessite pour sa réalisation le recours à une part importante de fournitures « dont le prix est directement affecté par les fluctuations de cours mondiaux ». En ce sens, v. Bailleux L., « Le prix ferme : conditions de recours et actualisation », *CP-ACCP*, n°199, juin 2019, p.32-36.

[3] CE, 9 décembre 2009, *Département de l'Eure,* req. n° 328803, *CMP,* 2010, comm. 60, note Olivier F. ; *RJEP* 2010, comm.24, obs. Moreau D. ; *JCP A*, 2010, 2020, note Linditch F. ; CAA Bordeaux, 3 mai 2011, *Sté Gagne*, v. comm. Vila J.-B., « Équilibre entre intangibilité et révision du prix d'un marché public : une application conditionnée de la formule d'indexation », *JC CMP,* n°2, 2010, comm. 44.

cadre de deux arrêts *J.-C. Decaux* du 4 novembre 2005, a qualifié en marché public un contrat de mobilier urbain, en mettant en avant les *avantages consentis* d'où la société tirait sa rémunération comme une contrepartie des prestations qu'elle fournissait[1]. Ce qui nous paraît remarquable se trouve dans les conclusions du Commissaire du gouvernement qui justifie pourquoi une rémunération qui se lie aux recettes perçues par une exploitation publicitaire, ou autrement dit, la renonciation des redevances par l'Administration, constitue un prix déterminable. Selon lui « ... même si l'on peut sans doute discuter de son montant exact, on dispose de tous les éléments nécessaires au calcul de ce redevance. La seule circonstance qu'elle n'ait pas été perçue ne fait pas obstacle à son évaluation. Le montant de ces marchés équivaut à la redevance domaniale que la commune a accepté de ne pas percevoir, cette redevance étant elle-même déterminée en

---

[1] CE, Ass., 4 nov. 2005, *Sté Jean- Claude Decaux,* req. n° 247298 et 247929 *Rec.* 478 : « ... qu'en contrepartie des prestations ainsi assurées par la société Jean-Claude Decaux, la commune l'a autorisé à exploiter, à titre exclusif, une partie du mobilier urbain à des fins publicitaires et l'a exonérée de redevance pour occupation du domaine public ; que la cour a pu juger, sans commettre d'erreur de droit, que l'autorisation et l'exonération ainsi accordées constituaient des avantages consentis à titre onéreux par la commune en contrepartie des prestations fournies par la société alors même que ces avantages ne se traduisent par aucune dépense effective pour la collectivité ». À propos de cette jurisprudence v. concl. Casas D., « Les marchés publics comme contrats à titre onéreux », *RFDA*, 2005, p. 1083 ; Linditch Fl., « Le Conseil d'État fidèle à sa jurisprudence : les contrats de mobilier urbain sont des marchés publics de service », *JC A,* n° 50, 2005, comm. 1381 ; Rolin Fr., « De la distinction entre marché public et délégation de service public », *Revue LeMoniteur des Contrats,* n° 2, 2006, p. 485 et s.; Dieu Fr., « La notion de prix en matière de marché public de mobilier urbain », *PA,* n° 177, 2006, p. 4 ; Ménéménis Al., Contrats de mobilier urbain : quelques éléments de réflexion sur les arrêts Decaux », *AJDA, 2006,* p. 120 ; Stourm G.- Seveno F.-Ol., « Le prix d'un marché n'est pas toujours payé en numéraire », *Revue Le Moniteur des travaux publics et du bâtiment,* 5 juillet 2013, p. 38-39. v. aussi l'avis antérieur du Conseil d'État à propos des contrats de mobilier urbain (CE, avis du 14 octobre 1980, n° 327.449, Gaudemet Yv. et al., *Les grands avis du Conseil d'État,* 3e éd., Dalloz, 2008, p. 141-150 comm. Richer L., ainsi que la jurisprudence pertinente : CAA Paris, 11 octobre 1994, *SARL Editor- Tennog,* req. n° 93PA01072 ; CE, 3 juin 2009, *Commune de Saint-Germain-en-Laye,* req. n° 311798, concl. Da Costa B., *BJCP,* n°66, septembre- octobre 2009, p. 365 (rémunération tirée de l'exploitation sur une partie des terrains dans le cadre d'un contrat ayant pour objet la dépollution des terrains appartenant à une collectivité) ; CAA Paris, 19 mars 2013, *Société MCO Sports,* req. n° 11PA01978 (exonération des redevances pour occupation temporaire de domaine public et versement de redevances pour occupation par des buvettes).

fonction des ressources publicitaires retirées par l'entreprise de l'exploitation du domaine public »[1]. Cela ne peut que susciter des ambiguïtés et un certain degré d'insécurité juridique : si la notion du prix entraîne une rémunération déterminée ou déterminable sans d'autres restrictions, nous pouvons identifier un point critiquable sur la déterminabilité et la simple fixation des conditions du versement de la rémunération.

311. En l'espèce, nous estimons que, par l'interprétation grammaticale de la clause relative à la rémunération dans le cas des arrêts *Decaux* précités, il s'ensuit aisément que la rémunération du cocontractant de l'Administration correspondante à la prestation fournie, se constitue, d'une part d'une somme précise (la renonciation de la collectivité à percevoir les redevances domaniales à l'égard du cocontractant de l'Administration confère au contrat un caractère onéreux) et d'autre part de l'exploitation publicitaire du réseau qui, par définition, implique un risque. Sinon, le profit tiré par l'exploitation des panneaux publicitaires du réseau tombe sous l'emprise de l'enrichissement sans cause. Or, on pourrait rattacher ces contrats aux concessions du droit européen où, selon les dispositions des directives, une certaine coexistence du droit à exploiter et d'un prix est acceptée[2]. On se demande alors comment une telle sorte de rémunération pourrait être conçue comme préalablement fixée, puisqu'elle comporte un certain point d'exploitation, et qui de sa part implique incontestablement, chez nous, une ambiguïté à propos de son issue. Par conséquent, c'est la définition même de la rémunération qui est mise en cause, et, surtout, les paramètres pris en considération.

312. Du surcroît, la statique d'une telle conception rend plus inopérante la qualification d'un contrat en marché public. Une tendance extravagante saurait être remarquée : c'est la nécessité de

---

[1]Casas D., « Les marchés publics comme contrats à titre onéreux », *RFDA*, 2005, p. 1083. V. également Daboussy S. – Gaudon A., « Le 'prix' comme critère de qualification des contrats de la commande publique », *CP-ACCP,* n°199, juin 2019, p.47-50 ; Dieu Fr., « La notion de prix en matière de marché public de mobilier urbain », *PA,* n° 177, 2006, p. 4.

[2]En ce sens, v. Ménéménis Al., « Contrats de mobilier urbain : quelques éléments de réflexion sur les arrêts Decaux », *op.cit.* Selon cet auteur, on pourrait reconnaît un certain degré de logique concessive à ces contrats, tout en écartant la possibilité de qualification de délégation de service public au sens du droit français à cause de leur objet même, puisque *« il n'y a pas, dans les contrats de mobilier urbain, de mission de service public, partant point de service public délégué ».*

classification d'un contrat aux marchés publics ou aux concessions qui impose la définition de la rémunération plutôt que cette dernière qui est employée comme critère en premier lieu. Ainsi, l'acceptation d'une conception large du prix, selon notre avis, mettait finalement en danger la solidité du concept même du prix. Toutefois, il ne faut pas envisager de manière pareille le cas du paiement en nature, comme alternatif au paiement monétaire précis. Nonobstant sa rareté, un tel paiement semble compatible avec la déterminabilité du prix et par conséquent il tombe sous l'emprise des directives européennes relatives aux marchés publics, sous la condition que le paiement consiste à une contrepartie prédéfinie qui pourrait être interprétée à une somme monétaire précise, telle qui convient au concept du prix[1].

313. Telle est la définition dominante, non seulement proposée par les auteurs du *Traité des contrats administratifs* dès les années 1980, mais également accueillie, au niveau du droit comparé, par des autres ordres juridiques. On peut affirmer sans le risque d'être démenti, que c'est l'interventionnisme européen en la matière qu'y joue le rôle fondamental. Dès lors, les dispositions encadrant la notion du prix sont forcément soit des dispositions des directives européennes dites « marchés », soit celles qui les ont directement transposés[2]. Par ailleurs, le prix, au sens déjà présenté, détermine la qualification d'un contrat comme un marché public. Si c'est le principe, il ne faut pas omettre que le prix est susceptible de se présenter aussi dans un contrat de concession, comme une rémunération subsidiaire, à côté d'une rémunération dépendante aux résultats de l'exploitation. Le Conseil d'État français a tranché la question de qualification des contrats de mobilier urbain à nouveau. Par un arrêt en date 25 mai 2018, *Société Philippe Vediaud Publicité*[3], la Haute juridiction

---

[1]Le paiement en nature qui peut constituer une forme de prix est admis par le droit français (de Laubadère et al., *Traité des contrats administratifs, op. cit..*, ainsi que par le droit allemand Cour d'Appel de Düsseldorf (OLG Düsseldorf), arrêt du 12.01.2004- VII Verg. 71/03, *NZBau,* 2004, p. 343-345 ainsi que OLG Düsseldorf, arrêt du 27 octobre 2004, *Altpapierverwendung, VergabeR,* 2005, p.90, 92 et s. note Zirbe (un contrat est qualifié comme à titre onéreux puisqu'il y a une contrepartie en vieux papiers).

[2]V. Code des Marchés publics français après le décret n° 2006-975 du 1er août 2006 (droit français), loi n° 3669/2008 (droit grec), §§ 97-100 GWB (droit allemand).

[3] CE, 25 mai 2018, *Société Philippe Vediaud Publicité,* req. n° 416825.V. l'arrêt précurseur de cette jurispridence CE 5 février 2018, *Ville de Paris,* req. n° 416581. V. également CE 14 février 2017, *Sté de manutention portuaire d'Aquitaine*, req. n°

administrative française qualifie le contrat de mobilier urbain de concession au sens de l'ordonnance n° 2016-65[1], au motif qu'il « ne comporte aucune stipulation prévoyant le versement d'un prix à son titulaire ; que celui-ci est exposé aux aléas de toute nature qui peuvent affecter le volume et la valeur de la demande d'espaces de mobilier urbain par les annonceurs publicitaires sur le territoire de la commune, sans qu'aucune stipulation du contrat ne prévoie la prise en charge, totale ou partielle, par la commune des pertes qui pourraient en résulter ; qu'il suit de là que ce contrat, dont l'attributaire se voit transférer un risque lié à l'exploitation des ouvrages à installer, constitue un contrat de concession et non un marché public » [2].

405157, *CMP* avril 2017, comm. 99, note Eckert G., *DA* avril 2017, comm. 16, note Richer L., *BJCP* n° 112, p. 147, chron. Frackowiak C., p. 153, concl. Pellissier G., *AJDA* 2017, p. 1453, note Maublanc J.-V.Harriague J-Ph., « Délimitation du périmètre des concessions de services : l'insuffisance de la notion de « gestion confiée » », *CMP* juin 2017, chron. 5, p. 6 ; Nicinski S., « Qualification, requalification des contrats », *CP-ACCP* n° 180 octobre 2017, p. 18, ainsi que CE, 3 décembre 2014, *Tisséo*, req. n° 384170 (dans ce cas, le contrat est qualifié en tant que contrat d'occupation du domaine public.

[1] Rappelons la définition de l'article 5 de l'ordonnance n°2016-65, *op.cit. « les contrats de concession sont les contrats conclus par écrit, par* lesquels une ou plusieurs autorités concédantes soumises à la présente ordonnance confient l'exécution de travaux ou la gestion d'un service à un ou plusieurs opérateurs économiques, à qui est transféré un risque lié à l'exploitation de l'ouvrage ou du service, en contrepartie soit du droit d'exploiter l'ouvrage ou le service qui fait l'objet du contrat, soit de ce droit assorti d'un prix. La part de risque transférée au concessionnaire implique une réelle exposition aux aléas du marché, de sorte que toute perte potentielle supportée par le concessionnaire ne doit pas être purement nominale ou négligeable. Le concessionnaire assume le risque d'exploitation lorsque, dans des condition s d'exploitation normales, il n'est pas assuré d'amortir les investissements ou les coûts qu'il a supportés, liés à l'exploitation de l'ouvrage ou du service ». V. article L.1121-1 CCP.

[2] CE, 25 mai 2018, *Commune Saint-Thibault-des-Vignes et Sté Philippe Verdiaud Publicité* req. n° 416825, au *Rec.* ; *CMP,* n° 7, juillet 2018, comm. 165, obs. Eckert G.V. également CE, 5 février 2018, *Société Clear Channel France,* req. n° 416581, *Rec.* (tables), CAA Nantes, arrêt du 30.03.2020, req. n° 18NT02672, jugeant que « [c]ompte tenu du caractère accessoire de ces prestations portant sur les équipements objets du contrat litigieux, celui-ci, dont l'attributaire se voit transférer un risque lié à l'exploitation des ouvrages à installer, constitue un contrat de concession de service soumis aux dispositions de l'ordonnance du 29 janvier 2016 relative aux contrats de concession et du décret du 1er février 2016 relatif aux concessions ». V. à propos de ce point Réponse du ministère de l'Économie et des finances, publiée le 06.06.2019, *JO Sénat*, p. 2957.

314. De plus, la jurisprudence de la Cour européenne fait naître de nouvelles questions. Vers une conception statique du prix se trouve également la jurisprudence de la Cour de Justice. Dans son arrêt récent du 19 décembre 2012 *Azienda Sanitaria Locale di Lecce, Università del Salento,* la Cour admet une conception large du caractère onéreux d'un contrat en le qualifiant en tant que marché public, même si la rémunération du cocontractant de l'Administration se délimitait au seul remboursement des coûts réels de la prestation fournie[1]. Par cette voie et même si c'est traditionnellement admis que « la "contrepartie" versée par le pouvoir adjudicateur est susceptible d'englober, en définitive, n'importe quel avantage susceptible d'une évaluation économique, y compris une ... [autre] prestation économique »[2]. L'avocat général ajoute également que « l'absence de profit, à elle seule, ne fait pas de l'accord un accord passé à titre gratuit. Seule une interprétation large de la notion "caractère onéreux" est à la mesure de la finalité des directives en matière de marchés publics, qui est d'ouvrir les marchés en vue de garantir une concurrence réelle » [3]. Ainsi, laissant ouvertes les origines des ressources servant le paiement, la Cour tend à promouvoir une double cible : d'une part, elle accepte une forme de prix sans profit ; d'autre part, elle s'adapte à la volonté du législateur européen qui entend imprimer une portée incontestablement plus large de marché public, comme les nouvelles directives en la matière découlent. Cela ne peut que susciter de confusions, au moment où les contrats de concession se distinguent clairement par leur mode de rémunération substantiellement liée aux résultats de l'exploitation, ou au moins en principe.

315. Sous ces réflexions nous affirmons que la conception d'une rémunération tirée d'un prix repose sur une logique de détermination *ab initio.* Dans ce cas, la contrepartie fondée sur l'accord des parties

---

[1]CJUE, 19 décembre 2012, *Azienda Sanitaria Locale di Lecce Università del Salento*, *op.cit.*, *AJDA,* 2013, p. 630, note Dreyfus ; *ibid.* 2012, p. 2407, *ibid,* 2013, p. 335 chron. Aubert M., Broussy E., et. Cassagnabère H ; *D.* 2013 ; p 309 obs. Capitant D. ; *RDI,* 2013 p. 213 obs. Noguellou R.; *RFDA*, 2013 p. 367 chron. C. Mayeur-Carpentier, L. Clément-Wilz et Martucci F.; *RTDE*, 2013 p. 337-339, chron. A.-L. Durviaux, Delvaux Th. ; *RMCUE* 2013 p. 350, chron. S. Rodrigues, C. Bernard- Glanz et L. Lévi ; *JC CMP*, 2012, comm. 78 note Zimmer W. ; F. Llorens et P. Soler- Couteaux, « Le gratuit et l'onéreux », *ibid*, 2013, n° 3, pp1-2 repère 3. v. aussi les conclusions de l'avocat général Trstenjak points 30-34.

[2] Conclusions de l'avocat général Trstenjak, *ibid.,* points 30-34.

[3] *Ibid.,* point 32.

n'est, en fait, ni susceptible d'être radicalement modifiée ex post, ni aisément adaptée aux évolutions du contrat. Même dans ce cas, on ne peut lui reconnaître un caractère statique. Schématiquement, le prix embrasse le coût de la prestation ainsi que la marge de rémunération au bénéfice du cocontractant de l'Administration, cette marge étant lié au bénéfice convenu ainsi qu'à la part de la provision qui n'est pas consommée par les aléas[1]. Même si les autres composantes du prix demeurent identiques dans l'écoulement de temps, la part de l'aléa est, par définition, fluctuante. On peut alors accorder un caractère dynamique à la rémunération, même en vertu d'une contrepartie déterminable telle que le prix. Le caractère dynamique d'une rémunération liée aux résultats de l'exploitation se rend alors évident.

B. La rémunération liée aux résultats de l'exploitation

316. Sans recevoir d'appellation particulière, une forme de rémunération largement répandue en matière de contrats publics est celle d'une rémunération liée aux résultats de l'exploitation. À l'encontre du prix, elle ne constitue pas une somme en argent déterminable, mais sa nature est encore plus complexe. Pour son règlement, deux mécanismes s'appliquent. Le premier est le mécanisme du taux de rendement *(rate of return)*, concernant la fixation d'un taux de rémunération pris en compte pour la détermination du montant des redevances ainsi que de son adaptation. Le second est la méthode du prix plafonné *(price-cap)*, s'agissant de la fixation d'un barème de redevances pour une période déterminée par référence au taux d'inflation[2].

317. Dans ce cas, la contrepartie prend la forme du droit même de l'exploitation du service public, d'où le cocontractant de l'Administration tire sa rémunération pécuniaire. Ce lien étroit entre rémunération et exploitation du service a contribué à sa définition traditionnelle en vertu des contrats de type concessif **(i)**. De plus, et à la différence de la stabilité qui régit le prix, une rémunération liée aux résultats de l'exploitation repose plutôt sur une logique

---

[1] Direction des affaires juridiques du ministère de l'Économie des finances et de la souveraineté industrielle et économique, *Guide sur le prix dans les marchés publics, op.cit.*, p. 8.

[2] Tirole J., « Concessions, concurrence et incitations », *REF*, 1999, n° 51, p. 79-92 (v. not. p. 87).

entrepreneuriale qui la rend évidemment plus dynamique que le prix **(ii)**.

i. Une forme de rémunération définie en vertu de la catégorie des contrats de concession

318. Au niveau du droit européen, le critère de la rémunération jouit d'une importance capitale dans la distinction entre marchés publics et leur sous-catégorie des contrats de concession au fil de la jurisprudence de la Cour interprétant les dispositions des directives dites « marchés » de 2004[1]. Même avant leur entrée en vigueur, la Cour primait la qualification d'un contrat de concession, dans le cas où la rémunération du titulaire consiste en un pourcentage des recettes brutes des paris, à cause de la référence abstraite de son montant en vertu de l'arrêt *Commission c/ Italie* de 1994[2], et ensuite dans le cas de concession contractuelle d'un droit à exploitation économique exclusive des services des télécommunications où la rémunération fût tout ou partie liée aux résultats de cette exploitation[3]. C'est effectivement cette stabilité profonde de la jurisprudence qui a conduit à la rédaction des dernières directives « marchés », comme découle l'interprétation littéraire des dispositions de la directive dite « concessions » à propos de la définition des contrats homonymes[4]. Dès lors, les dispositions de la nouvelle directive sur les contrats de concession, entreprenant à résoudre des problèmes d'insécurité juridique en la matière, contribue en une imposition normative d'une

---

[1]V. Communication interprétative de la Commission à propos des contrats de concession, EE C 121 du 29 avril 2000, notamment p. 2 point. 1.4, p.4 points 2.3 et 2.4.

[2]CJCE, 26 avril 1994, *Commission c/ Italie,* aff. C-272/91, ECLI:EU:C:1994:167, point n° 25. Conclusions de l'avocat général Gulmann Cl. (présentées le 14 juillet 1993), ECLI:EU:C:1993:310, surtout points n°4 et 26.

[3]CJCE, 7 décembre 2000, *Telaustria Verlags GmbH Telefonadress, op.cit.*.; v. concl. Fennelly N. du 18 décembre 2000, *op.cit.* surtout points n° 5 et 24.

[4]V. article 11 de la directive n° 2014/23 du 26 février 2014. À propos de la directive « concession » v. Hoeppfner H. « La nouvelle directive Concessions - Sécuriser le cadre juridique des concessions et préserver la liberté des concédants : une conciliation impossible », *Europe*, n° 6, 2014, étude 5 ; Kalflèche G., « Les concessions : faut-il avoir peur du rapprochement avec les marchés ? », *CMP*, n° 6, 2014, dossier 4 ; Eckert G., « La directive sur l'attribution de contrats de concession ou l'affermissement du droit de la commande publique » *RJEP,* n° 722, 2014, étude 6 ; dossier « La nouvelle directive 'concession' », *CP-ACCP*, n° 141, mars 2014.

telle conception dynamique gagnant du terrain de plus en plus sur la doctrine et la jurisprudence, en impliquant le paramètre de transfert du risque[1].

319. Au niveau du droit national, les États membres ont anticipé cette qualification des contrats de concession à l'aune du critère de la rémunération. La jurisprudence du Conseil d'État français fût prétorienne en la matière **(a)**, le droit grec **(b)** et le droit allemand **(c)** empruntant une logique identique.

a. En droit français

320. Les contrats de concession et les autres contrats qui relèvent de la même rationalité de gestion du service public sont traditionnellement définis, par leur objet et par la modalité de la rémunération versée au titulaire. Telle est la position prétorienne adoptée en premier par le Conseil d'État français dès le début du siècle dernier, à la suite d'une longue tradition des contrats de concession[2]. Ainsi dans le fameux arrêt du 30 mars 1916, *Compagnie générale d'éclairage de Bordeaux*, il est jugé qu'en vertu d'un contrat de concession, le titulaire du contrat est rémunéré par la perception sur les usagers de taxes dans les conditions prévues par le contrat, mais susceptibles de subir des modifications liées aux aléas du marché[3]. De plus, c'est également la position conservée et évoluée par la jurisprudence après l'entrée en vigueur de la loi MURCEF portant de

[1]V. directive 2014/23 du 26 février 2014 sur l'attribution des contrats de concession, cons. 18. Pour la définition et une analyse minutieuse du risque et son rôle par rapport à la rémunération versée en matière des contrats de la commande publique, v. *infra* n°384 et s.

[2]Bezançon X., *Essai sur les contrats de travaux et de services publics : contribution à l'histoire -administrative de la délégation de mission publique*, op. cit., p. 7-9, où l'auteur distingue trois périodes de délégations dès le 13e siècle.

[3]CE, 30 mars 1916, *Compagnie d'éclairage de Bordeaux :* « en principe, le contrat de concession règle, d'une façon définitive, jusqu'à son expiration les obligations respectives du concessionnaire et du concédant, le concessionnaire est tenu d'exécuter le service prévu dans les conditions précisées au traité et se trouve rémunéré par la perception sur les usagers des taxes qui y sont stipulées et la variation du prix des matières premières à raison des circonstances économiques constitue un aléa du marché, qui peut, suivant le cas, être favorable ou défavorable au concessionnaire et demeure à ses risques et périls, chaque partie étant réputée avoir tenu compte de cet aléa dans les calculs et prévisions qu'elle a faits avant de s'engager ».

modifications sur le code des marchés publics[1] et la loi Sapin[2] définissant et encadrant la catégorie des conventions de délégation de service public. Synonyme de la concession et des contrats voisins, la rémunération substantiellement liée aux résultats de l'exploitation est devenue le critère décisif pour leur distinction des marchés publics, à côté de celui de l'objet du contrat[3]. La condition précisée, au sens

[1]Loi n° 2001-1168 du 11 décembre 2001 portant mesures urgentes de réformes à caractère économique et financier (MURCEF), *JORF n°288 du 12 décembre 2001 p.19703, texte n° 1.*

[2] Loi n° 93-122 du 29 janvier 1993 relative à la prévention de la corruption et à la transparence de la vie économique et des procédures publiques, *op.cit.* (v. article CGCT L.1415 relatif à la définition de la concession des travaux publics- ord. n° 2009-864 du 15 juillet 2009). À propos de la définition des conventions de délégation du service public v. notamment Marcou G., « La notion de délégation de service public après la loi du 29 janvier 1993 », *op. cit.*.v. aussi l'approche du Pr. Richer, selon lequel cette catégorie des contrats « a pour modèle le contrat de concession, dont est proche de l'affermage, mais il ne se confond pas avec ces deux contrats, qui sont englobés dans la catégorie plus générale de la délégation, laquelle peut, elle-même, être rattachée à une nébuleuse de contrats qui existent partout dans le monde et que la Commission européenne désigne par l'expression « Partenariat Public- Privé » (PPP) », Richer L., *Droit des contrats administratifs, op. cit.*, p. 495.

[3]En guise d'illustration, nous citons les arrêts les plus remarquables du Conseil d'État français qui ont tracé la jurisprudence récente en matière des catégories résiduelles des contrats créant une zone grise des contrats à la fois qualifiés comme des marchés et à la fois comme des conventions de délégation de service public. À propos du cas des marchés d'entreprise des travaux publics et la problématique relative à la qualification du marché à cause de l'interdiction par le CMP de clause de « paiement différé » v. CE, 15 avril 1996, *Préfet des Bouches-du- Rhône c/ Commune de Lambesc*, (précité) Chauvaux D.-Girardot T.-X., « Incidence de la loi Sapin sur le champ d'application du Code des marchés publics », *AJDA,* 1996, p. 729 et s. ; Terneyre Ph., « Marchés d'entreprise de travaux publics : marchés publics ou délégations de service public Note sous Conseil d'Etat, 15 avril 1996, Préfet des Bouches-du-Rhône », *RFDA,* n° 4, 1996, p. 718 et s.CE, 15 avril 1996 ; Preat D., « Délégations de service public: l'éclairage décisif du critère de la rémunération », *LPA*, n°84, 1996, p. 30 et s.; Chantepy Ch., « Marchés d'entreprise de travaux publics: marchés publics ou délégations de service public? Conclusions sur CE, 15 avril 1996, Préfet des Bouches-du-Rhône », *RFDA,* 1996, 715 et s.; Bergeal C., « Clause de paiement différé et marchés publics », *AJDA,* 1999, p. 364 et s.; Symchowicz N., « Délégation de service public- Le délicat critère de la rémunération », *Revue LeMoniteur des travaux publics et du bâtiment,* 8 mai 1998. À propos de la qualification du contrat de gérance v. CE, 7 avr. 1999, *Commune de Guilherand-Granges*, req. n° 156008, concl. Bergeal C. « Notion du marché public », *AJDA,* 1999, p. 517 et s. ; Douence J.-C., « Observations sur l'application à certains contrats de la distinction entre marchés et délégations fondée sur le mode de

d'une rémunération substantiellement liée aux résultats de l'exploitation, a soulevé des questions. Comment apprécier ce lien substantiel ? Le problème se rend encore plus complexe à résoudre, lorsque le caractère substantiel n'est pas défini de manière quantitative. En effet, il est jugé qu'un contrat conserve la qualification d'une convention de délégation de service public du fait d'une rémunération substantiellement liée aux résultats de l'exploitation, même si le titulaire supporte 10% du déficit de l'exploitation[1]. Suite à la transposition de la directive européenne relative aux contrats de concession, ces contrats sont désormais définis par l'article L. 1121-1 du CCP de manière suivante : « Un contrat de concession est un contrat par lequel une ou plusieurs autorités concédantes soumises au présent code confient l'exécution de travaux ou la gestion d'un service à un ou plusieurs opérateurs économiques, à qui est transféré un risque lié à l'exploitation de l'ouvrage ou du service, en contrepartie soit du droit d'exploiter l'ouvrage ou le service qui fait l'objet du contrat, soit de ce droit assorti d'un prix. La part de risque transférée au concessionnaire implique une réelle exposition aux aléas du marché, de sorte que toute perte potentielle supportée par le concessionnaire ne doit pas être purement théorique ou négligeable.

---

rémunération », *ibid.* ; Vidal L. « Le juge administratif, l'économie et le contrat - réflexions à propos de deux arrêts du Conseil d'Etat », *RFDA,* 1999, p. 1147 et s. ; Orsoni G., « La gérance est un marché public », *RTD Comm.,* 1999, p. 854 et s. Enfin, nous pourrions y ajouter les contrats de régie intéressée et l'arrêt SMITOM, CE 30 juin 1999, Raymundie Ol., « Une régie intéressée peut être qualifié de marchés publics », *AJDA,* 2002, p.338 et s. De plus l'auteur précise que « Pour être « véritablement » intéressée, la régie doit confier au cocontractant de l'Administration la gestion du service public à ses risques et périls, c'est-à-dire moyennant une rémunération dépendant substantiellement des résultats de l'exploitation. Si l'intéressement du cocontractant est tel que l'équilibre financier du contrat ne peut être assuré que par la réalisation d'un intéressement positif, il est possible de parler de délégation de service public. Si tel n'est pas le cas, le contrat ne peut être qu'un marché public » ; v. aussi Douence J.-C., « Le critère financier de la délégation de service public à l'épreuve de la pratique contractuelle », in Mouvement du droit public- Mélanges en l'honneur de Frank Moderne, Dalloz, Paris, 2004, p. 501-520, surtout p. 505 : « Dans les droits classiques de concession ou d'affermage, la rémunération s'entend des recettes destinées à couvrir les charges d'exploitation. Depuis l'arrêt SMITOM, il peut aussi s'agir de la somme versée par le délégant au délégataire une fois couvertes les charges d'exploitation ».

[1]TA Dijon, 14 novembre 2000, *Préfet de la Nièvre, JC CMP,* mai 2001, p. 27 ; CAA Marseille, 5 mars 2001, *Préfet du Var, BJCP,* n° 20, p. 46.

Le concessionnaire assume le risque d'exploitation lorsque, dans des conditions d'exploitation normales, il n'est pas assuré d'amortir les investissements ou les coûts, liés à l'exploitation de l'ouvrage ou du service, qu'il a supportés »[1]. Ainsi, le critère de la rémunération pour la définition des contrats de concession paraît désormais négligé, cessant sa place au critère du risque[2].

321. Du point de vue économique, ce droit d'exploitation s'interprète comme la perception des redevances auprès des usagers du service. Ainsi, la redevance est définie en tant que « prix d'un service public acquitté par les usagers, ou " clients " du service public. Cette dernière appellation est censée exprimer une considération plus grande pour les utilisateurs des services publics, en raison notamment de la dévalorisation du mot "usagers " »[3]. Elle se distingue de la taxe, au sens de « recettes fiscales ou parafiscales, affectées ou non à un service, par exemple le versement transport acquitté par les employeurs, bénéficiaires indirects des transports en commun, et destiné au financement de ce service »[4]. En pratique, la distinction n'est pas toujours aisée. Tel fût le cas, par exemple, des péages autoroutiers, qualifiés de taxes[5] et ensuite de redevances[6]. Ce

---

[1] Article 5 de l'ordonnance n° 2016-65 du 29 janvier 2016. V. parmi une riche bibliographie à titre d'exemple Braconnier St., « Regards sur le nouveau droit des concessions », *JCP*, n° 14, 2016, doctr. 413 ; Delelis Ph., « Contenu et exécution des contrats de concession », *CMP*, n° 3, 2016, dossier 5, Clamour G., « Le nouveau droit des concessions », *DA,* n° 3, mars 2016, étude 5; Moiroux J., « Nouvelle directive sur les contrats de concession : quels impacts potentiels ou avérés sur la loi Sapin? », *JCP A*, n° 22, 2 Juin 2014, 2168.

[2] V. en ce sens Nicinski S., « Que reste-t-il de la délégation de service public ? », *AJDA*, 2023, p. 162.

[3] Sur- Le Liboux, M.-T., « Les prix et les services dans les délégations de service public », *AJDA,* 1996, p. 642. Sur la question de redevance v. également Dufau V., « À propos de la notion de redevance - 1re Partie », *DA*, n° 5 mai 2000, chron. 9. V. également, TA Paris, 12 décembre 2023, *SAS Autolib'*, req. n° 1919348/3-3, d'après laquelle le tribunal administratif de Paris a écarté d' office l'application d'une délégation de service public, en raison de la libéralité consente par la personne publique délégante, en méconnaissance des règles générales du contrat administratif, qui conduisait à une contribution majoritaire de l'autorité délégante aux pertes d'exploitation (autrement dit du risque subi par le délégataire) ; Lafaix J.-F., « La sanction de la libéralité publique incluse dans la concession Autolib' », *AJDA*, 2024, p. 1920.

[4] *Ibid.* v. également articles L. 2333-64 et s. CGCT.

[5] TC. 28 juin 1965, *Demoiselle Ruban, Rec.* 816.

[6] CE 13 mai 1977, *Cofiroute et autres, Rec.* 219.

qui distingue surtout la redevance de la taxe c'est le caractère proportionnel. La redevance est une somme payée en proportion de l'utilisation qui est faite du service. La taxe n'est pas proportionnelle à l'utilisation faite du service. Pour cette raison, les redevances doivent intégrer le coût du service ainsi que la rémunération du cocontractant de l'Administration[1]. Elles doivent également respecter les tarifs réglementés notamment en matière de contrats de gestion des services en réseau ou de monopole naturel, ou contractuellement fixés en cas de concession de l'exploitation des travaux ou des services[2].

b. En droit grec

322. Les contrats de concession en droit grec appartiennent à la fois aux contrats de concession au sens des conventions de délégations de service public du droit français, ainsi qu'aux contrats de partenariat. Cette confusion pourrait être justifiée par la préférence de la doctrine grecque à définir ces contrats plutôt qu'à l'aune de son objet[3]. En effet, les contrats de concession sont définis comme des contrats par lesquels l'Administration confie la gestion d'un service public à un opérateur économique[4], plutôt que des contrats en vertu desquels le cocontractant de l'Administration tire sa rémunération de l'exploitation du service.

323. L'adoption du critère de la contrepartie constitue le corollaire de cette définition. Cela était adopté par le truchement du décret présidentiel n°334/2000[5], transposant la définition européenne des

[1] Cabanes X., « L'usager et la rémunération du service rendu », *RFDA,* 2013, p. 482-485.

[2] Sur la question de la détermination des tarifs et de la rémunération tirée par les redevances perçues auprès les usagers, v. *infra*, n°561 et s.

[3] En guise d'illustration, v. Raikos D., *Droit des contrats publics (Δίκαιο Δημοσίων Συμβάσεων), op. cit.*, p. 99-107; Kitsos I., *Contrats de partenariat public-privé et contrats de concession (Συμπράξεις Δημοσίου Ιδιωτικού Τομέα και Συμβάσεις Παραχώρησης), op. cit.*, p.158-162 ; Gkitsakis I., *La concession de service et des travaux publics (Η παραχώρηση δημόσιας υπηρεσίας και δημοσίου έργου), op. cit.*, p. 73-189.Gerontas Ap., *Droit des travaux publics (Δίκαιο Δημοσίων Έργων), op. cit.*, p. 82-91.

[4] V. *supra,* n°147.

[5] Décret présidentiel n° 334/2000, *JO A'* 279/21.12.2000

contrats de concession de la directive n° 93/37[1]. La législation[2] ainsi que la jurisprudence grecque a admis à plusieurs reprises la concession prenant en considération le critère d'une contrepartie s'agissant du droit d'exploitation des travaux ou des services publics pour une période contractuellement déterminée[3]. Ainsi, le législateur grec a adopté ce critère d'origine européenne et l'a conservé jusqu'à aujourd'hui. En effet, le contrat de concession – des travaux ou des services – est défini en tant que contrat en vertu duquel la contrepartie du cocontractant de l'Administration consiste soit au droit d'exploitation des travaux ou des services faisant l'objet du contrat, soit à ce droit suivi d'un prix[4].

324. Le caractère dynamique de la rémunération tirée de l'exploitation des travaux ou des services est bien évident, puisque les redevances perçues auprès des usagers des services sont par définition fluctuantes. C'est notamment par l'anticipation de la condition du

---

[1] Directive 93/37/CEE du Conseil, du 14 juin 1993, portant coordination des procédures de passation des marchés publics de travaux, *JOCE* L 199, 9.8.1993, p. 54–83.

[2] V. article 9, paragraphe 4 de la loi n° 2052/1992 (*JO* 94/A/05.06.1992), qui prévoyait que « l'exécution des travaux publics suivant le système de la contreprestation ou de la prestation d'autres contreparties, ainsi que l'exécution de tout autre travail public financée plus que 50% par des tiers, est régie par la législation relative aux travaux publics, sous réserve des points suivants, selon le cas » (notre traduction).

[3] En guise d'illustration v. CE grec, arrêts n° 444/2024, 1786-1788/2021, 2744/2020 (Ass.), 1203/2020, 124/2015, point 6 et 3675 – 3676/2006, CE grec (comité des sursis), arrêts n° 415/2014, 378/2013, 142/2012, CAA d'Athènes, arrêts n° 189-190/2016, 437/2012, 611/2009, 619/2009, 764/2007. V. aussi C comptes grecque (Sect. VI), décision n° 679/2012, point 12 et CE grec (comité des sursis), arrêts n°141-142/2012, point n° 5, insistant sur le critère de la contrepartie s'agissant du droit d'exploitation pour qualifier un contrat de concession. À propos de l'évolution en matière jurisprudentielle, v. Trova El., « Le contrat de concession des travaux publics devant les juridictions grecques : un visiteur soudain et inattendu » (« Η σύμβαση παραχώρησης δημοσίων έργων στα ελληνικά δικαστήρια : ένας ξαφνικός και απρόσμενος επισκέπτης »), *DiDik,* 2003, n° 15 p.603-621 (not. p. 609-615). V. aussi Ligne directrice n°26 (décision 1/2021) de l'Autorité grecque unique des marchés publics, p. 26.

[4] Article 2, paragraphe 1, n° a (travaux) et b (services) de la loi n° 4413/2016. En ce sens, v. également les arrêts CE grec (comité des sursis), n° 208/2016, 55, 60-62, 81-3/2016, 342/2015 à propos de la perception des redevances 282/2006, 64/2009, 2/2012.

transfert du risque[1] par la jurisprudence que la définition de cette rémunération est mise en lumière. Au-delà de cette condition, on regrette d'autre indice précisant la nature de cette rémunération. La pratique contractuelle démontre bien qu'elle peut prendre différents modes, comme les dividendes versés aux parties d'un groupement d'entreprises. Dans ce cas, les cocontractants ont perçu des profits considérables, nonobstant le fait que le bilan de la concession était déficitaire.

c. *En droit allemand*

325. Le droit allemand se contente de la transposition des dispositions européennes pour la définition des contrats de concession[2]. Faisant appel à la forme du critère financier, les nouvelles dispositions de la Loi contre les restrictions à la libre concurrence (GWB)[3] précisent que la contrepartie des travaux consiste dans le droit à l'exploitation des installations effectuées pour une période déterminée[4].
Bien que la notion de la concession implique des difficultés conceptuelles qui échappent au champ de notre étude[5], on se satisfait de constater qu'en ce qui concerne les contrats de concession de droit privé, qu'ils sont définis, à la suite de la transposition de la directive européenne n° 2014/23, à l'aune de la contrepartie du cocontractant de l'Administration[6]. Cette contrepartie s'agissant au droit

---

[1] Article 2, alinéa 1, n° a (travaux) et b (services) de la loi n° 4413/2016, V. également CE grec, arrêt n° 606/2008, *ThPDD*, 1010, obs. Synodinos Ch.

[2] Défini en vertu des paragraphes §105 alinéa 1 GWB ainsi que §§3, 13 VgV

[3] Préci.

[4] V. OLG Celle, arrêt du 5 février 2004 (13 Verg 26/03), *NZBau*, 2005, n° 1, p. 51-52. V. également Knopp L., « Exploitation des papiers à travers de contrat de concession ?» (« Papierverwentung via 'Dienstleistungskonzession'?», *DöV,* 2004, n° 14, p. 604-610.

[5] V. *supra,* n°132-133.

[6] *Konzessionsvergabeverordnung (KonzVgV)* du 12 avril 2016 (*BGBl.* I p. 624, 683). Sur la question de la rémunération qualifiant les contrats de concession en droit allemand v. Ziekow/Völlink, *Droit de la commande publique* (*Vergaberecht*), 5e.éd., C.H.Beck, Munich, 2024, n°2- et s. à propos du paragraphe 105 de la Loi contre les restrictions de la concurrence. À propos de cette problématique en vertu de l'exemple des contrats d'échange des GES v. Jäger J., « « L'attribution des contrats d'échange de GES par les maîtres d'ouvrage sectoriels (qui seront à nouveau économiquement viables dès 2025) : contrat ou concession ? » « Die (ab 2025

d'exploitation du cocontractant de l'Administration, implique nécessairement une nature dynamique.

326. Nonobstant les précisions effectuées à la lumière de la directive concession, force est de constater que la rémunération tirée du droit d'exploitation d'un service n'est pas suffisamment précisée.

ii. Une forme de rémunération obscurément définie

327. Tout en respectant la dominance de la rémunération liée aux résultats de l'exploitation comme qualité du contrat de concession et sans y réduire sa valeur, nous hésitons à le conceptualiser uniquement en vertu de ces contrats. Cependant, sa définition paraît imprécise voire abstraite, un caméléon qui s'adapte au contexte dans lequel elle est stipulée et s'évolue, même dans le cas d'un marché public.

328. Afin que cette hypothèse puisse être compréhensive, nous tirerons des exemples par la jurisprudence française. En premier lieu, dans l'affaire *JC Decaux* précitée[1], le Conseil d'État insiste à la qualification en marché public d'un contrat de mobilier urbain, malgré le fait que le cocontractant de l'Administration tirait sa rémunération par l'exploitation du service, s'agissant d'une rémunération tirée des recettes perçues par une exploitation publicitaire, ou, autrement dit de « la renonciation des redevances par l'Administration »[2]. Dans ce cas, le raisonnement de la cour ainsi que les conclusions du Commissaire du gouvernement Casas, ont mis l'accent sur la fixation précise du montant de la rémunération. Cela ne semble pas s'opposer à notre raisonnement, au moins *a priori*.

329. En second lieu, il paraît inévitable d'ajouter une précision. Les recettes dérivées de l'exploitation en vertu d'un contrat de la commande publique, quel qu'en soit la qualification de ce dernier, pourraient être liées soit à l'exploitation du service public qui

---

wieder wirtschaftlich interessante) Vergabe des Handels von THG-Quoten durch Sektorenauftraggeber: Auftrag oder Konzession? »], *ZfBR* 2025, p.132.

[1] V. *supra* n°310 et s.

[2] *Ibid.* V. aussi CE, 3 juin 2009, *Commune de Saint-Germain-en-Laye,* préc. Voir aussi CE, 7 mars 2014, n° 372897, *CMP,* 2014, comm. 151, note Eckert G. ; *JCP A,* 2014, comm.32, note. Sée A; *JCP A,* comm. 2308, note Linditch Fl. :« le prestataire se rémunère sur les recettes d'exploitation des services et doit verser au CHU – Hôpitaux de Rouen une redevance sous la forme d'un forfait ou d'un pourcentage du chiffre d'affaires annuel ; que la rémunération du cocontractant est ainsi substantiellement liée aux résultats de l'exploitation ».

constitue l'objet du contrat, soit à une exploitation commerciale. Le premier cas s'applique aux contrats de concession, où la gestion d'un service public est étroitement liée à son financement par les recettes perçues à l'exploitation, ou, autrement dit, il s'agit de la rationalité pure du droit de concession. Dans ce cas, le montant de la rémunération versée au cocontractant de l'Administration est soumis aux fluctuations liées au marché, avec des paramètres comme la fréquence ou le volume d'exploitation du service, les variations des prix.

330. En ce qui concerne les recettes commerciales, il s'agit de recettes perçues en vertu d'une exploitation privative des biens qu'ils soient affectés soit non affectés au service public. La jurisprudence précitée illustre bien le cas, puisque les recettes perçues par l'exploitation publicitaire d'une part du réseau de mobilier urbain ni dérivent d'une gestion de service ni se lient directement au service public qui constitue l'objet du contrat[1]. Même si ces recettes constituent la contrepartie d'une gestion de service public, le contrat reste un marché public, puisque, selon la position du Conseil d'État, elles ne sauraient être conçues comme des deniers publics[2]. En ce sens, il s'agit de recettes publiques directement liées à l'exploitation d'un service public, par lesquelles le cocontractant de l'Administration peut tirer sa rémunération prenant la modalité des redevances périodiquement versées à lui. Dans ce cas, la jurisprudence renvoie à la condition d'une clientèle captive, afin de conserver la qualification du marché public, puisque « le volume serait

[1] *ibid.*

[2] Pour la définition des recettes appartenant à la comptabilité publique v. Loi n° 63-156 du 23 février 1963. À propos d'un marché portant sur la gestion de la régie publicitaire d'un journal municipal v. CE, 6 novembre 2009, *Société Prest'action,* req. n° 297811concl. Boulouis, *RJEP,* n° 671, janvier 2010, comm. 1.V. aussi Moreau D., « Le régime des recettes dans les contrats publics », *AJDA,* 2007, p. 1513 et s. ; « La rémunération du titulaire d'un marché public par des recettes propres », *CP-ACCP,* n° 97, mars 2010, dossier « Les marchés publics à quel prix ? », p 64-71. En guise d'illustration de la position contraire, selon laquelle ces recettes conservent leur caractère public et par conséquent elles sont soumises au principe de l'universalité des recettes publiques v. le raisonnement du premier ressort de l'affaire *Prest'action*, TA Dijon, 18 mars 2004, *Société Prest'action, AJDA,* 2004, p. 980, note Rousset O., ainsi que CRC Alsace, 15 novembre 1996, *Petitedemange, Entreprise Alpha, Communauté urbaine de Strasbourg, Rec. Cons. Cons., 1996*, à propos d'un marché d'enlèvement de déchets.

insusceptible de varier d'une année à l'autre »[1]. Ainsi, même le Conseil d'État français admet dans une certaine mesure les variations de la dynamique de la rémunération, quelle qu'en soit sa modalité, afin de distinguer de manière limpide les marchés publics par les conventions de délégation de service public. En outre, vers cette direction tendent également les dernières évolutions sur la notion de redevance et le rapprochement de ses deux variations, redevances pour service rendu et redevances d'occupation du domaine public, vers une conception plus dynamique, comportant un certain profit[2].

331. La définition de la rémunération liée aux résultats de l'exploitation étant ainsi vaste et les limites entre elle et le prix pas toujours aisé à discerner, il s'ensuit que la réponse se trouve probablement dans une redéfinition de la notion de la rémunération *per se*. En outre, l'affirmation d'une liaison substantielle entre la rémunération et l'exploitation paraît trop vague, soumis à des interprétations diverses, puisqu'elle n'est pas estimée de manière objective, comme selon un critère quantitatif par exemple. Par conséquent, la distinction entre marchés publics et contrats de concession ne cesse d'être un point obscur en pratique, même si on rapproche les différentes modalités de la rémunération par rapport à leur origine.

§ 2 – LES MODES DE RÉMUNÉRATION SELON LE DÉBITEUR DE LA CRÉANCE

332. Outre que selon le critère de sa modalité, on peut même classifier les différents types de rémunération à l'aune de son origine. Les deux ensembles servent la division des contrats aux marchés publics et contrats de concession. Leur lien étroit déduit le préjugé

---

[1]CE, 5 juin 2009, *Société Avenance Enseignement Santé,* n° 298641 ; Moreau D., « Prise en compte du caractère captif de la clientèle dans l'identification des contrats portant sur la gestion d'un service public », *RJEP,* janvier 2010, p. 22 et s. à propos d'un contrat ayant pour objet la gestion d'un service de restauration collective, notamment à destination des élèves des écoles municipales, stipulant une rémunération dont le 60% constituait des redevances perçues auprès les usagers. Pour la définition du caractère captif de la clientèle v. *infra*, n°345.

[2]V. *supra*, n° 31. À propos de la définition des redevances et leurs formes potentielles v. aussi *Redevances pour service rendu et redevances pour occupation du domaine public : étude adoptée le 24 octobre 2002 par l'Assemblée générale du Conseil d'État,* La documentation française, Paris, 2002.

qu'un prix est toujours versé par l'Administration ainsi que tout résultat de l'exploitation consiste en des redevances perçues auprès les usagers. En outre, les évolutions jurisprudentielles apportent une confirmation de cette position.

333. Nonobstant sa portée générale, cette règle donne un goût d'inachevé, relatif à son échec à compléter le critère de la modalité autant qu'intégrer toutes les possibles rémunérations en vertu des contrats de la commande publique. Certes, la pratique a émergé de nombreux exemples qui démontrent cette insuffisance ainsi que le dépassement du préjugé concernant la distinction des marchés publics des contrats de concession. Le problème se rend encore plus complexe dans les cas où la rémunération constitue le seul critère susceptible de donner une réponse aux ambiguïtés relatives à la qualification du contrat. La présentation de cette hypothèse, restant toujours fidèle à la classification classique des contrats de la commande publique, suivra le diptyque rémunération versée par l'Administration **(A)** et rémunération perçue auprès les usagers du service public **(B)**.

A. Une rémunération versée par l'Administration

334. Remontant à la définition traditionnelle des contrats de la commande publique, on retrouve la condition d'onérosité, au sens d'une réciprocité des obligations contractuelles qu'ils impliquent. Dans le cas des contrats qualifiés comme des marchés publics, l'obligation du versement d'une contrepartie rentable pour le cocontractant de l'Administration constitue d'un prix de valeur respective à la prestation fournie **(i).** Sous l'influence d'une conception étendue de la condition d'onérosité adoptée, la pratique contractuelle démontre bien que cette obligation de l'Administration ne s'épuise pas dans le cas d'une rémunération tirée d'un prix, mais elle peut prendre d'autres formes même en fonction de l'exécution du contrat, conservant cependant son caractère déterminable **(ii).**

i. La règle de versement d'un prix par l'Administration

335. Les contrats de la commande publique sont qualifiés à titre onéreux, ou, autrement dit, aux contrats dans lesquels l'Administration est chargée de verser à son cocontractant sa contrepartie. Quand le créancier de cette contrepartie est l'Administration, il est traditionnellement présumé que la rémunération est tirée d'un prix et que le contrat constitue un marché public. Par ailleurs, le versement d'un prix par l'Administration rend le contrat parfaitement synallagmatique puisqu'il y a une réciprocité croisée et l'une prestation s'épuise par l'autre, ou au moins en principe. On pourrait en déduire une assimilation de l'onérosité au cas du contrat parfaitement synallagmatique.

336. Même si le cliché que la contrepartie versée par l'Administration constitue un prix et que ce fait rend le contrat à un marché public, repose sur les dispositions des directives européennes et, par conséquent, sur les dispositions législatives nationales, il est en fait plutôt simplifié par rapport à la pratique contractuelle qui paraît assez complexe sur ce point. Ni tout contrat stipulant le versement d'un prix est toujours un marché public, ni toute contrepartie versée par l'Administration est toujours un prix. Cela dit, la rémunération doit être définie indépendamment de la classification artificiellement établie à propos des contrats de la commande publique.

337. Dès 1980 la Haute Juridiction administrative française a abordé la question de la rémunération tirée d'un prix versé par l'Administration en vertu des contrats de mobilier urbain et leur soumission aux marchés publics[1]. Ainsi, elle constate que dans le cas où l'objet d'un contrat n'est pas capable de définir le contrat, c'est l'origine de la contrepartie qui peut le faire, puisqu' « un élément caractéristique essentiel de la concession de service public fera en effet toujours défaut : le versement de redevances par les usagers en contrepartie des prestations qui leur sont fournies. C'est cette modalité de rémunération du cocontractant qui caractérise ce mode de concession ». *A contrario* on déduit que, dans le cas où la rémunération est tirée d'un prix versé par l'Administration, c'est un marché public, et pour aller plus loin, c'est l'onérosité qui qualifie le

[1]CE, avis du 14 octobre 1980, n° 327.449, Gaudemet Yv. et al., *Les grands avis du Conseil d'État, op.cit.* En fait, cette position de la Haute Juridiction française ne constitue qu'une reprise de la jurisprudence encore plus ancienne à propos de la qualification des contrats de concession, à laquelle renvoie l'avis lui-même (v. CE, décembre 1963, *Ville de Colombes, Rec.* p. 611 ; CE, 26 novembre 1971, *Société industrielle municipale et agricole de fertilisants chimiques et de récupération, Rec.*. 723).

contrat ; le prix, au sens strict du terme, n'en constitue qu'une modalité[1].

338. Alors, c'est l'obligation de l'Administration à verser une contrepartie à son cocontractant, d'où il tire sa rémunération, qui rend automatiquement le contrat à un contrat à titre onéreux. Cela paraît cohérent avec la solution que la jurisprudence met en œuvre[2]. Rappelant notre hésitation à propos de la fragilité d'une conception

---

[1]Richer L., Le droit des contrats administratifs, *op. cit.,* p. 339 et s. ainsi que CE, 11 décembre 1963, *Ville de Colombes*, préc. ; CE, 8 février 1999, *Préfet des Bouches-du-Rhône c/ Commune de La Ciotat, op.cit.* En ce sens v. Braconnier S., « Un contrat en péril: le marché d'entreprise de travaux publics. A propos des arrêts du CE du 8 février 1999, *Préfet des Bouches-du-Rhône c/ Commune de Ciotat* et du 30 juin 1999 *Département de l'Orne, Société Gespace France* », *RFDA,* 1999, p. 1172 et s. ; Douence J.-C., « Observations sur l'application à certains contrats de la distinction entre marchés et délégations fondée sur le mode de rémunération », *RFDA,* 1999, p. 1134 et s. ;

[2]CE, Ass., 4 novembre 2005, n° 247298 et 247929, *Sté Jean- Claude Decaux, Rec.* p. 478 : « … qu'en contrepartie des prestations ainsi assurées par la société Jean-Claude Decaux, la commune l'a autorisé à exploiter, à titre exclusif, une partie du mobilier urbain à des fins publicitaires et l'a exonérée de redevance pour occupation du domaine public ; que la cour a pu juger, sans commettre d'erreur de droit, que l'autorisation et l'exonération ainsi accordées constituaient des avantages consentis à titre onéreux par la commune en contrepartie des prestations fournies par la société alors même que ces avantages ne se traduisent par aucune dépense effective pour la collectivité ». À propos de cette jurisprudence v. concl. Casas D., « Les marchés publics comme contrats à titre onéreux », *RFDA*, 2005, p. 1083 ; Linditch Fl., « Le Conseil d'État fidèle à sa jurisprudence : les contrats de mobilier urbain sont des marchés publics de service », *JCP A,* n° 50, 2005, comm. 1381 ; Rolin Fr., « De la distinction entre marché public et délégation de service public », *Revue des Contrats,* n° 2, 2006, p. 485 et s.; Dieu Fr., « La notion de prix en matière de marché public de mobilier urbain », *LPA,* n° 177, 2006, p. 4 ; Ménéménis Al., Contrats de mobilier urbain : quelques éléments de réflexion sur les arrêts Decaux », *AJDA, 2006,* p. 120 ; Stourm G.- Seveno F.-Ol., « Le prix d'un marché n'est pas toujours payé en numéraire », *Revue Le Moniteur des travaux publics et du bâtiment,* 5 juillet 2013, p. 38-39. v. aussi l'avis antérieur du Conseil d'État à propos des contrats de mobilier urbain (CE, avis du 14 octobre 1980, n° 327.449, GaudemetYv. et al., *Les grands avis du Conseil d'État,* 3e éd., Dalloz, 2008, p. 141-150 comm. Richer L., ainsi que la jurisprudence pertinente : CAA Paris, 11 octobre 1994, *SARL Editor-Tennog,* req. n° 93PA01072 ; CE, 3 juin 2009, *Commune de Saint-Germain-en-Laye,* req. n° 311798, concl. Dacosta B. (rémunération tirée de l'exploitation sur une partie des terrains dans le cadre d'un contrat ayant pour objet la dépollution des terrains appartenant à une collectivité) ; CAA Paris, 19 mars 2013, *Société MCO Sports,* n° 11PA01978 (exonération des redevances pour occupation temporaire de domaine public et versement de redevances pour occupation par les buvettes).

jadis large du prix – même si elle sert son but, c'est-à-dire la soumission du contrat aux marchés publics – mais tout en respectant la pertinence de la solution donnée, nous constatons que c'est l'onérosité qui est le point critique, quelle que soit la modalité de la contrepartie versée. Or, il ne vaut pas la peine de recourir à une conception dégénérative du prix, lorsque la solution repose sur le caractère onéreux du contrat.

339. On rencontre la condition de l'onérosité également parmi les dispositions européennes. Si les anciennes directives « marchés » du 31 mars 2004 et la jurisprudence évoluée en la matière[1] ne la prévoyaient que pour les marchés publics et les concessions des travaux, les nouvelles directives de 2014 rendent la conception large de l'onérosité évidente. Ainsi, la directive 2014/23 à propos des concessions des travaux et des services, qualifie comme contrat à titre

[1] À cet égard v. CJCE, 12 juillet 2001, *Ordine degli Architetti delle Province di Milano et Lodi,* aff. C-399/98, ECLI:EU:C:2001:401, points n°76-86, à propos de la définition du caractère onéreux du contrat au prisme du rapport entre prestation et contreprestation, précisant que « p.76 : Selon la défenderesse et les intervenantes au principal, ferait en tout état de cause défaut le caractère synallagmatique du contrat, faute de contre-prestation à la charge de la commune. En effet, le paiement de la contribution aux charges d'équipement ou l'exécution directe des ouvrages d'équipement ne ferait pas pendant au droit du lotisseur d'obtenir le permis de construire, et la viabilisation des terrains, qui se situerait dans le cadre du processus de transformation du territoire, ne serait pas fonction du bénéfice que procure celui-ci ou de l'avantage qu'en tire le titulaire de l'autorisation de construire. p. 77 : Il convient de relever à cet égard que le caractère onéreux du contrat se réfère à la contre-prestation à laquelle procède l'autorité publique concernée en raison de la réalisation des ouvrages qui font l'objet du contrat visé à l'article 1er, sous a), de la directive et dont l'autorité publique aura la disponibilité. » V. Conclusions de l'avocat général Léger présentées le 7 décembre 2000 p. 35, 65 et surtout p. 91 et s. À propos de l'interdépendance des prestations, v. CJCE, 18 janvier 2007, *Jean Auroux,* aff. C- 220/05, ECLI:EU:C:2007:31, point n°45 (caractère onéreux quand la rémunération est tirée par des recettes de tiers) ; arrêt du 18 novembre 1999, *Teckal,* aff. C-107/98, surtout les conclusions de l'Avocat général Cosmas du 1er juillet 1999, p. 52, à propos de l'assimilation des contrats à titre onéreux et des contrats synallagmatiques : « … Ce contrat est synallagmatique et conclu à titre onéreux. Cela signifie que la directive s'applique, d'une part, lorsqu'il existe un concours de volontés entre deux personnes différentes, à savoir le pouvoir adjudicateur et le fournisseur, et, d'autre part, lorsque la relation réciproque créée consiste dans la fourniture d'un produit en échange d'une rétribution financière. Il faut donc qu'il y ait échange de prestations, création de droits et d'obligations pour les parties au contrat et que les prestations soient interdépendantes ».

onéreux les contrats où « un ou plusieurs pouvoirs adjudicateurs ou une ou plusieurs entités adjudicatrices confient l'exécution de travaux ou la réalisation et la gestion de services à un ou à plusieurs opérateurs économiques. L'objet de ce type de contrats est l'acquisition de travaux ou la réalisation de services par voie de concession, la contrepartie consistant en un droit d'exploiter les ouvrages ou services ou en ce droit accompagné d'un prix »[1].

340. D'une part, c'est admis que même la cession d'un droit à exploitation constitue une contrepartie accordée par l'Administration. Si le droit français a fait évoluer sa propre position en la matière, le droit allemand se délimite à la transposition et ensuite à l'interprétation des stipulations du droit européen. C'est précisément ce que le législateur allemand stipule à la condition de l'*Entgeltlichkeit* au § 97 et s. et § 103 GWB alinéa 1 à propos des marchés publics et des contrats de concession de travaux publics, transposant mot par mot la directive européenne[2]. De plus, la jurisprudence des cours allemandes a déjà effectué en ce point une

---

[1]Article 11 directive 2014/23. Voir aussi article 5 de la directive 2014/25 reprenant la définition du marché public comme contrat à titre onéreux, abrogeant l'ancienne directive générale à propos des marchés publics 2004/18.

[2] À propos de la définition du terme « *Entgeltlichkeit* » correspondant à l'onérosité du droit français, et sa conception large adoptée par la doctrine allemande v. Antweiler Cl.- Ziekow J., *Droit de la commande publique: Loi contre les distorsions à la libre concurrence – Commentaire (Vergaberecht: Gesetz gegen Wettbewerbsbeschränkungen – Kommentar)*, Beck, Munich, 2013 p. 159-160; Pünder H., «Commande publique» («Öffentliche Auftrag») in *Précis du droit de la commande publique (Kompendium des Vergaberechts),* Bundesanzeiger, Köln, 2013 pp. 189-245 et à propos dudit terme p. 211-213; Kulartz H.-P., Kus Al., Portz N., *Commentaire sur la Loi GWB- Droit de la commande publique (Kommentar zum GWB-Vergaberecht),* Werner, Neuwied, p. 370-373; Loewenheim, Meesen, Riesenkampff, *Droit de la concurrence Kartellrecht,* 2e éd. 2009, n° 29-32. À propos de la discorde de la doctrine entre la conception étroite et large v. Werner M.- Köster T., « L'interprétation de l'élément constitutif d' 'onérosité' au sens du §99 alinéa 1 de la Loi GWB » (« Die Auslegung des Tatbestandsmerkmals „entgeltlich" i.S. von §§99 Absatz I GWB»), *NZBau,* 2003, p. 420. À propos de la conception étroite v. Byok, J., Jaeger W., Bormann G., *Commentaire du droit de la commande publique- Explications sur les dispositions de la Loi GWB et du règlement VgV (Kommentar zum Vergaberecht: Erläuterungen zu den vergaberechtlichen Vorschriften des GWB und der VgV),* 3e éd., Verlag Recht und Wirtschaft, Frankfurt am Main, 2011, p. 213-214; Groeben, von der – Schwarze-Jürgen Tiedje- Peter Troberg, *Kommentar zum EU-/EG-Vertrag,* 6e éd. 2003, Article 50, n° 16-18.

transposition anticipée de ladite condition des nouvelles directives, admettant le caractère onéreux même pour les contrats de concession des services[1]. Cependant, les Cours d'Appel de Bayern et de Düsseldorf dissocient cette qualification ainsi que celle du contrat synallagmatique (*gegenseitig Vetrag*) par la réciprocité parfaite des prestations, endossant la qualification même dans le cas d'une rémunération tirée par les recettes de l'exploitation. En effet, la condition d'onérosité couvrant tous les contrats de la commande publique au sens du droit allemand, elle ne peut que les distinguer des contrats de l'Administration, restant inopérante à définir davantage la rémunération[2].

341. Ainsi, d'autre part, cela met en lumière une incertitude à propos de la distinction entre marché public et concession, ce qui nous renvoie à la problématique des contrats synallagmatiques, parfaits et imparfaits[3] et à la nécessité indispensable de remettre en cause la conception de la rémunération.

ii. La possibilité de versement d'autres formes de rémunération déterminable par l'Administration

342. De manière générale, il est banal d'affirmer que le champ d'application de cette règle se définit comme recouvrant l'ensemble des hypothèses qui ne sont pas couvertes par ses exceptions. Loin de

---

[1] Voir la jurisprudence relative à la définition large de l' « *Entgeltlichkeit* »OLG Düsseldorf, arrêt du. 12.1.2004 préc. (paiement en nature) ; Senat, WuW/E Verg. 3505arrêt du 12.01.2004 – VII Verg. 71/03 ; OLG Düsseldorf, arrêt du 5.5.2004 – VII-Verg. 78-03, *ZfBR*, 2004, p. 591-592 ; OLG Frankfurt a. M., arrêt du 7.9.2004-11 Verg. 11/04, *NZBau,* 2004, p. 692- 696 (surtout p. 694), note Gehlen H. v. ; OLG Naumburg arrêt du 3.11.2005- 1 Verg. 9/05, *NZBau,* 2006, p. 58-63 (surtout p. 62-63) note Gehler H.v., en vertu d'un marché des services ; à propos d'une définition étroite exclue dans le cas d'un contrat de concession v. KG, arrêt du 11.11.2004- 2 Verg. 16/04, *NZBau, 2005,* p. 538- 544 (surtout p. 541), note Gröning R.

[2]À titre indicatif v. OLG Brandemburg arrêt du 5 août 2001, *ZfBR,* 2007, p. 87 : « Dans le cas où, cen'est pas le pouvoir adjudicateur public qui rend la rémunération relative à une prestation fournie par un soumissionnaire, mais elle se lie à la relation entre l'usager/ locataire et le pouvoir adjudicateur, il n'y a pas de contrat à titre onéreux (*entgeltlicheVertrag*) » (notre traduction) ; OLG Düsseldorf, arrêt du 6 décembre 2007-VII Verg. 79/04, *NZBau,* 2005, p. 239, selon lequel, le contrat reste onéreux même s'il n'y pas de rémunération précise, mais elle constitue un droit à exploiter un service capable à rendre une rémunération (notre traduction).

[3]V. *supra*, n°257 et s.

vouloir faire fi de la règle prix-versement de la rémunération par l'Administration-qualification du contrat en marché public, force est d'admettre que la pratique contractuelle met en lumière des dérogations à ce triptyque. On se demande alors quel est le critère qui qualifie un contrat en marché public, le versement d'un prix, forfaitaire ou unitaire ou l'obtention d'une rémunération déterminée ou déterminable ?

343. D'un point de vue doctrinal, on retrouve chez un auteur partant de la définition de la rémunération versée en vertu des contrats synallagmatiques de l'Administration comme un « droit réel, civil ou administratif »[1]. En poussant ce syllogisme plus loin, il adopte une conception large de la rémunération versée par l'Administration qui peut consister en un droit, sans préciser, cependant, si cette possibilité est envisageable en dehors du champ des contrats de concession. Ce point prête à discussion.

344. Traditionnellement, la rémunération tirée d'un droit se réfère aux contrats de concession et au droit d'exploitation des installations ou des services. Or, il existe une probabilité de qualification d'un contrat en marché public malgré la rémunération tirée du droit d'exploitation. Tel est le cas des marchés dits « à prix négatif », la contrepartie du cocontractant de l'Administration étant dans l'abandon par l'Administration d'une recette née à l'occasion de l'exécution du marché. On en retrouve des exemples dans la jurisprudence européenne ainsi que nationale. En effet, la Cour de Justice a qualifié en marché public de travaux un contrat, la contrepartie convenue s'agissant à la renonciation de l'Administration à percevoir une contribution fiscale en contrepartie de la réalisation des travaux[2]. De

---

[1] Roquette R., « Contribution à la classification des contrats synallagmatiques de l'Administration », *AJDA,* 1995, p. 483. Selon une approche défendue par un auteur, la contrepartie au sein des contrats synallagmatiques de l'Administration, saurait soit un droit réel soit un droit personnel. Dans le premier cas, l'auteur distingue les droits réels civils, où la rémunération est payée en numéraire ou au moins elle est facilement convertible en argent, par des droits réels administratifs portant sur le domaine public et présentant une précarité inconcevable en droit privé (ex. inaliénabilité des biens publics). Dans le second cas, le titulaire ne dispose qu'une créance, qui principalement consiste à la jouissance d'une chose du domaine public ou privé à la fois, soumis au principe *intuitu personae,* et en effet invocable vers les tiers au contrat.

[2] CJCE, 12 juillet 2001, *Ordine degli Architetti delle Province di Milano et Lodi,* aff. C-399/98, *op.cit.* : Contrepartie s'agissant à la renonciation à la perception de la

même, le Conseil d'État a qualifié en marchés publics des contrats dont la contrepartie était dans l'abandon d'un « droit de fortage en tenant compte des charges incombant à l'opérateur et du bénéfice qu'il est en droit d'attendre »[1] ou des recettes tirées de l'exploitation commerciale des installations publics[2]. De même, les contrats de type Vélib qui « portent sur un service public (mise à disposition des habitants des vélos à des tarifs de location très attractifs) tout en permettant une rémunération du prestataire par l'exploitation publicitaire de mobiliers urbains qui peuvent être totalement déconnectés, physiquement et techniquement de ce service ». Force est alors de constater que, dans ces cas, la qualification en marché public ne repose pas sur le prix versé par l'Administration, mais dans le caractère déterminable de la contrepartie, consistant à la renonciation des recettes que l'Administration aurait dû normalement percevoir.

345. Empruntant une logique identique, le Conseil d'État français renvoie au critère de la captivité de la clientèle. Traditionnellement, on considère que la contrepartie versée en matière d'un contrat de concession de service public ou un contrat voisin, est assimilée à une cession de clientèle[3]. En revanche, une fois que cette clientèle est captive, le contrat saurait être qualifié en marché public[4]. Il en va de

---

contribution aux charges d'équipements en échange de réalisation du nouveau théâtre de Milan et d'une aire de stationnement.

[1] CE, 3 juin 2009, *Commune de Saint-Germain-en-Laye, op. cit* et surtout v. conclusions Da Costa B.

[2] CE, Ass., 4 nov. 2005, *Sté Jean- Claude Decaux,* req. n° 247298 et 247929, *op.cit,* et surtout voir les conclusions du Commissaire du gouvernement, Casas D., « Les marchés publics comme contrats à titre onéreux », *RFDA*, 2005, p. 1083.

[3]Roquette R., « Contribution à la classification des contrats synallagmatiques de l'Administration », *op. cit.* D'après cet auteur, « Lorsque l'Administration concède un service public, elle concède, c'est-à-dire cède temporairement à la personne privée, la clientèle du service public. Comme les propriétés incorporelles du droit civil, le droit sur la clientèle est une relation directe entre l'Administration et sa clientèle. La réalité du droit découle de ce qu'il est opposable à tous, car émanant de prérogatives de puissance publique. (...) Pourtant, l'unique différence est l'origine de la clientèle, acquise par la confiance en droit privé, résultant partiellement du monopole du service public en droit public »

[4] CE, 5 juin 2009, *Société Avenance Enseignement et Santé, op. cit* ; CE, 7 avril 1999, *Commune de Guilherand Granges op. cit.*, à propos de la qualification en marchés publics des contrats de distribution d'eau potable, bien qu'ils prévissent une

même pour un contrat portant sur la gestion de service public, qualifié en marché public, parce que l'équilibre financier du contrat était garanti par une subvention versée par l'Administration, visant à compenser les déficits réels d'exploitation[1]. Dans tous ces cas, le critère de qualification du contrat n'était pas ni le versement par l'Administration, ni la modalité du prix, mais la déterminabilité de la rémunération.

346. Ces considérations à propos du caractère onéreux des contrats de la commande publique, nous conduit au résultat que tous ces contrats comportent une rémunération déterminable par l'Administration. Cependant, une telle affirmation ne pourrait que susciter des ambiguïtés et pour aller plus loin, une rupture de la distinction des régimes différents appliqués aux marchés publics et contrats de concession. Une réponse fiable ne saurait être identifiée en vertu des contrats synallagmatiques. Ainsi, si tous les contrats de la commande publique sont qualifiés comme synallagmatiques et à titre onéreux, la distinction des variations de la rémunération selon son origine nous renvoie à repenser les contrats parfaitement et imparfaitement synallagmatiques. Par cette voie, les contrats, en vertu desquels la rémunération incombe aux pouvoirs adjudicateurs et elle est même payée par eux, constituent des contrats synallagmatiques parfaits, à la différence des contrats où la rémunération incombe au pouvoir adjudicateur, mais sera être payée par des tiers, qui sauraient être qualifiés comme des contrats synallagmatiques imparfaits.

347. Si ladite division paraît *a priori* opérante et aisée à s'appliquer dans le cadre des contrats de la commande publique, en pratique elle s'heurtait à plusieurs entraves plutôt relatives à la conception intrinsèque de la rémunération. Cela entraîne la nécessité de redéfinir la conception de la rémunération en prenant en considération des paramètres qui l'affectent de manière décisive. En effet, cette nécessité dérive également par le dépassement du postulat rémunération tirée d'un prix versé par l'Administration, ou rémunération liée aux résultats de l'exploitation, tirée par des redevances perçues auprès les usagers, comme il sera expliqué toute de suite.

---

rémunération du cocontractant de l'Administration proportionnelle à son volume d'activité.

[1] CAA Marseille, 3 décembre 2009, *Commune de Barcarés*, req. n° 09MA10797.

B. Une rémunération perçue auprès les usagers d'un service

348. Le choix du financement d'un service au sein d'un contrat de la commande publique, constitue une question dont la réponse est associée aux considérations non purement juridiques, mais également économiques et politiques. Ces considérations peuvent être résumées aux réflexions suivantes : l'utilité, le degré de priorité ainsi que leur efficacité, constituent les paramètres qui déterminent l'affectation du financement d'un service par le budget général. En revanche, dans le cas d'un contrat bénéficiant une certaine autonomie financière et un équilibre financier entre recettes et dépenses, il est admis qu'il peut tenir son financement par les usagers dudit service[1]. Cela dit, ils peuvent être distingués dans deux cas : dans le premier, le service public, qui constitue l'objet d'un contrat de la commande publique, est financé par les redevances perçues auprès ses usagers, d'où le cocontractant de l'Administration tire sa rémunération ; dans le second, sa rémunération ne s'affecte pas directement à l'objet principal du contrat, mais aux prestations corollaires.

349. La distinction est fondamentale, puisque jusqu'à la transposition des dernières directives relatives aux contrats de la commande publique, la question portait aussi sur le choix du régime appliqué, puisque les contrats ayant pour objet la concession d'un service public étaient exonérés du régime concurrentiel imposé par le droit européen. D'ailleurs, les hésitations en la matière ne pourraient que susciter des ambiguïtés relatives à la nature même des recettes perçues. Plus précisément, la question abordée portait sur la qualification de ces recettes soit comme des deniers publics soumis au régime spécial de la comptabilité publique, soit comme des recettes commerciales ordinaires. Encore une fois, la solution était cachée à la qualification du contrat, et par conséquent, à la nature de la rémunération perçue. On distingue alors la possibilité d'une rémunération perçue auprès les usagers d'un service public **(i)**, de la possibilité de sa perception auprès les bénéficiaires d'un service commercial **(ii)**.

---

[1]En ce sens, ainsi que pour une appréciation globale relative aux redevances perçues par les usagers d'un service public, v. *Redevances pour service rendu et redevances pour occupation du domaine public- étude adoptée le 24 octobre 2002 par l'Assemblée du Conseil d'État, op. cit.*, surtout p. 14-22.

i. Une rémunération perçue auprès les usagers d'un service commercial

350. Rappelons la jurisprudence française *J.-C. Decaux,* le Commissaire du gouvernement Casas renvoie à l'origine d'une rémunération tenue par les recettes publicitaires dérivées de l'occupation d'une certaine partie du réseau. Avant tout et afin de renforcer ses arguments à propos de la qualification du marché en tant que marché public non portant sur la gestion d'un service, il évoque de manière substantielle que les entreprises qui rémunèrent le titulaire ne pourraient pas être qualifiées en tant qu'usagers du service public[1]. Cela est évident pour deux raisons : ni l'exploitation publicitaire constitue une gestion du service public, ni les entreprises qui s'affichent aux publicités sont des usagers, mais les acheteurs d'un service commercial, qui est subsidiairement lié à l'objet du contrat. Toutefois, cette distinction entre l'objet principal et les services secondaires n'est pas toujours aisée à opérer, notamment en vertu des contrats portant sur la gestion d'un service public. Tel était le cas de l'exploitation d'un service de restauration municipale, où le contrat a conservé la qualification du marché public malgré le fait que le titulaire tirait sa rémunération par des recettes perçues auprès les usagers[2].

351. Le recours à l'origine des recettes perçues en vertu d'un contrat de la commande publique est rappelé à plusieurs reprises. Si le cas d'un contrat visant à la gestion d'un service public était clairement compréhensif, la qualification d'un contrat ayant un tel objet en tant que marché public n'est pas aisément appréhendable. Ainsi, le Conseil d'État a dépassé le postulat selon lequel un contrat portant sur la gestion d'un service constitue un contrat appartenant à la grande famille des conventions de délégation de service public, adoptant une position vers une redéfinition plus dynamique. De cette manière, la Haute Juridiction n'a pas seulement primé le critère de la

---

[1]CE, Ass., 4 nov. 2005, , *Sté Jean- Claude Decaux,* préc. ; v. concl. Casas D., « Les marchés publics comme contrats à titre onéreux », *RFDA*, 2005, p. 1083.

[2]CE, 5 juin 2009, *Société Avenance- Enseigenement Santé,* req. n°298641 ; Moreau D., « Prise en compte du caractère captif de la clientèle dans l'identification des contrats portant sur la gestion d'un service public », *RJEP,* n° 671, janvier 2010, comm. 3.

rémunération en dépit de celui de l'objet du contrat, mais elle va plus loin en renvoyant à la notion économique de la clientèle captive[1] afin de décrire une rémunération plafonnée. Plus particulièrement, s'il s'agit d'une clientèle majoritairement captive « dès lors que le volume des repas délivrés est insusceptible de varier d'une année à l'autre », la rémunération peut être aussi exprimée en unités fournies, rapprochant le cas d'un prix unitaire. Par cette voie, elle a saisi la distinction dynamique - statique à la qualification d'une rémunération et par conséquent à la typologie des contrats.

ii. Une rémunération perçue auprès des usagers d'un service public

352. Dans le cas d'une rémunération perçue auprès les usagers du service public[2] et non pas d'un service commercial comme celui qui vient d'être décrit, en principe il s'agit d'une rémunération qui se lie à la rationalité du contrat de concession et des contrats voisins. Il s'agit d'une rémunération étroitement liée à la gestion du service et incontestablement soumise aux fluctuations contingentes relatives à l'exploitation et le marché[3].

---

[1]V. CE, 7 avril 1999, *Commune de Guilherand- Granges,* préc. ; v. Bergeal C., « Notion du marché public », *AJDA,* 2009, p. 517 et s.; v. aussi CE, 5 juin 2009, *Société Avenance- Enseigenement Santé,* req. n°298641 ; Moreau D., « Prise en compte du caractère captif de la clientèle dans l'identification des contrats portant sur la gestion d'un service public », *RJEP,* n° 671, janvier 2010, comm. 3.

[2] À propos du concept de l'usager du service v. Nicinski S. *L'usager du service public industriel et commercial,* Collection Logiques juridiques, L'Harmattan, Paris, 2001. Il mérite à citer également que toutes les collectivités sont évidemment abonnées au service des eaux et de l'assainissement, sans que mention en soit faite dans le contrat, mais nous omettons à analyser ce cas, étant donné qu'il relève aux contrats entre personnes publiques qui se trouvent au-delà des limites de la présente étude.

[3]V. Douence J.-C. « Le critère financier de la délégation de service public à l'épreuve de la pratique contractuelle » in *Mouvement du droit public- Mélanges en l'honneur de Franck Moderne,* p. 501-520 :« Il ressort que le critère jurisprudentiel est confronté par la pratique contractuelle au dilemme d'une application rigoureuse, au risque d'accroître encore l'insécurité juridique des parties ou d'une application laxiste, au risque de perdre toute valeur explicative de ses solutions. Mais en réalité, le juge n'a pas le choix. La seule conception cohérente des recettes d'exploitation serait de les limiter à celles qui sont issues d'une demande solvable sur le marché. Mais les personnes publiques ne peuvent y adhérer dans la mesure où elles sont responsables de services publics dont la raison d'être n'est pas réductible à la logique

353. Cela dit, nous pourrons affirmer un certain dépassement des critères appliqués en vertu de la qualification de la rémunération. La nécessité de la soumettre à la division prix versée par l'Administration ou redevances perçues auprès les usagers, s'éloigne de la pratique contractuelle complexe qui dans la majorité des cas combine différentes formes de rémunération au sein du même contrat. Cette délimitation est imposée par la nécessité d'englober tous les contrats de la commande publique dans les deux catégories principales et par conséquent à leurs régimes. Cela nous conduit dans une impasse, où la seule possibilité serait de redéfinir la conception de la rémunération afin qu'elle corresponde à la dynamique du contrat.

Conclusion Section II

354. D'un point de vue objectif, la rémunération constitue la marge de profit engendrée dans la contrepartie convenue au sein d'un contrat de la commande publique. Or, une telle conception n'est pas toujours évidente, soit en raison de sa confusion conceptuelle avec la contrepartie et le prix, soit en raison de la négligence voire ignorance de sa nature dynamique. En effet, on ne confie une essence dynamique qu'à la seule rémunération liée aux résultats de l'exploitation. Or, cela n'est pas précis dans tous les cas. Sa définition actuelle paraît ainsi insuffisante pour correspondre à son rôle en tant que critère déterminant de la qualification du contrat de la commande publique en marché public ou en concession. Cela conduirait alors progressivement à l'abandon du critère de la rémunération et à la recherche d'autres critères.

---

de l'économie du marché. La pratique contractuelle impose donc au juge de rester dans le flou sur l'identification des recettes d'exploitation, pour ne pas ébranler les bases mêmes de la théorie du service public et elle l'empêche de cerner la réalité économique sur laquelle le critère prétend se fonder. (...) La rémunération du cocontractant doit ensuite être substantiellement liée aux recettes d'exploitation. Lorsque l'exploitant perçoit les recettes d'exploitation, la rémunération est directe. Lorsqu'il perçoit une prime, il faut en outre qu'elle soit calculée. Mais le respect formel d'un critère flou et équivoque ne suffit pas à caractériser une catégorie homogène des contrats. Le critère ne serait déterminant que s'il permettait d'identifier les conditions de l'équilibre financier de l'exploitation. (...) La condition est remplie par les contrats qui prévoient le versement d'une somme forfaitaire, aide ou prix peu importe, et laissent à l'exploitant le soin de trouver dans l'exploitation les ressources nécessaires pour équilibrer ses comptes ».

Conclusion Chapitre I

355. Partant de la définition typique de la rémunération en tant que droit le plus important du cocontractant de l'Administration, on est arrivé à une précision considérable, corollaire de sa conception en matière de contrats de la commande publique. Ainsi, d'un point de vue subjectif, la rémunération constitue un droit acquis du cocontractant de l'Administration, exercé dans le cadre de la compétence contractuelle de l'Administration. Cette définition implique nécessairement le recours au droit objectif qui le circonscrit et qui le précise.

356. D'un point de vue objectif et toujours au fil de la définition étroite retenue, la rémunération constitue la marge bénéficiaire du cocontractant que l'Administration contractante estime légitime lui consentir. Son identification en vertu des différentes modes de contrepartie témoigne une obscurité de la notion, entraînant un problème juridique classique : celui de la qualification du contrat. Ce problème puise ses racines à la persistance d'un postulat relatif à la modalité de la contrepartie et la catégorie du contrat : une contrepartie s'agissant d'un prix qualifie le contrat en marché public et une contrepartie s'agissant d'un droit de l'exploitation de service public qualifie le contrat en concession. Parmi eux, seule une rémunération liée aux résultats de l'exploitation implique une nature oscillante. Cependant, la pratique contractuelle met en cause ce postulat et rend la rémunération un critère insuffisant à décrire le contrat. Chez nous, cette insuffisance repose sur la négligence de la dimension dynamique de la rémunération, bien au-delà de la qualification du contrat.

Chapitre II – LA DIMENSION ÉCONOMIQUE

357. La rémunération est une condition financière du contrat, puisque les clauses qui la déterminent sont indispensables pour sa conclusion. Bien qu'elle soit intangible, elle subit les éventuelles fluctuations du contrat lors de son exécution. Elle constitue alors également un résultat financier du contrat de la commande publique. De ce point de vue, elle implique incontestablement une nature dynamique. Or, la confusion notionnelle entre contrepartie et rémunération renvoie souvent à la méconnaissance de cette dimension dynamique. Prenons l'exemple du décalage entre le prix initial et le prix de règlement : le prix initial « est celui qui est établi aux conditions économiques initiales définies dans le marché ; il résulte de la mise en concurrence ou de la négociation »[1] ; le prix de règlement est « le prix qui sera effectivement payé au titulaire du marché. Il résulte du prix initial (ou prix de base), auquel ont été appliquées les éventuelles clauses de variations des prix prévues dans le contrat qui permettent de prendre en compte les évolutions des conditions économiques applicables à la prestation faisant l'objet du marché »[2].

358. Les renseignements de la théorie économique peuvent contribuer à la compréhension de cette mutabilité, à l'aide de la notion du risque. Le contrat considéré comme acte de prévision, les parties tentent d'anticiper les éventuelles perturbations lors de l'exécution du contrat, ce qui, d'un point de vue contractuel, se matérialise par un partage de risque entre eux. En principe, celui qui endosse le risque est celui qui le maitrise le mieux, parce que ce risque est attaché à son métier ou à sa fonction. On peut distinguer trois catégories d'affectation : le transfert des risques au partenaire privé, la conservation des risques par la personne publique et le partage des risques entre les deux parties cocontractantes.

359. En matière de contrats de la commande publique, force est de constater une prégnance de la notion du risque, surtout après la directive européenne n° 2014/23 en matière des contrats de concession. Ces textes « ne se contentent pas de faire le lien entre

---

[1] V. Direction des affaires juridiques du ministère de l'Économie des finances et de la souveraineté industrielle et économique, *Guide sur le prix dans les marchés publics, op. cit.* p. 9.
[2] *Ibid.*

concession et risque, ils donnent des éléments de la définition du risque et éclairent sa combinaison avec la rémunération sous couvert de la contrepartie »[1]. Ainsi, la rémunération interprète la charge du risque endossé par le cocontractant de l'Administration, au sens d'un risque de perte ou de gain. Les renseignements de la théorie économique contribueront à la compréhension juridique du lien entre risque et rémunération **(Section I)**. Partant de l'exemple du risque d'exploitation en matière de contrats de concession, on peut retracer le lien entre risque et rémunération, quel que soit la modalité de la contrepartie d'où elle est tirée. En comprenant par cette voie la nature dynamique de la rémunération, on peut rationnaliser sa dimension économique **(Section II)**.

Section I – DE L'APPREHENSION DU LIEN ENTRE RISQUE ET RÉMUNÉRATION…

360. Le risque constitue une notion polysémique, répandue à plusieurs domaines scientifiques. Parmi ces connotations diverses relatives à sa mise en contexte à la fois, celle qui affecte la rémunération est sa connotation économique.

361. En effet, la signification ainsi que l'apport du risque à la définition de la rémunération abordées par les économistes, sont également approuvées par les juristes[2]. Le risque était largement employé par les juridictions administratives françaises, grecques et allemandes, toujours en conformité avec les interprétations de la Cour de justice de l'Union européenne. Si autrefois son établissement comme paramètre de la rémunération était sous-jacent, il est désormais codifié au sein des dernières directives en matière de marchés publics et concessions[3]. Cette évolution ne pourrait que susciter son retour au premier plan de l'actualité et son examen de nouveau.

362. Sous cette perspective, nous entreprenons la transcription d'une notion économique, celle du risque, dans le contexte de l'économie des contrats de la commande publique **(§1)**. Ces

---

[1] Pez Th., « Le risque, les concessions et les marchés », *RFDA*, 2016, p. 237.

[2] Deguergue M., v.°Risque, in *Dictionnaire de la culture juridique*, Lamy-PUF, 2003, p. 1372-1374.

[3] V. article 5 paragraphe 1, de la directive 2014/23, *op.cit.*, portant sur les contrats de concession.

considérations contribueront à l'appréhension du risque lors d'une rémunération assurée par les résultats de l'exploitation, seule modalité de rémunération dont le caractère économique est explicitement reconnu par les juristes **(§2)**.

§1 – LA TRANSCRIPTION DE LA THÉORIE ÉCONOMIQUE

363. D'emblée, force est d'admettre que l'analyse de la notion du risque dépasse largement le champ du droit. Sa compréhension et son traitement sont largement abordés par les autres disciplines, notamment celle de la science économique. En effet, les juristes utilisent les fruits des théories économiques pour rationaliser l'économie des contrats de la commande publique. Ainsi, l'appréhension du risque par rapport à la rémunération passe au travers de sa définition économique.

364. Avant de procéder à cette définition, il conviendrait de faire une précision conceptuelle préliminaire. Partant de l'acception que le risque est, par construction, un fait imprévu, on pourrait discerner trois niveaux de prévisibilité ; au premier niveau figurent les faits qui sont prévus avant leur réalisation, ensuite les faits qui ne sont pas prévus mais leur prévision paraît raisonnable au sens commun, c'est-à-dire qu'ils sont prévisibles et au dernier niveau sont des faits survenus qui ne pourraient pas être prévus malgré la prise en considération de toutes les données et paramètres. Sur ce point, la question qui se pose est de savoir quels sont les événements qui tombent sous l'emprise du risque. Est-ce que la notion du risque comprend l'ensemble des faits imprévus ou il faut la limiter à certains d'entre eux ? Au cas échéant, comment pourrait-on définir le risque ?

365. Ces questions préliminaires relatives à l'appréhension juridique du risque en matière de contrats de la commande publique doivent alors être répondues **(A)**, avant d'aborder la question du lien étroit entre risque et rémunération **(B)**.

A. La conception économique du risque retenue

366. Mettant en évidence les renseignements de la doctrine économique du risque, sa conception s'articule sur deux pivots : l'un relatif à la définition de sa nature bipolaire autour des notions de perte et de gain **(i)** et l'autre relatif à son niveau de prévisibilité **(ii).**

i. La définition d'une notion polysémique

367. La notion du risque souffre d'une hypertrophie de sa conception négative et d'une atrophie de sa conception positive. Par conséquent, le risque est fréquemment confus avec le péril et tout événement contingent à se réaliser, susceptible d'entraîner des conséquences défavorables **(i)**. Cependant, tel n'est pas toujours le cas. Le risque dispose d'un côté positif, parfois ignoré, qui prend la forme de chance et, par extension, l'obtention de profit **(ii)**.

a. La connotation négative évidente

368. Les premières considérations à propos du risque renvoient d'habitude à une notion négative qui tend à s'identifier avec le péril. Dans une certaine mesure, la pratique affirme ce côté du risque ainsi que la liaison étroite entre les deux notions.

369. D'une manière générale et selon son contexte scientifique, le risque pourrait prendre des sens suivants: « une mesure de la probabilité et de la sévérité des conséquences négatives d'un aléa sur la vie, la santé, les biens matériels ou l'environnement ; l'espérance mathématique des dommages, pertes en vies humaines, blessés, dommages aux biens et atteinte à l'activité économique au cours d'une période de référence et dans une région donnée, pour un aléa particulier; une mesure de danger associant une mesure de l'occurrence d'un événement indésirable et une mesure de ses effets ou des conséquences»[1]; « la probabilité de conséquences nuisibles ou de pertes supposées (vies, personnes blessées, biens, activité économique interrompue ou environnement endommagé) résultant d'interactions entre les aléas naturels ou humains induits et les conditions de vulnérabilité du milieu par rapport aux capacités de réduction des effets des désastres »[2]. Ainsi, une primauté du sens négatif du risque paraît indéniable.

---

[1] Villemeur A., *Sûreté de fonctionnement des systèmes industriels*, Eyrolles, 1988.

[2] V. le site de la Stratégie internationale de prévention des catastrophes des Nations Unies (UNISDR) version 2009 : http://www.unisdr.org/we/inform/terminology ainsi que la ressource électronique suivante : http://www.unit.eu/cours/cyberrisques.

370. En ce point, le noyau dur du sens du risque demeure le même : il implique un événement possible, prévisible ou pas, en premier lieu neutre, mais dans la majorité des cas ayant des conséquences négatives selon le contexte. Tel qu'il est, « un risque est un événement [qui] suscite crainte, anxiété, angoisse- peur »[1]. Ces sentiments reposent sur la conviction qu'un risque sera réalisé dans l'avenir. Bien évidemment, on comprend que le risque est intrinsèquement lié au facteur temporel, sa définition n'intégarnt que les événements futurs.

371. En dehors des calculs économiques et des approches rhétoriques, le risque trouve aussi une définition particulière dans le cadre juridique. Entreprenant d'interpréter le risque dans un contexte juridique, il se définit traditionnellement comme un « événement dommageable dont la survenance est incertaine, quant à sa réalisation ou à la date de cette réalisation ; se dit aussi bien de l'éventualité d'un tel événement en général, que de l'événement spécifie dont la survenance est envisagée »[2]. Néanmoins, il se trouve dans des branches du droit radicalement différentes, prenant chaque fois des sens concrets. Le risque trouve par définition un apport très large sur le terrain du droit privé et particulièrement dans le cadre du droit des assurances. En guise d'illustration, il conviendrait se référer à l'exemple du risque politique ou risque -pays[3] existant en droit international.

---

[1] Méric- Pesqueux- Solé, *La « Société du Risque » : analyse et critique, op. cit.*, p. 17.

[2] Cornu G., *Vocabulaire juridique*, Association Henri Capitant, PUF, Paris, 2011, *risque.*

[3] Il méritait d'ajouter qu'u niveau du droit international, on le retrouve dans sa version du risque- pays. Ce terme peut être défini « comme le risque de matérialisation d'un sinistre, résultant du contexte économique et politique d'un Etat étranger, dans lequel une entreprise effectue une partie de ses activités ». Le « sinistre « peut être causé par l'immobilisation d'actifs (confiscation de biens détenus à l'étranger, blocage de fonds, moratoire ou répudiation de dettes), la perte d'un marché à l'étranger, pour des raisons non commerciales, ou même une atteinte à la sécurité des personnes (B. Marois, *Le risque- pays,* PUF, Paris, 1990, p. 5). Franklin Root, limite l'analyse du risque - pays à la composante politique. Pour ce dernier, par exemple, il faut opérer une distinction entre « les risques de transfert » (restrictions potentielles sur les transferts de fonds, de produits, de technologie et de personnes), les risques opérationnels (résultant des procédures et réglementations gouvernementales) et les « risques sur le capital » (nationalisations, confiscations, expropriations). Il s'ensuit alors que le risque au sein du droit international remonte à un niveau plutôt politique, prenant la forme de la peur face à l'étranger (*ibid.*, p. 7-8).

372. La connotation négative du risque occupe sans doute la place dominante, même entendu au sens large, « d'une manière générale, il désigne un dommage dû à un événement indépendant du comportement et de la volonté des intéressés (fait fortuit, force majeure) »[1]. Ainsi, du point de vue juridique, le terme du risque est couramment employé pour exprimer le motif légitime d'une indemnisation ou d'une assurance rémunérée au sens des articles 1104 et 1964 du Code civil français[2], ainsi que pour décrire le cas de conditions imprévues de l'article 388 du Code civil grec (*Αστικός Κώδικας- ΑΚ*) et sur les paragraphes 631 et suivants du Code civil allemand (*Bürgerliches Gesetzbuch- BGB*)[3]. Cette définition de la rémunération pour l'endossement du risque, lui rattache une connotation positive, qui ne saurait être une question à écarter, tout en conservant une essence négative et à la fois mêlée avec des notions-voisines telles que le danger ou le péril.

b. La connotation positive sous-jacente

373. Remontant au langage juridique, même économique, il faut admettre que le verbe « risquer » signifie non seulement assumer un danger, mais également courir une chance[4]. D'ailleurs, elles paraissent

[1]Fortsakis Th. « La gestion administrative des risques en Grèce », in Centre des recherches administratives d'Aix-en-Provence – Bouches-du-Rhône, « La gestion administrative des risques en Europe », *Annuaire européen d'Administration publique,* Aix-en-Provence, 2001, p. 89.

[2] V. Lambert X.- Faivre Yv., Leveneur L., *Droit des assurances*, Dalloz, Paris, 2001, p. 266 : En stricte orthodoxie, il semble que le « risque » en assurance est l'événement redouté. Le vocabulaire courant est beaucoup plus extensif, et si le « risque » s'étend au dommage généré la Cour de cassation se référant aux article 1104, alinéa 2 et 1964 C civ., ne s'attache plus à la seule incertitude de l'événement visée par les deux textes, mais à l'aléa de « la chance de gain ou de perte » pour chacune des parties, c'est-à-dire à l'aléa du rapport économique final des prestations réciproques. (...) Le risque est également l'objet de la garantie, c'est-à-dire l'élément du patrimoine, l'activité ou la personne menacé par le risque- événement, et auxquels s'applique la garantie : par exemple, le risque est l'habilitation (risque simple) ou l'usine (risque industriel) assurée contre l'incendie et on parlera de « risque bien protégé » si l'immeuble est équipé par des moyens efficaces de prévention contre l'incendie ; V. Nicolas, « Contribution à l'étude du risque dans le contrat d'assurance », *RGDA,* 1998, n° 4, p. 367 et s.

[3] À propos de la distinction entre risque et aléa v. *infra* n°381.

[4]*Ibid.,* p. 9-10.

indispensables à l'aventure contractuelle soumise aux événements extracontractuels contingents. La Professeure Deguergue illustre bien le cas : « La notion du risque tend alors à intégrer un élément de choix conscient entre plusieurs options possibles, afin de prévenir l'irruption d'un aléa, entendu comme élément d'incertitude dans un acte ou une action, dont les chances de gains ou de pertes pour les intéressés vont être évaluées et intégrées dans le choix final »[1]. Il s'agit alors d'une question d'intention des individus à prévoir la survenance d'un aléa contingent et d'évaluation de sa valeur, soit positive soit négative. Le texte du Code civil français affirme une connotation positive du risque au sein de la définition des contrats aléatoires à deux reprises, une générale à l'article 1104 et en vertu de la définition spéciale des contrats aléatoires à l'article 1964[2]. Le législateur utilise alors l'expression « chance de gain ou de perte [...] d'après un événement incertain »[3], ainsi qu'il admet la possibilité tant des avantages que des pertes[4], afin de dessiner ces contrats qui comportent un aléa et dont les résultats dépendent de la survenance ou pas d'un événement incertain. Cet événement déterminant pour le contrat est le risque, éventuellement lié au hasard, à la fortune ou à l'aléa. Défini alors en tant qu'événement incertain, le risque entraîne des conséquences ambivalentes. Parmi eux, si les conséquences négatives sont aisément concevables car n'ayant pas besoin de précisions, la possibilité des conséquences positives ne saurait être exposée de manière explicite.

374. Partant du constat que l'alternance de possibilité de la perte et du gain est le caractéristique du risque en tant qu'événement incertain, il convient de préciser ce qu'est le gain contingent. À cet égard, c'est à l'aide de la science économique qu'on pourrait retrouver des illustrations remarquables.

375. Le lien entre profit et prise en charge des risques trouve ses racines au XVIIIe siècle, et à la théorie économique de Ricsh Cantillon : le profit obtenu par l'entrepreneur se définit par le risque qu'il accepte à assumer ainsi que par des anticipations divergentes

---

[1] Deguergue M., v. *Risque,* in *Dictionnaire de la culture juridique, op.cit.* V. également Kiss A., « Droit et risque », *APD,* 1991, p.49.

[2] Cette affirmation est pareille en vertu du droit allemand (v. §631 BGB) ainsi que du droit grec v. article 361 et s. du Code civil grec), puisque le concept bipolaire du risque est commun quelles que soient les dispositions qui le régissent.

[3] Article 1104 du Code civil français.

[4] Article 1964 du Code civil français.

qu'il forme sur le futur[1]. Au fil d'une grande discussion sur la notion du profit dès le début du XXe siècle, la doctrine économique a entrepris d'expliquer le lien entre profit et risque. Parmi de nombreuses théories en la matière, la *théorie dynamique* du J.B. Clark[2] ainsi que la *théorie du risque* du F.B. Hawley, tranchent la question de ce lien.

376. D'une part, au sein de la première théorie, J.B. Clark propose une distinction entre l'état statique, c'est-à-dire le cas-utopie où la société parfaitement organisée fonctionne de manière idéale, et les cinq catégories de changements contingents dus au progrès[3]. Bien que dans le premier cas la sécurité conserve les coûts et les prix de vente au même niveau et rende le marché à une routine sans finalité de gain. Toutefois, en réalité cela n'est pas le cas. Par contre, la survenance d'événements incertains constitue la règle, entraînant le *changement dynamique* (*dynamic change*) en vertu du marché ; les standards statiques ne restent pas les mêmes. Ces évènements entraînent des conséquences détriment ou au profit des entrepreneurs, ce qui conduit, de point de vue financier, à la perte et au gain à la fois. Malgré la richesse de cette théorie ainsi que sa contribution à la compréhension du marché dynamique et l'affirmation des deux faces du changement et de l'incertitude, J.B. Clark a échoué à établir une liaison solide entre le risque et le profit.

377. D'autre part, la seconde théorie, celle de F.B. Hawley qualifie la charge des risques par l'entrepreneur comme une condition nécessaire pour l'exercice de sa qualification, et, par conséquent, le fondement de ses revenus, en définissant le profit comme un « revenu persistant » (*residual income*)[4]. Même s'il se débarrasse de certains risques par la voie d'assurance, l'obtention du profit est justifiée par la charge elle-même, quelle qu'en soit la valeur. Si le risque avait la

---

[1] Cantillon R., *Essai sur la nature du commerce en général,* [1755], *Institut national d'études démographiques [Quissac, Dusserre-Telmon],* Paris, 1997 ; Kirat T., « Le risque dans le contrat administratif ou la nécessaire reconnaissance de la dimension économique du contrat », *op. cit.* p. 294-295.

[2]Ces deux théories sont citées par F. Knight afin qu'il fonde sa théorie, dans son ouvrage *Risk, Uncertainty and Profit, op. cit.,* p.31-48.

[3]Selon lui, les changements sont classifiés de manière suivante : augmentation de la population ; diminution du capital ; amélioration des méthodes de production ; changement des formes des établissements industriels et des points de vente ; les besoins des consommateurs sont multipliés (cité par Knight F., *ibid.*).

[4]Hawley F.B., *Enterprise and the Productive Progress,* New York, 1907.

nature d'une chance connue ou d'une probabilité mathématique, la récompense de prise de risque serait sans issue[1].

378. Ces considérations qui désignent la nature bipolaire du risque et l'alternance entre risque et profit, lui attachent éventuellement une certaine valeur. Dès lors, le risque ne saurait plus être conçu comme ayant une essence neutre. Par contre, prenant en considération une éventuelle chance de gain à côté du risque de perte, le risque se rend à une notion portant sur lui un jugement de valeur, une dynamique indéniable, due à l'alternance de ces deux faces. Prenant en considération toutes ces théories, Frank Knight, toujours fidèle aux indications de Cantillon, rend le lien entre risque et profit solide, en énonçant en 1921 de manière explicite sa théorie. Selon lui, le profit qu'un entrepreneur peut obtenir, constitue la compensation des risques non assurables qu'il accepte d'assumer[2]. Dès lors, le risque ne constitue ni une notion négative ni positive, *a fortiori* ni neutre. Par contre, ses deux conceptions constituent les deux faces d'une même pièce : celle de l'incertitude.

ii. Le risque en tant qu' « incertitude mesurable » (Mesurable Uncertainty)

379. Renvoyant à la théorie économique élaborée par Frank Knight[3] et J.M. Keynes[4], on remarque que ses fondateurs rattachent au risque la définition délicate d'incertitude *mesurable*. Ainsi, le risque peut être une grandeur économique calculable, au sens qu'elle est susceptible de s'exprimer par la voie des probabilités. Toutefois, il ne constitue qu'une seule possibilité. La transcription de la définition du risque en tant qu'*incertitude mesurée*[5] par le Professeur Pez, donne un goût d'inachevé. Le risque est potentiellement calculable et par conséquent prévisible. En effet, il est prévisible, puisque les intéressants acceptent de le prendre à leur charge, mais il n'est pas – du moins pas dans tous les cas – *a priori* entièrement calculé.

---

[1] Knight F., *Risk, Uncertainty and Profit, op. cit.*, p. 46.

[2] *Ibid.*, p. 48.

[3] *Ibid.*

[4] Keynes J.M., *A Treatise on Probability, vol. VIII*, Collected Writings, Mac Millan, Londres 1973 (1921), cité par Vidal L., « L'économie de la répartition des risques dans les contrats : les liens entre droit et économie », *op.cit.*

[5] *Ibid.*

380. Du surcroît, le rapport entre risque et profit apporte une confirmation d'un certain degré d'imprévisibilité inhérente au premier. Frank Knight identifie au profit la conséquence du risque non assurable. Ainsi, il accepte de manière implicite que le risque ne saurait être toujours calculé, car dans ce cas-là il saurait également être assuré. Il s'ensuit alors qu'une confirmation de la qualification du risque en tant qu'incertitude mesurée rendait sans issue l'obtention du profit. Certes, comme il l'indique en affirmant un sens d'imprévu « ce n'est donc pas le changement dynamique, ni aucun changement en tant que tel qui provoque le profit, mais la divergence des situations actuelles par rapport à celles qui ont été anticipées, et sur la base desquelles ont été conclus les engagements commerciaux »[1].

381. Au fil de ce constat, on ne saurait affirmer aussi que le risque tombe sous l'emprise du prévisible, puisque sa prévisibilité est la condition adéquate afin que l'intéressé ait l'intention de l'assumer : il est capable de le prévoir, il accepte sa réalisation contingente et il décide de le prendre à sa charge. Il se différencie de l'aléa, constituant une notion de valeur *a priori* neutre[2], comprenant tout événement incertain que les intéressés ne pourraient pas prévoir, mais ils sont forcés de le subir, sinon ils doivent se libérer de leurs engagements. Ainsi, « si tous les risques sont des aléas, tous les aléas ne sont pas des risques ». Par conséquent « [l]a certitude, autant que l'imprévision, chasse le risque [...] le risque alors constitue un aléa prévisible »[3] dans le cadre des précisions contractuelles et la variabilité d'une valeur[4] du fait des connaissances imparfaites sur l'avenir.

382. En outre, il semble que la charge d'un risque contingent puisse être soit prévue soit imprévue. Dans le premier cas, il s'agit de conditions imposées en vertu d'un marché ou stipulées par un contrat. Dans la seconde, il y a deux possibilités : soit l'événement incertain

---

[1]Knight F, *Risk, Uncertainty and Profit, op.cit.* p.38.

[2]Pour la définition de l'aléa v. Gabayet N., *L'aléa dans les contrats publics en droit anglais et droit français*, (préf. Lichère F.), coll. Bibliothèque de droit public, t. 288, LGDJ, 2015, n°6-9, selon lequel « elle désigne ainsi l'ensemble des événements susceptibles de modifier les conditions d'exécution des obligations initialement stipulées par les contractants. Constitue par suite un aléa tout événement dont la réalisation est incertaine, que l'événement ait été prévu ou non ». En ce sens, v. également Nicolas V., Essai d'une nouvelle analyse du contrat d'assurance, LGDJ, coll. Bibliothèque du droit privé » ; t. 267, 1996, paragraphe 131.

[3] Pez T., *Le risque dans les contrats administratifs*, *op. cit.*, p. 13 et p. 16.

[4] *Ibid.*, p. 16.

est prévisible, c'est-à-dire qu'il saurait être prévu selon l'expérience et tombe sous la notion du risque, soit imprévisible, en dépit de tout effort ou expérience humaine, et par conséquent il est inséré au champ de l'imprévision. La doctrine économique, affirmée par la doctrine juridique, définit le risque comme l'incertitude prévisible ainsi que mesurée, c'est-à-dire susceptible de s'exprimer aux probabilités calculables. Or, une telle affirmation ne suscite aucune entrave au lien entre risque et profit. Certes, ce dernier constitue le fruit de la prise en charge d'un risque qui, bien qu'il soit prévisible n'est pas assurable. « Le seul 'risque' qui conduise à des profits est une incertitude particulière provenant de l'exercice de la responsabilité suprême qui, par sa nature propre, ne peut faire l'objet ni d'une assurance, ni d'une capitalisation », constate Frank Knight[1]. En effet, la pratique contractuelle démontre bien qu'il n'existe aucune assurance capable de couvrir l'ensemble des pertes contingentes d'un entrepreneur[2].

383. Suite à ces précisions de nature économique envers la notion du risque ne sauraient que susciter d'ambivalences relatives à sa mise en place au contexte d'un contrat de la commande publique ainsi qu'à la conservation de son sens économique voire entrepreneurial. D'ailleurs, le risque prend une connotation financière affectant de manière favorable ou défavorable la rémunération puisqu'elle subit toutes les conséquences financières de l'évolution du contrat.

B. La mise en contexte du risque

384. La définition du risque au sens d'une incertitude mesurable signifie que le risque implique un conflit entre sa prévisibilité et sa réalisation incertaine. Or, sa prévisibilité ne saurait être confuse avec l'intention des parties, c'est-à-dire avec ce que les parties cocontractantes ont *a priori* accepté d'endosser. La notion de la prévisibilité est plus large que celle de l'intention : quand la première comprend tout événement qui saurait être prévu selon l'expérience et

---

[1] Quile J.-J., « L'incertitude et le risque : à propos de Frank Knight (1885-1972) » *Problèmes économiques* n° 2707, avril 2001, p. 4 et s. ; Vidal L., « L'économie de la répartition des risques dans les contrats : les liens entre droit et économie », *op. cit.*, p. 87.

[2] En ce sens, v. Vidal L., *L'équilibre financier du contrat dans la jurisprudence administrative, op.cit.*, p. 1124-1125.

les connaissances des parties, l'intention des parties est restreinte à ceux qui sont effectivement prévus au sein du contrat[1].

385. À l'aune de ces précisions conceptuelles, le risque est étroitement lié aux stipulations contractuelles **(i)**, ayant son expression financière dans la rémunération **(ii)**.

i. Le risque, expression économique du contrat de la commande publique

386. Les relations qui se nouent entre les personnes publiques et les titulaires d'un contrat de la commande publique sont définies par rapport à l'existence des asymétries d'information, du fait que les premières sont moins informées sur les paramètres de la fonction des agents privés comme l'effort, la productivité, le coût, la profitabilité que les secondes[2], ainsi que par la mise en œuvre de stratégies économico-politiques qui se déroulent sur plusieurs périodes[3]. L'existence d'une position avantageuse du titulaire en termes de distribution de l'information conduit par exemple au risque d'une exploitation abusive de cet avantage, et, par conséquent, à la perception d'une rente au détriment de la personne publique. Le problème se pose avec une acuité particulière à cause des comportements opportunistes des cocontractants de l'Administration. D'un côté, cette dernière est exposée également aux risques divers en demeurant le garant de la continuité de service public, quel que soit le destin de son cocontractant. De l'autre côté, les opérateurs privés exercent leurs activités entrepreneuriales dans un environnement incertain, surtout en cas de gestion du service public. C'est la raison pour laquelle le risque est souvent étroitement lié à la liberté

---

[1] Selon le Professeur Pez, cette précision renvoie à la distinction mathématique entre « aléatoire « et « conditionné «. On pourrait alors discerner trois indices du risque, en le cloisonnant aux contrats de la commande publique : son éventualité, sa prévisibilité et la volonté des parties. Les deux premiers indices sont déjà inhérents à la définition économique du risque quel qu'en soit le contexte Pez T., *Le risque dans les contrats administratifs*, *op.cit.*, p. 41

[2] Kirat Th. - Marty F., « L'économie de la répartition des risques dans les contrats administratifs : les problématiques économiques », in Kirat Th. (sous dir.), *Économie et droit du contrat administratif*, La documentation française, Paris, 2005, p. 53.

[3]Kirat Th. et al. « Le risque dans le contrat administratif ou la nécessaire reconnaissance de la dimension économique du contrat », *RIDE,* 2005/3 t. XIX,3, p. 219-318.

économique du cocontractant de l'Administration[1]. Néanmoins, il mérite de signaler que cette incertitude constitue en même temps la source de leur profit, aussi que l'aléa principal qui les affecte.

387. En effet, « le régime des contrats administratifs représente un compromis élaboré par la jurisprudence entre les prérogatives de l'Administration, qui correspondent à un risque politique et les garanties qui protègent les intérêts de ses cocontractants »[2]. Ce risque moral *(moral hasard),* lié aux comportements opportunistes des opérateurs économiques, susceptibles de mettre en cause l'exécution du contrat, est endossé exclusivement par l'Administration contractante, du fait de sa place en tant qu'acheteur public.

388. Outre que ce risque est lié notamment à l'attribution du contrat, une vaste palette de risques relatifs à l'exécution du contrat : risque lié aux hausses des prix ou aux dévaluations monétaires, risque du sol, aléas météorologiques, risque de trafic, risque des recettes et de dépenses. Ils peuvent être ainsi classifiés dans six catégories : « les risques liés à des événements imprévisibles ou extraordinaires résultant de l'action de l'homme ou de la nature, les risques politiques ou législatifs, les risques de construction, les risques d'exploitation, les risques commerciaux et, enfin, les risques de change et autres risques financiers ou fiscaux »[3]. Parmi eux, l'immense majorité des risques qui peuvent être partagés entre les cocontractants et, par conséquent, font l'objet d'un aménagement contractuel. Il s'agit notamment des risques d'exécution du contrat entrainant des obligations financières supplémentaires (risque de construction, risque

---

[1] V. en ce sens CJUE, 10 novembre 2022, *SHARENGO*, *op.cit.*, point n° 60, selon lequel « [i]l résulte de la comparaison de ces définitions qu'une concession de services se singularise d'un marché public par l'octroi au concessionnaire du droit, éventuellement assorti d'un prix, d'exploiter les services qui font l'objet de la concession, le concessionnaire disposant, dans le cadre du contrat conclu, d'une certaine liberté économique pour déterminer les conditions d'exploitation des services qui lui sont concédés et endossant, parallèlement, le risque lié à l'exploitation desdits services (voir, en ce sens, CJUE, 14 juillet 2016, *Promoimpresa e.a.*, C-458/14 et C-67/15, ECLI EU:C:2016:558, point 46) ».

[2] Marcou G., « L'expérience française de financement privé des infrastructures » in *Annuaire des Collectivités Locales de GRALE,* 1999, p. 79.

[3] Vidal L., « L'économie de la répartition des risques dans les contrats : les liens entre droit et économie », in Kirat Th. (sous dir.) *Économie et droit du contrat administratif, op.cit.,* p. 81-82. V. également Bernard C.- Yéo F., « Répartition et traitement des risques dans la commande publique », *AJDA*, 2025, p.23.

d'exploitation, risque commercial etc.), qui peuvent faire l'objet d'une évaluation en numéraire.

389. Cette allocation contractuelle des risques est particulièrement pratiquée à propos des contrats de partenariat public-privé. Supposant que ce dernier est avant tout une « stratégie d'action, qui se définit par rapport à des objectifs et en fonction de circonstances économiques et politiques données, et qui comporte l'établissement de relations stables entre les partenaires »[1], la forte présence du risque ne saurait étonner. En vue du renforcement de cet esprit de coopération entre les partenaires, le Livre Vert de la Commission européenne[2] faisant écho aux dispositions européennes ainsi que les textes législatifs qui les ont transposés dans les ordres juridiques nationaux[3], rattachent un caractère obligatoire à la stipulation de clauses contractuelles de partage des risques.

---

[1] Marcou G., « Le partenariat public-privé : retrait ou renouveau de l'intervention publique ? » in *Partenariat public-privé et collectivités territoriales,* coll. Les séminaires de la Caisse des dépôts, La documentation française, Paris, 2002, p. 13-50 (not. p.14). Toutefois, il mérite de citer que le partenariat public-privé n'est pas admise en tant que notion purement juridique, mais plutôt d'une notion empirique à regrouper certaines modalités de coopération.

[2] Livre vert sur les partenariats public-privé et le droit communautaire des marchés publics et des concessions, présenté par la Commission européenne le 30.04.2004, COM (2004) 327.

[3] V. la définition de cette catégorie des contrats : « Un marché de partenariat est un marché public qui a pour objet de confier à un opérateur économique ou à un groupement d'opérateurs économiques une mission globale ayant pour objet la construction, la transformation, la rénovation, le démantèlement ou la destruction d'ouvrages, d'équipements ou de biens immatériels nécessaires au service public ou à l'exercice d'une mission d'intérêt général et tout ou partie de leur financement. Le titulaire du marché de partenariat assure la maîtrise d'ouvrage de l'opération à réaliser. Cette mission globale peut en outre comprendre: 1o Tout ou partie de la conception des ouvrages, équipements ou biens immatériels; 2o L'aménagement, l'entretien, la maintenance, la gestion ou l'exploitation d'ouvrages, d'équipements ou *de biens* immatériels[,] ou une combinaison de ces éléments; 3o La gestion d'une mission de service public ou des prestations de services concourant à l'exercice, par la personne publique, de la mission de service public dont elle est chargée » (article L. 1112-1 CCP V. aussi à propos du droit grec Loi ° 3389/2005, et à propos du droit allemand Jennert C., « Partenariat Public-Privé, y compris concession de services et des travaux » (« Öffentlich –Private Partnerschaft einschließlich Dienstleistungs-und Baukonzession »), *op.cit.* v. également *supra* n°136, à propos des partenariats d'innovation prévus à l'article 31 de la directive européenne n° 2014/24.

390. En même temps, le risque recevant une conception économique profonde, du fait que toute évaluation du risque, s'interprète en une valeur numéraire et toute réalisation du risque entraîne un coût financier. Ce volet du risque est étroitement lié à l'équilibre financier du contrat. Postulant que le contrat va constituer le compromis entre les droits et les obligations des cocontractants, son équilibre financier prend la forme de point de référence, de pivot central dans le cas de survenance des faits imprévus par les stipulations du contrat. Thierry Kirat souligne ce sens économique du risque particulier à son apport aux contrats administratifs mentionnant que «[l] a théorie financière définit le risque comme la variabilité des flux de ressources anticipés, liés à la détention d'un actif nommé (il peut s'agir de la détention d'un titre financier ou du rendement d'un investissement). Face à cette variabilité, l'acheteur d'un titre peut exiger une compensation qui prend la forme d'une prime de risque »[1]. Ainsi, le risque, hors le préjugé négatif tendant à le confondre avec le péril, peut susciter également d'avantages de profit des personnes qui le subisse, prenant la forme d'une indemnisation ou d'une prime.

391. Indice de l'économie du contrat, le risque affecte les choix contingents concernant l'évolution de ces contrats. Au niveau en peu théorique, il contribue à la distinction des marchés publics et les contrats de concession. Certes, on pourrait presque parler de définition publiciste du risque tant le droit public « offre des dispositifs d'imputation des risques, en ce sens qu'il détermine [...] à qui, dans la société, il incombe de parer aux risques, d'en réduire l'impact, d'en réparer les conséquences »[2]. En bref, tout est organisé dans un contrat de la commande publique de façon à « prévenir les risques et en réduire l'impact »[3], comme on pouvait s'y attendre. C'est l'intérêt général qui l'impose. Cela ne se rend concevable qu'à travers des résultats financiers du contrat.

392. Si le contrat constitue le résultat de la volonté des parties, en même temps il représente leur volonté de contrôler des faits futurs, voire les faits incertains. Pour Maurice Hauriou, le contrat constitue

---

[1] Kirat Th., « Le risque dans le contrat administratif ou la nécessaire reconnaissance de la dimension économique du contrat », *RIDE,* 2005/3, t. XIX, 3, p. 295.

[2] Auby J.-B., *Le droit administratif dans la société du risque : Rapport public du Conseil d'État*, 2005, p. 351.

[3] Milhat C., « L'appréhension juridique du risque financier dans les contrats de gestion déléguée de service public », *CMP,* octobre 2006, n° 10.

« la tentative la plus hardie qui se puisse concevoir pour établir la domination de la volonté humaine sur les faits, en les intégrant d'avance dans un acte de prévision »[1]. Autrement dit, à travers les prévisions contractuelles, les aléas susceptibles de se réaliser lors de la vie du contrat, obtiennent un degré de prévisibilité, ils se transforment en risques. Par conséquent, l'allocation des risques au sein du contrat s'avère être « un outil de couverture du risque : plus les aléas sont circonscrits, plus la sécurité d'exécution est grande dans la mesure où la survenance des aléas ne déséquilibre pas l'économie du contrat »[2].

393. Il faut souligner que le risque doit être distingué, en premier lieu, de l'imprévision ainsi que de la force majeure[3], notions largement employées par les juridictions administratives au sein de modifications du contrat. Cela s'ensuit aisément par la définition même du risque, qui est susceptible de constituer l'objet des prévisions au détriment de ces deux notions qui par définition sont absolument imprévisibles. La réponse est pareille aussi pour le cas des *sujétions imprévues* qui tend à « colmater une brèche qui se produite dans une situation réglée par les techniques juridiques du déterminé »[4]. La nécessité de l'intervention du juge est alors mise en évidence dans la jurisprudence française. Les théories jurisprudentielles afférentes, fruits du pouvoir prétorien du Conseil d'État français, en témoignent. Entreprenant d'élaborer le traitement des situations exceptionnelles, elles s'éloignaient du concept d'une incertitude mesurable et, par conséquent ont affirmé leur distinction du concept du risque[5]. Autrement dit, « le risque est le plancher de l'imprévision »[6].

---

[1] Hauriou M., *Principes de droit public*, 2e éd., Sirey, 1916, p. 201.

[2] Kirat T. et al. « Le risque dans le contrat administratif ou la nécessaire reconnaissance de la dimension économique du contrat », *op. cit.* p. 299-300.

[3] À propos de la conception actuelle de la force majeure en matière des contrats de la commande publique, v. Dubreuil Ch.- A., « La force majeure en droit des contrats administratifs – Remarques sur l'actualité d'une théorie jurisprudentielle », *AJDA*, 2022, p. 2162.

[4] Hauriou A., « Le droit administratif de l'aléatoire », *op. cit.*, p. 203-204. V. à propos de la théorie des sujétions imprévues Amilhat M., « La théorie des sujétions techniques imprévues, une construction jurisprudentielle dépassée ? », *AJDA*, 2022, p. 2169.

[5] Pourtant, dans le cas de mesure prise par l'Administration ayant un impact sur le contrat auquel elle fait partie, au sens d'un *« fait du prince «,* il convient à discerner

394. Entreprenant de classifier les différents types de risque, on pourrait y identifier deux catégorisations potentielles. Selon la première, les risques peuvent être identifiés au moyen de deux grilles ; l'une chronologique en distinguant trois périodes : la période préliminaire, la période du développement et de construction et la période d'exploitation[1] (risques de conception, risques de construction, risques d'exploitation/maintenance)[2] et l'autre par nature (risque contractuel, risque économique, risque législatif et réglementaire, risque financier). Toutefois, il existe également une autre catégorisation traditionnelle, qui regroupe les risques dans six catégories : les risques liés à des événements imprévisibles ou extraordinaires résultant de l'action de l'homme ou de la nature, les risques politiques ou législatifs, les risques de construction, les risques d'exploitation, les risques commerciaux et, enfin les risques de change et autres risques financiers ou fiscaux[3]. Il convient alors d'examiner la mutation de cette typologie au sein des contrats de la commande publique à l'aune de ceux parmi eux qui sont susceptibles d'affecter la rémunération perçue par le cocontractant de l'Administration, admettons pourtant que cette liste ne saurait pas être exhaustive.

395. Une typologie des risques en matière de contrats de la commande publique est celle proposée par le Maître Vidal, qui dans sa thèse distingue six grandes catégories : les risques liés à des événements imprévisibles ou extraordinaires ressortissant soit de l'activité humaine soit de la nature, les risques politiques ou législatifs, les risques de construction, les risques d'exploitation, les risques commerciaux, et les risques de change et d'autres risques financiers ou fiscaux[4].

396. Plus précisément, en matière de projets d'infrastructure à financement privé, la Commission des Nations Unies pour le droit

---

le cas où une telle mesure serait prévisible, du cas qu'elle serait imprévisible. Sur ce point, v. *infra*, n°1050.

[6]Pez T., *Le risque dans les contrats administratifs*, *op.cit.*, p. 30.

[1]LichèreF. et al., *Pratique des partenariats public- privé, op. cit.*, p. 230-233.

[2]Bergère F. - Bezançon X. et al., *Le guide opérationnel des PPP, op. cit.*

[3]Kirat Th., Marty F., « L'économie de la répartition des risques dans les contrats administratifs : les problématiques économiques » in *Economie et droit du contrat administratif, op. cit.*, p. 81-82.

[4]Vidal L., *L'équilibre financier du contrat dans la jurisprudence administrative,* Bruyant, Bruxelles, 2005, p. 1113.

international commercial (CNUDCI) a adopté une typologie des risques assez pertinente en ce qui concerne les contrats de la commande publique, puisqu'ils considèrent plus ou moins le même groupe des contrats. Selon ce *Guide* alors, les risques contingents en cette matière peuvent être classifiés aux catégories suivantes : les risques relatifs aux événements imprévus ou extraordinaires échappant au contrôle des parties ; le risques politiques concernant des actes préjudiciables des pouvoirs publics (sous-classifiés au risque politique traditionnel, risque réglementaire et risque quasi-commercial) ; les risques de construction et d'exploitation (ex. risque d'achèvement, risque de dépassement des coûts de construction, risque de fonctionnement, risque de dépassement des coûts d'exploitation) ; les risques commerciaux liés aux évolutions du marché affectant les prix ou la demande, et enfin les risques financiers y compris les risques de taux de change susceptibles à réduire la valeur de change des liquidités tirées du projet[1].

397. Approfondissant sur la matière dans sa thèse, le Professeur Pez divise ces deux grandes catégories à l'aune de leur fonction contractuelle : les risques liés à l'exécution des obligations contractuelles et les risques tendant à leur inexécution. Á propos de la première catégorie il précise : « La comparaison entre les obligations contractuelles telles qu'elles ont été définies et telles qu'elles ont exécutés met en lumière un risque d'exploitation. Les cocontractants ne sont pas certains que la réalisation se conformera aux prévisions. Il n'en demeure pas moins que le contrat est respecté par les deux parties. Il s'agit d'n risque d'exécution du contrat administratif qui est révélé par l'écart entre la définition des obligations contractuelles et leur exécution »[2]. Cette catégorie des risques est clairement distinguée par la deuxième catégorie qui intègre les risques qui « changent le visage » du contrat pendant la période de son exécution. Dans ce cas-là « l'inexécution des obligations contractuelles n'est jamais certaine mais elle est prévisible, d'autant plus prévisible que le contrat est administratif et qu'il emporte avec lui l'application de règles générales qui lui sont particulières. Il s'agit alors d'un risque d'inexécution du

---

[1] *Guide législative sur les projets d'infrastructure à financement privé,* CNUDCI, 2000, disponible sur :http://www.uncitral.org/

[2] Pez Th., *Le risque dans les contrats administratifs, op.cit*, p. 110.

contrat administratif »[1]. Cependant, cette distinction n'est pas toujours aisée. Le rattachement d'un type de risque aux risques d'exécution ou d'inexécution dépend de son influence sur l'équilibre financier du contrat, c'est-à-dire s'il permet sa préservation ou s'il entraîne sa rupture.

398. En réalité, il ne s'agit jamais d'un transfert absolu du risque, mais d'un partage. Même dans le cas de concession de service public « [l]'État ne peut pas se désintéresser du service public [...] une fois concédé. Il est concédé sans doute, mais il n'en demeure pas moins un service public. La concession [...] n'équivaut pas à un abandon, à un délaissement »[2] pour emprunter justement les mots du Commissaire de Gouvernement Léon Blum. Ainsi, l'Administration, conservant toujours son rôle en tant que garant du bon fonctionnement de service public, n'est jamais totalement exonérée du risque qu'un contrat de la commande publique implique. Il apparaît alors plus précis voire cohérent de parler d'un partage de risque plutôt que d'un transfert de risque au cocontractant de l'Administration. D'ailleurs, au sein des services payables, la répartition du coût du service rendu fait part non seulement entre les parties au contrat mais aussi entre les usagers du service et les contribuables de la collectivité[3].

399. Toute perturbation au sein des contrats de la commande publique tombant sous la notion du risque, ne sauraient qu'avoir de conséquences directes sur l'économie du contrat. Ainsi, la traduction comptable du risque saurait capable de donner une réponse satisfaisante concernant le risque et l'économie du contrat. Cela dit à propos du rôle du risque à définir l'obligation, la réponse se cache en vertu de la contrepartie de l'obligation, ou autrement dit, de la rémunération.

ii. Le risque, dimension économique de la rémunération

400. Si on désirait donner une définition à l'ensemble de ces fluctuations au sein d'un contrat de la commande publique, on recourait au terme du risque. Sa portée sur la rémunération se

[1] *Ibid.*, p. 110-111.
[2]Note Blum L. sous l'arrêt CE, 11 mars 1910, *Compagnie générale française des tramways*, (préc.).
[3]Douence J.-C., « Les contrats de délégation de service public », *op.cit.*

décompose en deux stades : en premier lieu, les risques sont économiquement évalués et contractuellement partagés, déterminant *a priori* la rémunération initialement prévue ; en second lieu, lors de leur réalisation, ils impliquent nécessairement des conséquences financières susceptibles de mettre en cause l'obtention de la rémunération. Ainsi, le risque peut expliquer la différence entre la rémunération initialement prévue par le contrat et la rémunération effectivement tirée par le cocontractant de l'Administration, c'est-à-dire sa dimension dynamique.

401. Tout simplement, la rémunération résulte de la différence entre dépenses et recettes, lorsque les secondes dépassent les premières. Dans le cas contraire, le résultat de l'exécution ne constitue pas une rémunération mais une perte. D'un point de vue économique, ce rapport se rationnalise à travers le lien entre risque et profit. Rappelons la théorie knightienne[1], selon laquelle le seul profit possible est celui résultant des risques non-assurables, on pourrait distinguer deux hypothèses : en cas de réalisation d'un risque au fur et à mesure prévu par le contrat, la rémunération effectivement tirée par le cocontractant de l'Administration est la rémunération initialement prévu selon les prévisions contractuelles; dans le cas de non réalisation d'un risque, la rémunération s'accroît, engendrant les sommes pécuniaires prévus par le contrat au titre de ce risque. En revanche, cependant, la réalisation d'un risque entraînant de conséquences plus onéreuses que celles prévues par le contrat, peut mettre en cause la rentabilité du contrat et, par conséquent, le versement d'une rémunération au cocontractant de l'Administration.

402. Il s'ensuit alors que le risque s'identifie à la dimension économique de la rémunération, en tant qu'expression financière des fluctuations qu'elle peut subir ou qu'elle subit effectivement.

403. Empruntant les renseignements de la théorie économique et le rapport entre risque et profit, on peut arriver au résultat que le risque est inhérent à la rémunération, expliquant son caractère économique. L'exemple de la rémunération liée aux résultats de l'exploitation illustre le cas à merveille.

---

[1] V. *supra*, n°378-379.

§2 – L'EXEMPLE DU RISQUE EN VERTU DE LA RÉMUNÉRATION LIÉE AUX RÉSULTATS DE L'EXPLOITATION

404. En matière de contrats de concession, une dimension économique est traditionnellement rattachée à la rémunération substantiellement liée aux résultats de l'exploitation. Corollaire de la gestion du service public faisant l'objet du contrat, le risque d'exploitation ou risque opérationnel concerne le risque que le concessionnaire endosse, lorsque dans les conditions d'exploitation normales, ni l'amortissement de ses investissements n'est assuré ni les coûts supportés. Ainsi, le concessionnaire supportant un risque de pertes, sa rémunération n'est pas assurée. Autrement dit, le transfert du risque d'exploitation constitue l'expression financière du transfert de la responsabilité de gestion[1].

405. L'inhérence du risque à la rémunération dans ce cas est particulièrement évidente. On osait affirmer qu'il est en réalité le « synonyme d'incertitude quant au montant de la rémunération et au niveau du profit qu'est en droit d'attendre le gestionnaire »[2]. Il s'agit alors d'un risque de perte, mettant en évidence le caractère économique, et, plus précisément, le caractère aléatoire de ce type de rémunération. Son importance pour la compréhension de l'économique du contrat s'ensuit par sa sacralisation en vertu des dispositions de la directive européenne n°2014/23 en tant que critère de qualification du contrat de concession et de sa distinction des marchés publics[3].

---

[1] Llorens F., « Remarques sur la rémunération du cocontractant comme critère de la délégation de service public » in *Gouverner, administrer, juger : liber amicorum Jean Waline*, Dalloz, Paris, 2002, p. 301-318 (v. not. p. 308 et s.). V. en ce sens CAA Nancy, 29 novembre 2022, *SNC Parking Paixhans et la SA Holding Metz Saint Jacques*, req. n°19NC02318, *CMP*, 2023, comm. 48, note Hoepffner H. D'après cet arrêt , si le transfert du risque peut n'être que partiel, il doit tout de même être suffisamment conséquent.

[2] *Ibid.*, p. 315.

[3] Même avant la publication des directives du 26 février 2014, certains auteurs entrevoient à cette émergence de la notion du risque économique, une substitution de la rémunération par lui au sein du critère de distinction des contrats de la commande publique. En ce sens v. Lombard F., « La codification du critère de distinction marché/ concession : le critère du risque opérationnel », *JCP A,* n°18-19, 5 mai 2014, 2137. Cette tendance saurait entraîner une dissociation contingente du risque par la rémunération, surtout dans le cas où la rémunération soit dégradée en tant que *« simple élément du risque d'exploitation ».* En ce sens v. Kalflèche Gr., « Les

406. L'impact du risque d'exploitation à la définition de la rémunération met en lumière sa mutabilité, sa dimension économique. L'analyse du paradigme des contrats de concession contribuera à l'appréhension du lien entre risque et rémunération provenant du droit d'exploitation d'un service public d'un point de vue juridique en droit européen **(A)** ainsi que dans le droit national des États membres **(B)**.

A. À l'échelon européen

407. On regrette à affirmer que le droit dérivé de l'Union européenne en matière des contrats de la commande publique était jusqu'à récemment concentré surtout aux marchés publics des travaux, fournitures et services, ne se référant aux contrats de concession de travaux que de manière marginale[1]. Même pour les directives de 2004, la concession de travaux ne fût qu'une sous-catégorie des marchés de travaux, mais à la différence de sa mode de rémunération, laquelle était liée aux résultats de l'exploitation. Toutefois, dès la Communication interprétative de 2000, l'idée de « transfert de responsabilité d'exploitation » ainsi que le « risque d'exploitation » ou le « transfert au concessionnaire des aléas résultant de cette même exploitation » ont déjà fait timidement leur apparition[2].

---

concessions : faut-il avoir peur du rapprochement avec les marchés ? », *ibid.* v. en ce sens aussi CE, 5 juin 2009, *Sté Avenance Enseignement et Santé,* req. n°298641, *BJCP,* n°66, septembre - octobre 2009, p.393-398 concl. Dacosta*; CMP*, n°7, juillet 2009, comm. 36 note Eckert G.

[1]Communication interprétative de la Commission sur les concessions en droit communautaire n° 2000/C 121/02. La Communication se référant aux contrats de concession des travaux, définit en tant que tel (paragraphe 2.1.1) « un contrat présentant les mêmes caractères que les marchés publics des travaux à l'exception du fait que la contrepartie des travaux consiste soit uniquement dans le droit d'exploiter l'ouvrage, soit dans ce droit assorti d'un prix ».

[2]*Ibid.* Paragraphe 2.1.2. V. aussi la renvoie au critère du *risque économique* dans les conclusions de l'avocat général La Pergola A., présentées le 19 février 1998 sous l'arrêt du 10 novembre 1998, *Gemeente Arnhem et GemeenteRheden c/ BFI Holding BV,* aff. C-360/96, *Rec.* 1998I-06821, ainsi que les conclusions de l'avocat general Fennelly N., présentées le 18 mai 2000 sur l'arrêt CJCE, 7 décembre 2000, aff. C-324/98, *Telaustria Verlags GmbH- Telefonadress GmbH, op.cit.*, surtout points n° 28 et s. V. également CJCE, 22 juin 1993, *Commission c/ Danemark*, aff. C-243/89, ECLI:EU:C:1993:257 ; CJCE 25 avril 1996, *Commission c/ Belgique,* aff. C-87/94, ECLI:EU:C:1996:161, en se référant au critère du risque d'exploitation pour qualifier un contrat en concession.

408. Progressivement alors, la jurisprudence de la Cour a élaboré le critère du risque d'exploitation pour identifier une rémunération substantiellement liée aux résultats de l'exploitation **(i)**, afin que, codifier ce critère au sein de la Directive n° 2014/23 **(ii)**.

i. L'émergence du risque en vertu de la jurisprudence de la Cour de Justice

409. La distinction fondamentale entre marché et concession n'était pas toujours aisée à identifier. En absence d'une réglementation européenne consacrée aux contrats de concession, l'interprétation de la distinction pesait sur les épaules de la Cour de Justice. Par ce biais, approfondissant sur la nature de la rémunération liée aux résultats de l'exploitation, la Cour a adopté le critère du risque d'exploitation afin de la définir. Au fil d'une jurisprudence constante de la Cour, le risque d'exploitation, parfois appelé aussi risque économique, est établi en tant que notion consubstantielle de la logique concessive.

410. Or, tel n'était pas toujours le cas. Dans l'affaire *Commission c/ Italie,* la Cour de justice insistait sur le critère matériel de transfert de gestion d'un service public au cocontractant de l'Administration pour la qualification d'un contrat en concession. De sa part, l'avocat général Gulmann a entrepris à établir un lien entre gestion de service public et rémunération du cocontractant de l'Administration, en constatant que « ce sera toujours l'Administration publique qui prendra toutes les décisions importantes concernant l'organisation du jeu du loto et qui percevra les recettes de ce jeu, sur lesquelles elle versera la contrepartie convenue au concessionnaire »[1]. La contrepartie, cependant, ne s'identifie pas à la rémunération. Bien que la contrepartie soit liée aux recettes de l'exploitation des travaux ou des services, cela ne signifie pas que le contrat est une concession. La marge de profit, c'est-à-dire sa rémunération, n'est pas tirée de l'exploitation du service, mais d'une contrepartie convenue versée par l'Administration. C'est l'Administration qui endosse le risque d'exploitation, car la gestion du service lui incombe. Pour cette raison, si la forme de la contrepartie échoue à définir la concession, la rémunération peut le faire.

---

[1] Concl. Gulmann sous CJCE, 26 avril 1998, *Commision c/Italie*, aff. C-272/9, *op. cit*, p. 12..

411. Dans l'affaire *Parking Brixen GmbH*[1], la Cour définit clairement la rémunération liée aux résultats de l'exploitation : la rémunération tirée par des « montants versés par les tiers pour l'usage du parking concerné [...] implique que le prestataire prend en charge le risque d'exploitation »[2]. Tel est également la proposition de l'avocat général Kokott précisant le critère du risque économique de l'exploitation[3]. En revanche, dans l'arrêt *Commission c/ Italie* la contrepartie de l'opérateur s'agissant d'une redevance directement par le commissaire délégué, un montant fixe, calculé dans les conventions litigieuses en euros par tonne de déchets. Ces conventions lui garantissant une quantité annuelle minimale, « prévoient en outre l'adaptation du montant de la redevance dans l'hypothèse où la quantité annuelle effective de déchets transférée est inférieure à 95 % ou supérieure à 115 % de cette quantité minimale garantie » ainsi qu'une revalorisation annuelle en fonction des fluctuations du coût relatif au personnel, matières consommables et coût éventuel de maintenance, ainsi qu'un indicateur financier[4]. La rémunération ainsi prévue, n'implique aucun endossement de risque d'exploitation par le cocontractant de l'Administration et, par conséquent elle est qualifiée en prix.

---

[1]CJCE, 13 octobre 2005, *Parking Brixen GmbH.*, aff.C-458/03, ECLI:EU:C:2005:605, p. 85; V. aussi *AJDA*, 2005, p. 1983 et 2340; *CMP*, 2005, comm. 306 note Eckert G. ; Jennert C., « L'arrêt Parking Brixen: charge du risque d'exploitation comme critère de distinction pour la concession de service public? La CJCE met les communes avant la décision entre privilèges 'in-house' soumise en concurrence » („Das Urteil 'Parking Brixen' : Übernahme des Betriebsrisikos als rechtssicheres Abgrenzungsmerkmal für die Dienstleistungskonzession? Der EuGH stellt die Kommunen vor die Entscheidung für In-House-Privilegierung oder Beteiligung am Wettbewerb"), *NZBau*, 2005, p. 623.

[2] *Ibid.* p. 40.

[3] Concl. de l'avocat générale Kokott J. présentées le 1er mars 2005, surtout p. 31 : « ... Du point de vue économique, la Stadtwerke Parking Brixen AG peut ainsi recueillir les fruits des prestations qu'elle fournit, à savoir l'exploitation et le fonctionnement du parc de stationnement. Mais, simultanément, elle supporte aussi le risque économique de l'exploitation du parc de stationnement, puisqu'elle doit financer, avec les droits qu'elle perçoit des usagers, non seulement les frais courants, (...). Tous ces éléments laissant à penser qu'il s'agit, non pas d'un marché public de services, mais d'une concession de services ».

[4] CJCE, 18 juillet 2007 *Commission c/ Italie,* aff. C-382/05, ECLI:EU:C:2007:445, surtout points n° .35 et 36 ; v. *CMP*, 2007, comm. 238, note Zimmer W.

412. Tout au long de ces années, la jurisprudence en la matière paraît cohérente sans aucune rupture, affinant de plus en plus le critère. Certes, la Cour insiste à un transfert de risque d'exploitation aux épaules du cocontractant de l'Administration afin de qualifier un contrat en tant que concession[1], ce transfert du risque devant être « significatif »[2]. Tel est le cas « lorsque le contractant prend en charge l'intégralité ou au moins une partie significative du risque d'exploitation encouru par le pouvoir adjudicateur, même si ce risque est limité dès l'origine, et que ladite classification n'est en rien affectée par le fait que le pouvoir adjudicateur garantit une indemnisation dans l'hypothèse d'une concurrence future, à condition qu'une telle garantie n'affecte pas de manière significative l'étendue du transfert de risque (qu'il convient de distinguer du niveau de risque sur la base duquel chaque soumissionnaire potentiel appréciera son intérêt à participer à la procédure et le montant qu'il est prêt à offrir) »[3]. Ce risque, également appelé risque commercial, est inhérent à une rémunération qui provient du droit d'exploitation et suffit à la définir en tant que telle et justifier la qualification du contrat en concession même dans le cas où « ce risque est, dès l'origine, très limité en raison des modalités de droit public de l'organisation du service »[4] comme dans le cas des secteurs sensibles, comme celui de l'eau.

---

[1]V. en ce sens notamment CJCE, 10 novembre 2011, *Norma-A SIA Dekom SIA,* aff. C-348/10, ECLI:EU:C:2011:721, point n°44*:* « L'absence de transfert au prestataire de risque lié à la prestation des services indique que l'opération visée constitue un marché public des services et non pas une concession de services », *CMP,* 2012 comm 8, note Zimmer W. ; CJUE, 10 mars 2011, *Privater Rettungsdienst und Krankentransport Stadler*, aff. C-274/09, ECLI:EU:C:2011:130, points n° 26 -29 ; v. également les conclusions de l'avocat général Mazak J., présentées le 9 septembre 2010 (surtout points n° 29 et 36), ECLI:EU:C:2010:509 ; *CMP*, 2011, comm. 147, obs. Zimmer W., *DA,* 2011, comm. 45, obs. Noguellou R. , ainsi que CJCE, 11 juin 2009, *Hans & Christophorus Oymanns,* aff. C-300/07, ECLI:EU:C:2009:358, point n°72.

[2] CJUE, 21 mai 2015, *Kansaneläkelaitos*, aff. C-269/14, ECLI:EU:C:2015:329 point n° 32 ; CJUE, 10 mars 2011, *Privater Rettungsdienst und Krankentransport Stadler*, *op. cit,* point n° 29.

[3] Concl. Sharpston sur l'arrêt CJCE, 29 octobre 2009, *Club Hotel Loutraki AE-Athinaïki Techniki AE,* aff. C-149/08, présentées le 9 octobre 2009.

[4]CJCE, 10 septembre 2009, *WAZV Gotha c/Eurawasser,* aff. C-206/08, *op.cit.* ; *AJDA,* 2009, p. 1637 obs. Pastor J.-M.; *Petites Affiches,* 11 février 2010, n° 30, p. 3, note Glatt J.-M. ; CJCE, 10 novembre 2011, *Norma-A SIA Dekom SIA, op. cit.* point

413. L'application du critère du risque d'exploitation définissant la rémunération et la qualification d'un contrat de concession constitue alors une preuve tangible de ce lien étroit[1]. Dès lors, cette tradition cohérente en la matière est codifiée au sein du droit dérivé de l'Union européenne.

ii. ***La codification du critère du risque en vertu de la directive n°2014/23***

414. La cimentation de cette tradition jurisprudentielle et, avec elle, du lien entre risque et rémunération, ne saurait prendre une forme plus expresse, que celle de sa codification au sein de la directive n°2014/23 concernant les contrats de concession de travaux et de services. Au centre de l'analyse autour des contrats de concession, se trouve le transfert de risque d'exploitation au cocontractant de l'Administration. Cette émergence du risque comme critère de concession ne saurait toutefois susciter des ambiguïtés à propos du rapport entre risque et rémunération. Par contre, elle constitue une affirmation désormais codifiée de cette étroite relation. Si alors la directive mettre l'accent sur le risque d'exploitation, cela ne signifie pas ni qu'elle ignore la

---

n°44 : « L'absence de transfert au prestataire de risque lié à la prestation des services indique que l'opération visée constitue un marché public des services et non pas une concession de services ». Selon les conclusions de l'avocat général Villalón, présentées le 7 juillet 2011concernant l'arrêt CJCE, 10 novembre 2011, *Norma-A SIA Dekom SIA,* aff. C-348/10, *op.cit.,* ECLI:EU:C:2011:468, point n° 50, « le risque assumé par le prestataire de service pour que le contrat soit une concession de services doit non pas être un risque 'considérable en termes d'absolu', mais constituer au moins une 'partie significative' du risque que l'entité adjudicatrice assumerait en tout état de cause si elle fournissait elle –même le service en cause ».

[1] Voir aussi la position du Professeur Cossalter. Selon lui « En droit communautaire, la proposition de règlement relatif aux transports (COM 2002 107 final, cons.n°23) propose de définir la concession de service public comme « un contrat de service accordant à un opérateur le droit d'exploiter un service particulier, avec le risque économique lié au service en cause » et dans lequel « la majeure partie de la rémunération de l'opérateur provient des voyageurs, notamment par la perception des redevances ». Mais comme ailleurs, cette concession est intégrée au cadre plus vaste des contrats de service public consistant « en l'attribution à un opérateur du droit d'exploiter un service particulier, avec un transfert des aléas économiques liés au service en cause », la notion d'aléa économique n'impliquant pas de rémunération sur l'usager. Le critère de la rémunération a été remplacé par celui du « risque de la rémunération », Cossalter Ph., *Les délégations d'activités publiques dans l'Union européenne, op.cit.*, p. 257.

rémunération en la remplaçant par le critère du risque au sein des contrats de concession, ni *grosso modo* qu'elle dissocie l'un de l'autre.

415. Conservant l'association du risque à la rémunération consistant en un droit d'exploitation en vertu de la définition des contrats de concession, la directive n°2014/23 semble, cependant, mettre l'accent au critère du risque au détriment de celui de la contrepartie. Ce choix ne saurait étonner. Elle ne constitue guère une nouveauté radicale du droit européen en la matière. Par contre, il ne s'agit que d'une confirmation d'une tradition jurisprudentielle sans rupture, affirmant la nature économique de la rémunération au sein du risque[1]. Certes, la fonction explicative du risque visant à définir la rémunération ressort aisément du texte même de l'article 5.2 de la directive consacrée aux contrats de concession.

416. Au sens de la directive, la concession entreprend la consolidation du risque d'exploitation. Ainsi, il « devrait être considéré comme étant le risque d'exposition aux aléas du marché, qui peut être soit un risque lié à la demande, soit un risque lié à l'offre, soit un risque lié à la demande et à l'offre. Le risque lié à la demande désigne le risque portant sur la demande effective pour les travaux ou services qui font l'objet du contrat. Le risque lié à l'offre désigne le risque portant sur la fourniture des travaux ou services qui font l'objet du contrat, en particulier le risque que la fourniture des services ne corresponde pas à la demande. Aux fins de l'évaluation du risque d'exploitation, la valeur actuelle nette de tous les investissements, coûts et recettes du concessionnaire devrait être prise en compte de manière homogène et uniforme »[2]. Bien que cette définition soit cohérente avec la jurisprudence de la Cour de justice, on regrette un manque de clarté dans cette définition plus ample que celle correspondant au risque d'exploitation[3].

---

[1] Lombard F., « La codification du critère de distinction marché/ concession : le critère du risque opérationnel », *JCP A* n° 18-19, 5 mai 2014, ét. 2137. V. aussi Eckert G., « La directive sur l'attribution de contrats de concession ou l'affermissement du droit de la commande publique », *op.cit.* ; Llorens F. et Soler-Couteaux P., « La typologie des contrats de la commande publique résistera-t-elle à la réforme des directives marchés publics ? », *CMP* n° 10, octobre 2013, rep. 9. ; Kalflèche Gr., « Les concessions : faut-il avoir peur du rapprochement avec les marchés ? »,*op.cit.*

[2] Cons. n°20 de la directive 2014/23 ; V. aussi cons. 18-19.

[3] En ce sens, v. Lombard F., « La codification du critère de distinction marché/ concession : le critère du risque opérationnel », *op. cit.* ; Braconnier St., « La

417. Dès lors, on se trouve face à un paradoxe : la directive prévaut le critère du risque opérationnel pour la définition des contrats de concession, mais elle n'atteint pas sa définition précise. Eu égard à l'objectif de la distinction entre concession et marchés, le risque ne peut s'avérer un critère fiable. La question se pose notamment à propos de la distinction des marchés et des concessions des services, où l'objet du contrat est toujours la gestion du service. On hésite à affirmer que la prévalence du critère du risque au sein de la définition de la concession ainsi que sa dissociation au critère de l'objet du contrat donnera véritablement une réponse. Le transfert du risque peut être réduit au regard du secteur et des conditions d'exploitation - subventionnement du service, tarifs réglementés dans les secteurs spéciaux, garanties publiques[1]. Dans ce cas, le transfert de responsabilité de gestion caractéristique de la concession n'est appréhendé que sous son expression économique.

418. Au regard de ces défaillances, la rémunération *substantiellement* liée aux résultats de l'exploitation, telle qu'émergée par la jurisprudence française, engendre tant le transfert de la responsabilité (critère matériel) de gestion ainsi que le transfert du risque d'exploitation (critère financier).

B. À l'échelon national

419. Avant l'établissement du critère du risque comme critère de qualification des contrats de concession, ces contrats étaient considérés en tant qu'affaires nationales. Ainsi, le critère du risque d'exploitation était anticipé par le juge national. Il est émergé par la jurisprudence prétorienne du Conseil d'État français **(i),** la jurisprudence grecque **(ii)** et allemande **(iii)** empruntant une logique identique.

i. En droit français

420. La quasi-nouveauté de la directive européenne à propos de la définition des contrats de concession par rapport au critère du risque

---

consécration du critère du risque opérationnel dans la directive 'concession' », *CP-ACCP*, n° 141, mars 2014, p. 26-31.

[1] À ce propos v. l'analyse du Professeur Pez, *Le risque dans les contrats administratifs*, *op. cit.*, n° 636 et s.

d'exploitation trouve en réalité ses racines dans la jurisprudence du Conseil d'État français du début du XIXe siècle. On retrouve ainsi le transfert du risque définissant un contrat de concession dans l'arrêt du 30 mars 1916 *Compagnie générale d'éclairage de Bordeaux*[1] et les conclusions du commissaire du gouvernement Chardenet. Le concessionnaire est chargé alors de l'exécution du service public « à ses risques et périls ». On retrouve également à propos de l'exécution de la concession qu'elle s'effectue « aux profits, risques et périls de la société concessionnaire »[2].

421. Toutefois, le risque, en tant que notion susceptible d'expliquer la nature dynamique de la rémunération au sein de la concession, est évoqué de manière explicite au niveau européen pour la première fois par la Haute Juridiction au lendemain de la jurisprudence de la Cour de Justice *Société Parking Brixen*[3]. Plus précisément, dans l'arrêt du 7 novembre 2008, *Département de la Vendée*[4], le Conseil d'État qualifie une rémunération substantiellement liée aux recettes d'exploitation à l'aune de la prise en charge d'une part significative du risque d'exploitation par le cocontractant de l'Administration, même s'il ne s'agit que d'un déficit éventuel à sa charge qui peut s'élever à 30% de la contrepartie initialement prévue.

422. Certes, la rémunération subit des fluctuations liées aux résultats de l'exploitation, à cause du risque inhérent. Depuis l'arrêt

---

[1] CE, 30 mars 1916, *Compagnie générale d'éclairage de Bordeaux*, req. n°59928, *Rec.* 125, concl. Chardenet P. V. à ce propos également CE, 21 octobre 2019, Société Alliance, req. n° 419155.

[2] Parmi d'autres, v. CE, 18 novembre 1977, *Société Parc Automobile Rennes Central P.A.R.C.*, req. n° 98500 *Rec.* 455 ; CE, 26 juillet 1985, *Société Lyonnaise des eaux c/ TPG des Yvelines,* req. n° 45044, à propos du caractère aléatoire de la rémunération du délégataire.

[3] CJCE, 13 octobre. 2005, *Parking Brixen GmbH.,* aff.C-458/03, *op.cit.*

[4] CE, 7 novembre 2008, *Département de la Vendée,* req. n° 291794, *Rec.* (tables), *DA,* n° 1, janvier 2009, comm. 5 ; *BJCP*, n° 62, 2009, p. 55-60, concl. Boulouis N. ; Capitant D., « Le risque économique, nouveau critère de la délégation de service public », *Revue Lamy des Collectivités territoriales,* n° 43, février 2009, p. 40-43 ; Pez Th., « Le risque d'exploitation et la rémunération substantiellement liée aux résultats de l'exploitation (À propos de l'arrêt du Conseil d'État du 7 novembre 2008, Département de la Vendée) «, *op.cit.* V. aussi l'affirmation immédiate de cette jurisprudence, CAA Paris, 16 décembre 2008, *Commune Boulogne- Billancourt, CMP,* n° 3, mars 2009, comm. 97, note Delacour Er.

SMITOM [1], le Conseil d'État français a précisé qu'un pourcentage de 30% de la rémunération lié aux recettes, suffisait à assurer le caractère substantiel, dû au risque d'exploitation assumé. Le pourcentage était réaffirmé au sein de l'arrêt du 7 novembre 2008, *Département de la Vendée* qui évoque le critère du risque afin de définir une rémunération tombant sous l'emprise de l'article L. 1411-1 du CGCT et à la condition de la rémunération substantiellement assurée par les résultats de l'exploitation. Comme le précise Catherine Bergeal dans ses conclusions sous l'arrêt *SMITOM*, « ces recettes d'exploitation ne doivent pas nécessairement être majoritaires mais elles ne peuvent être insignifiantes. Il serait vain de fixer un pourcentage précis. Ce qui est déterminant pour s'assurer de l'existence d'une responsabilité réelle du délégataire dans la gestion du service public, c'est enfin de compte, que l'équilibre financier du contrat dépend des recettes engendrées par l'exploitation du service ». Encore plus extrême paraît la position selon laquelle même la charge d'un déficit de 10% saurait être important « l'équilibre financier dépendait bien de l'exploitation puisque l'exploitant n'avait aucune certitude de réaliser un bénéfice »[2]. Par cette voie, la Haute juridiction évite la précision quantitative de la qualification « substantiel », en ne fixant aucun seuil. Le critère crucial semble être le transfert de responsabilité.

423. L'absence d'un seuil de dépendance entre rémunération et résultats de l'exploitation ainsi que les nuances autour de l'expression « substantiellement liée aux résultats de l'exploitation » indiquent un faible rapport entre rémunération et résultats de l'exploitation. Or, le renvoi à la notion du « risque d'exploitation »[3] ne semble pas résoudre les ambiguïtés, conservant une ambiance d'insécurité juridique. Certes, son transfert au cocontractant de l'Administration paraît indispensable pour qualifier une rémunération liée aux résultats de l'exploitation. Toutefois, il n'existe ni indicateur quantitatif

---

[1] CE, 30 juin 1999, *Syndicat mixte du traitement des ordures ménagères centre-ouest seine et marnais (SMITOM)*, req. n° 198147 *AJDA,* 1999, p. 714, concl. Bergeal ; *RFDA,* 1999, p. 1147, note Vidal L.

[2] CAA Marseille, 5 mars 2001, *Préfet du Var,* req. n°09MA01752 *BJCP*, n° 20, 2002, p. 53, note Maugüé Ch ; *AJDA,* 2001, p. 968, note Marcovici L.

[3] CE, 9 juin 2021, *Ville de Paris*, req. n° 448948 et 448949, *CMP*, 2021, comm. 247, note Eckert G. V. en ce sens, Vincent- Legoux M.- C., « Contrôle du juge de cassation sur la qualification juridique des faits de transfert d'un risque d'exploitation », *AJDA*, 2022, p.1408.

permettant d'en apprécier la réalité ni seuil de dépendance susceptible d'être objectivement déterminé. La qualification « substantiellement » n'est appréciée qu'*ad hoc.* Ainsi, le risque est incontestablement estimé mais parmi d'autres critères pour la qualification d'une rémunération provenant du droit d'exploitation.

424. D'ailleurs, la jurisprudence de la Haute Juridiction administrative française admet l' inhérence du risque à la définition de la rémunération. Tel est le cas de l'arrêt du 7 mars 2014 *CHU-Hôpitaux de Rouen*[1], où le Conseil d'État français, au sein d'une rémunération par la perception du montant des abonnements souscrits par les personnes hospitalisées qui comportait aussi le versement d'un pourcentage du chiffre d'affaires ou d'un forfait. En l'espèce, le juge ne semble pas s'intéresser à la charge d'un risque pour le cocontractant de l'Administration, en appliquant le critère du pourcentage du chiffre d'affaires afin de définir une rémunération substantiellement liée aux résultats de l'exploitation et qualifier un contrat en tant que délégation de service public au sens de l'article L. 1411-1 du CGCT. Le cocontractant de l'Administration supporte une partie significative du risque d'exploitation[2], s'agissant d'un risque « d'insuffisance des résultats de son exploitation, c'est-à-dire entre les produits qu'il encaisse et les charges correspondantes »[3]. Une telle indication paraît suffisante à expliquer des fluctuations d'une rémunération liée aux résultats de l'exploitation.

425. À l'inverse, dans les cas où la contrepartie du cocontractant de l'Administration est un droit d'exploitation, l'absence de transfert du risque signifie que le contrat ne saurait être qualifié en marché public. Prenons l'exemple des contrats de mobilier urbain. L'abandon des recettes publicitaires dans l'affaire *Décaux*[4], ou même l'abandon des

---

[1] CE, 7 mars 2014, *CHU- Hôpitaux de Rouen,* req. n°372897; *JCP A,* n° 38-39, 22 sept. 2014, 2269, note Amilhat M. ; *CMP,* 2014, comm. 151, note Eckert G. ; *DA*, 2014, comm. 32, note Sée A.

[2] CE, 19 novembre 2010, *Dingreville c/ Commune de Beauvais*, req. n° 320169 ; *JCP A*, 2011, 2180 ; *CMP,* 2011, comm. 22, note Eckert G ; CE, 1er avril 2009, *Communauté urbaine Bordeaux et Société Koélis,* req. n° 323585, *CMP,* 2009, comm. 162, note Soler-Couteaux P.

[3] CAA Paris, 25 mars 2010, *Association Paris Jean Bouin et Ville de Paris*, req. n° 09PA1920, *BJCP*, 2010, n°71, p. 297;

[4] CE, Ass., 4 nov. 2005, n° 247298 et 247929, *Sté Jean- Claude Decaux, op. cit.*

recettes du festival dans l'arrêt *Commune de Six-Fours-Les-Plages*[1] n'impliquaient aucun risque significatif d'exploitation pour le cocontractant de l'Administration, sa rémunération s'assimilant en réalité à un prix[2]. Cependant, il est admis que le caractère captif de la clientèle n'est pas toujours suffisant pour faire disparaître les aléas du marché, qui sont liés à l'offre et à la demande, notamment, dans le cas où le cocontractant se rémunère intégralement sur les usagers et ne perçoit aucune subvention[3].

426. À la lumière des dispositions européennes de la directive n°2014/23 du 26 février 2014, l'article L.1121-1 du Code de la commande publique[4], renvoient au critère du risque: « Les contrats de concession sont les contrats conclus par écrit, par lesquels une ou plusieurs autorités concédantes soumises à la présente ordonnance confient l'exécution de travaux ou la gestion d'un service à un ou plusieurs opérateurs économiques, à qui est transféré un risque lié à l'exploitation de l'ouvrage ou du service, en contrepartie soit du droit d'exploiter l'ouvrage ou le service qui fait l'objet du contrat, soit de ce droit assorti d'un prix. La part de risque transférée au concessionnaire implique une réelle exposition aux aléas du marché, de sorte que toute perte potentielle supportée par le concessionnaire ne doit pas être purement nominale ou négligeable. Le concessionnaire assume le risque d'exploitation lorsque, dans des conditions d'exploitation normales, il n'est pas assuré d'amortir les investissements ou les coûts qu'il a supportés, liés à l'exploitation de l'ouvrage ou du service »[5]. Au

---

[1] CE, 23 mai 2011, *Commune Six-Fours-les-Plages*, req. n° 342520, Rec. (tables) ; *BJCP* 2011, n° 77, p. 258, concl. Boulouis, *JCP A*, 2011, 2329, note Linditch F. ; *Constr.-Urb.* 2011, comm. 106, note Benoit-Cattin Ph.; *RDI,* 2011, p. 193, note Soler- Couteaux P. ; *CMP,* 2011, comm. 195, note Eckert G.

[2] V. aussi à cet égard la notion du prix négatif, Morales M., « Le prix négatif dans les marchés publics », *AJDA,* 2015, p.1527, ainsi que OLG Karlsruhe, arrêt du 18 août 2023 – 15 Verg 4/23, *NZBau*, 2023, p. 821.

[3] CAA Toulouse, 24.05.2022, req. n° 19TL05755.

[4] Article L1121-1CCP. V. aussi Braconnier S. – Meslin S., « Contrats de concession », *CMP,* janvier 2019, n°1, dossier 11.

[5] CE, 25 mai 2018, *Société Philippe Védiaud Publicité*, req. n° 416825, publié au *Rec.*, *AJDA*, 2018, p. 1725, note Haulbert M., selon lequel, un contrat de mobilier urbain est une concession de service dès lors qu'il résulte de ses stipulations que l'attributaire se voit transférer un risque lié à l'exploitation des ouvrages à installer. V. en ce sens à propos du risque d'exploitation, Gonzague Ph., « Concessions : la possibilité d'un prix », *AJDA,* 2019, p.737.

fil des nouvelles dispositions, la jurisprudence persiste sur le renvoi au critère du risque mais pas de manière exclusive[1].

ii. En droit grec

427. La Loi grecque n° 4413/2016[2] a transposé mot par mot la définition des contrats de concession de la directive européenne n°2014/23. Par conséquent, elle a également transposé le critère du risque opérationnel comme critère de qualification en concession[3]. Or, cela n'est que la codification d'un critère déjà émergé par la jurisprudence grecque en absence des contraintes européennes, mais faisant écho de la jurisprudence de la Cour de justice européenne[4].

428. Dans l'affaire *Club Hotel Casino Loutraki*[5], l'hypothèse du transfert du risque a préoccupé le Conseil d'État grec pour examiner si la rémunération du cocontractant de l'Administration provenait des résultats de l'exploitation du service de casino. Le contrat s'agissait d'un contrat mixte, prévoyant tant la construction des travaux ainsi que l'exploitation du service, la rémunération du cocontractant de l'Administration était tirée d'un prix convenu ainsi que de l'exploitation du service. Bien qu'il ait compris des indices justifiant sa qualification en concession, comme une partie significative de la synthèse a soutenu, il y a eu des doutes importants, relevant notamment de l'économie du contrat. Selon cette position, le risque commercial du cocontractant de l'Administration était considérablement réduit, car, selon l'article 21, paragraphe 1, du

---

[1] CE, 15 décembre 2017, *Syndicat mixte de l'aéroport de Lannion,* req. n° 413193, *Rec.* (tables) ; CE, 24 mai 2017, *Société Régal des Iles* c/ *Commune de Saint-Benoît,* req. n° 407213, *Rec.* (tables), *AJDA,* 2017, p.1957, note Martin J. ; CE, 14 février 2017, *Grand Port Maritime de Bordeaux (GPMB),* req. n° 405157, publié au *Rec.*

[2] Loi n° 4413/2016, *JO* A' 148/08.08.2016, relative à la passation et l'exécution des contrats de concession, transposant la directive n° 2014/23.

[3] Article 2, paragraphe 1, de la Loi n° 4413/2016, *op.cit.*, transposant les définitions européennes des contrats de concession des travaux (a) et des services (b).

[4] En guise d'illustration, v. CE grec, arrêts n° 1760/2024, point 3, n° 1255/2024, point 4, 1819/2020 (Ass.), point 6, CE grec (comité des sursis), arrêts n° 43/2016, point 10, 102/2016, point 4, 272/2015, point 4, 189/2015, point 5, 9/2015, point 6, 415/2014 point 7, 378/2013, point 6, 213/2013, point 2, 234/2012, point 4, 676/2011, point 4, 64/2009, point 4, 1273/2008, point 4 ; CAA Athènes, arrêt n° 242 – 246/2013.

[5] CE grec, arrêt n° 606/2008, obs. Synodynos Ch., *op.cit.,* not. p. 1082-1083.

projet de contrat, si le pouvoir adjudicateur devait exploiter légalement un autre casino dans la même région (l'Attique), dans un délai de dix années à compter de l'entrée en vigueur du contrat, elle serait tenue d'indemniser l'entreprise gestionnaire à hauteur de 70 % du prix des actions acquises par cette dernière lors la privatisation de la société *Elliniko Kazino Parnithas* (filiale du pouvoir adjudicateur), dont le montant serait réduit d'1/10 chaque année. Ainsi, bien que le contrat prévoyait « une somme qui ne pourrait excéder un pourcentage dégressif des bénéfices d'exploitation annuels (décroissant de 20 % des profits jusqu'à 30 000 000 euros à 5 % des profits supérieurs à 90 000 000 euros) et 2 % du chiffre d'affaires », c'est-à-dire une rémunération fluctuante et dépendante des résultats de l'exploitation, le contrat ne saurait être qualifié en marché public.

429. Dans l'arrêt rendu par la Cour de Justice[1], il est admis que, par cette voie, l'Administration lui garantissait l'exercice d'un service en monopole dans la région, son risque commercial était réduit au minimum. En outre, il était admis que le cocontractant de l'Administration n'était pas véritablement responsable de la gestion du service de casino. La gestion de tels domaines sensibles incombe toujours au pouvoir public, le « gestionnaire » du service ne disposant qu'une marge de manœuvre réduite. Par conséquent, bien que le cocontractant de l'Administration assume un certain risque commercial de l'exploitation du service, il n'était pas significatif, non seulement du fait de sa réduction par le pouvoir adjudicateur, mais du fait qu'il ne pourrait pas gérer librement le service. Sa rémunération n'était donc pas en mutation, rapprochant plutôt une marge déterminable telle que cela convient à un prix.

430. En ce sens, le critère du risque est traditionnellement employé à plusieurs reprises dans la jurisprudence grecque[2]. On regrette, cependant, un flou terminologique, dû à la définition juridique obscure de ce terme : il est à la fois répandu en tant que risque commercial, ou risque d'exploitation, ou risque économique. De sa part, la Loi

---

[1] V.aussi concl. Sharpston El. sous CJCE, 29 octobre 2009, *Club Hotel Loutraki AE-Athinaïki Techniki AE*, aff. C-149/08, *op.cit.*.

[2] Parmi d'autres, v. CE grec, arrêts n° 1760/2024, point 3, n° 1255/2024, point 4, 1819/2020 (Ass.), point 6, CE grec (comité des sursis), arrêts n° 55, 60-62, 81-83, 208/2016, 342/2015, 234/2012, 64/2009. V. également Raikos D., *Droit des contrats publics (Δίκαιο Δημοσίων Συμβάσεων), op. cit.* p. 77-99 ; Gerontas Ap., *Droit des travaux publics (Δίκαιο Δημοσίων Έργων), op. cit.*, p. 83.

4413/2016 n'a pas résolu ce problème. Par conséquent, la jurisprudence grecque ne cesse de recourir à une combinaison des critères liant le transfert de gestion, la rémunération et le risque en vertu des contrats de concession. Ainsi, dans le cas où le cocontractant de l'Administration ne tire pas de bénéfice de l'exploitation, ni assume le risque d'exploitation, la concession se vide de son sens[1].

iii. En droit allemand

431. Même avant la réforme de 2016 et la consécration du critère du risque, la jurisprudence allemande interprétait les anciennes dispositions de la Loi contre les restrictions à la libre concurrence (§99 GWB) concernant les contrats de concession « privés »[2] selon la jurisprudence constante de la Cour de justice. La jurisprudence allemande en matière de recours au critère du risque s'inspire de la jurisprudence de la Cour de justice[3].

432. Reconnaissant le transfert du risque au cocontractant de l'Administration quel que soit le type du risque en cause (risque opérationnel – *Betriebsrisiko*[4], risque économique *Wirtschaftliches Risiko*[5], *« Nutzungsrisiko »* risque d'exploitation) en tant que critère

---

[1] Remelis C., *La demande en référé auprès le Conseil d'État (Loi n° 2522/1997) - L'origine européenne du référé en matière des travaux publics, les fournitures et les services (Η αίτηση ασφαλιστικών μέτρων ενώπιων του ΣτΕ (ν. 2522/1997) - Οι κοινοτικές καταβολές της προσωρινής προστασίας στα δημόσια έργα, τις προμήθειες και τις υπηρεσίες)*, Sakkoulas, Athènes- Théssalonique, 2000, p. 133.

[2] V. *supra*, n°152.

[3] À propos de la conception juridique du risque dans la doctrine allemande v. Frielinghaus H., *Le cadre juridique de l'allocation des risques dans les contrats des travaux, notamment à propos du risque de taux, (RechtlicherRahmen der Risikoallokation in Bauverträgen Unterbesonderer Berücksichtigungquotaler Risikozuweisung),* Nomos, Baden-Baden, 2014, surtout p. 20, 28 et 39) ; à propos du critère du risque pour la qualification des contrats de concession v. aussi « 4 Concessions » (« Konzessionen ») in Gabriel M.- Krohn W.-Neun An., *Manuel de la commande publique (Handbuch des Vergaberechts),* Beck., Munich, 2014, p. 126-150 (surtout §11-13, 39)

[4] OLG Brandenburg, arrêt du 12 janvier 2010 n° VergW 7/09, *VergabeR.*, 2010, n° 4, p. 699.

[5] À titre d'exemple v. OLG Düsseldorf, arrêt du 22.09.2004, n° VII Verg 44/04, *NZBau,* 2005, p. 652.

de leur distinction des marchés publics[1], à l'aune de la définition d'une rémunération liée aux résultats de l'exploitation[2].

433. Ainsi, la Cour d'Appel de Karlsruhe a insisté à qualifier un contrat en concession de service public, malgré l'absence de transfert de risque du marché *(Marktrisiko)* significatif aux épaules du cocontractant de l'Administration, due à la relation étroite voire monopolistique entre eux[3]. En l'absence d'autres indices, le contrat est qualifié en concession du fait de la rémunération du cocontractant de l'Administration tiré de l'exploitation du service de gestion du réseau de mobilier urbain. Ainsi, le juge allemand qualifie un contrat en concession, nonobstant le fait que 80% de la rémunération du cocontractant de l'Administration était tirée d'un prix versé par l'Administration [4].

434. Dès lors, le §105 de la Loi GWB a adopté mot pour mot la définition européenne du contrat de concession accentuant le critère du risque opérationnel de la TVA et du transfert du coût aux usagers.

435. Bien évidemment, l'insertion des clauses de variations de tarifs permet l'anticipation du traitement économique du risque par l'adaptation de la rémunération. Cependant, les particularités des contrats de concession et la relation tripartite (autorité concédante – concessionnaire – usager du service) qu'ils impliquent, incite à la prudence. Ainsi, il est toujours possible d'actualiser les tarifs – par exemple en raison de l'augmentation

---

[1] À titre d'exemple on cite une doctrine traitant le risque à l'aune des contrats de concession et en tant que critère contribuant à leur distinction des marchés publics : Jennert C., « La notion de la concession de service en droit communautaire – en même temps une contribution à la notion de l'onérosité dans les contrats de services » (« Der Begriff der Dienstleistungskonzessionim Gemeinschaftsrecht. Zugleich ein Beitrag zum Entgeltlichkeitsbegriff des Dienstleistungsauftrags »), *NZBau*, 2005, p. 131; Burgi M. «Le contrat de concession de service: procédure, critères et protection juridique» („Die Vergabe von Dienstleistungskonzession: Verfahren, Vergabekriterien, Rechtsschutz»), *NZBau*, 2005, p. 610; Hövelberndt A., «Assomption d'un risque économique comme condition de la concession de service « („Übernahme eines wirtschaftlichen Risikos als Voraussetzung der Dienstleustungskonzession"), *NZBau*, 2010, p. 599.

[2] OLG Munich, arrêt du 21. 5. 2008, n°Verg 5/08, *NZBau*, 2008, p. 668.

[3] OLG Karlsruhe, arrêt du 9.10.2012 - 15 Verg 12/11, *ZfBR*, 2013, p. 285 ; v. également OLG Düsseldorf, arrêt du 02.03.2011 n° 48/10, *VergabeR* 2011, p. 471 ; OLG Munich arrêt du 26.6.2011, n°Verg/11, *VergabeR* 2011, p. 848.

[4] OLG Schleswig, arrêt du 06.07.1999 – n° 6 U Kart 22/99, *NZBau* 2000, p. 100.

Conclusion Section I

436. La transcription des renseignements de la théorie économique relative au rapport entre risque et profit a contribué à mettre en lumière la dimension économique de la rémunération. Plus précisément, le risque devient un facteur inhérent à la notion de la rémunération, rationnalisant les fluctuations possibles qu'elle subit. La pratique jurisprudentielle ainsi que la codification du risque en tant que critère de distinction des contrats de la commande publique au sein de la directive 2014/23 en témoignent.

437. Bien que l'on soit accoutumé à réduire la valeur explicative du risque à la seule hypothèse de la rémunération liée aux résultats de l'exploitation, tel n'est pas le cas. La rémunération, entendue au sens de la marge de profit, est par construction en mutation, quelle qu'en soit la modalité de la contrepartie d'où elle provient.

Section II – ...À LA RATIONALISATION DE LA DIMENSION ÉCONOMIQUE DE LA RÉMUNÉRATION

438. La consécration du risque comme indice d'une concession des travaux ou des services a entrainé une réduction de son appréhension, du fait qu'on tend à le préciser traditionnellement autour d'une rémunération liée aux résultats de l'exploitation et vice-versa. Bien évidemment, le transfert de la gestion d'exploitation signifie un transfert de risque inhérent et la possibilité de l'obtention d'un profit.

439. Néanmoins, la compréhension du rapport entre risque et profit, nous amène à affirmer que le risque est étroitement lié à la rémunération. Nonobstant les efforts remarquables pour le délimiter voire l'exclure au sein de certains contrats, en réalité, leur réalisation en vertu d'un marché économique est synonyme d'une exécution aléatoire. Le Professeur Llorens illustre bien le cas en admettant que le risque est omniprésent au sein de la rémunération, mais il ne dispose que d'une valeur explicative limitée[1]. Pour cette raison, ce n'est pas que le transfert d'un risque qui définit telle ou telle modalité de rémunération: c'est le type du risque endossé qui permet la définition.

---

[1]Llorens F., « Remarques sur la rémunération du cocontractant comme critère de la délégation de service public », *op.cit.*, p. 311-318.

La directive concession le confirme d'ailleurs en affirmant que « les risques liés à une mauvaise gestion, à un manquement de l'opérateur économique aux obligations contractuelles ou à des cas de force majeure ne sont pas déterminants aux fins de la qualification en tant que concession, ces risques étant inhérents à tous les contrats, qu'il s'agisse d'un marché public ou d'une concession »[1].

440. Contrairement à la division intellectuellement séduisante mais excessivement simple, présence de risque économique – rémunération liée aux résultats de l'exploitation et absence de risque économique – rémunération tirée d'un prix, force est de constater l'omniprésence du risque. Ainsi, la dimension économique de la rémunération s'explique à travers des risques économiques, par construction inhérents à toutes les deux modalités de la rémunération **(§1)**. Pour mettre en évidence ce constat, il conviendrait d'aborder à titre supplémentaire l'internalisation artificielle d'une partie des aléas du marché dans ces contrats à travers les clauses d'adaptation des prix et des tarifs déterminant la rémunération **(§ 2)**.

§1 – LA RATIONALISATION AU MOYEN DES RISQUES INHÉRENTS---

441. À l'encontre de la présomption que le risque économique est concevable uniquement dans les contrats de concession, il faut admettre l'omniprésence du risque dans l'ensemble des contrats : « Les risques liés à une mauvaise gestion, à un manquement de l'opérateur économique aux obligations contractuelles ou à des cas de force majeure ne sont pas déterminants aux fins de la qualification en tant que concession, ces risques étant inhérents à tous les contrats, qu'il s'agisse d'un marché public ou d'une concession »[2]. D'un point de vue économique, cette acception se traduit par l'omniprésence du risque dans toutes les modalités de rémunération. En effet, la jurisprudence de la Cour de Justice a déjà apporté une confirmation. Ainsi, dans l'arrêt *Privater Rettungsdienst und Krankentransport Stadler* du 10 mars 2011, il a précisé que « … il y a lieu de relever que le risque d'exploitation économique du service doit être compris comme le risque d'exploitation aux aléas du marché (voir, en ce sens, arrêt

---

[1] Directive 2014/23 p. 20.
[2] *Ibid.*

Eurawasser, précité, points 66 et 67), lequel peut se traduire par le risque de concurrence de la part des autres opérateurs, le risque d'une inadéquation entre l'offre et la demande de services, le risque d'insolvabilité des débiteurs du prix des services fournis, le risque d'absence de couverture intégrale des dépenses d'exploitation par les recettes ou encore le risque de responsabilité d'un préjudice lié à un manquement dans le service [...]. En revanche, des risques tels que ceux liés à une mauvaise gestion ou d' erreurs d'appréciation de l'opérateur économique ne sont pas déterminants aux fins de qualifier un contrat de marché public ou de concession de services, de tels risques étant, en effet, inhérents à tout contrat, que celui-ci corresponde à un marché public ou à une concession des services »[1].

Rappelant le lien étroit entre risque et profit, on peut affirmer que la rationalisation de la dimension économique de la rémunération passe à travers la compréhension des risques encourus par le cocontractant de l'Administration. Toujours au fil de la logique de la directive, ce qui diffère est le type du risque et son étendue dans le cas d'une rémunération est liée aux résultats de l'exploitation **(A)** et dans le cas d'une rémunération provenant d'un prix **(B)**.

A. La dimension économique de la rémunération liée aux résultats de l'exploitation

442. Afin de décrire le type du risque qui paraît crucial pour définir la rémunération, les notions de risque économique et de risque d'exploitation sont utilisées de manière alternative. Certes, dans les cas où la jurisprudence renvoie à la notion de risque économique pour exprimer le risque d'exploitation afin d'identifier le caractère concessif d'un contrat ne sont pas rares. Il s'agit d'un point de confusion fréquent en droit européen et en droit national. La question qui se pose alors est de savoir si tout risque économique est un risque lié à l'exploitation et vice- versa. Sinon, il s'agit d'une confusion de termes. Selon les renseignements européens, « le concessionnaire est réputé assumer le risque d'exploitation lorsque, dans des conditions d'exploitation normales, il n'est pas certain d'amortir les

---

[1] CJUE, 10 mars 2011, *Privater Rettungsdienst und Krankentransport Stadler*, aff. C-274/09, *op.cit.,* points n° 37-38. V. également CJCE, 27 octobre 2005, *Contse e.a.*, aff. C-234/03, ECLI:EU:C:2005:644, point n°22, ainsi que CJCE, 11 juin 2009, *Hans & Christophorus Oymanns,* aff. C-300/07, *op.cit.,* point n° 74.

investissements qu'il a effectués ou les coûts qu'il a supportés lors de l'exploitation des ouvrages ou services qui font l'objet de la concession. La part de risque transférée au concessionnaire implique une réelle exposition aux aléas du marché, telle que toute perte potentielle estimée qui serait supportée par le concessionnaire ne doit pas être purement nominale ou négligeable »[1]. La consécration du risque d'exploitation par la directive européenne 2014/23 pour définir les contrats de concession, met en lumière, bien évidemment, sa dimension économique.

443. En outre, cette directive précise que le risque d'exploitation est « soit un risque lié à la demande, soit un risque lié à l'offre, soit un risque lié à la demande et à l'offre »[2]. Par ce biais, l'explication du risque rationalisant la rémunération liée aux résultats de l'exploitation dans un contrat de concession recouvre le risque lié à la demande **(i)** et le risque lié à l'offre **(ii)**.

i. Rémunération et risque lié à la demande

444. Le risque lié à la demande constitue le premier volet du risque définissant la dimension économique de la rémunération liée aux résultats de l'exploitation, telle que contenu dans un contrat de concession. Il désigne « le risque portant sur la demande effective pour les travaux ou services qui font l'objet du contrat »[3].

445. Le risque lié à la demande porte sur les fluctuations des charges et du coût du service. Une partie considérable s'explique par le risque économique inhérent à toute rémunération, quelle qu'en soit sa modalité et quel que soit l'objet du contrat. Certes, cela explique parfaitement, par exemple, la charge du risque du sol par le titulaire d'un contrat de travaux, marché public ou concession. Un tel risque est synonyme de toute construction consistant à un ouvrage public, et la rémunération que le maître d'œuvre en tire, implique une certaine prime due au poids d'un tel risque[4]. À partir de cet exemple qui paraît

---

[1] Article 5, alinéa 1 b), de la directive n° 2014/23.

[2] Directive n° 2014/23 cons. n°20 et article 5, par.1.

[3] Directive n° 2014/23 cons. n°20.

[4] À propos du risque du sol v. Catz J., *Les constructeurs et le risque du sol,* Collection Actualité juridique, éd. du Moniteur, Paris, 1985 ; Catz J., *Le risque du sol dans le règlement des marchés de travaux publics et privés,* (thèse dact. Université Paris II), Paris, 1980.

évident, d'autres risques sont susceptibles d'avoir un impact sur la rémunération. Le risque de taux d'intérêt, les risques politiques, la force majeure ou les risques commerciaux sont des risques mutuels à tous les contrats.

446. D'une manière générale, les tarifs du service d'où le cocontractant de l'Administration tire sa rémunération sont réputés couvrir les coûts. Rappelons à cet égard les mécanismes de règlement de la contrepartie du cocontractant de l'Administration[1]. Dans le cas où le règlement s'effectue selon le mécanisme du taux de rendement *(rate of return)*, le montant de redevances s'adapte quasi-automatiquement : en cas d'augmentation il se réduit, en cas de réduction, il s'accroît, la rémunération (taux de rendement) restant stable. Dans ce cas, la rémunération du cocontractant de l'Administration demeure stable et équivalente à la rémunération convenue, le montant des redevances devant y être adapté.

447. L'hypothèse des concessions au sein des secteurs spéciaux illustrent bien ce cas de fixation et adaptation de la rémunération. Certes, il s'agit de contrats qui sont d'une nature concessive, ayant comme objet l'exploitation des réseaux, la rémunération des concessionnaires étant assurée par cette exploitation. Toutefois, il ne saurait pas juste d'affirmer qu'en espèce ils assument un risque d'exploitation significatif. En pratique, la nature particulière de l'objet de ces contrats ne permet pas une telle acceptation. La législation nationale qui régit ces secteurs dits « spéciaux » ne laisse qu'un risque très limité aux exploitants de tels services. Les tarifs soumis à plusieurs contraintes d'un marché régulé et les subventions octroyées afin de couvrir les déficits contingents d'une exploitation qui aurait de pertes pour le concessionnaire contribuent à la couverture d'une large partie du risque qui était *a priori* transféré à l'exploitant. Dans ce cas, il est jugé que, bien qu'il s'agisse d'un risque trop limité que le concessionnaire endosse, la rémunération continue d'être assurée par les résultats de l'exploitation, définissant un contrat de concession[2]. Le risque d'exploitation n'étant pas significatif, il est vain d'admettre qu'il est capable de définir un tel type de rémunération sans prendre en considération l'octroi d'une subvention ou d'autres exonérations ou

---

[1] V. *supra*, n°297.

[2] V. *supra*, n°410 et s.

clauses bienveillantes qui définissent non seulement la nature, mais aussi le montant de la rémunération finalement reçue.

448. Hors l'hypothèse des subventions reposant sur une logique de compensation d'une exploitation *a priori* déficitaire, le titulaire d'une rémunération comportant un risque d'exploitation peut bénéficier d'autres avantages qui contribuent à la diminution du risque qu'il subit : la perception de recettes publicitaires accessoires à l'occasion de l'exploitation du service public subsidiairement à l'exploitation principal du contrat, les recettes tirées de la vente de produits conçus par l'exploitation du service public, une rémunération versée par la personne publique ou une rémunération forfaitaire constituent de tels exemples.

449. En définitif, l'importance du risque lié à la demande définissant une rémunération liée aux résultats de l'exploitation s'identifie surtout sur le risque de fréquentation. Ce volet du risque d'exploitation rationalise le caractère largement aléatoire de cette modalité de rémunération, étroitement liée au risque lié à l'offre.

ii. Rémunération et risque lié à l'offre

450. Les dispositions européennes précisent à propos des contrats de concession que « le risque lié à l'offre désigne le risque portant sur la fourniture des travaux ou services qui font l'objet du contrat, en particulier le risque que la fourniture des services ne corresponde pas à la demande »[1]. Le risque d'exploitation endossé par le cocontractant de l'Administration réside dans la différence entre risque lié à la demande et risque lié à l'offre. Lors de la rédaction du contrat, les parties tentent à apprécier ce risque et à anticiper son traitement en vertu de la tarification. Cependant, ces contrats se caractérisent par une faible prévisibilité de la perte. Par conséquent, les redevances préalablement fixés lors de l'attribution de la concession entraînent des rentrées irrégulières et difficilement prévisibles[2]. La rémunération du cocontractant de l'Administration demeure ainsi toujours aléatoire

---

[1] Cons. n° 20 de la directive européenne n° 2014/23 relative aux contrats de concession.

[2] Ratheaux O., « Répartition des gains dans les partenariats public-privé : effets comparés des modalités d'assiette d'une redevance de concession » (document de travail), Agence Française de Développement- Département de la Recherche, juin 2007.

du fait de la différence de la marge entre offre et demande prévue et la marge réelle.

451. En ce sens, le concessionnaire endosse, avant tout, un risque de disponibilité, puisqu'il est possible qu'il « peut ne pas être en mesure de livrer le volume contractuellement convenu ou de répondre, comme spécifié dans le contrat, aux normes de sécurité ou de certification publiques liées à la prestation de services aux utilisateurs finals » ou « lorsque le partenaire ne répond pas aux normes de qualité relatives à la prestation des services, requises dans le contrat et découlant d'un manque évident de 'performance' du partenaire »[1]. Par conséquent, il est possible qu'il subisse un coût supplémentaire qui ne serait pas nécessairement remboursé par l'autorité concédante du fait qu'elle peut être qualifiée en risque entrepreneurial que l'opérateur subit dans des conditions normales du marché. Ce risque sur le coût trouve son expression financière dans les oscillations de la rémunération effectivement tirée par le cocontractant de l'Administration [2].

452. Prenons l'exemple de la concession des missions du service public autoroutier, qui a nourri un vif débat les années dernières en raison de l'augmentation des prix conséquente de la crise sanitaire et de la guerre en Ukraine[3]. Dans le cas où les conditions d'exécution ne permettent pas la couverture du risque d'exploitation qui pèse sur le cocontractant de l'Administration, le Code de la voirie routière prévoit qu' « il peut être institué par décret en Conseil d'État, pris après avis de l'Autorité de régulation des transports, un péage pour l'usage d'une autoroute en vue d'assurer la couverture totale ou partielle des dépenses de toute nature liées à la construction, à l'exploitation, à l'entretien, à l'aménagement ou à l'extension de l'infrastructure »[4]. Le tarif du péage sur la base duquel est calculé le montant des redevances

---

[1] Eurostat, Décision relative au traitement des partenariats public privé du 11 février 2004 STAT/04/18.

[2] En ce sens, v. Pez Th., *Le risque dans les contrats administratifs*, *op. cit.*, n° 517.

[3] V. en ce sens De Fenoyl Ér., « Rationaliser l'imprévision- Pour une approche raisonnable de 'l'imprévision positive' », *AJDA*, 2025, p. 68 ; Ruellan A. - Hugé A., « Le partage des risques et la portée matérielle des théories de la force majeure, du fait du prince et de l'imprévision », *AJDA* 2006, p.1597.

[4] Article L.122-4 alinéa 2 du Code de la voirie routière. À propos des péripeties des concessions autoroutières, v. Vieu P., « Un mythe français : la gratuité d'usage des autoroutes », *RFDA*, 2024, p. 695 ; Terneyre Ph., « Concessions autoroutières, pourquoi tant de haine ? », *AJDA*, 2021, p. 436.

escompté est réputé permettre l'amortissement des capitaux investis par le délégataire et couvrir la rémunération du cocontractant de l'Administration. Dans ce cas, la fixation de la rémunération du cocontractant de l'Administration engendre une réduction du risque et de perte, ou, plus précisément, réduit le risque de fréquentation par l'adaptation de la valeur du péage.

453. Le risque d'exploitation par définition doit se lier aux résultats d'une opération. Il doit exister à cause d'un risque lié aux recettes perçues au sein de cette exploitation[1]. Cette primauté du lien étroit entre risque d'exploitation et résultats de l'exploitation constitue le critère délicat de la distinction entre risque économique – en général – et risque d'exploitation, puisque « traduisant la sensibilité du résultat de l'exploitation à une variation du niveau d'activité, il est le meilleur indicateur des conséquences du risque sur le résultat définitif du contrat »[2]. Entendu au sens d'un risque de perte, il s'exprime à travers le caractère aléatoire d'une rémunération liée aux résultats de l'exploitation. Or, le risque économique au sens large, est inhérent à toute modalité de rémunération.

B. La dimension économique de la rémunération tirée d'un prix

454. La prévalence du critère du risque d'exploitation, inhérent à la rémunération liée aux résultats de l'exploitation, entraîne souvent la fausse impression qu'il n'y pas de risque dans d'autres modalités de rémunération. Or, cela est inexact ou à tout le moins équivoque par insuffisance de précision. Il ne serait guère précis d'affirmer que la rémunération tirée d'un prix ne comporte aucun risque économique pour le cocontractant de l'Administration.

---

[1] V. aussi la distinction du risque en risque de dépenses, risque de recettes et risque d'exploitation en tant que résultat des deux premiers, Pez Th.,grat « Le risque d'exploitation et la rémunération substantiellement liée aux résultats de l'exploitation (À propos de l'arrêt du Conseil d'État du 7 novembre 2008, *Département de la Vendée*) «, *op. cit.*

[2] *Ibid.* p. 18. V. aussi sur la question de l'appréciation du risque par le juge de cassation en vertu de la qualification d'un contrat en contrat de concession, CE, arrêt du 9 juin 2021, *Ville de Paris,* req. n° 448948, *AJDA*, 2021, p. 1240, conclusions disponibles sur ArianeWeb ; Vincent- Legoux M.-C., « Contrôle du juge de cassation sur la qualification juridique des faits de transfert d'un risque d'exploitation », *op.cit.*.

455. Partant des enseignements de la théorie économique et leur affirmation de la part de l'Union européenne, force est de constater alors que le risque économique est inhérent à la rémunération tirée d'un prix. Il rationalise sa dimension économique, recouvrant un risque lié à la demande **(i)** et, potentiellement, un risque lié à l'offre **(ii)**.

i. Rémunération et risque lié à la demande

456. D'une manière qui rapproche les contrats de concession, le risque lié à la demande est également concevable en vertu des marchés publics. Ses conséquences économiques peuvent expliquer la différence fréquente entre le prix initial et le prix du règlement et rationnaliser les fluctuations de la rémunération. En effet, plusieurs arguments affirment ce constat.

457. Le risque de demande « correspond à la variation incertaine de la demande adressée au cocontractant, dans les limites de ce que les parties ont pu raisonnablement prévoir au moment du contrat »[1]. En tant que tel, il implique un « risque lié aux coûts »[2] : le risque du sol[3] ainsi qu'une hausse éventuelle des prix des matières premières nécessaires pour la construction des travaux publics illustrent bien le cas. En principe, la détermination précise des besoins de l'Administration exigée lors des procédures de passation, implique nécessairement une évaluation de ces risques pour le calcul du prix ; l'opérateur économique le fait aussi en vertu de son offre économique. Les dispositions législatives régissant ces contrats, imposent de manière explicite la prévision par le contrat lui-même des clauses stipulant avec la plus grande diligence le partage des risques entre l'Administration et son partenaire. L'exemple des contrats de partenariat illustre à merveille le cas : l'insertion des clauses

---

[1] Pez Th., « Le risque, les concessions et les marchés «, *op. cit.*, n°63.

[2] En ce sens, v. conclusions Alber présentées le 8 novembre 2001, sur l'arrêt du 12 décembre 2002, aff. C-470/99, *Universale-Bau*, *Rec.* p. I-11617, ainsi que les conclusions Kokott présentées le 1er mars 2005 sur l'arrêt CJCE, 13 octobre 2005, aff.C-458/03, *Parking Brixen GmbH., op.cit.*.

[3] À cet égard, v. OLG Munich, arrêt du 15.10.2003, *NZBau* 2004, 274 ; *BauR* 2004, 680. A propos du risque du sol, cet arrêt distingue le risque lié à la construction *(Baugrundrisiko)* et le risque lié à aux autres perturbations consécutives de la construction *(Systemrisiko).*

prévoyant un partage des risques entre les parties et leur évaluation est indispensable[1]. Cependant, contrairement aux contrats de concession, dans le cas d'un contrat de partenariat, si le cocontractant est chargé de l'exploitation du service public, son modèle financier n'est pas menacé par le changement de la fréquentation de l'infrastructure faisant l'objet du contrat[2].

458. Or, rien n'empêche la possibilité d'une évaluation erronée de ces précisions. Comme le remarque Catherine Bergeal, « le titulaire du marché prend également un risque, celui d'avoir mal estimé ses charges. Le risque dans la délégation de service public assumé par le cocontractant est celui qui naît de l'exploitation du service lui-même. Dans le marché, le prix peut être erroné, mais il est garanti au cocontractant »[3]. En effet, « les conséquences d'une erreur de sous-estimation dans la quantité des matériaux commise par l'entrepreneur dans ses prévisions, doivent, s'agissant d'un marché à forfait, demeurer à sa charge »[4].

459. À cet égard, on peut discerner trois hypothèses : dans le cas de l'évaluation, l'incertitude de la réalisation du risque prévu explique les fluctuations éventuelles de la rémunération ; dans le cas de sa réalisation, ces fluctuations s'expliquent par l'étendue de ses conséquences financières ; dans le cas de l'évaluation erronée, la rémunération du cocontractant de l'Administration peut être mise en cause, voire devenir une perte. Prenons l'exemple, des clauses de variation de prix ou, même de la révision du contrat : bien qu'il soit possible d'anticiper le traitement d'une partie de ces risques, il est fréquent que ces mécanismes d'adaptation des prix s'avèrent insuffisants à suivre le rythme réel d'augmentation des coûts et des charges du cocontractant de l'Administration.

---

[1] V. *infra,* n° 571 et s.

[2] Barbier R.- Peyrical J.-M – Cailloce R., « Le prix dans les marchés de partenariat », *CP-ACCP*, n°199 (dossier), juin 2019, p.25-31.

[3] Bergeal C., « Importance du critère de la rémunération dans la distinction entre les marchés publics et les conventions de délégation de service public » concl. sous l'arrêt *SMITOM* (CE 30 juin 1999, Syndicat mixte du traitement des ordures ménagères centre-ouest seine-et-marnais), *AJDA,* 1999, p. 714 et s.

[4] CE, 31 octobre 1947, *Delagneau*, n° 75750 et 77756, *Rec.* p. 643, Tabl. vicennale 1935-1954, p. 122.

ii. Rémunération et absence de risque lié à l'offre ?

460. Au-delà d'une simple évaluation erronée du coût et des risques potentiels, la sous-évaluation peut être également intentionnelle. Comme précise le Professeur Pez, « la comptabilité analytique et la gestion enseignent que le prix n'est pas toujours calculé pour couvrir l'intégralité des charges. L'entrepreneur peut avoir un intérêt à contracter même si la convention ne couvre que partiellement ses frais fixes. Il peut proposer un prix qui ne couvre pas totalement ses coûts en estimant que le contrat contribuera malgré tout, à la couverture partielle de ses charges fixes que de toute façon il supporterait intégralement s'il refusait de contracter à un prix qui ne suffit pas à les couvrir. De plus, les charges ne sont pas les seuls déterminants du prix : l'entrepreneur doit également prendre en compte les réactions de la demande au prix et la prestation de la concurrence » [1]. Dans la pratique contractuelle, les paradigmes ne sont pas rares. En effet, les candidats aspirant à présenter une offre économique attractive, recourent souvent à la présentation des soldes excessifs, rendant l'exécution déficitaire à leur détriment. Cette pratique se rend souvent au profit du cocontractant de l'Administration par la signature des avenants adaptant les stipulations contractuelles aux *conditions nouvelles imprévisibles* et couvrant la perte du cocontractant de l'Administration. Son efficacité, cependant, est trop limitée, compte tenu de l'interdiction de modification substantielle du contrat d'une manière qui permettra au cocontractant de l'Administration d'en tirer une rémunération plus intéressante[2].

461. La restriction du risque économique dans les marchés publics au seul risque de demande repose sur une simplification excessive qui ne correspond pas à la pratique contractuelle. En effet, l'analogie entre coût et marge de profit en vertu du prix initial peut être basculée, non seulement du fait du risque portant sur les dépenses et les charges, mais également en raison d'un *risque de recettes,* envisageable au sein d'un risque lié à l'offre[3]. Dans ce cas, la rémunération du

---

[1] Pez Th., « Le risque d'exploitation et la rémunération substantiellement liée aux résultats de l'exploitation (À propos de l'arrêt du Conseil d'État du 7 novembre 2008, *Département de la Vendée*) », *op. cit.*, p. 16.

[2] V. *infra*, n°1439.

[3] Pez Th., *Le risque dans les contrats administratifs*, *op. cit.*

cocontractant de l'Administration peut être affectée par l'oscillation du volume des prestations.

462. L'hypothèse considère de nombreux marchés publics. Dans le cas des marchés à bons de commande, réglés sur la base d'un prix unitaire fixe, la marge de profit du cocontractant de l'Administration dépend également du volume des prestations demandés par l'Administration, et est toujours susceptible d'être modifiée par voie contractuelle ou, dans certains cas, même unilatéralement[1]. Dans le cas des marchés à tranches conditionnelles, les mécanismes de traitement du risque sont parfois d'efficacité limitée, du fait qu'ils reposent sur des charges figées. La situation est similaire pour les marchés en lots séparés où la rémunération du cocontractant de l'Administration est déterminée en « fonction de la valeur publicitaire » des prestations faisant l'objet du contrat[2].

463. Cette possibilité rappelle fortement le risque de fréquentation des contrats de concession. Cette incertitude relative au volume des prestations implique nécessairement un risque de demande, qui est potentiel à tous les contrats. Il est difficile, cependant, de le distinguer d'un risque lié à l'offre au sens de la directive. En effet, l'oscillation des prestations peut entraîner une augmentation du coût, mais aussi un risque de disponibilité du cocontractant de l'Administration. Ainsi, « le cocontractant peut ne pas être en mesure de livrer le volume contractuellement convenu »[3]. Cependant, cette mutabilité des recettes, susceptible de mettre en cause la qualification même du contrat en marché public est souvent limitée par le truchement du subventionnement du service[4].

464. La rémunération du cocontractant de l'Administration peut également être affectée voire mise en cause, dans le cas d'une crise

---

[1] À propos de la modification du contrat v. infra, Partie II, Titre II, Chapitre I. Directive n° 2014/23 cons. n°20

[2] Sur cette problématique v. également l'analyse Pez Th., *Le risque dans les contrats administratifs*, n° 396-426.

[3] Eurostat, Décision relative au traitement des partenariats public privé du 11 février 2004 STAT/04/18.

[4] En guise d'illustration, v. CJUE, 21 décembre 2023, *DOBELES AUTOBUSU PARKS SIA et autres,* aff. C-421/22, ECLI:EU:C:2023:1028, à propos des marchés publics de transport, jugeant légale l'octroi à un prestataire de services de transport de voyageurs soumis à des obligations de service public une compensation intégrale couvrant, au moyen d'une indexation régulière, toute augmentation des coûts liés à la gestion et à l'exploitation de ce service qui échappent à son contrôle.

économique, ou en général d'une insolvabilité d'un État. Dans une période de crise économique, un contrat conclu entre le secteur privé et l'Administration comporte incontestablement un risque économique inhérent, quel que soit le degré de transfert de risque au secteur privé. Dans un environnement par définition aléatoire, la démarche de maîtrise du risque paraît difficile voire inopérable. Cependant, la survenance des faits imprévus par les parties au sein du contrat continue de tomber sous l'emprise du risque[1], puisque l'oscillation des conditions du marché ainsi que les fluctuations financières éventuelles au sein d'une telle conjoncture économique imposent un comportement très attentif. Les parties doivent se préparer à tout bouleversement de l'économie du contrat, en prenant en considération les conditions contemporaines à la conclusion du contrat. Cela pourrait entrainer des modifications importantes concernant le contenu du contrat, mais en même temps cela met en cause tout son avenir. Ainsi, une hypothèse, selon laquelle une rémunération méritant la qualification d'un prix (préalablement fixée ou au moins déterminable) comporte *a priori* aucun risque significatif pour son titulaire paraît discutable voire ambivalente dans un cas de mise en difficulté des deniers publics. À cette aune, il y a un risque affectant de manière directe la rémunération du cocontractant de l'Administration, autant que l'exécution même du contrat[2]. Cependant, la question se pose de savoir si le cas d'une crise économique doit être qualifié en risque ou en aléa[3]. Prenant en considération les exemples récents de la crise sanitaire conséquente de la pandémie de COVID-19 ainsi que la guerre en Ukraine et les perturbations qu'elle a provoqué dans la chaîne d'approvisionnement mondiale des matières premiers, la question de la qualification de la crise en risque ou en aléa est posée à nouveau.

465. Accordant une dimension économique aux deux modalités de rémunération ne signifie pas qu'elles ne se diffèrent pas. Si le risque économique peut également être conçu au sein d'une rémunération versée par l'Administration, il peut d'ailleurs être trop limité au sein

---

[1] À propos de la définition du concept du risque v. *supra*, n°368-383.

[2] Ces considérations ont émergé surtout lors de la crise européenne et ses conséquences sur les contrats de la commande publique conclus pendant cette période temporaire.

[3] V. sur ce point, la solution présentée à propos de la modification des contrats de concession des grandes autoroutes grecques *infra*, n°1371.

des contrats traditionnellement définis par un transfert de risque économique à leur titulaire. Une rémunération perçue auprès des usagers d'un service peut ainsi comporter un risque très limité pour son bénéficiaire, grâce à d'autres paramètres qui contrebalancent la prise en charge du risque économique par lui.

§2 – LA RATIONALISATION AU MOYEN DES ALÉAS INTERNALISÉS

466. L'économie des contrats de la commande publique est soumise aux divers facteurs exogènes, prévisibles ou imprévisibles, susceptibles de la bouleverser. Le contrat est réputé être un acte de prévision, et les parties tentent d'anticiper les perturbations liées à son exécution ainsi que leur traitement.

467. L'anticipation contractuelle du traitement des aléas se matérialise par des clauses de variation des prix et des tarifs, permettant leur ajustement par référence aux coefficients retenus par les parties cocontractantes, ainsi que par des *clauses d'adaptation procédurales*[1] autrement appelées *clauses de hardship*, de révision des prix[2]. Les clauses procédurales se bornent à la seule provision de la modification du contrat permettant la conclusion d'un avenant[3]. En revanche, les clauses de variation des prix à effet automatique anticipent eux-mêmes une partie des aléas du marché. Autrement dit, l'insertion de ces clauses transforme une partie des aléas en risque : les aléas d'exécution ou du marché deviennent ainsi, une incertitude mesurable, lorsque leur traitement est prévu. On osait ainsi affirmer qu'une partie de l'imprévision est réduite grâce à la pratique d'insertion des clauses de révision.

468. La pratique contractuelle en matière de contrats de la commande publique recourt traditionnellement à l'insertion de telles clauses anticipant le traitement des aléas relatifs à l'exécution tant

---

[1] Selon H. Hoepffner, on peut distinguer les clauses d'adaptation matérielles s'agissant des clauses de variation des prix des clauses d'adaptation procédurales ou clauses de rendez-vous prévoyant la révision du contrat. Hoepffner H., *La modification du contrat administratif*, *op. cit.* p. 340-341, n°577.

[2] V. en ce sens, Ruellan A.- Hugé A., « Le partage des risques et la portée matérielle des théories de la force majeure, du fait du prince et de l'imprévision », *op.cit.*.

[3] V. *infra*, n°1387 et s.

dans les marchés publics **(A)** ainsi que dans les contrats de concession **(B)**.

A. Les clauses de variation des prix dans les marchés publics

469. Les clauses de variation des prix constituent une composante des stpiulations fixant le prix du marché. S'agissant des clauses à effet automatique, elles permettent l'adaptation des prix de base du contrat en fonction des facteurs économiques et financiers qui les influencent. Leur formule permet de mesurer ainsi les conséquences des aléas du marché, généralement des fluctuations d'inflation. Ces aléas du marché transposés ainsi aux risques, portent sur le prix du marché. Ainsi, « le prix de règlement peut donc différer du prix initial, en raison de la mise en œuvre des clauses d'actualisation ou de la révision du prix »[1].

470. Historiquement, les clauses de variation des prix visant à anticiper le traitement des aléas économiques du marché ont émergé dans les périodes où la conjoncture socioéconomique exceptionnelle entraînait une immense insécurité aux opérateurs économiques. Cependant, leur formule diffère d'un ordre juridique national à un autre : le droit français ne prévoit aucune formule précise **(i),** le droit grec fixe une formule d'ajustement **(ii)** et le droit allemand retient plutôt la solution des clauses de révision **(iii).**

i. Les clauses de variation et de révision des prix en droit français

471. La pratique de l'insertion des clauses de variation de prix en droit français puise ses racines à la fin du XIXe siècle et le décret *Millerand* du 10 août 1899[2]. Son développement fût cependant réalisé après la Première Guerre Mondiale et la déstabilisation économique et

[1] Direction des affaires juridiques du ministère de l'Économie des finances et de la souveraineté industrielle et économique, *Guide sur le prix dans les marchés publics, op. cit*, p. 9.

[2] Décret du 10 août 1899 –Conditions de travail dans les marchés passés au nom des communes et des établissements publics de bienfaisance, *JORF* du 3 août 1899, p. 369.

financière conséquente[1]. S'agissant d'une pratique contractuelle d'anticipation du traitement des aléas du marché – notamment à caractère financier – elle figure dans la règlementation des marchés publics, dès la première version du Code des marchés publics, prévoyant la possibilité des prix révisables[2]. Parmi les clauses de variation, on pourrait distinguer les clauses de variation automatique, recouvrant les clauses d'actualisation, d'ajustement et de révision du prix et les clauses d'adaptation procédurale, prévoyant la périodicité et les conditions de renégociation du prix initial[3].

472. Dès lors, les dispositions du Code de la commande publique[4] prévoient la possibilité des clauses de variation des prix dans les dispositions consacrées à leur fixation. En distinguant entre prix ferme[5], prix ferme actualisable[6] et prix révisable[7], ces dispositions permettent l'insertion des clauses de variation des prix. Le prix ferme actualisable – notamment pour les marchés des fournitures courantes – implique son ajustement par référence notamment aux prix ou indices du publiés par l'INSEE et des barèmes de prix. Cette possibilité est conservée dans le nouveau Code de la commande publique, au sens du « prix affecté par les fluctuations des cours mondiaux »[8]. De sa part, le

---

[1] Cependant, on retrouve des clauses de variations des prix dans les Cahiers des clauses administratives générales de ponts et chaussées suite à leur révision en 1910.

[2] Article 17 d' ancien Code des marchés publics V. également décret n° 2001-738 du 23 août 2001, pris en application de l'article 17 du code des marchés publics, relatif aux règles selon lesquelles les marchés publics peuvent tenir compte des variations des conditions économiques, abrogé par le Code des marchés publics de 2006.

[3] À propos de cette distinction, v. Hoepffner H., *La modification du contrat administratif*, *op. cit.* et n°579 et n° 594-595.

[4] Article R.2194-1 CCP à propos des marchés publics. V. aussi Hoepffner H., « Exécution des marchés publics », *CMP*, n°1, janvier 2019, dossier 7.

[5] Article R. 2112-10 CCP à propos des marchés des fournitures et services courants.

[6] Articles R. 2112-10 et R. 2112-11 CCP. V. en ce sens, CE, 31 octobre 2024, Société routière de Haute-Corse, req. n° 491280 ; *AJDA*, 2024, p. 2042.

[7]Article R.2112-14 CCP, prévoyant que « Les marchés d'une durée d'exécution supérieure à trois mois qui nécessitent pour leur réalisation le recours à une part importante de fournitures, notamment de matières premières, dont le prix est directement affecté par les fluctuations de cours mondiaux comportent une clause de révision de prix incluant au moins une référence aux indices officiels de fixation de ces cours, conformément aux dispositions de l'article R. 2112-13. Toutefois, les marchés de fourniture de gaz ou d'électricité peuvent être conclus à prix ferme conformément aux usages de la profession ». V. également Réponse ministérielle n° 03757 : *JO* Sénat 7 juin 2018, p. 2824.

[8] *ibid.*

prix révisable « prend en compte de façon forfaitaire les conséquences financières de l'évolution des conditions économiques pendant l'exécution du contrat »[1]. Le Code de la commande apporte de précisions supplémentaires. Permettant la conclusion du contrat à prix révisable « dans le cas où les parties sont exposées à des aléas majeurs du fait de l'évolution raisonnablement prévisible des conditions économiques pendant la période d'exécution des prestations. Tel est notamment le cas des marchés ayant pour objet l'achat de matières premières agricoles et alimentaires »[2], l'article indique trois voies de révision : « soit en fonction d'une référence à partir de laquelle on procède à l'ajustement du prix de la prestation ; soit par application d'une formule représentative de l'évolution du coût de la prestation. Dans ce cas, la formule de révision ne prend en compte que les différents éléments du coût de la prestation et peut inclure un terme fixe ; soit en combinant les modalités mentionnées »[3].

473. Bien évidemment, ces prix engendrent, par construction, leur adaptation dans l'écoulement des temps. Ce qui est remarquable est que le prix ferme en matière des marchés des travaux, des services et des fournitures outres que courantes implique nécessairement l'actualisation des prix du marché : bien qu'il soit défini comme un prix invariable « qui n'est pas de nature à exposer à des aléas majeurs les parties au marché public du fait de l'évolution raisonnablement prévisible des conditions économiques pendant la période d'exécution des prestations » [4], il est, dans une certaine mesure, ajustable aux aléas du marché dont le traitement est anticipé selon la commune intention des parties[5], rendant souvent impossible la mise en œuvre de la théorie

---

[1] Boudrand P., « La variation des prix », *CP-ACCP-* n° 52, 2005, p. 28-36.

[2] Article R.2112-13 CCP. V . également Perois M ., « Conseils pratiques pour la mise en œuvre des clauses de révision dans les marchés publics », *CP- ACCP*, n° 199, juin 2019, p.42-46.

[3] *Ibid.,* alinéa 3.

[4] V. Article R.2112-9 et s. CCP. V. notamment article R.2112-11 précisant que : « Que ce prix sera actualisé si un délai supérieur à trois mois s'écoule entre la date à laquelle le candidat a fixé son prix dans l'offre et la date de début d'exécution des prestations ; 2 Que l'actualisation se fera aux conditions économiques correspondant à une date antérieure de trois mois à la date de début d'exécution des prestations ».

[5] V. également la Réponse Ministérielle, n° 49419, *JO AN* 1er avril 2014, qui précise que dans le cas où le contrat ne prévoir rien sur l'actualisation du prix, certains index sont à la foix appliqués, selon l'objet du marché. En absence d'un index, « aucun avenant introduisant l'actualisation du prix ne pourra être conlcu entre les parties ».

jurisprudentielle de l'imprévision[1]. Comme l'indique, cependant, le Code monétaire et financier, les parties sont tenues de ne pas fonder l'indexation sur des barèmes généraux applicables à tout contrat, afin d'éviter des surprofits[2].

474. Conformément aux contraintes prévues par le décret sur les marchés publics, l'adaptation des prix s'effectue selon une périodicité fixe. La période de révision est, en principe, annuelle pour les marchés des fournitures courantes et trimestrielle pour les autres contrats, comme le prévoient les Cahiers des clauses administratives générales[3]. Les coefficients retenus ainsi que la formule de calcul sont conformément aux conditions prévues au Cahier des clauses administratives particulières du contrat. Des formules différentes sont possibles : l'ajustement sur des indices, sur des prix publics,

---

De plus, l'actualisation du prix n'est possible par une décision unilatérale. V. aussi, Bailleux L., « Le prix ferme : conditions de recours et actualisation «, *op.cit.*

[1] En guise d'illustration, v. CAA Douai, arrêt du 26 avril 2022, req. n° 20DA01405. En ce sens, v. aussi Hoepffner H.- Ubaud-Bergeron M., « La théorie de l'imprévision : retour vers le futur », *AJDA*, 2022, p. 2156 ; Clouzot L., « La théorie de l'imprévision en droit des contrats administratifs : une improbable désuétude », *RFDA,* 2010, p. 937; Ruellan A.- Hugé A., « Le partage des risques et la portée matérielle des théories de la force majeure, du fait du prince et de l'imprévision », *op.cit.*; Symchowicz N.- Le Bouëdec P., « Rédaction du contrat et anticipation des circonstances nouvelles », *CP- ACCP,* 2006, n° 52, p. 20.

[2] Article L. 112-2 Code monétaire et financier, prévoyant que « Dans les dispositions statutaires ou conventionnelles, est interdite toute clause prévoyant des indexations fondées sur le salaire minimum de croissance, sur le niveau général des prix ou des salaires ou sur les prix des biens, produits ou services n'ayant pas de relation directe avec l'objet du statut ou de la convention ou avec l'activité de l'une des parties. Est réputée en relation directe avec l'objet d'une convention relative à un immeuble bâti toute clause prévoyant une indexation sur la variation de l'indice national du coût de la construction publié par l'Institut national des statistiques et des études économiques ou, pour des activités commerciales ou artisanales définies par décret, sur la variation de l'indice trimestriel des loyers commerciaux publié dans des conditions fixées par ce même décret par l'Institut national de la statistique et des études économiques ».

[3] Article 10.2.2 CCAG-FCS, article 10.2.2 CCAG-PI, article 10.2 CCAG-MI, article 10.2.2 CCAG-TIC. V. aussi l' article 10.1.1 du CCAG- Maîtrise d'œuvre, qui prévoit que « [d]ans le silence des documents particuliers du marché, la révision est effectuée par application au prix du marché d'un coefficient C de révision, donné par la formule : $C = 0,15 + 0,85\ Im/Io$ dans laquelle Io et Im sont les valeurs prises par l'index ING diffusé par l'INSEE respectivement au mois m0 et au mois m au cours duquel l'acompte ou l'élément de mission doit être remis conformément aux échéances prévues par le marché ».

l'application d'un index contractuellement prévue. Une clause de révision ne peut pas être insérée *ex post* dans le marché. En l'absence d'un mode de calcul précis de révision, en matière des travaux publics, les index sont par défaut utilisés[1]. En absence ou en disparition d'un indice ou index, s'appliquent les références indiciaires publiées par l'INSEE. Une première révision provisoire[2] sur la base des derniers indices ou index est possible, avant le calcul définitif des prix révisés.

475. La structure initiale de l'index prévu recouvre l'ensemble des coûts du marché au moment de la conclusion du contrat. L'évolution de la valeur des index est calculée « en chaîne », prenant en compte des formules paramétriques qui seraient appliquées à des marchés successifs à durée d'un mois. Par souci de commodité, s'applique souvent la méthode de révision par référence au dernier indice connu. Or, cette méthode présente un inconvénient : « lorsque le marché porte sur des matières premières extrêmement volatiles, de créer une distorsion entre l'évolution réelle des prix et celle issue de la formule de variation qui, au final, affiche un décalage d'environ 3 mois »[3].

476. À l'inverse, les clauses de variation des prix ne s'appliquent que pour une période contractuelle. En principe il est admis qu'en cas de dépassement des délais d'exécution par le cocontractant de l'Administration, la révision est calculée à la date contractuelle de fin

---

[1] Article 9.4.3 CCAG-Travaux. Il s'agit de l'index BT01 pour les travaux portant sur les bâtiments et TP pour les travaux publics.

[2] Article R.2191-27 CCP, selon lequel, « [l]orsque le marché comporte une clause de variation de prix, la valeur finale des références utilisées pour l'application de cette clause est appréciée au plus tard à la date de réalisation des prestations telle que prévue par le marché, ou à la date de leur réalisation réelle si celle-ci est antérieure. », et article R.2191-28 CCP, selon lequel « [l]e paiement calculé sur la base des valeurs finales de référence utilisées pour l'application de la clause de variation de prix intervient au plus tard trois mois après la date à laquelle sont publiées ces valeurs .Lorsque la valeur finale des références n'est pas connue à la date où doit intervenir un acompte ou un paiement partiel définitif, l'acheteur procède à un règlement provisoire sur la base des dernières références connues » et article R. 2191-29, selon lequel « [l]orsque les avances sont remboursées par précompte sur les sommes dues à titre d'acompte ou de solde, le précompte est effectué après application de la clause de variation de prix sur le montant initial de l'acompte ou du solde ». En ce sens, v. aussi Martinez B.- Serr F., *Exécution des marchés publics*, *op.cit.*, p.173-182 à propos des questions pratiques sur les formules de calcul des prix.

[3] Martinez B.- Serr F., *Exécution des marchés publics*, *op. cit.* p. 175.

des prestations[1], afin d'éviter la revalorisation des sommes restant dues. En définitif, aucune révision n'est plus possible une fois que le décompte général définitif est établi[2] .

477. Respectant ces indications, les clauses de variation des prix en droit français gagnent de plus en plus de terrain au détriment de la théorie de l'imprévision. En témoigne la pratique récente dans le cas de la crise sanitaire et de la guerre en Ukraine provoquant une hausse importante des prix des matières premières du fait des perturbations à la chaîne d'approvisionnement global. Ainsi, par deux circulaires du 30 mars 2022 et du 29 septembre 2022 le gouvernement français a présenté des recommandations relatives aux modifications des contrats en cours, du fait de la hausse des prix de certaines matières premières. Plus précisément, la première circulaire du 30 mars 2022[3] proposait l'application de la théorie de l'imprévision – renouvelée – et le versement d'une éventuelle indemnité au cocontractant de l'Administration et l'insertion d'une clause de révision des prix dans tous les contrats à venir. Cependant, à la suite de l'avis du Conseil d'État du 15 septembre 2022[4], la circulaire du 29 septembre 2022[5] et,

---

[1] CE, 9 février 1955, *Compagnie française des métaux, Rec.* 76. Sur le débat jurisprudentiel à ce propos v. Hoepffner H., *La modification du contrat administratif, op. cit.* n° 584, p. 345-346.

[2] CE, 5 juin 1981, *Société Compsip-Entreprise*, req. n° 14644 ; CE, 5 février 1971, *Société des téléphériques français,* req. n° 75257.

[3] Circulaire n° 6338/SG du 30 mars 2022 relative à l'exécution des contrats de la commande publique dans le contexte actuel de hausse des prix de certaines matières premières, NOR : PRMX2210514C.V. à ce propos, Richer L., « L'imprévision et les marchés publics- Réflexions à partir de la circulaire du 27 mars 2022 », *AJDA*, 2022, p. 1497.

[4] CE, avis du 15 septembre 2022 n° 405540, avis relatif aux possibilités de modification du prix ou des tarifs des contrats de la commande publique. V. à ce propos De Fenoyl E., « Bilatéraliser l'imprévision – pour une approche raisonnable de 'l'imprévision positive' », *op.cit.* ; Hoepffner H.- Ubaud-Bergeron M., « La théorie de l'imprévision : retours vers le futur », *op.cit.* ; Nicinski S., « Le droit public des affaires face à la crise sanitaire », *AJDA*, 2020, p. 1717 ; Eckert G., « Le droit de la commande publique au temps de la pandémie de covid-19 », *CMP*, 2020, étude n°4 ; Hoepffner H., « L'indemnisation des surcoûts liés à l'épidémie de covid-19 dans les contrats de la commande publique », *CMP*, 2020, étude n°6 ; Lichère F., « La commande publique, la crise sanitaire et la relance économique », *AJDA*, 2020, p. 1105 ; Noguellou R., « Les marchés publics et les concessions face à la crise sanitaire », *RDI*, 2020, p. 360.

[5] Circulaire du 29 septembre 2022 n° 6347/SG relative à l'exécution des contrats de la commande publique dans le contexte actuel de hausse des prix de certaines

désormais, la circulaire du 24 avril 2026[1], prévoit l'obligation des pouvoirs adjudicateurs de prévoir des prix révisables pour de nombreux marchés publics réduisant de manière importante de champ d'application de la théorie de l'imprévision, cette dernière demeurant toujours le dernier refuge pour la protection du cocontractant contre les aléas.

La pratique de clauses de variation des prix évolue également en matière du droit grec, sous la forme de l'actualisation des prix suivant une certaine formule mathématique.

ii. L'actualisation des prix conformément à une formule mathématique fixe en droit grec

478. L'insertion de la pratique des clauses de variation des prix en matière des contrats de la commande publique puise ses racines à la fin du XIXe siècle et la Guerre de 1897, visant à aborder les conséquences des dépréciations monétaires récurrentes de la drachme[2]. Ces clauses anticipent une partie des conséquences financières de l'imprévision liée à la conjoncture socio-économique. Leur première codification se matérialisait par la loi n°4489/1965[3] à propos de la révision des prix en matière des travaux publics et depuis lors, elle s'affiche toujours dans la réglementation des marchés publics.

479. À l'encontre du droit français, les dispositions réglementaires relatives aux marchés publics qui fixent une formule de variation des prix, l'indexation, sont d'ordre public. L'article 153 de la loi

---

matières premières et abrogeant la circulaire n° 6338/SG du 30 mars 2022, NOR : PRMX2228456C.

[1] Circulaire du 24 avril 2026 relative à l'exécution des contrats de la commande publique dans le contexte actuel de hausse des prix de certaines matières premières et abrogeant la circulaire n° 6374/SG du 29 septembre 2022, NOR : PRMX2611611C.

[2] Et notamment au lendemain de la catastrophe de l'Asie Mineure en 1922. V. Gerontas Ap. *Droit des travaux publics (Δίκαιο Δημοσίων Έργων), op. cit.* p. 610-611.

[3] Loi n° 4489/1965 du 26/30 décembre 1965, *JO,* A'243, relative à la modification et le complément de la loi n° 5367/1932 relative à l'exécution des travaux publics et autres dispositions.

n°4412/2016[1] prévoit une formule mathématique en matière des marchés publics de travaux, la période de révision étant de trois mois, prenant en considération les indices et les prix du 20e jour du premier mois de cette période, pour l'actualisation des prix de base des salaires et des matières premières[2]. L'objectif de cette formule est l'ajustement effectif des prix du marché, prenant en considération les coefficients cruciaux qui les affectent[3]. De plus, à propos des marchés des fournitures dont la durée dépasse les 12 mois, l'article 53 de la loi n° 4412/2016 impose l'obligation de stipulation d'une clause de révision des prix prenant en considération l'indice des prix à la consommation[4]. Ainsi, le législateur peut intervenir pour modifier cette formule au détriment des intérêts pécuniaires du cocontractant de l'Administration pour des raisons d'intérêt économique général. Plus précisément, il est jugé que les constructeurs ne pouvaient pas réclamer utilement l'application d'une formule d'actualisation des prix des travaux de revêtement bitumineux plus favorable pour

---

[1] À ce propos, v. Raikos D., *Droit des contrats publics (Δίκαιο Δημοσίων Συμβάσεων)*, *op.cit.*, p. 726-727.

[2] La formule mathématique prévue par l'article 153, par. 6 de la loi n° 4412/2016 est la suivante : $\Delta Tv = T \times \left(\frac{\mathrm{Av}}{\mathrm{Ao}} - 1\right) \times (1 - s)$, (*T* : le prix initial; *ΔTv:* la révision du prix pour la période de révision *v*, *Ao*: le prix qui s'ensuit lorsque l'article –ou les articles analysant le prix soit rempli par les prix de base au début de la période de révision, conformément au par. 8 du même article (153), Av : le prix qui s'ensuit de même manière, prenant en considération les prix de base de la période de révision, σ= σ1+0.01v : le coefficient qui est fixé pour l'ensemble des catégories ou pour chacune des catégories séparément des travaux publics, σ1=0.12 , *v* :s'agit d'un nombre entier =1 pour la première période de révision et ensuite indique le nombre des périodes de révision, à la limite σ=02,0. Depuis la modification de cet article de la loi 4412/2016 par l'article 72 de la loi n° 4782/2021(*JO* A' 36/09.03.2021) et à partir du 1er septembre 2021, le coefficient σ1 est révisé chaque année par une décision du Ministre des Infrastructures, des transports et des réseaux. Il s'agit d'une possibilité qu'il existait même avant la modification de l'article 153 de la loi 4412/2016.

[3] L'acceptation sans réserve exclut la possibilité pour le cocontractant de l'Administration de contester *ex post* la validité d'une telle clause. Sur ce point v. CE grec, 106/2011, 1667/2011, (Ass.) 2400/2008, 1708/2008, 1888/2007, 1119/2006, 3602/2005, 2214/2005, 1323/2005, 2743/2003.

[4] V. aussi article 53, par. 10 et 10a à propos de la révision des prix en matière des marchés publics de services de nettoyage et de sécurité. Lesdites dispositions sont insérées par l'article 7 de la loi n° 4965/2022, *JO* A 165/02.09.2022. En guise d'illustration de ces dispositions v. C. comptes grecque, arrêt n° 2057/2022.

abroger par une nouvelle loi ayant effet rétroactif[1], du seul fait qu'il portait atteinte à leur espérance légitime.

480. La prévision réglementaire d'une formule fixe pour le calcul d'actualisation des prix permet ainsi leur variation positive ou négative[2], selon la situation réelle de l'inflation et d'autres facteurs économiques et financiers pris en compte. En revanche, le droit allemand favorise plutôt les clauses de révision au détriment des clauses de variation à effet automatique.

iii. La pratique des clauses de révision au détriment des clauses à effet automatique en droit allemand

481. D'une manière générale, comme l'indiquent les dispositions des règlements relatifs à l'exécution des contrats de travaux (§2, alinéa 3, *Vergabe und Vertragsordnung für Bauleistungen- VOB/B*) et des fournitures et services (§2, alinéa 3, *Vergabe- und Vertragsordnung für Leistungen- VOL/B*), le droit positif allemand des contrats de la commande publique préfère la solution de « clauses de rendez-vous », c'est-à-dire des clauses fixant la date de révision, à l'encontre des clauses de variation des prix à effet automatique. Cependant, la prévision des clauses d'ajustement automatique des prix est possible au sein des dispositions du Code civil allemand (BGB). À la suite de la dernière réforme du droit des contrats de construction et notamment du §650 BGB[3] relatif à la modification de l'objet du contrat, les vices de la chose vendue et la responsabilité consécutive[4], il est admis que la rémunération due au cocontractant de l'Administration est une rémunération basée sur les évaluations effectuées, mais actualisée, compte tenu des pertes et des gains réels

---

[1] Cass. (civ.) grec, arrêt n° 1127/2006 refusant l'application de l'article 2 par. 3 de la loi n° 2940/2001 abrogée par Article 23, paragraphe 10 de la loi n° 3212/2003 pour les contrats en cours d'exécution lors de la loi n° 2940/2001. v. également CE grec, arrêts n° 6/2010, et 3512/2015.

[2] CE grec, arrêt n° 4553/2012.

[3] À propos de cette réforme v. *infra,* n°481.

[4] Loi de réforme du droit des contrats de construction et de codification de la responsabilité pour vices en vertu du droit de la vente *(Gesetz zur Reform des Bauvertragsrechts und zur Änderung der kaufrechtlichen Mängelhaftung)* du 28.04.2017 (*BGBl* I p. 969), entrée en vigueur le 01.01.2018.

ainsi que les coûts supplémentaires. De ses dispositions, s'ensuit la nécessité d'ajustement des prix aux conditions réelles du contrat[1].

482. Or, même après cette réforme entrée en vigueur le 01.01.2018, le législateur a évité de consacrer la possibilité d'une actualisation automatique des prix. En effet, coefficients de portée générale, comme l'inflation, pourraient entraîner des conséquences absurdes, qui ne correspondaient pas aux conditions techniques et financières particulières de chaque contrat individuel[2]. Historiquement, comme remarque la doctrine allemande à propos du règlement VOB/B relatif à l'exécution des contrats de travaux publics dès sa première version de 1952, les principes du prix *(Grundlagen des Preises)* ne peuvent pas être interprétés à travers une simple actualisation automatique. En revanche, le prix doit être conçu de manière systématique, prenant en considération toutes les paramètres cruciaux en vertu du contrat[3]. Ainsi, les circulaires se contentent d'indiquer des lignes directrices pour l'actualisation des prix en matière des marchés publics.

483. En matière de marchés de travaux publics, les dispositions du règlement consacré au stade d'exécution interdisent la variation des prix fermes, en cas de fluctuations aux alentours de 10% du prix

---

[1] En ce sens v. Orlowski M., « Le droit positif des contrats de consrtuction- Vue globale et prise de position sur le projet de la loi du Gouvernement fédéral (« Das gesetzliche Bauvertragsrecht – Übersicht und Stellungnahme zum Gesetzesentwurf der Bundesregierung »), *ZfBR,* 2016, p. 419 ; Breitling T. « Perte et évaluation de l'état selon le nouveau droit » (« Abnahme und Zustandsfeststellung nach neuem Recht »), *NZBau, 2017*, p. 393. V. également *infra*, n°1396, à propos de la possibilité de supplément de prix.

[2] Von Rintelen C., « L'actualisation des prix selon le §2 V et VI de la circulaire VOB/B à la lumière de nouceau droit des contrats des travaux » (« Die Preisfortschreibung nach §2V und VI VOB/B im Lichte des neuen Bauvertragsrechts »), *NZBau,* 2017, p. 315-325. V. également Kniffka R.- Koebler W. et al., *Précis du droit de construction (Kompendium des Baurechts)*, 5e édition, C.H. Beck, 2018, partie 5, n° 136 et s.

[3] Hereth F.- Ludwig O.-Naschold R., *Commentaire VOB (« Kommentar zur VOB),* Bauverlag Wiesbaden,1954, t. II, n° 2.91; Ingestau- Korbion , Loi VOB, *(VOB)*, 1ère éd., 1960, §2, 3 p. 345. V. égaelement OLG Düsseldorf, arrêt du 28 septembre 2022 – VII-Verg 2/22, *NZBau*, 2024, p. 494, selon lequel les augmentations imprévisibles des coûts généraux de l'entreprise, notamment les coûts d'électricité et d'énergie, représentent un risque de calcul supplémentaire et déraisonnable, car il n'existe pas de clause d'ajustement des prix adéquat. V. également Kobelt R., « Interdiction du transfert des risques déraisonnables dans le cadre du droit des marchés publics » («Verbot der Verlagerung unzumutbarer Risiken im Vergabevertragsrecht ») , *NZBau*, 2023, p. 365.

initial[1]. Par conséquent, la possibilité de révision n'est envisageable qu'au-delà de ce seuil. Dans ce cas, la contrainte d'une approche systématique du prix impose une interprétation supplémentaire des clauses du contrat par les parties à travers une révision, prenant en considération la situation réelle du contrat[2]. Ainsi, il est jugé qu'une clause d'ajustement pour la prolongation de la période de construction dans le contrat d'architecte est généralement en vigueur si elle est basée sur des périodes de construction réalistes[3].

484. En revanche, en matière de marchés de fournitures et de services, la possibilité de réviser les prix ne dépend pas de l'oscillation de l'économie du contrat, mais de la modification de la qualité des prestations *(Änderung in der Beschaffenheit der Leistung)*[4]. Au-delà de cette possibilité, aucune révision des prix de base n'est concevable.

485. Force est de rappeler que, pour que ces contraintes soient valables, les parties au contrat doivent préciser de manière explicite qu'elles souhaitent leur application dans le contrat en cause. En l'absence de cette clause, seules les contraintes relatives à la protection de la libre concurrence et, notamment l'interdiction de la modification substantielle de l'économie du contrat, s'appliquent[5].

486. Ces réserves mises à part, les parties peuvent prévoir des clauses à effet automatique dans le cadre de leur liberté contractuelle. Tel est le cas d'une clause d'ajustement des prix prenant en compte l'augmentation des salaires *(Lohngleitklausel).* L'actualisation est valide sous condition que les parties aient prévu l'actualisation des prix prenant en compte les fluctuations des salaires et que ce facteur porte effectivement des conséquences financières à l'exécution dudit contrat[6]. De même, l'insertion de clauses d'indexation

---

[1] Cramer/ Kandel/ Preussner, *Commentaire VOB/B (Beck OK Kommentar VOB/B)*, 59e éd., C.H.Beck, Munich, 2025, n°24-27.

[2] En guise d'illustration v. OLG Düsseldorf, arrêt du 7.10.2016, n° I-22 U 79/16 ; *BeckRS* 2016, 111157 ; *NJW-Spezial* 2017, p. 45.

[3] OLG Düsseldorf, arrêt du 26. 10. 2006 – n° 5 U 100/02, *NZBau* 2007, 109 ; *NJW-Spezial* 2007, p. 121.

[4] §2 alinéa 3 VOL/B.

[5] Sulk J., *Le prix dans le droit de la commande publique (Der Preis im Vergaberecht), op. cit.*, p. 236-238. Sur ce point v. *infra*, n° 1439 et s.

[6] BGH , arrêt du 08.06 2006, n° VII ZR 13/05 (OLG Stuttgart), *NZBau* 2006, p. 571. À propos de clause de Lohngleitklausel v. Graf von Westphalen/ Thüsing/ Pump, *Droit des contrats et mise en œuvre de AGB (Vertragsrecht und AGB-Klauselwerke),* 50e éd., C.H.Beck, Munich, 2024, p. 14-28.

(Stoffpreisgleitklauseln) visant à l'ajustement des prix des matières premières[1] est possible. L'importance de ces clauses est évidente ces dernières années de la crise sanitaire conséquente de la pandémie de COVID-19 et de la guerre en Ukraine qui a provoqué des perturbations très importantes à la chaîne d'approvisionnement des matières premières. Dans ces cas, les clauses d'indexation des prix des matériaux ont protégé les cocontractants de l'Administration contre les hausses importantes et inattendues des prix d'achat. Ainsi, les ministères fédéraux, sous la direction du Ministre fédéral du Logement, de l'Urbanisme et de la Construction (*Bundesministerium für Wohnen, Stadtentwicklung und Bauwesen -BMWSB*) ont introduit des réglementations spéciales relatives à la clause d'indexation des prix des matériaux dans plusieurs décrets entre le 25 mars 2022 et le 30 juin 2023, imposant l'application de ces clauses dans un grand nombre de contrats[2]. Dans la mesure où la crise s'atténue, elles offrent aux cocontractants la possibilité des bénéficier des baisses réelles des prix d'achat sans modifications du contrat lui-même[3].

487. De manière générale, les clauses de révision ou de variation des prix sont réputées protéger le cocontractant de l'Administration qui est le seul qui peut contester leur validité[4]. Entendues en ce sens, les clauses de variation des prix à effet automatique insèrent une partie du risque d'inflation ou d'autres variantes dans le calcul de la rémunération tirée d'un prix. D'une manière assez assimilable, tel est le rôle des clauses de variation des tarifs, sur la base desquelles est calculée la rémunération assurée par les résultats de l'exploitation.

---

[1] *Ibid.*, n° 108.

[2] Par décret du 20 juin 2023, le ministère fédéral de l'Économie et de la Technologie (BMWSB) a ordonné le retour à la procédure standard à compter du 1er juillet 2023. Les clauses de révision des prix des matériaux sont désormais moins fréquemment appliquées que l'année 2022- 2023.

[3] À propos de cette problématique, v. Gottwalt L./ Gaus M., « L'application du droit des contrats de la commande publique en temps de crise » (« Vergaberechtsanwendung in der Krise »), *NZBau,* 2023, p. 498 ; Kues J.-H., « Période difficile pour les contrats de construction en raison des sanctions et de la guerre » (« Schwierige Zeiten für Bauverträge aufgrund von Sanktionen und Krieg »), *NZBau*, 2022, p. 319.

[4] BGH, arrêt du 04.12.1997 – n°VII ZR 187–96 (Dresden), *NJW-RR* 1998, p.594 ; Kniffa R.- Koebler W. et al., *Précis du droit de travaux* (*Kompendium des Baurechts*) *op. cit.*, partie 3, n° 36.

B. Les clauses de variation des tarifs dans les contrats de concession

488. À l'instar des marchés publics, les contrats de concession permettent également l'insertion de clauses de variation des tarifs. Compte tenu qu'il s'agit – en principe – de contrats de longue durée, ces clauses constituent un outil d'anticipation d'une large palette des risques encourus. Leur mise en œuvre ne diffère pas de celle des clauses de variation des prix en matière de marchés publics.

489. Cet instrument contractuel permet d'internaliser des aléas liés à l'exécution du contrat, notamment le risque de fréquentation, et à mesurer leurs conséquences financières, susceptibles de mettre en cause la rémunération du cocontractant de l'Administration. Leur efficacité requiert une expertise juridique ainsi qu'économique. En effet, « il est notamment nécessaire de choisir la formule de révision de prix adaptée, d'estimer et négocier des gains de productivité possibles, de définir la partie fixe ainsi que divers paramètres »[1].

490. Les clauses de variation des tarifs permettent ainsi, en vertu d'une rémunération assurée par les résultats de l'exploitation, la « compensation d'une oscillation du volume par une variation de la valeur »[2]. Cette pratique contractuelle est répandue en droit français **(i)**, grec **(ii)** et allemand **(iii)**.

i. Les clauses de variation des tarifs en droit français

491. L'instrument de clauses de variation des tarifs en droit français est surtout évolué à la lumière de la théorie jurisprudentielle élaborée par le Conseil d'État en vertu de l'arrêt *Compagnie générale d'éclairage de Bordeaux*[3] de 1916. En effet, l'augmentation brutale du prix du charbon, indispensable pour la production du gaz a entraîné un bouleversement imprévisible de l'économie du contrat de concession de sa distribution[4]. Leur application restreint l'application de la théorie de l'imprévision qui ne joue pas si une clause de variation a pu

---

[1] Barreaud Ol. « Prise en compte du risque d'inflation dans les marchés : méthodologie et pratique », *CP-ACCP*, 2013, n° 130, p. 63-68.
[2] Pez Th., *Le risque dans les contrats administratifs*, *op. cit.* n° 547 p. 342.
[3] CE, 30 mars 1916, *Compagnie générale d'éclairage de Bordeaux, op.cit.*
[4] V. également *infra*, n° 1351.

normalement jouer[1]. Dans la majorité des cas, ces clauses reprennent des formules d'indexation, visant à l'actualisation des tarifs des services par référence aux fluctuations d'inflation[2].

492. Les clauses de variation à effet automatique revêtent une importance particulière en matière de contrats de concession où les redevances escomptées sont calculées sur la base d'un prix plafonné *(price cap).* Cette formule, consistant à fixer un barème de redevances pour une période d'exploitation donnée, constitue un paradigme de tarification susceptible d'anticiper le risque. Tel est le cas lorsque les tarifs du service concédé font l'objet d'une réglementation particulière, interdisant aux opérateurs privés gérants d'un service public – en principe monopolistique – l'imposition des tarifs excessifs aux usagers. Comme son nom l'indique, le prix plafonné rend compte de la hausse prévisible du prix, due soit à une hausse de charges soit à une réduction des recettes, que les parties sont capables de subir au moment de la conclusion du contrat. Cette méthode de tarification est plus aléatoire pour le cocontractant de l'Administration que celle du taux de rendement *(rate-of-return)*[3]. Le barème du prix est fixé lors de la conclusion du contrat prenant en considération les données économiques et financières en ce moment-là[4], ce qui ne correspond pas nécessairement à l'évolution réelle des coûts et dépenses pesant sur le cocontractant de l'Administration, mettant en cause sa rémunération[5]. Le dépassement de ce barème, « seuil de l'imprévision et le plafond du risque »[6] renvoie alors à une situation d'imprévision. Ainsi, ces prix font l'objet d'un ajustement périodique. Comme le Conseil d'État a récemment précisé « alors mêmes que les clauses tarifaires d'un contrat de délégation de service public revêtent un

---

[1] CE, 19 février 1992, *SA Dragages et travaux publics c/ Escota*, *Rec.* 1109 ; *D.* 1992. SC.411, obs. Terneyre Ph.

[2] Article R3135-1 CCP.

[3] V. *supra*, n° 316 et 446.

[4] Pour une comparaison des deux méthodes de réglementation des tarifs, v. Alexander I.-Irwin T., « Price Caps, Rate-of-Return Regulation, and Cost of Capital », *Viewpoint: Public Policy for the Private Sector,* The World Bank Group, September 1996, note n° 87. V. également *infra,* n°1679, à propos de la qualification de la tarification selon la méthode de prix plafonné en incitation.

[5] Tirole J. « Concessions, concurrence et incitations », *op. cit.* p. 80.

[6] Pez Th., *Le risque dans les contrats administratifs*, *op. cit.* p. 28-29.

caractère réglementaire, les tarifs sont au nombre des éléments essentiels qui concourent l'équilibre économique du contrat »[1].

493. Outre les services à prix réglementés, s'agissant notamment des services à caractère monopolistique, d'autres coefficients sont pris en compte en matière de l'actualisation des prix. Ainsi, l'actualisation des tarifs des péages autoroutiers permet l'anticipation d'une partie du risque de fréquentation. Prenons l'exemple de la concession de l'autoroute Estérel-Côte d'Azur. Le cahier des charges prévoit un dispositif de modération des tarifs de péages, de réduction de la durée de la concession ou d'une combinaison des deux, applicable lorsque les revenus des péages ou les résultats financiers excèdent les prévisions initiales. « Les cahiers des charges de ces concessions permettent la fixation par le ministre compétent des tarifs à appliquer par la société concessionnaire »[2].

494. De même, dans un avis 24 juin 1993 en matière de la tarification du TGV, le Conseil d'État français a autorisé une politique tarifaire comportant d'une pluralité des tarifs appliqués aux usagers. Plus précisément, « par l'augmentation des tarifs appliqués sur les trains les plus fréquentés, elle permet d'écrêter les pointes de trafic et de limiter ainsi les frais d'exploitation ; par la réduction des tarifs appliqués sur les trains les moins fréquentés, elle permet de faciliter l'accès du TGV à des catégories plus larges de population »[3]. Ainsi, une telle politique tarifaire, justifiée par la nécessité de préservation de l'équilibre économique du contrat et visant à la maîtrise des frais d'exploitation, ne porte pas atteinte aux principes de service public et notamment de l'égal accès au service public.

495. En pratique, en matière de contrats de concession, les clauses de révision sont loisibles au détriment des clauses de variation à effet

---

[1] CE, 9 mars 2018, *Compagnie des parcs et passeurs du Mont-Saint-Michel*, req. n°409972, au *Rec. ; CP-ACCP,* n°190, septembre 2018, p.56-59, comm. Neveu B. – Polderman B.

[2] V. article 25.7 du Cahier des charges de la concession de l'autoroute Estérel- Côte d'Azur, selon lequel le ministre peut fixer des tarifs à nouveau (Décret du 29 novembre 1982, *JO* du 1er décembre 1982, p. 10688) *;* article 25.5 du Cahier de charges de la concession de l'autoroute du Sud de la France

[3]CE Ass., Avis n° 353.605 du 24 juin 1993, « Tarification du TGV et égalité devant le service public », *Les grands avis du Conseil d'État*, Dalloz, 2008, n° 22, p. 245-255, v. aussi la mission de la SNCF décrite dans l'article 13 de son cahier des charges ainsi que l'article 14 à propos de sa politique tarifaire (Décret n°83-817 du 13 septembre 1983).

automatique. Ce choix s'explique par la nature complexe des contrats de concession. En effet, ces clauses présentent l'avantage qu'elles prévoient la renégociation périodique (*clauses de rendez-vous*) permettant aux parties cocontractantes d'aborder les perturbations de l'exécution du contrat à effet économique et financier au temps actuel[1]. Pour cette raison, sont autorisées des clauses de renégociation visant à couvrir le risque de fréquentation (*risque de demande*) permettant l'adaptation de l'économie du contrat dans les conditions à ce moment-là, sans les inconvénients de l'effet automatique des clauses de révision. À titre complémentaire sont autorisées également les clauses « butoir » et les clauses de sauvegarde. Les premières limitent simplement le jeu de la clause de variation de prix en plafonnant l'augmentation possible au niveau fixé par la clause. Dans ce cas, le contrat continue de s'exécuter et le fournisseur est tenu de livrer les prestations au prix plafonné sans possibilité de résiliation. Les secondes, les clauses de sauvegarde, sont prévues afin de rendre possible la résiliation du marché, par une décision unilatérale de l'acheteur public[2].

496. Or, il est admis qu'en cas de refus de l'Administration d'appliquer la formule de variation contractuellement prévue, le juge a le pouvoir de le faire. Mais dans le cas de simple actualisation du tarif, il interprète seulement les clauses contractuelles[3].

---

[1] CAA Nancy, 20 décembre 2007, *Société Vivendi Universal*, req. n° 05NC00897, *DA,* mars 2008, comm. 35, à propos de la révision des tarifs par une comité tripartite prévue par le contrat d'affermage en absence d'accord entre les parties sur le niveau de la rémunération.

[2] Assemblée Nationale - 2016-07-05- Réponse Ministérielle N° 96018, précisant que « Les clauses «butoir» limitent simplement le jeu de la clause de variation de prix en plafonnant l'augmentation possible au niveau fixé par la clause. Le contrat continue de s'exécuter et le fournisseur est tenu de livrer les prestations au prix plafonné. La résiliation n'est pas possible.- C'est pourquoi une clause «de sauvegarde» est généralement prévue, afin de rendre possible la résiliation du marché, par une décision unilatérale de l'acheteur public ».

[3] CE, 6 décembre 1935, *Ville de Bergerac, D.* 36 ; CE, 6 décembre 1935, *Compagnie du Bourbonnais*, *Rec.* 1147. Sur ce point, v. également Hoepffner H., *La modification du contrat administratif*, *op. cit.* n° 587.

ii. Les clauses de variation des tarifs en droit grec

497. À l'instar du droit français, le droit grec adopte la méthode de tarification du prix plafonné en matière de contrats de gestion des services à caractère monopolistique ou oligopolistique. Dans ce cas, les tarifs réglementés par les autorités régulatrices peuvent être périodiquement ajustables, notamment indexés.

498. Prenons l'exemple des concessions des grandes autoroutes, revêtant une importance particulière. Contrairement à ce qui se passe en France où l'usage des autoroutes est, selon la loi, gratuit – sans cependant exclure la possibilité de péage[1] – en Grèce, en absence d'une telle disposition, les concessionnaires chargés de la construction et de gestion des autoroutes tirent leur rémunération directement des péages perçus auprès les usagers. Le tarif du péage est fixé, bien évidemment, lors de la conclusion du contrat, réputé permettre l'amortissement des infrastructures et la rémunération du concessionnaire. Cependant, il est admis que le concessionnaire puisse ajuster lui-même ce tarif, du fait qu'il agit en tant que personne morale publique[2], lorsque la gestion du fonctionnement de l'autoroute est confiée au concessionnaire. Telle est la position du Conseil d'État grec qui a conclu dans son arrêt n° 2589/2014[3] que le cocontractant de l'Administration était autorisé par la clause fixant sa rémunération de nature contractuelle. En effet, le contrat posait des restrictions sur le mode de calcul, en fixant le tarif maximum par kilomètre séparément pour chaque catégorie de véhicules, la construction de nouvelles gares des péages seulement sous réserve de réalisation et d'approbation d'une étude qui justifierait leur utilité, ainsi que la variation maximale permise pour une période de temps. À titre supplémentaire, le contrat prévoyait l'indexation des tarifs de péage, ainsi que son ajustement

[1] Article L.122-4, alinéa 1, du Code de la voire routière. Sur le « mythe » de la gratuité des services autoroutiers v.Vieu P., « Un mythe français : la gratuité d'usage des autoroutes », *op.cit.* ; Terneyre Ph., « Concessions autoroutières, pourquoi tant de haine ? », *op. cit.*.

[2] En ce sens v. CE grec, arrêts n° 891-5/2008 (Ass) et 690/2013, selon lesquels le concessionnaire agit comme une personne morale publique et le fait qu'elle a agi en vue de préserver son intérêt économique reste indifférent.

[3] Il s'agissait de l'article 24 du contrat de concession de l'autoroute liant Patra, Athènes et Théssalonique, approuvé par la loi n° 3555/2007 (*JO* 81/A du 16 avril 2007).

aux variations du taux de la TVA[1]. Par conséquent, bien que le concessionnaire soit libre d'ajuster lui-même les tarifs, le contrat restreint considérablement sa marge de manœuvre. La Haute juridiction administrative grecque a cependant qualifié sa décision d'ajustement du tarif des péages en acte administratif à caractère exécutoire, contre lequel peut être dirigé un recours en excès de pouvoir par toute personne justifiant d'un intérêt à agir. Par ce biais, elle a entrepris de protéger l'intérêt des usagers du service contre la possibilité de variation abusive des tarifs de péage par le concessionnaire à leur détriment.

499. L'adaptation des tarifs en matière de contrats de concession implique nécessairement la question délicate de la protection des usagers des services contre la croissance des tarifs d'accès au service public au profit du concessionnaire. Ce point est également crucial en matière des services en réseau, tel qu'il est traité en droit allemand de *Daseinsvorsorge.*

iii. Les clauses de variation des tarifs en droit allemand

500. Les contrats de concession dite « privée » en droit allemand considèrent, dans leurs immense majorité, la gestion des services en réseau[2], notamment dans le secteur énergétique. Ses services tombent, en principe, sous l'emprise de *Daseinsvorsorge*[3], embrassant toutes les activités qui consistent à mettre à la disposition des citoyens des services d'utilité publique. Le traitement des tarifs de ces services, notamment leur actualisation – voire croissance – au profit du

[1] V. *infra,* n° 1371, à propos du cas des contrats de concession des grandes autoroutes grecques signés en 2007 . loi n° 3533/2007 (*JO* A 80/16.04.2007), ratifiant le contrat de concession concernant l'autoroute *Néa Odos*, loi n° 3559/2007 *(JO* A' 102/14.05.2007), ratifiant le contrat de concession concernant l'autoroute *Morias*, loi n° 3597/2007 (*JO* A 168/25.07.2007), ratifiant le contrat de concession concernant l'autoroute *Kentriki Odos (E65),* loi n° 3605/2007 (*JO* A 190/08.08/2007), ratifiant le contrat de concession concernant l'autoroute *d'Égée* et loi n° 3621/2007 *(JO* A279/20.12.2007) ratifiant le contrat de concession concernant l'autoroute Olympia Odos, modifiés par voie contractuelle en 2013.

[2] V. *supra,* n°152.

[3] Marcou G.- Moderne F. (sous dir.) *L'idée de service public dans le droit des États de l'Union européenne, op. cit.* p. 62-65 à propos de la notion de *Daseinsvorsorge* en droit allemand et sa relation avec le service public français.

concessionnaire passe à travers la question de la protection des usagers. Les spécifications du droit de l'énergie échappant au champ de la présente recherche, on se contente d'aborder la question des conséquences économiques des clauses de variation des tarifs des services en réseau justifiant l'économie de la rémunération.

501. En général, ces clauses tombent sous la qualification des clauses générales de vente *(Allgemeine Geschäftsbedingungen- AGB)* selon le §305 BGB, dont le contenu est soumis au contrôle contentieux, conformément au §307 BGB.

502. En se saisissant à ce titre, la Cour fédérale allemande a circonscrit l'importance ainsi que les limites des clauses de variation des tarifs en matière des services de chauffage. À cet égard, il est admis que la clause de variation à effet automatique doit respecter l'équilibre contractuel. Dans le cas où elle est formulée de manière à entraîner un profit supplémentaire au cocontractant de l'Administration lors de sa mise en œuvre au détriment des usagers payant le tarif, contrevient aux principes de bonne foi et des bons mœurs et doit être considérée, par conséquent, nulle[1].

503. En outre, le point crucial demeure toujours le choix du coefficient pris en compte pour la formule de variation. En principe, les coefficients retenus sont liés aux fluctuations des coûts du service. Or, il ne va pas de soi qu'un tel coefficient est toujours utile. À cet égard la Cour fédérale allemande dans son arrêt du 24 mars 2010 a estimé qu'une formule de variation du tarif d'un service de prestation de chauffage prenant en considération le prix du mazout extra-léger calculé en euro/hectolitre *(HEL Klausel)*, bien qu'elle corresponde aux restrictions de transparence, elle ne saurait être considérée comme excessivement onéreuse et, par conséquent, elle ne protège pas les intérêts financiers du cocontractant de l'Administration[2]. Le choix alors du coefficient le plus pertinent et le plus crucial pour la

---

[1] BGH, arrêt du 29.04.2008, n° KZR 2/07, *NJW,* 2008, p.2172 ; *IBRRS 2*008, p.160. En ce sens, v. également BGH, arrêt du 17.12.2008, n° VIIIZR 274/06, *NJW* ,2009, p. 578 ; BGH, arrêt du 14.07.2010, n° VIII ZR 327/07 ; BGH, décision du 09.02.2011 n° VIII ZR 162/09, *BB* 2011, p. 719, obs. Zabel L. V. également Zabel L., « Les exigences relatives aux clauses d'ajustement des prix en matière des contrats de gaz et des fournitures de chauffage urbain » (« Die Anforderungen an Preisanpassungsklauseln in Gas- und Fernwärmelieferveträgen »), *KommJur,* 2011, p. 289.

[2] BGH, arrêt du 24.3.2010 n° VIII ZR 178/08, *NJW* 2010, 2789.

préservation de l'économie du contrat est plutôt une question technique qui incite à la prudence, car son efficacité doit être examinée de nouveau en cas de modification des conditions d'exécution[1].

504. Afin d'éviter le transfert du coût d'une variation des prix aux usagers, leur mise en œuvre, la jurisprudence de la Cour fédérale impose des restrictions en deux directions : d'une part, elle exerce un contrôle vigilant dans le contenu et l'utilité de ses clauses ; d'autre part, elle prime une interprétation des clauses contractuelles à leur ensemble pour justifier la nécessité d'une augmentation des tarifs en dernier ressort[2]. En effet, une fois la condition du respect des dispositions réglementaires visant à la protection des usagers[3], la Cour apprécie l'utilité de la croissance des tarifs. Cela implique nécessairement un travail supplémentaire de réévaluation des coûts réels. Autrement dit, avant modifier le tarif à la hausse, il faut chercher si les coûts sont effectivement augmentés, ce qui n'est pas toujours aisé dans la pratique de ce type de contrats[4]. Force est, cependant, de remarquer que la variation des tarifs en matière des contrats de concession incite à la prudence du fait de la particularité des contrats de concession et la relation tripartite (autorité concédante – concessionnaire – usager du service) qu'ils impliquent.

505. En général, l'insertion des clauses de variation des prix et des tarifs permettant l'ajustement de la rémunération prenant en considération les aléas du marché et les conditions réelles de l'exécution revêt une valeur protectrice. En effet, « elles permettent dans les contrats de moyenne et de longue durée, d'établir une relation entre l'évolution des prix contractuels et l'évolution des prix d'une

---

[1] LG Essen (3. Zivilkammer), arrêt du 12.03.2018 - 3 O 28/17 *BeckRS 2*018, p.7848.

[2] BGH, arrêt du 15.07.2009, n° VIIIZR 56/08, *BB* 2009, p. 2278, obs. Zabel L. ; BGH, décision du 09.02.2011 n° VIII ZR 162/09, *BB* 2011, p. 719, obs. Zabel L. ,

[3] BGH, arrêt du 14.07.2010, n° VIII ZR 327/07, renvoyant aux dispositions de l'ordonnance relative à l'approvisionnement en matière des prestations du gaz *(Gasgrundversorgungsverordnung- GasGVV)*

[4] Zabel L., « Les exigences relatives aux clauses d'ajustement des prix en matière des contrats de gaz et des fournitures de chauffage urbain » (« Die Anforderungen an Preisanpassungsklauseln in Gas- und Fernwärmelieferveträgen »), *op.cit.* V. également Bündeberger Ul., « Réorganisation des clauses relatives au prix dans les contrats de prestation d'energie d'électricité et de gaz » («Neugestaltung von Preisanpassungsklauseln in Energielieferungsverträgen über Elektrizität und Gas »), *NJW* 2013, p.3601.

catégorie de marchandises ou de services, donc de protéger le créancier d'une somme d'argent contre les risques d'érosion monétaire, voire contre la perturbation des prix de revient du fournisseur »[1]. Cependant, une fois que la clause retenue est insérée dans le contrat, elle ne peut pas être modifiée. L'intangibilité de la rémunération recouvrant l'ensemble des clauses financières qui la fixent, la formule de révision ne peut être modifiée que par voie contractuelle, sous condition de respect des règles de la libre concurrence[2]. Il s'ensuit alors que toute l'efficacité de la pratique d'internalisation des aléas d'exécution et du traitement de leurs conséquences économiques et financières dépend du bon choix des coefficients pris en compte.

506. Nonobstant l'importance des clauses de variation des prix à effet automatique ou pas, les parties n'ont qu'une connaissance partielle sur l'avenir. Ainsi, une partie du risque économique échappe à leurs prévisions contractuelles demeurant ainsi non-assurable, ce qui justifie une rémunération dynamique.

Conclusion Section II

507. Le risque est inhérent à la rémunération, même dans ses formes prises comme les plus statiques. L'affirmation juridique de cette acception passe à travers la pratique des clauses de variation des prix et des tarifs, ainsi que de l'examen des différents types de risque que le cocontractant de l'Administration endosse, par référence à la modalité de rémunération qu'il tire. Par ce biais, les fluctuations entraînant la divergence entre la rémunération initialement convenue et la rémunération effectivement tirée par le cocontractant de l'Administration sont rationalisées.

508. Or, l'omniprésence du risque dans toutes les modalités de la rémunération ne contrevient guère à la *summa divisio* rémunération tirée d'un prix - rémunération tirée par les résultats de l'exploitation, bien que cela ait entraîné la consécration du risque en tant que critère de la qualification du contrat en marché public ou en concession en lieu du critère de la rémunération. Cependant, la prise en considération les différents types de risque que chaque rémunération implique,

---

[1] Hoepffner H., *La modification du contrat administratif, op. cit.* n° 579, p. 341.

[2] Sur ce point, v. *infra,* n° 1434 et s.

contribue à la compréhension de leur nature différente à l'aune de leur dimension économique.

Conclusion Chapitre II

509. Entendu au sens d'incertitude mesurable, le risque explique la rémunération. Il embrasse les fluctuations voire les perturbations possibles en cours de l'exécution du contrat entraînant des conséquences financières. « Seuil de l'imprévision », il s'agit d'un paramètre contractuel à géométrie variable, sa réalisation et son étendue inconnues affectent le rapport entre le coût et la marge de profit escompté. Bénéficiant des renseignements de la théorie économique expliquant le rapport entre risque et profit, on osait affirmer que c'est la partie du risque non assurable qui justifie la rémunération : la partie assurée appartient au coût prévu, adaptable selon les prévisions contractuelles, la partie non assurée c'est la rémunération. Il s'agit alors de la marge de profit réellement obtenu et qui résulte de l'osmose entre demande et offre du marché. Sa nature nécessairement économique « s'explique par le risque d'inadéquation entre offre et demande »[1].

510. Admettant le caractère aléatoire des contrats de la commande publique, les juristes adoptent progressivement une logique d'internalisation des aléas et d'anticipation du traitement de leurs conséquences financières. En effet, cette tendance est mise en évidence par les clauses de variation des prix et des tarifs, dont la possibilité d'insertion est consacrée par les dispositions réglementaires relatives à la fixation de la contrepartie du cocontractant de l'Administration.

Conclusion Titre I

511. Entendue au sens étroit, la rémunération est la marge de profit effectivement obtenue par le cocontractant de l'Administration en contrepartie pour la bonne exécution du contrat de la commande publique. De nature synallagmatique, elle constitue alors la contrepartie *sticto sensu*, les coûts et les autres charges et dépenses engendrés dans la contrepartie sont mis à part.

---

[1] Pez Th., « Le risque, les concessions et les marchés », *op. cit.* n° 69.

512. Pour des raisons de sécurité juridique, la rémunération est fixée dès la signature du contrat. Or, l'acception que la rémunération évaluée lors de la conclusion du contrat et la rémunération effectivement perçue à la fin de son exécution ne correspond qu'aux cas des contrats de la commande publique relativement simples. La différence entre les prévisions du contrat et la réalité contractuelle n'est pas rare. L'oscillation alors du taux de la rémunération du fait de changement des conditions d'exécution s'explique par la notion économique du risque. Autrement dit, le risque explique la dimension économique de la rémunération, compte tenu de la mutabilité inhérente aux contrats de la commande publique.

513. Outre les prévisions à caractère contractuel relatives à la fixation de la rémunération ou le partage de charge du risque entre les parties, la bonne exécution du contrat dépend aussi de leur comportement. En effet, la bonne exécution du contrat de la commande publique en vue de satisfaire les besoins d'intérêt général dépend largement du comportement du cocontractant de l'Administration. Ainsi, il appartient à l'Administration de réduire le risque moral à travers la précision de ces besoins et de ne pas laisser la bonne exécution du contrat aux affres des comportements opportunistes voire corruptifs des cocontractants. Il faut alors rationaliser l'étendue de la rémunération et comprendre la marge légitime de son oscillation. Pour y parvenir, l'Administration détient à sa disposition, outre que les dispositions du droit positif, l'instrument de la libre concurrence.

Titre II – LA DÉTERMINATION INSTITUTIONNELLE

514. Reprenant la définition donnée par la science physique, la dynamique est synonyme du mouvement. Ainsi, la dimension dynamique de la rémunération signifie qu'il s'agit d'une notion qui s'évolue, subissant des mutations dues à son contexte juridique, c'est-à-dire du contrat de la commande publique. En revanche, la rémunération est une situation juridique créée par le contrat de la commande publique et qui, en tant que telle, doit être préservée. Cependant, aucune de ces deux acceptions n'explique d'un point de vue objectif ce qu'est la rémunération et son étendue. En dépit des apparences, l'hypothèse n'est pas purement économique. En revanche, elle est, avant tout, juridique. Avant de calculer la marge de profit escompté, il faut circonscrire sa rationalité et, plus précisément, sa légitimité.

515. Revenant aux écrits de Maurice Hauriou, « l'institution est de la catégorie des existences pures, ou des êtres, tandis que le contrat est de la catégorie de l'activité et par conséquent du commerce juridique entre les êtres »[1]. Par ce biais, selon lui, l'analyse institutionnelle permet la compréhension du droit et de son rapport social[2]. Afin de circonscrire l'étendue légitime de la rémunération, il faut identifier l'institution qui supporte les contrats de la commande publique, car « celle-ci impose objectivement et imprègne tant les règles de fond que les situations juridiques qui en découlent »[3]. La qualification des contrats de la commande publique en « contrats institutionnels »[4] illustrant pleinement la conception de l'institution chez Hauriou, permettra à répondre à la question de la détermination de la rémunération.

---

[1] Hauriou M., *Précis de droit administratif et de droit public*, 6e éd. 1907, Sirey, p. 24.

[2] V. *supra,* n°72.

[3] Weber Yv., « La nature juridique des concessions administratives d'activités industrielles et commerciales- Contribution à une théorie des contrats institutionnels » *in Aspects actuels du droit commercial français : études dédiées à René Roblot,* coll. Anthologie du droit, LGDJ, Paris, 2014, p. 47-62 (ici p. 57) à propos du contrat de concession comme institution.

[4] *Ibid.* p. 61-62.

516. En effet, le contrat constitue un système *micro-juridique*[1] construit par les stipulations contractuelles fixant les conditions de son exécution, à l'intérieur duquel s'interpénètrent les comportements des parties cocontractantes. Ce système noue sa propre microéconomie[2], lorsqu'il constitue un comportement individuel, au sens de la science économique. En outre, il ne faut pas ignorer le fait qu'un contrat de la commande publique appartient à un système plus ample de transactions économiques. Ce système *macroéconomique*[3], le marché pertinent, est le résultat de la coexistence et interdépendance de plusieurs comportements individuels – comme celui d'un contrat particulier – est incontestablement régi par ses propres règles juridiques. Il s'ensuit alors que la rémunération subit les conséquences de l'osmose entre un système *micro-juridique*, composé par les clauses contractuelles et un système *macro-juridique,* construit par les règles du marché. Il s'ensuit alors que le contenu contractuel y compris l'économie du contrat se fixe par des contraintes de légalité et de préservation de la libre concurrence dans le marché, telles qu'elles sont consacrées dans le droit positif des contrats de la commande publique. Ce droit est en principe défini d'une manière uniforme par le droit européen, primaire et dérivé, ce qui entraîne une convergence profonde des droits internes français, grec et allemand en la matière. Par conséquent, leur comparaison se borne à la mise en valeur des différences subtiles lors de la transposition des contraintes européennes, si elles existent et lorsque ce sera le cas.

517. Force est de constater que la réification du droit à rémunération incombe toujours aux juristes. Cependant, il faut admettre que le calcul du niveau d'une rémunération raisonnable pour le cocontractant de l'Administration est une question économique qui

---

[1] Yannakopoulos C., *La protection de la libre concurrence dans l'exécution des contrats administratifs (Η προστασία του ελεύθερου ανταγωνισμού κατά την εκτέλεση των διοικητικών συμβάσεων), op. cit.,* p. 245 et s.

[2] V. la définition de la microéconomie, selon laquelle *« La théorie microéconomique a pour objet l'étude des comportements économiques individuels et de leurs interactions dans les économies de marché, interactions depuis Léon Walras dans le cadre de l'équilibre général »*, présentée par Malinvaud E. « Microéconomie- Théorie microéconomique », *Encyclopædia Universalis* [en ligne], disponible sur : http://www.universalis-edu.com/encyclopedie.

[3]Malinvaud E. « Macroéconomie- Théorie macroéconomique », *Encyclopædia Universalis* [en ligne], URL : https://www.universalis.fr/index/macroeconomie/ (consulté le 3 juillet 2025).

pèse sur les économistes. Cette réserve mise à part, d'un point de vue juridique, la rémunération raisonnable et légitime du cocontractant de l'Administration en matière des contrats de la commande publique est déterminée de la manière suivante : elle oscille entre le seuil d'une contrepartie permettant à tout le moins le remboursement des dépenses et frais du contrat **(Chapitre I)** et le plafond d'un avantage économique échappant à la qualification d'une aide publique **(Chapitre II)**.

Chapitre I – LE SEUIL DE REMBOURSEMENT DES COÛTS

518. Par définition, les contrats de la commande publique sont des contrats à titre onéreux, la prestation faisant l'objet du contrat moyennant d'une contreprestation, qui permet une marge de profit raisonnable. Bien que le cocontractant de l'Administration aspire à la majoration de cette marge, les contraintes relatives à la satisfaction de l'intérêt économique général – notamment la bonne gestion des deniers publics – ainsi que la protection de l'accès des usagers au service imposent sa limitation. Du côté du pouvoir adjudicateur alors, la question qui se pose est quelle est la rémunération minimale qu'un contrat de la commande publique peut accorder à son cocontractant. À cette question, la Cour de justice a déjà répondu dans l'affaire *Azienta Sanitaria Locale di Lecce*[1] et, depuis cet arrêt, en plusieurs reprises[2]. Ainsi, « il ressort du sens normal et habituel des termes 'à titre onéreux', un contrat ne saurait échapper à la notion de marché public du seul fait que sa rémunération reste limitée au remboursement des frais encourus pour fournir le service convenu »[3]. Si ce seuil est fixé pour des contrats entre personnes publiques, force est d'admettre que, *grosso modo*, la contrepartie doit à tous les moins couvrir les coûts et les charges déduits par le contrat dans le cas où le cocontractant de l'Administration est un opérateur privé. Par conséquent, le seuil de la

[1] CJUE, 19 décembre 2012, *Azienta Sanitaria Locale di Lecce*, aff. C-159/11, *op.cit.*

[2] V. en ce sens, CJUE, 10 septembre 2020, *Tax-Fin-Lex*, aff.C-367/19, ECLI:EU:C:2020:685, point n° 26 ; 18 octobre 2018, *IBA Molecular Italy*, aff. C-606/17, ECLI:EU:C:2018:843, point n° 29 ; 28 janvier 2016, *CASTA e.a.*, aff. C-50/14, ECLI:EU:C:2016:56, point n° 23 ; 11 décembre 2014, *Azienda sanitaria locale n. 5 «Spezzino» e.a.*, aff. C-113/13, ECLI:EU:C:2014:2440, point n° 37 ; 10 juillet 2014, *Consorzio Stabile Libor Lavori Pubblici*, aff. C-358/12, ECLI:EU:C:2014:2063, point n° 24 ; 13 juin 2016, *Piepenbrock*, aff. C-386/11, ECLI:EU:C:2013:385, point n° 29.

[3] CJUE, 19 décembre 2012, *Azienta Sanitaria Locale di Lecce*, aff. C-159/11, *op.cit.*, point n°29 ; *D.* 2013, p. 309, obs. Capitant D. ; *RTD Eur.* , p. 339, note Durviaux A.-L. ; *AJDA*, 2013, p. 630, note Dreyfus J.-D. ; *ibid* 2012, p. 2407, *ibid*, 2013, p. 335 chron. Aubert M., Broussy E.et Cassagnabère H. ; *RDI,* 2013 p. 213 obs. Noguellou R.; *RFDA,* 2013 p. 367 chron. Mayeur-Carpentier C., Clément-Wilz L. et Martucci F. ; *RMCUE* 2013 p. 350, chron. Rodrigues S., Bernard- Glanz C.et. Lévi L. ; Llorens F.et Soler- Couteaux P., « Le gratuit et l'onéreux », *op. cit.*

rémunération est un bénéfice net nul[1]. En ce sens, la question qui s'ensuit est comment ces coûts sont précisés et, en allant plus loin, comment ces coûts sont contrôlés.

519. Avant de lancer toute procédure de passation, l'Administration est tenue de définir ses besoins, qui, à leur tour, définiront les droits et obligations des parties. Cette étape est indispensable non seulement pour que les éléments essentiels du contrat soient précisés, mais également pour que le calcul de la valeur du contrat soit possible, quelle que soit la procédure de passation retenue, ouverte ou restreinte. L'évaluation préalable de ses besoins permet ensuite l'examen et l'appréciation des offres économiques présentées. Le lancement d'une procédure de mise en concurrence signifie que la contrepartie est forgée par le libre jeu de la concurrence en vertu du processus de passation. Le pouvoir adjudicateur est tenu de choisir, parmi les offres économiques présentées, l'offre économiquement la plus avantageuse. Pour y parvenir, elle examine les offres économiques présentées et rejette toute offre irrégulière, par rapport aux critères établis et hiérarchisés, ainsi que par rapport à son évaluation économique préalable.

520. Cependant, il arrive souvent que ces coûts soient sous-évalués lors de l'attribution du contrat. Sous cette pratique se cachent des comportements anticoncurrentiels voire corruptifs, notamment lors de la présentation voire le choix des offres anormalement basses. À cet égard, le juge compétent pour le contentieux précontractuel peut s'immiscer et vérifier la normalité de la contrepartie convenue[2], en

---

[1] Sur ce point, à propos des activités économiques en général v. CJCE, 18 décembre 2007, *Jundt*, aff. C-281/06, ECLI:EU:C:2007:816, point n° 33, selon lequel « il n'est pas nécessaire, à cet égard, que le prestataire poursuive le but de réaliser un bénéfice ». En ce sens v. aussi CJUE, 23 février 2016, *Commission c. Hongrie,* aff. C-179/14, *op.cit.*, point n°154 ; 3 décembre 2015, *Pfotenhilfe-Ungarn,* aff. C-301/14, ECLI:EU:C:2015:793, point n° 29 ; CJCE, 12 juillet 2001, *Smits et Peerbooms,* aff. C-157/99, ECLI:EU:C:2001:404, points n°50 et 52.

[2] Conclusions de l'avocat général Cosmas G., affaire CJCE, 18 novembre 1999, *Teckal Srl c/ Commune di Viano et AGAC*, *op.cit.,* point n° 57. Plus précisément, « Le juge national doit donc vérifier si un contrat a été conclu - et, qui plus est, par écrit -, contrat qui régit les relations entre le pouvoir adjudicateur et le fournisseur, qui définit les droits et les obligations des parties, en plus de la décision du conseil municipal de Viano attribuant le marché. De même, il lui appartient de vérifier dans quelle mesure la contrepartie fixée pour la fourniture des biens et la livraison des

vertu de son office à examiner tout contournement des règles du droit de la commande publique.

521. Sur le plan comparatif, le droit européen de la commande publique a entraîné la convergence des règles de publicité et de mise en concurrence du droit interne des États membres. Le droit de la commande interne et européen impose alors la fixation d'une contrepartie permettant le remboursement des coûts dès la conclusion du contrat. À cet égard, le pouvoir adjudicateur est tenu de définir et pré-évaluer ces coûts à tous les moins de manière approximative en aval **(Section I)**, ainsi que les fixer lors de l'attribution du contrat en amont **(Section II)**.

Section I – L'ÉVALUATION DES COÛTS LORS DE LA PRÉCISION DES BESOINS DE L'ADMINISTRATION

522. Respectant les principes inspirant le jeu de la libre concurrence et notamment celui de la transparence qui régissent le droit des contrats de la commande publique, tous les candidats participant à une procédure concurrentielle disposent d'un droit à une information complète. En général, cette obligation constitue « le devoir en vertu duquel le contractant supposé le mieux informé, est tenu de communiquer à son partenaire les éléments d'information relatifs à l'objet du contrat »[1]. Ainsi, il incombe au pouvoir adjudicateur de communiquer aux candidats toutes les informations portant sur le contrat[2]. Cette obligation pesant sur les épaules du

services concernés à la commune a été déterminée selon les usages commerciaux en vigueur ».

[1] Terre F.- Simler Ph.- Lequette Y., « Le contrat » in *Droit civil, Les obligations,* v. 2, 6e éd., coll. Précis, Dalloz, 1999 ; v. aussi Riem Fr., *La notion de la transparence dans le droit de la concurrence,* coll. Logiques juridiques, L'Harmattan, Paris, 2002, p. 46- 75 ; v. aussi la distinction proposée par un auteur entre les informations portant sur le consentement d'un cocontractant de l'Administration et celles qui ont un impact sur l'exécution du contrat chez Fabre- Magnan M., *De l'obligation d'information dans les contrats. Essai d'une théorie,* LGDJ, Paris, 1992 ; V. aussi Trova El.- Skouris V., *Le droit communautaire des contrats publics (Το κοινοτικό δίκαιο των δημοσίων συμβάσεων),* éd. Sakkoulas, Athènes- Thessalonique, 2009, p.332 et s.

[2] V. pour le droit français loi n° 78-753 du 17 juillet 1978, « sous réserve des dispositions de l'article 6, les autorités mentionnées à l'article 1er sont tenues de communiquer les documents administratifs qu'elles détiennent aux personnes qui en font la demande, dans les conditions prévues par le présent titre ». Au sens de cette

pouvoir adjudicateur est prévue explicitement au sens d'une obligation de définition de ses besoins par les directives européennes. Il faut admettre, cependant, qu'il s'agit d'une obligation concernant l'ensemble des contrats de la commande publique, lorsqu'elle constitue une expression précise des grands principes du droit primaire de l'Union européenne relatifs à la libre concurrence et au bon fonctionnement du marché unique[1].

523. La définition des besoins du pouvoir adjudicateur, dès la rédaction du cahier des charges, implique une connotation économique importante, quelle que soit la procédure de passation, ouverte ou restreinte. Ainsi, cette définition est accompagnée d'une évaluation économique de ces besoins. Cette dernière est indispensable pour choisir la procédure de passation concernant les seuils. *In fine*, cette étape de préparation du marché est particulièrement importante pour la conclusion d'un contrat reposant sur un fondement contractuel solide, un consentement libre et éclairé[2] permettant sa bonne exécution.

524. En général, l'appréciation de la valeur du contrat repose sur le montant que l'Administration va payer pour l'acquisition ou le fonctionnement du service concerné, hors taxes, le minimum de cette valeur étant le remboursement des frais et coûts du service. Le fait que cette valeur soit calculée hors taxes permet de l'identifier au coût du contrat, puisque les taxes, selon les économistes, ne sont pas considérées en tant que composante du coût. Autrement dit, ce montant recouvre les coûts directement liés aux prestations faisant l'objet du contrat **(§1)** ainsi que les coûts indirects liés à des considérations supplémentaires prises en compte en vue de l'attribution du contrat **(§2)**.

---

loi ces documents sont les suivants : la délibération autorisant le lancement de la procédure, l'avis de consultation, les documents de consultation, les documents préparatoires à la décision, les procès-verbaux et rapports des instances de consultation, le rapport de présentation du contrat, la déclaration d'entreprises souscrites conformément aux dispositions législatives règlementaires ; la demande présentée par le Préfet visant à l'annulation d'un contrat et la motivation qui l'accompagne. Klein L. – Sevino Al., *Délégation de service public, pratique de passation,* éd. EFE, Paris, 2013, p. 55-57.

[1] V. *supra* n°205.

[2] Riem F., *La notion de la transparence dans le droit de la concurrence, op. cit.,* p. 50.

§1 – L'ÉVALUATION DES COÛTS DIRECTS

525. Avant le lancement de toute procédure de passation, le pouvoir adjudicateur doit procéder à une évaluation préalable de la valeur des prestations faisant l'objet du contrat. Cette obligation tient à la fixation des différentes procédures de passation et contraintes de publicité et de mise en concurrence qui sont obligatoires, ouvertes ou restreintes, en fonction de leur valeur. Lorsque le pouvoir adjudicateur est tenu de préciser les prestations faisant l'objet du contrat, il est tenu de le faire avec minutie, en précisant leurs spécifications techniques ainsi que leur volume. Afin d'évaluer avec autant de précision que possible le coût de l'objet du contrat, il a à sa disposition les règles européennes indiquant les modes de calcul des seuils.

526. Or, la définition des besoins et, par extension, leur évaluation ne peut pas être toujours minutieusement précisée. Même approximative, l'évaluation préalable du coût est contraignante, ne permettant que des alentours non substantiels, justifiés exceptionnellement pour des raisons liées à la bonne exécution du contrat[1]. Lorsque le pouvoir adjudicateur a une idée aussi claire que possible du coût de la prestation faisant l'objet du contrat par rapport à ses besoins, il est capable d'évaluer les offres présentées et établir le coût – au moins provisoire – du contrat dès son attribution.

527. Ainsi, l'évaluation préalable du coût du contrat s'effectue en vertu de l'appréciation de la valeur du contrat pour le calcul des seuils[2], conformément aux dispositions des directives européennes. En matière de marchés publics, l'évaluation du coût directement lié à l'objet du contrat repose sur le prix des matières premières ou des prestations qu'il implique **(A)**. En matière des contrats de concession, l'évaluation du coût vise également à restreindre la marge de rémunération du cocontractant de l'Administration **(B)**.

---

[1] Sur ce point, v. *infra*, n° 1439 et s., à propos de la question de modification du contrat.

[2]V. règlements délégués n° 2023/2495 (seuils de la directive 2014/24), 2023/2496 (seuils de la directive 2014/25) et 2023/2497 (seuils de la directive 2014/23) du 15 décembre 2015 (*JOUE* du 16.11.2023 L).

A. L'évaluation du coût en vue de la détermination du prix

528. L'évaluation préalable du coût joue un rôle prépondérant dans la détermination de la procédure de passation. Les marchés publics sont soumis, en principe, aux procédures de passation ouvertes, visant à attirer le plus grand nombre des candidats possible. Pour des raisons alors liées à l'impératif de transparence, le pouvoir adjudicateur est tenu de préciser minutieusement ses besoins et évaluer leur coût[1]. De plus, cet impératif de précision repose également sur une autre contrainte : le marché public doit être attribué à prix déterminé ou à tout le moins déterminable[2]. Ainsi, le pouvoir adjudicateur définit la demande à laquelle s'adresseront les offres proposées de manière objective, notamment à travers des spécifications techniques et des conditions de performance. Les oscillations du prix étant interdits[3], l'évaluation du coût inhérent doit correspondre autant que possible à

---

[1] V. en ce sens, CJUE, 17 juin 2021, *Simonsen & Weel A/S,* aff. C-23/20, ECLI:EU:C:2021:490, à propos de l'obligation d'indiquer, dans l'avis de marché ou le cahier des charges, d'une part, la quantité estimée ou la valeur estimée et, d'autre part, la quantité maximale ou la valeur maximale des produits à fournir dans le cadre d'un accord-cadre.V. également en ce sens OLG Düsseldorf, arrêt du 28 septembre 2022, *op.cit.*.

[2] V. *supra,* n°1343 et s.

[3] V. en ce sens, CJUE, 2 mai 2019, *Lavorgna Srl c/ Comune di Montelanico e.a.,* aff. C-309/18, ECLI:EU:C:2019:350, ayant précisé que les principes de sécurité juridique, d'égalité de traitement et de transparence, tels que visés dans la directive 2014/24 du Parlement européen et du Conseil, du 26 février 2014, sur la passation des marchés publics et abrogeant la directive 2004/18, doivent être interprétés en ce sens qu'ils ne s'opposent pas à une réglementation nationale, telle que celle en cause au principal, selon laquelle le défaut d'indication séparée des coûts de main-d'œuvre, dans une offre économique présentée dans une procédure d'adjudication de marché public, entraîne l'exclusion de cette offre sans possibilité d'assistance à l'établissement du dossier, y compris dans le cas où l'obligation d'indiquer ces coûts séparément n'était pas spécifiée dans la documentation de l'appel d'offres, dans la mesure où cette condition et cette possibilité d'exclusion sont clairement prévues par la réglementation nationale relative aux procédures de marchés publics à laquelle un renvoi explicite y était effectué. Toutefois, si les dispositions de l'appel d'offres ne permettent pas aux soumissionnaires d'indiquer ces coûts dans leurs offres économiques, les principes de transparence et de proportionnalité doivent être interprétés en ce sens qu'ils ne s'opposent pas au fait de permettre aux soumissionnaires de régulariser leur situation et de satisfaire aux obligations prévues par la réglementation nationale en la matière dans un délai fixé par le pouvoir adjudicateur. En ce sens, v. également, CJUE, 2 juin 2016, *Pizzo*, aff. C-27/15, ECLI:EU:C:2016:404, points n° 32 et 36.

la réalité du contrat, permettant son exécution. Les règles européennes de calcul des seuils contribuent à cette évaluation **(i)**, à côté des autres paramètres pris en compte **(ii)**.

i. Les coûts à évaluer

529. Le coût global d'un marché public est calculé lors de l'évaluation de son montant. À son tour, le montant du marché est apprécié afin de calculer les seuils et déterminer la procédure de sa passation. À cet égard, la directive européenne n°2014/24 relative aux marchés publics des travaux, des fournitures et des services prévoit une série de règles de calcul de la valeur du contrat, c'est-à-dire de son montant pécuniaire, en vue du calcul des seuils européens. Bien que les précisions de ses dispositions soient vues du côté du pouvoir adjudicateur, elles contribuent pour la définition des indicateurs économiques et des autres paramètres à prendre en compte pour la détermination du prix du côté du cocontractant potentiel.

530. Afin d'évaluer le seuil, l'article 5 de la directive précise que « le calcul de la valeur estimée d'un marché est fondé sur le montant total payable, hors TVA, estimé par le pouvoir adjudicateur, y compris toute forme d'option éventuelle et les éventuelles reconductions des contrats, explicitement mentionnées dans les documents de marché »[1]. La valeur prise en compte est celle qui est estimée « au moment de l'envoi de l'avis d'appel à la concurrence, ou, dans les cas où un tel avis n'est pas prévu, au moment où le pouvoir adjudicateur engage la procédure de passation du marché, par exemple, le cas échéant, en entrant en contact avec les opérateurs économiques au sujet de la passation du marché »[2]. L'évaluation de la valeur du contrat pour le calcul des seuils doit être réalisée hors taxes, puisqu'il n'a pas pour objectif d'apprécier le niveau de dépense du pouvoir adjudicateur. En revanche, il vise à apprécier la valeur des recettes qu'un potentiel soumissionnaire pourrait retirer de l'exécution du marché. Le montant correspondant à la taxe sur la valeur ajoutée (TVA), ne faisant pas partie desdites recettes, doit en être exclu. En revanche, il est loisible que le pouvoir adjudicateur prévoit séparément la valeur du contrat

---

[1] Article 5, paragraphe 1, de la directive 2014/24.
[2] Article 5, paragraphe 4, de la directive 2014/24.

hors taxes ainsi que le montant toutes taxes comprises, puisque la TVA est nécessairement comprise dans le prix de règlement[1].

531. En outre, la directive prévoit que pour cette évaluation doivent être prises en compte « des primes ou des paiements au profit des candidats ou soumissionnaires »[2]. Ces montants sont déductibles du coût pesant sur le cocontractant potentiel, mais en tout cas, elles doivent être précisément définies dans l'avis d'appel au public ainsi que dans les offres présentées par les candidats, pour l'appréciation des offres anormalement basses[3].

532. Sous ces conditions, l'évaluation du coût constitue une démarche plutôt technique. De manière empirique, on peut affirmer qu'il recouvre, selon les cas, le coût des matières premières, de livraison, de maintenance, les salaires des travailleurs, les rémunérations des professionnels chargés des prestations (par exemple d'études)[4]. Prenons l'exemple des marchés publics de travaux, il est admis que « le calcul de la valeur estimée prend en compte le coût des travaux ainsi que la valeur totale estimée des fournitures et des services mis à la disposition du titulaire par le pouvoir adjudicateur, pourvu qu'ils soient nécessaires à l'exécution des travaux »[5]. Pour des cas de marchés publics plus complexes, comme les accords-cadres[6] ou les partenariats d'innovation[7], les dispositions de l'article 5 de cette directive précisent les coûts qui doivent être compris dans le calcul.

533. Admettant la complexité de cette démarche d'appréciation du coût, la directive 2014/24 permet le recours à la pratique de *sourcing*.

---

[1] V., cependant, *infra,* n° 670 sur la question de l'appréciation des offres TTC ou HT.

[2] Article 5, alinéa 1, de la directive 2014/24.

[3] V. *infra* n°670.

[4] V. également *infra,* n°631 et s. à propos de la notion du coût du cycle de vie.

[5] Article 5, paragraphe 7, de la directive 2014/24.

[6] Article 5, paragraphe, de la directive 2014/24 : « Pour les accords-cadres et pour les systèmes d'acquisition dynamiques, la valeur à prendre en considération est la valeur maximale estimée hors TVA de l'ensemble des marchés envisagés pendant la durée totale de l'accord-cadre ou du système d'acquisition dynamique ».

[7] Article 5, paragraphe ,6 de la directive 2014/24: « Pour les partenariats d'innovation, la valeur à prendre en considération est la valeur maximale estimée hors TVA des activités de recherche et de développement qui doivent être menées au cours des différentes phases du partenariat envisagé ainsi que des fournitures, des services ou des travaux qui doivent être mis au point et achetés à la fin du partenariat envisagé ».

Cette pratique, répandue souvent dans le secteur privé, consiste à « réaliser des consultations du marché en vue de préparer la passation de marché et d'informer les opérateurs économiques de leurs projets et de leurs exigences en la matière »[1]. À cet égard, les pouvoirs adjudicateurs, avant la rédaction du cahier des charges ou des documents de consultation, peuvent recourir aux consultants ou aux opérateurs privés afin de profiter de leur expérience, sous réserve du respect des principes de non-discrimination et de transparence. Cette consultation permet au pouvoir adjudicateur une analyse fonctionnelle de ses besoins par rapport à l'offre, en prenant en considération les conditions particulières d'exécution relatives à la profession des candidates, modalité du chiffrage. Par cette voie, le pouvoir adjudicateur peut mieux se préparer et préciser les besoins ainsi qu'évaluer le coût, compte tenu des conditions du marché, y compris les cotisations des services liés à l'objet du contrat.

534. Reflétant ces règles, les droits des États membres précisent les règles de calcul du coût en vue de la détermination de la contrepartie du cocontractant de l'Administration. Les droits internes se trouvent ainsi en convergence, empruntant une logique de raisonnement en coût global, comme en témoignent le droit de la commande publique français **(a)**, grec **(b)** et allemand **(c)**.

a. En droit français

535. L'obligation pesée sur le pouvoir adjudicateur de définir ses besoins est transposée en droit français, prévoyant qu'« [a]vant de décider de recourir à un marché de partenariat, l'acheteur procède à une évaluation ayant pour objet de comparer les différents modes envisageables de réalisation du projet. Cette évaluation comporte une analyse en coût complet ainsi que tout élément permettant d'éclairer l'acheteur dans le choix du mode de réalisation du projet »[2]. En

---

[1] Article 40 de la directive 2014/24. À propos de la pratique de *sourcing* v. dossier « Le sourcing : pratiques et recommandations », *CP-ACCP*, n° 185, mars 2018, et notamment Le Fustec Y. « Qu'est-ce que le sourcing ? », *op.cit.*, p. 18-21.

[2] Article L.2212-1 CCP.V. également ses dispositions devancières : article 52 de l'ancien CMP français ainsi que l'article 17 autorisant l'insertion des clauses incitatives dans les marchés publics ainsi que l'article 29 du décret n° 93-1268 du 29 novembre 1993 pris en application de l'article 9 de la loi sur les marchés de maîtrise d'œuvre public (loi n° 85-704 du 12 juillet 1985 – loi MOP, selon lequel « la

matière des contrats de partenariat, cette évaluation du projet doit également comprendre une présentation des principaux risques du projet, y compris les risques financiers et la répartition des risques entre l'acheteur et le titulaire et, le cas échéant, une valorisation financière de ces risques[1]. La définition et l'évaluation des besoins du pouvoir adjudicateur est une démarche indispensable « pour permettre aux candidats de présenter une offre adaptée aux prestations attendues, compte tenu des moyens nécessaires pour les réaliser [...] et pour en déterminer le prix »[2]. Cette évaluation permet au pouvoir adjudicateur de déterminer l'enveloppe budgétaire finançant le contrat et, ensuite, évaluer les offres présentées.

536. La définition ainsi que l'évaluation des besoins du pouvoir adjudicateur dépend, bien évidemment, de la complexité des prestations faisant l'objet du contrat. À cet égard, les Cahiers des clauses administratives générales apportent certaines précisions sur les coûts directs qui doivent être préalablement évalués. Plus précisément, en matière des travaux « les prix sont réputés comprendre toutes les dépenses résultant de l'exécution des travaux, y compris les frais généraux, impôts et taxes, et assurer au titulaire une marge pour risque et bénéfice »[3]; en matière des marchés des fournitures courantes et services « les prix sont réputés comprendre toutes les charges fiscales ou autres frappant obligatoirement les prestations, les frais afférents au conditionnement, au stockage, à l'emballage, à l'assurance et au transport jusqu'au lieu de livraison, ainsi que toutes les autres dépenses nécessaires à l'exécution des prestations, les marges pour risque et les marges bénéficiaires »[4], les autres Ψahiers empruntant

---

mission de maîtrise d'œuvre donne lieu à une rémunération forfaitaire fixée contractuellement. Le montant de cette rémunération tient compte de l'étendue de la mission, de son degré de complexité et du coût prévisionnel des travaux » ainsi que l'article 1 de l'ordonnance n° 2004-559 du 17 juin 2004 à propos des contrats de partenariat ; Circulaire du 14 février 2012, *Guide des bonnes pratiques en matière des marchés publics* (édition du 26 septembre 2014, mise à jour le 13 avril 2015), point 4. V.

[1] Article R. 2212-4, alinéa 3, CCP.

[2] CE, 1er juin 2011, *Commune de Saint-Benoît,* req. n° 345649.

[3] Article 9.1.1 CCAG- Travaux.

[4] Article. 10.1.3 CCAG-FCS.

une logique assimilable[1]. Ces dispositions ainsi précisent les coûts directs liés à chaque contrat par rapport de son objet.

537. Dans les contrats plus complexes, cette évaluation se rend plus difficile. Tel est le cas des marchés de maîtrise d'œuvre. À cet égard, le Guide relatif à la prise en compte du coût global dans les marchés de maîtrise d'œuvre et de travaux publié par la Direction des affaires juridiques du Ministère de l'Économie et des finances[2] emprunte une logique de raisonnement de coût global[3], comme il convient à ces contrats. Conformément aux méthodes de la science de gestion, l'évaluation du coût direct de construction et des prestations faisant l'objet du contrat, comme, par exemple, le coût de maintenance. La complexité de ces projets permet l'utilisation confinée des variantes qui entrainent des fluctuations du coût. Dans ce cas, l'évaluation du coût relatif aux besoins s'agit « du coût prévisionnel des travaux basé soit sur l'estimation prévisionnelle provisoire des travaux établie par le maître d'œuvre lors des études d'avant-projet sommaire, soit sur l'estimation prévisionnelle définitive des travaux, établie lors des études d'avant-projet définitif »[4], complétée par la prévision d'une fourchette limitant les fluctuations éventuelles.

---

[1] V. article 11.1.3 du CCAG- MPI, article 10.1.3 du CCAG-Techniques de l'information et de la communication , qu'article des CCAG- Marchés publics de maîtrise d'œuvre, ainsi qu' article 10.1.3 du CCAG-PI, selon lesquels « les prix sont réputés comprendre toutes les charges fiscales ou autres, frappant obligatoirement les prestations, les frais afférents au conditionnement, au stockage, à l'emballage, à l'assurance et au transport jusqu'au lieu de livraison, les frais afférents à l'application de l'article 19.4 pour les CCAG-MI, l'article 18.1.2 pour le CCAG-TIC et l'article 16.4 pour le CCAG-PI, ainsi que toutes les autres dépenses nécessaires à l'exécution des prestations, les marges pour risque et les marges bénéficiaires.

[2] DAJ, *Guide relatif à la prise en compte du coût global dans les marchés de maîtrise d'œuvre et de travaux*, publié en mai 2010, disponible à l'adresse électronique suivante : daj_guide_coût_global.pdf.

[3] Orlando C.- Séguin G., *Intégrer le coût global dans les projets de construction les composantes du coût global et sa mise en œuvre*, CSTB éd., Marne-la-Valée, 2013 ; Benchikh L., « La définition des besoins et le choix du bon contrat », *CP-ACCP*, numéro spécial 10 ans, 2010, p. 100-103 ; Lettelier H., « La détermination des procédures de dévolution en fonction des besoins préalablement déterminés », *CP-ACCP*, n° 149, février 2014, p. 24-27.

[4] CAA Paris, 3 avril 2007, *Min. Défense c/ Sté Echelles Riffaud Développement* req. n° 04PA01883 (inéd.); *CMP,* 2007, comm. 178, obs. Llorens F.- Soler-Couteaux P., à propos du coût d'utilisation en application de l'article 97 bis CMP. V. aussi article R.2432-6, n° 3 CCP qui, parmi d'autres paramètres prend en considération « le coût

538. Bien qu'il soit préalable, ce stade d'évaluation revêt une importance particulière. En effet, une évaluation erronée ou fautive des besoins de l'Administration conduit à une indétermination des prix, incohérente avec la nature déterminante ou déterminable convenant à un prix versé dans le cadre d'un marché public[1]. En outre, une mauvaise évaluation peut s'avérer une matrice des risques financiers importants[2]. Pour cette raison, l'imprécision de ses besoins par le pouvoir adjudicateur et de leur évaluation est condamnée, entrainant même la nullité du contrat[3], du fait qu'elle crée des circonstances propices pour des comportements anticoncurrentiels.

539. Ainsi, le pouvoir adjudicateur est tenu de préciser ses besoins afin de permettre la libre concurrence entre les candidats potentiels. À l'inverse, cependant, la précision des spécifications et les conditions d'exécutions doivent être limitées à ceux qui sont nécessaires, sinon, une précision excessive saurait entraîner des restrictions au libre jeu de la concurrence ainsi que des surcoûts éventuels sans cause[4]. Selon la jurisprudence du Conseil d'État français, les points qui doivent être nécessairement définis, et qui, à défaut, risquent d'être considérés comme manquements à la définition des besoins, sont : la sous-estimation des quantités du marché[5], le renvoi de la définition de certains besoins à un dispositif ultérieur[6], ainsi que la possibilité pour les candidats de proposer des *« services annexes »* non définis[7].

prévisionnel des travaux basé soit sur l'estimation prévisionnelle provisoire des travaux établie par le maître d'oeuvre lors des études d'avant-projet sommaire, soit sur l'estimation prévisionnelle définitive des travaux, établie lors des études d'avant-projet définitif ».

[1] CAA Lyon, 22 mars 2012, *Société CTR,* req. n°11LY0450 (v. aussi req. n° 11LY01393, 11LY402, 11LY01404, 11LY01449, 11LY452) inédit.

[2] Minaire G. – Perois Em., « Définition des besoins et enjeux dans la rédaction du CCTP *», CP-ACCP*, n°191 (dossier), octobre 2018, p. 58-63, soulignant que la mauvaise rédaction des cahiers des charges entraîne des risques financiers importants.

[3] CE, 12 mars 2012, *Dynacité,* 2012, req. n° 354355 ; *RDI*, 2012, p. 279, obs. Braconnier S. ; CE, 29 décembre 1997, *Département de Paris,* Rec. 503 ; *Mon.TP*, 2 mai 1998, suppl. TO, p. 395, concl. Bergeal C.; *ibid.* p. 47 obs. Fabre B. ; *RDI,* 1998, p. 242, obs. Llorens F. et Terneyre Ph.

[4] DAJ (Ministère de l'Économie et des finances), *Le prix dans les marchés publics*, avril 2013, *op. cit.* p. 10.

[5] CE, 29 juillet 1998, *Commune de Léognan*, req. n° 190452.

[6] CE, 8 août 2008, *Région Bourgogne*, req. n°307143, *Rec.* (tables).

[7] CE, 15 décembre 2008, *Communauté urbaine de Dunkerque*, req. n° 310380.

Ainsi, sous réserve que les spécifications et leur évaluation répondent exclusivement à la nature et à l'étendue des besoins à satisfaire ainsi qu'à ces compétences[1], le pouvoir adjudicateur est tenu de préciser et d'évaluer de manière réaliste ses besoins.

b. En droit grec

540. Les dispositions de la loi n° 4412/2016[2] relatives aux marchés publics précisent d'une manière plus technique les coûts prises en considération. À côté des règles transposant les modes de calcul des seuils, l'article 53 de ladite loi précise le contenu des documents qui accompagnent l'avis d'appel au public et précisent le coût global du contrat. Il mérite aussi d'être souligné la possibilité de recourir au processus de *sourcing* prévue par l'article 46, qui est renforcée après la réforme de ladite loi par la loi n° 4782/2021[3] et l'insertion d'un processus de *sourcing* obligatoire en matière des contrats de la commande publique de valeur importante, sous la condition de décision ministérielle[4].

541. Ainsi, à propos des marchés des travaux publics qui revêtent une complexité supplémentaire par rapport aux autres contrats, la loi prévoit que, pour le calcul de la valeur estimée sont pris en considération le coût des travaux ainsi que la valeur globale estimée de l'ensemble des biens et des services qui sont mis en service du cocontractant de l'Administration par le pouvoir adjudicateur, sous condition qu'ils soient indispensables pour l'exécution des travaux. En outre, la valeur estimée du marché public de travaux embrasse les frais généraux, le bénéfice de l'entreprise, toute prime accordée ainsi que la

---

[1] CAA Lyon, 15 décembre 2011, *Association des contribuables actifs lyonnais*, req. n° 11LY00578, *CMP*, 2012, comm. 42, obs. Zimmer W.

[2] Loi n°4412/2016, ayant transposée les directives européennes n°2014/24 et 2014/25, *op.cit.*

[3] V. Loi n° 4782/2021, Modernisation, simplification et réforme du cadre réglementaire des marchés publics, dispositions plus spécifiques en matière de marchés publics dans les domaines de la défense et de la sécurité et autres dispositions relatives au développement, aux infrastructures et à la santé, *JO* A 36/09.03.2021, article 11, modifiant l'article 46 de la loi n° 4412/2016.

[4] À ce propos, v. Dellis G., *Le nouveau droit des contrats de la commande publique (Το νέο Δίκαιο των Δημοσίων Συμβάσεων)*, 2e édition, Nomiki Vivliothiki, Athènes, 2024, p. 22-23.

ligne budgétaire pour imprévision *(κονδύλι απροβλέπτων)*[1]. Concernant cette ligne budgétaire, il s'agit de l'intégration dans le budget du contrat d'un montant précis par rapport à sa valeur destinée à couvrir le coût supplémentaire et les dépenses qui s'ensuivent de la prestation des services rendues indispensables pour le bon fonctionnement des travaux[2]. Son insertion dans le budget du contrat crée la présomption que ce montant est dépensé, ce qui est le cas dans l'immense majorité des cas en pratique. Ces montants définissent le budget du contrat, indicateur de la pré-évaluation de son coût et plafond des offres économiques à présenter[3], sauf stipulation contraire.

542. Pour ce qui est du reste, ces dispositions transposent les règles européennes de calcul des seuils, notamment en ce qui concerne l'allotissement, et la méthode de calcul de la valeur pour certains marchés particuliers de service[4]. De plus, la loi grecque dispose également le contenu des documents qui doivent accompagner l'avis d'appel au public et qui précisent les coûts pris en considération pour le calcul de la valeur du contrat, y compris la rémunération *estimée* (*προεκτιμώμενη αμοιβή*) du cocontractant en matière des marchés publics de travaux et d'études[5]. Le Ministre des infrastructures peut intervenir en précisant des détails supplémentaires liés aux spécificités techniques ainsi que la méthode de paiement sur la base des factures présentées[6]. Le *règlement des factures analytiques et descriptives des travaux (Κανονισμός Αναλυτικών και Περιγραφικών Τιμολογίων Εργασιών)* approuvé par le Ministre fixe ainsi de manière uniforme cette méthode pour l'ensemble des pouvoirs adjudicateurs passant des marchés de travaux.

---

[1] Article 6, par. 7, de la loi n° 4412/2016 (notre traduction). Mitkidis Ch., *Contrats des travaux publics (Συμβάσεις Δημοσίων Έργων), op. cit.*, p. 390-392.

[2] Article 156, paragraphe 3, cas β) de la loi n° 4412/2016 pour les marchés des travaux (s'agissant d'un montant relevant à 9% de la valeur estimée du contrat) et article 53, paragraphe 8, cas 1er de la loi n° 4412/2016 pour les marchés d'études (s'agissant d'un montant relevant à 15% de la valeur estimée du contrat). À propos de la fonction de la ligne budgétaire dans l'exécution du contrat v. *infra* n°1546 et s.

[3] Article 53, par.7, cas 6 (στ), (notre traduction).

[4] V. article 6, paragraphes 12-14 à propos des contrats de location-bail, les contrats d'assurance, des services bancaires, ainsi qu'en général, les contrats à durée déterminée et à durée indéterminée.

[5] V. article 53, par. 2, alinéas n°24 et 25 (κδ- κε) de la loi n° 4412/2016.

[6] V. article 53, par. 7, alinéa n° 7 (ζ).

543. À cette logique de calcul du coût global du contrat appartient également le montant visant à couvrir le coût administratif, s'agissant des frais et dépenses liés à la gestion de l'entreprise[1]. Ce montant est distingué du bénéfice que l'entreprise peut obtenir du contrat. Les bornes entre coût administratif raisonnable[2] et bénéfice raisonnable[3] sont, cependant, obscures et dépendantes des modalités d'organisation et du fonctionnement des entreprises cocontractantes[4]. À cet égard, le pouvoir adjudicateur doit pré-évaluer et intégrer dans le budget du contrat ledit coûtμ si les documents le prévoient explicitement. La loi fixe ce taux à 18% de la valeur du contrat, couvrant tant le coût administratif ainsi que le bénéfice escompté.

c. *En droit allemand*

544. L'obligation du pouvoir adjudicateur à définir et évaluer ses besoins est transposée dans le droit allemand en vertu du §106 de la Loi contre les restrictions à la libre concurrence (GWB) renvoyant directement aux dispositions des directives européennes. Les méthodes d'évaluation sont précisées en vertu du §3 du règlement sur la commande publique concernant les marchés dépassant les seuils européens (VgV), faisant écho des modes de calcul des seuils du droit européen. Adoptant une logique de calcul de coût global du marché, les dispositions allemandes précisent le calcul de la valeur du contrat en cas du processus concurrentiel de passation des marchés relatifs aux plans d'urbanisme *(Planungswettbewerb)*[5]. Pour reprendre les mots de la disposition, la valeur du contrat consiste en la somme des prix à payer à l'ensemble des participants, au sens de la valeur du contrat, telle qu'elle serait en cas où le pouvoir adjudicateur ne

---

[1] V. article 53, par. 7, cas n° 9 (θ).

[2] CAA Théssalonique, arrêt n° 344/2012, CAA Athènes, arrêt n° 787/2011, CAA Larisa, arrêt n° 19/2011, *ThPDD* 2012, n° 11, p. 1003 ; *ibid* p. 953-959 comm. Finokaliotis C.- Kyvelos S. V. également *infra* n°661.

[3] V. *infra* n° 794 et s.

[4] V. à cet égard, Autorité unique indépendante des contrats publics (ΕΑΑΔΗΣΥ), décision n°6/2018 du 27 novembre 2018, selon laquelle, la prestation du travail personnel d'un candidat à titre gratuit saurait être intégré dans son offre économique, afin de permettre son évaluation économique, notamment à propos des offres anormalement basses.

[5] Prévus au §69 du règlement VgV du 12 avril 2016. Il s'agit des contrats d'aménagement et de construction des travaux publics

l'attribuerait pas auxdits opérateurs[1]. Par cette expression un peu complexe, l'ordonnance indique que la valeur du contrat est calculée de manière objective sur la base du coût net global du contrat hors taxes et comprend les prix versés aux participants pour la prestation de leurs services, y compris, éventuellement, une marge de rémunération ?

545. Au fil de ses dispositions de portée générale, les règlements applicables aux certaines catégories des marchés portent de précisions supplémentaires. Ainsi, à propos des marchés de travaux, les contraintes européennes relatives à la définition des besoins et les spécifications techniques des travaux sont transposées en vertu des §7 et §8 de la première partie du règlement applicable en matière des travaux (VOB/A), insistant sur le calcul du coût net global[2]. De plus, la réforme du droit allemand de la commande publique en 2016 a entraîné la réforme de ce règlement[3] et l'insertion d'une troisième partie. Ainsi, cette partie (VOB/C) indique 65 standards pour la précision des spécifications techniques en matière des travaux, profitant cette faculté proposée par les directives européennes[4]. Ces paramètres sont pris en considération pour le calcul du prix du cocontractant de l'Administration, comme en témoigne le §2, alinéa 1er, de la seconde partie du règlement relatif aux marchés de travaux (VOB/B).

546. D'une manière similaire, mais relativement plus simple qu'en matière des travaux, les règlements applicables en matière des autres marchés ont transposé cette obligation. Ainsi, le §3 du Règlement des contrats de la commande publique allemand (*Verordnung über die Vergabe öffentlicher Aufträge – Vergabeverordnung – VgV*) impose l'obligation de définition claire des besoins et la prestation des

---

[1] §3, alinéa 12, du règlement VgV du 12 avril 2016, *op.cit.*

[2] Ces précisions ont ainsi entraîné des modifications des §§15 et 16 de la seconde partie du règlement (VOB/B), relatifs au calcul des heures de travail et le paiement du prix. V. *infra* n°977 et s. à propos du paiement du prix.

[3] BAnz AT 19.01.2016 B3

[4] À propos de l'application du VOB/C v. Englert K., « Volume supplémentaire 2023 VOB/C : l'ignorance n'est pas une excuse pour le non-respect des règles » (« Ergänzungsband 2023 VOB/C : Unwissenheit schütz vor Anwendung nicht ! »), *NZBau*, 2023, p. 761.

informations par le pouvoir adjudicateur[1]. Or, ces dispositions se bornent à une description générale de l'obligation.

547. À titre subsidiaire, le droit public relatif au respect des prix *(öffentliches Preisrecht)* s'applique dans le droit allemand de la commande publique. Il s'agit du règlement PR n°30/53 *(Verordnung VO PR Nr. 30/53)* du 21 novembre 1953[2] visant à mettre des plafonds sur les prix en matière des contrats la commande publique, à l'exception des travaux[3]. Cette réglementation avait été ensuite

---

[1] V. également les §13 (coûts) du règlement relatif aux marchés des services des professionnels indépendants (VOF) à propos des services fournis par les professionnels indépendants, qui s'appliquait avant la réforme de 2016.

[2] *« Verordnung VO PR Nr. 30/53 über die Preise bei öffentlichen Aufträgen »* du 21 novembre 1953, -(*BAnz* 1953, n° 244), modifié par l'article 1 du règlement du 25 novembre 2021 (*BGBl* I, p. 4968). Afin de renforcer l'application des principes du libre marché dans le domaine des marchés publics, il est décrété ce qui suit sur la base de l'article 2 de la loi sur les prix du 10 avril 1948 (*BGBl*, p. 27) / du 3 février 1949 (*BGBl*, p. 14) / du 21 janvier 1950 (*BGBl*, p. 7) / du 8 juillet 1950 (*BGBl*, p. 274) / du 25 septembre 1950 (*BGBl*, p. 681) / du 23 décembre 1950 (*BGBl*, p. 824) et du 29 mars 1951 (*BGBl*, p. 223), dans sa version résultant de l'article 37 de la loi du 7 janvier relative à l'aide à l'investissement dans le secteur commercial. 1952 (*BGBl* I p. 7). À ce propos, v. Burgi M., *Droit des contrats publics (Vergaberecht), op.cit.,* p.23-24. V. également à propos du système de VO PR 30/53 Michaelis / Rhösa / Greiffenhagen / Pauka, *Tarification dans les marchés publics* (*Preisbildung bei öffentlichen Aufträgen),* 110e révision, Decker, Heidelberg, 2024, n°. 4, p. 12.

[3] § 2 VO PR 30/53 disposant à propos de son champ d'application les suivants : « (1) Pour les services rendus dans le cadre de marchés publics, les prix du marché, conformément à l'article 4, sont généralement préférés aux prix de revient, conformément aux articles 5 à 8, lors de la fixation des prix. (2) Des prix fixes sont convenus dans la mesure où les circonstances du contrat le permettent. Les prix sont fixés à la conclusion du contrat. (3) Pour les services rendus dans le cadre de marchés publics, il est interdit d'exiger, de promettre, de convenir, d'accepter ou d'accorder des prix supérieurs à ceux autorisés par les dispositions du présent règlement » (notre traduction). Il convient de noter que la réglementation relative aux prix publics (VO PR 30/53) s'applique uniquement aux services de planification, et non aux services de construction. Les contrats IPA sont généralement conformes aux exigences de cette réglementation ; cependant, lors de la fixation des éléments de coût individuels pour le prix de remboursement des frais, il convient de tenir compte des lignes directrices LSP. Celles-ci peuvent également servir de guide pour les services de construction. Bien que la réglementation relative aux prix de construction (anciennement VO PR 1/72) ne soit plus en vigueur, il est conseillé de se référer au LSP-Bau, qui contient des dispositions spécifiques pour les services de construction. V. en ce sens, Pauka M., « Éléments du prix du remboursement des coûts dans la gestion de projet intégré » (« Kostenelemente des Selbstkostenerstattungspreises in Integrierter Projektabwicklung »), *NZBau*, 2024, p.

complétée par le règlement PR n° 1/72[1] relative au respect des prix en matière des marchés de travaux et les lignes directrices pour la détermination des prix fondés sur le prix de revient *(Leitsätze für die Preisermittlung auf Grund von Selbstkosten- LSP),* jusqu'à 1999[2]. Par ces dispositions sont établis les principes de calcul du prix du marché, en vue de rembourser les coûts et l'obligation de leur justification[3]. Quand le droit de la commande publique vise donc à obtenir un résultat économique global grâce à la concurrence, le droit des prix cherche à prévenir les pratiques d'acquisition non économiques par le biais de plafonds de prix maximums. Ces deux ensembles de réglementations coexistantes revendiquent ainsi une applicabilité générale[4].

---

139. V. également en ce sens OLG Schleswig, arrêt du 28 janvier 2021 – 54 Verg 6/20, *NZBau*, 2021, p. 417. À propos de l'application du VO PR 30/53, v. aussi Müller H. -P., « Tarification des services indirects liés aux marchés publics » (« Preisbildung bei mittelbaren Leistungen zu öffentlichem Auftrag »), *NZBau*, 2025, p. 419.

[1] *« Verordnung VO PR Nr. 1/72 über die Preise für Bauleistungen bei öffentlichen oder mit öffentlichen Mitteln finanziert Aufträgen »* du 6 mars 1972, révisée par l'article 2 du règlement du 15 avril 1986 entrée en vigueur le 1er juillet 1999 (*BGBl* I, 1419), désormais PreisLS (annexe VO PR 30/53). Jusqu'en 1999, une réglementation comparable existait dans l'Ordonnance sur les prix de la construction. L'article 2, paragraphe 5, du Règlement PR 30/53 stipulait donc que les dispositions de cette ordonnance ne s'appliquaient pas aux services de construction tels que définis dans VO PR 30/53 sur les prix de la construction. Cette dernière prévoyait que les services de construction relevant de marchés publics devaient être attribués en priorité à des prix concurrentiels. Il s'agissait donc de prix fixes, résultant d'un appel d'offres auquel plusieurs entreprises étaient invitées à soumettre des propositions. Dès lors que les prix étaient de toute façon déterminés par la concurrence, une limitation des prix prévue par VO PR 30/53 sur les prix de la construction n'était plus nécessaire, rendant ainsi son contenu réglementaire largement inefficace. La réglementation des marchés publics régissant l'attribution des contrats primait sur la législation relative aux prix à cet égard, de sorte que cette dernière n'avait plus aucun champ d'application.

[2] Aujourd'hui annexe VO PR 30/53.

[3] § 9 VO PR 30/53.

[4] Boldt A. « Structures de rémunération innovantes pour les marchés publics de travaux publics : Est-il possible de conclure efficacement des contrats de remboursement des coûts conformes au droit des prix et des marchés publics ? » (« Innovative Vergütungsgestaltung bei Bauaufträgen öffentlicher Auftraggeber: Können Selbstkostenerstattungsverträge preis- und vergaberechtlich wirksam vereinbart werden? ») in *Mélanges en l'honneur de Stefan Leupertz*, C.H. Beck, Munich, 2021, p. 25-38. V. également ; Pauka M., « De la pratique de

À l'instar du principe de préservation de la libre concurrence[1], le règlement impose l'obligation de fixer les prix lors de l'attribution du contrat[2], ainsi que leur contrôle qui était renforcé après la réforme de 2021. En outre, ces dispositions établissent une hiérarchie entre prix du marché pour les prestations commerciales *(Marktpreis)*[3], prix ferme remboursant les coûts directs *(Selbstkostenfestpreis)*[4], prix de référence remboursant les coûts directs (*Selbstkostenrichtspreis)*[5], prix remboursant les coûts directs avec ou sans barème *(Selbstkonstenerstattungspreis)*[6]. Cette réglementation a nourri une vive controverse au sein de la doctrine[7] ainsi que de la jurisprudence, relative à son caractère obligatoire, au sens d'une interdiction légale du droit civil selon le §134 BGB *(Gesetzliche Verbot)* ou périmé[8]. En réalité, sa mise en œuvre se rend souvent difficile en l'absence d'expertise relative à la fixation des prix[9].

---

vérification des prix » (« Aus der Praxis der Preisprüfungen »), *VergabeR*, 2024, p. 399.

[1] À propos de la relation entre droit de la commande publique *(Vergaberecht)* et droit public du respect des prix *(Preisrecht)*, v. not. Sulk J., *Le prix dans les marchés publics (Der Preis im Vergaberecht), op.cit.*, p. 34-37. V. également à propos de la question du plafond des prix v. *infra*, n° 772.

[2] § 1 III VO PR 30/53.

[3] § 4 VO PR 30/53.

[4] § 5 et 6 I et II VO PR 30/53.

[5] § 5 et 6 III VO PR 30/53.

[6] § 7 II et I VO PR 30/53.

[7] Roth F., « Le droit public relatif au contrôle des prix dans le champ de conflit entre droit civil et droit de la commande publique » («Das öffentliche Preisrecht im Spannungsfeld zwischen Zivilrecht und Vergaberecht »), *NZBau* 2015, p. 209 ; Pauka M.- Chrobot G., « Droit public relatif au contrôle des prix et droit de la commande publique » («Ôffentliches Preisrecht und Vergaberecht »), *VergabeR*, 2011, n° 3, p. 405-412 ; Bestermann A.- Petersen M., « Droit de la commande publique et droit relatif au contrôle des prix- Nullité au sens du droit civil dans la passation en cas de dépassement du prix autorisé ») («Vergaberecht und Preisrecht- Zivilrechtliche Umwirksamkeit des Auftrages bei Überschreitung des preisrechtlich zulässigen Höchtspreises »), *ZfBR*, 2008, p. 22.

[8] OLG Bavière, arrêt du 22.09.1971-n° 4St 516/71.

[9] Pour une évaluation de ce règlement, v. Brüning Ch.- Hoffjan A. « Évaluation du niveau du taux d'intérêt lié au prix, de sa base d'évaluation et- dans ce contexte- du niveau du profit imputé- Étude commandée par le ministère fédéral de l'Économie et de la Protection du climat » (« Evaluierung der Höhe des preisrechtlichen Zinssatzes, seiner Bemessungsgrundlage sowie – in diesem Zusammenhang – der Höhe des kalkulatorischen Gewinns- Studie im Auftrag des Bundesministeriums für Wirtschaft und Klimaschutz »), disponible sur

548. Pourtant, l'évaluation des coûts directs lors de la définition des besoins du pouvoir adjudicateur est un travail pluridimensionnel qui implique inévitablement la prise en considération d'autres paramètres.

ii. Les paramètres de calcul

549. À partir d'un prix forfaitaire et ferme, où le coût est fixe, le calcul du montant du marché doit rendre compte à d'autres paramètres définissant l'objet du contrat. Dans ce cas, les règles d'appréciation de la valeur du contrat pour le calcul des seuils s'appliquent *mutatis mutandis* pour l'évaluation du montant du marché en vue de déterminer le prix. Ainsi, le coût global du marché peut dépendre du volume des prestations **(a),** ainsi que de sa durée précisant aussi la quantité des prestations **(b).**

a. Le volume des prestations

550. En général, l'évaluation du coût du contrat consiste en la somme des prix forfaitaires ou des prix unitaires, multipliés par les quantités à commander[1]. La directive européenne relative aux marchés publics prévoit certaines règles de calcul des seuils, prenant impérativement en considération le volume des prestations faisant l'objet du contrat. Ces règles, précisant les modes de calcul de la valeur du marché, visent à empêcher les pouvoirs adjudicateurs de soustraire les contraintes de transparence et de mise en concurrence, en application de la directive. Ainsi, de deux choses l'une : soit le pouvoir adjudicateur allotit excessivement le marché, pour passer plusieurs marchés dont la valeur ne dépasse pas les seuils européens et

---

https://www.bundeswirtschaftsministerium.de. V.également BayObLG, arrêt du 6.12.2023 – Verg 7/23e, *NZBau* 2024, p. 566, à propos du *« calcul d'offre commercialement viable »* (« *kaufmännisch vernünftige Angebotskalkulation* »).

[1] Pour la distinction entre coût et prix du marché v. Direction des affaires juridiques du ministère de l'Économie des finances et de la souveraineté industrielle et économique, *Guide sur le prix dans les marchés publics,* novembre 2023 (mise à jour juin 2024), *op.cit.,* p. 8 (point 1.1.2).

éviter l'application des contraintes de la directive[1], soit il recourt à la passation d'un marché global à procédure adaptée.

551. Plus précisément le calcul de la valeur du contrat repose sur une tendance à apprécier globalement la valeur de l'ensemble des prestations ayant une unité fonctionnelle, afin d'éviter la fragmentation du contrat et la méconnaissance des contraintes européennes conséquente. L'hypothèse considère notamment les marchés passés en lots, en tranches conditionnelles ou à bons de commande en vertu d'un accord cadre.

552. Dans le premier cas d'un marché passé en lots séparés, le choix du pouvoir adjudicateur doit être motivé. L'allotissement n'est pas obligatoire, mais seulement possible[2], sous réserve qu'il n'entraîne pas d'inconvénients techniques et économiques pour le pouvoir adjudicateur, ni fausse la concurrence[3]. En effet, la directive accorde un large pouvoir discrétionnaire au pouvoir adjudicateur à séparer l'objet du contrat en lots[4], sous condition de préciser dans l'avis ou dans l'invitation à confirmer l'intérêt du nombre des lots, leur taille, ainsi que la méthode de calcul du coût. Ainsi, la valeur du marché en vue de calculer les seuils doit évaluer l'ensemble des lots[5], le pouvoir

---

[1] En guise d'illustration, V. C. comptes grecque, (Section IV), actes n° 28 et 79/1997, 91/2000, 12, 31, 116/2001, 26, 203/2003, 75, 60, 180/2004, 64, 124, 129/2005 et autres (position constante).

[2] Article 46 de la directive 2014/24. L'allotissement aboutit plutôt à renforcer la présence des PME. Sur ce point, v. cons. 78 de la directive 2014/24. À propos de la transposition dudit article relatif à l'allotissement, v. article L. 2113-10 CCP ainsi qu' article 38 de la Loi n° 2026-403 du 26 mai 2026 de simplification de la vie économique, *JORF* n°0122 du 27 mai 2026, à propos du droit français ; article 59 de la loi n° 4412/2016 à propos du droit grec et§ 97, alinéa 4, GWB, § 30, alinéa 1, VgV, § 22 I UVgO à propos du droit allemand.

[3] Braconnier St., *Précis du droit de la commande publique*, *op. cit.* p. 334-335, à propos de la possibilité d'allotissement.

[4] V. également la dérogation du paragraphe 10 de l'article 5 directive 2014/24, selon laquelle : « Nonobstant les paragraphes 8 et 9, les pouvoirs adjudicateurs peuvent passer des marchés pour des lots distincts sans appliquer les procédures prévues par la présente directive, pour autant que la valeur estimée hors TVA du lot concerné soit inférieure à 80 000 EUR pour des fournitures ou des services et à 1 000 000 EUR pour des travaux. Toutefois, la valeur cumulée des lots ainsi attribués sans appliquer la présente directive ne dépasse pas 20 % de la valeur cumulée de tous les lots résultant de la division des travaux envisagés, de l'acquisition de fournitures homogènes envisagée ou de la prestation de services envisagée ».

[5] Article 5 de la directive n° 2014/24, alinéa 8 : « Lorsque l'ouvrage envisagé ou la prestation de services envisagée peut donner lieu à des marchés passés par lots

adjudicateur demeurant libre de déterminer le nombre et la taille de ses lots, sous condition de motivation satisfaisante.

553. En outre, la question de passation des marchés par des unités opérationnelles distinctes sans personnalité morale appartenant au pouvoir adjudicateur emprunt une logique identique. Ainsi, sous réserve de la possibilité d' « une unité opérationnelle distincte et responsable de manière autonome de ses marchés ou de certaines catégories d'entre eux »[1] permettant une évaluation séparée de leur coût, pour les autres cas la valeur du contrat doit prendre en considération la valeur de l'ensemble des marchés passés par le même pouvoir adjudicateur[2], pour des raisons d'ordre budgétaire.

554. Tel est également le cas des marchés à bons de commande conclus sous forme d'un accord-cadre à bons de commande, comme prévoit le paragraphe 5 de l'article 5 de la directive 2014/24 : « Pour les accords-cadres et pour les systèmes d'acquisition dynamiques, la valeur à prendre en considération est la valeur maximale estimée hors TVA de l'ensemble des marchés envisagés pendant la durée totale de l'accord-cadre ou du système d'acquisition dynamique »[3]. En effet, le paramètre de la durée du contrat emprunte une logique identique d'évaluation globale des coûts pour l'évaluation de la valeur du contrat.

---

séparés, la valeur globale estimée de la totalité de ces lots est prise en compte. Lorsque la valeur cumulée des lots est égale ou supérieure au seuil prévu à l'article 4, la présente directive s'applique à la passation de chaque lot » et alinéa 9 : « Lorsqu'un projet visant à acquérir des fournitures homogènes peut donner lieu à des marchés passés par lots séparés, la valeur totale estimée de l'ensemble de ces lots est prise en compte pour l'application de l'article 4, points b) et c) FR 28.3.2014 Journal officiel de l'Union européenne L 94/99. Lorsque la valeur cumulée des lots est égale ou supérieure au seuil prévu à l'article 4, la présente directive s'applique à la passation de chaque lot ».

[1] Article 5, paragraphe 2, de la directive 2014/24.

[2] *Ibid.* « Lorsqu'un pouvoir adjudicateur est composé d'unités opérationnelles distinctes, la valeur totale estimée de toutes les différentes unités opérationnelles est prise en compte. Lorsqu'une unité opérationnelle distincte est responsable de manière autonome de ses marchés ou de certaines catégories d'entre eux, les valeurs peuvent être estimées au niveau de l'unité en question ».

[3] À propos du droit français, v. article R.2121-8 CCP; À propos du droit grec, v. articles 39 pour les marchés des travaux et 273 pour les marchés des fournitures et services (à propos des accords-cadres) de la loi n°4412/2016 ; à propos du droit allemand, v. §3 alinéa 4 du règlement VgV.

b. La durée du contrat

555. Lors de la définition de ses besoins, le pouvoir adjudicateur doit bien connaître la durée du contrat et la préciser dans l'avis d'appel au public ou dans l'invitation à confirmer l'intérêt. Les cas ne sont pas rares de détermination de la valeur du contrat en fonction de sa durée. Empruntant une logique identique à celle de l'appréciation du paramètre de volume des prestations, la durée du contrat est en général évaluée de manière globale.

556. Avant tout, il convient de faire une précision préliminaire à propos de la différence délicate entre durée et délais d'exécution, tous les deux impliquant la limitation de l'exécution du contrat dans le temps[1]. Certes, il y a de nombreux cas où il n'y a pas de distinction entre délais d'exécution et durée : toutes les deux notions décrivent la période d'exécution des obligations stipulées par le contrat. Tel est le cas, en principe, des contrats de type concessif, où la période de l'exécution et la durée du contrat coïncident, à cause de la nature-même de l'objet du contrat. Pourtant, dans certaines hypothèses existe une différenciation très délicate, mais substantielle ; il s'agit des marchés comportant plusieurs obligations soumises à des délais d'exécution différents. En l'espèce, la durée globale du contrat recouvre plusieurs délais d'exécution[2]. Par voie de conséquence, il s'ensuit que le paramètre crucial pour évaluer la valeur du marché entier est celui de sa durée.

557. Comme en témoignent les dispositions des directives relatives au calcul des seuils, l'appréciation de la valeur du contrat ne doit pas ignorer la durée du contrat. Ainsi, dans le cas des marchés des fournitures ou de services courantes, qui, par construction, sont renouvelables, est prise comme base pour le calcul de la valeur estimée du marché: « a) soit la valeur réelle globale des contrats

---

[1] À propos de la notion de la durée v. Cubaynes C., *La durée des contrats administratifs*, Bibliothèque de droit public, LGDJ, Paris, 2022.

[2] En ce sens, v. aussi Dyens S., « La distinction entre durée et délai d'exécution dans les marchés publics de travaux : une coquetterie des juristes ? », *CP-ACCP,* n° 150, janvier 2015, p. 18-22. À titre supplémentaire, il conviendrait remarquer que cette distinction reçoit une importance particulière au calcul d'avances selon l'article R.2191-3 CCP, prévoyant que : « L'acheteur accorde une avance au titulaire d'un marché lorsque le montant initial du marché est supérieur à 50 000 euros hors taxes et dans la mesure où le délai d'exécution est supérieur à deux mois».

successifs analogues passés au cours des douze mois précédents ou de l'exercice précédent, corrigée, si possible, pour tenir compte des modifications en quantité ou en valeur qui surviendraient au cours des douze mois suivant le contrat initial; b) soit la valeur globale estimée des contrats successifs passés au cours des douze mois suivant la première prestation ou au cours de l'exercice si celui-ci est supérieur à douze mois »[1]. D'une manière respective, la durée déterminée ou déterminable du marché est prise en compte pour le calcul de la valeur des marchés publics de fournitures, ayant pour objet le crédit-bail, la location ou la location-vente des produits[2], ainsi que pour les marchés publics n'indiquant pas un prix total, définissant soit la quantité des prestations dans le cas d'un marché à durée déterminée, soit la formule de calcul pour les marchés à durée indéterminée[3].

558. En principe, la durée du contrat est librement fixée par les parties, en fonction des besoins du pouvoir adjudicateur auxquels le marché en cause est destiné à répondre. Ainsi, les directives européennes laissent une marge de manœuvre assez étendue aux pouvoirs adjudicateurs sur ce point. Cependant, la durée doit être calculée lors de l'évaluation de leurs besoins et indiquée au début de la procédure de la passation. De plus, elle ne doit pas être substantiellement modifiée en cours de l'exécution. En effet, selon les dispositions de l'annexe V de la directive 2014/24, il s'agit d'une information qui doit obligatoirement figurer dans les avis de pré-

---

[1] Article 5, paragraphe 11, de la directive européenne n° 2014/24.

[2] Article 5, paragraphe 12, de la directive européenne n° 2014/24, selon lequel : « Pour les marchés publics de fournitures ayant pour objet le crédit-bail, la location ou la location-vente de produits, la valeur à prendre comme base pour le calcul de la valeur estimée du marché est la suivante : *a)* dans le cas de marchés publics ayant une durée déterminée, dans la mesure où celle-ci est égale ou inférieure à douze mois, la valeur totale estimée pour la durée du marché ou, dans la mesure où la durée du marché est supérieure à douze mois, la valeur totale incluant le montant estimé de la valeur résiduelle ;b) dans le cas de marchés publics ayant une durée indéterminée ou dans le cas où leur durée ne peut être définie, la valeur mensuelle multipliée par 48 ».

[3] Article 5, paragraphe 14, de la directive européenne n° 2014/24, précisant que : « En ce qui concerne les marchés publics de services n'indiquant pas un prix total, la valeur estimée des marchés est calculée sur la base suivante: a) dans le cas de marchés ayant une durée déterminée, si celle- ci est égale ou inférieure à quarante-huit mois: la valeur totale pour toute leur durée; b) dans le cas de marchés ayant une durée indéterminée ou supérieure à quarante-huit mois: la valeur mensuelle multipliée par 48 ».

information qui doit être précisée – au moins sous forme de dates prévisionnelles – dès la procédure de mise en concurrence[1]. D'ailleurs et d'après la jurisprudence française, une telle omission de précision de la durée du contrat, entraîne l'irrégularité de la procédure de mise en concurrence[2]. Or, la durée n'est pas toujours stipulée de manière expresse par les clauses du contrat, elle est parfois constatée *in fine*, notamment par la réception ou admission des prestations. Même si sa qualification en tant que caractéristique essentielle fut contestée par une jurisprudence cédante sur son indication impérative dans l'appel public à la concurrence[3], elle doit être précisée lors de la définition des besoins du pouvoir adjudicateur pour le calcul de la valeur du contrat.

559. À titre subsidiaire, il convient de mentionner que, pour des raisons liées à la préservation de la libre concurrence en matière des marchés publics, les directives européennes indiquent des limitations à la durée des accords-cadres à quatre ans[4] ainsi que pour les marchés

---

[1]V. Annexe V Partie B, « Informations qui doivent figurer dans les avis de pré-information (visés à l'article 48) ». Sur ce point, v. aussi Letellier H. Vaseux Th., « Les mentions relatives à la durée dans les pièces constitutives du marché », *CP-ACCP*, n° 150, janvier 2015, p.23-26 et à propos de l'obligation de fixer la durée du contrat Rép. min. n° 32665 : *JOAN Q* 13 août 2013, p. 8757 (Q. 16 juill. 2013, de M. F. Verdier).

[2]TA Versailles, 6 janvier 2000, *Préfet Essonne c/ Vigneux-sur-Seine,* req. n° 99-6388, *BJCP*, n° 10, 2000, p. 216 ; CE, 28 mai 2003, *AP-HP,* req. n° 248429*; RFDA*, 2003, p. 29; CAA Paris, 10 avril 2003, *Sté Géraud et associés,* req. n° 99PA04142, *RFDA,* 2003, p. 820, *BJCP*, n° 30, sept. 2003, p. 385, concl. Haïm. Toutefois, une fois la durée cernable par les candidats, il est admis qu'elle peut être précisée plus tard, figurant dans le dossier de consultation (CE, 25 juillet 2001, *Syndicat des eaux de l'Iffernet;* req. n° 231319, CAA Versailles, 6 novembre 2007, *Sté IDF Communications* ; req.n° 06VE00493, TA Nîmes, 21 avril 2008, *Sté Durand* req. n° 08010005-0).

[3]En ce sens, v. la position contraire du Commissaire du gouvernement Piveteau D., dans ses conclusions rendues dans l'affaire CE, 28 mai 2003, *Assistance publique-Hôpitaux de Paris*, (préc.), *BJCP,* n° 30, sept. 2003, p. 390. Selon lui, la durée « (...) n'est pas forcément et toujours une caractéristique essentielle au sens des mêmes textes, notamment lorsqu'il est prévu de lui donner une valeur qui ne sort pas de l'ordinaire ».

[4] Article 39 de la directive n° 2014/24 relative aux marchés publics des travaux, des fournitures et des services et article 51 de la directive n° 2014/25. V. cependant §15, alinéa 4, du règlement allemand concernant l'attribution des marchés publics sous les seuils européens (UVgO) prévoyant que la durée maximale des accords-cadres est de 6 ans.

réservés pour certains services à trois ans[1]. Le législateur national peut également imposer des limitations à la durée du contrat et leur remise en concurrence périodique[2]. En guise d'illustration, on pourrait citer l'exemple du législateur français limitant la durée des marchés négociés de prestations similaires en travaux ou services[3], ainsi que des marchés des fournitures. Dans ce dernier cas, si le pouvoir adjudicateur souhaite commander des livraisons complémentaires au fournisseur initial, la durée du marché « ne peut pas dépasser, sauf cas dûment justifié, trois ans, périodes de reconduction comprises »[4]. Ainsi, lors de la définition de ses besoins, le pouvoir adjudicateur est tenu de respecter ces contraintes relatives à la durée.

560. En définitif, tenant compte de son rôle prépondérant, la durée du contrat constitue une donnée indispensable définissant le contrat lui-même dès sa conclusion, la durée ne saurait pas être conçue en tant qu'une clause particulière du contrat. En témoignent son apport à la valeur du contrat, précisant la quantité prévue pour une période de temps contractuellement définie. Cependant, le pouvoir adjudicateur dispose toujours d'une large marge d'appréciation. En revanche, en matière des contrats de concession, qui sont par construction de longue durée, la définition de la durée du contrat paraît indispensable pour permettre l'amortissement des investissements, lors de la détermination du montant des redevances.

B. L'évaluation du coût en vue de la détermination du montant des redevances

561. À l'encontre de la rémunération tirée d'un prix, la rémunération liée aux résultats de l'exploitation d'un service constitue par définition une forme de rémunération moins déterminée, notamment en raison des risques pesant sur les épaules du

[1] Article 94 de la directive n° 2014/25 relative aux secteurs spéciaux.

[2] Le Bouëdec P. – Fernandez Begaud El., « Durée du marché », *CMP*, fasc. 54,

[3] Article R.2122-7 CCP, prévoyant que « … Sa mise en concurrence doit également avoir pris en compte le montant total envisagé, y compris celui des nouveaux travaux ou services. Lorsqu'un tel marché public est passé par un pouvoir adjudicateur, la durée pendant laquelle les nouveaux marchés publics peuvent être conclus ne peut dépasser trois ans à compter de la notification du marché public initial ».

[4] Article R.2322-12 CCP. V. également Terneyre Ph., « La durée du contrat », *RFDA*, 2016, p.276.

cocontractant de l'Administration. Les particularités d'un contrat confiant la gestion d'un service public à une personne privée permettent un certain allégement des contraintes relatives à la protection de la libre concurrence, privant souvent l'Administration d'une évaluation sincère des coûts. La consécration de la première directive européenne sur les contrats de concession du 26 février 2014 vise à enrayer ce phénomène, la passation de ces contrats devant suivre une procédure de publicité et de mise en concurrence. Dans la même logique, la directive vise à réglementer le contenu des concessions, en rendant obligatoire l'insertion de certaines clauses et en interdisant d'autres.

562. Par ce biais, l'étape de définition et d'évaluation des besoins par l'autorité concédante emprunte une logique similaire à celle en matière de marchés publics. En même tempsm elle doit permettre une certaine flexibilité liée aux particularités de chaque projet et aux risques liés à sa gestion **(i)**. Or, cette évaluation ne vise pas seulement à préciser les coûts pesant sur le concessionnaire. Compte tenu que ce type de contrepartie peut entraîner une rémunération excessive au profit du cocontractant de l'Administration, l'autorité concédante vise à établir également des conditions d'exécution, afin de l'empêcher. Ainsi, au fil de la précision de la directive européenne sur les contrats de concession, selon laquelle « la valeur d'une concession correspond au chiffre d'affaires total du concessionnaire généré pendant la durée du contrat, hors TVA, estimé par le pouvoir adjudicateur ou l'entité adjudicatrice, eu égard aux travaux et services qui font l'objet de la concession ainsi qu'aux fournitures liées auxdits travaux et services »[1], l'autorité concédante prend en considération le paramètre de la durée du contrat afin d'évaluer ses coûts et permettre leur amortissement **(ii)**.

i. L'évaluation du coût à amortir

563. En matière de contrats de concession, force est d'admettre que l'évaluation du coût n'est qu'approximative, en raison du caractère complexe des projets – souvent globaux – qu'ils impliquent. Pour cette raison, l'autorité concédante ne peut évaluer – autant que

[1] Article 8, paragraphe 2, de la Directive n° 2014/23 relative aux contrats de concession.

possible – le coût réel du contrat que lors de la négociation avec les candidats. En revanche, elle est tenue d'estimer les coûts que le contrat implique, conformément aux contraintes de transparence et de mise en concurrence d'origine européenne. À cet égard alors, l'autorité concédante doit, lors de la définition de ses besoins pour le calcul des seuils, évaluer les coûts et dépenses liés aux travaux et aux services faisant l'objet du contrat de concession **(a)**. Cette évaluation, sur laquelle sera calculé le montant des redevances d'où le concessionnaire tirera sa rémunération, doit prendre également en considération le transfert du risque d'exploitation à ce dernier. Pour cette raison, l'évaluation doit également permettre une marge pour les risques prévisibles au moment de la conclusion du contrat **(b)**.

a. Le calcul des coûts

564. Avant le lancement de la procédure de la passation, la précision des besoins de l'autorité concédante est primordiale et s'impose par plusieurs objectifs : outre que le calcul des seuils, l'évaluation de ses besoins est indispensable pour le choix du type de contrat le plus convenable ainsi que pour l'établissement des conditions d'exécution permettant sa réussite ou conduisant à son échec[1]. D'ailleurs, cette évaluation, même indicative, comprenant une provision et évaluation des risques inhérents, est essentielle afin que la rémunération liée aux résultats de l'exploitation soit capable de couvrir un certain seul : celui du coût des investissements réalisés à amortir.

565. À l'instar des marchés publics, cette précision implique ainsi une évaluation de l'ensemble des coûts et dépenses : le coût d'acquisition de fournitures indispensables, des immeubles et des matériels, le coût des investissements accessoires, le coût de maintenance, les frais et coûts liées à la gestion du service, et les frais de personnel. Pour cette évaluation une étude de préfaisabilité dès l'établissement du projet est possible recouvrant la consultation des dossiers d'entreprises[2]. Ainsi, en vertu du processus concurrentiel de

---

[1] V. CE, 6 novembre 2020, *Commune Saint-Amand-les-Eaux et Société casino de Saint-Amand-les-Eaux*, req. n° 437975, *JCP A*, 2020, act. 640 ; *CMP*, comm. 20, note Eckert G..

[2] Rousseau A.-E.- *Table ronde Évaluation de la dépense réelle* in Clamour G.- Terneyre Ph. (s.dir.), *Financement et contrats publics : les moyens juridiques à*

l'attribution du contrat de concession, l'autorité concédante doit évaluer le coût initial du contrat lié à la gestion du service confié, y compris les charges directes et indirectes[1]. En outre, elle doit préciser la méthode objective de calcul dans les documents de la concession[2]. En dépit de ces similarités flagrantes, deux points ne permettent pas l'assimilation aux marchés publicsm à propos de l'évaluation des coûts.

566. D'une part, la directive ne précise pas que les spécifications techniques doivent impérativement être définies à des normes techniques de performance, ou en termes de performances ou des indications fonctionnelles. Ainsi, l'autorité concédante n'est pas nécessairement liée à des spécifications techniques et fonctionnelles par référence aux normes et précisées en détails lors de l'invitation de présenter des offres[3]. Par voie de conséquence, elle détient une marge d'appréciation sur ce point tant à préciser les spécifications techniques *ad hoc* selon les particularités du service faisant l'objet du contrat, ainsi que les forger lors de la procédure de négociation avec les opérateurs privés. En tout état de cause, cependant, la hausse de la valeur du contrat ne doit pas dépasser 20% de la valeur calculée – seuil à ne pas dépasser lors du calcul des offres économiques par les candidats – afin que « la valeur appropriée [soit] la valeur de la concession au moment de l'attribution »[4].

---

disposition des personnes publiques pour un financement optimal de leurs contrats publics- actes du colloque du 19 avril 2013, Université Montpellier 1, Éditions du CREAM, Montpellier, 2014, p. 45-64 (not. p.61).

[1] V. aussi CE, 10 mars 2023, *Commune de Ramatuelle*, req. n° 464816 à propos de l'information relevant de la stratégie commerciale des établissement exploités. Cependant, le défaut de mention, dans un contrat des redevances versées par le délégataire à la collectivité délégante ne confère pas un caractère illicite. Il est admis que cette omission est régularisable et n'est pas de nature à justifier que dans le cadre d'un litige entre les cocontractants le contrat soit écarté) v. CE, 10 juillet 2020, *Commune La Guérinière*, req. n° 434353, *Rec.* (tables) ; *CMP*, 2020, comm. 164, obs. Muller É.; *JCP A*, 2020, act. 433, obs. Erstein L. ; *JCP A*, 2020, n° 2288, note Vila J.-B.. V. aussi en ce sens, CAA Nantes, 1er octobre 2021, SAS Les Moulins, req. n° 20NT02078.

[2] Article 8, paragraphe 3, de la Directive n° 2014/23 relative aux contrats de concession.

[3] Article 36, de la Directive n° 2014/23 relative aux contrats de concession. V. également cons. n° 67.

[4] Article 8, paragraphe 2, de la Directive n° 2014/23 relative aux contrats de concession.

567. D'autre part, à l'encontre des marchés publics, l'allotissement n'est pas forcement favorisé. Les contrats de concession, en principe des projets globaux, sous la limite qu'ils ne recouvrent pas des services qui n'ont manifestement aucun lien entre eux[1], ne doivent pas être morcelés, afin d'éviter la possibilité de financement d'un service déficitaire par les usagers d'un autre service. De plus, l'option d'allotissement est loisible, interdisant « les clauses par lesquelles le concessionnaire prend à sa charge l'exécution des services, de travaux ou de paiements étrangers à l'objet de la concession »[2]. Les limites ne sont pas toujours clairement distinguées en pratique, ce qui impose une évaluation *ad hoc* de la connexité réelle des services appartenant au même projet global.

568. À l'inverse, l'objectif de l'évaluation du coût aboutit également à la nécessité de restreindre la marge de profit du concessionnaire, c'est-à-dire sa rémunération. Pour y parvenir, d'une part, selon l'article L.3114-6 CCP « le contrat détermine les tarifs à la charge des usagers et précise l'incidence sur ces tarifs des paramètres ou indices qui déterminent leur évolution »[3] et, d'autre part, l'autorité concédante est tenue de prendre en considération l'ensemble des avantages économiques octroyés au concessionnaire potentiel : « les recettes provenant du paiement de redevances et d'amendes par les usagers des ouvrages ou des services, autres que celles collectées pour le compte du pouvoir adjudicateur ou de l'entité adjudicatrice ; les paiements effectués par le pouvoir adjudicateur, l'entité adjudicatrice

---

[1] CE, 29 septembre 2016, *Communauté urbaine du Grand Dijon*, req. n° 399656 ; *DA,* 2016, comm. 64, note Videlin J.-C. Selon cet arrêt *« aucune disposition législative ni aucun principe général n'impose à la collectivité publique qui entend convier à un opérateur économique la gestion de services dont elle a la responsabilité de conclure autant des conventions qu'il y a de services distincts »* ; CE, 9 juin 2020, *Métropole Nice-Côte d'Azur*, req. n° 436925 et 436926. V. également TA Toulon, 7 janvier 2022, *Société Suez Eau France*, req. n° 2103266 à propos de la possibilité de réunion dans le même contrat de concession des services de distribution d'eau potable, d'assainissement collectif et d'assainissement non-collectif.

[2] Article L.3114-1 CCP. Sur ce point, v. Braconnier St., *Précis du droit de la commande publique, op. cit.*, p. 461.

[3] V. aussi CAA Nantes, 1er octobre 2021, *SAS Les Moulins*, req. n° 20NT01366. Selon cet arrêt, le juge a admis implicitement que le contrat peut laisser au concessionnaire la charge de déterminer les tarifs payés par les usagers, sous réserve d'un contrôle annuel de l'autorité concédante. V. en ce sens, Braconnier St., *Précis du droit de la commande publique, op. cit.*, p. 507.

ou toute autre autorité publique ou tout avantage financier sous quelque forme que ce soit octroyé par l'un de ceux-ci au concessionnaire, y compris la compensation due pour respect d'une obligation de service public et les subventions publiques d'investissement; la valeur des subventions ou de tout autre avantage financier, sous quelque forme que ce soit, octroyés par des tiers pour l'exploitation de la concession; les recettes tirées de toute vente d'actifs faisant partie de la concession; la valeur de toutes les fournitures et de tous les services mis à la disposition du concessionnaire par les pouvoirs adjudicateurs ou les entités adjudicatrices, à condition que ces fournitures et services soient nécessaires à l'exécution des travaux ou à la prestation des services; toutes primes ou tous paiements au profit des candidats ou des soumissionnaires »[1]. Tous ces avantages économiques sont déduits du coût du contrat.

569. Sous l'emprise de cette contrainte tombe le cas où les frais de premier établissement sont réglés par l'autorité concédante l'exemple des contrats d'affermage français[2]. Ce procédé revêt un intérêt particulier, s'agissant de la dérogation du fermier à payer la TVA des travaux de construction, puisque ces travaux sont réalisés par l'autorité concédante. Or, afin que cette dernière ne soit pas privée de la possibilité de récupérer ladite TVA, le contrat peut prévoir une redevance[3] pour les équipements mis à la disposition des installations au profit du fermier, assujettie à la TVA. Cela s'explique par le fait qu' « il existe un lien direct entre la mise en disposition de ces installations au profit du fermier et le versement d'une telle somme »[4].

---

[1] Article 8, paragraphe 3, n° b-g de la Directive n° 2014/23 relative aux contrats de concession.

[2] Il s'agit de la distinction traditionnelle entre concession et affermage en droit français des conventions de délégation de service public. v. Richer L., *Droit des contrats administratifs*, *op.cit.* n° 1066 et s.; v. aussi Cour des comptes français, rapport 1991, p. 377, selon lequel : « *dans le régime de l'affermage (i...) à la collectivité reçoit en principe du fermier une contribution à l'amortissement des installations dont elle a financé la construction* ».

[3] L'autorité concédante peut prévoir également d'autres redevances ainsi que le paiement des droits d'entrée (articles L.3114-4 à L.3114-5 – droit français). Sur ce point, v. Braconnier St., *Précis du droit de la commande publique, op. cit.* p. 460-462.

[4] BOI-TVA-Champ-10-20-10-10, §93, 1er août 2013, selon lequel : «... lorsqu'une collectivité territoriale confie l'exploitation d'un service à un tiers, la mise à

570. Compte tenu, cependant, de l'objet des contrats de type concessif, consistant à la gestion d'un service public et ses particularités, et afin que l'évaluation des coûts se rende fiable pour la détermination d'une rémunération liée aux résultats de l'exploitation, l'évaluation comprend une prévision et une évaluation comptable des risques. Postulant alors que la rémunération ne saurait pas être obtenue par construction déficitaire pour son titulaire, il convient d'affirmer que le calcul du coût global toujours provisoire, compte tenu du rôle du risque tout au long de l'exécution du contrat : l'évaluation la plus précise, la plus proche devient l'évaluation de la dépense réelle, restreignant la marge pour risque.

b. L'évaluation des risques transférés

571. Les contrats de concession impliquent, par construction, le transfert du risque d'exploitation. À cet égard, l'insertion des clauses de partage des risques font partie essentielle des contrats de concession et de tout contrat, en général, ayant comme objet la gestion d'un service public. Cette pratique implique nécessairement une évaluation économique des prévisions des risques transférés[1], complément indispensable de l'évaluation des coûts à amortir pendant la période d'exécution.

572. D'une façon générale, il est admis que le risque pèse sur la partie qui est plus compétente à le supporter. En ce sens, la répartition

---

disposition à titre onéreux des investissements que la collectivité a réalisés est constitutive d'une activité économique imposable. Par conséquent, la redevance d'affermage qui lui est versée par son délégataire en contrepartie de cette mise à disposition est soumise à la TVA. À cet égard, il est rappelé que le lien direct entre un service et sa rémunération peut être établi sans pour autant que la rémunération corresponde à la valeur économique du service (BOI-TVA-CHAMP-10-10-10 au II-B § 90 et suivants). Néanmoins, lorsque la mise à disposition des investissements est effectuée contre une rémunération dont le niveau apparaît dérisoire ou symbolique, l'opération ne présente pas un caractère onéreux et la mise à disposition est alors considérée comme fournie à titre gratuit. Sont visés, les contrats d'affermage par lesquels la collectivité, qui a financé les investissements nécessaires à la réalisation du service, en confie l'exploitation à un délégataire qui perçoit, pour son propre compte, les recettes sur les usagers du service ». Sur cette hypothèse v. Braconnier St., Précis du droit de la commande publique, *op. cit.*, p. 451 et s.

[1] V. *Guide législative établi par la Commission des Nations Unies pour le droit commercial international (CNUDCI) sur les projets d'infrastructure à financement privé*, *op. cit.*, p. 41-66.

des risques est librement fixée par les parties cocontractantes et stipulée par la voie contractuelle[1], sauf dans le cas où les dispositions législatives l'imposent autrement[2]. Au-delà alors des risques qui sont par définition supportés par l'Administration[3], les clauses relatives au partage des risques stipulent la couverture financière de ceux pesant sur les épaules du cocontractant de l'Administration, afin de fixer le taux de la rémunération du cocontractant de l'Administration. Cette couverture pourrait prendre la forme d'une somme forfaitaire de la part de la collectivité concédante, où même d'une subvention au sens de la compensation du service public, une garantie financière, une participation et autres formes selon le cas[4], visant à assurer sa continuité. En ce sens, il s'agit d'une esquisse d'anticipation des risques par le texte contractuel, d'une *sécurisation juridique* impliquant une « juridisation des faits »[5], en vue de l'établissement de l'économie du contrat, qui ne doit pas être bouleversée pendant son exécution.

573. L'évaluation économique des risques revêt une importance considérable dans le cas de financement du projet par des prêts des établissements de crédit ou d'autres organismes de financement. Dans ce cas, la prise en compte de l'évaluation des risques pour le calcul de la valeur du contrat est indispensable pour la *bancabilité* du projet[6]. Elle « traduit les exigences fondamentales posées par les prêteurs au financement d'un projet, à savoir une évaluation précise des risques du projet qu'ils financent et une répartition optimale de ces risques entre

---

[1] En guise d'illustration, v. par exemple, CE, 28 janvier 1998, *Société Borg Werner*, req. n° 138650, *Rec.* 20.

[2] V. aussi *supra* n° 390 et 416. À titre d'exemple, on pourrait se référer à l'exemple de l'article 5, paragraphe 1, b de la directive européenne n° 2014/23 selon lequel la définition même du contrat de concession implique impérativement un transfert de risque d'exploitation au concessionnaire.

[3] V. *supra* n°387.

[4] *Guide législative établi par la Commission des Nations Unies pour le droit commercial international (CNUDCI) sur les projets d'infrastructure à financement privé*, *op. cit.*,p. 52-60.

[5] *Ibid.*

[6] En ce sens, v. Clamour G.- Terneyre Ph. (sous.dir.), *Financement et contrats publics : les moyens juridiques à disposition des personnes publiques pour un financement optimal de leurs contrats publics- actes du colloque du 19 avril 2013, Université Montpellier* 1, *op. cit.*, not. p. 31-39 ; Pez T., *Le risque dans les contrats administratifs, op. cit.* n° 54 et s., p. 342.

les parties est évaluée en renvoyant à l'appréciation de la répartition des risques »[1], lorsque « un projet est bancable lorsque l'analyse de l'ensemble de ces termes économiques, financiers, techniques, juridiques politiques et sociaux permet de conclure à la viabilité et à la solidité financière du projet »[2].

574. En définitif, la prévision des risques contribue alors à l'évaluation du coût réel du projet faisant l'objet du contrat de concession. Toutefois, si le risque anticipé ne se réalise pas, les sommes visant à leur couverture deviennent un profit supplémentaire à son bénéfice. Bien que ces bénéfices doivent être versées à l'Administration – sinon ils sauraient tomber sous l'emprise d'enrichissement sans cause – en pratiquem ils s'avèrent souvent utiles pour pallier des risques d'insolvabilité et d'autres risques pareils, et, en ce sens, la sur-tarification conséquente devient parfois au profit du cocontractant de l'Administration[3]. Par voie de conséquence, une telle couverture excessive du risque d'exploitation transféré au concessionnaire peut entraîner la requalification du contrat de concession par l'élimination du risque. L'appréciation des risques contribue par cette voie au contrôle des profits : s'il y a des risques réels, sinon, une rémunération les surévalue, cela contribue à une captation des profits par le cocontractant de l'Administration.

575. En effet, « le concessionnaire est réputé assumer le risque d'exploitation lorsque, dans des conditions d'exploitation normales, il n'est pas certain d'amortir les investissements qu'il a effectués ou les coûts qu'il a supportés lors de l'exploitation des ouvrages ou services qui font l'objet de la concession »[4]. Partant de l'acception que la gestion du service ne doit pas être par construction déficitaire, la valeur du contrat doit au moins permettre l'amortissement des

---

[1] Lequien M. – Cuche P., « La notion de bancabilité dans les opérations de financement privé d'équipements publics », *DA,* n° 12, décembre 2004, étude 22.

[2] *Ibid,* ainsi que v. définition bancabilité, Clamour G.- Terneyre Ph. (s.dir.), *Financement et contrats publics : les moyens juridiques à disposition des personnes publiques pour un financement optimal de leurs contrats publics- actes du colloque du 19 avril 2013, Université Montpellier* 1, *ibid.,* p. 189.

[3] Vila J.-B., « Recherches sur le rôle de l'amortissement pour rationaliser la rémunération du cocontractant. – Cas des délégations de services publics et des partenariats public-privé », *op.cit.*

[4] Article 5, paragraphe 1, de la Directive n° 2014/23 relative aux contrats de concession.

investissements réalisés par le concessionnaire potentiel, dans des conditions normales d'exploitation.

576. Cependant, du fait du transfert du risque d'exploitation au concessionnaire et le caractère aléatoire consécutif de l'exécution, l'évaluation du coût en vertu de la détermination du montant des redevances n'est en réalité qu'approximative, contrairement au cas d'un prix. Ainsi, l'évaluation doit permettre une certaine élasticité en vue de l'adaptabilité nécessaire du contrat aux besoins du service public. En ce sens, le recours au calcul et à la stipulation d'une clause fixant un taux de retour sur investissements[1] constitue, selon une position, un indicateur fiable pour rationaliser la rémunération du cocontractant de l'Administration [2]. Cette solution ne saurait qu'inciter à une évaluation préalable des coûts, tout en respectant l'influence déterminante du risque.

577. À cet égard, la technique de l'amortissement qui « repose sur la volonté de préserver la valeur d'un investissement, et à travers lui celle d'une activité humaine, en reconstituant artificiellement celle-ci au fur et à mesure des altérations que lui fait subir l'écoulement du temps » [3] a pour objet « l'étalement sur une durée probable de vie de la valeur des biens »[4]. S'agissant d'un indicateur de prise en considération des risques, il présente « l'avantage [...] de pouvoir

---

[1] *Ibid,* n° 1051. Selon la définition adoptée par l'auteur, « ce taux est calculé en rapportant le chiffre d'affaires total aux investissements financés pour obtenir les actifs immobilisés et lancer le processus de production. (...) Il présente notamment l'avantage de s'inscrire dans le rapport classique 'recettes/ investissements' conditionné par le calcul de la durée et les missions assumées par l'opérateur privé ».

[2] *Ibid*, n° 1049 et s. v. aussi Cons. const. Décision n° 76-92 L, du 6 octobre 1976, Nature juridique de dispositions de la loi n° 67-1175 du 28 décembre 1967 portant réforme du régime relatif au droit de port et de navigation modifiée par l'article 64 de la loi de finances pour 1974 ; *RDP*, 1977, note Favoreu L.- Philip L., à propos du principe des redevances pour service rendu (« l'institution ou l'aménagement de redevances demandées à des usagers en vue de couvrir les charges d'un service public déterminé ou les frais d'établissement ou d'entretien d'un ouvrage public qui trouvent leur contrepartie directe dans des prestations fournies par le service ou dans l'utilisation de l'ouvrage »).

[3] Linditch F., « Recherche sur la place de l'amortissement en droit administratif », *AJDA*, 1996, p. 100.

[4] *Ibid.*

s'adapter à l'exacte mesure de notre ignorance »[1]. Plus précisément, la technique comptable de l'amortissement industriel[2] vise à un calcul du montant des redevances permettant le remboursement, ou plus précisément, l'amortissement, de l'ensemble des dépenses, les investissements initiaux et ceux qui sont indispensables pour l'exécution des prestations pendant la durée du contrat[3]. Ce calcul est basé sur le *coût d'acquisition*, composé de cinq éléments : le prix d'achat ; les coûts directs de mise en service ; l'estimation initiale des coûts de démantèlement ; les coûts des emprunts sur option ou sous condition ; et les droits de mutation ou d'honoraires[4].

578. Dès lors, l'évaluation économique des coûts et des risques résulte de la valeur du contrat lors de la définition des besoins de l'autorité concédante. Leur amortissement dépend, cependant, d'un autre paramètre, celui de la durée du contrat.

ii. Le paramètre de la durée du contrat

579. Par souci de simplification, le montant des redevances est alors en principe calculé de manière suivante : Montant des investissements à amortir + Bénéfice d'exploitation = Recettes

---

[1] Boiteaux M. « L'amortissement peut-il jouer un rôle dans le calcul économique ? », *Revue de la Recherche opérationnelle,* 1960, vol. 1 p. 232-250- traduit en anglais : « The Role of Amortization in Investment Programming », *International Economic Papers*, n° 10, p. 147-162.

[2] Á propos de la définition de l'amortissement industriel et sa transcription au champ juridique, v. Vila J.-B., *Recherches sur la notion de l'amortissement en matière des contrats administratifs,* coll. Logiques juridiques, L'Harmattan, Paris, 2016.

[3] À ce propos, v. article R. 3114-2 CCP prévoyant que « [p]our les contrats de concession d'une durée supérieure à cinq ans, la durée du contrat ne doit pas excéder le temps raisonnablement escompté par le concessionnaire pour qu'il amortisse les investissements réalisés pour l'exploitation des ouvrages ou services avec un retour sur les capitaux investis, compte tenu des investissements nécessaires à l'exécution du contrat ». V. aussi Roulet L., « Contrats de concession de service public : à qui profite le risque ? », *AJDA*, 2020, p. 1830.

[4] *Ibid*, n° 45. Selon lui, l'amortissement détermine les responsabilités- autrement dit les obligations- des parties relatives à la prise en charge des investissements pendant le stade de l'exécution du contrat. En se référant notamment au sens de l'amortissement en tant que technique retraçant comptablement la dépréciation des biens. Par ce biais, remarque-t-il, « il y a la possibilité d'anticiper leur renouvellement grâce à la capacité d'autofinancement calculée sur la base des dotations aux amortissement » (n° 37).

tarifaires x Durée d'exploitation[1]. Si le bénéfice d'exploitation peut même être nul, le montant de redevances doit au moins couvrir le montant des investissements à amortir. Ainsi la durée d'un contrat de concession – par définition de longue durée – joue un rôle prépondérant pour le calcul du montant de redevances. Plus la durée est longue, plus le montant de la redevance sera intéressant. La limitation de la variante de la durée s'impose alors pour deux raisons : d'une part, afin de calculer le coût du contrat ; d'autre part, afin de limiter la rémunération du cocontractant de l'Administration. Nonobstant l'importance d'un encadrement de la durée du contrat, même pour des raisons de transparence et de mise en concurrence[2], on regrette jusqu'à récemment une limitation par un effet de ricochet en application d'autres branches de droit, ou à travers d'autres textes de l'Union[3]. En son absence, les parties au contrat détenaient une marge de manœuvre assez étendue pour prévoir une durée permettant l'amortissement des investissements voire l'obtention des surprofits.

580. Suite à ces préconisations témoignant de la nécessité d'un encadrement de la durée des contrats de concession, la question n'est posée en réalité qu'en vertu de la directive du 26 février 2014, relative aux contrats de concession. Plus précisément, son article 18 impose une obligation de limitation de la durée du contrat lors de son attribution proportionnelle à la construction des travaux et la gestion

---

[1] Linditch F., « Recherche sur la place de l'amortissement en droit administratif », *op. cit.*

[2] Cons. n°52 de la directive n° 2014/23, selon lequel « La durée d'une concession devrait être limitée afin d'éviter le verrouillage du marché et la limitation de la concurrence. En outre, les concessions de très longue durée sont susceptibles d'entraîner le verrouillage du marché, ce qui peut nuire à la libre circulation des services et la liberté d'établissement. Toutefois, une telle durée peut se justifier si elle est indispensable pour permettre au concessionnaire de recouvrer les investissements prévus pour l'exécution de la concession ainsi que pour obtenir un retour sur les capitaux investis ».

[3] V. Commission des communautés européennes, Communication interprétative sur les concessions en droit communautaire, 12 avril 2000. À titre d'exemple v. le cas de la délimitation de la durée en matière des contrats de distribution de l'électricité article 24 directive n°2009/72/CE du 13 juillet 2009 selon lequel : « Les États membres désignent, ou demandent aux entreprises propriétaires ou responsables de réseaux de distribution de désigner, pour une durée à déterminée par les États membres en fonction de considérations d'efficacité et d'équilibre économique, un ou plusieurs gestionnaires de réseau de distribution ». V. aussi article 13 de la directive n° 2003/54/CE, CAA Paris, 25 février 2013, *Claustre*, req. n° 12PA0059

des services faisant l'objet du contrat. En outre, il précise qu'une durée normale est de cinq ans, au-delà de laquelle « la durée maximale de la concession n'excède pas le temps raisonnablement escompté par le concessionnaire pour qu'il recouvre les investissements réalisés pour l'exploitation des ouvrages ou services avec un retour sur les capitaux investis, compte tenu des investissements nécessaires pour réaliser les objectifs contractuels spécifiques »[1]. Autrement dit, la durée du contrat doit permettre l'amortissement des investissements.

581. À l'échelon national, pourtant, le droit français a établi une limitation de la durée des conventions de la délégation de services publics bien avant son encadrement européen, en vertu de la loi relative à la prévention de la corruption et à la transparence de la vie économique et des procédures publiques du 29 janvier 1993[2]. À cet égard, l'article L. 1411-2 du Code général des collectivités territoriales français après la promulgation de la loi dite « Sapin » précisait que ces contrats doivent être limités à leur durée[3]. En outre, il imposait une durée maximale de 20 ans dans le cas de la conclusion d'une convention de délégation de service public portant sur les domaines de l'eau potable, l'assainissement et les ordures ménagères, visant à la protection de concurrence dans ces secteurs tellement

---

[1] Article 18, paragraphe 2, de la Directive n° 2014/23 relative aux contrats de concession ; article L.3114-7 à L.3114-8 CCP (droit français) ; article 17, paragraphe 2, de la loi n° 4413/2016 (droit grec) ; §3 du règlement KonzVgV, *BGBl.* I p.624, 683, (droit allemand) V. aussi la proposition de la directive (COM [2011] 897 final, selon laquelle « la durée de la concession est limitée au laps de temps jugé nécessaire pour permettre au concessionnaire de recouvrer les investissements effectués lors de l'exploitation des travaux ou des services et de lui assurer une rémunération raisonnable du capital investi ».

[2] Loi n° 93-122 du 29 janvier 1993 relative à la prévention de la corruption et à la transparence de la vie économique et des procédures publiques, regroupant certaines catégories des contrats, *op. cit.*

[3] Article 40 de la loi n°93-122 du 29 janvier 1993 (modifié par l'article 126 de l'ord. n° 2010-42 du 27 avril 2010, abrogé par l'article 77 de l'ordonnance n° 2016-65 du 29 janvier 2016) selon lequel : « Les conventions de délégation de service public doivent être limitées dans leur durée. Celle-ci est déterminée par la collectivité en fonction des prestations demandées au délégataire. Lorsque les installations sont à la charge du délégataire, la convention de délégation tient compte, pour la détermination de sa durée, de la nature et du montant de l'investissement à réaliser et ne peut dans ce cas dépasser la durée normale d'amortissement des installations mises en œuvre ». v. aussi Bonnotte Ch., « Les conventions de service public et le temps », *RFDA,* 2005, p. 89-104.

sensibles[1]. Au fil de cette contrainte, le Conseil d'État français a prononcé la fin des contrats de délégation de service public dépassant la durée de vingt ans, prévue par la loi Sapin dans la jurisprudence *Compagnie générale des eaux et commune d'Olivet* à propos d'un contrat confiant l'extension et l'exploitation du service de distribution de l'eau potable[2] à plusieurs reprises[3].

---

[1] Articles L.3114-7 à L.3114-8 CCP ; V. en ce sens à propos du droit allemand les contraintes relatives au secteur de l'énergie § 46 II 1 EnWG, Kupfer D., « La réforme du droit d'attribution des concessions d'énergie- Modification du §46 EnWG » (« Die Neufassung des Rechts zur Vergabe von Energiekonzessionen Novellierung des § 46 EnWG, *NVwZ* 2017, p. 428 (not. p. 431). V. également à propos du secteur d'électricité § 6 VI StromNEV. Dans le cas de la détermination des charges du réseau électrique, l'interdiction d'amortissements inférieurs à zéro s'applique également en cas de vente du réseau ; l'acheteur ne peut donc - contrairement au droit commercial - continuer l'amortissement imputé que pour la période initialement prévue. BGH, arrêt du 14. 8. 2008 - KVR 35/07 *; NVwZ* 2008, p.1392.

[2] Le Conseil d'État français a prononcé la fin de ces contrats sous motif d'une résiliation pour caducité si aucun motif d'intérêt général ne justifie aucun dépassement de la durée normale d'amortissement des coûts d'investissement CE Ass., 8 avril 2009, *Commune d'Olivet,* req. n° 271737 ; *CMP*, n° 12, 1 décembre 2015, p. 25-28, note. Zimmer W. - n° 5, 1 mai 2013 p. 43-44 note Braconnier St. ; *AJDA*, 2013, p. 1092-1101, comm. Le Chatellier G.- 2009, p. 1747-1754 comm. Nicinski S.- 2009, p. 1091, Liéber S.-J.et Botteghi D.; *RFDA*, 2009, p. 449, Geffray Ed. ; *JCP A* n°2 16 janvier 2012, p. 3-4, note Wels Y.-n° 9, 2011 p. 19-21, note Wels Y. ; 2009, n° 27, p. 35-38, note Bonnet B.- 2009, n°27, p. 29-32, note Linditch F. ; *RTDCiv*, 2010, p. 58-62, comm. Deumier P. *; RTDCom.*, 2009, p. 699-701, note Orsoni G. ;*CP-ACCP,* n° 95, 2010, p. 67-69-n° 109, 2011, p. 70-73, note Cabanes Ch. Et Neveu B.- n° 113, 2011, p. 52-54, comm. Branjon R. et Le Chatelier G.- n° 150, 2015 p. 25-28, comm. Roll Em. et Guénégou S. ; *Lamy Coll. Terr.,* n° 50, 2009, p 38-41, comm. Glaser Em.*; RJEP*, n° 668, 2009, p. 19-25, Plessix B.; *DA,* 2009, n° 6, p. 23-25, comm. Melleray F. ; *BDEI*, n° 21, 2009, p. 15-17, comm. Scanvic F. et Jolivel C.

[3] À titre d'exemple v. CE, 11 août 2009, *Société Maison Comba,* req. n° 303517 ; *Rec. (tables) p. 833,* concl. Dacosta B. ; *JCP A,* 2009, 2261, note Vila J.-B ; *RLCT,* 2009, n° 52, p. 11 note Aubin E. ; *BJCP,* 2009, n°67, p. 470 ; *DA,* 2009, comm. 148 obs. Idoux P.- Cafarelli F. ; CE, 8 février 2010, *Commune des Chartres Métropole*, req. n° 352417, 352418, 352450, *BJCP,* 2010, p. 208, concl, Dacosta, *JCP Adm.,* 2010, comm. 2146, note Vila J.-B. ; *CMP*, 2010, comm. 147, obs. Eckert G. ; CE, 7 mai 2013, *Société auxiliaire des parcs de la région parisienne*, req. n° 365043 ; CAA Nancy, 17 janvier 2013, *Société Vivendi*, req. n° 11NC00809 ; TA Chalons-en-Champagne, 14 février 2014, *M. Bauland et al.,* req. n° 1102004 ; CE, 10 novembre 2021, *Commune de Sète*, req. n° 449985 ; Alliez Q., « Durée et indemnité de résiliation des contrats de concession : le Conseil d'État réaffirme sa jurisprudence,

582. Par voie de conséquence, la durée normale d'amortissement peut être définie comme la durée initialement prévue par le contrat, laquelle permet la couverture du coût global ainsi qu'une certaine marge de profit. La recherche de la durée normale d'amortissement constitue alors la précision de ses limites maximales en vue de la détermination de la rémunération raisonnable[1]. En revanche, il est admis que la prévision d'une durée contractuelle inférieure aux durées maximales et notamment à celle permettant l'amortissement des investissements est légalement possible[2].

583. À la lumière des contraintes de l'encadrement de la durée, l'évaluation du coût du contrat pour l'autorité concédante implique inévitablement une pré-évaluation et une limitation de la durée contractuelle. La solution consistant à institutionnaliser le calcul fondé sur la durée normale d'amortissement, restreignait la marge d'appréciation *ad hoc* des parties cocontractantes.

584. Cette position est défendue par certains membres de la doctrine. Ainsi, un auteur propose un triptyque de points à y considérer : « conserver l'amortissement technique comme référentiel, conformément à la volonté initiale du législateur et du pouvoir réglementaire ; construire des durées contractuelles variables pour tenir compte du caractère fluctuant de l'amortissement ; plafonner cette clause contractuelle pour éviter qu'elles ne soient indéfinies, se conformer ainsi aux principes de la commande publique et renforcer la

---

AJDA, 2022, p. 584. V. également CAA Marseille, 28 novembre 2022, *Société Cathédrale d'Images*, req. n° 20MA03656 ; *CMP*, 2023, comm. 59, note Ubaud-Bergeron M. à propos de la possibilité de résiliation d'un contrat de concession à durée excessive prévue par le contrat initial ainsi que CAA Paris, 4 juillet 2023, *Commune de Fontainebleau*, req. n° 20PA03799 à propos d'une durée excessive prolongée par un avenant ; *CMP*, 2023, comm. 274, obs. Muller É.. Ainsi, il est admis que le juge peut diligenter une expertise pour déterminer si la durée du contrat présente un caractère excessif (v. CAA Douai, 21 février 2023, *SA Auxiliaire des Parcs*, req. n° 21 DA02389 ; *CMP*, 2023, comm. 149, note Eckert G.

[1] Vila J.-B., « Recherches sur le rôle de l'amortissement pour rationaliser la rémunération du cocontractant. – Cas des délégations de services publics et des partenariats public-privé », *op.cit.*

[2] CE, 4 juillet 2012, *Communauté d'agglomération Chartres Métropole, ibid.*. Il conviendrait en outre préciser que le point de départ à prendre compte pour le calcul de la durée d'amortissement est, en principe, la date d'achèvement et de mise en service. V. sur ce point, CE, 8 février 2010, *Commune de Chartes*, req. n° 323158.

sécurité juridique de ces conventions »[1]. Dans le même ordre d'idée, à propos de la détermination de la durée normale d'amortissement, le Professeur Cossalter propose une classification des modalités de détermination de la durée : la *durée fixe,* convenant à un contrat ouverte à la concurrence, la *durée adapté,* au sens de la durée normale d'amortissement[2] et la *durée endogène*, construction des économistes transcrite aux filiales du droit des contrats de la commande publique pour décrire une durée variable mais plafonnée[3] en fonction des résultats financiers[4]. Cette casuistique démontre la nécessité, non seulement de fixer la durée du contrat de concession, mais également

[1] Vila J.-B., *Recherches sur la notion d'amortissement en matière des contrats administratifs, op.cit.,* p. 217 et s, n° 545 et s. Cette proposition s'enregistre à la proposition de l'auteur, selon lequel la rationalisation de la rémunération est faisable en fonction de la stipulation du taux de retour sur investissements.

[2] On pourrait définir la durée normale d'amortissement à la lumière de la jurisprudence française de manière suivante : « la durée normale d'amortissement des installations susceptible d'être retenue par une collectivité délégante, peut-être la durée normalement attendue pour que le délégataire puisse couvrir ses charges d'exploitation et d'investissement, compte tenu des contraintes d'exploitation liées à la nature du service et des exigences du délégant, ainsi que de la prévision des tarifs payés par les usagers, que cette durée coïncide ou non avec la durée de l'amortissement comptable des investissements » -CE, 11 août 2009, *Société Maison Comba, op.cit.* De plus, la jurisprudence a précisé qu'elle commence de la date d'achèvement des travaux et de mise en service de l'ouvrage dans l'arrêt CE, 8 février 2010, *Commune des Chartres Métropole, op.cit.* V. aussi, Dyens S., « La durée des délégations de service public, entre substantialité et malléabilité », *Revue Lamy des collectivités territoriales,* 2013, p. 96 ; Nicinski S., « La délégation de service public et le temps », *AJDA,* 2013, p. 1441 ; Auby J.-B., « La durée des conventions de délégation de service public », *LPA,* 13 mars 1996, n°32, p. 12.

[3]Le Professeur Cossalter souligne une divergence sur ce point entre théorie économique et pratique juridique. Selon la première (Engel, Fischer et Galetovic), la durée endogène dépend entièrement des résultats de l'exploitation et elle se caractérise par une élasticité profonde sans limites (au moins théoriques). À l'encontre, la pratique des contrats stipulant de clauses de durée endogène adopte une conception de durée limitée ou durée plafonnée avec une clause de résiliation anticipée.

[4]Cossalter Ph., *Les délégations d'activités publiques dans l'Union européenne, op.cit.*, n° 1201-1227. Notamment à propos des contrats à durée endogène v. aussi Cossalter Ph., « Les concessions à durée endogène », *DA*, n° 5, mai 2006, ét. 9, où, en guise d'illustration, il utilise l'exemple français du viaduc de Millau et des autoroutes A 19 et 41, ainsi que l'exemple grec de la construction du pont Rio-Antirrio, reliant Patras à Igoumenitsa, stipulant des clauses de durée endogène.

de prévoir voire plafonner la possibilité de sa révision lors de l'attribution du contrat.

585. Suite à ces considérations, on peut constater que la durée du contrat et la rémunération du cocontractant de l'Administration se trouvent dans une relation d'interdépendance : d'une part, l'obligation de stipulations de la rémunération de son cocontractant affecte la fixation de la durée du contrat et, d'autre part, la durée du contrat détermine la rémunération versée à la fin du contrat. La possibilité d'indemnisation ou remboursement du coût portent directement sur le montant définitif. Bien évidemment, cette relation se rend encore plus étroite voire évidente dans le cas de contrats de type concessif, où les deux paramètres sont définis mutuellement. Certes, compte tenu du caractère relativement aléatoire de la rémunération de ces contrats, la forte adaptabilité de la durée du contrat se substitue à d'autres garanties au profit du cocontractant de l'Administration [1].

586. Or, les coûts à rembourser en vertu d'un prix ou à amortir en vertu des redevances perçues auprès les usagers d'un service, peuvent recouvrer également des coûts qui sont indirectement liés à l'objet du contrat.

§2 – L'ÉVALUATION DES COÛTS INDIRECTS

587. Les objectifs poursuivis par des contrats de la commande publique en vue de la satisfaction de l'intérêt général ne se bornent pas toujours à la seule bonne gestion des deniers publics et la prestation du service faisant son objet. À titre subsidiaire, peuvent être poursuivis d'autres objectifs, relatifs notamment au développement durable[2]. Suite aux directives européennes du 26 février 2014, le pouvoir

[1]En ce sens, v. aussi Cossalter Ph., « Les concessions à durée endogène », *op.cit.*, à propos de la théorie économique de la durée endogène qui se repose sur l'acceptation de l'interdépendance entre durée du contrat et rémunération liée aux résultats de l'exploitation. Toutefois, même l'auteur regrette le fait que cette théorie s'heurtait aux dispositions européennes, car elle rend l'indication initiale de la durée d'un contrat de concession presque impossible. En revanche, selon lui une possibilité de prévision de durée plafonnée est susceptible de résoudre le problème.

[2] Communication de la Commission Europe 2020- Une stratégie pour une croissance intelligente, durable et inclusive (Bruxelles, du 3 mars 2010, [COM (2010) 2020 final] ; Communication interprétative de la Commission sur le droit communautaire applicable aux marchés publics et les possibilités d'intégrer des aspects sociaux dans lesdits marchés du 28 novembre 2001, [COM (2001) 566] final.

adjudicateur peut se fonder sur un critère unique pour le choix de l'offre, recouvrant le coût global de la prestation pour évaluer l'offre économiquement la plus avantageuse : celui du coût du cycle de vie. La consécration de l'appréciation globale du coût du contrat témoigne de la nécessité d'une prise en considération à titre supplémentaire des coûts relatifs aux considérations étrangères à la transaction économique strictement envisagée.

588. Par ce biais, si le pouvoir adjudicateur aspire à insérer dans le contrat des considérations liées à l'intérêt général, outres que celles de nature proprement économique et financière, il faut le faire lors de la définition de ses besoins. D'un point de vue économique, ce choix entraîne des conséquences économiques, puisque, à l'instar de tout caractéristique précisant la demande, il doit être évalué économiquement. Ainsi, ces considérations supplémentaires soit entraînent des coûts indirects supplémentaires, soit elles font l'objet d'un subventionnement qui doit être déduit du calcul du coût.

589. Les considérations qui doivent être économiquement évaluées lors de la définition des besoins du pouvoir adjudicateur, en dépit de leur lien indirect avec l'objet du contrat, sont à caractère sociale **(A)** ou environnemental **(B).**

A. L'évaluation des coûts liés aux considérations à caractère social

590. En même temps que le contrat de la commande publique qui est engagé à la satisfaction de l'intérêt général par la voie de la mise à la disposition du public des travaux, des fournitures et des services, il est susceptible de viser d'autres objectifs sociaux, comme la lutte contre le chômage, le travail noir ou des mineurs, la promotion de l'insertion au marché du travail des personnes handicapés.

591. Toutefois, les ordres juridiques des États membres reconnaissent l'impact de ces considérations au sein des contrats de la commande publique : le droit français et le droit grec suivent la tradition du service public ; le droit allemand établit des liens entre services au public et droits fondamentaux[1].

[1] Bauby P. et Boubal J.-C. illustrent bien la conception allemande de service public : « Dans la conception allemande, on retrouve le rôle central joué par les pouvoirs publics, qu'il s'agisse de l'État fédéral, de Länder ou des autres autorités locales qui jouent un rôle considérable dans la définition des missions de service public ou

592. La question des clauses à caractère social a nourri une vive controverse, en raison de leur complexité et la possibilité d'éventuel maniement discriminatoire voire corruptif par les pouvoirs adjudicateurs lors du choix des offres. Leur insertion incite alors à la prudence et n'est possible que sous des conditions restrictivement déterminées. Ainsi, les considérations sociales que le pouvoir adjudicateur souhaite poursuivre doivent être précisées lors de la définition de besoins du pouvoir adjudicateur **(i)**. Bien qu'il ne soit pas toujours aisé de les évaluer économiquement en aval, leur définition autant que précise contribuera à l'évaluation de leurs conséquences économiques (coûts supplémentaires ainsi que possibilité de subventionnement) sur le coût du cycle de vie **(ii)**.

i. La définition préalable

593. Les contrats de la commande publique peuvent poursuivre, à côté des objectifs liés à son objet, tel que la bonne exécution du contrat ou la bonne gestion des deniers publics, des objectifs à caractère social, comme l'intégration à la production des personnes défavorisées ou la lutte contre les inégalités[1]. Bien que l'insertion de telles clauses transforme le contrat en un levier de promotion d'intérêts sociaux[2], il s'agit d'une possibilité qui doit être mise en

---

d'intérêt général (Aufgaben des Allgemeininteresses). Deux conceptions coexistent : d'une part une vision politique fondée sur le concept d''économie sociale de marché' (SozialeMarktwirtschaft), qui justifie les interventions publiques en cas de défaillance du marché ; d'autre part, une vision juridique donnant aux autorités politiques, en particulier aux autorités communales, mission de veiller à la satisfaction des besoins fondamentaux des citoyens (Daseinsvorsorge). Mais il ne faudrait surtout pas oublier de souligner qu'en Allemagne la référence à l'obligation constitutionnelle d'assurer à tous les citoyens des conditions de vie équivalentes sur l'ensemble du territoire (qui est en principe au cœur du 'pacte social') détermine très fortement les conceptions des services publics par les Länder ». Bauby P. et Boubal J.-C., « La prise en compte de la notion de service public dans la construction européenne » in Warin Ph., *Quelle modernisation des services publics ?* La Découverte, 1997, p. 309-332. V. aussi *supra*, n°500.

[1] Pour une présentation des aspects sociaux qui peuvent être pris en considération en matière des contrats de la commande publique v. OECP, *Guide sur les aspects sociaux de la commande publique*, 2022, mise à jour 2023.

[2] En ce sens v. l'observation de C. Bergeal, selon laquelle « … avec plus de 100.000 marchés signés pour de 68 milliards d'euros HT, les pouvoirs publics ont toujours vu dans la commande publique un outil économique qui a pu être mis au service

œuvre de manière prudente et qui doit garder son caractère subsidiaire – matériellement et économiquement – par rapport à l'objet du contrat.

594. Leur intégration textuelle se réalise au fil de la jurisprudence de la Cour de Justice. Depuis les arrêts *Beentjes*[1] et *Commission c/ France*[2], l'insertion des clauses relatives à la lutte contre le chômage n'est pas de nature discriminatoire, sous condition qu'elle soit prévue dans l'avis d'appel au public. En revanche, dans le cas où une telle clause relative aux conditions d'exécution du contrat n'est pas mentionnée en tant que critère d'attribution dans l'avis d'appel au public, elle est de nature discriminatoire[3]. Au fil de cette jurisprudence, la directive 2004/18 relative aux marchés publics[4] a consacré l'insertion des clauses particulières d'exécution visant aux considérations sociales, sous réserve du respect des principes fondamentaux, notamment celui de non-discrimination. Par cette voie, la précision des aspects sociaux lors de la définition des besoins du pouvoir adjudicateur est indispensable.

595. Par conséquent, la question était de savoir si l'insertion des clauses sociales pourrait déterminer le choix de l'offre économiquement la plus avantageuse. Au niveau du droit national, le législateur français a adopté la loi dite *Borloo,* modifiant l'article 53 de l'ancien Code des marchés publics consacré aux critères d'attribution, précisant le critère relatif aux « performances en matière d'insertion professionnelle des publics en difficulté »[5] ou tenant au

---

d'une politique conjoncturelle contra-cyclique (le plan de relance de 2008) ou de politiques structurelles, tels le soutien aux petites et moyennes entreprises, la protection de l'environnement, l'aide à l'économie solidaire, l'insertion sociale des plus démunis », Bergeal C., « Les clauses sociales dans le code des marchés publics », *CP- ACCP*, n° 122, juin 2012, p. 36-39.

[1] CJCE, 20 septembre 1988, *Beentjes,* aff. C-31/87, ECLI:EU:C:1988:422, notamment point n° 29.

[2] CJCE, 26 septembre 2000, *Commission c/ France,* aff. C-225/98, ECLI:EU:C:2000:494 ; *CMP* 2000, comm. 37 et 38, note Llorens F. ; *AJDA,* 2000, p. 1055, note Lambert C. ; *RDI,* 2001, p. 61 obs. Llorens F. et Solène- Couteaux P.

[3] *Ibid.* points n° 48 et 53.

[4] Article 26 de la directive n° 2004/18 relative aux marchés publics des travaux, fournitures et services.

[5] Loi n° 2005-32 du 18 janvier 2005 de programmation pour la cohésion sociale, *JORF* n°15 du 19 janvier 2005, p. 864 texte n° 1 (article 58) - article 53-II de l'ancien Code des marchés publics français (*JO* du 19 janvier 2005) ; v. Linditch F., « Au secours, le critère social revient ! », *JCP A*, n° 8, 2005, note 1085, ainsi que

nombre d'emplois créés par l'activité faisant l'objet du contrat[1]. Au fil de cette tradition, le critère social est apprécié au sein de l'estimation de l'offre économiquement la plus avantageuse, son apport restant limité en raison de sa faible pondération par rapport aux autres critères.

596. Or, l'insertion des aspects sociaux se heurte en général au scepticisme. L'élargissement des considérations pour guider les pouvoirs adjudicateurs peut conduire aux effets discriminatoires ainsi qu'aux coûts supplémentaires, qui ne sont pas liés à l'objet du contrat[2]. En ce sens, la jurisprudence du Conseil d'État français a adopté une attitude rigide par rapport à la position européenne, réservant cette possibilité aux seuls marchés dont l'objet était de nature sociale[3]. Cependant, dans l'arrêt du 25 mars 2013 *Département de l'Isère*, il a précisé que « dans le cadre d'une procédure d'attribution d'un marché qui, eu égard à son objet, est susceptible d'être exécuté, au moins en partie, par des personnels engagés dans une démarche d'insertion, le pouvoir adjudicateur peut légalement

---

Pongérard- Payet H., « Le critère social exprès d'attribution : un cadeau en trompe-l'œil fait aux élus », *AJDA*, 2006, p. 635.

[1] CE, 26 février 2020, *Commune Saint-Julien-en-Genevois*, req. n° 436428 ; *BJCP*, 2020, n° 130, p. 186, concl. Pelissier G. ; *CMP*, 2020, comm. 158, note Eckert G. ; *JCP A*, 2020, p. 2115, obs. Hul S.

[2] En ce sens, v. à propos du droit grec, Rapport de l'Autorité administrative indépendante des marchés publics *(ΕΑΑΔΗΣΥ)* n° 11/2015.

[3] CE 25 juillet 2001, *Commune de Gravelines,* req. n° 229666, *AJDA*, 2002 p. 46 concl Pivetau D. ; CAA Douai, 29 novembre 2011, *Région Nord-Pas-de-Calais,* req. n° 10DA01501 ; CE, 10 mai 1996, *Fédération nationale des travaux publics et Fédératon nationale du bâtiment*, *Rec.*164 : *AJDA*, 1997 p. 196 note Maljean-Dubois S ; *RFDA*, 1997, p. 76, concl. Frattacci ; D. 1997, p. 110 note Terneyre Ph. ; *RDI,* 1996, p. 369, chr. Llorens F. et Terneyre P. ; *CP- ACCP*, n° 5 novembre 2001, p. 30, note Richer L. ; *BJCP*, n° 19, 2001, p. 490 ; *DA*, 2001 comm. n°212 ; *RDI* 2002, p. 62, obs. Degoffe ; *RTC*, 2002, p. 284, obs. Orsoni), à propos de la position sceptique de la jurisprudence du Conseil d'État français avant l'adoption des directives européennes, en faveur de l'illégalité du critère social d'attribution et son incohérence avec le principe de neutralité du service public « qui s'oppose à ce que l'achat ne poursuive d'autre but que celui de satisfaire, aux meilleures conditions, les besoins de l'attributaire ». Gély M.- L., « L'article 53 du CMP et le critère social d'attribution des marchés publics », *CP- ACCP*, n° 122, 2012, p. 40-42 (p. 40). Metzger Ol., « Clauses d'insertion sociale : les questions à se poser lors de la passation des marchés publics *», CP- ACCP*, n° 122, juin 2012, p. 47-49 (not. p. 48). V. aussi Loi n° 2021-1109 du 24 août 2021, confortant le respect des principes de la République, *JORF* n°0197 du 25 août 2021, texte n° 1.

prévoir d'apprécier les offres au regard de l'insertion professionnelle des publics en difficulté dès lors que ce critère n'est pas discriminatoire et lui permet d'apprécier objectivement les offres » [1], du seul fait que le contrat était susceptible d'être exécuté par des personnels engagés dans une démarche d'exécution.

597. Désormais, à l'échelon européen, la prise en compte des aspects ayant un lien avec l'objet du contrat est prévue tant par la directive n°2014/24 à propos des marchés publics[2] ainsi que par la directive n°2014/23 à propos des contrats de concession[3], transposées dans les droits internes français[4], grec[5] et allemand[6]. Empruntant une logique identique, les directives prévoient également des marchés[7] et

---

[1] CE, 25 mars 2013, *Département de l'Isère*, req. n° 364590, *Rec.* 55 ; *AJDA,* 2013, p. 655 ; *ibid.* p. 1398, note Martin J ; *RDI* 2013, p. 365, obs. Braconnier St. ; *AJCT,* 2013, p. 294, obs. Hul S.

[2] Article 67, paragraphe 2, de la directive n° 2014/24, *op.cit.*

[3]Article 41, paragraphe 2, de la directive 2014/23, *op.cit.*

[4] Articles L.2112-2 et L3114-2 CCP. V. en ce sens, Dieu F., « Les considérations sociales et environnementales dans la nouvelle directive Marchés du 26 février 2014 », *BJCP*, 2014, n° 96 (dossier spécial), p.326-334 ; Idoux P., « Les considérations sociales et environnementales », *RFDA,* 2016, p. 260 ; Rapp L., « Contrats publics et politiques économiques, la porte étroite : relance et encouragements sectoriels », *RFDA,* 2014, p. 623 ; Boulois N., « Le contrat public au service des politiques de développement durable : limites et perspectives », *RFDA,* 2014, p. 617.

[5] Article 86 de la loi n°4412/2016 à propos des marchés publics (v. notamment les critères indicatifs du paragraphe 3 et article 45, a paragraphe linéa 2, de la loi n° 4413/2016 à propos des contrats de concession. V. en ce sens, Raikos D., *Droit des contrats publics (Δίκαιο Δημοσίων Συμβάσεων), op. cit.* p. 541-543.

[6] V. § 121, alinéa 2, GWB ; §58, alinéa 2, du règlement VgV à propos des marchés publics ; article 52 alinéa 2 du règlement SektVO à propos des secteurs spéciaux, §43 du règlement UVgO à propos des contrats sous les seuils européens et §31, alinéa 1 du règlement KonzVgV à propos des contrats de concession. V. en ce sens, Ziekow/Völlink, *Commentaire GWB (GWB Kommentar)*, op.cit., § 127 n° 36-37 et Hattenhauer D.- Butzert C., « L'établissement des aspects écologiques, sociaux, innovateurs et qualitatives lors de la procédure de passation » (« Die Etablierung ökologischer, sozialer, innovativer und qualitativer Aspekte im Vergabeverfahren »), *ZfBR* 2017, p. 129. V : aussi Wolf/Kurtz: « Reformbedarf des Vergaberechts im Bereich ESG » (« Nécessité d'une réforme du droit des marchés publics dans le domaine des critères environnementaux, sociaux et de gouvernance - ESG », *NZBau*, 2025, p. 216-220.

[7]Article 20 de la directive 2014/24, articles L.2113-12 à L.2113-16 CCP (droit français), article 20 de la loi n° 4412/2016 (droit grec), §118 GWB (droit allemand).

des concessions[1] réservés « à des ateliers protégés et à des opérateurs économiques dont l'objet principal est l'intégration sociale et professionnelle de personnes handicapées ou défavorisées, ou prévoir l'exécution de ces marchés dans le contexte de programmes d'emplois protégés, à condition qu'au moins 30 % du personnel de ces ateliers, opérateurs économiques ou programmes soient des travailleurs handicapés ou défavorisés ». Cette pratique de « réservation » peut considérer soit des contrats entiers ou des lots des marchés et des concessions[2], ce qui, cependant, doit être précisé lors de l'avis d'appel au public ou à l'invitation à confirmer l'intérêt. Ces documents doivent impérativement préciser les aspects sociaux demandés par le pouvoir adjudicateur relatifs à l'objet du contrat ou à ses conditions d'exécution.

598. Ces réserves mises à part, force est de constater que les pouvoirs adjudicateurs détiennent une marge de manœuvre étendue afin de préciser les aspects sociaux à insérer dans le contrat. Les critères dessinés par les directives ou la réglementation interne ne sont pas abondants, permettant encore la prise en compte des critères autres que de nature économique et financière. Les conditions imposées par le droit européen et transposées dans les droits internes des États membres visent en réalité à restreindre leur marge d'appréciation de l'offre économiquement la plus avantageuse. Or, conformément aux directives, ce choix doit reposer sur un seul critère, celui du coût du cycle de vie. La question est alors si et dans quelle mesure ces aspects à caractère social peuvent être préalablement évalués.

ii. L'évaluation économique

599. Lors de l'appréciation de l'offre économiquement la plus avantageuse, il est admis que sont pondérés « la qualité, y compris la valeur technique, les caractéristiques esthétiques et fonctionnelles, l'accessibilité, la conception pour tous les utilisateurs, les caractéristiques sociales, environnementales et innovantes et la

[1]Article 24 de la directive 2014/23, articles L.3113-1 à L.3113-3 CCP (droit français) article 23 de la loi n° 4413/2016 (droit grec), §118 GWB (droit allemand).

[2] En guise d'illustration de cette possibilité, v. TA Bastia, 20 juillet 2022, req. n° 2200797, devenue définitif par l'arrêt CE, 25 novembre 2022, req. n° 466415 à propos de l'insertion d'un critère de « responsabilité sociale des entreprises » en matière d'un contrat de concession.

commercialisation et ses conditions »[1]. En revanche, le même article précise qu', afin d'évaluer le meilleur rapport qualité/ prix requis, seul le critère du coût du cycle de vie doit être pris en compte. Par cette voie, bien qu'il soit admis que des critères outres qu'économiques peuvent être prises en compte pour l'attribution du contrat, la renvoie au critère du coût du cycle de vie au sens de l'article 68 de la directive européenne n°2014/24, impose à tous les moins une évaluation économique de ses considérations supplémentaires.

600. À cet égard, il y a des cas où des considérations à caractère social sont aisément calculables. Tel est le cas, par exemple, des clauses relatives à l'obligation des clauses assurant une rémunération au niveau du salaire minimal au profit du personnel qui sera occupé à l'exécution du contrat. En effet, la Cour de Justice, selon laquelle les dispositions de la directive générale n°2004/18 ne s'oppose pas à une disposition nationale telle que l'article 3 du LTTG[2] en droit allemand, « en ce qu'elle prévoit l'obligation pour tout soumissionnaire et sous-traitant de s'engager à l'égard du pouvoir adjudicateur à verser au personnel ayant vocation à exécuter le marché public concerné un salaire minimal déterminé par la loi, doit être qualifiée de " condition particulière concernant l'exécution du marché" visant des " considérations sociales ", au sens de l'article 26 de cette directive »[3]. La compatibilité d'une telle clause permet l'évaluation économique des coûts relatifs aux salaires.

601. En ce sens, l'exigence d'un label indique le respect des critères objectifs de nature social mais cela n'est pas sans de

[1] Article 67, paragraphe 2, de la directive n° 2014/24.

[2]LTTG : *Landesgesetzzur Gewährleistung von Tariftreue und Mindestentgelt bei öffentlichen Auftragsvergaben*) du 1er décembre 2010 constitue la loi du Land de Rhénanie-Palatinat relative à la garantie du respect des conventions collectives et du salaire minimal dans l'attribution des marchés publics, du 1er décembre 2010 (v. aussi article 1). En ce sens, v. à propos du droit grec, le paragraphe 10a dans l'article 53 de la loi n° 4412/2016, prévoyant une révision des prix en matière des marchés publics de services de nettoyage et de sécurité en cas d'augmentation des salaires. V. aussi C. comptes grecque, (Ass.) 110/2023 et C. comptes grecque, arrêt n° 452/2023 ; Mavrommati A., *La jurisprudence de la Cour des Comptes en matière du contrôle de la procédure de passation des contrats de la commande publique* (*Η Νομολογία του Ελεγκτικού Συνεδρίου για τον Προσυμβατικό Έλεγχο των Δημοσίων Συμβάσεων),* Nomiki Vivliothiki, Athènes, 2024, p. 302-305.

[3] CJUE, 17 novembre 2015*, RegioPost GmbH & Co. KG c/ Stadt Landau in der Pfalz*, aff. C-115/14, ECLI:EU:C:2015:760, points n° 53-77.

conséquences économiques. La question du lien entre label et objet du contrat était abordée par la Cour de Justice en vertu de l'arrêt *Commission c/ Pays-Bas* de 2012[1] à propos du label de commerce équitable, indiquant le respect de quatre critères objectifs « un prix minimum qui couvre les coûts de production, une majoration par rapport au prix du marché mondial, un préfinancement et l'existence de relations commerciales de longue durée entre l'importateur et les producteurs »[2]. Ainsi, avant les précisions de directives, la Cour a écarté la possibilité d'un tel label échappant à la définition des spécifications techniques lorsqu'il « s'attache exclusivement aux caractéristiques des produits eux-mêmes, de leur fabrication, de leur emballage ou de leur utilisation, et non aux conditions dans lesquelles le fournisseur les a acquis du producteur »[3]. On pourrait, cependant déduire du considérant 75 de la directive n°2014/24 relative aux marchés précise que, désormais, les pouvoirs adjudicateurs peuvent faire référence à un tel label.

602. De même, il existe également la possibilité des coûts supplémentaires susceptibles de peser sur le cocontractant potentiel, résultant de l'insertion des aspects à caractère social. Cependant, afin que ces objectifs soient poursuivis par lui sans être en contradiction avec ses aspirations lucratives lui imposant une réduction des coûts, il arrive souvent que ces clauses sont rémunérées. Plus précisément, ces clauses indiquent l'octroi d'une subvention, d'une prime ou, en général, d'une incitation[4]. Ainsi, le cocontractant de l'Administration peut être économiquement subordonné pour la production des biens, la construction des travaux ou la prestation des services, et par conséquent, le coût pesant sur lui sera considérablement diminué. En outre, comme prévoient les clauses relatives au calcul de la valeur du

---

[1] CJUE, 10 mai 2012, *Commission c/ Pays-Bas*, aff. C-368/10, ECLI:EU:C:2012:284 ; *AJDA* 2012, p. 982 ; *RFDA* 2012, p. 961, chron. Mayeur-Carpentier C- Clément-Wilz L.- Martucci F.; *RTD eur.* 2013, p. 357, obs. Lawrence Durviaux A.; *ibid.* p. 410, obs. Thieffry. P.; *Rev.UE* 2013, p. 350, chron. Rodrigues S.- Bernard-Glanz C. - Levi L. V. aussi Concl. Kokott J. sous CJUE, 10 mai 2012, *Commission c/ Pays-Bas*, *op.cit.*, présentées le 15 décembre 2011, ECLI:EU:C:2011:840.

[2] *Ibid.* p. 27.

[3] *Ibid.* p. 74.

[4] À propos de cette catégorie des clauses sous l'appellation « clauses incitatives », v. *infra*, n°1604-1607, 1623, 1627, 1633, 1642-1644, 1650-1658, 1662, 1668, 1674, 1679-1686, 1690.

marché « si le pouvoir adjudicateur prévoit des primes ou des paiements au profit des candidats ou soumissionnaires, il en tient compte pour calculer la valeur estimée du marché »[1]. Dans ce cas alors, l'évaluation économique des considérations sociales consiste en la prise en compte de l'avantage économique accordé et pas au calcul des coûts supplémentaires. Sous l'emprise de cette contrainte tombe également le cas d'existence d'un régime préférentiel accordé à une zone géographique, qui doit être précisé préalablement, même si elle vise à reconstituer la discrimination négative en dépit d'un intérêt régional[2].

603. D'une manière identique, en matière de contrats de concession, le calcul de la valeur du contrat doit prendre en considération « les paiements effectués par le pouvoir adjudicateur, l'entité adjudicatrice ou toute autre autorité publique ou tout avantage financier sous quelque forme que ce soit octroyé par l'un de ceux-ci au concessionnaire, y compris la compensation due pour respect d'une obligation de service public et les subventions publiques d'investissement » ainsi que « la valeur des subventions ou de tout autre avantage financier, sous quelque forme que ce soit, octroyés par des tiers pour l'exploitation de la concession »[3]. La question est particulièrement importante du fait que cocontractant de l'Administration qui gère un service d'intérêt économique général est tenu de respecter les principes qui le régissent[4]. Dans le cas échéant, il est chargé des obligations de la commande publique qui ne sont pas moins des obligations de service public : « par obligation de service public, elle (l'entreprise gestionnaire de service public) se devra adopter une discipline tarifaire d'intérêt général en vendant au coût marginal » au lieu d'abuser de sa clientèle, captive, pour gagner le maximum d'argent. Ainsi, on peut définir une « obligation de service

---

[1] Article 5, paragraphe 1, de la directive n° 2014/24.

[2] CJCE, 20 mars 1990, *Du Pont de Nemours Italiana SpA c/ Unita Sanitaria Locale*, aff. C-21/88, ECLI:EU:C:1990:121, à propos d'une aide publique octroyée à l'échelle régionale contrairement à l'article 87 TFUE. En ce sens v. aussi Arrowsmith S., « Application of the EC Treaty and directives to horizontal policies: a critical view », in Arrowsmith S.-Kunzlik P., *Social and Environmental Policies in EU Procurement Law*, Cambridge University Press, 2009, p. 147-248 (not. p.151-152).

[3] Article 8, paragraphe 3, n° c) et d) de la directive n° 2014/23.

[4] TPICE, 15 juin 2005, *Fred Olsen*, aff. T-17/02, *Rec.* 2005 II, p. 2031 ; CJCE, 10 mai 2005, *Italie c/ Commission*, aff.C-400/99, ECLI:EU:C:2005:275.

public » de la manière suivante : « renoncer à la poursuite du bénéfice maximum pour pratiquer une tarification d'intérêt général »[1]. À l'échelle européenne, ce concept social voire anthropocentrique est transposé au sein du *service universel*, qui engendre l'ensemble des principes garantissant au citoyen européen « un accès égal à un service de qualité, universel, continu, adaptable et transparent »[2]. Il peut être admis que les principes lesquels il incorpore imprègnent l'ensemble des services d'intérêt général, lorsqu'il constitue « la contrepartie nécessaire du fonctionnement concurrentiel du marché »[3]. Par cette voie, les principes classiques du service public ont survécu à l'échelle européenne et grâce à lui de manière quasi uniforme aux droits des États membres : l'égalité d'accès, la continuité, la mutabilité.

604. Cependant, une telle possibilité n'est pas cohérente avec les intérêts du cocontractant de l'Administration. Deux solutions sont alors possibles, soit l'octroi d'une subvention, soit la fixation d'un tarif permettant à tous les moins l'amortissement des coûts. Dans ce cas, l'évaluation économique des considérations à caractère social concerne soit la prise en compte d'une subvention, prix, prime ou autre avantage économique accordé, soit la prise en compte pour la politique tarifaire du service public, visant à protéger l'accès des usagers défavorisés au service concédé.

---

[1]À propos de la définition de l'obligation de service public, v. Boiteux M : « (...) par obligation de service public, elle (l'entreprise gestionnaire de service public) se devra adopter une discipline tarifaire d'intérêt général en « vendant au coût marginal » au lieu d'abuser de sa clientèle, captive, pour gagner le maximum d'argent. C'est par ce biais que j'ai rencontré pour la première fois en 1949, une 'obligation de service public » : renoncer à la poursuite du bénéfice maximum pour pratiquer une tarification d'intérêt général, mentionné par Ziani S., *Du service public à l'obligation de service public*, *op.cit.*

[2] À propos de la définition du service universel et son rapport avec le service public d'origine française v. COM (2003) 0270, 21.3.2003, *Livre Vert sur les services d'intérêt général ;* dir. 2002/22/CE du Parlement européen et du Conseil du 7 mars 2002, dite « service universel », *JOCE* 24 avril 2002 ; Guglielmi G.- Koubi G., *Droit du service public*, 3e éd., Montchrestien, Paris, 2011, §296 et s.

[3]Kaloudas Ch., « La conception française du service public à l'épreuve du droit de l'Union européenne », *op.cit.* En ce sens v. aussi la jurisprudence CJCE, 19 mai 1993, *Corbeau,* aff. C-320/91, ECLI:EU:C:1993:198 et CJCE, 27 avril 1994, *Commune d'Almelo,* aff. C-393/92, ECLI:EU:C:1994:171, affirmant la fragilité des limites entre service universel et service d'intérêt général, lorsque certaines prestations du premier peuvent être ouvertes à la concurrence.

605. À ce titre, l'exemple des transports urbains illustre bien le cas. Outre que ces services sont, à leur majorité, déficitaires, les aspirations lucratives du gestionnaire potentiel se heurtent également sur le principe d'égalité d'accès des usagers au service public[1]. Il peut être mentionné l'exemple français de la tarification du TGV Nord. L'établissement des discriminations tarifaires par la rupture de l'unicité du tarif de base pour l'ensemble des lignes TGV visait à l'amélioration de la rentabilité du service, quand une modulation temporelle des tarifs du TGV Nord en 1993 selon l'avis du Conseil d'État français a eu un *double objectif* : « par l'augmentation des tarifs appliqués sur les trains les plus fréquentés, elle permet d'écrêter les pointes de trafic et de limiter ainsi les frais d'exploitation ; par la réduction des tarifs appliqués sur les trains les moins fréquentés, elle permet de faciliter l'accès du TGV à des catégories plus larges de population »[2]. L'hypothèse considère alors le partage des risques entre les cocontractants[3], et notamment le choix de l'autorité délégante à financer ou pas un service d'intérêt économique général.

---

[1]V. article 2§1 du Règlement n° 1370/2007 du Parlement et du Conseil d 23 octobre 2007 relatif aux services publics de transport de voyageurs par chemin de fer et par route, *JOUE*, L. n° 315/1du 3/12/200, selon lequel « L'exigence définie ou déterminée par une autorité compétente en vue de garantir des services d'intérêt général de transports de voyageurs qu'un opérateur, s'il considérait son propre intérêt commercial, n'assumerait pas dans la même mesure ou dans les mêmes conditions sans contrepartie ». À l'échelle européenne, on retrouve l'expression « obligation de service public » pour la première fois dans le règlement « transports » de 1969, avec la définition suivante : « Par obligations de service public, il faut entendre les obligations que, si elle considérait son propre intérêt commercial, l'entreprise de transport n'assumerait pas ou n'assumerait pas dans la même mesure ni dans les mêmes conditions » (article 2§1 du Règlement n° 1191/1969 du Conseil du 26 juin 1969, relatif à l'action des États membres en matière d'obligations inhérentes à la notion de service public dans les transports par chemin de fer, par route et par voie navigable, *JOUE* du 28/06/1969, n° L 156,p. 1-7)..

[2]CE Ass., Avis n° 353.605 du 24 juin 1993, « Tarification du TGV et égalité devant le service public », *Les grands avis du Conseil d'État*, Dalloz, 2008, n° 22, p. 245-255, v. aussi la mission de la SNCF décrite dans l'article 13 de son cahier des charges ainsi que l'article 14 à propos de sa politique tarifaire (Décret n°83-817 du 13 septembre 1983, *JORF* du 14 septembre 1983, p. 2789).

[3]Djean J.-P., « Partage des responsabilités et de risques entre les partenaires » in Martinand Cl. et al., *L'expérience française de financement privé des équipements publics,* Economica, Paris, 1993, pp. 51-61 (not. p. 53).

606. Hormis ces cas où les aspects sociaux entraînent des conséquences évidemment économiques et, par conséquent, aisément calculables, l'évaluation – et notamment la pré-évaluation de ces aspects – est complexe voire impraticable. Afin d'éviter des conséquences discriminatoires voire corruptives, le pouvoir adjudicateur doit préciser la pondération du critère social, par rapport aux critères ou indicateurs objectifs. En ce sens, il est même admis la possibilité de précision d'un pourcentage de pondération comme le précise un auteur, « [l]a pondération du critère social doit être modérée voire faible. En effet, tout en restant en lien avec l'objet du marché, il ne doit pas porter atteinte à l'égalité de traitement des candidats. Précisément, il convient de n'attribuer à la notation de la performance sociale qu'une pondération inférieure à 20%. Entre 15% et 20%, le pourcentage est significatif et donc a intérêt d'indiquer l'importance accordée par le pouvoir adjudicateur au critère d'insertion professionnelle des publics en difficulté »[1]. Si cette possibilité n'est pas toujours faisable, « le pouvoir adjudicateur indique les critères par ordre décroissant d'importance »[2].

607. D'une manière générale, on saurait déduire que l'évaluation des considérations sociales se heurte à plusieurs entraves pratiques. Ainsi, le critère social ne reste en réalité qu'un critère assez flou voire discriminatoire lorsqu'il varie selon les politiques promotionnées par chaque État membre, ainsi qu'en raison de son appréciation à géométrie variable. Par contre, comme il sera analysé ci-après, les considérations qui animent la protection de l'environnement jouissent d'une précision en vertu des spécifications techniques qui permet plus facilement leur évaluation économique.

B. L'évaluation des coûts liés aux considérations à caractère environnemental

608. À côté des considérations sociales sont appréciées et apparemment insérées au sein des contrats de la commande publique également les considérations dites « environnementales », présentant

[1]Gély M.- L., « L'article 53 du CMP et le critère social d'attribution des marchés publics », *op.cit.*, p. 42. V. aussi Martinez V., « Les péripéties du critère social dans l'attribution des marchés publics », *in Contrats publics, Mélanges en l'honneur du Professeur Michel Guibal, op.cit.*, t. II, p. 251-267.
[2] Article 67, paragraphe 5, de la directive n° 2014/24.

un intérêt particulier. Malgré le fait que la plupart soient traitées de manière simultanée avec les premières complétant le concept du développement durable[1], les considérations à caractère environnemental sont souvent de nature plus technique et, par conséquent, plus précise. Elles sont ainsi insérées notamment en vertu des spécifications techniques des prestations faisant l'objet du contrat **(i)**. Du fait qu'elles précisent l'objet ou les conditions d'exécution du contrat, à l'instar des considérations à caractère social, elles doivent être économiquement évaluées lors de la définition des besoins du pouvoir adjudicateur et le calcul des seuils **(ii)**.

i. La définition préalable

609. La protection de l'environnement semble être une des préoccupations cardinales, imprégnant la passation et l'exécution des contrats de la commande publique et une des politiques promues par le droit de l'Union européenne[2]. Le pouvoir adjudicateur qui opte pour un contrat intégrant des préoccupations environnementales peut les prévoir en vertu de la définition de ses besoins : « la construction de

---

[1] V. Charouli An., *Les considérations sociales et environnementales dans la passation des marchés publics*, (thèse dact.) Université Paris I, Panthéon- Sorbonne ; Barbé V., « Les aspects environnementaux et sociaux des marchés publics et des contrats de partenariat », *JCP A*, n° 48 novembre 2008, 2274 ; Rouveyran Th.et Haouas Il., « Les critères environnementaux et sociaux dans les marchés publics », *Cahiers de droit de l'entreprise*, n° 5 septembre 2013, doss. 13 ; Ribot C., « La commande publique éco-responsable », in *Contrats publics- Mélanges en l'honneur du Professeur Michel Guibal*, *op.cit.*, p. 283-301.

[2]V. articles 3 et 6 TUE. V. également Communication interprétative de la Commission sur le droit communautaire applicable aux marchés publics et les possibilités d'intégrer des considérations environnementales dans lesdits marchés du 4 juillet 2001, COM (2001) 274 final ; Règlement (CE) n° 761/2001 du Parlement européen et du Conseil du 19 mars 2001 permettant la participation volontaire des organisations à un système communautaire de management environnemental et d'audit (EMAS) (*JO* L 114 du 24.4.2001, p.1 inspirant l'insertion des considérations environnementales dans les directives 2004/18 (v. notamment les cons. n° 2, 5, 29 et 44, ainsi que les article 48 relatif aux capacités techniques, 50 à propos des normes de gestion environnementale et article 53 à propos du critère écologique en vertu du critère de l'offre économiquement la plus avantageuse) et 2004/17 (v. notamment les cons. 9,12, 42, 44 et 53, ainsi que l'article 39 relatif aux obligations relatives à la fiscalité, à la protection de l'environnement, de protection du travail et aux conditions du travail). Au fil de ces préoccupations, les dernières directives, ont plus ou moins réaffirmé ces considérations.

bâtiments nouveaux, l'entretien et la réhabilitation des bâtiments existants, la gestion des immeubles non bâtis, l'achat de biens consommables, de matériels et de mobiliers plus respectueux de l'environnement, la maîtrise des dépenses d'eau, d'énergie, la collecte et le retraitement des déchets, l'évolution et la gestion des flottes de véhicules »[1]. Ces considérations à caractère environnemental peuvent concerner l'objet du contrat ou son propre fonctionnement, ainsi que les conditions d'exécution du contrat[2]. Toutefois, une marge de manœuvre assez étendue est accordée aux autorités nationales, tant à propos de la définition des politiques promues à la fois, ainsi qu'à propos des moyens et des mesures adoptées à cette fin. Les contrats de la commande publique sont, ainsi, souvent instrumentalisés.

610. En effet, les considérations environnementales revêtent une importance capitale en matière d''attribution du contrat, comme l'indique la jurisprudence de la Cour de Justice. Au sein des arrêts *Concordia Bus Finland*[3] et *EVN et Wienstrom*[4], la Cour a démontré que, bien que la possibilité d'insertion des exigences environnementales soit ouverte aux pouvoirs adjudicateurs, elle n'est pas inconditionnée. Selon cette jurisprudence primitive – avant les directives de 2004 – si le pouvoir adjudicateur souhaite insérer des aspects environnementaux dans un marché public, il doit le préciser de manière claire et objective en vertu de l'avis d'appel au public ainsi que des cahiers des charges. Il faut aussi respecter toutes contraintes

---

[1]Liste mentionnée à la décision du Comité interministériel de l'environnement français (CIEN) de 11avril 1995.

[2]Pinaud X., *L'intégration des considérations sociales et environnementales dans les marchés publics,* (mémoire dact.), Université de Limoges- CRIDEAU-CNRS/INRA, Limoges, 2001-2002, p. 37 et s.

[3] CJCE, 17 décembre. 2002, *Concordia Bus Finland*, aff. C-513/99, ECLI:EU:C:2002:495; *BJCP* n° 26 2003, p. 14-26, *CMP*, n°11 2002, p.16-18 comm. 225, note Llorens F.; *DA,* n° 11 2002, p. 15-17, comm. 174, note Ménéménis A. ; *RDUE*, n° 4 2002, p. 835-838, note Ballester R. Dans cet arrêt la Cour précise que « Le principe d'égalité de traitement ne s'oppose pas à la prise en considération de critères liés à la protection de l'environnement, tels que ceux en cause au principal, du seul fait que la propre entreprise de transports de l'entité adjudicatrice figure parmi les rares entreprises ayant la possibilité de proposer un matériel qui satisfasse auxdits critères ».

[4] CJCE, 4 décembre 2003, *EVN AG et Wienstrom GmbH c/ Republik Österreich*, aff. C-448/01, ECLI:EU:C:2003:651 ; *CMP,* 2004, comm. 28, note Delelis Ph.; *BJCP,* n° 34/2004, p. 201, note Maugüe Ch.

de publicité et de mise en concurrence qui lui incombent[1]. En outre, à l'instar des considérations sociales, cette possibilité n'est ouverte que sous condition que ces aspects soient liés à l'objet du contrat et aux conditions de son exécution.

611. Au fil de la jurisprudence de la Cour de Justice, la consécration textuelle de ce critère est effectuée par les directives du 31 mars 2004 à propos des marchés, précisant d'une manière explicite la prise en compte des considérations environnementales portant sur les conditions d'exécution du contrat[2]. Désormais, la pondération du critère écologique pour la détermination de l'offre économiquement la plus avantageuse est expressément insérée dans les dispositions relatives aux critères d'attribution du contrat, dans les directives concernant les marchés ainsi que les concessions[3]. C'est notamment après l'entrée en vigueur des directives du 26 février 2014, un « rapprochement mesuré »[4], entre les marchés publics et les contrats de concession que ce point mérite d'être souligné[5].

---

[1]CJCE, 10 avril 2003, *Commission c/ République fédérale d'Allemagne,* aff. jointes C-20/01 et C-28/01, ECLI:EU:C:2003:220. En vertu de ces arrêts, la Cour de justice, précisant les « raisons techniques » prévues dans l'article 11§3 de la directive n°92/50 a estimé qu'il n'apparaît pas exclu qu'une raison technique tenant à la protection de l'environnement puisse être prise en considération pour apprécier si le marché en question ne peut être confié qu'à un prestataire déterminé. En ce sens v. Zimmer W., « L'incidence des considérations environnementales sur le droit des marchés publics – À propos de l'arrêt CJCE, 10 avril 2003, *Commission contre République fédérale d'Allemagne,* aff. jointes C-20/01 et C-28/01, *op.cit.* ; *CMP,* n° 7 2003, chr. 16, qui précise que « L'existence d'une telle raison technique ne suffit donc pas. La procédure de gré à gré ne se justifie que si le pouvoir adjudicateur, du fait des exigences environnementales qu'il s'impose, est privé au choix de l'opérateur et se trouve contraint d'attribuer le marché à un prestataire déterminé parce qu'en réalité, les conditions d'une mise en concurrence n'existent pas ».

[2] Article 26 de la directive n°2004/18.

[3]V. article 32, paragraphe 2, de la directive 2014/24 à propos des marchés publics et articles 36 et 41 de la directive 2014/23 à propos des contrats de concession. En ce sens, v. aussi Dyens S., « Les critères d'attribution de concession : un véritable bouleversement ? », *CP- ACCP* n° 141 mars 2014, p. 54-58 et notamment p. 55-57. À propos des dispositions nationales ayant transposé la pondération du critère environnementale en vertu de l'évaluation de l'offre économiquement la plus avantageuse, v. *supra* n° 599 et s.

[4] *ibid.*

[5] En ce sens, v. cons. n° 55 et notamment cons. n° 58 de la directive 2014/23, selon lequel : « Le contrôle du respect des dispositions du droit de l'environnement, social et du travail devrait être effectué aux stades pertinents de la procédure d'attribution

612. Afin de permettre l'évaluation des aspects environnementaux en vertu du choix de l'offre économiquement la plus avantageuse, les pouvoirs adjudicateurs ont également à leur disposition la possibilité de stipuler des restrictions respectives, notamment sous la forme de spécifications techniques ou, plus directement, de conditions d'exécution, fondés sur des critères objectivement vérifiables et non discriminatoires. À cet égard, les dispositions européennes ont prévu certaines certifications fondées sur des critères objectifs, afin de faciliter tant l'insertion des aspects à caractère environnemental ainsi que lever des incertitudes lors de leur évaluation.

613. Plus précisément, une telle certification acceptable constitue la norme internationale ISO 14001, relative à des systèmes de management environnemental, et notamment la certification des *écolabels*[1] et celles relatives au système de management environnemental et d'audit (EMAS) de l'Union ou à d'autres systèmes de gestion environnementale reconnus, conformément à l'article 45 du règlement n°2009 /1221/CE[2]. Par cette voie est poursuivie une unification du système d'appréciation des spécifications techniques en vertu du marché unique européen. Nonobstant la stipulation de ces spécifications techniques, notamment dans le cadre des marchés publics, dès lors, rien ne s'oppose à leur rattachement aux contrats de type concessif, à l'aune des exigences de la directive concession, relative à l'ouverture même de ces contrats à une concurrence et une transparence plus ample. En pratique, une marge de manœuvre plus large au profit du concédant conviendrait d'être reconnue, afin d'imposer les spécifications techniques, y compris celles de la

---

de concession, lors de l'application des principes généraux régissant le choix des participants et l'attribution des contrats et lorsque les critères d'exclusion sont appliqués ».

[1] Cons. n° 75 et 88 de la directive n° 2014/24. V. aussi Communication interprétative COM (2001) 274 final (préc.), point 1.3 ; Dieu F., « Les considérations sociales et environnementales dans la nouvelle directive Marchés du 26 février 2014 », *op. cit.*

[2] Article 62, paragraphe 2, de la directive n° 2014/24 ; articles R.2311-8 à R.2311-9 CCP (droit français) article 82 de la loi n°4412/2016 (droit grec), §31, alinéa 2, du règlement VgV ainsi que le règlement VOB/C à propos des normes en matière des travaux publics (droit allemand). V. aussi Wolf/Kurtz: « Reformbedarf des Vergaberechts im Bereich ESG »(« Nécessité d'une réforme du droit des marchés publics dans le domaine des critères environnementaux, sociaux et de gouvernance - ESG », op.cit.

performance environnementale, compte tenu des particularités de ces contrats. En tout état de cause, leur précision claire lors de l'évaluation des besoins du pouvoir adjudicateur est indispensable[1].

614. À côté de ses précisions à l'échelon européen, à l'échelon national, les États membres détiennent une marge de manœuvre de préciser des considérations environnementales à insérer notamment en vertu des critères environnementaux[2]. À cet égard, la jurisprudence paraît encourager l'instrumentalisation des contrats de la commande publique visant à la protection de l'environnement. En effet, la jurisprudence française a atténué sa position rigide relative à l'insertion des considérations supplémentaires (sociales et environnementales)[3] ainsi qu'elle a accepté expressément notamment

---

[1] V. le site https://green-forum.ec.europa.eu/green-business/green-public-procurement/gpp-criteria-and-requirements_en; à propos des marchés publics dits « verts » et les possibilités d'insertion des critères à caractère environnemental dans les marchés publics.

[2] À propos des marchés publics dits « verts », v. Papathéodorou I., « Les marchés publics verts- L'obligation des états membres d'intégrer dans les plans d'action nationaux des critères verts et la jurisprudence de la Cour des comptes grecque » (« Οι πράσινες δημόσιες συμβάσεις- Η υποχρέωση των κρατών μελών για την ενσωμάτωση στα Εθνικά Σχέδια Δράσης πράσινων κριτηρίων και η νομολογία του Ελεγκτικού Συνεδρίου»), *ThPP*, 4/2025, p. 324-329 ; Zacharopoulou A. – Anastopoulou E., *Les marchés publics verts*, Nomiki Vivliothiki, Athènes, 2024, not. p. 60 et s. ; Stathaki M., « Les marchés publics comme levier de promotion des politiques environnementales », *Dialogues en vertu de l'Administration publique (Revue de l'Université Panteion),* 3/2023, p. 271-284. V. également à ce propos les dispositions du §28, alinéa 1, VgV après sa réforme suite à la Loi du 18 mai 2026, *op.cit.*.

[3] V. *supra* n° 595, à propos de la position rigide de la jurisprudence française à propos de l'insertion des considérations sociales et environnementales liées à l'objet du contrat. V., cependant à propos de l'insertion des clauses environnementales dans les contrats de concession Décret n° 2022-767 du 2 mai 2022 pris en application de la loi « Climat et Résilience » du 21 août 2021 et Loi n° 2021-1104 du 22 août 2021 portant lutte contre le dérèglement climatique et renforcement de la résilience face à ces effets, art. 35, d'après lesquels l'autorité concédante a l'obligation d'identifier en vertu des spécifications techniques et fonctionnelles prévues les caractéristiques des prestations afin de répondre des objectifs de développement durable à la fois envisagés par le contrat (articles L.3111-2 et articles R. 3111-1 et R. 3111-2. En matière des marchés publics, l'insertion de ces clauses est réalisée par référence aux normes européennes v. *supra* n°613. V. également en ce sens à propos du droit allemand les dispositions du §28, alinéa 1, VgV après sa réforme suite à la Loi du 18 mai 2026, *op.cit.*, selon lequel les études de marché avant le lancement d'une procédure de passation peuvent inclure des aspects environnementaux, notamment

suite à l'arrêt *Derichebourg* de 2013[1]. De sa part, la jurisprudence allemande épouse une logique identique[2]. En ce qui concerne le droit grec, la loi relative aux marchés publics n°4412/2016 prévoit, à titre supplémentaire, une procédure d'établissement des conditions environnementales par une décision portant aprobation des clauses environnementales du projet[3] dans les cas où le pouvoir adjudicateur ne les a pas précisés d'une manière suffisamment claire.

615. Force est de constater que le critère écologique jouisse une acceptation plus large que celle du critère social, malgré leur soumission commune aux mêmes restrictions. Cela s'explique par le fait qu'il permet une appréciation plus objective que le critère social à l'aide des normes réglementaires et des certifications. La question à aborder est, cependant, celle de leur évaluation économique.

ii. L'évaluation économique

616. L'impératif du fondement des considérations environnementales sur des critères objectifs a soulevé la question de leur mesurabilité économique. À cet égard, la Commission européenne a rapproché la question à travers la notion d' *innocuité environnementale*. D'après une communication datée de 2001, « l'innocuité environnementale d'un produit ou d'un service par exemple de par sa consommation en ressources naturelles, en "traduisant" cet objectif environnemental en un critère particulier lié au produit et économiquement mesurable, en exigeant par exemple un certain taux de consommation d'énergie: soit cette innocuité incombe directement un avantage économique au pouvoir adjudicateur, soit en tant que critère d'attribution est mesurable de manière économique afin de contribuer au calcul mathématique de l'offre économiquement

---

liés à l'économie circulaire, ainsi que §31 VgV à propos de l'insertion des aspects environnementaux.

[1]CE, 15 février 2013, *Derichebourg*, req. n° 363921, *JCP A* 2013, comm. 2326 ; *CMP* 2013, n° 4, 104, *DA* 2013, comm. 43.

[2] OLG Frankfurt S. 6.12-IIV Verg4/12, *AOK Hessen*, *NZBau*, 2012, p. 719; OLG Brandenburg 6.10.2006, VerW 6/06, *Flughafen Berlin-Schönefeld I*, *NZBau*, 2007, p. 239; BGH, 7.10.2014, EnZR86/13 (OLG Munich), *NZBau*, 2015, p. 115; OLG Düsseldorf, 4.2. 2013- VII Verg.31/12

[3] V. article 51, par. 1, de la loi n° 4412/2016. En ce sens, v. également le Rapport de l'Autorité administrative indépendante des marchés publics *(ΕΑΑΔΗΣΥ)* n° 11/2015.

la plus avantageuse »[1]. Par ce biais, la Commission a mis en lumière que seule une évaluation économique du critère permet sa pondération objective.

617. Au fil de cette position, les directives européennes du 26 février 2014 prévoient une liste indicative des coûts liés aux aspects environnementaux qui doivent être évalués économiquement, afin d'être pris en considération pour le calcul du coût du cycle de vie[2]. En effet, comme les dispositions définissant le critère du coût du cycle de vie indiquent, de tels coûts sont les coûts liés à l'utilisation, par exemple, la consommation d'énergie et d'autres ressources, les coûts de maintenance ainsi que les coûts liés à la fin de vie tels que les coûts de collecte et de recyclage[3].

618. En outre, ces dispositions imposent encore le calcul des « coûts imputés aux externalités environnementales liés au produit, au service ou à l'ouvrage pendant son cycle de vie, à condition que leur valeur monétaire puisse être déterminée et vérifiée ; ces coûts peuvent inclure le coût des émissions de gaz à effet de serre et d'autres émissions polluantes ainsi que d'autres coûts d'atténuation du changement climatique »[4]. En ce sens, l'insertion des considérations environnementales en tant que conditions d'exécution du contrat est liée à une possibilité d'« internalisation des coûts externes »[5], définis comme : « les coûts et bénéfices qui surgissent quand les activités sociales ou économiques d'un groupe de personnes ont un impact sur un autre, et quand le premier groupe n'assume pas entièrement leur impact, diminuant respectivement l'emprise des risques encourus »[6]. À ce résultat arrive une étude du département d'environnement de la Commission européenne en la matière, laquelle promeut l'évaluation

---

[1]Communication interprétative COM (2001) 274 final (préc.), point. 3.1.

[2]À propos de la définition du coût du cycle de vie, v. *infra,* n°632 et s.

[3] Union européenne, *Acheter vert ! Un manuel sur les marchés publics écologiques*, 3e éd. Office des publications de l'Union européenne, 2016.

[4] Article 67, paragraphe 1, alinéa b, de la directive n° 2014/24. V. également cons. 64 de la directive 2014/23 à propos des contrats de concession.

[5] Communication interprétative COM (2001) 274, *op. cit.,* point 3.3.

[6] Commission européenne DG environnement : *Etude sur l'évaluation économique des frais externes environnementaux de l'élimination des décharges et l'incinération des déchets. Rapport principal final ;* octobre 2000, p. 9.

économique des externalités environnementales[1]. S'agissant des externalités, cependant, force est d'admettre les incertitudes inhérentes à leur évaluation. Afin de lever autant que possible ces incertitudes et fonder les évaluations sur des critères objectifs et économiquement mesurables, l'étude propose leur fondement sur des études et des analyses du bilan coût- avantage *(cost-benefit analysis – CBA)*[2]. En outre, la décision publiquem effectuée en fonction de cette internalisation doit prendre en considération des éléments susceptibles de réduire l'efficacité de cette démarche, comme la rationalité limitée des acteurs, du fait, notamment, de l'asymétrie d'informations, l'impossibilité d'envisager toutes les contingences, ainsi que la possibilité de conflit d'intérêts entre l'Administration et l'acteur[3].

619. À côté de ces analyses s'ajoute l'utilisation des variantes visant à « trouver un équilibre entre les considérations financières d'un côté et leurs objectifs d'achats écologiques d'autre part »[4]. Les

---

[1] En guise d'illustration des méthodes d'évaluation économique des externalités environnementales V. DAJ, *Guide relatif à la prise en compte du coût global dans les marchés de maîtrise d'œuvre et de travaux*, publié en mai 2010, *op. cit.*

[2]*ibid.* Plus précisément, l'étude constate que « malgré toutes les incertitudes dans la quantification des externalités dues au traitement des déchets, cette étude a signalé que des estimations préliminaires de coûts externes et bénéfices peuvent être établies. Telles estimations ne peuvent pas être présentées comme de valeurs exactes, mais elles peuvent être utilisées comme soutien de décision et comme instrument afin d'expliquer compromis implicitement effectués dans des décisions politiques. Néanmoins, les incertitudes environnant les estimations devraient être clairement expliquées au sein des analyses coûts/ bénéfices (ACB) et elles doivent être comprises si ses analyses sont utilisées afin d'assurer de décisions » (notre traduction).

[3] Bureau D., « Économie des instruments de protection de l'environnement », *Revue française d'économie,* n° 4, XIX, 2005, p. 83-109 (not. P. 106-107) ; Grolleau G-Salhi S., « L'externalité et la transaction environnementale les deux faces de la même pièce ? », *Économie rurale,* n° 322, mai-juin 2009, (mise en ligne le 5 mai 2011).

[4] *Ibid.,* point 1.4; article. 45 de la directive n°2014/24. Á propos de l'utilisation des variantes v. article 45 (ainsi que cons. 48) de la directive n° 2014/24. V. également en ce sens, Direction des affaires juridiques du ministère de l'Économie des finances et de la souveraineté industrielle et économique, *Guide de bonnes pratiques en matière des marchés publics, op.cit.*, p. 116, ainsi que v. CE, 5 janvier 2011, *Sté technologie alpine sécurité et commune de Bonneval-sur-Arc*, req. n° 343206 et 343214, selon lequel constituent « des modifications, à l'initiative des candidats, de spécifications prévues dans la solution de base décrite dans les documents de la consultation ». V. aussi CE, 14 octobre 2019, *Société Les téléskis de la Croix Fry,*

ambiguïtés inhérentes à leur nature fluctuante imposent une utilisation avec prudence particulière des alternatives à l'aune de la meilleure performance environnementale, tout en respectant les principes de la transparence et de la libre concurrence.

620. Or, l'évaluation économique préalable des coûts ne signifie pas seulement leur prise en compte, mais également la possibilité des bénéfices. Ainsi, l'évaluation économique doit prendre en considération l'existence des programmes des aides et des subventions à l'investissement promouvant des options plus écologiques[1]. Dans ce cas, les sommes correspondantes à ces bénéfices économiques doivent être déduites du coût du contrat.

621. Il s'ensuit alors que l'évaluation économique des besoins du pouvoir adjudicateur, indispensable avant le lancement de toute procédure de passation d'un contrat de la commande publique, implique l'évaluation autant que possible des considérations liées à l'objet du contrat. En effet, les considérations à caractère social et environnemental se matérialisent à travers des spécifications techniques ou des contraintes relatives à l'exécution du contrat qui, soit entraînent des coûts indirects supplémentaires, soit justifient des avantages économiques et des subventions. Quelle que soit leur portée, ces aspects supplémentaires doivent être pris en compte lors du calcul des seuils.

Conclusion Section I

622. Afin que l'Administration contractante puisse évaluer les offres à présenter, elle définit ses besoins et les évalue économiquement avant le lancement de la procédure de passation,

---

req. n°418317 ; *CMP*, 2019, comm. 378, note Hoepffner H. ; *JCP A*, 2019, act. 667, obs. Erstein L. ; *BJCP*, 2020, p. 34, concl. Le Corre M..V. aussi, CE, 26 février 2020, *Commune Saint-Julien-en-Genevois*, op.cit.

[1] En guise d'illustration, v. Règlement [UE] n° 651/ 2014 de la Commission du 17 juin 2014, déclarant certaines catégories d'aides compatibles avec le marché intérieur en application des articles 107 et 108 du traité, *JOUE* n° L 187 du 26 juin ; *Lignes directrices concernant les aides d'État à la protection de l'environnement et à l'énergie pour la période 2014-2020* (2014/C200/ 01), *JOUE* n° C2OO du 28 juin 2014 En ce sens, v. Thieffry P., « Le nouvel encadrement des aides d'État à l'environnement (2014-2020) : règlement d'exemption par catégorie, lignes directrices et communication sur les projets importants d'intérêt européen commun », *RTD Eur*, 2015, p. 475.

pour le calcul des seuils. En même temps, la contrepartie qu'elle vise à accorder au cocontractant de l'Administration doit à tous le moins couvrir le coût global du contrat. En dépit des apparences, cette évaluation économique préalable du contrat constitue une démarche complexe, du fait que l'Administration doit prendre en considération l'ensemble des coûts et des bénéfices potentiellement accordés au cocontractant de l'Administration. Outre que les coûts directs de la prestation *per se,* elle est tenue d'apprécier des coûts indirects, liées en principe aux aspects à caractère social et environnemental, lorsqu'elle décide à concilier des différents objectifs de l'intérêt général[1] et instrumentaliser le contrat pour la promotion du développement durable. C'est justement la prise en compte de ces considérations qui implique un raisonnement en coût global du choix de l'offre retenue.

623. Admettant que la définition préalable des besoins et de leur coût ne constitue qu'une évaluation provisoire, comportant de difficultés liées notamment à la nature et les spécifications techniques des prestations demandées, ou aux aléas imprévisibles, il s'agit d'une démarche indispensable. Malgré les difficultés inhérentes à une estimation des coûts précise, le recours à une estimation fiable, reposant sur les données précises, non seulement réduit les incertitudes liées à l'attribution et contribue à une procédure transparente, mais il diminue également la possibilité de survenance des risques et aléas. Autrement dit, la provision des dépenses et des coûts la plus claire possible constitue la meilleure technique à l'amélioration de l'établissement des conditions pour la meilleure performance possible[2]. Ainsi, les fluctuations importantes

---

[1] En ce sens v. Chevallier J., « La rationalisation de la production juridique », in Chevallier J.- Morand (sous dir.), *L'État propulsif- contribution à l'étude des instruments de l'action de l'État,* coll. Manuels 2000, Droit public et institutions juridiques, Paris, 1991. À propos du principe de « conciliation » des objectifs de l'intérêt général, v. Clamour G., *Intérêt général et concurrence : essai sur la pérennité du droit public en économie de marché, op.cit.,* not. p. 714-733.

[2] *Ibid.* point 4.1 relatif à la définition des besoins comme clef de voûte de la réussite de l'exécution du marché. Selon ce circulaire l'efficacité de la définition des besoins impose les points suivants : « l'analyse des besoins fonctionnels des services sur la base, par exemple, d'états de consommation; la connaissance, aussi approfondie que possible, des marchés fournisseurs, qui peut s'appuyer, par exemple, sur la participation de l'acheteur à des salons professionnels ou sur de la documentation technique; la distinction, y compris au sein d'une même catégorie de biens ou d'équipements, entre achats standards et achats spécifiques; lorsqu'elle est possible,

dégénératives étant interdites lors de l'établissement du seuil du contrat, l'évaluation préalable conserve son rôle central à la détermination du coût global du contrat.

Section II – LE CONTRÔLE DES COÛTS LORS DE L'ATTRIBUTION DU CONTRAT

624. L'évaluation du coût du contrat par le pouvoir adjudicateur lors de la définition de ses besoins ne constitue qu'une étape préalable. La contrepartie du cocontractant de l'Administration, qui est tenue de couvrir ce coût, est déterminée lors du processus concurrentiel de la passation et se forge par le jeu entre l'offre et la demande. Certes, cette concurrence ne saurait être qu'une concurrence pour les prix.

625. Bien évidemment, les pouvoirs adjudicateurs cherchent, dans l'immense majorité de cas[1], parmi les offres économiques présentées, le meilleur rapport qualité-prix[2], permettant l'exécution du contrat, afin de l'attribuer à l'offre économiquement la plus avantageuse. C'est cette offre qui sera ensuite incorporée dans le contrat, déterminant son économie, afin d'atteindre un double objectif : l'optimisation de l'utilisation des deniers publics en combinaison avec celui de la bonne exécution du contrat aux termes de satisfaction de l'intérêt général. Pour y parvenir, le pouvoir adjudicateur doit inévitablement examiner tout d'abord, si les évaluations du coût des offres présentées permettraient effectivement l'exécution du contrat. Cette étape lui permettra ensuite détecter celle qui présente le meilleur rapport coût/

---

l'adoption d'une démarche en coût global prenant en compte, non seulement le prix à l'achat, mais aussi les coûts de fonctionnement et de maintenance associés à l'usage du bien ou de l'équipement acheté ».

[1] Dans les cas où l'objet du contrat est relativement simple, comme, par exemple, dans le cas des fournitures courantes, le pouvoir adjudicateur prévoit, en tant que critère d'attribution du contrat, celui du prix le plus bas.

[2] En ce sens, V. cons.92 de la directive n°2014/24, selon lequel : « (...) Afin de déterminer l'offre économiquement la plus avantageuse, il convient que la décision d'attribution du marché ne soit pas fondée exclusivement sur des critères autres que le coût. Les critères qualitatifs devraient dès lors être assortis d'un critère de coût qui pourrait être, au choix du pouvoir adjudicateur, soit le prix, soit une approche coût/efficacité telle que le coût du cycle de vie. Toutefois, les critères d'attribution ne devraient pas avoir d'incidence sur l'application de dispositions nationales établissant la rémunération de certains services ou imposant un prix fixe pour certaines fournitures ».

efficacité ou qualité/ prix, parmi les offres légalement formées et effectivement faisables.

626. Dès le lancement de la procédure de passation, le contrat de la commande publique n'est pas une relation proprement bilatérale, mais un « cadre institutionnel en vertu duquel se noue une relation tripolaire »[1] entre le pouvoir adjudicateur (cocontractante et puissance publique) et les candidats, concurrents évincés et futur cocontractant de l'Administration. Leur protection ainsi que la protection de l'intérêt général étroitement liée à la bonne gestion des deniers publics imposent l'existence d'un contrôle du comportement du pouvoir adjudicateur en ce qui concerne la détermination des coûts.

627. Dans ce cadre, le pouvoir adjudicateur examine les offres présentées pour rejeter ceux qui ne correspondent pas à ses besoins ou sont illégalement formés, afin de retenir l'offre économiquement la plus avantageuse **(§1)**. Son choix ainsi que ses décisions de rejeter les offres anormales sont soumis à un contrôle contentieux visant à la protection des concurrents évincés, ainsi que des derniers publics **(§2)**.

§1 – LE CONTRÔLE PAR LE POUVOIR ADJUDICATEUR

628. La procédure de passation des contrats de la commande publique vise au choix de l'offre économiquement la plus avantageuse, telle qu'elle s'ensuit par le jeu de la concurrence entre les offres économiques présentées. Comme l'imposent les contraintes relatives à la préservation du principe de la libre concurrence, ce choix doit reposer sur des critères objectifs et préalablement fixés, quelle que soit la procédure de passation retenue, ouverte ou restreinte. Ces critères sont souvent non seulement objectifs, mais également économiquement mesurables, puisqu'ils sont traduits par les coûts consécutifs, préalablement évalués. À cet égard, le pouvoir adjudicateur est tenu de comparer les offres présentées l'une à l'autre, prenant toujours en considération les coûts évalués lors de la précision

[1] Yannakopoulos C., *La protection de la libre concurrence dans l'exécution des contrats administratifs (Η προστασία του ελεύθερου ανταγωνισμού κατά την εκτέλεση των διοικητικών συμβάσεων), op. cit.*, n° 250 ; Koutoupa- Rengakou E. *Contrats publics et droit communautaire- Procédures de passation et protection contentieuse (Δημόσιες συμβάσεις και κοινοτικό δίκαιο- Διαδικασίες ανάθεσης και έννομη προστασία)*, coll. Études de droit public, t. 2, Sakkoulas, Théssalonique, 1995, p. 42 et s.

de ses besoins. Par cette voie, il vise non seulement à retenir l'offre économiquement la plus avantageuse parmi les offres présentées, mais également à examiner si ces offres couvrent effectivement le coût global du contrat et permettent sa bonne exécution. Ce contrôle revêt une importance particulière en ce qui concerne les comportements opportunistes des candidats, présentant souvent des offres attractives mais pas effectives, seulement pour faire signer le contrat.

629. Le contrôle des coûts de la part du pouvoir adjudicateur comporte ainsi deux aspects : l'un, celui du choix de l'offre économiquement la plus avantageuse, vise à l'optimisation de la gestion des deniers publics à travers la réduction du coût **(A)** ; l'autre, celui du rejet des offres anormalement basses, vise à la bonne exécution du contrat à travers du contrôle de la faisabilité des offres économiques présentées **(B)**.

A. Le contrôle en vue du choix de l'offre économiquement la plus avantageuse

630. Le coût global du contrat s'établi lors de l'attribution du contrat par le choix de l'offre économiquement la plus avantageuse. Ce terme assez flou voire vidé de portée juridique est retenu par les textes européens et adopté par les droits internes des États membres sans d'autres précisions. En vue d'améliorer l'efficacité de la commande publique, il dessine l'offre présentant le meilleur rapport qualité/ prix ou coût/ efficacité, qui doit être apprécié par rapport aux critères objectifs préalablement établis et, par souci de commodité, économiquement mesurables[1].

631. Afin de retenir alors l'offre économiquement la plus avantageuse, le pouvoir adjudicateur examine les offres présentées par

[1] Sur ce point, il conviendrait mentionner un glissement sémantique de la jurisprudence française. Ainsi, le Conseil d'État [CE, 24 mars 2022, *Société EPI et autres*, req. n° 457733, *Rec.* (tables) ; CE, 1er avril 2022, *Société Bourdarios*, req. n° 458793] et les juridictions du fond substituent l'expression « méthodes de notation » par l'expression « méthode d'évaluation », les deux expressions étant équivalentes. À ce propos, v. Lichère F., « Examen des offres en marché public » in Richer L. (sous dir.), *Encyclopédie du droit de la commande publique*, EFE, Paris, 2022. En matière de cette tendance à propos des contrats de concession, v. Lamy V., « Des signes et des lettres- À propos des méthodes d'évaluation des offres dans les concessions », *AJDA*, 2022, p. 1847.

rapport à ses besoins, telles que précisées dans les documents de mise en publicité du contrat (avis d'appel au public, invitation à confirmer l'intérêt etc..). Force est d'admettre que les pouvoirs adjudicateurs détiennent une marge de manœuvre assez étendue pour l'établissement, la pondération et la hiérarchisation des critères d'attribution[1]. Depuis de l'entrée en vigueur des directives du 26 février 2014, le contrôle et, enfin, l'établissement du coût global, s'effectuent à travers du coût du cycle de vie engendrant le meilleur rapport qualité/prix ou efficacité/prix présenté **(i)**, sans exclure la possibilité du moindre coût présenté dans les contrats relativement simples **(ii)**.

i. En vertu du critère du coût du cycle de vie

632. Une fois que les offres sont présentées par rapport à la définition des besoins de l'Administration, l'attribution d'un marché public est tenue de mettre ensemble trois sources de considérations : bien évidemment, le meilleur rapport qualité-prix, l'égalité concurrentielle, et des considérations liées au développement durable. Selon les textes européens « il convient que la décision d'attribution du marché ne soit pas fondée exclusivement sur des critères autres que le coût. Les critères qualitatifs devraient dès lors être assortis d'un critère de coût qui pourrait être, au choix du pouvoir adjudicateur, soit le prix, soit une approche coût/efficacité telle que le coût du cycle de vie »[2]. Cette proposition tend à la relativisation du critère du moindre coût, ainsi qu'à la préservation d'un niveau d'opacité qui permet l'efficacité du processus concurrentiel de passation.

633. D'un point de vue économique, le coût global du contrat s'établit lors de l'attribution du contrat au candidat retenu. Ainsi, la contrepartie accordée au titulaire doit, à tout le moins, permettre son remboursement. Afin que le pouvoir adjudicateur puisse y parvenir, elle apprécie les évaluations des coûts des offres présentées par rapport à son évaluation préalable lors de la définition de ses besoins et le calcul des seuils. Certes, le fondement des critères objectifs

---

[1] Bréchot F.-X., « À la recherche de l'offre économiquement la plus avantageuse », *AJDA,* 2019, p.1503, affirmant qu'il est effectivement très rare que le juge censure une pondération ou une hiérarchisation comme manifestement inadaptée à la détermination de l'offre économiquement la plus avantageuse.

[2] Cons. n° 92, Directive 2014/24.

délimite respectivement le champ du pouvoir de l'Administration, dont le rôle se rend à une appréciation globale mais quasi-mathématique par rapport à une sous-estimation du coût des prestations en cause. À l'évidence, de deux choses, l'une :

634. Dans le cas d'un contrat à coût fixe, il n'y pas de divergences lors de la présentation des offres. Le pouvoir adjudicateur, en cherchant le meilleur rapport qualité/prix, n'apprécie les offres que par rapport aux critères qualitatifs. Par conséquent, le coût s'identifie à celui qui est désigné en vertu des documents préalables du contrat, c'est-à-dire le coût que le pouvoir adjudicateur avait préalablement apprécié lors de l'évaluation de ses besoins.

635. En revanche, dans tous les autres cas, le coût s'établit lors du processus dynamique de passation, par rapport aux offres présentées. Pour leur appréciation, la directive européenne n°2014/24 relative aux marchés publics propose le critère unique du coût du cycle de vie. En effet, au fil de l'évolution du droit positif sur les critères d'attribution, on remarque une tendance de mettre l'accent sur le critère du coût pour la sélection de l'offre. Malgré le recul apparent du critère du prix devant celui de l'offre économiquement la plus avantageuse, le coût de la prestation demeure toujours au centre de l'évaluation des offres. Cette dernière, devenant une *notion générique* qui ne s'oppose plus au prix le plus bas selon l'article 67 de la directive n°2014/24, est évaluée sur « le rapport coût/efficacité, telle que le coût du cycle de vie, conformément à l'article 68, et peut tenir compte du meilleur rapport qualité/ prix, qui est évalué sur la base de critères comprenant des aspects qualitatifs, environnementaux et/ou sociaux liés à l'objet du marché public concerné ». Cette disposition reflète alors « une nette domination de la notion du coût »[1] tel qu'il est établi lors de l'attribution du contrat.

636. Certes, la directive n°2014/24 met l'accent sur le critère du coût du cycle de vie[2], tel que défini dans l'article 2 comme « l'ensemble des étapes successives et/ou interdépendantes, y compris la recherche et le développement à réaliser, la production, la commercialisation et ses conditions, le transport, l'utilisation et la

---

[1] Cossalter Ph., « Le coût du cycle de vie, nouveau Graal des acheteurs publics ? », *CMP,* n° 6, juin 2014, dossier 10.

[2]V. aussi la place du critère du cycle de vie comme un parmi d'autres critères déterminant l'offre économiquement la plus avantageuse dans la liste non exhaustive dans l'article 53 de l'ancienne directive n°2004/18.

maintenance, tout au long de la vie de: le produit ou l'ouvrage ou la fourniture d'un service, depuis l'acquisition des matières premières ou la production des ressources jusqu'à l'élimination, la remise en état et la fin du service ou de l'utilisation »[1]. Sur le plan comparatif, cette définition est transposée dans le droit interne français, grec et allemand[2]. Selon cette définition, le recours à l'évaluation du coût du cycle de vie permet d'intégrer dans l'évaluation du coût toutes les charges éventuelles, directes ou indirectes, qui suivent la prestation faisant l'objet du contrat en cause[3]. À cette fin contribue également la tendance d'internalisation préalable des externalités, notamment environnementales[4], afin de les prévoir et diminuer le champ du risque encouru. En ce sens, le coût du cycle de vie constitue l'indice déterminant le coût global, du fait qu'il engendre l'ensemble des coûts qui peuvent préalablement être évalués[5]. En outre, il correspond à l'exigence d'un critère objectif, puisqu'il est économiquement mesurable voire chiffré.

637. En dépit des apparences d'un critère permettant de rationaliser *a priori* l'ensemble des paramètres du contrat et impliquant une valeur économique, sa mise en œuvre rencontre des difficultés. Admettant les

---

[1]Article 2 n° 20, directive 2014/24.

[2] Article R.2152-9 CCP (droit français) ; Articles 2 n° 22, 75 paragraphe 3, 87 et 247 de la loi n° 4412/2016 (droit grec) ; §§58 et 59 VgV et §43 de l'ordonnance UVgO pour les marchés sous-seuils (droit allemand). Articles 2 n° 22, 75, alinéa 3, 87 du règlement UVgO pour les marchés sous-seuils (droit allemand).

[3]Article 68, paragraphe 1, Directive n°2014/24, selon lequel : « le coût du cycle de vie couvre, dans la mesure où ils sont pertinents, tout ou partie des coûts suivants du cycle de vie d'un produit, d'un service ou d'un ouvrage: a) les coûts supportés par le pouvoir adjudicateur ou d'autres utilisateurs, tels que: i) les coûts liés à l'acquisition, ii) les coûts liés à l'utilisation, tels que la consommation d'énergie et d'autres ressources, iii) les frais de maintenance, iv) les coûts liés à la fin de vie tels que les coûts de collecte et de recyclage. b) les coûts imputés aux externalités environnementales liés au produit, au service ou à l'ouvrage pendant son cycle de vie, à condition que leur valeur monétaire puisse être déterminée et vérifiée ; ces coûts peuvent inclure le coût des émissions de gaz à effet de serre et d'autres émissions polluantes ainsi que d'autres coûts d'atténuation du changement climatique ». V. aussi cons. n°74 de la directive n°2014/24.

[4] V. également Thieffry P., « Chronique Droit européen de l'environnement- Le verdissement de la commande publique acte II : prise en compte de l'analyse du cycle de vie et des procédés et méthodes de production », *RTD Eur*. 2015, p. 470.

[5] V. en ce sens, Vila J.-B., « Précisions sur la mise en œuvre des critères de sélection des offres en marchés publics », *AJDA*, 2017, p. 477, notamment à propos de l'intangibilité des critères de choix.

difficultés inhérentes à l'évaluation en amont des externalités à l'encontre d'une pratique contractuelle d'internalisation des aléas, force est de constater qu'« il s'agit plutôt les conditions d'exécution du contrat que l'approche complète en termes du coût du cycle de vie pourra être assurée »[1]. En outre, la directive n°2014/24 indique une liste de méthodes de calcul à son annexe XIII, qui, à moins pour l'instant, ne prévoit qu'une méthode s'adressant à la promotion des véhicules de transport routier propres et économes en énergie[2].

638. Nonobstant ces défauts, le critère du coût du cycle de vie permet la préservation de l'opacité indispensable pour l'efficacité du processus concurrentiel de passation, du fait de deux points : de la non-exhaustivité des critères à prendre en compte[3] ainsi que de la possibilité de pondération[4] des critères purement qualitatifs. Par ce biais, sont évités les contournements à la libre concurrence entraînés par les méthodes totalement transparentes des formules mathématiques[5] de calcul du prix interdites. Ainsi, les candidats se forcent à présenter des offres effectivement concurrentielles, ce qui n'exclut pas la possibilité des offres à moindre coût.

ii. En vertu du critère du prix le plus bas

639. Sous la pression de la bonne gestion des deniers publics, le pouvoir adjudicateur, gérant les deniers et la propriété publique, ne saurait que chercher à obtenir les services à moindre coût. Ainsi, en

---

[1] Cossalter Ph., « Le coût du cycle de vie, nouveau Graal des acheteurs publics ? », *op. cit.*

[2] *Ibid.* Il s'agit de la directive n° 2009/33/CE, *JOUE* n° L 120, 15 mai 2009, p. 5.

[3] Article 53, paragraphe 1 a, de la directive n°2004/18 relative aux marchés publics, selon lequel l'offre économiquement la plus avantageuse est évalué sur de « divers critères liés à l'objet du marché public en question : par exemple, la qualité, le prix, la valeur technique, le caractère esthétique et fonctionnel, les caractéristiques environnementales, le coût d'utilisation, la rentabilité, le service après-vente et l'assistance technique, la date de livraison et le délai de livraison ou d'exécution ».

[4] À titre d'exemple sur la pondération, v. V. KG, arrêt du 17 octobre 2022 – Verg 7/22, *NZBau*, 2023, p. 478.

[5] En guise d'illustration v. VK Bund, arrêt du v. 6.11.2023 – VK 1-77/23, NZBau, 2024, p. 310, selon lequel la méthode de l'offre médiainene garantit pas une concurrence effective entre les offres et qu'il existe donc un risque d'attribution arbitraire du contrat. Il est admis que l'admission d'une offre ne dépend pas des critères objectifs d'efficacité économique, mais plutôt du comportement des autres soumissionnaires, qui déposent leurs offres sans connaître ces critères.

vertu de la directive n°2004/18[1], le droit européen permettrait, le choix de l'offre économiquement la plus avantageuse et, à défaut, le choix de l'offre présentant le prix le plus bas.

640. Désormais, force est d'admettre la domination de la notion de l'offre économiquement la plus avantageuse qui impose la pondération d'un ensemble des critères afin d'obtenir le meilleur rapport qualité/prix ou efficacité/coût. En ce sens, la directive européenne relative aux marchés publics indique que « les États membres peuvent prévoir que les pouvoirs adjudicateurs ne peuvent pas uniquement utiliser le prix ou le coût comme seul critère d'attribution ou limiter cette utilisation à certaines catégories de pouvoirs adjudicateurs ou certains types de marchés »[2]. Néanmoins, rien n'interdit aux pouvoirs adjudicateurs de retenir l'offre à moindre coût, s'ils estiment qu'elle constitue la meilleure solution et le justifient de manière claire et suffisante.

641. De sa part, le pouvoir adjudicateur précise, dans les documents de marché, la pondération relative qu'il attribue à chacun des critères choisis pour déterminer l'offre économiquement la plus avantageuse, sauf lorsqu'elle est déterminée sur la seule base du prix. Ainsi, ils peuvent indiquer dans la hiérarchisation des critères que le prix le plus bas est le critère le plus important. En outre, lorsque le contrat implique des prestations dont les qualités et spécifications techniques sont fixes, le choix de l'offre ne peut que reposer sur le prix le plus bas proposé.

642. Dans tous les deux cas où le critère purement économique est déterminant, l'objectif est de présenter l'offre à moindre coût[3]. Dans l'affaire *Sintesi SpA*[4] la Cour de justice a refusé la possibilité pour les États membres de consacrer un critère unique d'attribution, implicitement primant le critère du prix le plus bas. Par conséquent, même si ce critère est retenu par le pouvoir adjudicateur, l'attribution du contrat doit être le résultat d'une concurrence effective entre les

---

[1] *Ibid* ainsi qu'alinéa b).

[2] Article 67, paragraphe 2, Directive 2014/24 relative aux marchés publics.

[3] Sur ce point, v. Sulk J., *Le prix dans la commande publique (Der Preis im Vergaberecht), op. cit.* p. 197-206.

[4] CJCE, 7 octobre 2004, *Sintesi SpA*, aff. C-247/02, ECLI:EU:C:2004:593, points n° 39-40. v. également les conclusions Stix-Hackl Chr., présentées le 1er juillet 2004.

offres économiques proposées[1]. Comme l'a précisé à cet égard la Cour de justice en vertu des arrêts *Société Fratelli Constanzo*[2] et *Impresa Lombardini*[3], l'impératif d'une concurrence efficace sur les prix a entraîné l'abandon des formules mathématiques de calcul du prix.

643. Sur le plan comparatif, les dispositions françaises et allemandes[4] n'excluent pas l'attribution du contrat fondée sur le critère du prix le plus bas, notamment dans le cas des contrats simples comme ceux concernant les fournitures courantes[5]. À l'inverse, les dispositions allemandes et grecques interdisent cette possibilité pour les partenariats d'innovation[6]. Cependant, la loi grecque n°4412/2016 adopte une position plus modérée, du fait qu'il permet de manière explicite le critère du prix le plus bas en matière de contrats de travaux.

644. À cet égard, et afin d'encadrer cette possibilité susceptible de susciter la présentation des offres anormalement basses, la loi grecque

---

[1] V. Yannakopoulos C., *L'opacité requise par la concurrence effective en droit communautaire des marchés publics (Η αδιαφάνεια που απαιτεί ο αποτελεσματικός ανταγωνισμός στο κοινοτικό δίκαιο των δημοσίων συμβάσεων),* A.N. Sakkoulas, Athènes- Komotini, 2003.

[2] CJCE, 22 juin 1989, *Société Fratelli Costanzo SPA c/ Commune de Milan*, aff. C-103/88, ECLI:EU:C:1989:256.

[3] CJCE, 27 novembre 2001, *Impresa Lombardini SpA et Mantovani.*, aff. jointes C-285/99 et C-286/99, ECLI:EU:C:2001:640 ; *CMP*, 2004, p. 14 ; Yannakopoulos C., *Marchés publics et contrats de concession- Les grands arrêts de la Cour de justice de l'Union européenne, (Δημόσιες συμβάσεις και συμβάσεις παραχώρησης- Μεγάλες αποφάσεις του Δικαστηρίου της Ευρωπαϊκής Ένωσης), op.cit.*, n°18, p.275-295. En ce sens, v. aussi CJUE, 15 septembre 2020, *Veridos GmbH*, aff. C-669/20, ECLI:EU:C:2022:684, points n° 34 et 35 ; 18 décembre 2014, *Data Medical Service*, aff. C-568/13, ECLI:EU:C:2014:2466, points n° 50 et 55 ; 29 mars 2012, *SAG ELV Slovensko*, aff. C-599/10, ECLI:EU:C:2012:191points n° 29 et 30.

[4] V. §32, alinéa 2, du règlement VgV où on retrouve l'expression « dans le cas où le prix ou le coût est le critère unique de sélection ».

[5] Article R. 2152-7 n° 1 a) et b) CCP, selon lequel « [p]our attribuer le marché public au soumissionnaire ou, le cas échéant, aux soumissionnaires qui ont présenté l'offre économiquement la plus avantageuse, l'acheteur se fonde : 1o Soit sur un critère unique qui peut être Le prix, à condition que le marché public ait pour seul objet l'achat de services ou de fournitures standardisés dont la qualité est insusceptible de variation d'un opérateur économique à l'autre ».

[6] §19, alinéa 7, du règlement VgV allemande prévoyant que les critères du prix ou du coût le plus bas interdit et article 268 alinéa 1 par. 6 de la loi grecque n° 4412/2016 précisant que le seul critère d'attribution des partenariats d'innovation est exclusivement celui de l'offre économiquement la plus avantageuse.

prévoit les systèmes de présentation des offres économiques et des rabais. Plus précisément, l'article 95 de la loi 4412/2016 distingue deux systèmes dans le cas où le pouvoir adjudicateur a précisé que le critère d'attribution sera celui du prix le plus bas. Le premier est celui de l'offre à taux de rabais individuels pour chaque catégorie de travaux et de prestations. Dans ce cas, « l'offre est considérée normale lorsque aucun taux de rabais individuel n'est ni inférieur à 1,10 Eμ-10 ni supérieur à 0,90Eμ+10% de ce taux, où (Eμ) le taux de rabais moyen proposé »[1]. Le second système est celui de l'offre à facture à compléter (« facture ouverte »)[2], notamment dans les cas où les quantités de travaux et de services sont pré-évaluées sans risque de fautes contractuelles et lorsque les parties n'attentent pas de déviations de construction, susceptibles de laisser place à des travaux supplémentaires rendus nécessaires. Le pouvoir adjudicateur fournit la facture incomplète ainsi qu'une copie de son budget indiquant son évaluation préalable du coût. Le seul montant qu'il calcule est celui de la ligne budgétaire pour imprévision. Le rabais présumé ressort de la différence entre le montant de ce budget et le montant de revient, tel qu'il s'ensuit par les prix remplis dans la facture. Par conséquent, le pouvoir adjudicateur examine la normalité des coûts indiqués dans les offres économiques présentées. Or, au-delà de ces précisions, aucun taux de rabais ou autre indication n'est indiqué pour apprécier si le rabais présenté est normal ou pas.

645. Le pouvoir adjudicateur examine ainsi *ad hoc* si les offres présentées correspondent typiquement aux spécifications techniques et aux quantités qu'il a préétablies dans les documents du contrat[3]. Les opérateurs économiques candidats, à leur part, se forcent à présenter des rabais attractifs, réduisant le coût, afin que leur offre soit retenue. Or, à ce titre, une pratique de proposition des rabais excessifs est

---

[1] Article 95, paragraphe 2 cas a) de la loi n°4412/2016 (notre traduction). L'article précise en outre qu'il y a la possibilité d'un zéro rabais individuel pour certaines catégories des travaux, si l'offre peut être considérée normale.

[2] Article 95, paragraphe 2 cas b) de la loi n°4412/2016.

[3] Articles L.2152-7 et R. 2152-7 n°1a à propos des marchés publics en général et R.2352-5 CCP à propos des marchés de défense ou de sécurité) (droit français) ; articles 98, paragraphe 1(γ), 99, paragraphe 1b (aa), à propos des marchés d'études et d'autres services techniques et 100 à propos des marchés des fournitures et des services généraux de la loi n° 4412/2016 (droit grec) ; §127 de la loi GWB et §58 du règlement VgV (droit allemand).

largement mise en œuvre par eux. En effet, les candidats visant à présenter une offre économique attractive, ils sous-évaluent les coûts du contrat, en proposant des rabais excessifs du coût global évalué eu contrat. La pratique est notamment répandue dans les champs des travaux publics. Dans ce cas, les constructeurs ne visant qu'à conclure le contrat, estiment qu'ils vont couvrir les différences sur le coût à travers des travaux et services supplémentaires indispensables pour la réalisation ou le fonctionnement du service. Cependant, du fait des restrictions liées à l'interdiction de la modification substantielle du contrat au cours de son exécution, le remboursement de ces coûts n'est pas toujours possible, ce qui, à son tour, peut mettre en cause l'exécution même du contrat. Pour cette raison, le contrôle de la justification des rabais par le pouvoir adjudicateur revêt une importance particulière. À cette démarche contribuent les indications relatives à l'évaluation et le rejet des offres anormalement basses.

B. Le contrôle en vue du rejet des offres anormalement basses

646. L'accentuation du critère du moindre coût et l'aspiration des opérateurs publics candidats à conclure le contrat a suscité une tendance de proposition des offres des rabais excessifs, considérablement différentes par rapport à l'évaluation préalable des coûts. Pour éliminer ce phénomène, susceptible d'entraîner des résultats pervers comme l'attribution du contrat sous contrepartie qui ne couvre pas les coûts et mettre, par conséquent, en cause l'exécution du contrat, le droit positif de la commande publique interdit « les offres qui paraissent anormalement basses par rapport aux travaux, fournitures ou services concernés [qui] pourraient reposer sur des hypothèses ou des pratiques techniquement, économiquement ou juridiquement contestables »[1]. À l'instar de la notion de l'offre économiquement la plus avantageuse, l'offre anormalement basse constitue un terme générique qui implique nécessairement un jugement de valeur de la part du pouvoir adjudicateur.

647. Lors de l'appréciation des offres, le pouvoir adjudicateur examine la « normalité » des offres économiques par rapport aux contraintes du droit de la commande publique. Autrement dit, il vérifie

---

[1] Cons. n° 103 de la directive n° 2014/24.

si l'évaluation des coûts engendrés dans les offres présentées correspond effectivement aux coûts des prestations faisant l'objet du contrat **(i)**. Néanmoins, le rejet des offres anormalement basses est souvent lié aux pratiques anticoncurrentielles, dont la censure échappe au pouvoir discrétionnaire du pouvoir adjudicateur **(ii)**.

i. Le contrôle fondé sur le droit de la commande publique

648. En vue d'éliminer la possibilité d'attribuer le contrat à une offre économique incapable de permettre sa bonne exécution, le droit européen interdit les offres anormalement basses. Partant de l'axiome qu'il n'est pas nécessaire, à cet égard, que le prestataire poursuive le but de réaliser un bénéfice [1], la contrepartie perçue par le cocontractant de l'Administration doit couvrir au moins les coûts relatifs à la bonne exécution du contrat. À cet égard, la directive n°2014/24 impose que « les pouvoirs adjudicateurs exigent que les opérateurs économiques expliquent le prix ou les coûts proposés dans l'offre lorsque celle-ci semble anormalement basse eu égard aux travaux, fournitures ou services »[2], précisant les points sur lesquels que ces explications doivent porter[3]. Par ce biais, les dispositions de la directive visent à permettre au pouvoir adjudicateur de vérifier si les offres économiquement attractives sont effectivement réalisables ou si elles reposent sur des comportements opportunistes des candidats. Pour y parvenir, ils comparent l'offre économique à leur évaluation

---

[1] Sur ce point, à propos des activités économiques en général v. CJCE, 18 décembre 2007, *Jundt*, aff. C-281/06, ECLI:EU:C:2007:816, point n° 33. En ce sens v. aussi CJUE, 23 février 2016, *Commission c. Hongrie,* aff. C-179/14, *op.cit.*, point n°154 ; 3 décembre 2015, *Pfotenhilfe-Ungarn,* aff. C-301/14, ECLI:EU:C:2015:793, point n°29 ; CJCE, 12 juillet 2001, *Smits et Peerbooms,* aff. C-157/99, *op.cit.,* points n° 50 et 52.

[2] Article 69, paragraphe 1, de la directive 2014/24 relative aux marchés publics.

[3] *Ibid.* paragraphe 2. Ces points sont« a) l'économie du procédé de fabrication des produits, de la prestation des services ou du procédé de construction; b) les solutions techniques adoptées ou les conditions exceptionnellement favorables dont dispose le soumissionnaire pour fournir les produits ou les services ou pour exécuter les travaux; c) l'originalité des travaux, des fournitures ou des services proposés par le soumissionnaire; d) le respect des obligations visées à l'article 18, paragraphe 2; e) le respect des obligations visées à l'article 71; f) l'obtention éventuelle d'une aide d'État par le soumissionnaire ».

préalable et, si nécessaire, demandent des justifications supplémentaires par les candidats.

649. Or, on ne peut que regretter qu'aucune méthode d'appréciation ne soit prévue au-delà des précisions sur les points à examiner. Les propositions des directives européennes en décembre 2011 ont tenté de clarifier l'obscurité de ce terme, en précisant les conditions définissant une offre anormalement basse. Plus précisément, elles prévoyaient que «lorsque l'ensemble des conditions suivantes sont remplies, les pouvoirs adjudicateurs imposent aux opérateurs économiques d'expliquer le prix ou les coûts facturés : a. le prix ou le coût facturé est inférieur de plus de 50% au prix ou coût moyen des autres offres ; b. le prix ou le coût facturé est inférieur de plus de 20% au prix ou coût de la deuxième offre la plus basse ; c. au moins cinq offres ont été soumises. 2. les pouvoirs adjudicateurs peuvent aussi exiger de telles explications lorsque les offres semblent anormalement basses pour d'autres raison »[1]. Ces critères rationnalisant la « normalité » des offres, cependant, ne sont pas adoptés par les directives du 26 février 2014[2], qui insistent à cesser une marge d'appréciation au pouvoir adjudicateur *ad hoc*[3]. Les pouvoirs adjudicateurs ainsi, peuvent eux-mêmes déterminer quels sont les éléments cruciaux afin de qualifier une offre anormalement basse.

650. Or, l'obscurité de sa définition n'est pas le seul défaut. Les pouvoirs adjudicateurs sont autorisés à rejeter une offre qu'ils jugent anormalement basse, mais ils ne sont pas tenus de le faire. Ainsi, bien qu'il s'agisse d'une vraie pathogénie de la procédure de passation, il ne s'agit que d'une simple faculté, pas d'une vraie interdiction. En

---

[1] Article 69- Proposition de Directive du Parlement européen et du Conseil sur la passation des marchés publics du 20.12.2011, COM (2011) 896 final- 2011/0438 (COD).

[2]Article 56 et s. Directive n°2014/24, à propos des critères de l'attribution du contrat, et notamment article 69 à propos de la définition des offres anormalement basses et leurs critères d'appréciation. En ce sens, v. aussi Seurot L., « L'offre anormalement basse dans le droit des marchés publics », *AJDA*, 2014, p. 204 ; Coupé C., « Offres anormalement basses et droit communautaire », *CP-ACCP*, n° 142, avril 2014, p. 27-30;

[3] CJUE, 23 décembre 2009, *Consorzio Nazionale Interuniversitario per le Scienze del Mare (CoNISMa),* aff. C-305/08, ECLI:EU:C:2009:807.

effet, ils doivent demander des justifications supplémentaires[1], voire recourir à une négociation avec les candidats qui les ont présentés avant le rejet d'une offre anormalement basse. La Cour de justice dans l'affaire *Impresa Lombardini* à propos d'une offre présentant un rabais de 75% de la valeur de base a affirmé que « l'exclusion des offres anormalement basses et l'adjudication du marché ont lieu sur la seule base d'une évaluation par l'autorité compétente des justifications fournies en même temps que les offres elles-mêmes et ne portant que sur 75 % de la valeur de base du marché, sans que cette autorité demande de plus amples précisions aux entreprises concernées et sans que celles-ci aient la faculté de fournir d'autres justifications après que leur offre a été suspectée d'anomalie » [2]. En ce sens, la Cour condamne les règles de l'exclusion automatique des offres considérées comme anormalement basses[3], mettant l'accent à l'égalité de traitement des candidats, et non à la vérification de l'effectivité de leur offre.

651. En l'absence alors d'une méthode uniforme d'appréciation à l'échelon européen, il convient d'aborder l'hypothèse à l'échelon national, à propos du droit français **(a)**, du droit grec **(b)** et du droit allemand **(c)**.

a. En droit français

652. Transposant les exigences de la directive européenne en matière d'offres anormalement basses, tant l'article 53 de l'ordonnance du 23 juillet 2015[4] ainsi que l'article 60 II de son décret

[1] CJCE, 23 avril 2009, *Commission c/Belgique*, aff. C- 292/07, ECLI:EU:C:2009:246, point n°161.

[2] CJCE, 27 novembre 2001, *Impresa Lombardini SpA et Mantovani.*, aff. jointes C-285/99 et C-286/99, ECLI:EU:C:2001:640 ; *CMP,* 2004, p. 14. En ce sens, v. aussi CJUE, 15 septembre 2020, *Veridos GmbH*, aff. C-669/20, ECLI:EU:C:2022:684, points n° 34 et 35 ; 18 décembre 2014, *Data Medical Service*, aff. C-568/13, ECLI:EU:C:2014:2466, points n° 50 et 55 ; 29 mars 2012, *SAG ELV Slovensko*, aff. C-599/10, ECLI:EU:C:2012:191, points n° 29 et 30.

[3] CJCE, 5 mai 2008, *SECAP et Santorso*, aff. jointes C-147/06 et C-148/06, *op.cit.* ; *NZBau* 2008, p. 453.

[4] Articles L.2152-5 à L.2152-6 CCP. En guise d'illustration, v. CE, 3 juillet 2025, *Société Colas Mayotte*, req. n° 501774; CAA Lyon, 16 janvier 2025, *Société Union technique*, req. n°23LY03563 ; CAA Versailles, 17 décembre 2024, *Société AB*, req. n°22VE01920.

d'application[1] se satisfassent aux lignes directrices de la directive marchés à propos de la détection des offres anormalement basses. Depuis le 1er avril 2019, les dispositions du Code de la commande publique[2] ont adopté cet esprit, permettant de ne pas sanctionner l'offre basse mais seulement l'offre anormale qui nuit à la concurrence loyale entre les candidats. Ainsi, le pouvoir adjudicateur recourt à une procédure de négociation avec lesdits candidats.

653. La doctrine française a critiqué la préservation de l'obscurité autour de la notion de l'offre anormalement basse des dispositions nationales faisant écho de la directive-marchés[3]. Pour faciliter cette appréciation, il n'existe que l'article L.420-5 du Code de commerce française précisant que « sont prohibées les offres de prix ou pratiques de prix de vente aux consommateurs abusivement bas par rapport aux coûts de production, de transformation et de commercialisation, dès lors que ces offres ou pratiques ont pour objet ou peuvent avoir pour effet d'éliminer d'un marché ou d'empêcher d'accéder à un marché une entreprise ou l'un de ses produits ».

654. Cependant, la jurisprudence française a élaboré des méthodes et techniques de leur détection. La Direction des affaires juridiques (DAJ) du Ministère de l'économie français[4] les a regroupés, puisque ces méthodes impliquent un contrôle de l'effectivité des offres économiques par l'examen des justifications portant sur les coûts et les rabais présentés. Pour le faire, il faut fixer un seuil d'écart en fonction d'un seuil moyen des offres économiques présentées[5]. Par cette voie, le pouvoir adjudicateur compare en réalité les offres

---

[1] Décret n°2016-360 du 25 mars 2016, *op.cit.*

[2] Articles L.2152-5 à L.2152-6 et R.2152-3 à R.2152-5 CCP.

[3] Seurot L., « L'offre anormalement basse dans le droit des marchés publics », *op. cit.* ; Coupé C., « Offres anormalement basses et droit communautaire », *op.cit.* ; Lanzarone E.-Frot Ol., « Le choix des offres dans le cadre de l'ordonnance du 23 juillet 2015 », *op.cit.* p. 55-56.

[4] V. fiche technique de la DAJ du 21 novembre 2016, mis à jour le 18 avril 2019, relatif à la détection des offres anormalement basses, disponible sur : https://www.economie.gouv.fr/files/files/directions_services/daj/marches_publics/conseil_acheteurs/fiches-techniques/mise-en-oeuvre-procedure/offre-anormalement-basse-2019.pdf

[5] TA Lyon, (ord.), 24 février 2010, *Société ISOBASE*, req. n° 1000573 à propos d'une offre d'un montant deux fois moins élevé que la moyenne des offres ; CE, 3 novembre 2014, *Office national des forêts*, req. n° 382413.

présentées avec sa propre évaluation du coût[1]. Elle peut également calculer un seuil, s'agissant du coût moyen des offres présentées[2], ainsi que par comparaison avec l'estimation de l'acheteur[3] ou au vu des obligations qui s'imposent aux soumissionnaires (notamment à caractère social ou environnemental)[4]. Une offre ne saurait, cependant, être rejetée comme anormalement basse du seul critère du seuil d'écart, mais sous condition de comparaison avec d'autres offres présentées et toujours prenant en considération des justifications claires et précises données par les candidats « un prix peut être jugé bas, mais s'avère cohérent compte tenu du temps de travail envisagé ou de la composition des équipes de travail dédiées »[5]. En ce sens, il permet également l'utilisation d'une formule mathématique uniquement « afin de déterminer un seuil d'anomalie, en-deçà duquel les offres sont suspectées d'être anormalement basses, permettant la mise en œuvre de la procédure contradictoire »[6], et non pour l'appréciation des offres *per se.*

655. Pour évaluer la normalité des offres, le pouvoir adjudicateur doit prendre également en considération le coût lié aux soumissionnaires. Il s'agit notamment du respect des obligations réglementaires, notamment en matière de leur rémunération. Le Conseil d'Etat a jugé que le droit, pour tout salarier, de percevoir une rémunération au moins égale au SMIC[7]. Cependant, la Haute

---

[1] V. point 1.4 de la fiche technique.

[2] 23 CE, 15 octobre 2014, *Communauté urbaine de Lille*, req. n° 378434.

[3] Cependant, parce que la comparaison correspond aux disponibilités budgétaires de l'acheteur, elle doit être prise en compte, sans pour autant constituer un référentiel unique justifiant l'élimination automatique de certaines offres. En ce sens, v. TA de Nîmes, 29 mars 2018, *Société Océan*, req. n°1800752.

[4] CE, 1er mars 2012*, Département de la Corse du Sud*, req. n° 354159.

[5] En guise d'illustration v. CE, 29 mai 2013, *Ministre de l'Intérieur c/ Société Artéis*, req. n° 366606 *Rec.* (tables), *CMP,* 2013, comm. 187, obs. Zimmer W, selon lequel « il incombe au pouvoir adjudicateur qui constate qu'une offre paraît anormalement basse de solliciter auprès de son auteur toutes précisions et justifications de nature à expliquer le prix proposé ; que si les précisions et justifications apportées ne sont pas suffisantes pour que le prix proposé ne soit pas regardé comme manifestement sous-évalué et de nature, ainsi, à compromettre la bonne exécution du marché, il appartient au pouvoir adjudicateur de rejeter l'offre », V. également CE, 15 avril 1996, *Commune de Poindimie*, req. n° 133171 ; CAA Marseille, 12 juin 2006, *SARL Stand Azur*, n° 03MA02139.

[6] Fiche technique de la DAJ du 21 novembre 2016 *op.cit.*

[7] CE, 23 avril 1982, *Ville de Toulouse*, req. n° 36851.

juridiction administrative précise que ces contraintes doivent être appréciées au cas par cas. Ainsi, elle a jugé qu'il ne constitue pas une offre anormalement basse, une offre qui n'intégrait pas la couverture intégrale du coût de la reprise des salariés, compte tenu des possibilités de redéploiement ou d'imputation partielle de ce coût[1]. Le pouvoir adjudicateur n'est pas tenu de poser des questions précises[2]. En revanche, il incombe au candidat de justifier pleinement et utilement son offre.

656. De plus, la normalité de l'offre susceptible de couvrir le coût du contrat doit être appréciée par rapport au prix global du marché. Comme le Conseil d'État français a précisé, « il résulte de ces dispositions que l'existence d'un prix paraissant anormalement bas au sein de l'offre d'un candidat, pour l'une seulement des prestations faisant l'objet du marché, n'implique pas, à elle-seule, le rejet de son offre comme anormalement basse, y compris lorsque cette prestation fait l'objet d'un mode de rémunération différent ou d'une sous-pondération spécifique au sein du critère du prix. Le prix anormalement bas d'une offre s'apprécie en effet au regard de son prix global »[3]. C'est cette différence qui donne sens à la concurrence entre les offres économiques présentes : les différentes offres économiques présentent des différents points attractifs, afin que l'offre économiquement la plus avantageuse puisse être retenue, compte tenu des besoins du pouvoir adjudicateur objectivement et préalablement définis.

b. En droit grec

657. À l'instar du droit français, les dispositions de l'article 88 de la loi grecque n°4412/2016 font en principe écho aux dispositions européennes relatives au contrôle des offres anormalement basses, ne définissant pas de manière suffisante ce terme générique.

658. Ce contrôle vise à la vérification de la crédibilité des offres présentées[4]. L'article 88 de la loi n°4412/2016 prévoit que les

---

[1] CE, 1er mars 2012, *Département de la Corse du Sud,* req. n° 354159.

[2] CE, 29 octobre 2013, *Département du Gard*, req. n° 371233, *Rec.* (tables).

[3] CE, 13 mars 2019, *Société Sepur,* req. n°425191, *Rec.* (tables), *AJDA,* 2019, p.605 et 1119.

[4] Kampitsis El., « Offres anormalement basses » (« Ασυνήθιστα χαμηλές προσφορές ») in Kouloumpini E.-E. – Mazos El. (sous dir.), *Contrats publics – Loi*

pouvoirs adjudicateurs demandent aux candidats des justifications expliquant le prix ou les coûts qu'ils proposent en vertu de leur offre économique. Ces derniers peuvent les présenter le plus tard dans un délai de forclusion de 10 jours à partir de la notification de l'invitation du pouvoir adjudicateur[1]. Les dispositions de l'article 88 sont rédigées de manière négative, au sens que le pouvoir adjudicateur ne peut rejeter une offre anormalement basse que sous condition que les justifications présentées par les candidats ne soient pas suffisantes ou parce que l'offre présentée implique un contournement des règles de la mise en concurrence[2]. Cependant, après la réforme de 2021, le paragraphe 5a de la loi n° 4412/2016 prévoit un critère objectif ultime en matière des marchés publics de travaux, d'études, de prestations de services techniques et autres prestations scientifiques connexes qui peut être pris en considération des pouvoirs adjudicateurs, selon lequel « sont considérées comme anormalement basses, dans tous les cas, les offres soumises à un appel d'offres et présentant un écart supérieur à dix (10) points par rapport à la moyenne des remises effectuées en vertu des offres admises »[3]. De plus, pour certaines catégories des marchés publics, le Ministre des infrastructures et des transports et le Ministre de la santé peuvent également y contribuer par la définition des critères et des méthodes d'appréciation des offres anormalement basses[4].

659. Les dispositions consacrées à l'interdiction des offres anormalement basses se contentent de préciser les points à clarifier lors de la présentation des justifications supplémentaires. Transposant

---

n°4412/2016 – Approche jurisprudentielle et mise en œuvre pratique (Δημόσιες Συμβάσεις – Ν.4412/2016 – Νομολογιακή προσέγγιση και πρακτική εφαρμογή), 2e éd., Nomiki Vivliothiki, Athènes, 2024, p. 659- 687 (not. p. 666-669) ; Raikos D. – Vlachou E. – Savvidi E., *Contrats publics – Loi n°4412/2016 – Commentaire article par article (Δημόσιες Συμβάσεις Ν.4412/2016 – Ερμηνεία κατ' άρθρο), op.cit.,* p. 824 et s. ; Yannakopoulos C., « La réglementation des offres anormalement basses régis par la loi n°3263/2004 » («Η ρύθμιση των ασυνήθιστα χαμηλών προσφορών στον Ν. 3263/2004»), *DiSKE,* 2005, p. 304.

[1] Article 88, paragraphe 1, de la loi n° 4412/2016.

[2] *Ibid.* paragraphe 3.V. à ce propos, Kouloumpini E.-E. – Mazos El. (sous dir.), *Contrats publics – Loi n°4412/2016 – Approche jurisprudentielle et mise en œuvre pratique (Δημόσιες Συμβάσεις – Ν.4412/2016 – Νομολογιακή προσέγγιση και πρακτική εφαρμογή),* op.cit., p. 19-20.

[3] Article 88, paragraphe 5a, de la loi n° 4412/2016 (notre traduction).

[4] Article 88, paragraphe 6, de la loi n° 4412/2016.

mot par mot le texte européen, l'article 88 de la loi n°4412/2016 indique que chaque candidat doit justifier l'analyse économique de la méthode de construction, de production ou fourniture des services, les solutions techniques et les conditions favorables justifiant la réduction des coûts, l'originalité des travaux, des biens ou des services proposés, le respect de la réglementation sociale et environnementale du droit interne, les contraintes relatives à la sous-traitance ainsi que la possibilité d'obtention d'une aide publique[1]. De plus, la loi[2] indique une liste des documents justificatifs mettant en évidence les justifications demandées. Des décisions des ministres compétents précisent les conditions de qualification d'une offre anormalement basse ventilées par catégories de contrats et de valeurs économiques[3].

660. Cependant, conformément à la jurisprudence en la matière, le pouvoir adjudicateur détient un pouvoir discrétionnaire à demander des justifications supplémentaires par le candidat en cas de doute[4]. Si le pouvoir adjudicateur décide de rejeter l'offre sans demander des justifications supplémentaires, il est tenu de justifier pleinement et clairement sa décision[5]. Il en va de même également dans le cas où il accepte les justifications présentées par le candidat et accepte l'offre[6].

661. De sa part, la jurisprudence a entrepris à clarifier l'appréciation du terme générique de l'offre anormalement basse en insérant un autre terme générique, celui du « coût administratif raisonnable »[7]. Or, tant la notion de l'offre anormalement bas, ainsi que la notion du coût administratif raisonnable constituent des notions

---

1 *Ibid.* paragraphe 2.

2 Article 89, de la loi n° 4412/2016.

3 Article 88, paragraphe, 6 de la loi n° 4412/2016.

4 Position constante. En guise d'illustration v. CE grec (comité des sursis), arrêts n° 132/2016, 312/2015, 197/2015, 295/2011 ; C. comptes grecque (Sect. IV) décision n° 3333/2015. *A contrario* v. CE grec, arrêt n° 4035/2008. V. aussi Raikos D., *Droit des contrats publics (Δίκαιο Δημοσίων Συμβάσεων), op. cit.,* p. 438-451; Gerontas Ap., *Droit des travaux publics (Δίκαιο Δημοσίων Έργων), op. cit.* p. 458 et s.

5 CAA Athènes, arrêts n° 1528/2014, 294/2013(ord.), 533/2013 (ord.)

6 C.comptes grecque, acte n° 40/2008, selon lequel la décision du pouvoir adjudicateur à accepter l'offre est illégale, puisqu'elle n'est pas suffisamment justifiée.

7 Parmi une riche jurisprudence, v. en guise d'illustration, CE grec, arrêt n° 1147/2024, 1669/2022, 2282/2021, 629/2017, 3439/2014, CAA Théssalonique, arrêt n° 344/2012, CAA Athènes arrêt n° 787/2011, CAA Larisa arrêt n° 19/2011, *ThPDD* 2012, n° 11, p. 1003-1003 ; *ibid* p. 953-959 comm. Finokaliotis C.- Kyvelos S.

juridiques vagues, permettant une marge d'appréciation assez vaste de la part des pouvoirs adjudicateurs[1]. Il conviendrait, cependant, souligner que, l'article 88 de la loi n°4412/2016 prévoit la possibilité de l'établissement de la méthode de l'appréciation des offres anormalement basses par le truchement d'une décision publiée par le Ministre des Infrastructures. En absence d'une telle décision jusqu'aujourd'hui, les pouvoirs adjudicateurs peuvent apprécier *ad hoc* la normalité d'une offre et justifier leur choix[2]. À cet égard, ils doivent examiner si l'offre économique présentée couvre effectivement non seulement le coût lié à la rémunération des soumissionnaires, mais également les frais de gestion, indispensable pour l'exécution du service. En ce qui concerne le premier, il apprécie l'offre par rapport aux dispositions réglementaires en vigueur[3]. En revanche, la rationalité du coût administratif n'est appréciée qu'à la lumière des règles empiriques[4]. L'appréciation de ce coût supplémentaire, comme a précisé le Conseil d'État grec, vise à empêcher tout contournement de l'obligation du cocontractant de l'Administration à présenter une offre couvrante effectivement et pas artificiellement le coût réel du contrat, y compris la rémunération et l'assurance des soumissionnaires, ainsi que des politiques des prix prédateurs *(predatory pricing)*[5].

---

[1] C.comptes grecque (Grande Chambre), décision n° 1077/2016, ainsi que C.comptes grecque (Sect. VI), décisions n° 1345/2018 et 2028/2017.

[2] C. comptes grecque (Sect. V), acte n°387/2018, précisant que la loi ne prévoit que le Ministre des infrastructures détient un pouvoir discrétionnaire de publier ou pas une décision précisant la méthode de l'appréciation des offres anormalement basses. Ainsi, le pouvoir adjudicateur détient le pouvoir de l'apprécier *ad hoc*. V. également en ce sens, à titre indicatif CE grec (comité des sursis), arrêts n° 290/2017, 251/2017, 132/2017, 83/2017, 55/2017, 22/2017, 3934/2011, 3872/2010, 3546/2009 ; Kampitsis El., « Offres anormalement basses » (« Ασυνήθιστα χαμηλές προσφορές»), *op.cit.*

[3] V. CE grec (comité des sursis), arrêts n° 840/2008 et 791/2008, selon lesquels la légalité de l'offre dépend du respect du droit de travail et notamment du montant du salaire minimum.

[4] C. comptes grecque (Sect. IV), décisions n° 157/2016, 2090, 584/2011, 1382, 2653, 3016/2012, 950/2014, 2998/2014. V. également C. comptes grecque (Sect. VI), décisions n° 2757/2011, 18/2010, précisant que les doutes relatifs à la normalité d'une offre peuvent considérer les coûts partiels d'une offre et pas nécessairement le coût global du contrat.

[5] V. à ce propos CE grec, arrêt n° 3439/2014, CE grec (comité des sursis), arrêts n° 220/2017, 236/2015, 108/2014, 187, 198 et 328/2013, 1255/2009, ainsi que CAA

662. Si le pouvoir adjudicateur estime que l'offre et les justifications supplémentaires demandées justifient de manière suffisante la réduction du coût, elle ne peut qu'accepter l'offre. Son jugement rejetant ou acceptant une offre est soumis au contrôle du juge des référés[1]. Or, l'office du juge se borne au contrôle de l'erreur manifeste d'appréciation[2]. Ainsi, le pouvoir adjudicateur détient une marge de manœuvre assez étendue.

c. *En droit allemand*

663. Sous la lumière des dispositions européennes, les règlements en matière de contrats de la commande publique ont transposé l'interdiction des offres anormalement basses. Il s'agit du §60 du règlement VgV relatif aux marchés publics dont la valeur dépasse les seuils européens et le §44 alinéas 1 et 2 UVgO relatif aux marchés sous seuils. À l'instar des dispositions françaises et grecques en la matière, les dispositions du droit allemand insistent sur la clarification des justifications supplémentaires que le candidat doit fournir au pouvoir adjudicateur en cas de doute relatif à son offre.

664. Plus précisément, et subsidiairement aux dispositions des règlements transposant les exigences européennes relatives aux offres anormalement basses, les règlements relatifs à la passation des

---

Athènes arrêt nn°169/2020 CAA Athènes (comité des sursis), arrêts n° 252/2020 (*ThPDD*, 10/2020, p. 923-928, comm. Samartzis K.), 87/2019 et 7/2019, CAA Théssalonique arrêt n° 167/2019, CAA Théssalonique (comité des sursis), arrêt n° 141/2018.

[1] V. *infra*, n°675 et s.

[2] À ce propos, il est admis que le pouvoir adjudicateur n'avais pas commis une erreur manifeste d'appréciation et il n'était pas tenu de demander des justifications supplémentaires, puisque les conditions suivantes étaient remplis de manière cumulative : a. l'objet du contrat est tel qu'il est d'usage de présenter des offres à rabais importants ; b. une véritable concurrence s'est développée lors de la procédure de passation et certains candidats ont présenté des offres à rabais importants ; c. aucune objection n'était formulée, suscitant d'ambiguïtés à propos de la normalité des offres présentées – V., parmi d'autres, C.comptes grecque (Section VI), décisions n°525/2018, 2028/2017, 3335/2015, 2980/2015. En tout cas, les ambiguïtés présentées doivent porter sur des points de l'offre précisément définis. En guise d'illustration v. C. comptes grecque (Section VI), décisions n° 1345, 525/2018, 2028/2017, 2977/2015, 19/2014.

marchés de travaux (VOB/A)[1] et à la passation des marchés des fournitures et des services (VgV) indiquent les points qui doivent être clarifiés lors des justifications fournies par le candidat. Au niveau régional, les Länder ont consacré des règles supplémentaires à cet égard[2], même avant la transposition de l'article 69 de la directive n°2014/24, épousant une logique identique.

665. De sa part, la jurisprudence allemande a déjà élaboré des méthodes d'évaluation. Différentes méthodes d'appréciation s'appliquent : la comparaison de l'offre avec le coût global du contrat, prenant en considération les bénéfices proposés[3], la fixation d'un point de référence *(Bezugspunkt)* généralement par référence aux offres économiques présentées[4]. La méthode de fixation des seuils d'identification de la « normalité » de l'offre *(Aufgreifschwelle)* est également indiquée. En effet, la position dominante au sein de la

---

[1] § 16, d I, n° 2, VOB/A, § 16 d, EU I n° 2 VOB/A). ; §60 VgV. V. également §27, alinéas 1 et 2, du règlement SektVO à propos des contrats relatifs aux secteurs spéciaux.

[2] À propos des règles supplémentaires consacrées par les *Länder* Sulk J., *Le prix dans le droit de la commande publique (Der Preis im Vergaberecht), op. cit.* p. 137-145 (not. p. 141-143). Il s'agit du §5 de la Loi de la commande publique de la Basse-Saxe (LVergabeG); §3 de Loi de la commande publique de Berlin (BerlAVG) ; §14 de la Loi sur le respect des tarifs et de la commande publique de Brême (TtVG), §6 de la Loi de la commande publique de Hambourg (HmbVgG);§6 de la Loi de la commande publique du Mecklembourg-Poméranie-Occidentale (VgGM-V); §10 de la Loi sur le respect des tarifs de la Rhénanie-du-Nord-Westphalie; §5 de la Loi n° 1798 à propos des contrats de la commande publique, de la sécurité social et du respect des tarifs de la Sarre (STTG); §6 de Loi sur la procédure de la commande publique de la Saxe (SächsVergabeG); §14 de la Loi de la commande publique de Thuringe (ThürVgG) ; Frister in Kapellmann/Messerschmidt (sous dir.) *VOB/A, B,* 9e éd., C.H. Beck, Munich, 2025 § 16d n°. 7-10.

[3] OLG Frankfurt a. M., arrêt du 14.02. 2017, n° 11 Verg 14/16, *ZfBR* 2017, p.515 (518); OLG Brandenburg, arrêt du 16.02.2012, n° Verg W 1/12 *BeckRS* 2012, n° 05195, *VergabeR* 2012, p.866 (875); OLG Jena, arrêt du 05.06.2009, n° 9 Verg 5/09, *BeckRS* 2009, 23538, *VergabeR* 2009, p. 809 (812) ; BGH, arrêt du 18. 5. 2004, n°X ZB 7/04 (KG) *BGHZ* 159, p. 186, *NZBau* 2004, p. 457 (not. p.459), *NJW-RR* 2004, 1626.

[4] BGH, arrêt du 18. 5. 2004, *(ibid.)*. V. également OLG Düsseldorf, arrêt du 30.4.2014, n° VII-Verg 41/13, *BeckRS* n°09478 ; OLG Munich, arrêt du 25 avril 2012, n° VII-Verg 61/11, *IBR* 2012, p. 130, *BeckRS* 2013, n°05399, *VergabeR* 2013, p. 928 (933) ; OLG Düsseldorf, arrêt du 09.02.2009, n° Verg 66/08, *BeckRS* 2009, n°11172, *VergabeR* 2009, p. 956 (961) ; OLG Düsseldorf, arrêt du. 23.3.2005 n°VII-Verg 77/04, *BeckRS* 2005, *n°* 04430.

jurisprudence en la matière propose qu'une offre doit être qualifiée comme anormalement basse si elle est inférieure au 30% de la valeur du contrat[1]. Sont également proposés des seuils aux alentours de 10-20%[2]. Quel que soit le taux d'écart, la décision du pouvoir adjudicateur doit impérativement être justifiée de manière claire et suffisante.

666. Force est de constater que l'interdiction des offres anormalement basses est prévue par le droit positif de la commande publique européen et interne. Leur appréciation est cependant étroitement liée aux contraintes du droit de la libre concurrence.

ii. Le contrôle lié au droit de la libre concurrence

667. C'est un lieu commun d'affirmer que le droit positif de la commande publique et le droit de la libre concurrence se trouvent en convergence profonde voire en interpénétration[3] justifié par le

---

[1] OLG Celle, arrêt du 19.02.2015, n° 13 Verg 11/14, *BeckRS* 2015, n°16500, *ZfBR* 2015, p.728; OLG Munich, arrêt du 07.03.2013, n° Verg 36/12, *BeckRS* 2013, 05399 = *VergabeR* 2013, 928 (933); OLG Düsseldorf, *BeckRS* 2012, n°12846, *ZfBR* 2012, p. 613 (615); OLG Celle, arrêt du. 17.11.2011, n° 13 Verg 6/11, *BeckRS* 2011, n°26616.

[2] OLG Brandenburg, arrêt du 22.3.2011, n° Verg W 18/10, *BeckRS* 2011, n°06542; OLG Karlsruhe, 27.07. 2009, n°15 Verg 3/09, *ZfBR* 2010, p.196 (not. p.200 et s.); OLG Munich, arrêt du 02.06.2006, n° Verg 12/06, *BeckRS* 2006, n°11579, *ZfBR* 2006, p.600 (p.604); VK Nordbayern, arrêt du 10.7.2014 n° VK-3194-16/14, *BeckRS* 2014, 121496, VK Sachsen, arrêt du 25.05.2022, *BeckRS* 2022, 14347.

[3] Parmi une littérature abondante, v. à titre indicatif Guinard D., « De l'effectivité du droit de la concurrence dans le droit de la commande publique – Regard récent sur la sélection des offres des candidats par les pouvoirs adjudicateurs », *CMP,* n° 2 février 2011, ét. 3 ; du Marais B., « Le droit de la commande publique est-il un droit de la concurrence ? », *Gaz. Pal.,* 2007, n° 84-86, p. 2-6 ; Kalflèche G., « Secteur public et concurrence : la convergence des droits- À propos des droits de la concurrence et de la commande publique », *AJDA,* 2007, p. 2420 ; Guézou Ol. « Droit de la concurrence et droit des marchés publics : vers une notion transversale de mise en libre concurrence », *CP-ACCP,* 2003, n° 20 (dossier) ; *ibid.* Les comportements anticoncurrentiels dans la passation des marchés publics (thèse microfiche-Université Paris X), 1998 ; Bazex M., « Le droit public de la concurrence », *RFDA,* 1998, p. 781 ; Economou M., « L'interaction continue entre droit de la libre concurrence et le droit des contrats publics » (« Η διαρκής αλληλεπίδραση του δικαίου του ελεύθερου ανταγωνισμού και του δικαίου των δημοσίων συμβάσεων »), *ThPDD,* 2009 n° 10, p. 1091-1103.

caractère économique des contrats de la commande publique. Le premier vise à permettre une concurrence effective entre les offres économiques présentées ; le second, mettant les bornes à liberté dans le marché, vise à éliminer les comportements anticoncurrentiels. L'interdiction des offres anormalement basses met en évidence cette interaction, lorsqu'elle vise à condamner les pratiques anticoncurrentielles et l'interventionnisme public.

668. En premier lieu, en ce qui concerne les pratiques anticoncurrentielles, le contrôle et le rejet des offres anormalement basses vise, en principe, à la détection de la pratique des prix prédateurs[1]. Cette pratique anticoncurrentielle consiste en la présentation des offres économiques attractives sur la base des prix excessivement basses. Dans ce cas, le contrôle de la part du pouvoir adjudicateur consiste en la comparaison des prix proposés avec le coût estimé du contrat, tel qu'il a été évalué en vertu de la définition de ses besoins. Pour y parvenir, différentes méthodes sont élaborées par les pouvoirs adjudicateurs à l'échelon national[2], s'agissant notamment à la comparaison avec les prix du marché ainsi qu'avec les prix proposés par les autres offres économiques présentées. Cependant, ce contrôle exige une expertise en matière de tarification, et le pouvoir adjudicateur ne l'a pas toujours à sa disposition.

669. Le contrôle des coûts en vertu du rejet des offres anormalement basses implique en outre le contrôle des aides publiques. En effet, le candidat est tenu de déclarer s'il a reçu une aide justifiant potentiellement un rabais excessif ou d'autres points attractifs, lors de la présentation de son offre, ainsi qu'en vertu des explications qu'il fournit au pouvoir adjudicateur lorsque ce dernier estime que cette offre est excessivement basse[3]. De sa part, le pouvoir adjudicateur est tenu d'examiner la compatibilité de cette aide avec les contraintes de l'article 107 TFUE, à l'aide des critères émergés de la jurisprudence *Altmark.* Ainsi, le pouvoir adjudicateur examine si l'aide repose effectivement sur l'« analyse des coûts d'une entreprise

---

[1] Bénoit E. – Scaillierez A., « Prix abusivement bas et offre anormalement basse : des notions complémentaires », *CP-ACCP*, n°182, décembre 2017, p. 40-43.

[2] V. *supra* n° 652-656 (droit français) n° 657-662 (droit grec) n° 663-666 (droit allemand).

[3] Article R2152-3 n°5 CCP, en droit grec par l'article 88 paragraphe 1 cas n°6 (στ)e la loi n° 4412/2016 et en droit allemand par le §60, alinéa 2, n°5 VgV et §44, alinéa 2, n°5 UVgO à propos des contrats sous les seuils européens.

moyenne, bien gérée et adéquatement dotée de moyens nécessaires afin de pouvoir satisfaire aux exigences de service public requises, aurait encourus pour exécuter ces obligations en tenant compte des recettes y relatives ainsi que d'un bénéfice raisonnable pour l'exécution de ces obligations »[1]. Cependant, la Cour a admis que, dans certaines circonstances particulières, le pouvoir adjudicateur a l'obligation, ou à tout le moins la possibilité, de prendre en considération l'existence de subventions, et notamment d'aides non conformes au traité, afin, le cas échéant, d'exclure les soumissionnaires qui en bénéficient[2].

670. Au fil de cette contrainte, il conviendrait de s'interroger sur l'appréciation des offres hors taxes ou toutes taxes comprises par le pouvoir adjudicateur. Bien évidemment, la normalité des offres est souvent appréciée par rapport à l'évaluation préalable de la valeur du contrat qui est, par construction, hors taxes[3]. Cependant, il arrive souvent que certaines entreprises bénéficient d'exonérations fiscales qui leur permettent de proposer des prix plus bas. Comme deux arrêts des tribunaux administratifs français l'ont déjà mentionné, l'analyse des offres réalisée sur une base hors taxe est susceptible de constituer une rupture d'égalité de traitement pour les candidats bénéficiant d'une exonération de TVA[4]. Pour cette raison, le Guide sur le prix dans les marchés publics élaboré par le Ministère de l'Économie et des Finances français, propose que « l'analyse doit toujours être faite au regard de la somme qui doit être réellement mise à la charge du pouvoir adjudicateur. Celle-ci s'entend donc nécessairement " toutes taxes comprises ", même en cas de coexistence d'offres émanant, à la fois, d'opérateurs économiques soumis à la TVA et d'autres qui en sont partiellement ou totalement exonérés » [5]. Or, cela n'est qu'une proposition.

---

[1] CJCE, 23 juillet 2003, *Altmark* aff. C-280/00 *op. cit.* point n° 90.

[2] CJCE, 7 décembre 2000, *ARGE Gewässerschut,* aff. C-94/99, ECLI:EU:C:2000:677, point n° 29 ; CJCE, 23 décembre 2009, *Consorzio Nazionale Interuniversitario per le Scienze del Mare (CoNISMa), op.cit,* point n° 33.

[3] V. *supra*, n°530.

[4] TA Marseille, 9 juillet 2013, *SARL Proximum,* req. n° 1304015 ; TA Grenoble, 7 janvier 2005, *Société P. H,* req. n° 040661.

[5] Direction des affaires juridiques du ministère de l'Économie des finances et de la souveraineté industrielle et économique, *Guide sur le prix dans les marchés publics, op. cit.* p. 151.

671. En absence d'une ligne directrice européenne ou d'une disposition réglementaire nationale imposant l'une ou l'autre solution, le choix de l'une ou l'autre solution est marquée d'une obscurité susceptible de créer un terrain propice au développement des pratiques anticoncurrentielles, notamment celle des prix prédateurs. Bien que le pouvoir adjudicateur soit tenu « de s'assurer, lorsqu'elle engage une procédure de passation d'un marché public, que les règles de libre concurrence sont effectivement respectées »[1], force est d'admettre que « la censure d'un comportement anticoncurrentiel ne devrait pas être une faculté laissée à la discrétion du pouvoir adjudicateur »[2]. Lorsque le pouvoir adjudicateur favorise ou avalise une pratique anticoncurrentielle, il commet un manquement à ses obligations de mise en concurrence. À cet égard, il peut toujours examiner si les prix bas proposés sont normaux ou anormaux en raison de l'octroi d'une aide publique compatible ou incompatible aux contraintes du droit européen.

672. Or, la possibilité d'une offre anormalement basse en raison d'une aide octroyée à un candidat n'est pas la seule susceptible d'éliminer les prix prédateurs ainsi que d'autres pratiques anticoncurrentielles. Si les directives européennes ont tenté de préciser la méthode de l'évaluation du coût en vue de retenir l'offre économiquement la plus avantageuse notamment par l'insertion du critère du cycle de vie, on regrette leur carence à préciser davantage les méthodes d'appréciation des offres anormalement basses. Par conséquent, il appartient au juge national de vérifier, au vu de l'ensemble des pièces du dossier qui lui est soumis, si la demande d'éclaircissement a permis au candidat concerné d'expliquer avec suffisance la composition de son offre par rapport aux documents présentés.

§2 – LE CONTRÔLE JURIDICTIONNEL

673. « Si la soumission de l'Administration au droit n'est pas conditionnée par l'exercice d'un contrôle juridictionnel sur son activité, cette éventualité en garantit l'effectivité »[3]. En effet, la

---

[1] CE, 28 avril 2003, *Fédération nationale des géomètres experts,* req. n° 233360, *Rec.* (tables).
[2] Seurot L., « L'offre anormalement basse dans le droit des marchés publics », *op.cit.*
[3] Seiller B., *Droit administratif,* 9e éd., Flammarion, Paris, 2024, t.2, p.252.

consécration d'un mécanisme de contrôle des pouvoirs adjudicateurs ne saurait que garantir la mise en œuvre du droit de la commande publique. Certes, le contentieux « moderne »[1] des contrats de la commande publique vise à la préservation de la libre concurrence lors de la passation du contrat et il est orienté vers la protection des concurrents évincés.

674. Ce contrôle juridique se matérialise à l'échelon des États membres par les recours du fond nationaux en contestation de la validité du contrat, complétés par les procédures d'urgence des référés précontractuel et contractuel prévus par le droit européen. Du fait de la formalité du droit de la commande publique, l'office du juge se borne à l'examen des vices de procédure de passation ainsi que des autres manquements aux contraintes de publicité et de mise en concurrence. En ce qui concerne la contrepartie convenue lors de l'attribution du contrat, ce contrôle se borne plutôt à l'examen de la légitimité de l'évaluation de la valeur du contrat et aux contraintes relatives à la mise en concurrence **(A)**. Or, un tel contrôle ciblé vers le libre accès des candidats n'est pas toujours suffisant pour garantir également l'efficacité de la procédure. En effet, sous des situations apparemment légitimes au sens du droit de la commande publique se cachent des pratiques anticoncurrentielles qui échappent au contrôle du juge **(B)**.

A. Les mécanismes de contrôle

675. Bien que le pouvoir adjudicateur détienne une marge d'appréciation assez étendue, afin de retenir l'offre économiquement la plus avantageuse, il n'est tenu de le faire que dans le cadre de sa compétence contractuelle, telle que circonscrite par le droit de la commande publique. S'agissant d'un resserrement considérable de sa puissance, ses choix économiques ne sont pas dénués de contrôle contentieux.

676. Plus précisément, le respect des contraintes de publicité et de mise en concurrence imposées par le droit positif de la commande publique impose la nécessité d'un contrôle du processus concurrentiel

---

[1] Qualification utilisée par le Professeur Guézou embrassant les directives recours depuis les années 1990 (Directive Recours secteurs classiques n° 89/665/CE du 21 décembre 1989, Directive Recours secteurs des industries de réseaux n° 92/13/CE du 25 février 1992 et, actuellement, Directive Recours n° 2007/66/CE du 11 décembre 2007).

de la passation. À l'échelon européen, ce contrôle se borne aux mécanismes de procédure d'urgence. Le dénominateur commun du droit des contrats de la commande publique des États membres à cet égard se trouve en vertu des recours des référés précontractuel et contractuel prévus par la directive dite « recours » n°2007/66/CE[1]. Ses dispositions sont orientées vers la condamnation de tous manquements aux obligations de publicité et de mise en concurrence. C'est suite à cette directive que l'efficacité du recours de référé précontractuel par la prévision d'une période de gel (*standstill*) empêchant la conclusion du contrat, ainsi que la nouveauté du référé contractuel mettant fin à l'immunité du contrat conclu, les deux recours se liant par une complémentarité chronologique. Au-delà de ce mécanisme, les États membres jouissent d'une autonomie procédurale à prévoir des recours du fond efficaces, conformément à leurs systèmes juridictionnels nationaux.

677. Dans ce cadre s'effectue un contrôle administratif et notamment contentieux du choix économique du pouvoir adjudicateur qui s'incorpore au contrat de la commande publique déterminant son économie. La question à aborder est alors si ce contrôle est efficace en ce qui concerne l'examen des coûts et des conséquences économiques du choix du pouvoir adjudicateur. L'autonomie procédurale des États membres et les divergences procédurales des mécanismes de contrôle qui s'ensuivent imposent l'examen distinct du contrôle en droit français **(i)**, en droit grec **(ii)** et allemand **(iii)**.

---

[1] Directive Recours n° 2007/66/CE du 11 décembre 2007 (*JO* L 335 du 20.12.2007 p.31), modifiant les directives 89/665/CEE et 92/13/CEE du Conseil en ce qui concerne l'amélioration de l'efficacité des procédures de recours en matière de passation des marchés publics (Directive Recours n° 89/665/CEE du 21 décembre 1989, (*JOUE* L 395 du 30.12.1989, p. 33), portant coordination des dispositions législatives, réglementaires et administratives relatives à l'application des procédures de recours en matière de passation des marchés publics de fournitures et de travaux et Directive Recours n° 92/13/CEE du 25 février 1992 (*JO* L 76 du 23.3.1992, p. 14) portant coordination des dispositions législatives, réglementaires et administratives relatives à l'application des règles communautaires sur les procédures de passation des marchés des entités opérant dans les secteurs de l'eau, de l'énergie, des transports et des télécommunications.

i. En droit français

678. Le contentieux français des contrats de la commande publique a connu une profonde mutation les dernières années[1]. Son évolution est marquée de la cession du recours pour excès de pouvoir contre les actes détachables du contrat et à l'émergence des recours en contestation de la validité du contrat. À cet égard, ce contrôle juridictionnel vise à condamner tout manquement aux obligations de publicité et de mise en concurrence, tant en matière des marchés publics, ainsi que des contrats de concession[2], sous condition de préservation du principe de sécurité juridique. L'application de ce principe implique que ne puissent être remises en cause sans condition de délai des situations consolidées par l'effet du temps, fait obstacle à ce que la validité d'un contrat administratif puisse être contestée indéfiniment par les tiers au contrat[3].

679. Avant de procéder à l'analyse de ce contrôle contentieux, il convient d'aborder la question sur le terrain d'un contrôle purement financier. Les collectivités territoriales jouissent d'une autonomie financière de valeur constitutionnelle consacrée par l'introduction dans la Constitution française d'un article 72-2[4], qui, cependant, n'est pas, sans limites. Leur budget est soumis au contrôle des chambres

---

[1] Pour une présentation globale v. Sauvé J.- M., « L'actualité du contentieux des contrats publics » Clôture aux 4èmes États généraux du droit administratif- Vendredi 27 juin 2014 ; Pouyaud D., « Le contentieux des contrats publics en Europe- France », *RFDA,* 2011, p. 6.

[2] V. cependant, l'arrêt CE, 30 avril 2019, *Société Total Marketing France*, req. n°426698, *Rec.* (tables), selon le quel si les missions de construction, d'entretien et d'exploitation des autoroutes dont sont chargées à titre principal les sociétés d'autoroutes visent à satisfaire des besoins d'intérêt général au sens de l'article 9 de l'ordonnance n° 2016-65 du 29 janvier 2016, la société APRR, qui est une société concessionnaire d'autoroutes à capitaux majoritairement privés, ne répond à aucune des conditions mentionnées aux a, b et c de cet article. Elle ne peut, par suite, être regardée comme un pouvoir adjudicateur ni, en tout état de cause, comme une entité adjudicatrice, ce dont il découle que le juge du référé précontractuel n'est pas compétent pour connaître du contrat d'exploitation d'une aire de service litigieux par application des articles L. 551-1 et L. 551-2 du code de justice administrative.

[3] CE, 19 juillet 2023, req. n° 465308 et 465309, *AJDA*, 2023, p. 2053, comm. Janicot L- Rotouille J.-Ch.

[4] Con. const., 28 décembre 2000, 2000-442 DC, Loi de finances pour 2001.

régionales des comptes (CRC)[1]. Ces dernières ont une mission juridictionnelle de contrôle des comptes des comptables publics et une mission non juridictionnelle portant sur la gestion des collectivités territoriales. Le contrôle budgétaire qu'elles exercent, cependant, ne concerne pas directement les marchés publics, sauf en cas d'absence d'inscription d'une dépense obligatoire relative au paiement d'un marché public. Il s'agit alors d'un contrôle indirect et ex post, qui n'est possible qu'après le paiement de la contrepartie du cocontractant de l'Administration et son inscription conséquente aux dépenses de la collectivité. À ce problème s'ajoute également l'insuffisance des moyens de contrôle efficace en matière des marchés publics, comme les praticiens l'avouent[2]. Par conséquent, la question du contrôle des coûts peut être abordée dans le cadre de contrôle des contrats de la commande publique, administratif et contentieux.

680. Avant le contrôle contentieux, le pouvoir adjudicateur est contrôlé par l'Observatoire économique de la commande publique (OECP). Cet organe, chargé du recensement économique du stade de la passation, examine les éléments essentiels de l'attribution du contrat[3], tels qu'ils doivent figurer dans le rapport rédigé par le pouvoir adjudicateur. Plus précisément, il « rassemble et analyse les données relatives aux aspects économiques et techniques de la commande publique. Il constitue une instance de concertation et d'échanges d'informations avec les opérateurs économiques, les

---

[1] Articles L. 1612-1à 1612-20 CGCT. V. également à propos des contrats de délégation de service public article L. 1411-18 CGCT selon lequel « Les conventions relatives à des délégations de service public peuvent être transmises par le représentant de l'Etat dans le département à la chambre régionale des comptes. Il en informe l'autorité territoriale concernée. La chambre régionale des comptes examine cette convention. Elle formule ses observations dans un délai d'un mois à compter de sa saisine. L'avis de la chambre régionale des comptes est transmis à la collectivité territoriale ou à l'établissement public intéressé et au représentant de l'Etat. Les dispositions de l'article L. 244-1 du code des juridictions financières sont applicables. L'assemblée délibérante est informée de l'avis de la chambre régionale des comptes dès sa plus proche réunion ». À propos de leur fonctionnement, v. De Géry Ph., « Opérations financières et comptables », *Classeur à mises à jour LeMoniteur*, mars 2016, n° V. 230.

[2] En guise d'illustration de ce contrôle et ses problèmes, v. l'exemple actuel de contrôle des marchés publics en Île-de-France, Mercante A., « Le difficile contrôle des marchés franciliens », Les Echos, 16/12/2015, disponible à l'adresse : ECH_le-difficile-controle-des-marches-publics-franciliens.htm

[3] Articles R.2184-1 à R.2184-6 CCP.

pouvoirs adjudicateurs et les entités adjudicatrices et contribue à la diffusion des bonnes pratiques »[1]. Il s'agit d'un contrôle administratif des spécifications techniques et économiques du contrat par des groupes d'étude des marchés (GEM)[2]. Cependant, son contrôle paraît plutôt avoir un effet platonique.

681. Par conséquent, le contrôle du stade de la passation du contrat s'effectue en principe par le juge administratif français. Son office dépend des voies de recours formés auprès lui. En ce qui concerne les recours du fond, force est d'admettre la consécration du recours en contestation de la validité du contrat. Ce recours, est né en vertu de la jurisprudence *Tropic Travaux Signalisation* du 16 juillet 2007[3], qui a

---

[1] Articles R.2196-2 à R.2196-4 CCP. L'Observatoire économique de la commande publique a remplacé l'Observatoire économique de l'achat public qui était seul chargé de ce contrôle, depuis la suppression par la loi n° 2012-387 du 23 mars 2012 de simplification du droit, de la Mission interministérielle d'enquête sur les marchés publics et les conventions de délégation de service public (articles 119-124 de l'ancien CMP)

[2] Article 1 de l'arrêté du 10 avril 2009 (NOR: ECEM0908419A) modifiant l'arrêté du 28 août 2006 pris pour l'application de l'article 132 du code des marchés publics relatif aux groupes d'étude des marchés de l'Observatoire économique de l'achat public.

[3] V. aussi l'arrêt CE Ass., 16 juillet 2007, *Société Tropic travaux signalisation*, req.n° 291545, *Rec.* 360, *GACA,* 6e éd., 2018, n° 70, p. 1323-1345.; *RFDA,* 2007, p. 696, concl. Casas D., *ibid.* p.917 à 951, notes Moderne F., Pouyaud D., Canedo-Paris M. et Vincent- Legroux M.- C.*; RJEP,* 2007, p. 327, concl. et note Delvolvé P.*; BJCP,* 2007, p. 391*; ibid.,* 2008, p. 79, chron. Leroy A.- M.*; AJDA,* 2007, p. 1497, tribune Braconnier S. ; *ibid.* p. 1577. chron. Lenica F. et Boucher J. ;*ibid ,* p.1964, article Cassia P.; *D.* 2007, p. 2500, note Capitant D.; *RDI,* 2007, p. 429, obs. Deyfus J.- D. *; ibid.* 2008, p. 42, obs. Noguellou R.; *CP-ACCP,* 2007, n° 70, p. 40-65, article Casas D., Guillou Y.- R. et Cordier C., Dal Farra T., Moreau D. et Langelier E.*; ibid.,* n° 71, nov. 2007, p. 88, article Lewis X.; *CMP,* 2007, rep. n° 8, obs. Llorens F.et Soler- Couteaux P.; *ibid.,* comm. n° 254, obs. Pietri J.- P.*; ibid.,* n° 7 et 8, obs. Prat..- Brenet F*; Gaz. Pal.* n° 251, 8 sept. 2007, p. 6, obs. Guillaumont O.*; n°* 270, 27 septembre 2007, p. 10, note Raimbault P.; *LPA,* 24 juillet 2007, n° 147, p. 9, note Gaudemet M.*; ibid.* 17 oct. 2007, n° 208, note Buy F.; *JCP A, 2007,* p. 2212, note Linditch F., p. 2221, note Rouault M.- C. et p. 2227, note Seiller B.; *JCP,* 2007. I, p. 193, chron. Plessix B. et II p. 10156, note Ubaud- Bergeron M.*; DA,* 2007, comm. n° 142, obs. Cossalter P.*; RDC,* 2008 p. 465, chron. Rolin F. et Brunet P.; *ibid.* 2008, p. 597- 632, dossier Gaudemet Y., Braconnier S., Noguellou R. et Rolin F.*; Droit des marchés publics, Le Moniteur,* fasc. Guézou O. III. 660 et III. 665 *;* Seiller B., « La modulation des effets dans le temps de la règle prétorienne. Tentative iconoclaste de systématisation », *in Le dialogue des juges- Mélanges en l'honneur de Bruno Genevois, Dalloz,* 2009, p. 977.

anticipé la protection juridictionnelle des concurrents évincés de la directive « recours » n°2007/66[1] et peut être exercé pendant toute la durée du contrat[2]. Cette jurisprudence a ensuite évolué avec la jurisprudence *Tarne-et-Garonne*[3] ouvrant la possibilité de contester la validité du contrat à tous les tiers justifiant d'un intérêt à agir[4]. À titre supplémentaire, le recours pour excès de pouvoir demeure toujours

---

[1] Transposée dans le droit français par l'ordonnance n° 2009-515 du 7 mai 2009 relative aux procédures de recours applicables aux contrats de la commande publique (*JORF* n° 0107 du 8 mai 2009, p. 7796 texte n° 10).

[2] CE, 1er juillet 2019, *Association pour le musée des Îles Saint Pierre et Miquelon*, req. n° 412243, *Rec.* ; *AJDA*, 2019, p. 1750, chron. Malverti C.- Beaufils C. ; *CMP*, 2019, comm. 326, note Eckert G. ; *DA*, 2019, comm. 52, note Brenet F. ; *JCP A*, 2019, act. 487, obs. Tesson F. ; *RDI*, 2019, p. 568, obs. Noguellou R..

[3] CE Ass., 4 avril 2014, *Département de Tarn-et-Garonne,* req. n° 358994, *Rec.* 70, concl. Dacosta B ; concl. *BJCP,* 2014, p.204, *RFDA,* 2014, p.425 ; *AJDA,* 2014, p.1035, chr. Bretonneau et Lessi, p. 2043, dossier ; *BJCP,* 2014, p.204, note Terneyre P. ; *BJCL,* 2014, p..316, note Fardet ; *CMP* mai 2014 comm.n° 5, obs. Llorens F.et Soler-Couteaux et comm. n°7, note Rees *; D.* 2014, p.1179, note Gaudemet M. et Dizier ; *DA* 2014, n° 36, Brenet F.; *JCP A*, 2014, 2152, note Sestier J.-F., 2153, note Hul, 2154, note Amilhat M. ; *JCP,* 2014.732, note Bourdon P. ; *RDI,* 2014, p.344, note Braconnier S.; *RDP,* 2014.1148, débat Seiller, Braconnier, Dacosta, p. 1175, note Janicot D. et Lafaix J .- F., p.1198, note Rollin F.; *RFDA,* 2014, p.438, note. Delvolvé P. ; *RJEP,* juillet 2014, P.26, note Lafaix J.-F. ; *GAJA*, n°108. Pour une présentation de l'effet de cette jurisprudence, v. Hiol St. (sous dir.), *Regards croisés sur les dix ans de la jurisprudence Tarn-et-Garonne*, coll. Droit et Science Politique, Mare & Martin, Paris 2025. En guise d'illustration d'application de cette jurisprudence v. CAA Nantes, 01 décembre 2025, *Société Vinci Airports et autres*, req. n° 24NT01707 ; *AJDA*, 2026, p. 74. V. également en ce sens, Guézou Ol., « Les frontières du droit de la commande publique - Les frontières contentieuses de la validité du contrat administratif : une logique de régulation », *RFDA*, 2026, p.251.

[4] Pour une présentation analytique des référés v. Guézou Ol., *Traité de contentieux de la commande publique*, op.cit., p.37-151 ; Bergeal C. – Lenica F., *Le contentieux des marchés publics*, 2e édition, Editions du Moniteur, Paris, 2010 ; Sevino Al., *Le mémento du référé précontractuel, procédure, moyens et jurisprudence*, Eyrolles, Paris, 2007 ; Richer L., « Une protection renforcée des garanties de transparence et de non-discrimination ; le référé contractuel » in Teitgen-Colly C. (sous dir.), *Perspectives contentieuses des réformes de la justice administrative,* LGDJ, Paris, 2011. p. 165- 174. V. aussi CE, 27 janvier 2023, *Autoroutes du Sud de France*, req. n° 462752 ; *BJCP*, n° 147, p. 138 et s., selon lequel la seule qualité d'usager des autoroutes concédées ne justifie pas à permettre au requérant de de démontrer être lésé de façon directe et certain par les stipulations d'un avenant à un contrat de concession d'autoroute.

recevable, lorsqu'il est dirigé contre les actes détachables du contrat[1], ainsi que contre les clauses règlementaires d'un contrat de concession qui définissent l'objet de la concession ou fixent les tarifs applicables aux usagers du service concédé[2]. Cependant, son ampleur soit considérablement réduite, en raison des recours en contestation de la validité du contrat.

682. À titre subsidiaire, peuvent être utilement formés des recours en référés. Le référé-suspension[3] est associé à un recours pour excès de pouvoir contre un acte détachable ou à un recours en contestation de validité du contrat, sous réserve que les conditions de doute sérieux et d'urgence soient remplies. Sous la lumière des contraintes européennes des directives « recours » transposés dans le droit français par l'ordonnance du 7 mai 2009[4], peuvent être formés de manière autonome les référés précontractuel[5] et contractuel, visant à

---

[1] Il conviendrait citer également le déféré préfectoral qui a insisté à engendrer une contestation portant sur la légalité du contrat, dès lors ce dernier est conclu au nom et pour le compte d'une collectivité territoriale. En ce sens, v. CE, 26 juillet 1991, *Commune de Sainte-Marie (Réunion)*, req. n° 117717, *Rec.* 302; *AJDA*, 1991. 739; *ibid.* 693, chron. Maugüé C. et Schwartz R.; *RFDA,* 1991, p. 966, concl. Legal H.; CE, 4 novembre 1994, n° 99643, *Département de la Sarthe*, req. n° 99643, *Rec.* 302; *AJDA,* 1994. 898, concl Maugüé. C.; *RDSS,* 1995. 316, obs. Ligneau P.. En ce sens, v. aussi Pouyaud D., « Que reste-t-il du recours pour excès de pouvoir dans le contentieux du contrat ? », *RFDA,* 2015, p. 727. Cependant, l'examen du déféré préfectoral échappe à la présente analyse, du fait qu'il est exercé par l'Administration et ne considère pas son contrôle

[2] CE, 27 janvier 2023, *Autoroutes du Sud de France* ; CE, 7 octobre 2020, req. n° 438080 ; *CMP*, 2020, comm. 337, obs. Muller É. Cependant, il est admis qu'un acte préparatoire à un avenant n'avait pas de caractère règlementaire, v. CE, 13 juillet 2020, req. n° 435869 ; *CMP*, 2020, comm. 263, obs. Muller É.. V. également CE 9 février 2018, *Communauté d'agglomération Val d'Europe Agglomération*, req. n° n° 404982, Lebon avec les concl.; *AJDA* 2018, p. 1168, note Q. Alliez ; CE, 10 juin 2025, *Association Agir pour l'environnement et autres,* req. n° 495479, selon lequel un tiers ne peut pas contester la durée d'un contrat de concession autoroutière.

[3] Article L.-521-1 du CJA.

[4] Ordonnance n° 2009-515 du 7 mai 2009, *JORF* n°0107 du 8 mai 2009, p. 7796, texte n° 10. V. aussi articles L. 551-1 (pouvoir adjudicateur), L. 551-5 (entité adjudicatrice), L. 551-13 CJA (référé contractuel, procédant par renvoi). À propos du champ d'application de la procédure des référés précontractuel et contractuel, v. Guèzou Ol., *Traité de contentieux de la commande publique*, *op. cit.* p. 43-50.

[5] À propos de l'influence du droit européen sur le droit français en matière du référé précontractuel v. Capitant D., « L'influence du droit communautaire sur le contentieux des marchés publics : expérience française », in Parision V. (sous dir.),

la condamnation de tout manquement aux obligations européennes de publicité et de mise en concurrence.

683. Ce mécanisme de contrôle illustre bien le « double accroissement de la formalisation de la commande publique »[1] : quantitatif, car il impose le recours en contestation même dans les cas où la publicité n'était pas impérative ; qualitatif lorsqu'il élargit l'office du juge. Quelle que soit la voie de recours la plus convenable selon les conditions d'exercice, les vices qui peuvent être utilement évoquées auprès du juge compétent appartiennent à la même catégorie : les manquements au droit positif de la commande publique.

684. Ces voies de recours sont à la disposition des concurrents évincés, justifiant un intérêt à agir, ce qui explique la tendance évidente des moyens évoqués vers les motifs de rejet d'une candidature ou du raisonnement de l'offre retenue[2]. Plus précisément, en vertu de la jurisprudence française en la matière, le juge de référés exerce un contrôle étendu de plein contentieux. Ainsi, dans le cas d'une méconnaissance de l'obligation de communication des motifs de ce rejet, il est admis que cette méconnaissance constitue un

---

Droits internes, droit communautaire et principes supranationaux (Diritti interni, diritto comunitario e principi sovranazionali), éd. Giuffré, Milan, 2009, p. 29-47.

[1] Guèzou Ol. *Traité du contentieux de la commande publique*, *op. cit.* p. 149 (v. remarque).

[2] Retenir comme seul critère du choix des offres le prix, dans un marché complexe, est un manquement aux obligations de mise en concurrence (CE, 6 avril 2007, *Département de l'Isère,* req. n° 298584). Dans ce cadre, l'étendue de l'information à fournir aux candidats, lors des phrases successives de négociation, est contrôlée par le juge du référé précontractuel. Les obligations de la personne publique dépendent de la nature du contrat. Les documents nécessaires pour un marché doivent avoir être diffusés à l'ensemble des candidats, sans discrimination, et être effectivement nécessaires pour la formulation de leur offre (CE, 2 juillet 1999, *SA Bouygues et autre,* req. n° 206749 ; CE, 21 juin 2000, *Syndicat intercommunal de la Côté d'Amour,* req. n° 209319). En outre, le Conseil d'État a condamné l'Administration pour avoir retenu une offre qui n'est pas conforme au règlement de consultation (CE, 25 juillet 2001, *Commune de Gravelines,* req. n° 22966 ; CE 29 juillet 2002, *Commune de Cavalaire,* req. n°242153). V. cependant CAA Marseille, 27 octobre 2014, *SAGEM*, req. n°14MA01059 : irrecevabilité du recours en contestation de la validité du contrat dirigé contre un avenant par un concurrent évincé. V. également CE, 16 février 2024, Société Roannais d'immobilier req. n° 467684, selon lequel l'ancien concessionnaire justifie un intérêt à agir pour contester la validité d'un nouveau contrat de concession, du fait de se prévaloir de la propriété des biens que la collectivité reconnaît en tant que biens de retour.

manquement aux obligations de publicité et de mise en concurrence[1]. Ces motifs sont toujours soumis au contrôle du juge : recueil d'informations privilégiées[2], insuffisance des références[3], irrégularités de la signature d'attestations sur l'honneur[4], adéquation des moyens de la société candidate avec la nature et le montant des travaux à réaliser[5]. De plus, le juge français, en se prononçant la légalité d'un avis d'appel public à la concurrence, peut même examiner une mention supplémentaire fixant le taux maximum de rémunération du maître d'œuvre[6].

685. Ces paradigmes ne sont que certains parmi une riche jurisprudence témoignant du contrôle de légalité exercé par le juge français, juge du contrat ou des référés. Bien que son office soit considérablement élargi les dernières années, force est d'admettre qu'il est marqué du sceau du formalisme, visant à la préservation du principe de l'égalité d'accès à la commande publique. Si ce formalisme caractérise la position du juge français exerçant un contrôle de fond, il se rend encore plus évident dans le cas du juge grec, conservant les vestiges d'un contrôle de légalité.

ii. En droit grec

686. Le mécanisme de contrôle des contrats de la commande publique en droit grec consiste en une procédure de deux étapes. La première est administrative et concerne la saisine de l'Autorité unique grecque des contrats de la commande publique (*Ενιαία Αρχή Δημοσίων Συμβάσεων- ΕΑΔΗΣΥ)*[7] à propos de l'examen des recours

---

[1] CE, 21 janvier 2004, *Société Aquitaine démolition*, req. n° 253509, *Rec.* (tables).

[2] CE, 29 juillet 1998, *Garde des Sceaux c/ Société Génicorp,* req n° 177952, *Rec.* (tables).

[3] CE, 1 février 1997*, Société Révillon.*

[4] CE, 13 novembre 2002*, Commune du Mans,* req. n° 245354, *Rec* (tables).

[5] CE, 3 mars 2000*, Commune de Châteaudun* (inéd).

[6] CE, 10 février 1997*, OPAC du Puy-de-Dôme* (inéd.).

[7] V. articles 347- 359 de la loi n° 4412/2016. V. aussi décret présidentiel n°57/2017, *JO* A' 88/20.06.2017et n°38/2017, *JO* A' 63/04.05.2017 à propos de la création de l'Autorité et décret présidentiel n°39/2017 à propos de la procédure des recours précontentieux. V. aussi loi n° 4912/2022, JO A' 59/17.03.2022, à propos de la fusion de l'Autorité unique grecque des contrats de la commande publique avec l'Autorité d'examen des recours précontentieux (*Αρχή Εξέτασης Προδικαστικών Προσφυγών – ΑΕΠΠ*). À ce propos, v. Chatzigiannakis V., *Les contrôles de légalité*

précontentieux La seconde est juridictionnelle et concerne la procédure des référés auprès des juridictions administratives compétentes[1]. Ces recours sont étroitement liés les uns avec les autres, au sens où le manquement à l'obligation de former le recours précontentieux entraîne l'irrecevabilité des recours juridictionnels.

687. Plus précisément, en ce qui concerne la première étape, tout concurrent évincé justifiant un intérêt à agir peut former un recours précontentieux *(προδικαστική προσφυγή)* auprès l'Autorité d'examen des recours précontentieux l'Autorité unique grecque des contrats de la commande publique (*Ενιαία Αρχή Δημοσίων Συμβάσεων-ΕΑΔΗΣΥ)*, conformément aux dispositions des articles 360 et suivants de la loi n°4412/2016[2]. Le concurrent évincé est tenu d'exercer ce recours avant de saisir le juge sous peine d'irrecevabilité du recours juridictionnel[3], afin de contester la validité du contrat[4], en invoquant un manquement du pouvoir adjudicateur à ses obligations de publicité et de mise en concurrence, ainsi que de prononcer, si nécessaire, des mesures provisoires[5]. Son exercice entraîne un effet suspensif[6]. Visant

---

en matière des marchés publics (Οι έλεγχοι νομιμότητας στις δημόσιες συμβάσεις), Nomiki Vivliothiki, Athènes, 2023, p. 105 et s..

[1] Pour une présentation globale du mécanisme v. Koutoupa-Rengakou E., « Le règlement des litiges liés aux contrats publics en Grèce » in Folliot- Lalliot L. (sous dir.), *Contrôles et contentieux des contrats publics- Oversight and Challenges of Public Contracts*, *op.cit.* p. 131-144 ; Yannakopoulos C., « Le contentieux des contrats publics en Europe- Grèce », *RFDA*, 2011, p. 31.

[2] Pour une présentation générale de ce recours v. Detsaridis Ch., « Le nouveau cadre juridique de recours précontentieux dans le stade de passation - L'Autorité d'examen des recours précontentieux (« Το νέο νομικό πλαίσιο των ενδικοφανών προσφυγών στο προσυμβατικό στάδιο- Η Αρχή εξέτασης Προδικαστικών Προσφυγών »), *ThPDD*, 2018, n°2, p. 139 ; Kyvelos S., *Le recours quasi-juridictionnel, (Η ενδικοφανής προσφυγή),* 2e édition, Sakkoulas, Athènes, 2016. V. également Raikos D., *Droit des contrats publics (Δίκαιο Δημοσίων Συμβάσεων), op. cit.*, p. 1036 et s..

[3] Le recours préalable obligatoire pour l'exercice du référé est depuis l'entrée en vigueur de la loi 3886/2010 seulement celui prévu par elle dans l'article 4. Quant à l'ancien état, la loi 2522/1997 laissait un champ vaste et pas clair, comprenant tous les recours possibles devant l'Administration. V. aussi Arnaoutoglou F., *La demande en référé de la loi n° 3886/2010 (Η αίτηση ασφαλιστικών μέτρων του Ν. 3886/2010),* éd. Nomiki Vivliothiki, Athènes, 2011, p. 147.

[4] Article 360 et 369 de la loi n° 4412/2016.

[5] Article 366 de la loi n° 4412/2016. V. également article 52 du décret présidentiel n° 18/1989 relatif aux demandes en référé en matière des contrats sous les seuils européens.

à respecter les contraintes européennes d'une protection efficace, il permet un contrôle de légalité ainsi qu'un contrôle rapide sur le fond.

688. L'instauration de cette autorité administrative indépendante constitue la nouveauté de la réforme de la loi de 2016, visant à renforcer l'efficacité d'une protection plus rapide en décongestionnant les juridictions administratives et en établissant des garanties d'indépendance[1] et de transparence. Suite à la loi n° 4412/2016, cette autorité est compétente pour être saisie des recours précontentieux et non plus le pouvoir adjudicateur ayant conclu le contrat. L'identification de la partie défenderesse et de l'autorité compétente pour le contrôle jusqu'à ce moment-là ne saurait que mettre en question l'efficacité du recours. Autrement dit, il serait difficile voire improbable pour le même pouvoir adjudicateur de contester son propre jugement et admettre qu'il a commis un manquement à ses obligations de mise en concurrence. En outre, l'élasticité concernant les formalités du recours vise à renforcer son exercice direct par les personnes lésées justifiant un intérêt à agir.

689. Au fil de ce recours administratif, comme le prévoit l'article 346 de la loi n°4412/2016, tout concurrent évincé peut former un recours en référé auprès de la Cour administrative d'appel compétente ou auprès le Conseil d' État[2], demandant la suspension de la décision de l'Autorité d'examen des recours précontentieux. Il s'agit de la procédure juridictionnelle européenne des référés précontractuel et contractuel, transposée en droit grec par la loi n°3886/2010[3]. La démarche importante vers l'efficacité et le raccourcissement de la

---

[6] Article 364 de la loi n° 4412/2016.

[1] L'Autorité d'examen des recours précontentieux jouit d'une indépendance fonctionnelle (article 349 de la loi n° 4412/2016) et une autonomie financière (article 350 de la loi n° 4412/2016).

[2] Article 3, paragraphe 1, de la loi n° 3886/2010. Plus précisément, les cours administratives d'appel sont compétentes à saisir des référés précontractuels et contractuels concernant les marchés publics de la directive 2004/18/CE et désormais de la directive 2014/24. Pour les autres marchés (sous les seuils européens, etc.), les cours administratifs d'appel partagent leur compétence avec les cours civils d'appel, selon la nature privée ou publique du contrat.

[3] Loi n°3886/2010 à propos de la protection juridictionnelle au stade de la passation des contrats de la commande publique, *JO* A 173/2010. V. également article 372 de la loi n° 4412/2016. Pour une présentation extensive de la loi et de la jurisprudence en la matière v. Arnaoutoglou F., *La demande en référé de la loi n° 3886/2010 (H αίτηση ασφαλιστικών μέτρων του N. 3886/2010), op. cit.*

résolution judiciaire des litiges concernant la passation des marchés publics est effectuée après la réforme de la loi n° 4412/2016 par la loi n° 4782/2021[1] et l'unification du recours en référé avec celui du recours en excès de pouvoir. En dépit des apparences, cette procédure d'urgence a conservé plusieurs points faibles, même suite à cette réforme importante.

690. En effet, le juge des référés grec est demeuré prisonnier d'un contrôle restreint. On regrette la persistance d'un contrôle de légalité. Cela s'explique par la construction même du mécanisme. En effet, l'étendue de son contrôle en vertu d'un recours en référé fait obligatoirement suite au recours précontentieux auprès l'Autorité unique grecque des contrats de la commande publique. Si, alors, le contrôle de l'Autorité qui précède se borne à un contrôle de légalité, même s'il est tenu d'être un contrôle de fond, il en va de même pour le contrôle juridictionnel du juge de l'excès de pouvoir et des référés[2]. En outre, une grande partie des contrats de la commande publique (contrats de concession, marchés publics sur les secteurs spéciaux selon la directive n°2014/23 ainsi que marchés de grande valeur) est toujours soumise à la compétence du Conseil d'État[3], ce qui, à tout le moins, soulève des questions sur l'uniformité du contrôle exercé.

691. Au-delà des procédures d'urgence, il y a toujours la possibilité d'un recours en excès de pouvoir contre les actes détachables du contrat. Contre un acte unilatéral du pouvoir adjudicateur sont possibles à être invoqués des moyens concernant un acte législatif

---

[1] Loi n° 4782/2021, *JO* A' 36/09.03.2021. À propos de cette réforme et ses conséquences, v. Vlachopoulos Sp./ Sotiropoulos D., *Contrats de la commande publique : Qu'est-ce qui a changé dans le cadre réglementaire et la pratique administrative après la révision de la loi 4412/2016 (Δημόσιες Συμβάσεις: Τι άλλαξε στο ρυθμιστικό πλαίσιο και στη διοικητική πρακτική μετά την αναθεώρηση του ν. 4412/2016)*, diaNEOsis, mars, 2024, p. 19-22 ; Chatzigiannakis V., « Le nouveau système contentieux de l'article 372 de la loi n° 4412/2016 » («Το νέο δικονομικό σύστημα του άρθρου 372 του Ν. 4412/2016»), *ThPDD,* 12/2022, p. 1315-1329 ; Dellis G., *Le nouveau droit des contrats de la commande publique (Το νέο δίκαιο των δημοσίων συμβάσεων), op.cit.,* p. 45-51. Il conviendrait, cependant, mentionner que la réforme la plus récente de cette loi portant sur ce recours est effectuée en vertu de la loi n° 5218/2025, *JO* A' 125/14.07.2025.

[2] À propos d'une analyse de ces points faibles, v. Yannakopoulos C., « Le nouveau contentieux des contrats publics : une occasion manquée de plus » (« Η νέα δικονομία των δημοσίων συμβάσεων : ακόμη μια χαμένη ευκαιρία »), *EDD,* 2010, n° 5, p. 595-605.

[3] Article 3, paragraphe 1, de la loi n° 3886/2010.

modifiant ou complétant les conditions posées par l'avis d'appel d'offres, même s'ils sont généralement exposés et méritaient d'explications. De même, peuvent également être utilement évoqués des moyens relatifs à la violation des dispositions du droit de travail, notamment ceux fixant les salaires minimums. Le comité des sursis du Conseil d'Etat a estimé qu'au cas où l'avis d'appel d'offres ne contient pas une telle clause et les candidats peuvent déposer des offres anormalement basses portait atteinte au principe de légalité de l'activité administrative et évidemment au principe d'égalité entre les candidats potentiels[1]. Ce contrôle ne peut alors que se borner, par construction, à un contrôle de légalité.

692. Or, bien qu'il soit renforcé, cependant, ni le contrôle de l'Autorité, ni celui des juridictions administratives ne constitue un contrôle économique effectif. Ce contrôle vise à examiner la légalité du contrat, les aspects purement économiques échappant à son champ, lorsqu'ils sont souvent qualifiés en « appréciations techniques de l'Administration »[2]. La question se pose alors vis-à-vis du contrôle des juridictions financières.

693. À cet égard, l'article 98§1 de la Constitution grecque impose en outre un contrôle précontractuel des contrats publics ayant une grande valeur économique[3]. Selon la position dominante, ce type de contrôle, tombant sous la compétence de la Cour des comptes est qualifié comme un contrôle universel, automatique et complet[4], au

[1] En guise d'illustration v. CE grec (comité des sursis), arrêts n°58/2009 ; n°79/2008, n°840/2008 et n° 1172/2008.

[2] V. Arnaoutoglou F., *La demande en référé de la loi n° 3886/2010 (Η αίτηση ασφαλιστικών μέτρων του Ν. 3886/2010), op. cit.*, p. 210 et s.

[3] V. article 9, paragraphe 9, Loi n° 4820/2021, *JO* A' 130/23.07.2021.

[4] Yannakopoulos C., « La relation du contrôle précontractuel de la Cour des comptes avec d'autres formes de contrôle des contrats publics dans l'ordre juridique national » (« Η σχέση του προσυμβατικού ελέγχου από το Ελεγκτικό Συνέδριο με μορφές ελέγχου νομιμότητας της ανάθεσης δημοσίων συμβάσεων στην εθνική έννομη τάξη »), Intervention au colloque du 17/10/2013 "le contrôle des contrats publics par la Cour de Comptes", organisé par l'Université d'Athènes, *EDD*, n° 4, 2013, p. 457-465 ; Karathanasopoulos Ev., « Le contrôle préventif de légalité par la Cour des comptes à la lumière de sa jurisprudence » (« Ο προληπτικός έλεγχος των δημοσίων συμβάσεων από το Ελεγκτικό Συνέδριο υπό το φως της νομολογίας του »), *ThPDD*, 2013, n°12, p. 1050-1065 (not. p. 1052) ; Poulis S., « Contrôle préventif des contrats publics- Le fantôme de conflit des compétences » (« Προληπτικός έλεγχος δημοσίων συμβάσεων- Το φάντασμα της σύγκρουσης αρμοδιοτήτων »), *ThPDD,* 2012, n° 12, p. 1045-1065.

sens d'un contrôle externe de légalité[1] et non pas d'opportunité[2]. En tant que contrôle automatique et objectif, il ne se délimite ni par les intérêts ni par les griefs évoqués par les requérants, ce qui révèle l'importance de sa contribution à la préservation de la légalité de la procédure et du contrat[3]. Sur ce point, le champ de son contrôle rencontre celui exercé par le juge de l'excès de povoir et des référés. De plus, en tant que contrôle automatique et objectif, il ne se délimite ni par les intérêts ni par les griefs évoqués par les requérants.

---

[1] À propos de l'étendu du contrôle précontractuel exercé par la Cour des comptes grecque v. not. Kouloumpini E., « Le contrôle des contrats de valeur économique élevée auxquels le secteur public ou une autre personne morale similaire- article 98 alinéa 1 n° 2 de la Constitution » (« Ο έλεγχος συμβάσεων μεγάλης οικονομικής αξίας στις οποίες αντισυμβαλλόμενος είναι το Δημόσιο ή άλλο πρόσωπο που εξομοιώνεται με το Δημόσιο από την άποψη αυτή (άρθρο 98παρ 1 εδ. β' Σ ») in *La Cour des comptes,* Nomiki Vivliothiki, 2016, p. 169-289 ; Dellis G., « L'étendu du contrôle précontractuel de légalité par la Cour des comptes » (Το εύρος του προσυμβατικού ελέγχου νομιμότητας από το Ελεγκτικό Συνέδριο)- Intervention au colloque du 17/10/2013 "le contrôle des contrats publics par la Cour de Comptes", organisé par l'Université d'Athènes), *EDD* 2013, n° 4, p. 450-456 ; Milionis N., *La Cour des comptes- Tendances contemporaines et évolutions» (Το ελεγκτικό Συνέδριο- Σύγχρονες τάσεις και εξελίξεις)* Nomiki Vivliothiki, Athènes, 2012, p. 201 et s.; *Karathanasopoulos E., Le contrôle précontractuel par la Cour des comptes, Ο προσυμβατικός έλεγχος από το Ελ. Σ.,* Nomiki Vivliothiki, Athènes, 2010 ; Karavokyris I. « Contrôle précontractuel de légalité par la Cour des comptes » (« Προσυμβατικός έλεγχος νομιμότητας από το Ελεγκτικό Συνέδριο »), *ThPDD,* 2008, p.1149 ; Kourti G., « Le contrôle des contrats de valeur économique élevée par la Cour des comptes et les règles qui le régissent » (« Ο έλεγχος των συμβάσεων μεγάλης οικονομικής αξίας από το Ελεγκτικό Συνέδριο και οι κανόνες που τον διέπουν ») *DiSKE,* 2005, p. 293 ; Gerontas Ap. « Le contrôle précontractuel des contrats publics par la Cour des comptes » («Ο προσυμβατικός έλεγχος των δημοσίων συμβάσεων από το Ελ.Σ ») in *Transparence et Indépendance en matière du contrôle de l'argent public- Mélanges en l'honneur des 170 ans de la Cour des comptes (Διαφάνεια και Ανεξαρτησία στον έλεγχο του δημοσίου χρήματος, Τιμητικός τόμος για τα 170 χρόνια του ΕλΣ),* éd. Ant. N. Sakkoulas, 2004, p. 65.

[2] Une telle extension du contrôle s'heurtait d'ailleurs sur l'article 26 de la Constitution grecque qui interdit une intervention de la Cour des comptes aux choix gouvernementaux et administratifs.

[3] Yannakopoulos C., « La relation du contrôle précontractuel de la Cour des comptes avec d'autres formes de contrôle des contrats publics dans l'ordre juridique national », (« Η σχέση του προσυμβατικού ελέγχου από το Ελεγκτικό Συνέδριο με μορφές ελέγχου νομιμότητας της ανάθεσης δημοσίων συμβάσεων στην εθνική έννομη τάξη »), *op. cit.* p. 460-461.

694. Ce qui revêt une importance particulière, c'est que la Cour des comptes interprète la légalité du contrat en accentuant sa dimension économique et financière[1]. Par cette voie, son contrôle considère l'utilité et la faisabilité du contrat pour le pouvoir adjudicateur selon sa capacité économique et financière[2]. Sa contribution est alors importante tant pour le contrôle des coûts, ainsi que pour le contrôle du plafond des prix[3]. Pour y parvenir, la Cour des comptes examine également l'exhaustivité de l'analyse de l'offre, pour que le contrôle du coût soit effectivement contrôlable[4] et l'erreur manifeste d'appréciation d'une offre anormalement basse du pouvoir

[1] Konstantakou E., « Questions d'actualité relatives au contrôle précontractuel des marchés publics par la Cour des comptes – Le contrôle de l'économicité et de l'efficacité au stade précontractuel de l'attribution d'un marché public par la Cour des comptes » (« Επίκαιρα ζητήματα σχετικά με τον προσυμβατικό έλεγχοτων δημοσίων συμβάσεων από το Ελεγκτικό Συνέδριο - Ο έλεγχος τηςοικονομικότητας και της αποτελεσματικότητας κατά το προσυμβατικόστάδιο ανάθεσης μίας δημόσιας σύμβασης από το Ελεγκτικό Συνέδριο »), *ThPDD*, 8-9, 2025, p. 776-784 ; Kouloumpini Ev., « Le contrôle précontractuel de la Cour des comptes après les lois n° 4700/2020 et 4820/2021- Évolution jurisprudentielle et perspectives » («Ο προσυμβατικός έλεγχος του ΕλΣυν μετά τους Ν. 4700/2020 και 4820/2021. Νομολογιακές εξελίξεις και προοπτικές») in Kouloumpini Ev. (sous dir.), *La Cour des comptes dans l'environnement public- économique moderne (Το Ελεγκτικό Συνέδριο στο σύγχρονο δημοσιονομικό περιβάλλον),* Nomiki Vivliothiki, Athènes, 2023, p.60-89 ; Chatzigiannakis V., *Les contrôles de légalité en matière des marchés publics (Οι έλεγχοι νομιμότητας στις δημόσιες συμβάσεις),* op. cit., p. 325 et s. ; Chatzigiannakis V.-Vlami K., « Les systèmes parallèles de contrôle administratif de légalité en matière des contrats de la commande publique » (« Τα παράλληλα συστήματα διοικητικού ελέγχου νομιμότητας στις δημόσιες συμβάσεις »), disponible sur www.nomarchia.gr (consulté le 23.07.2025) ; Sakkelariou A., « Le contrôle des contrats publics par la Cour des comptes à la base du principe de l'efficacité économique » (« Ο έλεγχος των δημοσίων συμβάσεων από το Ελεγκτικό Συνέδριο με βάση την αρχή της οικονομικότητας »), *ThPDD,* 2018, n° 2, p. 152.

[2] Ligomenou A., « Aspects de la jurisprudence de la Cour des comptes en matière de la libre concurrence dans les contrats publics » (« Πτυχές της νομολογίας του Ελεγκτικού Συνεδρίου σε θέματα ελεύθερου ανταγωνισμού επί δημοσίων συμβάσεων »), *ThPDD*, 2015, n° 3, p. 193-199.

[3] V. *supra*, n°772.

[4] Sur ce point v. Kouloumpini E., « Le coût administratif raisonnable comme un élément déterminant la meilleure offre économique. L'appréciation étendue du juge financier » (« Το εύλογο διοικητικό κόστος ως στοιχείο διαμόρφωσης της βέλτιστης οικονομικής προσφοράς. Η ευρεία κρίση του δημοσιονομικού δικαστή»), intervention au colloque du Barreau d'Athènes du 12.12.2016 « Marchés publics et contrats de concession : Lois n° 4412 et 4413/2016 ».

adjudicateur[1]. Bien que ses jugements ne soient pas qualifiés en décisions judiciaires[2], ils doivent être respectés par l'Administration. Ainsi, un jugement négatif peut entraîner le blocage de la conclusion du contrat.

695. Certes, le contrôle contentieux des coûts en droit grec s'effectue notamment à travers le contrôle de la Cour des comptes, qui, bien qu'il échappe à la qualification de juridiction, joue un rôle prépondérant, à côté du contrôle administratif et juridictionnel.

iii. En droit allemand

696. À l'encontre du droit grec et à l'instar du droit français, le droit allemand ne prévoit aucun contrôle précontractuel administratif des contrats de la commande publique. De plus, la Cour fédérale des comptes *(Bundesrechnungshof)* ainsi que les cours des comptes des états fédérés ne sont compétentes pour être saisies que sur l'approbation du budget respectivement de l'état fédéral et des *Länder*[3]. Bien qu'elles jouissent d'une compétence étendue à examiner l'efficacité économique des contrats de la commande publique en vertu de l'évaluation des dépenses publiques consécutives[4], l'apport de leurs décisions se borne aux propositions de bonnes pratiques. Par conséquent, la question du contrôle ne se pose qu'à travers les recours des concurrents évincés et des tiers justifiant d'un intérêt à agir.

697. Le mécanisme de contrôle des contrats de la commande publique est marqué d'une dichotomie fondamentale entre celui

---

[1] V. à ce propos Kouloumpini E., Le principe de proportionnalité devant la Cour des comptes (Η αρχή της αναλογικότητας ενώπιον του Ελεγκτικού Συνεδρίου), Nomiki Vivliothiki, Athènes, 2023, p.56.

[2] Cour spéciale suprême, arrêt n° 20/2005.

[3] V. § 30 de la Loi relative aux principes généraux du droit budgétaire de l'État fédéral et des états fédérés *(Gesetz über die Grundsätze des Haushaltsrechts des Bundes und der Länder-(Haushaltsgrundsätzegesetz – HGrG)* du 19 août 1969 (*BGBl.* I. 1969, p. 1273), modifiée en dernier lieu par l'article 1er de la loi du 15 juillet 2013 (*BGBl.* I. 2013, p. 2398), et § 55 du Règlement relatif au budget de l'État fédéral *(Bundeshaushaltsordnung -BHO)* du 19 août 1969 (*BGBl.* I. 1969, p. 1284), modifiée par l'article 8 X de la loi du 3 décembre 2015 (*BGBl.* I. 2015, p. 2178), ainsi que les lois et les règlements sur les finances publiques des Länder. v. catalogue disponible sur http://www.saarheim.de/Gesetze_Laender/lho_laender.htm.

[4] V. sur ce point *infra*, n° 849-854.

concernant les contrats tombant sous l'emprise des directives européennes et celui concernant les contrats échappant à ce champ. À l'encontre du droit français et du droit grec, le droit allemand ne connait pas de théorie des actes détachables, ce qui signifie qu'il n'existe pas de recours contre les actes unilatéraux de l'Administration avant la conclusion du contrat[1]. Le seul acte administratif concevable qui résulte du processus de la passation est celui la décision de conclure[2]. Néanmoins, le droit administratif allemand ne reconnait que des recours à caractère subjectif, ce qui a tardé considérablement la reconnaissance des droits des concurrents évinces et leur protection juridictionnelle. Sous la pression des contraintes européennes, le droit allemand a enfin reconnu cette protection *(Primärrechtsschutz)* visant à la préservation de la légalité objective des contrats dépassant les seuils européens, à côté d'un contentieux subjectif en réparation des dommages *(Sekundärrechtsschutz)*, la protection sous les seuils demeurant, jusqu'à présent, obscure.

698. Plus précisément, en ce qui concerne les contrats dépassant les seuils européens, à l'instar du droit grec, la Loi contre les restrictions à la libre concurrence (GWB) prévoit deux mécanismes de contrôle, un auprès d'une autorité administrative indépendante et un auprès des juridictions compétentes. Dans le premier cas, il s'agit d'une procédure de contrôle du respect du processus concurrentiel auprès les les Chambres d'examen des marchés publics *(Vergabekammern)*, fédérales ainsi que des états fédérés, rattachées au Conseil de la concurrence fédéral *(Bundkartellamt-BKartA)* ou aux autorités exécutives des *Länder* au niveau des états fédérés dont le personnel est composé par des spécialistes en matière du droit de la commande publique[3]. Les concurrents évincés peuvent ainsi former auprès de ces

---

[1] Sur ce point v. Schröder H.- Stelkens U., « Le contentieux des contrats publics en Europe- Allemagne », *RFDA,* 2011, p. 16.

[2] V. *supra* n° 697, à propos de la théorie des deux étapes *(Zweistufentheorie)*. À propos de sa portée sur le contentieux allemand de la commande publique v. Masing J., « Les prérogatives de contrôle exercées par l'Administration relativement à l'exécution des marchés publics en Allemagne » in *Le contrôle des marchés publics, coll.* Bibliothèque de l'Institut André Tunc t. 21, éd. IRJS, Paris, 2009, p. 311-321, not. p. 316-317.

[3] §§ 156 -158 GWB.

autorités leurs recours en urgence *(Nachprüfungsverfahren)*[1]. Une convergence avec le recours précontentieux du droit grec est évidente, puisque tous les deux sont exercés devant des autorités administratives indépendantes spécialisées en vertu d'une procédure non contentieuse[2]. Ensuite, en seconde instance, les décisions des *Vergabekammern* prenant la forme d'actes administratifs exécutoires peuvent être contestées par un recours immédiat *(Sofortige Beschwerde)* auprès des chambres spéciales en matière de la commande publique *(Vergabesenate)* des cours de cassation des *Länder* (*Oberlandesgericht- OLG*)[3], dont la décision n'est pas susceptible de recours[4].

699. Or, contrairement au droit français et au droit grec, on regrette l'effet platonique de ces procédures de contrôle[5], puisqu'en droit allemand, le manquement aux règles de l'attribution des contrats de la commande publique n'a, *a priori*, aucun effet sur la validité du contrat. Ainsi, il est admis que les *Vergabekammern*, ne constituent pas des autorités de contrôle de légalité. La procédure d'examen n'a pas pour objectif général le contrôle de la légalité ni le maintien de la légalité objective de la procédure de passation de marché elle-même. Son seul but est de donner à une entreprise intéressée par le marché la possibilité de contraindre le pouvoir adjudicateur à prendre une mesure, ou à s'abstenir d'en prendre une, nécessaire pour remédier ou prévenir un préjudice subi ou menacé par le demandeur[6].L'effet de l'exercice des recours en référé auprès les *Vergabekammern* consiste à la suspension automatique de la signature du contrat

---

[1] § 160 et s. de la Loi GWB.

[2] À propos d'une comparaison en la matière entre le contentieux allemand et le contentieux grec sous les seuils européens, v. Sampanis G.- Synodinos Ch., *Contrats publics- protection sous les seuils européens (Συμβάσεις του Δημοσίου- Προστασία κάτω από τα ευρωπαϊκά κατώφλια)*, Nomiki Vivliothiki, Athènes, 2010.

[3] §§ 171- 184 GWB.

[4] Cependant, les *Vergabsenate* peuvent poser une question préjudicielle à la Cour de justice fédérale, §179 alinéa 2 GWB.

[5]En ce sens, v. Glawe R.- Zinger Ch., « Protection juridique dans les marchés publics : plaidoyer en faveur des Chambres d'examen des marchés publics » (« Vergaberechtsschutz : Ein Plädoyer für die Vergabekammern »), *NZBau*, 2023, p. 145.

[6] *Ibid.*

(Zuschlagsverbot)[1], la violation de cette contrainte constituant une prohibition légale au sens du §134 BGB. Par conséquent, ses conséquences se bornent à la correction des irrégularités constatées, afin que le contrat conclu soit conforme aux contraintes du droit de la commande publique[2]. Autrement dit, les décisions des *Vergabekammern* et des *Vergabesenate* obligent le pouvoir adjudicateur à s'y conformer et corriger les manquements constatés. Une fois que le contrat valide est signé, sa validité ne peut plus être constatée[3]. Cette disposition est conservée par le législateur allemand nonobstant la réforme du droit de la commande publique et l'ambivalence de sa conformité avec les contraintes européennes[4], considérée en tant que suffisante à préserver la légalité du contrat. À cet effet, les membres des *Vergabekammern* ainsi que les juges des *Vergabesenate* exercent un contrôle assez étendu, y compris la préservation des contraintes de la libre concurrence[5], qui sont en principe liées à des infractions pénales[6]. Par conséquent, leur effet se borne à la création d'entraves à la conclusion du contrat et à la création de la base d'une action indemnitaire suite à la conclusion du contrat (*Sekundärrechtsschutz*).

---

[1] §169 I GWB. Sur ce point, v. Pünder H. - Schellenberg M., *Droit de la commande publique (Vergaberecht),* 3e éd., Nomos, 2019, §17 n° 79.

[2] Sur ce point v. également *infra* n°887-895.

[3]V.§168, alinéa 2, GWB (« *Ein wirksam erteileter Zuschlaf kann nicht aufgehoben werden »)* V. également §102 GWB de la version avant la réforme du 18 avril 2016. Pour des approches comparatives entre le contentieux des contrats de la commande publique en droit allemand et en droit français v. Capitant D., « Die Rechtschutzfrage im Frankreich » (« La question de protection juridictionnelle en France ») in *Dreizehnte Badenweiler Gespräche- Dokumentation der Veranstaltung vom 13 bis 15 Mai 2009(Schriftenreihe des forum Vergabe e.V.),* t. 28, Bundesanzeiger Verlag, 2009, p. 11-17 ; Germain J., « Les recours juridictionnels ouverts au concurrent évincé contre un marché public communautaire après sa conclusion en France et en Allemagne », *RFDA*, 2009, p. 49 ; Germain J., « Le recours d'un concurrent évincé du marché communautaire : comparaisons franco-allemandes », *AJDA*, 2009, p. 469 ; Schröder H.- Stelkens Ul., « Le contentieux des contrats publics en Europe- Allemagne », *op.cit.*

[4] Sur ce point v. Schröder H.- Stelkens U., « Le contentieux des contrats publics en Europe- Allemagne », *op. cit.*

[5] En guise d'illustration v. à propos des prix prédateurs BGH, arrêt du 18 mai 2004, n° X ZB 7/04

[6] V. *infra,* n°896-899.

700. Sur le plan comparatif, contrairement au droit français et au droit grec, en droit allemand, le contentieux des contrats de la commande publique au-dessous et sous les seuils européens est clairement distingué. À propos de ces contrats, il n'existe aucune procédure de portée générale concernant l'ensemble de ces contrats, mais de possibilités différentes, fondées sur les dispositions du code civil allemand (BGB), où les tribunaux civils sont les seuls compétents[1]. Le contrôle alors de ces contrats se borne soit à un recours administratif auprès le pouvoir adjudicateur[2], soit à l'action tendant à prévenir la violation du droit de la commande publique[3]. L'absence d'un mécanisme spécial de contrôle ne peut, cependant, que soulever des questions.

701. En résumé, de la comparaison de ces mécanismes, force est de déduire les points de convergence et de divergence entre les droits internes comparés. En ce qui concerne le contrôle en vertu des recours des concurrents évincés, le droit grec et le droit allemand (en ce qui concerne les contrats dépassant les seuils européens) prévoient tant un recours administratif auprès des autorités administratives compétentes ainsi qu'un recours juridictionnel en référé. Le droit grec et le droit français de tradition de droit administratif prévoient des recours en contestation des actes détachables et confient au juge administratif des pouvoirs étendus, à l'encontre du droit allemand. En ce qui concerne le contrôle spécial de l'efficacité économique des contrats de la commande publique, le droit français et le droit allemand l'ont intégré à l'office du juge des référés (droit français) et des *Vergabekammern* et des *Vergabesenate*. En revanche, le droit grec prévoit à propos des

---

[1] Suite à un arrêt BVerwG, 02.05.2007 *VergabeR*, 2007, p. 337, il est jugé que ce contentieux tombe sous la compétence des tribunaux civils, puisque l'Administration contractante se comporte plutôt comme une personne privée que comme une autorité publique (v. not. point n° 5). En ce sens v. Braun Ch, « Protection de droit civil à propos des contrats sous les seuils » (« Zivilrecthlicher Rechtschutz bei Vergaben unterhalb der Schwellenwerte »), *NZBau,* 2008, p. 160-162 ; Hertwig S., *Praxis der öffentlichen Auftragsvergabe (Pratique des contrats de la commande publique),* -6e éd., C.H. Beck, Munich, 2016, n°337-338.

[2] § 17 de la Loi fondamentale allemand (GG) ainsi qu'en matière des marchés publics des travaux §21 VOB/A.

[3] Stelkens U., « Allemagne- Germany- Le contrôle et le contentieux des contrats publics en Allemagne » in Folliot- Lalliot L. (sous dir.), *Contrôles et contentieux des contrats publics- Oversight and Challenges of Public Contracts*, *op. cit.* p. 33-66, not. p. 48-53.

contrats à valeur économique élevée un contrôle précontractuel par la Cour des comptes.

702. Bien évidemment, la soumission à un contrôle – administratif et/ ou contentieux – des contrats de la commande publique entraîne nécessairement la confirmation d'un encadrement de la volonté de l'Administration, ou plus précisément l'existence d'un droit positif des contrats de la commande publique. Ce droit positif, plutôt d'origine européenne, est caractérisé par une dense réglementation conditionnant avec minutie le contenu contractuel, mettant en cause la place de la volonté des parties – toujours au sens du droit commun des contrats, ce qui ne s'avère pas toujours suffisant pour le contrôle des coûts.

B. L'étendue du contrôle

703. La présentation des mécanismes de contrôle des contrats de la commande publique en France, en Grèce et en Allemagne permet l'appréciation de leur efficacité à propos du respect du droit de la commande publique en général ainsi qu'à propos du contrôle des prix. À cet égard, force est de constater qu'ils sont plutôt orientés vers la préservation de l'égalité de traitement des candidats et moins vers le renforcement de l'efficacité économique de la commande publique.

704. En effet, si le juge s'arrogeait le droit de s'immiscer dans la décision du pouvoir adjudicateur en mettant en cause son efficacité, cela contreviendrait, bien évidemment, au principe de séparation des pouvoirs. Ainsi, l'office du juge national se borne à un contrôle des manquements du droit de la commande publique à la lumière des contraintes du droit européen, n'impliquant que très rarement un contrôle des pratiques anticoncurrentielles ou d'efficacité économique **(i)**. Par voie de conséquence, il arrive souvent que les pratiques anticoncurrentielles, comme par exemple les prix prédateurs, échappaient au contrôle du juge, encourageant de phénomènes corruptifs en matière du contrôle des coûts, comme en témoigne l'étendu de l'office du juge **(ii)**.

i. Un contrôle orienté à veiller le respect du droit de la commande publique

705. Le contrôle des coûts résultants de l'attribution d'un contrat s'exerce en principe à travers les recours des concurrents évincés. Ces mécanismes de contrôle de droit interne – administratifs ou contentieux – sont orientés à sanctionner tout manquement aux obligations légales de transparence et de mise en concurrence qui incombent au pouvoir adjudicateur, conformément au droit positif de la commande publique, interne et européen[1]. La transposition des contraintes du droit européen entraîne une profonde convergence des droits internes français, grec et allemand, nonobstant les particularités et les points faibles de chaque système.

706. En ce sens et en fragilisant de manière évidente l'effet relatif du contrat, ce contrôle vise à la protection juridique des candidats qui ont participé au processus concurrentiel et qui justifient d'un intérêt à agir, les concurrents évincés. Ce qui dérive du *ratio* des dispositions édifiant ce cadre commun pour les droits nationaux des États membres imposé à l'échelle européenne suite à la directive n°2007/66, c'est la volonté du législateur européen d'élargir le champ d'application de la protection juridictionnelle aux tiers au contrat. Par ce biais, il s'ensuit un dépassement de l'acception que le contrat de la commande publique constitue une affaire *inter partes*, lorsqu'il produit des effets de portée plus vaste. Compte tenu que – au moins *a priori* – le droit européen n'impose ni un régime de droit commun ni un régime de droit public, il saurait être affirmé qu'il a la normativité du contrat de la commande public, par le biais de l'encadrement de la volonté des parties. Ainsi, et en dépit du refus constant de recevabilité d'un recours pour excès de pouvoir portant sur le contrat lui-même, « même si le contrat ne peut pas être présenté en tant que tel à l'appui d'un recours pour excès de pouvoir, cela n'interdit nullement d'en contester son bien-fondé »[2]. Par ce biais alors, la légalité du contrat est examinée.

707. Plus précisément, tout manquement à une obligation de transparence et de mise en concurrence peut être utilement évoqué. Ce

---

[1] CJCE, 19 juin 2003, *Hackermüller* aff. C-249/01, ECLI:EU:C:2003:359; *CMP*, 2003, comm. 1077 Llorens F. ; *Europe* 2003, comm. 278 Ritleng D.

[2] Yannakopoulos C., « L'apport de la protection de la libre concurrence à la théorie du contrat administratif », *op.cit.*

manquement doit être reproché au pouvoir adjudicateur, ou, en général, à l'autorité publique responsable pour l'attribution du contrat. Il s'ensuit alors aisément que tout manquement à l'obligation de définition et d'évaluation de ses besoins peut être contrôlé par le juge ou l'autorité administrative compétente. Ainsi, un recours – administratif et/ou contentieux – peut être dirigé contre tout acte décisoire, ainsi que non décisoire, comme l'avis d'appel public à la concurrence[1]. Admettant qu'il serait vain à prétendre à l'exhaustivité de présentation de tout manquement en ce sens, force est de constater que l'obscurité de la définition des besoins ou du « contenu illicite du contrat »[2] ainsi que toute carence à la justification de leur évaluation peuvent être utilement évoquées par les personnes lésées. Ce contrôle couvre l'intégralité du stade de passation, y compris tout manquement relatif à la sélection ou rejet d'une candidature, ainsi que le choix ou l'écart d'une offre. Pourtant, leur qualification en tant que recours juridictionnels conduit au résultat de la délimitation du contrôle du juge par les moyens évoqués par les requérants.

708. En vertu de ce contrôle, l'identification d'un manquement peut entraîner des conséquences importantes : la prise, dans les délais les plus brefs et par voie de référé, des mesures provisoires ayant pour but de corriger la violation alléguée ou d'empêcher qu'il soit encore porté atteinte aux intérêts concernés, y compris des mesures destinées à suspendre ou à faire suspendre la procédure de passation de marché public en cause ou l'exécution de toute décision prise par le pouvoir adjudicateur; l'annulation ou la déclaration de nullité des décisions illégales, y compris de supprimer les spécifications techniques, économiques ou financières discriminatoires figurant dans les documents de l'appel à la concurrence, dans les cahiers des charges ou dans tout autre document se rapportant à la procédure de passation du marché en cause ainsi que l'octroi d'indemnisation des dommages et intérêts aux personnes lésées par une violation.

709. À titre liminaire, le droit de la commande publique règle d'une manière très minutieuse le stade de la passation. Le contrôle

---

[1] CJCE, 27 février 2003, *Santex,* aff. C-327/00, ECLI:EU:C:2003:109; *CMP,* 2003, comm. 102 Llorens F. ; *Europe,* 2003, comm. 129, Ritleng D.

[2] La notion du « contenu illicite du contrat » est appréciée de manière restrictive par le juge. Ainsi, il est admis que le contenu d'un contrat n'est illicite que si l'objet même du contrat est contraire à la loi (v. CE, 25 novembre 2021, *Société Corsica Networks*, req. n° 454456).

contentieux visant à condamner tout manquement à ses règles paraît *a priori* suffisant afin de contrôler la légalité de l'économie du contrat. Or, le contrôle des coûts ne relève pas seulement de la légalité du contrat. Il s'agit, avant tout, d'une question d'efficacité économique. Le pouvoir adjudicateur est réputé choisir en ce sens le meilleur rapport qualité/ prix ou coût/ efficacité, pour obtenir l'optimisation de l'exécution du contrat, par rapport à ses besoins. Est-ce que les mécanismes acte décisoire, ainsi que non décisoire, administratifs et/ou contentieux acte décisoire, ainsi que non décisoire, en état des lieux permettent un contrôle suffisant de l'Administration ?

710. La question se pose notamment sur les points où le pouvoir adjudicateur jouit, en vertu de sa compétence contractuelle, d'une marge d'appréciation plus étendue. Ces points sont notamment la possibilité d'allotissement, le rejet des offres anormalement basses et notamment, le choix de l'offre économiquement la plus avantageuse.

711. À propos de la possibilité de l'allotissement, le point critique de la définition est l'évaluation économique du contrat, si le choix de l'Administration n'est pas justifié de manière satisfaisante, le juge peut saisir et annuler le contrat du fait que ce choix l'Administration est entaché d'une erreur manifeste d'appréciation[1]. L'allotissement du marché n'entraîne pas automatiquement l'annulation du contrat, mais uniquement dans les cas où l'allotissement a permis la méconnaissance des contraintes du droit des contrats de la commande

---

[1] CE, 21 mai 2010, *Commune d'Ajaccio,* req. n° 333737 *; CMP,* 2010, comm. 239, obs. Devillers P. ; *DA,* 2010, comm 110, note Brenet F., à propos de la méconnaissance du pouvoir adjudicateur à informer les candidats sur la méthode d'évaluation des offres. V. également en ce sens TA Lyon (ord.), 7 avril 2008, *Société Groupe Pizzorno Environnement*, req. n° 0801795 ; CAA Lyon, 6 octobre 2011, *Syndicat National des Entreprises du second œuvre*, req. n° 10LY01121 ; CE, 25 mai 2018, *Office public de l'habitat Hauts-de-Seine Habitat et autres,* req. n° 417428, 417439, *Rec ; AJDA,* 2018, p. 1050, note Rouvillois F. ; *AJDA,* 2018, p.1140, chron. Roussel S. er Nicolas Ch. ; *AJCT,* 2018, p. 512, obs. Hul S. D'après cet arrêt « il n'appartient pas au juge du référé précontractuel, qui doit seulement se prononcer sur le respect, par le pouvoir adjudicateur, des obligations de publicité et de mise en concurrence auxquelles est soumise la passation d'un contrat, de se prononcer sur l'appréciation portée sur la valeur d'une offre ou les mérites respectifs des différentes offres ; qu'il lui appartient, en revanche, lorsqu'il est saisi d'un moyen en ce sens, de vérifier que le pouvoir adjudicateur n'a pas dénaturé le contenu d'une offre en en méconnaissant ou en en altérant manifestement les termes et procédé ainsi à la sélection de l'attributaire du contrat en méconnaissance du principe fondamental d'égalité de traitement des candidat ».

publique[1]. L'allotissement du marché aurait pu être de nature à rendre plus coûteuse la réalisation des prestations prévues au contrat[2], ce qui peut justifier la carence de l'Administration.

712. La marge d'appréciation du pouvoir adjudicateur est encore plus étendue, lorsqu'il s'agit du rejet des offres anormalement basses et le choix de l'offre économiquement la plus avantageuse. Ces décisions impliquent, par construction, un jugement de valeur de sa part, qui échappe au contrôle. Dans ces cas, ce contrôle administratif et/ou contentieux se borne à l'erreur manifeste de l'appréciation du pouvoir adjudicateur lors de l'examen des offres. En guise d'illustration, il convient de se référer à un arrêt de la Cour administrative d'appel d'Athènes, entreprenant de préciser le « coût raisonnable » pesant sur le cocontractant de l'Administration. Le juge compétent admet alors que son office se borne à un contrôle de l'erreur manifeste d'appréciation, conformément aux règles de la logique et des préceptes de l'expérience commune, puisque les jugements techniques de l'Administration échappent à son contrôle[3]. De même, un arrêt de la Cour fédérale de justice allemande du 31 janvier 2017[4] afin de colmater les brèches de la protection des concurrents évincés *(Primärrechtsschutz)* a précisé le contrôle des justifications des offres anormalement basses. En définitif, ce contrôle de légalité peut résoudre une série de problèmes d'inefficacité économique du contrat lors de la fixation des coûts.

713. À cet égard et sur le plan comparatif, force est de remarquer les points suivants : En ce qui concerne le droit français, l'absence d'un juge proprement économique transfère le poids de contrôle de l'efficacité économique aux épaules du juge administratif compétent. Bien que son office soit étendu à un contrôle de fond, il hésite en

---

[1] CJCE, 5 octobre 2000, *Commission c/ France*, aff. C-16/98, ECLI:EU:C:2000:541 ; *BJCP*, 2000, n° 14, p. 76. En ce sens v. Mitkidis Ch., *Contrats des travaux publics (Συμβάσεις Δημοσίων Έργων)*, *op. cit.* p. 107 ; Raikos D., *Droit des contrats publics (Δίκαιο Δημοσίων Συμβάσεων)*, *op. cit.* p. 433-438.

[2] En guise d'illustration, v. CE, 7 mai 2013, *Société Segex*, req. n° 365706, *CP-ACCP*, n° 135, septembre 2013, p. 79-82, observations Cabanes C.- Michelin V. ; CE, 1er juin 2011, *Société Koné,* req. n° 346405 : obligation de demander les candidats à présenter une offre pour chacun des lots du marché.

[3] CAA Athènes arrêt n° 787/2011 op. *cit*.

[4] BGH arrêt du 31.01.2017, X ZB 10/16 ; *BGHZ* 214, 11 ; *NZBau* 2017, p. 230. V. également à cet égard Lausen I., « Offres à prix anormalement bas », (« Angebote mit unangemessen niedrigen Preisen »), *NZBau,* 2018, p. 585.

principe à procéder à une analyse économique[1]. Son appréciation se borne ainsi à une appréciation du fond au fur et à mesure des contraintes du droit de la commande publique. Ainsi, il est admis qu'il est possible de passer illégalement un contrat global[2] s'il est justifié par une « réduction significative du cout des prestations »[3], car les dispositions réglementaires[4] indiquent une telle pondération. Il en va de même pour le juge grec et allemand. Bien qu'en droit grec et en droit allemand ce contrôle est confié aux spécialistes économiques des autorités administratives indépendantes, il faut admettre qu'un contrôle d'efficacité économique échappe à leur compétence. En revanche, le contrôle précontractuel exercé par la Cour des comptes grecque en matière de contrats de valeur élevée constitue un contrôle d'efficacité économique *sui generis.*

714. D'une manière générale, force est d'admettre que tant les autorités administratives (Autorité unique des contrats de la commande publique en droit grec et *Vergabekammern* en droit allemand) ainsi que le juge compétent hésitent entre réalisme et formalisme du droit de la commande publique.

ii. Un contrôle réputé sanctionner toute mesure présumée illégale

715. Le contrôle contentieux et administratif exercé aux décisions du pouvoir adjudicateur constitue un contrôle étendu, visant à sanctionner non seulement les manquements flagrants à ses obligations de publicité et de mise en concurrence, mais également l'acceptation des pratiques anticoncurrentielles cachées. Néanmoins, il s'agit d'un contrôle visant à sanctionner les comportements illégaux

[1] Sur ce point, v. Calmette J.-F., « L'évolution de la prise en compte de l'analyse économique par le juge administratif », *DA*, n° 7 juillet 2006, ét. 14 ; Du Marais B., *Droit public de la régulation économique,* coll. Amphi, 2004, not. p. 174. Fromont M., « Le contrôle de l'appréciation des faits économiques dans la jurisprudence administrative », *AJDA,* 1961, p. 306.

[2] CE, 26 juin 2015, *Sociétés Extérion Média France et Derichebourg SNG*, req. n° 389682, *Rec.* (tables); CE, 11 avril 2014, *Commune de Montreuil*, req. n° 375051 ; CE, 29 octobre 2010 *SMAROV,* req. n° 340212, *Rec.* (tables) ; CE, 27 octobre 2011, *Département des Bouches-du-Rhône*, req. n° 350935, *Rec.* (tables).

[3] CE, 11 août 2009, *CU de Nantes*, req. n° 319949, *Rec.* (tables).

[4] Le cas échéant, l'article 10 de l'ancien CMP.

de l'Administration, laissant place à certaines pratiques limitant l'efficacité économique du contrat, voire à favoriser les surcoûts.

716. D'emblée, le droit de la libre concurrence ne constitue que le complément indispensable du droit de la commande publique *stricto sensu*, en tant que droit de mise en concurrence. Si le contrôle contentieux vise à sanctionner tout comportement illégal du pouvoir adjudicateur, il est réputé sanctionner également toute intention à favoriser ou avaliser une pratique anticoncurrentielle : « Lorsque le cocontractant public favorise ou avalise une pratique anticoncurrentielle, il est concevable de considérer que, du même coup, il ne procède pas à une mise en concurrence conforme aux exigences du droit des contrats publics, et qu'il commet donc un manquement au sens du référé précontractuel »[1]. Plusieurs paradigmes portent une affirmation de ce constat. Rappelons la jurisprudence française, *Société Million et Marais*[2] et *Bouygues*[3] en vertu de laquelle le Conseil d'État français a consacré une « réconciliation » du droit administratif et du droit de la concurrence[4]. Bien que le droit de la concurrence soit inséré au bloc de légalité du contrat de la commande

---

[1] Guèzou Ol., *Traité du contentieux de la commande publique, op. cit.* p. 73. Pour une présentation critique v. Hourson S., « Repenser les référés en matière contractuelle », *RFDA*, 2021, p. 692.

[2] CE, 3 novembre 1997, *Société Million et Marais,* req. n° 169907, *Rec.* 406; *CJEG* 1997, p.441, concl. Stahl; *RFDA*,1997, p.1228, (concl.) ; *AJDA* 1997, p. 945, chr. Girardot et Raynaud ; *ibid.* 1998, p.247, note Guézou Ol, et 2014, p.110, note Lasserre ; *RDP*, 1998, p.256, note Gaudemet Y.; *Rev. conc. consom.* 1997, n° 100, p. 46, note Maigre ; *GAJA,* n° 88.

[3] CE, 2 juillet 1997, *SA Bouygues et autres,* req. n° 206749, *Rec.* 265 ; *BJCP,* novembre 1999, p. 620 concl. Bergeal C. ; *CJEG* 1999, p. 357 (concl.). « si la méconnaissance des dispositions de l'ordonnance du 1er décembre 1986 relative à la liberté des prix et de la concurrence par l'autorité responsable de la personne délégante peut constituer un manquement aux obligations de publicité et de mise en concurrence; [...] que seuls les manquements visés par ces dispositions sont ceux commis par l'autorité responsable de la passation du contrat ; que , par suite, le magistrat délégué par le tribunal administratif de Paris n'a pas commis d'erreur de droit en écartant le moyen tiré de ce que le refus de la Société Cofiroute de communiquer certaines informations constituait un abus de position dominante prohibé par les dispositions de l'article 8 de l'ordonnance du 1er décembre 1986 ». En ce sens, v. également TA Rouen 28 avril 2000, *Entreprise Jean Lefebvre Normandie,* req. n° 00-697, *AJDA,* 2000, p. 842, Bréchon-Moulènes C. ; *BJCP*, mars 2001, p. 164.

[4] Zevounou L. *Les usages de la notion de la concurrence en droit*, coll. Bibliothèque de droit public, n° 272, LGDJ, Paris 2012, p. 140-164.

publique et, par conséquent, est invocable devant le juge des référés, il n'est pas directement applicable au comportement de l'Administration. Le contrôle d'une pratique anticoncurrentielle, comme, le cas échéant l'abus d'une position dominante d'un candidat échappe au contrôle du juge et ne peut être sanctionnée qu'en vertu du mécanisme du contentieux de la concurrence.

717. En poussant ce syllogisme encore plus loin, une partie de la jurisprudence de la Haute juridiction administrative française donne l'impression d'exclusion de l'invocation en générale du droit de la concurrence en vertu de ce contrôle juridique. Plus précisément, dans l'affaire *Corsica Ferries,* il est admis que « le juge des référés n'a pas entaché son ordonnance d'insuffisance de motivation en ne répondant pas au moyen tiré de ce que l'offre [...] était contraire à l'article L.420-2 du Code de commerce relatif à la prohibition de l'abus de position dominante, lequel était inopérant » [1]. Au fil de cette position alors, la pratique de proposition des prix prédateurs, étroitement liée à ces de l'abus de position dominante ou d'une entente peut échapper au contrôle du juge. Rappelant que « dans l'office du juge des référés précontractuels d'apprécier si le pouvoir adjudicateur a commis une erreur manifeste d'appréciation en qualifiant ou en omettant de qualifier une offre d'anormalement basse »[2], son pouvoir est davantage limité. Une fois le pouvoir adjudicateur avalise une pratique des prix prédateurs, il se rend difficile à son identification *a fortiori* sa sanction.

718. Sur le plan comparatif, on osait constater une convergence des droits internes. Si le juge français jouissant un pouvoir étendu, *a fortiori* il en va de même pour le juge grec, qui insiste sur un contrôle de légalité. Même en ce qui concerne le droit allemand, où cette protection juridique *(Primärrechtsschutz)* est assurée par des *Vergabekammern,* fédérales ainsi que des *Länder*, rattachées au Conseil de la concurrence fédéral *(Bundkartellamt-BKartA)* ou aux autorités exécutives des *Länder*, ce contrôle ne recouvre pas l'examen

---

[1] CE, 5 juin 2007, *Société Corsica Ferries*, req. n° 305280, *Rec.* (tables). V. en ce sens CE, 10 avril 2015, *Société TAT*, req. n° 386912, *Rec.* (tables).

[2] CE, 29 mai 2013, *Ministre de l'Intérieur*, req. n° 366606, *ibid.* ; TA Cergy-Pontoise 18 février 2011, *SCP Claisse et associés*, req. n° 11001796 (mentionné par Guèzou Ol., *Traité du contentieux de la commande publique, op. cit.* p. 90).

de ces pratiques. S'agissant des pratiques anticoncurrentielles, elles tombent sous la compétence du Conseil de la concurrence[1].

719. Les conséquences de proposition des prix prédateurs par des candidats ne se bornent pas à la distorsion de concurrence. Une offre économique à moindre coût demeure toujours attractive pour un pouvoir adjudicateur. Son choix n'est guère interdit en vertu de l'obligation du choix de l'offre économiquement la plus avantageuse. En revanche, il est souvent loisible voire nécessaire du fait d'un resserrement budgétaire et d'une optimisation de la gestion des deniers publics. Une fois une telle offre retenue, l'exécution du contrat est mise en cause, du fait de l'insuffisance des fonds financiers. Dans ce cas, les parties au contrat sont forcées de conclure des avenants, afin de modifier le contrat initial et approuver de nouveau des frais et dépenses supplémentaires, indispensables à l'exécution. Cette possibilité est, cependant, considérablement restreinte du fait de l'interdiction de modifier substantiellement le contrat et la possibilité d'une nouvelle distorsion à la concurrence[2]. L'hypothèse se rend encore plus problématique prenant en considération les comportements opportunistes des cocontractants de l'Administration, qui ont souvent intégré une marge de profit dans les prix prédateurs proposés.

720. Bien que cette pratique à sa dimension purement concurrentielle puisse échapper au contrôle administratif et judiciaire, sa relation demeure étroite avec l'interdiction des offres anormalement basses, interdits par le droit de la commande publique. Force est de constater qu'il incombe notamment au pouvoir adjudicateur à vérifier la légitimité des offres économiques présentées proposant des prix attractifs à moindre coût, en demandant, si nécessaire, des justifications supplémentaires[3]. Cependant, si le pouvoir adjudicateur obéisse à son obligation de demander des justifications de la part du candidat et elle juge qu'elles soient suffisantes, son appréciation consiste en une appréciation technique de l'Administration qui échappe à l'office du juge.

---

[1] V. *infra,* n°828-831 (droit français), n°836-839 (droit grec) et n°845-848 (droit allemand).

[2] V. *infra*, n°1433 et s.

[3] V. *supra*, n°647-650.

721. Par conséquent, le seul moyen aux mains du juge ou des autorités administratives indépendantes exerçant ce contrôle est celui de l'examen de la justification de la décision de l'Administration. En effet, le pouvoir adjudicateur doit impérativement justifier de manière claire et complète ses décisions, y compris le refus ou l'admission d'une offre à prix bas. Ses justifications n'échappent pas au contrôle juridique. Ainsi, le processus de passation et le contrat lui-même peuvent être contestés, dans le cas où l'Administration n'a pas justifié de manière claire et suffisante sa décision à retenir une offre potentiellement anormalement basse. Rappelons qu'à cet égard différentes méthodes d'évaluation sont développées à l'aide de critères objectifs voire mathématiques[1] qui facilitent le contrôle des offres anormalement basses.

722. Il s'ensuit que le renforcement du contrôle contentieux des offres anormalement basses est indispensable. La contestation des justifications présentées par le pouvoir adjudicateur s'agissant d'un moyen utilement invocable, constitue une proposition de colmater la brèche d'irrévocabilité des moyens relatifs à la distorsion de la concurrence. L'examen prudent et attentif des justifications présentées par le pouvoir adjudicateur peut éliminer considérablement la pratique des prix prédateurs. En effet, « le comportement de l'acheteur public consiste à induire ou avaliser une pratique anticoncurrentielle d'entreprises devrait tout de même pouvoir être saisi par le juge. [...] un tel comportement est également contraire aux principes fondamentaux de la commande publique, et tout particulièrement aux principes de liberté d'accès et d'égalité de traitement »[2]. Par cette voie, des manquements dans le cas où le pouvoir adjudicateur n'écarte pas une offre incomplète et donc irrégulière[3] peuvent être sanctionnés en mettant en cause la validité du contrat. Autrement dit, une justification manquant de clarté et de cohérence peut mettre en évidence σι le pouvoir adjudicateur favorise ou avalise des prix prédateurs.

---

[1] V. *supra,* n°638 et 642.

[2] Guèzou Ol. *Traité du contentieux de la commande publique, op. cit.* p. 75.

[3] CE, 2 octobre 2013, *Département du Lot-et-Garonne,* req. n° 368900 ; CE 12 janvier 2011, *Département du Doubs*, req. n° 343324, *Rec.* (tables) ; *CMP* mars 2011, p. 36, comm. Zimmer W. ; CE, 23 juin 2010, *Commune de Châtel*, req. n° 336910 ; *JCP A,* 13 septembre 2010, p. 30 comm. Linditch F.

723. Bien évidemment, ce contrôle est orienté vers l'égalité de traitement des candidats, et de la préservation de la libre concurrence. Cependant, du fait de son importance économique lors de la détermination des coûts, il conviendrait également prendre en considération l'efficacité économique du contrat pour toutes les deux parties.

Conclusion Section II

724. La détermination d'une contrepartie permettant à tout le moins le remboursement des coûts au cocontractant de l'Administration s'effectue lors du stade de la passation d'un contrat de la commande publique. En effet, c'est l'offre économiquement la plus avantageuse qui détermine l'économie du contrat à conclure. Pour arriver à son choix le pouvoir adjudicateur doit écarter les offres anormalement basses qui, bien qu'elles semblassent attractives, elles sont susceptibles à mettre en cause l'exécution du contrat si elles sont retenues. Dans ce cadre, le pouvoir adjudicateur procède à un contrôle des coûts des offres présentées. Ce contrôle consiste en principe à une comparaison des offres économiques présentées l'une à l'autre ainsi qu'avec ses évaluations économiques préalables.

725. Bien que le pouvoir adjudicateur jouisse d'une marge d'appréciation considérablement étendu à cet égard, ses décisions tombent sous le contrôle contentieux et/ou administratif. Les mécanismes de contrôle développés en droit interne sont en principe orientés vers la protection des intérêts des concurrents évincés et la bonne gestion des deniers publics. À ce contrôle, visant à sanctionner les manquements du pouvoir adjudicateur, échappe le contrôle des pratiques anticoncurrentielles des candidats, notamment en ce qui concerne la pratique des prix prédateurs. Bien que les moyens tirés du droit de la libre concurrence ne soient pas toujours invocables, l'interdiction des offres anormalement basses tombant sous le contrôle administratif et/ou contentieux, peut éliminer considérablement leur mise en œuvre.

Conclusion Chapitre I

726. Lors de l'attribution du contrat, la contrepartie accordée au cocontractant de l'Administration doit couvrir à tout le moins les coûts liés à l'exécution de son objet, afin qu'elle permette au cocontractant de l'Administration tirer sa rémunération dans les conditions normales d'exécution. Sinon, le contrat est, par construction, déficitaire, mettant en cause non seulement la rémunération escomptée, mais également la bonne exécution du contrat. Partant de ce postulat de logique économique, il s'ensuit aisément que la question de la détermination de la contrepartie et de la rémunération escomptée passe à travers la détermination des coûts.

727. Conformément au droit de la commande publique, interne et européen, la détermination des coûts liés à l'exécution d'un contrat de la commande publique constitue un processus institutionnalisé, comportant différents stades : une pré-évaluation des coûts directs ainsi qu'indirects par le pouvoir adjudicateur lors de la définition de ses besoins, leur détermination dans le cadre du coût du cycle de vie de l'offre économiquement la plus avantageuse retenue et leur contrôle juridique par des autorités administratives indépendantes et/ou le juge administratif ou judiciaire, garantissant la légalité du processus concurrentiel et le respect des contraintes de transparence et de mise en concurrence. Ce processus profondément régi par le droit européen entraîne une convergence du droit interne français, grec et allemand.

728. Nonobstant cette réglementation si minutieuse, force est de constater des lacunes, favorisant ou avalisant des pratiques anticoncurrentielles. Il s'agit notamment de la légèreté de l'interdiction des offres anormalement basses et la pratique anticoncurrentielle des prix prédateurs. Ces comportements opportunistes des candidats peuvent laisser place à des phénomènes corruptifs, mettant en cause la bonne exécution du contrat. Le problème implique une complexité particulière, en prenant en considération qu'il existe une ligne de démarcation très mince entre coûts et profits, étroitement liée à la structure et la fonction des entreprises des opérateurs économiques, accentuant la nécessité d'un contrôle efficace de la rémunération du cocontractant de l'Administration.

Chapitre II – LA LIMITE DE QUALIFICATION EN AIDE PUBLIQUE

729. La définition de la rémunération en tant que droit du cocontractant de l'Administration consiste en l'obtention d'un profit financier. Ainsi, l'économie du contrat est réputée être construite d'une manière permettant, non seulement l'amortissement, mais également un bénéfice au profit de son cocontractant dans les conditions normales d'exécution. Au fil de l'acception que la contrepartie convenue au cocontractant de l'Administration doit – au moins – couvrir les coûts et les investissements réalisés par lui, s'inscrit la tendance de son orientation vers les coûts du service public (*cost orientation*). En ce sens, la détermination de la rémunération ne permet pas des surcoûts pesant sur l'Administration contractante et des surprofits respectifs au profit de son cocontractant, correspondant à l'impératif de bonne gestion des deniers publics. Or, en même temps, elle doit être attractive, afin d'inciter le plus grand nombre des opérateurs privés à présenter des candidatures. Rappelant que, en matière de contrats de la commande publique aux termes de la présente étude, le processus de la passation se déroule dans des conditions du marché concurrentiel, la rémunération constitue le fruit de l'interaction entre les offres servant les intérêts des cocontractants potentiels et la demande déterminée par l'Administration, en vertu d'un processus concurrentiel de passation, ouvert ou restreint.

730. La satisfaction de l'intérêt général à travers l'instrument de la concurrence correspond à la nécessité de réduire les coûts et les dépenses ressortissants de la transaction économique et pesants sur l'Administration contractante. Or, il faut préciser que cela signifie « réduire le prix par la limitation de la marge bénéficiaire et non au moyen de limiter la marge bénéficiaire par la réduction du prix »[1]. Autrement dit, il ne faut pas transiger sur la qualité des prestations, mais délimiter les aspirations lucratives du cocontractant de l'Administration. Il s'ensuit alors que la recherche de l'optimisation de sa rémunération se trouve en conflit avec la bonne gestion des deniers publics. Ainsi, le *principe d'une rentabilité limitée*[2] émerge,

---

[1] Cossalter Ph., *Les délégations d'activités publiques dans l'Union européenne, op.cit.*, n° 1253, p. 731.
[2] *ibid.*

forgeant la rémunération, fruit d'une conciliation de ses objectifs poursuivis par les parties cocontractantes au contrat de la commande publique.

731. Dès lors, les limites d'une rémunération raisonnable se trouvent au consensus des parties, tel qu'il est forgé par le jeu de la libre concurrence[1]. À ce propos, la recherche de la détermination d'une rémunération raisonnable s'oriente vers le principe de la rentabilité limitée **(Section I)**. De prime abord, cette question paraît incomber aux économistes et à un calcul mathématique *ad hoc*. Or, en réalité, la rationalisation de la rémunération passe, avant tout, au travers de sa légalité. L'État-régulateur[2] dans les économies européennes contemporaines est tenu de concilier les différents objectifs en vue de satisfaire l'intérêt général. À cet égard, l'Administration jouit d'une marge d'appréciation assez étendue afin de retenir l'offre économiquement la plus avantageuse. En profitant de son pouvoir discrétionnaire, elle fait ainsi souvent de la politique dans le cadre de sa compétence contractuelle. La rationalisation de la rémunération rend indispensable son contrôle efficace, selon le droit de la commande publique et les règles de la libre concurrence **(Section II).**

Section I – L'ÉVALUATION DE LA RÉMUNÉRATION RAISONNABLE

732. Postulant que la rémunération constitue un droit intangible du cocontractant de l'Administration ainsi qu'une obligation respective pour l'Administration[3], il en résulte qu'il s'agit d'un fruit de

---

[1] À propos du principe de « conciliation » des objectifs de l'intérêt général, v. Clamour G., *Intérêt général et concurrence : essai sur la pérennité du droit public en économie de marché, op.cit.*, p. 714-733.

[2] Parmi une littérature abondante autour de la notion de la régulation v. notamment Marcou G., « La notion juridique de la régulation », *AJDA*, 2006, p. 247 ; Frison-Roche M.-A., « Contrat, concurrence, régulation », *RTDCiv.*, 2004, p. 451 ; Nicinski S., « Le mode de régulation », *RFDA*, 2010, p. 735 ; Timsit G., « La régulation- la notion et le phénomène », *RFAP*, 2004/1 (n° 109), p. 5-11 ; Chevallier J., « L'État régulateur », *RFAP*, 2004/3 (n° 111), p. 473- 482 ; Gallot J, « Qu'est-ce que la régulation ? Contribution pour une définition », *Conc. Cons.*, 2001, n°119, p.37-44 ; Rambaud R., *L'institution de la régulation*, (préf. Marcou G.), coll. Logiques juridiques, L'Harmattan, Paris, 2012.

[3] V. *supra*, n°263 et s.

consensus contractuel. La limite ultime étant la préservation de l'équilibre financier du contrat, l'Administration impose des contraintes visant à la délimitation des aspirations lucratives de son cocontractant ou, autrement dit, à la délimitation de la rentabilité de la rémunération. Certes, une politique de la rémunération orientée vers le coût de la prestation est apparemment cohérente avec la préservation de l'intérêt général – notamment au sens de l'accessibilité du public aux services publics – et, surtout, avec la bonne gestion des deniers publics.

733. Cependant, la détermination de la rémunération n'est pas seulement le fruit d'un consensus contractuel. L'instrument de la concurrence joue un rôle prépondérant. Par conséquent, ce consensus contractuel incorpore le résultat d'un processus concurrentiel dans les conditions normales du marché et non pas d'une concurrence parfaite. Cela présuppose le respect des contraintes de transparence, de mise en concurrence et l'absence de réalisation des comportements anticoncurrentiels. Si l'exercice des pratiques anticoncurrentielles est interdit pour les opérateurs privés, pour l'Administration contractante est interdite toute intervention susceptible de favoriser certains opérateurs.

734. Le plafonnement de la rémunération du cocontractant de l'Administration implique deux séries de limites : d'une part, les limites fondées sur l'équité contractuelle et précisées par le principe d'une rentabilité limitée **(§1)** ; d'autre part, les limites imposées par les règles de la libre concurrence, et notamment par l'interdiction des aides publiques **(§2)**.

§1 – LES LIMITES DE NATURE CONTRACTUELLE

735. D'emblée, la recherche d'une rémunération raisonnable s'impose par l'impératif d'équité contractuelle. En outre, la qualification du contrat de la commande publique en contrat synallagmatique[1] renvoie à la nécessité d'un rapport équitable entre la prestation et la contreprestation, d'où le cocontractant de l'Administration tire sa rémunération. Ainsi, la rationalité de la rémunération ne saurait être recherchée qu'en vertu de ce rapport

[1] À propos de la problématique de la qualification des contrats de la commande publique comme des contrats synallagmatiques v. *supra,* n°263 et s.

d'équilibre : d'un point de vue subjectif, c'est l'équilibre contractuel entre droits et obligations des parties qui réifie l'équité contractuelle[1] ; d'un point de vue objectif, c'est l'équilibre économique entre dépenses et recettes[2]. Dans ce cadre, l'équité contractuelle interdit l'obtention par le cocontractant des surprofits au détriment de l'Administration contractante, et *a fortiori* au détriment des administrés. De prime abord, il s'agit d'une question de négociation et de prévisions contractuelles. Or, du fait de la mutabilité profonde des contrats de la commande publique, rendant l'équilibre économique du contrat fragile et susceptible d'être mis en cause à tout moment, la question peut être abordée dans un contexte plus général, prenant en considération le contrat dans son ensemble.

736. En matière de contrats de la commande publique, l'équité contractuelle entretient un rapport particulièrement étroit avec leur cadre réglementaire. Par ce biais, le passage de l'équilibre entre droits et obligations des parties à l'équilibre entre dépenses et recettes à travers leur précision par les normes précisant le contenu et l'économie du contrat[3]. L'équilibre économique peut rationaliser la rémunération du cocontractant de l'Administration, en prenant en considération qu'il ne constitue que la concrétisation des dispositions réglementaires qui lui imposent.

737. La rationalisation contractuelle de la rémunération s'effectue à travers l'équilibre économique au sens d'une structure équitable suivant la dynamique du contrat **(A)**. Au fil de cette construction artificielle, on peut en déduire un principe de juste rémunération **(B)**.

A. Le fondement de l'équilibre économique

738. La reconnaissance de la dimension dynamique à la rémunération repose nécessairement sur la conception dynamique du contrat de la commande publique. En effet, il s'agit d'un contrat en mutation, du fait de ses objectifs liés à la satisfaction de l'intérêt général. Pour cette raison, une structure contractuelle qui permettrait la sécurité juridique lors de l'évolution du contrat parait indispensable.

---

[1] V. *supra*, n°64.

[2] À propos de cette distinction terminologique, v. Vidal L., *L'équilibre financier du contrat dans la jurisprudence administrative, op.cit.* v. Introduction.

[3] V. *supra* n°243-244, à propos de la situation juridique.

739. D'un point de vue ontologique, le contrat, au sens de la possibilité de contracter, suppose des dispositions qui régissent sa force obligatoire. Si tel est le cas des contrats de droit commun, il n'en va pas de même pour les contrats de la commande publique. Dans ce cas, l'Administration peut contracter parce que la loi lui permet de contracter et le contrat de la commande publique n'existe qu'à travers les clauses contractuelles qui le composent[1] et qui précisent le cadre réglementaire qui le régit **(i)**. Le même cadre réglementaire préserve l'équité contractuelle au sein du rapport économique entre prestation et contreprestation, nonobstant la mutabilité du contrat **(ii)**.

i. L'équilibre économique et la stabilité du rapport économique

740. La normativité du contrat est le fondement sur lequel sa validité est édifiée. Il doit être préconisé que, malgré la divergence superficielle de qualifications et des régimes des contrats de la commande publique, sur le fond, leur contenu est encadré par la loi. En effet, l'application du principe de légalité vise à son harmonisation avec les autres normes appartenant au bloc de la légalité[2]. Il s'ensuit alors que le contrat de la commande publique, soumis au cadre normatif constitue une « norme contrôlée »[3]. En effet, « [s]itôt l'engagement acquis, l'ordre donné aux parties de le respecter pèse aussi lourdement que s'il était venu "de l'extérieur", ou "d'au-dessus". En ce sens donc, le contrat a bien engendré une norme objective, une obligation de comportement inter partes et pas une simple situation juridique »[4]. De ce constat, on pourrait déduire deux résultats : d'une part, les stipulations contractuelles doivent s'harmoniser aux normes supérieures auxquelles le contrat est soumis ; d'autre part, le contrat devient la norme de référence en vue du contrôle objectif de légalité des actes d'exécution.

---

[1] Sur ce point, v. Yannakopoulos C., *La protection de la libre concurrence lors de l'exécution des contrats administratifs (Η προστασία του ελεύθερου ανταγωνισμού κατά την εκτέλεση των διοικητικών συμβάσεων), op. cit.* n° 236, p. 235.

[2] V. également *supra* n°268, à propos de la compétence contractuelle de l'Administration.

[3] *Ibid.*

[4] De Béchillon D., « Le contrat comme norme dans le droit public positif », *RFDA*, 1992, p. 15.

741. Il s'ensuit que les stipulations contractuelles ne sont valides que sous condition qu'elles ne contreviennent pas au droit positif de la commande publique. Autrement dit, elles ne constituent que « la concrétisation des normes supérieures régissant la passation des contrats administratifs » et qui encadrent le contrat même en cours de son exécution[1]. L'existence d'un contrôle de légalité objective en témoigne[2]. En effet, la protection juridictionnelle des concurrents évincés et des tiers justifiant un intérêt à agir apporte une confirmation que le contrat de la commande publique implique une forte présence de légalité objective.

742. Le Professeur Marcou illustre bien la portée contraignante du cadre réglementaire auquel les contrats de la commande publique sont soumis : « Si l'on peut relever un recul du statut devant le contrat sous l'effet des politiques de libéralisation, ce n'est jamais le retour à la simple "loi des parties". Le contrat est alors dans tous les cas un contrat soumis à une réglementation plus ou moins contraignante, mais il autorise une plus grande différenciation des rapports juridiques. En étendant le recours au contrat, la loi lui impose des sujétions »[3]. Certes, cet « équilibre formel »[4], en tant que rapport entre droits et obligations des parties au contrat selon leur commun accord, est, comme tous les points essentiels du contrat, le fruit du fort impact de l'ensemble des normes qui y sont supérieures. Autrement dit, la reconnaissance de cet équilibre contractuel contribue à la qualification du contrat de la commande publique en tant qu'une norme qui appartient à une hiérarchie en tant qu'un « acte décisoire »[5] et qui constitue la norme de contrôle – autrement dit le point de référence – pour les normes qui y sont inférieurs. Il s'ensuit alors que les stipulations contractuelles ne sauraient échapper à leur encadrement. Autrement dit, elles ne constituent que « la concrétisation des normes

---

[1] Yannakopoulos C., « L'apport de la protection de la libre concurrence à la théorie du contrat administratif », *op. cit.*

[2] V. *supra,* n°235.

[3] Marcou G., « L'ordre public économique aujourd'hui- un essai de redéfinition » in *Annales de la régulation,* vol. 2, 2009, p. 85 ; À propos de la définition de l'ordre public économique v. aussi Pez Th., « L'ordre public économique », *Les nouveaux Cahiers du Conseil constitutionnel*, 2015/4 (n° 49), p. 43-57.

[4] Oum-Oum J.- F., *La responsabilité contractuelle en droit administratif, op.cit.*, n°96-104.

[5] Yannakopoulos C., « L'apport du principe de protection de la libre concurrence à la théorie du contrat administratif », *op. cit.*

supérieures régissant la passation des contrats administratifs »[1] et qui encadrent le contrat même en cours de son exécution.

743. Ce cadre contraignant le contenu contractuel s'impose, bien évidemment, également à l'économie du contrat. L'équilibre économique est le produit qui se dégage par l'osmose entre le cadre législatif et la volonté des parties, au sens que le premier délimite la seconde. Une fois établi au moment de la conclusion du contrat, cet équilibre peut être qualifié comme l'outil de sauvegarde d'un minimum de sa stabilité structurelle au nom de la sécurité juridique. L'équilibre économique constitue l'expression de la « cohésion de l'ordre juridique contractuel »[2] et en tant que tel il doit être préservé pendant l'exécution du contrat.

744. Par conséquent, une certaine stabilité des rapports contractuels, pour des raisons de sécurité juridique et économique est indispensable. Cette contrainte renvoie à l'obligation de « loyauté des relations contractuelles »[3], répandue en droit interne français suite à la jurisprudence *Commune de Béziers*[4]. Sur le plan comparatif, à propos des droits grec et allemand, on ne peut déduire cette contrainte de stabilité que comme le corolaire des principes généraux de bonne foi et des bonnes mœurs[5]. En droit grec et en droit allemand et en vertu de leur conception normative du contrat de la commande publique, la

---

[1] *Ibid.*

[2] Oum-Oum J.- F., *La responsabilité contractuelle en droit administratif, ibid.*

[3] En ce sens, v. Lafaix J.-F., « La loyauté des relations contractuelles au regard de la théorie du contrat », *op. cit. ;* Seiller B., « La loyauté (hors) des relations contractuelles », in *Mélanges Richer- À propos des contrats des personnes publiques*, *op. cit.*, p. 435-449. V. aussi la jurisprudence CE Ass., 28 décembre 2009, *Commune de Bézier*s- CE sect., 21 mars 2011, *Commune de Béziers II*, *Rec.* 509, concl. Glaser E. ; concl., *BJCP,* 2010.138, *RFDA,* 2010, p. 506 ; *AJDA,* 2010, p.142, chr. Liéber J. et Botteghi D., et 2011, p. 665, chr. Lallet A. et Domino X. ; *AJCT,* novembre 2010, p.114, note Didriche O. ; *CMP,* mars 2010, p.38, note Rees D. ; *Gaz. Pal.* 16 mars 2010, p. 13, note Seiller B. *; JCP A*, 2010, p.2072, note Linditch F. ; *RDI* 2010, p.265, note Noguellou R. ; *RDP.* 2010, p.553, note Pauliat P. *; RFDA* 2010, p.519, note Pouyaud D. ; *RJEP,* juin 2010, p.19, note Gourdou J-F. et Terneyre Ph. ; *Mélanges Richer (ibid)* p.641, concl. Glaser E. , *GAJA*, n°104.

[4] V. *infra* n°1120. La disparition rétroactive du contrat doit constituer la ultima ratio de la sanction. V. en ce sens CE, 4 octobre 2019, Sy*ndicat mixte de développement durable de l'Est-Var pour le traitement et la valorisation des déchets ménagers*, req. n° 421022 ; *CMP*, 2019, comm.373.

[5] Sur ce point v. *infra* 1030-1033 à propos du droit grec et n°1036 à propos du droit allemand.

question se pose par rapport à la légalité du contrat[1]. En ce qui concerne le droit français et sa présomption volontariste[2], alors que le juge administratif répugnait à s'engager sur la voie dite « subjectiviste » de la légalité, suite à la jurisprudence du Conseil d'État, il semble avoir franchi le pas sous l'étiquette de la loyauté au sens objectiviste. De ce constat, on peut en tirer deux conclusions : d'une part, la stabilité du rapport économique est étroitement liée voire préservée par la légalité du contrat ; d'autre part, en poussant ce syllogisme plus loin, que la rémunération du cocontractant de l'Administration, faisant partie de l'équation financière, est institutionnellement déterminée. La recherche de la rationalité de la rémunération peut être recherchée en vertu de la légalité du contrat.

745. Cette contrainte de stabilité du rapport économique du contrat renvoie à la notion de l'équation financière, au sens où les recettes doivent être calculées de manière à couvrir les dépenses d'exploitation. Nonobstant la mutabilité du contrat de la commande publique, cette équation correspond à l'impératif de la stabilité des rapports contractuels. Comme l'a précisé le Professeur Jèze à propos des contrats de concession, « toute concession de service public comporte une équation financière. Les recettes (tarifs) sont calculées de manière à couvrir les dépenses d'exploitation. L'équation financière de la concession établie au moment de la conclusion est acceptée par le concessionnaire comme lui assurant la couverture de ses dépenses, une rémunération raisonnable des capitaux investis et un bénéfice normal. Les deux termes de l'équation sont réputés se faire équilibre au moment fixé par les parties contractantes »[3]. Si cette équation justifie une rémunération raisonnable au profit du cocontractant de l'Administration, la contrainte de sa stabilité impose son plafonnement, nonobstant l'oscillation de l'économie du contrat.

ii. L'équilibre économique et la dynamique du contrat

746. Le contrat de la commande publique, par définition étendu comme un contrat à titre onéreux, présuppose une réciprocité

---

[1] V. également Yannakopoulos C., « L'apport de la protection de la libre concurrence à la théorie du contrat administratif », *op. cit.*

[2] V. *supra* n°264 et s.

[3] Jèze G., note sous CE, 10 février 1935, *Ville de Toulon*, *RDP*, 1935, p. 783.

d'obligations, mais pas nécessairement une équivalence parfaite. Le contrat de la commande publique, conservant son caractère contractuel, repose sur un consensus des parties, qui, à son tour, est légitimé au sens d'une équité contractuelle. Cet impératif est exprimé en vertu de l'équilibre économique, au sens d'« une égalité logique formelle au sein de la conception du contrat [...] Charges et produits, pertes et bénéfices s'impliquent mutuellement de telle sorte que l'on peut poser l'égalité logique suivante : toute charge constitue la contrepartie d'un bénéfice ; tout bénéfice constitue la contrepartie d'une charge »[1]. La rémunérationµ au sens de la marge de profit, constitue la contrepartie du risque que le cocontractant de l'Administration a accepté à endosser[2], ce qui justifie sa nature dynamique. Comment alors concilier la contrainte de stabilité du rapport économique avec cette dimension dynamique ?

747. Bien évidemment, l'équation financière du contrat peut être conçue comme une équation formelle, c'est-à-dire qu'elle aboutit à poser que toute augmentation de charges au détriment du cocontractant de l'Administration doit être compensée et qu'il s'agisse d'une augmentation proportionnelle du prix du marché ou des revenus du service. Elle peut être également conçue comme une équivalence honnête, ou même comme un équilibre relatif, raisonnable et non pas absolu. Selon Léon Blum « c'est lorsque l'équation financière, entendue largement, révèle une correspondance satisfaisante entre les avantages et les inconvénients du contrat qu'elle est la plus convaincante »[3]. Un tel équilibre convaincant implique nécessairement une rémunération raisonnable.

748. À cet égard, Laurent Vidal, a précisé en plus que cet équilibre n'est pas un synonyme de l'équivalence ou d'équation statique, mais un mécanisme de stabilité structurelle qui évolue du fait de la dynamique du contrat, en même temps que le rapport économique initial reste stable. Plus précisément, lors de l'exécution du contrat, cette équation financière doit être préservée à l'épreuve de l'augmentation des coûts et de la réalisation d'un risque. Dans le

---

[1] Vidal L., *L'équilibre financier du contrat dans la jurisprudence administrative, op.cit*, p. 6.

[2] V. *supra* n°404 et 507.

[3] CE, 11 mars 1910, *Compagnie générale française des tramways, op.cit.* ; Vidal L., *L'équilibre financier du contrat dans la jurisprudence administrative, op. cit.* p. 752.

premier cas où les coûts sont gonflés entrainant, par conséquent, une hausse de la contrepartie financière, il n'y a pas de raison d'augmenter de la rémunération. Dans le second cas, c'est la rémunération qui s'adapte – en principe en fonction des clauses de révision ou d'indexation – pour permettre l'exécution du contrat, puisqu'elle constitue la compensation du risque endossé par le cocontractant de l'Administration[1]. Autrement dit, si elle ne correspond pas ni à l'endossement d'un risque ni à une prestation supplémentaire justifiant ce profit supplémentaire, l'équilibre est perturbé. Une augmentation injustifiée de la rémunération entraîne un déséquilibre économique.

749. Par conséquent, l'intangibilité de la rémunération ne signifie pas seulement qu'elle ne doit pas être modifiée au détriment du cocontractant de l'Administration, mais également qu'elle ne peut non plus être modifiée à son profit[2]. Dans le cas où la rémunération du cocontractant de l'Administration est tirée d'un prix, sa délimitation repose sur l'équité contractuelle et le caractère déterminé – ou au moins déterminable – du prix. Dans le cas où la rémunération est tirée des redevances perçues auprès des usagers du service, l'hypothèse s'avère plus complexe du fait de la présence imminente du risque. Les redevances sont réputées couvrir l'ensemble des coûts du service rendu. Ainsi, les usagers payants ne sont tenus de supporter que ce coût, y compris les coûts du fonctionnement du service, le remboursement des emprunts, les provisions pour renouvellement et la rémunération du concessionnaire. Chez Jèze, les redevances et les péages n'ont pas un caractère contractuel. Qualifiées en « dépenses publiques productives »[3], leur tarif n'étant que l'objet d'un règlement.

750. Ces remarques nous amènent à la recherche d'une rémunération raisonnable, au sens d'une contrepartie respectant l'équilibre entre obligations et droits stipulés par le contrat. Conçue comme un « principe de rentabilité limitée »[4], la contrainte de la

---

[1] V. *supra* n°404 et 507.

[2] À propos de l'application du principe en vertu du régime du contrat de la commande publique, v. *infra* n°1424 et s.

[3] Cossalter Ph., *Les délégation d'activités publiques dans l'Union européenne, op. cit.*, p. 733, n° 1258.

[3] Jèze G., *Cours des finances publiques*, Giard, Paris, 1931, p. 110-111.

[4] Cossalter Ph., *Les délégation d'activités publiques dans l'Union européenne, ibid.*, p. 731 et s. n° 1253 et s.

rationalisation de la rémunération par le truchement de consécration des limites sera précisée en droit interne.

B. L'émergence du principe de rémunération raisonnable

751. Le concept de juste rémunération exprime plus un objectif qu'un acquis. Ainsi, on retrouve souvent l'expression de rémunération « juste », « raisonnable » ou « équitable », indiquant la nécessité de rationaliser le taux de profit accordé au cocontractant de l'Administration. Bien que la fixation de son montant soit le résultat d'un calcul économique, son appréciation ne saurait que faire l'objet d'une appréciation juridique, assujetti, parfois, à des contraintes précisées par voie réglementaire.

752. En dépit de cette difficulté, le principe de rémunération raisonnable est précisé *ad hoc,* mettant en évidence des limites à la rentabilité des services ainsi que par des dispositions réglementaires fixant des taux et des plafonds. Au fil de l'émergence d'un principe de rémunération raisonnable, des initiatives de précision du niveau de cette rationalité limitant les aspirations lucratives des opérateurs publics sont observées à propos des contrats de la commande publique en droit français **(i)**, en droit grec **(ii)** et en droit allemand **(iii)**.

i. En droit français

753. En droit français, le concept de la rémunération raisonnable a tenté d'être précisé notamment par la jurisprudence du Conseil d'État. La question était, en principe, abordée en vertu des contrats de concession et la nécessité de poser des limites aux surprofits du cocontractant de l'Administration. Dès lors, le principe d'une rémunération raisonnable régit l'ensemble des contrats de la commande publique, y compris les marchés publics.

754. Historiquement, cette contrainte puise ses racines dans la réglementation des prix et des tarifs, mise en œuvre à la fin de la Seconde Guerre mondiale. En raison de la conjoncture socioéconomique, le pouvoir public était forcé de bloquer les niveaux des prix sur la base des niveaux atteints avant la guerre, afin de réduire des phénomènes d'inflation[1]. Progressivement, cet encadrement des prix fixés par des arrêtés du Ministre de l'Économie cessait devant leur libéralisation, consacrée par l'ordonnance du 1er décembre 1986 relative à la liberté des prix et de la concurrence[2]. Codifiée à l'article L.410-1 du code de commerce, ceette libéralisation n'est pas sans dérogations. Ainsi, dans certains secteurs, la concurrence pour les prix est par construction réduite, du fait de services monopolistiques ou d'autres conditions exceptionnelles. Cette exception concerne les contrats de la commande publique et les secteurs de l'électricité et du gaz, les secteurs de péages autoroutiers. En général, les tarifs sont fixés par un décret du Conseil d'État après consultation de l'Autorité de la concurrence. Tel est le cas des tarifs dans les domaines de l'électricité et du gaz où les prix sont réglementés, conformément à l'article L.337-1 du Code de l'énergie et la procédure et à l'article L.410-2 du Code de commerce[3]. Dans le cas des péages autoroutiers, les tarifs de péage sont encadrés par les contrats de concession, approuvées par décret du Conseil d'État, tandis que l'Autorité de régulation des transports est chargée de veiller au bon fonctionnement du régime tarifaire et d'emettre un avis préalable su les modifications contractuelles susceptibles d'affecter ces tarifs[4]. Par ce biais, se posent des limites à la fixation des prix élevés permettant les surprofits des opérateurs privés, sous condition de l'accord du pouvoir public[5].

755. En épousant une logique identique, le secteur des transports publics est également soumis à la contrainte de la délimitation de la rémunération. Comme le prévoyait, par exemple, la loi sur l'organisation des transports intérieurs (LOTI) sans discerner les

---

[1] Ordonnance n° 45-1483 du 30 juin 1945 relative aux prix, *JORF* n°160 du 8 juillet 1945. V. Nicinski S. *Droit public des affaires*, *op.cit.*, p. 202, n °327 et s.

[2] Ordonnance n° 86-1243 du 1er décembre 1986 relative à la liberté des prix, *JORF* n° 287 du 9 décembre 1986 p. 14773.

[3] Ces dispositions s'appliquent au prix de l'accès régulé à l'électricité nucléaire historique, aux tarifs réglementés de vente d'électricité et aux tarifs de cession de l'électricité aux entreprises locales de distribution ou aux entreprises suite à la séparation juridique des activités locales de distribution, ainsi que pour la fourniture d'électricité aux clients qui ont exercé leur droit au libre choix du fournisseur.

[4] Mise à jour annuelle des tarifs, sous proposition des sociétés concessionnaires. À propos du régime des péages autoroutiers, v. article L. 122-4 du Code de la voirie routière.

[5] Sur ce point v. Pez Th., *Le risque dans les contrats administratifs, op.cit.* n°337 ainsi que n°526- 529.

marchés publics de transport des conventions de délégation de transport public, « les conditions dans lesquelles sont exécutées des opérations de transport public permettent une juste rémunération du transporteur assurant la couverture des coûts réels du service rendu dans les conditions normales d'exploitation »[1]. La rémunération raisonnable alors tirée d'un prix consiste en la marge qui s'ensuit de la différence entre le prix et le coût. Au-delà de la reconnaissance de l'exigence d'une rémunération juste, la loi ne tente pas de préciser ce qu'il faut entendre par « juste ».

756. Bien que la question ait abordée plutôt en matière des contrats de concession, la jurisprudence du Conseil d'État français n'est pas arrivée à préciser davantage cette contrainte. En effet, en vertu de sa jurisprudence, on retrouve le concept d'une rémunération raisonnable à plusieurs reprises[2]. En ce sens, sont également utilisées des expressions synonymes par la Haute juridiction administrative comme « l'équitable rémunération »[3], ou « l'exploitation normalement rémunératrice »[4]. De sa part, la doctrine a tenté de clarifier ce concept. À cet égard, Maurice Hauriou s'est contenté de reconnaître un *« bénéfice normal »*[5], au moment où Gaston Jèze, à propos de l'arrêt

---

[1] Article 6 de la Loi n° 82-1153 sur l'organisation des transports intérieurs (LOTI), *JORF* n° 304 du 31 décembre 1982, p. 4004, qui, sans discernant les marchés publics de transport des conventions de délégation de transport public prévoit que : « les conditions dans lesquelles sont exécutées des opérations de transport public permettent une juste rémunération du transporteur assurant la couverture des coûts réels du service rendu dans les conditions normales d'exploitation ».

[2] En guise d'illustration v. CE, 3 avril 1908, *Ville de Lézignan, Rec.,* 335 ; 21 juill. 1911, *Ville d'Hyères, Rec.,* 856 ; CE, 19 mars 2010, *Syndicat des compagnies aériennes autonomes (SCARA)* n° 305047, *Rec.* (tables) ; CE, 3 mai 1912, *Ville d'Argenton,* S. et P. 1914.3.65; *Pand. pér.*, 1914.3.65, et la note de Hauriou M., 6° col., 3° ; 7 mars 1913, *Ville d'Angers, Rec.,* p. 325, ainsi que dans des arrêts plus récents comme CE, 7 octobre 1987, *Société Service technique d'Études*, n° 49774, *Rec.* (tables) ; CE, 29 décembre 1995, *Société anonyme Alpes-Antilles- Corporation,* n° 98807 (inéd); CE, 19 mars 2010, *Syndicat des compagnies aériennes autonomes (SCARA)* n° 305047, *Rec.* (tables).

[3] CE, 23 mai 1936, *Commune de Vésinet, Rec.*, 591.

[4] CE, 3 janvier 1947, *Société d'Entreprise générale de distribution et de concession d'eau et de gaz et de travaux publics, Rec.*, 648.

[5] Hauriou M., note sous l'arrêt CE, 27 juin 1919, *Sté gaz et électricité Nice, S.* 1920, p. 25, ainsi que disponible sur http://www.revuegeneraledudroit.eu/blog/2015/04/01/la-construction-jurisprudentielle-de-la-situation-extra-contractuelle/.

Ville de Toulon, a précisé qu' « une rémunération raisonnable des capitaux investis et un bénéfice normal » doivent être assurés par l'équation financière du contrat[1]. La contrainte d'une *rémunération équitable* était également constatée par le Professeur Péquignot[2]. En dépit de cette forte présence dans la jurisprudence et la littérature, ce concept n'arrive pas à être apprécié *in abstracto*. En effet, toute tentation de précision de la rationalité de la rémunération du cocontractant de l'Administration est effectuée *in concreto*. Cependant, le caractère éminemment casuistique de l'appréciation juste de la rémunération fait obstacle à une lisibilité satisfaisante du principe. Plus précisément, la jurisprudence se satisfait à reconnaitre une marge de profit dans la contrepartie financière accordée au cocontractant de l'Administration, raisonnable et justifiée par l'équation financière convenue. À cet égard, l'article L. 2224-1 du Code général des collectivités territoriales prévoit une contrainte d'équilibre budgétaire à propos des cas où une collectivité peut subventionner un service public d'intérêt industriel et commercial[3]. Ainsi, le tarif imposé à l'usager du service, calculé sur cette base, doit assumer le financement de l'ensemble des coûts. Le Conseil d'État retient ainsi le caractère proportionnel du montant de la redevance, précisant que les tarifs des services publics à caractère industriel et commercial, qui servent de base à la détermination des redevances demandées aux usagers en vue de couvrir les charges du service, doivent trouver leur contrepartie directe dans le service rendu aux usagers[4]. Un avantage supplémentaire au sein des gains obtenus au-delà de cet équilibre renvoie à un déséquilibre injustifié[5].

---

[1] Jèze G., note sous l'arrêt CE, 10 avril 1935, *Ville de Toulon, op. cit.*

[2] Péquignot G., *Contribution à une théorie générale des contrats administratifs, op. cit.*, p. 448. V. également Bettinger Ch., *La concession de service public et de travaux publics*, Berger-Levrault, Paris, 1979, p. 118.

[3] Article L.2224-1 CGCT prévoyant *que* « les budgets des services publics à caractère industriel ou commercial exploités en régie, affermés ou concédés par les communes, doivent être équilibrés en recettes et en dépenses ».

[4] CE, 30 septembre 1996, *Société stéphanoise des eaux et Ville Saint-Etienne,* req. n° 156176, *Rec.* 355 ; *DA,* 1996, comm. 557, note Devès C. ; *JCP* 1997, p. 603, note Renault.

[5] La collectivité peut tout de même en tirer un minimum de profit. V. en ce sens CE, 16 juillet 2007, *Syndicat national de défense de l'exercice libéral de la médecine à l'hôpital,* req. n°293229, *Rec.* 349 ; *RFDA,* 2007, p. 1269, concl. Devys C.

757. La notion de la rémunération raisonnable est mise en évidence également en ce qui concerne les contrats d'occupation du domaine public. La Cour des comptes dénonçait l'insuffisance des redevances d'occupation du domaine public et souhaitait que les redevances de cette nature tiennent un plus juste compte de la valeur des terrains et des installations concédées[1]. Le cas échéant, les collectivités sont relativement libres quant à la détermination du montant de la redevance, cette dernière, cependant, étant calculé sur la base de la valeur locative du bien occupé et/ou de l'avantage spécifique procuré par la jouissance privative du domaine public[2]. À cet égard, cet avantage doit être fixé de manière raisonnable : il ne doit être ni insuffisant[3] ni disproportionné par rapport à d'autres redevances[4]. Son appréciation n'est alors possible que de manière casuistique, en prenant en considération de certains paramètres déterminants. Autrement dit, la rationalité de la rémunération s'explique par les conditions d'exécution du contrat. Sa délimitation pourrait être précisée à travers la rationalisation de ses paramètres.

758. Prenons l'exemple des contrats de concession qui illustre à merveille cette esquisse de rationalisation à travers la définition de la durée normale d'amortissement[5]. Dans l'affaire *Maison Comba,* il est admis que la durée normale d'amortissement ne s'identifie pas nécessairement à la durée normale d'amortissement comptable[6]. Le

---

[1] Rapport de la Cour des comptes 1976.

[2] CE, 12 décembre 1923, *Peysson*, *Rec.* 826 ; TA Montpellier, 10 nov. 1981, *Planchon*, *Rec.* 643. Hoepffner H., *La modification du contrat administratif, op. cit.*, n° 315

[3] CAA Nancy, 13 janvier 2005, *Région Lorraine*, req. n° 03NC00988, au risque d'être qualifié d'aide publique déguisée.

[4] CAA Nancy, 28 novembre 1991, *Prouvoyeur,* req. n° 91NA00230, *Rec.* 595.

[5] V. *supra* n°584.

[6] CE, 11 août 2009, *Société Maison Comba, op.cit.* Selon cet arrêt, « la durée normale d'amortissement la convention de délégation tient compte, pour la détermination de sa durée, de la nature et du montant de l'investissement à réaliser et ne peut dans ce cas dépasser la durée normale d'amortissement des installations mises en œuvre (...) ; qu'il résulte de ces dispositions que la durée normale d'amortissement des installations susceptible d'être retenue par une collectivité délégante, peut-être la *durée* normalement attendue pour que le délégataire puisse couvrir ses charges d'exploitation et d'investissement, compte tenu des contraintes d'exploitation liées à la nature du service et des exigences du délégant, ainsi que de la prévision des tarifs payés par les usagers, que cette durée coïncide ou non avec la

rapporteur public Bernard Dacosta dans ses conclusions a davantage précisé que l'amortissement économique implique que la « durée de la convention doit être calculée de façon à permettre au délégataire d'équilibrer ses charges et de réaliser une marge normale, compte tenu du secteur économique concerné mais aussi des exigences de la collectivité délégante en matière des tarifs »[1]. La rédaction de ces conclusions permet de constater une délimitation de la rémunération au sens de l'orientation vers les coûts de la contrepartie convenue, tout en respectant l'équilibre entre dépenses et recettes.

759. De surcroît, la délimitation de la rémunération du cocontractant de l'Administration lors de la fixation des tarifs du service public s'ensuit, bien évidemment, du principe de l'égalité des usagers au service public. Cette contrainte implique parfois la rupture de l'unicité du tarif de base et des disparités tarifaires de certaines catégories des usagers. Tel était la position du Conseil d'État français en matière de transports, dans son avis relatif à la tarification du TGV, instaurant une discrimination tarifaire, justifiée par le principe d'égalité des usagers de services publics. Du point de vue économique, afin d'éviter une perturbation dans l'équilibre économique du contrat, cet avis propose que « par l'augmentation des tarifs appliqués sur les trains les plus fréquentés, elle permet d'écrêter les pointes de trafic et de limiter ainsi les frais d'exploitation ; par la réduction des tarifs appliqués sur les trains les moins fréquentés, elle permet de faciliter l'accès du TGV à des catégories plus larges de population »[2]. Par cette voie, la Haute Juridiction administrative a tenté de circonscrire l'équité de la rémunération raisonnable par rapport à l'accès égal des usagers au service public.

760. De ce qui précède, il conviendrait de conclure que la rationalisation voire la délimitation de la rémunération du

---

durée de l'amortissement comptable des investissements ». En ce sens, v. également CE, 8 février 2008, *Commune de Chartres Métropole, op. cit.*

[1] Concl. Dacosta B. sous CE, 11 août 2009, *Société Maison Comba (ibid.), BJCP,* n°67, novembre-décembre 2009, p. 470.

[2] CE Ass., Avis n° 353.605 du 24 juin 1993, « Tarification du TGV et égalité devant le service public », *Les grands avis du Conseil d'État*, Dalloz, 2008, n° 22, p. 245-255. V. aussi la mission de la SNCF décrite dans l'article 13 de son cahier des charges ainsi que l'article 14 à propos de sa politique tarifaire (*Cahier des charges de la Société nationale française des chemins de fer*- Décret n°83-817 du 13 septembre 1983, *JORF* n° 213 du 14 septembre 1983, p. 2789).

cocontractant de l'Administration est entreprise, en droit français, à travers le renvoi aux concepts évaluatifs, comme la durée normale d'amortissement ou par rapport au respect des grands principes de service public, notamment celui de l'égalité des usagers. Cette pratique reflète une certaine plasticité, permettant l'évaluation *ad hoc* de la rémunération raisonnable, compte tenu des conditions d'exécution du contrat et du secteur économique concerné. Le renvoi aux notions évaluatives est également employé par le juge grec.

ii. En droit grec

761. À l'instar du juge français, le juge grec renvoie souvent à des notions évaluatives, afin de rationaliser la rémunération du cocontractant de l'Administration. La question de la rémunération raisonnable est abordée à l'aune du coût administratif raisonnable lors de l'appréciation des offres économiques présentées. Par cette voie, il s'arroge le droit d'apprécier au cas par cas la rationalité de la rémunération, tout en préservant une marge de manœuvre assez étendue au profit du pouvoir adjudicateur.

762. À cet égard, la loi n° 4412/2016 relative aux marchés publics, à l'instar de sa devancière, fixe à propos des marchés des travaux un taux dit raisonnable, visant à couvrir les frais généraux au sens du coût administratif raisonnable[1] ainsi que la marge de profit du cocontractant de l'Administration. Ce taux doit être prévu dans le budget du contrat ainsi que les factures présentées par le maître d'ouvrage et par le maître d'œuvre ; il est fixé à 18%[2] et demeure stable pendant l'exécution du contrat, recouvrant tant les coûts administratifs ainsi que la rémunération. Par conséquent, il incombe au cocontractant de l'Administration d'exécuter le contrat en diminuant le coût administratif et en accroissant sa rémunération.

763. De plus, une limitation claire est également, en matière de marchés des fournitures médicales, du fait de l'instauration de l'Observatoire des prix des fournitures médicales et des services de surveillance et de nettoyage[3]. Dans cet Observatoire sont enregistrés

---

[1] V. *supra* n°661.
[2] Article 53, paragraphe 7, n° 9 (θ) de la loi n° 4412/2016.
[3] Décision ministérielle n° 08/31.05.2010 relative aux Clauses, règles de fonctionnement et conditions de publicité de l'Observatoire des prix de tous services et fournitures prévus à l'article 10 de la loi n° 3580.

les prix et tarifs les plus bas qui sont obtenus pour les fournitures et les services concernés, précisant par cette voie les prix et tarifs les plus hauts qui peuvent être proposés.

764. La consécration d'une marge recouvrant tant le coût administratif raisonnable ainsi que la marge de rémunération compris dans la contrepartie convenue doit être précisée, même préalablement, en vertu de l'avis d'appel au public. Par cette voie, la marge est calculée en vue de l'établissement de l'équilibre économique du contrat et, par conséquent, cette marge doit être préservée mais également délimitée, afin d'éviter tout déséquilibre économique. En ce sens, les juridictions administratives, de leur part, interprètent de manière restrictive la rationalité de la rémunération. Selon cette position, la marge de rémunération est permise pour que l'exécution du contrat ne soit pas mise en cause[1]. Pour cette raison, elles examinent s'il résulte de l'offre économique présentée une marge de rémunération raisonnable, ou s'il s'agit d'une offre anormalement basse susceptible de mettre en cause l'exécution du contrat.

765. De son côté, la Cour des comptes, en vertu de son contrôle précontractuel, rejette des offres économiques s'élevant à zéro en tant qu'offres anormalement basses[2], sous motif qu'elles ne recouvraient pas ni le coût administratif raisonnable, ni la rémunération raisonnable du cocontractant de l'Administration. S'agissant notamment du juge économique de la Cour des comptes, il est compétent pour interpréter la légitimité du contrat en vue de son efficacité économique. Du fait que les bornes entre coût administratif et rémunération soient vacillantes et étroitement liées au fonctionnement de chaque entreprise, le juge économique avoue que, à part du coût relatif aux salaires des travailleurs occupés et qui peut être calculé sur la base des données objectifs, le coût administratif, le coût de revient ainsi que la rémunération sont précisés de manière approximative[3] par rapport aux

---

[1] Parmi une riche jurisprudence, v. en guise d'illustration V. CE grec, arrêts n° 560/2025, 2210/2024, 1669/2022, 2180/2016grec ainsi que CE grec, (comité des sursis), arrêts n° 108/2014, 328/2013, 198/2013, 187/2013, 76/2013. 970/2010, 1262, 1297, 1299/2009, 1262/2009.

[2] V. en ce sens, C.comptes grecque (Sect. V), décisions 73/2025, 259/2025, (Sect. VII), 106/2025, (Sect. IV), décisions n° 3220 et 2234/2011.

[3] À titre d'exemple v. C. comptes grecque, (Sect. IV), décisions n° 25/2016, 206/2015, 98/2014. En ce sens, v. Kouloumpini E., « Le coût administratif raisonnable comme un élément déterminant la meilleure offre économique.

justifications présentées par le pouvoir adjudicateur[1]. Néanmoins, il ne cesse d'apprécier la rationalité de la rémunération, compte tenu des conditions d'exécution du contrat et de l'environnement économique. Ainsi, il est jugé qu'une offre présentée en vue de l'attribution d'un marché des services de nettoyage proposant un taux de 2.24 % au lieu de 5% prévu par l'accord-cadre, n'était anormalement basse en raison des conditions déflationnistes de l'économie[2]. De même, une rémunération se bornant à 0.01 euro n'est pas qualifié en rémunération raisonnable[3]. Dans ce cas, le juge économique tente de circonscrire le taux de la marge de rémunération.

766. En poussant ce syllogisme plus loin, dans un arrêt de 2013, relatif aux services de nettoyage[4] la Grande Chambre de la Cour des comptes a rendu un jugement visant à limiter la rémunération du cocontractant de l'Administration, en vue de l'efficacité économique du contrat. Plus précisément, elle a constaté que, nonobstant l'absence de manquement de publicité et de mise en concurrence, le résultat économique de l'attribution n'était pas à l'intérêt du pouvoir adjudicateur. En effet, dans le temps entre la présentation des offres et l'attribution du contrat, une réduction considérable du coût des salaires relatifs aux services faisant l'objet du contrat est entrée en vigueur, laquelle n'était pas prise en considération par le pouvoir adjudicateur. Il en résultait que la rémunération escomptée par le cocontractant de l'Administration serait plus haute que celle initialement évaluée, puisque la marge recouvrant le coût administratif

---

L'appréciation étendue du juge financier » (« Το εύλογο διοικητικό κόστος ως στοιχείο διαμόρφωσης της βέλτιστης οικονομικής προσφοράς. Η ευρεία κρίση του δημοσιονομικού δικαστή»), *op. cit.*

[1] C. comptes grecque (Sect. IV), acte n° 2998/2014.

[2] C. comptes grecque (Sect. IV), actes n° 157/2016, *ThPDD,* 2016, p.968. En ce sens, v. également C. comptes grecque (Sect IV), acte n° 3976/2014, d'une marge de rémunération 1% au lieu de 3%, justifiée, cependant, de manière objective et suffisante par le pouvoir adjudicateur.

[3] CAA Athènes (comité des sursis), arrêt n° 553/2013.

[4] C. comptes grecque, acte n° 2158/2013 (Grande Chambre de sept membres), n° 2158/2013. Sakkelariou A., « Le contrôle des contrats publics par la Cour des comptes à la base du principe de l'efficacité économique » (« Ο έλεγχος των δημοσίων συμβάσεων από το Ελεγκτικό Συνέδριο με βάση την αρχή της οικονομικότητας »), *op. cit.*.V. également à propos de ce contrôle économique, C. comptes grecque (Grande Chambre), 116/2020, 1353/2018 à propos des conventions de programmation.

et la rémunération demeurait la même. Bien que, de prime abord, l'équilibre économique ne soit pas bouleversé, en réalité la réduction du coût administratif entrainait un déséquilibre entre coûts et profits au détriment de l'Administration et au profit du cocontractant de l'Administration[1].

767. Il est également admis que, compte tenu de la conjoncture économique de la crise financière et, plus récemment, de la crise sanitaire, la rémunération raisonnable a reçu une interprétation étendue. Ainsi, même si l'offre économique présentée ne comporte aucune marge de rémunération prenant la forme d'un profit financier, ce dernier peut être sa réputation[2] ou la croissance de son chiffre d'affaires[3] et pas une rémunération financière. Force est de constater que cette position délimitait considérablement la marge de profit pour le cocontractant de l'Administration. En effet, l'assouplissement de la prévision d'une rémunération raisonnable de nature financière et la qualification en tant que telle des avantages qui ne peuvent pas être vérifiés de manière objective peut inciter la présentation des offres anormalement basses et limiter leur contrôle et rendre difficile la vérification de sa rationalité[4].

768. Il s'ensuit alors que la rationalité de la rémunération est interprétée de manière restrictive, au sens d'une marge de rémunération permise pour que l'exécution du contrat ne soit pas mise en cause, en vertu de l'équilibre économique du contrat, compte tenu de son environnement économique.

---

[1] V. également *infra* n° 1434 à propos de l'effet utile du processus concurrentiel de la passation.

[2] CAA Athènes (comité des sursis), arrêt n° 312/2015. V. *a contrario* CAA Athènes arrêt n° 1528/2014 selon lequel, une marge de profit s'élevant à zéro en absence de justification suffisante entraîne le rejet de l'offre en tant qu'anormalement basse. En ce sens, v. également CE grec (comité des sursis), arrêt n° 1299/2009, *op.cit.*

[3] CAA Athènes (comité des sursis), arrêt n° 260/2014.

[4] V. en ce sens, Mavrommati A., « Publicité, transparence et efficience dans les contrats de la commande publique » (« Δημοσιότητα, Διαφάνεια και Αποδοτικότητα στις δημόσιες συμβάσεις »), in Kouloumpini E.-E. – Mazos El. (sous dir.), *Contrats publics – Loi n°4412/2016 – Approche jurisprudentielle et mise en œuvre pratique (Δημόσιες Συμβάσεις – Ν.4412/2016 – Νομολογιακή προσέγγιση και πρακτική εφαρμογή), op.cit.*, p.223-238.

iii. En droit allemand

769. En droit allemand, la juste rémunération repose sur le principe de proportionnalité (*Verhältnismaßigkeitsprinzip*) de valeur constitutionnelle[1] entre prestation et contreprestation en vertu des contrats bilatéraux ou imparfaitement synallagmatiques (*unvollkommenzweiseitige Veträge*) ainsi qu'en vertu des contrats synallagmatiques proprement dits (*gegenseitige Veträge*)[2]. De sa part, la jurisprudence administrative en la matière, renvoyant traditionnellement en droit des obligations, fait appel aux articles du Code civil relatifs aux principes de bonnes mœurs et de bonne foi, comme les règles d'interprétation de la volonté des parties.

770. En matière de contrats de la commande publique, la contrainte de la délimitation des aspirations lucratives des cocontractants privés, en vue de la détermination d'une rémunération raisonnable, puise ses racines dans la Première Guerre mondiale, et dans la nécessité de délimiter les deniers publics dépensés pour des fournitures d'armement, par une loi du *Reich* visant à instaurer des plafonds aux prix[3]. Les lacunes de cette loi, notamment l'absence de vérification des coûts, ont entraîné une hausse des prix, dont le point de départ n'était pas le coût, mais un prix qui comportait déjà un profit. Un effort de délimitation de cette pratique a été entrepris par la jurisprudence du Tribunal de l'Empire[4]. Or, son effet platonique sur la validité du contrat a restreint son apport. Lorsque le dépassement a été déterminé, seul un ajustement du niveau considéré comme admissible a été effectué[5]. De plus, les autorités chargées du contrôle des prix

---

[1] En ce sens v. Marcou G. « Les services publics en droit allemand » in Moderne F.-Marcou G., *L'idée de service public dans le droit des États de l'Union européenne, op. cit.,* not. p. 167-168 ; Cossalter Ph., *Les délégations des activités publiques dans l'Union européenne*, *op. cit.* n° 1261.

[2] V. *supra,* n°307. Toutefois, à propos de l'analyse du principe de la proportionnalité et sa comparaison avec l'équilibre financier du contrat, v. *infra* n°1403.

[3] Loi relative aux prix maximum autorisé *(Hochstpreisgesetz)* du 04.08.1914, entrée en vigueur le 17.12.1914, *BGBl,* 1914, p. 339 et s. V. aussi Règlement relative à l'établissement de vérification des prix (Verordnung über die Errichtung von Preisprüfstellen), *BGBl*, 1915, I, p. 607.

[4] RG, arrêt du 19.05.1916, *RGZ*, 88, p. 250-251.

[5] Grau Ul., *Évolution historique et perspectives du droit de la commande publique (Historische Entwicklung und Perspektiven des Rechts der öffentlichen Aufträge*), *op. cit.*, p. 149-150.

n'avaient qu'un rôle consultatif. La détermination des prix demeurant à la compétence des *Länder* et des organismes rattachés à l'Empire, ce qui posait un problème supplémentaire, celui de l'absence d'uniformité. En dépit de ces défauts, force est de constater l'émergence du principe de profit raisonnable *(angemesssener Gewinn).*

771. Au fil de cette contrainte de plafonnement des prix, le premier pas a été franchi à travers le premier règlement en matière de travaux publics (*Verordnung für Bauleistungen-VOB)* de 1926[1], au sens d'un prix raisonnable *(angemessener Preis)* faisant le critère d'attribution du contrat[2] et l'instauration des premières astuces de mise en concurrence.

772. À côté de ces efforts, a également émergé le droit du contrôle des prix *(Preisrecht)* dans le secteur public, s'agissant du règlement PR n°30/53 *(Verordnung VO PR Nr. 30/53)* du 21 novembre 1953[3], ensuite accompagnée par le règlement PR n° 1/72[4] relative au respect des prix en matière de marchés des travaux et les principes directeurs de calcul des prix relatifs à la justification et des coûts directs *(Leitsätze für die Preisermittlung auf Grund von Selbstkosten-PreisLS)*[5]. Ce règlement vise à établir un niveau uniforme des prix et tarifs, compte tenu qu'elles sont applicables à l'ensemble des contrats de la commande publique, au-dessus ou au-dessous des seuils européens, permettant un taux d'intérêt maximal de 6,5%, fixé par le ministère fédéral des Affaires économiques et de l'Énergie, en accord avec le ministère fédéral des Finances, conformément au n°43, par. 2, PreisLS. Il repose sur le principe fondamental que le prix maximum

---

[1] Règlement sur les travaux *(Verordnung für Bauleistungen-VOB)* du 6 mai 1926, comprenant trois parties : VOB/A fixant les conditions générales d'attribution, VOB/B relative au stade d'exécution et VOB/C prévoyant les spécifications techniques

[2] Grau Ul., *Évolution historique et perspectives du droit de la commande publique (Historische Entwicklung und Perspektiven des Rechts der öffentlichen Aufträge*), *op. cit.*, p. 146-154.

[3] V. *supra* n°547.

[4] Règlement relatif aux prix en matière de contrats des travaux réalisés par les personnes publiques ou financé par des moyens publics *(« Verordnung VO PR Nr. 1/72 über die Preise für Bauleistungen bei öffentlichen oder mit öffentlichen Mitteln finanziert Aufträgen »* du 6 mars 1972 modifiée par l'article 2 du règlement du 15 avril 1986, abrogé le 1er juillet 1999 (*BGBl* I, 1419).

[5] V. *supra*, n°547.

prévu ne peut en aucun cas être convenu ou dépassé, sous peine de nullité du contrat, conformément à l'interdiction légale du §134 BGB, tout en s'inscrivant dans la logique de la bonne gestion des deniers publics régissant le droit budgétaire[1]. Pourtant, le renvoi par des juridictions ordinaires à ce règlement était relativement rare[2] et leurs conséquences se bornent tout au plus à la nullité de certaines clauses du contrat[3]. En tout état de cause, leur force obligatoire pose des limites à la hausse des prix et surtout à la poursuite des surprofits des opérateurs privés cocontractants[4]. L'étude des Professeurs Brüning et Hoffjan[5] a conclu à propos de ce taux que « [l]'écart entre le taux

---

[1] Siegel T., « Le droit budgétaire de la commande publique » (« Das Haushaltsvergaberecht »), *VerwArch n°*107, 2016, p. 7 et s.

[2] Bestermann A.- Petersen M., « Le droit des prix- Résidu insignifiant du dernier millénaire ou pratique complétant le droit de la commande publique » (« Das Preisrecht - Bedeutungsloses Relikt aus dem letzten Jahrtausend oder praxisrelevante Ergänzung des Vergaberechts »), *ZfBR* 2007, p. 767.

[3] Roth F., « Le droit public relatif au contrôle des prix dans le champ de conflit entre droit civil et droit de la commande publique » (« Das öffentliche Preisrecht im Spannungsfeld zwischen Zivilrecht und Vergaberecht »), *op.cit*; Pauka M.- Chrobot G., « Droit public relatif au contrôle des prix et droit de la commande publique » (« Öffentliches Preisrecht und Vergaberecht »), *op.cit.*

[4] À ce propos v. Boldt A. « Structures de rémunération innovantes pour les marchés publics de travaux publics : Est-il possible de conclure efficacement des contrats de remboursement des coûts conformes au droit des prix et des marchés publics ? » (« Innovative Vergütungsgestaltung bei Bauaufträgen öffentlicher Auftraggeber : Können Selbstkostenerstattungsverträge preis- und vergaberechtlich wirksam vereinbart werden ? »), op.cit. ; Müller S., « Le droit de la commande publique dans le système juridique » (« Das Vergaberecht im Rechtssystem »), *op.cit.* ; Pauka M., « De la pratique de vérification des prix » (« Aus der Praxis der Preisprüfungen »), *op.cit.*

[5] Brüning Ch.- Hoffjan A. « Évaluation du niveau du taux d'intérêt lié au prix, de sa base d'évaluation et- dans ce contexte- du niveau du profit imputé- Étude commandée par le ministère fédéral de l'Économie et de la Protection du climat » (« Evaluierung der Höhe des preisrechtlichen Zinssatzes, seiner Bemessungsgrundlage sowie – in diesem Zusammenhang – der Höhe des kalkulatorischen Gewinns- Studie im Auftrag des Bundesministeriums für Wirtschaft und Klimaschutz »), selon lesquels « Pour déterminer si le taux d'intérêt maximal actuel de 6,5 % permet un rendement adéquat du capital nécessaire aux opérations et s'il demeure approprié, il convient de définir un critère d'évaluation. L'intérêt imputé et le profit imputé doivent, conjointement, garantir un rendement des capitaux propres conforme aux normes du marché, compte tenu du risque. Considérer séparément l'intérêt imputé et le profit conduit à des fonctions différentes pour ces deux variables lorsqu'elles interagissent. Selon nous, l'intérêt imputé doit

d'intérêt maximal actuel de 6,5 % et le taux d'intérêt jugé suffisant de 5 % n'exige aucun ajustement immédiat, compte tenu de la nature même d'un taux d'intérêt maximal. Un tel ajustement ne serait nécessaire que si le taux d'intérêt maximal actuel était trop bas. Il incombe aux contractants et aux clients de convenir d'un taux d'intérêt (et d'une marge bénéficiaire) approprié, en tenant compte de la structure de coûts propre à chaque entreprise, dans la limite du taux d'intérêt maximal. Par ailleurs, l'écart entre le taux d'intérêt maximal et le niveau général des taux d'intérêt n'est plus aussi significatif. Un ajustement indirect pourrait être requis, sur la base d'observations empiriques relatives aux pratiques contractuelles. Il est d'usage que les parties contractantes conviennent d'un taux d'intérêt implicite au niveau du taux d'intérêt maximal, généralement assorti d'une décote discrétionnaire de 0,5 point de pourcentage. De plus, la pertinence du taux d'intérêt convenu n'est généralement pas examinée lors des

---

couvrir le coût réel de la dette, y compris une prime de risque, ainsi que le taux de base sans risque des capitaux propres investis, représenté par un taux d'intérêt moyen. D'un point de vue économique, le profit correspond au revenu auquel les propriétaires ont droit pour l'utilisation des capitaux propres et le risque associé. Outre l'intérêt imputé, le profit imputé inclut une prime de risque correspondante pour l'utilisation des capitaux propres, prime qui doit également couvrir les coûts non pris en compte dans la tarification. Pour les entreprises de construction rentables, l'interaction de l'intérêt imputé et du profit imputé devrait permettre d'atteindre un rendement des capitaux propres conforme aux normes du marché, même aux prix de revient. [...] Ce taux devrait permettre, même en cas de conditions de financement individuellement plus avantageuses pour un entrepreneur, de couvrir les intérêts imputés sous la forme du taux d'intérêt moyen mentionné précédemment et de constituer une marge de sécurité face aux éventuelles hausses de taux. L'intégration d'une telle marge lors de la fixation du taux d'intérêt maximal est judicieuse afin d'éviter des ajustements trop fréquents ». V. également la proposition de modification des dispositions du n°43, par. 2 PreisLS de manière suivante : « Il est proposé de modifier l'article 43, paragraphe 2, de la LSP en y ajoutant les trois phrases suivantes : 1. Un taux d'intérêt fictif peut être convenu, même rétroactivement si nécessaire. 2. Le ministre fédéral de l'Économie et de l'Énergie, en accord avec le ministre fédéral des Finances, fixe un taux d'intérêt maximal pour les intérêts fictifs. 3. Ce taux d'intérêt maximal est évalué tous les cinq ans par l'autorité de régulation, à compter de 2030, en tenant compte des normes scientifiques. 4. Le taux d'intérêt maximal applicable au contrat d'intérêts lors de sa conclusion, conformément à la phrase 2, est applicable pour toute la durée du contrat ; en cas de contrats d'intérêts ultérieurs, c'est le taux d'intérêt maximal applicable lors de la conclusion du contrat initial, conformément à la phrase 2, qui s'applique » (notre traduction).

négociations de prix. Enfin, le taux d'intérêt maximal est généralement utilisé pour déterminer le prix maximal autorisé par la législation sur les prix si les parties contractantes ne se sont pas entendues sur un taux d'intérêt calculé »[1].

773. À titre conclusif et sur le plan comparatif, il convient de souligner la convergence des droits nationaux à plafonner des prix et des tarifs, en vue de délimiter la rentabilité des contrats de la commande publique. Étroitement lié à la préservation des deniers publics ainsi qu'à l'accès des usagers aux services publics, cet effort entraîne l'émergence d'un principe de rémunération raisonnable, compris dans la contrepartie convenue au moment de l'attribution du contrat et préservée lors de son exécution. En ce sens, la rémunération raisonnable s'inscrit dans l'obligation d'établissement et de préservation de l'équilibre économique du contrat, ce dernier ne correspondant pas strictement à une équivalence comptable, mais à la reconnaissance d'un bénéfice restrictivement défini au profit du titulaire du contrat. D'ailleurs, un plafonnement plus contraignant ne saurait que contrevenir à la liberté des prix. À ce plafonnement correspondant à ce qu'il faut entendre par rémunération raisonnable ont également contribué à l'ouverture des services d'intérêt économique général à la concurrence et le forgeage consécutif des prix et des tarifs du fait du jeu entre offre et demande.

§2 – LES LIMITES DE NATURE CONCURRENTIELLE

774. Nonobstant le fait que le concept d'une rémunération raisonnable implique l'idée d'une contrepartie proportionnelle par rapport à la prestation fournie, il n'explique pas dans quelle mesure la rémunération tirée par le titulaire serait tenue conforme aux règles de la concurrence, y compris les règles interdisant les aides d'État. D'ailleurs, comme en témoigne la jurisprudence européenne, contrepartie du cocontractant et aide d'État sont deux notions très proches l'une à l'autre[2]. Le commun accord des parties ne saurait être

---

[1] *ibid.* (notre traduction).

[2] En guise d'illustration, v. CJCE, 7 février 1985, *Procureur de la République c/ ADBHU*, aff. C-240/83, ECLI:EU:C:1985:59, points n°16-18. V. aussi les Conclusions de l'avocat général Lenz C.-O., présentées le 22 novembre 1984 sous ledit arrêt, ECLI:EU:C:1984:357.

considérée comme critère suffisant pour les discerner[1] , les cas de corruption n'étant pas rares. Rappelant que le contrat de la commande publique constitue une activité économique exercée sur un marché où existe une concurrence réelle ou, au moins, potentielle, force est de constater que tout avantage que son titulaire retire, ne saurait qu'être encadré, afin qu'il corresponde aux conditions normales du marché.

775. Du point de vue de la préservation de la libre concurrence, la délimitation d'une rémunération raisonnable s'ensuit de l'interdiction d'attribuer au cocontractant de l'Administration un avantage économique, lequel il ne pourrait pas obtenir dans les conditions normales du marché. La question de la rationalité de la rémunération doit être abordée par rapport à l'appréciation de ce bénéfice. En outre, il ne faut pas oublier que l'Administration publique échappe à ces contraintes. La question de l'appréciation du bénéfice raisonnable se rend plus complexe.

776. Sans doute, la rationalisation de la rémunération au sens d'un bénéfice économique attribué au cocontractant de l'Administration passe à travers la préservation de la libre concurrence. **(A)**. À cet égard, le droit européen de la concurrence apporte des précisions sur l'application des contraintes de l'Administration, notamment à propos de l'interdiction des aides publiques ainsi que du *bénéfice raisonnable* **(B)**.

A. Le fondement de la préservation de la libre concurrence

777. Bien que l'obligation de préservation de la libre concurrence des contrats de la commande publique pèse sur les épaules tant des opérateurs privés ainsi que du pouvoir adjudicateur, tel n'est pas le cas pour les règles de la libre concurrence. En effet, ces règles interdisant les ententes et les abus de position dominante ne sont pas directement applicables contre les comportements du pouvoir adjudicateur.

[1] En ce sens, v. Bazex M.- Blazy S. note sous CE, 25 avril 2007, *Fédération nationale de l'aviation marchande et al.*, req. n° 291976, 291977, 292040, *DA*, 2007, comm. 110, selon lequel « il n'est pas certain que la fixation d'une redevance (...) à un niveau supérieur à la valeur des services rendus échappe nécessairement à la qualification de l'aide d'État, car ne pourrait-on pas considérer que l'homologation par les autorités publiques du montant de la redevance à ce niveau caractérise le contrôle étatique inhérent à la qualification de l'aide ».

778. Par conséquent, il s'agit d'une obligation à double déteinte qui pèse sur l'Administration contractante. D'une part, elle est tenue de respecter les contraintes de transparence et de mise en publicité prévues par la loi. D'autre part, cette obligation se traduit pour l'Administration par une obligation de s'abstenir de l'octroi de tout avantage – financier ou autre – à un opérateur privé, susceptible de fausser la libre concurrence avec les autres candidats. Bien qu'il restreigne considérablement la modification du contrat lors de son exécution, cette obligation pose des limites en ce qui concerne son financement supplémentaire et l'octroi de bénéfices supplémentaires au cocontractant de l'Administration. Ce dernier point ne peut que renvoyer à l'interdiction des aides publiques au niveau du droit européen. Par conséquent, en ce qui concerne la rémunération, sa rationalité dépend de la volonté des parties mais aussi de l'osmose entre les offres économiques présentées lors du processus concurrentiel.

779. Pour le pouvoir adjudicateur, la rémunération raisonnable du cocontractant de l'Administration, en vertu de la contrepartie qui lui est accordée est réputé être celle qui résulte du jeu de la libre concurrence en amont **(i)** et celle qui est préservée en tant que telle en aval **(ii)**

i. Les limites lors de la passation du contrat

780. L'équilibre économique du contrat est établi au moment de la conclusion du contrat, en incorporant l'offre économiquement la plus avantageuse, retenue au stade de la passation. Théoriquement, si tous les opérateurs privés, qui peuvent potentiellement présenter une offre économique, ont eu effectivement l'opportunité d'y parvenir, il est présumé que la contrepartie qui en résulte est la meilleure possible et la rémunération y comprise est raisonnable. À cette fin, le pouvoir adjudicateur est tenu d'avoir respecté toutes les contraintes de transparence et de mise en concurrence, ainsi que de s'abstenir de toute intervention susceptible de créer des distorsions à la libre concurrence.

781. Le fruit de plusieurs mutations que la conception de l'intérêt général, au service duquel sont consacrés les contrats de la commande publique, a subi pendant les années, est son enrichissement avec de nouvelles préoccupations. Parmi eux, comme le Professeur Clamour l'a soutenu dans sa thèse, la préoccupation de la protection de la concurrence a émergée au sein d'une conception *néo-moderne* de l'intérêt général, lorsque « le droit de la concurrence stricto sensu, dont l'institution postule la croyance en l'économie du marché et la promotion des libertés, apparaît comme un ensemble normatif fonctionnellement limitatif des libertés au nom d'un objectif supérieur tenant à la préservation des structures concurrentielles, pour, *in fine*, permettre le rétablissement d'une initiative décentralisée des agents économiques et avantager le consommateur dans une démarche où l'intérêt du consommateur donne en quelque sorte une représentation approchée de l'intérêt général »[1]. Le droit de la concurrence dépassant la dialectique droit public/droit privé en matière de contrats de la commande publique vise à établir et garantir les conditions permettant le bon fonctionnement des marchés concurrentiels. En même temps, il contribue à l'harmonisation entre l'intérêt général et les intérêts individuels[2]. À cette fin contribue notamment la tendance d'une « objectivisation du droit de la concurrence »[3], renvoyant à la logique du droit anti-trust d'origine américaine et la contribution de l'école de Chicago[4]. Ainsi, comme le Conseil d'État français l'a indiqué de façon percutante « la concurrence apparaît [...] en tant que garantie de

---

[1]Clamour G., *Intérêt général et concurrence : essai sur la pérennité du droit public en économie du marché, op.cit.*, p. 158-160. En ce sens, il y distingue deux dimensions distinctes mais conceptuellement unitaires : celle du *«petit droit de la concurrence »*ou *« dimension subjective »*, au service de la protection des libertés économiques, notamment par le principe de licéité du dommage concurrentiel, tout en admettant des restrictions fondées sur l'autonomie de la volonté, avec les clauses de non- concurrence, ainsi que celle du *« grand droit de la concurrence »* ou *« dimension objective »*, visant à la protection du marché, à la préservation des structures concurrentielles, en prohibant les pratiques anticoncurrentielles en fonction de leur effet sur le marché et en contrôlant les concentrations économiques selon le même esprit.

[2] Rainaud J.-M., « Le contrat administratif : volonté des parties ou loi de service public ? », *op.cit.*, p. 1197, selon lequel « le contrat administratif n'est plus un acte isolé, mais l'élément d'une opération plus vaste, d'une relation globale qui s'établit entre l'État et le secteur privé. D'où la nécessité de concilier les besoins du service public et ceux des cocontractants privés à un moment où 'assurer quand cela est possible, la pérennité des entreprises est pour les pouvoirs publics un impératif économique et social » ; CE, 5 novembre 1982, *Société Propétrol, AJDA*, 1983, p. 259 concl. Labetouille D.

[3]Clamour G., *Intérêt général et concurrence, op. cit.*, n° 103-292, p. 51-160.

[4]V. *supra* n°79.

la meilleure efficacité dans l'utilisation des ressources, être un élément de l'intérêt général »[1].

782. La convergence entre objectifs de la concurrence et satisfaction de l'intérêt général étant acquise[2], force est de constater un passage de la conception de la concurrence comme moyen vers sa conception comme objectif *per se,* notamment en ce qui concerne la rationalité économique du contrat.

783. Afin qu'une concurrence libre et efficace puisse jouer, la condition préalable est l'existence et la délimitation d'un marché pertinent. En ce sens, le marché pertinent est défini de manière suivante : « un marché des produits en cause comprend tous les produits et/ou services que le consommateur considère comme interchangeables ou constituables en raison de leurs caractéristiques, de leur prix et de l'usage auxquels ils sont destinés. Le marché géographique en cause comprend le territoire sur lequel les entreprises concernées sont engagées dans l'offre des biens et des services en cause, sur lequel le les conditions de la concurrence sont suffisamment homogènes et qui peut être distingué de zones géographiques voisines parce que, en particulier, les conditions de la concurrence y diffèrent de manière appréciable »[3]. Le champ d'application contractuel tombe sous la définition du marché pertinent, comme il est affirmé à plusieurs reprises[4]. En effet, l'établissement préalable des critères

---

[1]CE (Section des rapports et des études), *Collectivités publiques et concurrence, Rapport public 2002, op.cit.*, p. 219.

[2] V. cons. n° 47 de la directive européenne n° 2014/24, *op. cit.,* selon lequel, « L'acquisition de produits, travaux et services innovants joue un rôle essentiel dans l'amélioration de l'efficacité et de la qualité des services publics tout en permettant de faire face aux grands enjeux de société. Elle aide à parvenir à une utilisation optimale des deniers publics ainsi qu'à dégager de plus larges avantages économiques, environnementaux et sociétaux à travers les nouvelles idées générées, leur concrétisation sous la forme de produits et services innovants et, partant, la promotion d'une croissance économique durable ».

[3]Pour la définition du marché pertinent par le droit européen cf. Communication n° 97/372/04 de la Commission relative à la définition du marché en cause, *JOCE*, n° C 372, 9 déc. 1997, ainsi que *JCl CMP,* fasc. 37 :« le marché pertinent comprend tous les produits et/ou services que le consommateur considère comme interchangeables ou substituables en raison de leurs caractéristiques, de leur prix et de l'usage auquel ils sont destinés ».

[4]V. la définition donnée par le Conseil français de la concurrence, Rapport d'activité, 1992 : « Le marché, au sens où l'entend le droit de la concurrence, est défini comme le lieu sur lequel se rencontrent l'offre et la demande pour un produit

objectifs de choix des offres, lors de la mise en concurrence du contrat, rend substituables les offres économiques présentées.

784. Rappelant que la concurrence ne peut être qu'une concurrence pour les prix, la question revêt une importance économique particulière. L'exercice d'une concurrence libre et égale dans le stade de la passation du contrat vise à rationaliser les intérêts économiques susvisés à travers les règles du marché. Cela s'effectue sous la pression concurrentielle, s'agissant de la compétition entre les différents opérateurs privés présentant des offres économiques. Si leurs offres sont substituables du fait de leur soumission aux critères préalables de l'avis d'appel, leur différence réside dans le bénéfice économique escompté. À cet égard, les opérateurs économiques peuvent présenter des offres sans marge de rémunération ou à une marge très faible, afin de rendre leur offre économique attractive et obtenir l'attribution du contrat. Néanmoins, l'hypothèse de l'attractivité des offres est parfois plus complexe, lorsque l'obligation du choix de l'offre économiquement la plus avantageuse n'est pas nécessairement celle du prix le plus bas, ce qui entraîne une modération de l'effet d'une concurrence parfaite selon les règles purement économiques.

785. En effet, la rationalisation de la rémunération sous la pression concurrentielle suppose une concurrence réelle et pas nécessairement une concurrence parfaite[1]. En matière de contrats de la commande publique, l'ouverture à la concurrence n'est pas toujours entendue au sens large, du fait de la sensibilité de certains services publics comme

---

ou un service spécifique. En théorie, sur un marché, les unités offertes sont parfaitement substituables pour les consommateurs qui peuvent ainsi arbitrer entre les offreurs lorsqu'il y en a plusieurs, ce qui implique que chaque offreur est soumis à la concurrence par les prix des autres. À l'inverse, un offreur sur un marché n'est pas directement contraint par les stratégies de prix des offreurs sur des marchés différents, parce que ces derniers commercialisent des produits ou des services qui ne répondent pas à la même demande et qui ne constituent donc pas, pour les consommateurs, des produits substituables. Une substituabilité parfaite entre produits ou services s'observant rarement, le Conseil regarde comme substituables et comme se trouvant sur un même marché les produits ou les services dont on peut raisonnablement penser que les demandeurs les considèrent comme des moyens alternatifs entre lesquels ils peuvent arbitrer pour satisfaire une même demande ». V. également à cet égard, Cons.conc., 6 juin 2006, n° 06-13.

[1] Riem F., « Concurrence effective ou concurrence efficace ? L'ordre concurrentiel en trompe-l'œil », *RIDE,* 2008, n°1, (t. XXII, 1), p. 67-91.

les secteurs en réseau, ainsi que des particularités des contrats, comme dans le cas des contrats de concession. La préservation de la libre concurrence consiste alors en la préservation de la dose nécessaire de la concurrence, afin qu'un nombre satisfaisant des opérateurs privés puissent y participer, comme il convient au service faisant l'objet du contrat. L'impératif européen de la préservation de la libre concurrence se rattache plutôt « à un système de régulation sociale plus vaste que le droit lui-même, universel et globalisant, l'ordre concurrentiel »[1]. Cette idée de tempérament d'une logique purement économique et de conciliation des objectifs d'intérêt général rappelle la notion de régulation. Parmi les multiples définitions qu'elle a accueillies[2], selon la position dominante de la doctrine, elle constitue une fonction administrative de conciliation des objectifs économiques et non économiques[3]. En tant que tel, le concept de la régulation saurait être transcrit au sein du contrat de la commande publique, notamment au prisme du lien évidemment étroit entre les personnes publiques en tant que pouvoirs adjudicateurs et l'Administration en tant que régulateur. Exerçant sa prérogative liée à la puissance publique dont elle jouit, en principe par le biais de son initiative non seulement à la mise en place d'un appel d'offres, mais également pendant la fixation des conditions du contrat, elle est capable d'orienter le contrat vers les objectifs poursuivis.

786. De plus, nonobstant l'éventuelle objectivité du critère de la substituabilité, la différenciation des offres ainsi que le pouvoir conséquent du marché ne peuvent pas aisément se distinguer du comportement subjectif des opérateurs. Certes, le marché n'est pas par définition neutralisé, sinon l'utopie de la concurrence pure et parfaite serait le cas normal. Selon la Professeure Frison-Roche, à l'évaluation

---

[1] Pirovano A., « L'expansion de l'ordre concurrentiel dans les pays de l'Union européenne », *in L'ordre concurrentiel. Mélanges en l'honneur d'Antoine Pirovano*, éd. Frison-Roche, Paris, 2003, p. 133.

[2] Parmi une littérature abondante autour de la notion de la régulation v. notamment Marcou G., « La notion juridique de la régulation », *op.cit.* ; Frison-Roche M.-A., « Contrat, concurrence, régulation », *op.cit.* ; Nicinski S., « Le mode de régulation », *op.cit.* ; Timsit G., « La régulation- la notion et le phénomène », *op.cit.* ; Chevallier J., « L'État régulateur », *op.cit. ;* Gallot J, « Qu'est-ce que la régulation ? Contribution pour une définition », *op.cit. ;* Rambaud R., *L'institution de la régulation*, (préf. Marcou G.), *op.cit.*

[3] Position adoptée par Marcou G., « La notion juridique de la régulation », *op.cit.* ; Frison-Roche M.-A., « Contrat, concurrence, régulation », *op.cit.*

pourrait contribuer le comportement de l'opérateur crucial, au sens de l'opérateur sans lequel un secteur ne peut pas fonctionner, et qui, selon cette position, peuvent être classifiés en trois catégories : les titulaires des infrastructures essentielles, les porteurs de l'innovation du secteur ou les porteurs du risque du système[1]. Cet opérateur peut jouer d'un rôle de *leader* en matière économique, guidant les prix et tarifs pratiqués, voire contribuant « à discipliner les prix pratiqués par l'ensemble des opérateurs, de sorte que sa disparition du marché risquait d'entraîner des conséquences néfastes sur le jeu de la concurrence »[2].

787. Par conséquent, la prise en compte des comportements des opérateurs dans le marché, au prisme de la détermination du prix du marché, conduit à l'acception que la rémunération dans le contrat ne constitue pas le fruit de la seule rencontre de la demande de l'Administration avec les offres présentées par les cocontractants potentiels. L'ouverture à la concurrence d'un contrat de la commande publique l'expose incontestablement à tels comportements, qui, déterminant le prix concurrentiel selon leur pouvoir du marché, déterminent la rémunération qui sera accordée à la fin du processus concurrentiel. Selon la Professeure Nicinski, « le prix est en fait à la fois la conséquence et la manifestation finale d'une série des facteurs de distorsion de la concurrence »[3]. Ainsi, la protection de la libre concurrence, visée par le droit de la concurrence, aboutit à la délimitation du pouvoir du marché susceptible de la fausser et par conséquent à la délimitation de son apport sur la détermination du prix concurrentiel. Afin de l'achever, le droit de la concurrence vise à condamner certaines pratiques à effet anticoncurrentiel.

788. Les limites à la détermination de la rémunération du cocontractant de l'Administration se posent alors par le mécanisme de la concurrence lui-même. Le respect des contraintes de transparence et de mise en concurrence est réputé contribuer au choix de l'offre économiquement la plus avantageuse, sur laquelle est construite l'économie du contrat. De manière consécutive, la contrepartie ainsi

---

[1] Frison-Roche M.-A., « Proposition pour une notion : l'opérateur crucial », *op.cit.*
[2] Riem F., « Concurrence effective ou concurrence efficace ? L'ordre concurrentiel en trompe-l'œil », *op. cit.*, p. 82.
[3] Niciski S., *Droit public des affaires*, *op. cit.*, n° 941, p. 556.

convenue est considérée comme raisonnable et non discriminatoire[1]. Or, sous cette pression concurrentielle, les opérateurs privés visent à présenter des offres économiques attractives, voire des offres anormalement basses à la concurrence[2]. Sous peur de la mise en cause de l'exécution du contrat, l'opérateur ainsi retenu aspire souvent à faire chanter l'octroi d'un bénéfice supplémentaire. Cependant, la rémunération est établie lors du stade de la passation et ensuite ne peut non plus être modifiée.

ii. Les limites lors de l'exécution du contrat

789. Lors de la procédure de la passation, la pression concurrentielle force les opérateurs privés à proposer des prix et tarifs bas. Par ailleurs, c'est exactement l'objectif du pouvoir adjudicateur, visant à la meilleure dépense des deniers publics. À partir du moment où le contrat est attribué et, ensuite, conclu, son économie est établie et ne peut plus être modifiée, car cela entraîne un déséquilibre économique. L'interdiction de ce déséquilibre ne repose pas seulement sur des raisons d'équité contractuelle, mais, en outre, à la préservation de l'effet utile du processus concurrentiel.

790. Bien avant, à partir du moment du dépôt des offres par les candidats, toute modification est, en principe, interdite, comme prévoit le paragraphe 3 de l'article 56 de la directive 2014/24. En effet, ces dispositions restreignent considérablement la possibilité de précision et de clarification des offres[3]. Cette contrainte vise à l'élimination des phénomènes de distorsion de la concurrence, notamment par l'échange d'informations entre les candidats. En effet, un tel échange peut entraîner une hausse des prix proposés au profit des opérateurs privés. Ainsi, les précisions peuvent être effectuées dans un délai approprié et, surtout, sous réserve que ces demandes respectent pleinement les principes d'égalité de traitement et transparence. Autrement dit, les précisions sont autorisées sous condition que ces

---

[1] TPI 12 déc. 2000 *ADP c /Commission*, aff. T-128/98, *Rec.* 200, p. II-3929 ; *DA* 2001, n° 87.

[2] V. *supra* n°649 et s.

[3] Yannakopoulos C., *La protection de la libre concurrence lors de l'exécution des contrats administratifs (Η προστασία του ελεύθερου ανταγωνισμού κατά την εκτέλεση των διοικητικών συμβάσεων)*, *op. cit.*, n°435- et s., p. 371, à propos de l'interdiction de modification des offres après leur dépôt.

précisions « n'ont pour effet de remplacer par de nouvelles données des indications fournies antérieurement, est corroborée par la réflexion objective au terme de laquelle la possibilité de changer certains éléments désavantage potentiellement d'autres soumissionnaires » [1]. Tel est en principe le cas où l'attribution du contrat s'effectue par une procédure négociée. Le cas échéant, il est admis que « sauf disposition contraire [...], les pouvoirs adjudicateurs négocient avec les soumissionnaires les offres initiales et toutes les offres ultérieures que ceux-ci ont présentées, à l'exception des offres finales [...] en vue d'améliorer leur contenu »[2]. Ces restrictions reposent sur le fait que la mise en concurrence au stade de la passation aboutit à l'attribution du contrat à l'opérateur présentant l'offre économiquement la plus avantageuse ou à moindre coût pour l'Administration contractante.

791. Épousant une logique pareille, le recours à l'option des variantes n'est permis qu'exceptionnellement. L'utilisation des variantes correspond à une prévision des exigences minimales – notamment de nature écologique – dans les cas où la complexité du contrat ou la forte présence d'externalités ne permet pas une précision minutieuse *a priori* des conditions d'exécution. Même dans ce cas, l'autorisation expresse ainsi que la circonscription précise de la fourchette économique répondant aux variantes est indispensable, afin que la transparence et la libre concurrence soient efficacement préservées[3]. Par conséquent, les ambiguïtés inhérentes à leur nature fluctuante imposent leur utilisation avec prudence[4]. En effet, leur

---

[1] Conclusions de l'avocat général Lenz C.-O., présentées le 12 septembre 1995, not. cons. 37 et 38 sous CJCE, 25 avril 1996, *Commission c/ Belgique,* aff. C-87/94, ECLI:EU:C:1996:161. V. également conclusions de l'avocat général Lenz C.-O., présentées le 12 septembre 1995, ECLI:EU:C:1995:279.

[2] Article 29, paragraphe 3, de la directive 2014/24.

[3] Article 45, de la directive n° 2014/24; articles R2151-8 à R.2151-11 CCP à propos des marchés publics, article R2351-8 à R.2351-10 CCP à propos des marchés de défense et de sécurité et R2431-13 n° 3 etR2431-28, n°3 CCP à propos des marchés de maîtrise d'œuvre ; article 57 de la loi n° 4412/2016 en droit grec ; §35 VgV en droit allemand.

[4] Á propos de la définition des variantes v. CE, 5 janvier 2011, *Sté technologie alpine sécurité et commune de Bonneval-sur-Arc*, n° 343206 et 343214, selon lequel constituent « *des modifications, à l'initiative des candidats, de spécifications prévues dans la solution de base décrite dans les documents de la consultation* » ; à propos de l'utilisation des variantes v. article 45 (ainsi que cons. 48) de la directive n° 2014/24.

autorisation entraine des conséquences financières qui ne peuvent pas être prévues avec précision, ce qui peut conduire à l'octroi d'une subvention ou, en général, d'un bénéfice économique qui ne modifie considérablement l'économie initiale du contrat au profit du cocontractant de l'Administration[1].

792. Dans l'immense majorité des cas où l'économie du contrat et, par conséquent, la rémunération du cocontractant de l'Administration, n'impose pas le recours aux variantes, l'objectif est toujours la délimitation de la rémunération du cocontractant de l'Administration *ex ante* et l'interdiction de surprofits *ex post,* par rapport à ce qui est initialement accordée. Bien évidemment, la concurrence force les candidats à proposer la meilleure performance possible à moindre coût. Ce phénomène est étroitement lié à l'interdiction des offres anormalement basses et à la question de faisabilité du projet. La légèreté de cette interdiction, mise à côté de l'asymétrie d'informations entre l'Administration et les opérateurs privés, peut ainsi conduire à l'attribution du contrat à l'offre – apparemment – économiquement la plus avantageuse, qui ne peut cependant pas supporter financièrement l'exécution du contrat. Sous peur de la mise en cause de l'exécution du fait de l'absence des fonds nécessaires, l'Administration se force souvent à recourir à la solution du subventionnement, afin de préserver l'équilibre financier du contrat[2]. Cette possibilité de compensation du service public, restrictivement encadrée par le droit européen de la concurrence, ne peut ni entrainer une modification substantielle de l'équilibre économique du contrat, ni accorder un bénéfice économique supplémentaire à son titulaire. Ces restrictions se posent au pouvoir public, afin de le forcer à s'abstenir d'une intervention faussant l'effet utile du processus concurrentiel de la passation. À côté de cet objectif, d'un point de vue plus utilitariste, force est d'admettre que l'octroi d'un bénéfice économique au cocontractant de l'Administration ne constitue qu'une croissance du coût pesant sur l'Administration contractante, résultat incohérent avec le principe de bonne gestion des deniers publics.

793. Il s'ensuit que la délimitation de la rémunération du cocontractant de l'Administration se trouve étroitement liée à l'abstention de l'Administration à accorder un bénéfice

[1] V. *infra* n°1439 et s. à propos de l'interdiction de la modification substantielle.
[2] V. *infra* n°1429 et s.

supplémentaire au profit de son cocontractant, susceptible de fausser l'effet utile de la mise en concurrence du contrat. L'identification des bornes entre la compensation du service public dès que nécessaire pour permettre la bonne exécution du contrat et le favoritisme d'un opérateur public[1] se pose notamment en vertu de l'interdiction d'origine européenne des aides publiques.

B. La définition du bénéfice raisonnable en vertu du soutien du marché

794. La détermination de la rémunération du cocontractant de l'Administration se matérialise à travers un processus concurrentiel. Cela signifie que son plafond légitime est celui qui est forgé par le libre jeu entre la demande et l'offre, sous condition de respect des règles d'une concurrence effective et efficace. Pour y parvenir, l'Administration cocontractante est tenue de respecter toutes les formalités de mise en concurrence et de s'abstenir de tout comportement favorisant ou avalisant des pratiques anticoncurrentielles.

795. La contrainte d'une rentabilité limitée est retrouvée en droit européen de la concurrence et, plus précisément, sur la qualification des aides publiques, en vertu du concept du *bénéfice raisonnable*, au sens d'un « taux rémunérateur fondé sur un taux moyen de retour sur investissement apprécié *in concreto* selon le secteur d'activité en cause »[2]. Plus précisément, la nécessité d'une telle maîtrise de rentabilité repose sur l'incohérence classique entre l'intérêt public et l'intérêt financier du secteur privé en matière de compensations du service public[3]. Malgré le fait qu'il repose sur la logique

[1] Ziani S. « Les limites conceptuelles et prudentielles à la rentabilité d'un service public délégué », *DA*, n°5, mai 2011, étude 10 ; Cossalter Ph., *Les délégations des activités publiques dans l'Union européenne*, *op. cit.* n° 1250 et s.

[2] Ziani S., « Redevances et concurrence », *op. cit.*

[3] À propos des compensations de service public et leurs critères de compatibilité avec l'article 107 TFUE, À leur côté il conviendrait de mettre aussi la référence au bénéfice raisonnable en vertu de l'article 4, alinéa 1 bii (Contenu obligatoire des contrats de service public et des règles générales) du Règlement n° 1370/2007 du 23 octobre 2007 relatif aux services publics de transport de voyageurs par chemin de fer et par route et la Communication de la Commission 2008/ C 184/07, du 22 juillet, 2008, relative aux lignes directrices communautaires sur les aides d'État aux entreprises ferroviaires. V. également la Communication de la Commission 2023/C

concurrentielle, à l'inverse du principe de la juste rémunération, il implique également le sens d'une rentabilité limitée.

796. Cependant, il apparaît souvent que l'Administration souhaite soutenir le marché concurrentiel, en vue de poursuivre des objectifs divers ; soit d'orienter le comportement des opérateurs, soit de prévenir la perturbation ou l'interruption de l'exécution déficitaire d'un contrat. Ce soutien s'inscrit à la question des aides publiques, embrassant une large palette des avantages, matériels, financiers ou même en nature, octroyés par l'État ou par une collectivité publique sans contrepartie. Ce pouvoir discrétionnaire de l'Administration a ses limites à l'interdiction de fausser la libre concurrence, en favorisant sans motif légitime un ou plusieurs opérateurs privés. En s'intéressant notamment aux aides publiques de nature financière, on se demande quelles sont les bornes entre un bénéfice légitime, dont l'octroi se justifie pour des raisons de soutien de services d'intérêt général et d'un bénéfice interdit, lorsqu'il affecte la libre concurrence. À ce propos, la notion du bénéfice raisonnable est forgée par la règle d'interdiction des aides publiques **(i)** et l'exception des compensations de services d'intérêt économique général **(ii)**.

i. Le bénéfice raisonnable et la règle d'interdiction des aides publiques

797. D'une manière générale, une aide publique financière consiste en « l'attribution de ressources à une ou plusieurs entreprises dans des conditions avantageuses par rapport à celles du marché »[1]. Faute d'une définition législative précise, la notion d'aide embrasse divers avantages octroyés par l'État et des collectivités territoriales, sa forme étant indifférente : aides matérielles ou en nature, aides financières, octroi de prérogatives de puissance publique. Autrement dit, tout avantage octroyé de manière unilatérale et individuelle par une collectivité publique à un opérateur ou à un ensemble d'opérateurs

---

222/01 du 26.06.2023 sur des lignes directrices interprétatives concernant le règlement (CE) n° 1370/2007 relatif aux services publics de transport de voyageurs par chemin de fer et par route.

[1] Colin F., *Droit public économique*, 6e éd., Gualino, Paris, 2017, n° 543 ; Colson J.-P.- Idoux P., *Droit public économique*, 10e éd. LGDJ, Paris, 2018, n°443 et s.

dans un but économique et sans contrepartie[1], peut être qualifié en une aide.

798. Sur le plan économique, la forme la plus fréquente des aides financières est celle des subventions, s'agissant d'une mise à la disposition du titulaire d'une somme d'argent[2]. En déguisant souvent la forme des contrats entre les pouvoirs publics et les opérateurs bénéficiaires, les contrats de subvention ressemblent aux contrats de la commande publique[3], ce qui n'est pas sans rappeler que les avantages économiques octroyés rapprochent la rémunération du cocontractant de l'Administration. Sur ce point, il convient de préciser leurs divergences.

---

[1] Nicinski S., *Droit public des affaires*, *op. cit.*, p. 257, n° 430-431 ; Magnet J. Lexique- Droit budgétaire et comptabilité publique, Paris PUF, 1980, p. 114 ; Hertzog, R., « Linéament d'une théorie des subventions », *RFFP*, n° 23, 1988, p. 5-45. V. aussi la définition Cornu, *Vocabulaire juridique, op. cit.*, p. 986 : « Aide financière sans contrepartie, somme allouée, en général par les pouvoirs publics, en faveur d'une œuvre, d'une institution ou d'une entreprise digne d'intérêt et d'encouragement ; se distingue du prêt qui suppose le versement d'intérêts et le remboursement du capital ».

[2] V. la définition donnée par l'Instruction du 28 août 2001 prise pour l'application du Code des Marchés publics, selon laquelle la subvention constitue « une contribution financière de la personne publique à une opération qui présente un caractère d'intérêt général, mais qui est initiée et menée par un tiers pour répondre à des besoins que celui-ci a définis. Dans le cas d'une subvention, la somme d'argent n'a pas de contrepartie directe pour la personne publique. V. aussi la définition donnée au sein du Rapport du groupe de travail mixte « Transparence financière des associations » cité par *Associations*, éd. Dalloz Actions, n° 2003, selon laquelle la subvention constitue « une aide financière versée par une collectivité publique pour les activités dont elle n'a pris ni la responsabilité et qui ne constitue pas le prix d'une acquisition directe par cette collectivité de biens ou de services. Elle est accordée soit, pour favoriser l'exécution d'un service d'intérêt public, soit à titre de secours ou de soutien, si elle a un caractère de libéralité et n'implique aucun remboursement de la part du bénéficiaire ». À propos de leur place vis-à-vis les aides publiques, v. Fromont M., « Aides économiques- Notion. Création », *JCP A,* fasc. 256 (notamment n°8).

[3] À propos de la relation entre aides publiques et contrats de la commande publique v. Panagos Th., « Contrats publics et aides d'État » (« Δημόσιες Συμβάσεις και Κρατικές Ενισχύσεις ») in Christianos V.- Rodopoulos M. (sous dir.), *Droit des aides d'État (Δίκαιο Κρατικών Ενισχύσεων),* Nomiki Vivliothiki, Athènes, 2020, p. 533-555 (not. p. 540-541). À propos de la distinction entre subvention et commande pubique v. Couvreur S. – Larmet A. « Subvention ou commande publique : les enjeux d'une juste qualification », *Juris associations*, 2026, n° 733, p. 16.

799. En premier lieu, l'octroi d'une subvention présente une formalité très semblable à celle du paiement d'un prix au sein d'un marché public. Certes, tous les deux sont dus par une personne publique au sein d'un contrat, à son cocontractant. Ainsi, la question de savoir si en réalité la subvention constitue un tel paiement en vertu d'un marché public méritant d'une requalification, a fait l'objet de riches développements. Au fil de cette problématique, la jurisprudence a mis fin à cette incertitude, établissant deux critères. Le premier d'entre eux est celui portant sur la contrepartie directe au profit de la personne publique, affirmant l'unilatéralité inhérente à la subvention. Plus précisément, la contribution publique consistant à une subvention ne comporte aucun lien direct à aucune prestation fournie, lorsque le prix correspond, par définition, à une contrepartie au profit de son débiteur[1]. À son côté, la jurisprudence a ajouté un second critère pour parvenir à opérer la distinction entre subvention et prix, de manière définitive. Ainsi, le critère de la contrepartie directe est rempli par le critère de l'initiative : si les opérations effectuées sont pour le compte du bénéficiaire, la somme versée constitue une subvention contribuant à une mission de service public, lorsqu'une fois les opérations sont pour le compte de la personne publique, la somme constitue une contrepartie prenant la forme d'un prix[2]. D'ailleurs, on pourrait mettre

---

[1]CE, 6 juillet 1990, *CODIAC*, req. n° 88224. Selon la Haute juridiction administrative, « en absence de lien direct entre le montant des contributions versées au comité et les opérations réalisées par lui, ce dernier ne [pouvait] être regardé comme ayant effectué de façon générale des prestations à titre onéreux au sein des articles 256 et 356A du Code des impôts ». En ce sens v. aussi CAA Bordeaux, 24 mai 2005, *Région Réunion,* req. n° 01BX01768, *BJCP*, n°42, 2005, p. 398 ; TA Amiens, 9 novembre 2006, *Préfecture Oise,* req. n°06010004, *CMP,* 2007, comm. 73, note Llorens F. et Soler- Couteaux P. V. également Renouard L., « Les contrats de subvention », *dossier Subventions et contrats, CP- ACCP,* n° 28, décembre 2003, p. 28-33, notamment p. 29. Cetttea qualification est pareille également dans le cas où la somme versée par une collectivité territoriale prenant en considération l'intégralité des frais exposés par le bénéficiaire pour le service rendu. En ce sens, v. CE, 26 mars 2008, *Région Réunion* req. n° 284412, *CMP,* n° 5, mai 2008, comm. 90, note Eckert G. À cette distinction entre prix et subvention contribue également la jurisprudence fiscale qui oppose les *« avantages immédiats »* qui dérivent de prestations individualisées et les contributions globales à un programme ensemble dans l'arrêt CE, 6 juillet 1990, *Comité pour le développement industriel et agricole du Choletats, D.*, p.210.

[2]*ibid*, p. 29-30. V. aussi la jurisprudence affirmant ce critère : affirmant le cas d'une subvention : CAA Marseille, 20 juillet 1999, *Commune de Toulon,* req.

à leur côté le critère du temps du versement, lorsqu'un prix, contrairement à une subvention, ne peut être versé qu'après service effectué[1].

800. En second lieu, le contrat de subvention ne saurait être confondu avec un contrat de concession. À l'inverse, cependant, cela ne signifie guère que l'existence du second exclut l'existence du premier et *vice-versa*. En effet, une rémunération liée aux résultats de l'exploitation coexiste souvent avec une subvention, lorsque ses clauses renvoient à une telle compensation de service public[2]. Même si l'Administration, par cette voie, confie la gestion d'un service public à son cocontractant, rien ne l'empêche de contribuer à son soutien financier, demeurant toujours le garant de la continuité et du bon fonctionnement du service public. Une subvention peut être octroyée au concessionnaire, afin qu'il puisse subir successivement le coût du service confié, uniquement lorsque certaines conditions visant à empêcher le favoritisme du bénéficiaire en dépit des autres candidats sont remplies. Sinon, la requalification de la subvention en tant qu'aide publique peut être jugée incompatible avec les dispositions du droit européen en la matière.

801. Une aide publique de nature financière ne se borne pas aux seules subventions. Elle peut également prend la forme d'un crédit ou prêt à taux préférentiel, une garantie d'emprunt. Elle peut également confier à un opérateur privé un avantage financier de manière indirecte, comme dans le cas des avantages fiscaux, en allégeant les impôts voire même en exonérant certains opérateurs ou une catégorie

---

n°98MA01735, *AJDA,* 2000, p. 266, note Benoît L. ; affirmant le cas d'un prix : CAA Marseille, 1 mars 2004, req. n°99MA02079, *Groupement agricole exploitation en commun « L'Aurier », BJCP,* n° 38, p. 16, concl. Louis J.-J. ; TA Nice, 24 février 2006, *J.-F.Knecht, AJDA,* 2006, p. 1615, note Dieu F. ; CAA Bordeaux, 12 mai 2007, n°05BX01003, *Syndicat industriel carriers de la Réunion : CMP,* 2007, comm. 208, note Pietri J.-P. V. aussi aussi Moreau D., « Les risques de requalification des subventions en marchés ou en délégations de service public », *AJDA,* 2002, p. 902.

[1] Moreau D., « Les risques de requalification des subventions aux associations en marchés ou en délégations de service public », *AJDA,* 2002, p. 902.

[2] À titre d'exemple à propos d'un modèle général de contrat de concession v. Lefevre M., *Pratique des contrats publics,* éd. Eyrolles, Paris, 1995, p. 31-39 ; « De la subvention aux marchés publics : les associations face à la mise en concurrence », disponible sur : http://www.lagazettedescommunes.com/95479/de-la-subvention-aux-marches-publics-les-associations-face-a-la-mise-en-concurrence

d'opérateurs d'une taxe qui leur est imputable[1]. La question du rapport entre bénéfice tiré d'une aide publique et rémunération peut être abordée dans un contexte plus ample. À cet égard, la jurisprudence de la Cour européenne a admis que l'attribution d'un contrat de la commande publique tombe sous la notion de l'octroi d'une aide au sens de l'article 107, paragraphe 1, du Traité sur le fonctionnement de l'Union européenne[2].

802. Cette disposition insère une interdiction de portée générale des aides publiques, selon laquelle « sauf dérogations prévues par les traités, sont incompatibles avec le marché intérieur, dans la mesure où elles affectent les échanges entre États membres, les aides accordées par les États ou au moyen de ressources d'État sous quelque forme que ce soit qui faussent ou qui menacent de fausser la concurrence en favorisant certaines entreprises ou certaines productions ». Cette interdiction repose sur le caractère, par construction, discriminatoire des aides publiques. En matière de contrats de la commande publique, toute intervention publique est prohibée, lorsqu'elle aboutit à l'octroi d'un droit spécial ou exclusif au titulaire du contrat, au détriment des autres opérateurs candidats, et, bien évidemment que le pouvoir public octroyant l'aide peut influencer le comportement du cocontractant[3]. Pour cette raison, les opérateurs privés sont obligés de déclarer s'ils sont des bénéficiaires d'une subvention ou d'une autre forme d'aide publique. La question de la légitimité d'une aide se pose avec une acuité particulière en matière de contrats de concession, où la nature même de l'objet du contrat implique souvent l'octroi des droits spéciaux ou exclusifs. Les concessionnaires sont ainsi plus enclins à pratiquer des comportements anticoncurrentiels, comme les pratiques prédateurs, ou l'abus de position dominante. Par conséquent, l'octroi discriminatoire d'une aide entraîne une rémunération plus élevée en ce qu'elle se déduisait de la libre concurrence. Autrement dit, la prohibition des aides publiques détermine le plafond de la rémunération.

803. La question de la prohibition des aides publiques considère également l'exécution des contrats de la commande publique. Elle

---

[1] Colin F., *Droit public économique, op.cit.*, n° 543.

[2] CJCE, 04 mai 1998, *Bodson,* aff. C-30/87, ECLI:EU:C:1988:225, point n°33 ; CJCE, 25 octobre 2001, *Ambulanz Glöchner*, aff. C-475/99, ECLI:EU:C:2001:577.

[3] CJCE, 13 octobre.2005, *Parking Brixen Gmbh,* aff. C-458/03, *op. cit,* point n° 51 et s.

embrasse toute modification du contrat en cours de son exécution, susceptible de permettre au cocontractant de l'Administration de tirer un profit plus élevé que celui accordé au moment de la conclusion du contrat[1]. Comme une aide financière directe, tout avantage consenti sans contrepartie[2], par exemple la prolongation de la durée du contrat permettant une rémunération supplémentaire au cocontractant de l'Administration, tombe sous l'interdiction du premier paragraphe de l'article 107 TFUE[3]. Autrement dit, une telle modification est susceptible de fausser l'effet utile du droit primaire européen de la concurrence.

804. Or, le soutien financier de l'Administration n'est guère interdit en matière de contrats de la commande publique, au fur et à mesure qu'il est qualifié en compensation de service public.

ii. Le bénéfice raisonnable et l'exception de la compensation de service d'intérêt économique général

805. Par dérogation à la règle générale de l'interdiction des aides publiques, est autorisé le soutien financier des services d'intérêt économique général. Cette dérogation est justifiée par des motifs d'intérêt général liés aux particularités de certains services publics comportant un caractère déficitaire ou, en général, des conditions

---

[1]Yannakopoulos C., *La protection de la libre concurrence lors de l'exécution des contrats administratifs, op.cit.*, n° 624-629, p. 523-527.

[2] V. en guise d'illustration Tribunal de la concurrence allemande (KG) ; arrêt du 01.03.2024 – Verg 11/22, ayant jugé que, dans la mesure où les documents d'appel d'offres stipulaient que les soumissionnaires étaient tenus d'inclure dans leurs offres les raccordements ferroviaires pour les sites d'ateliers mis à la disposition des entrepreneurs à titre facultatif, pour autant qu'ils aient l'intention d'utiliser ces sites, et que les prix alloués à ces raccordements devaient être pris en compte dans le prix d'évaluation, cela constitue une violation du principe d'égalité de traitement en matière de droit des marchés publics, conformément au §97 GWB constitue un désavantage incompatible par rapport à l'entreprise existante en tant que soumissionnaire potentiel V. en sens, Rusch D.- Portner D., «Indemnisation par le client des avantages acquis par l'opérateur existant par des moyens non concurrentiels » (« Ausgleich wettbewerbsfrei erworbener Vorteile des Bestandsbetreibers durch Auftraggeber »), *NZBau*, 2025, p. 361.

[3] CJUE, 21 septembre 2023, *Romaqua Group SA*, aff. C-510/22 ; *CMP*, 2023, comm. 335, note Hoepffner H..

anormales du marché[1]. Considérant que, selon une étude de 2014[2], qui, cependant, demeure d'actualité, neuf projets d'infrastructures sur dix dépassent le budget et le temps de réalisation prévus, la question de leur soutien financier se pose avec une acuité particulière. À ce propos, le paragraphe 2 de l'article 106 TFUE, par dérogation au principe générale d'interdiction des aides publiques, permet les aides qualifiées en compensation de service d'intérêt économique général. En ce qui concerne la rémunération du cocontractant de l'Administration, la question qui s'ensuit est si cette compensation permet ou pas une marge de profit pour le titulaire, c'est-à-dire une rémunération, et, en cas de réponse affirmative, quel serait son plafond.

806. Cette marge, entendue au sens d'un bénéfice raisonnable, est précisé par la jurisprudence *Ferring*[3] *et Altmark*[4], en vue de décrire la contrainte de rentabilité limitée d'un service d'intérêt économique général[5]. À cet égard, cette jurisprudence a établi également les critères de la légitimité d'une compensation d'un service public, afin qu'elle échappe à la qualification de l'aide d'état et de leur octroi interdit par l'article 107 TFUE. En ce sens, une compensation pour service public est légitime et ne s'heurte pas sur l'interdiction des aides publiques, lorsqu'elle repose sur l'« analyse des coûts d'une entreprise moyenne, bien gérée et adéquatement dotée de moyens nécessaires afin de pouvoir satisfaire aux exigences de service public requises, aurait encourus pour exécuter ces obligations en tenant compte des recettes y relatives ainsi que d'un bénéfice raisonnable pour l'exécution de ces obligations »[6]. Par ce biais, le meilleur équilibre entre l'interdiction de favoritisme des opérateurs privés et la

---

[1]CJCE, 14 février 1990, *France c/ Commission*, aff.C-301/87, ECLI:EU:C:1990:67. V. aussi Flyvbjerg B., "What You Should Know about Megaprojects and Why: An Overview," *Project Management Journal*, vol. 45, n° 2, avril- mai 2014, pp. 6-19. Selon cette étude, neuf projets d'infrastructures sur dix dépassent le budget et le temps de realisation prévus.

[2] Flyvbjerg B., "What You Should Know about Megaprojects and Why: An Overview," *ibid.*

[3] CJCE, 22 novembre 2001, *Ferring SA*, aff. C-53/00, ECLI:EU:C:2001:627.

[4] CJCE, 23 juillet 2003, *Altmark Trans GmbH*, aff. C-280/00, *op.cit.*.

[5] V. en ce sens Protocole (n° 26) sur les services d'intérêt général (additionnel-Traité de Lisbonne) *JOUE* C 326, 26.10.2012, p. 308.

[6] CJCE, 23 juillet 2003, *Altmark Trans GmbH*, aff. C-280/00, *op.cit.*

nécessité de soutien économique des services d'intérêt économique général est recherché [1].

807. Cette jurisprudence reconnaissante une certaine marge de rentabilité au profit du bénéficiaire d'une compensation de service public a donné suite au paquet *Monti-Kroes*[2], ensuite remplacé par le paquet *Almunia*[3]. Bien que la première version se satisfasse à la consécration d'un bénéfice raisonnable défini de manière vaste voire ambigüe[4], le paquet *Almunia* définit avec minutie le calcul d'un

---

[1] *ibid.* À titre d'exemple et à propos du bénéfice raisonnable par rapport à un service d'intérêt économique général v. aussi dans la jurisprudence de la Cour de Justice CJUE, 16 avril 2015, *Trapeza Eurobank Ergasias AE c/ Agrotiki Trapeza tis Ellados ATE,* aff. C-691/2013, ECLI:EU:C:2021:895 ; CJUE, 6 octobre 2015, *Commission c/ Andersen*, aff. C-303/13, ECLI:EU:C:2015:647 ; CJUE, 8 mai 2013, *Libert et al. c/ Gouvernement flamand,* aff. C-197/11 (et aff. C-209/11), ECLI:EU:C:2013:288 ; CJUE, 2 septembre 2010, *Commission c/ Deutsche Post*, aff. C-399/08, ECLI:EU:C:2010:481; CJUE, 10 juin 2010, *Fallimento Traghetti del Mediterraneo SpA c/Presidenza del Consiglio dei Ministri,* aff. C-140/09, ECLI:EU:C:2010:335 (point n° 67); CJCE, 10 juin 2008, *Essent Netwerk Noord BV Nederlands Elektriciteit Administratiekantoor BV,* aff. C-206/06, ECLI:EU:C:2008:413, point n° 85.

[2]Au paquet *Monti-Kroes* appartiennent la Décision de la Commission européenne du 28 novembre 2005 concernant l'application des dispositions de l'article 86, paragraphe 2, du traité CE aux aides d'État sous forme de compensations de service public octroyées à certaines entreprises chargées de la gestion de services d'intérêt économique général [n° C(2005) 2673] (2005/842/C, la Directive n° 2006/111/CE de la Commission du 16 novembre 2006 relative à la transparence des relations financières entre les États membres les entreprises publiques ainsi qu' à la transparence financière dans certaines entreprises, ainsi que l' Encadrement communautaire des aides d'état sous forme de compensations de service public DG D(2004).

[3] Au *paquet Almunia* appartiennent la Décision n° 2012/21/UE de la Commission du 20 décembre 2011 (relative à l'application de l'article 106, paragraphe 2, du Traité sur le fonctionnement de l'Union européenne aux aides d'État sous forme de compensations de service public octroyées à certaines entreprises chargées de la gestion de services d'intérêt économique général ; Communication de la Commission relative à l'application des règles de l'Union européenne en matière d'aides d'État aux compensations octroyées pour la prestation de services d'intérêt économique général n°2012/C 08/02 ; Communication de la Commission-Encadrement de l'Union européenne applicable.

[4]V. Commission européenne, *Encadrement communautaire des aides d'état sous forme de compensations de service public* DG D (2004), n° 16, selon lequel « il convient d'étendre un taux de rémunération du capital propre qui doit prendre en compte le risque, ou en absence de risque, encouru par l'entreprise du fait de l'intervention de l'État, notamment si ce dernier octroie des droits exclusifs ou

bénéfice tombant sous l'emprise de la rationalité de la compensation de service public, par rapport au risque encouru par le bénéficiaire et la durée de la gestion du service, ainsi que recourant aux techniques de comptabilité. Plus précisément, la décision de la Commission du 20 décembre 2011 précise qu'« aux fins de la présente décision, on entend par 'bénéfice raisonnable' le taux de rendement du capital qu'exigerait une entreprise moyenne s'interrogeant sur l'opportunité de fournir le service d'intérêt économique général pendant toute la durée du mandat, en tenant compte du niveau de risque ». La décision continue, en précisant en plus que « le taux de rendement du capital est défini comme le taux de rendement interne que l'entreprise obtient sur son capital investi pendant la durée du mandat. [...] Aux fins de la présente décision, un taux de rendement du capital qui ne dépasse pas le taux de swap applicable majoré d'une prime de 100 points de base est considéré comme raisonnable en tout état de cause. Le taux de swap applicable est celui dont la maturité et la monnaie correspondent à la durée et à la monnaie du mandat. Lorsque l'accomplissement du service d'intérêt économique général n'est pas lié à un risque commercial ou contractuel important, en particulier lorsque le coût net occasionné par la prestation du service d'intérêt économique général est, pour l'essentiel, intégralement compensé a posteriori, le bénéfice raisonnable ne saurait dépasser le taux de swap applicable majoré d'une prime de 100 points de base. Lorsque, en raison de circonstances particulières, il n'est pas approprié de recourir au taux de rendement du capital, les États membres peuvent, pour déterminer le niveau du bénéfice raisonnable, se fonder sur d'autres indicateurs de bénéfice, tels que le rendement des capitaux propres moyen, le rendement du capital employé, le rendement de l'actif ou la marge d'exploitation. On entend par "rendement" les bénéfices avant intérêts et impôts pour cet exercice. Le rendement moyen est calculé en appliquant le taux d'actualisation pendant toute la durée du contrat tel que défini dans la Communication de la Commission relative à la révision de la méthode de calcul des taux de référence et d'actualisation » [1].

808. Si, autrefois, en application du paquet *Monti-Kroes*, la Commission se satisfaisait de la prise en compte du taux de

spéciaux », définition répétée dans l'article 5 par. 4 de la Décision de la Commission n° 2005/842/CE.

[1] V. article 5.5 et s. de la décision du 20 décembre 2011.

rémunération des capitaux propres d'une entreprise assumant le risque encouru en l'absence d'intervention étatique, sous réserve que celui-ci ne dépasse pas le taux moyen constaté dans le secteur de marché en cause, suite à l' Encadrement *Almunia*, le bénéfice raisonnable « s'entend du taux de rendement du capital qu'exigerait une entreprise moyenne s'interrogeant sur l'opportunité de fournir le SIEG en tenant compte du niveau du risque ou de l'absence de risque »[1].

809. Autrement dit, le bénéfice raisonnable, tel que défini par la jurisprudence *Altmark* et affirmé par le paquet *Monti- Kroes,* vise à une délimitation de la rentabilité du profit de son titulaire, et est défini en tant qu'un taux de rendement par rapport au capital[2] qui ne saurait lui permettre un surprofit[3]. Son rôle est restreint à ce qui est nécessaire pour l'assurance de la continuité de la prestation du service public. Cependant, le recours aux renseignements de comptabilité pure, tel qu'introduit par le dernier paquet *Almunia*, contribue de manière décisive à l'objectivisation de la qualification d'une intervention économique de la part de l'Administration en tant que compensation de service public, en délimitant l'obscurité conséquente du critère subjectif d'efficacité équivoque, relatif à la prise en considération d'une entreprise moyenne et bien gérée[4].

810. Toutefois, force est de constater que le bénéfice raisonnable repose sur une logique plutôt concurrentielle que contractuelle, en concernant la dérogation expresse des compensations de service

---

[1] Kalflèche G.- Sorbara J.-G., « Les compensations de service public du Paquet Almunia, une obscure clarté », *Europe,* n°6, juin 2012, étude 7.

[2] À propos d'une comparaison de deux paquets v. Thieffry P. « Compensation des charges de service public. Les contradictions du 'paquet Almunia' », *AJDA,* 2012, p. 300 ; Karpenschif M., « Du paquet Monti/Kroes au paquet Almunia : le financement des SIEG facilité et sécurisé ? », *JCP A*, 2012, 2006 ; Kalflèche G.- Sorbara J.-G., « Les compensations de service public du Paquet Almunia, une obscure clarté », *op. cit.* n°38 ; Nicinski S., *Droit public des affaires*, *op.cit.*, p. 278-279, n° 473-474.

[3] V. également en ce sens, Conclusions de l'avocat général Lenz C.-O., présentées le 22 novembre 1984 sous l'arrêt CJCE, 7 février 1985, *Procureur de la République c/ ADBHU*, aff. C-240/83, ECLI:EU:C:1985:59, reconnaissant le bénéfice raisonnable.

[4] Pour une critique de ce critère obscur, v. Maddalon Ph., « Paquet Altmark : quelle sécurité juridique ? », *Contr. Conc. Cons.*, n° 4, avril 2006, étude n° 5, points 18-19 ; Karpenschif M., « Du paquet Monti/Kroes au paquet Almunia : le financement des SIEG facilité et sécurisé ? », *ibid.* ; Kalflèche G.- Sorbara J.-G., « Les compensations de service public du Paquet Almunia, une obscure clarté », *ibid.* Nonobstant la vive controverse qu'il a nourrie, le critère consacré au paquet *Monti-Kroes*, continue à paraître également en vertu du paquet *Almunia.*

public de l'interdiction générale des aides publiques. Ses conditions d'octroi, c'est-à-dire son accord à titre exceptionnel ainsi que son rôle correcteur des défaillances du marché, sont toujours définis par rapport aux conditions du marché concurrentiel ; son critère ultime est alors la référence au marché et à ses conditions normales. À cette fin de stipulation d'une rémunération raisonnable contribue notamment le principe d'une tarification imposée et orientée vers le coût marginal du service. Ce principe est consacré en matière des télécommunications en premier lieu par le second paquet *Telecom*, c'est-à-dire les directives 97/33/CE[1] et 98/10/CE[2]. En guise d'illustration de ce principe, il conviendrait de renvoyer à la jurisprudence de la Cour de Justice, relative à la détermination d'une rémunération raisonnable en matière des télécommunications. Selon l'arrêt *Arcor AG & Co. KG c/ Bundesrepublik Deutschland* du 24 avril 2008 « que le principe d'orientation des tarifs de l'accès dégroupé à la boucle locale en fonction des coûts [...] se lit comme l'obligation imposée aux opérateurs notifiés, dans le cadre de l'ouverture graduelle du marché des télécommunication à la concurrence, d'orienter ces tarifs en fonction des coûts supportés pour la mise en place de la boucle locale, tout en tirant de la fixation desdits tarifs une rémunération raisonnable afin de permettre le développement à long

---

[1] Article 7§2 de la directive n° 97/33/CE du 30 juin 1997 relative à l'interconnexion dans le secteur des télécommunications en vue d'assurer un service universel et l'interopérabilité par l'application des principes de fourniture d'un réseau ouvert (ONP), *JOCE* L 199 du 26.7.1997, p. 32.

[2]Article 17, paragraphe 2 et cons. n° 5 de la directive n° 98/10/CE du 26 février 1998 concernant l'application de la fourniture d'un réseau ouvert (ONP) à la téléphonie vocale et l'établissement d'un service universel des télécommunications dans un environnement concurrentiel (*JOCE* L 101 du 04.1998, p. 24). À propos de la consécration du principe en droit européen v. aussi directive n° 2002/19/CE du 7 mars 2002, relative à l'accès aux réseaux de télécommunications électroniques et aux ressources associées, ainsi qu'à leur interconnexion (directive « accès » - *JOCE* L 108 du 24.04.2002, p. 7); article 3, paragraphe 3, Règlement n° 2887/2000 du 18 décembre 2000 relatif au dégroupage de l'accès à la boucle locale (*JOCE* L 336 du 30.12.2000, p. 4); Recommandation 2005/698 du 19 septembre 2005 concernant la séparation comptable et les systèmes de comptabilisation des coûts au titre du cadre règlementaire pour les communications électroniques (*JOCE* L 266 du 11.10.2005, p. 64).

terme et la modernisation des infrastructures de télécommunications existantes »[1].

811. Rappelant toujours les restrictions de l'article 106 TFUE, un bénéfice raisonnable ne saurait pas constituer un avantage économique anormal, au sens que sa réception de la part de son bénéficiaire constitue un comportement qualifié d'une aide publique perturbant le libre jeu de la concurrence.

812. Sous cette perspective, le bénéfice raisonnable peut être défini comme un taux interprétant les flux financiers du contrat, « un taux de retour sur investissement »[2]. La Commission européenne l'a également défini comme une *fourchette par défaut* au sein d'une décision relative à une intervention publique en matière de services postaux en Belgique. Le cas échéant, relatif à un service de distribution de courrier, la Commission a apprécié cette fourchette comme un taux précis entre 5,4 % - 7,4 % de la valeur de l'investissement effectué, à la lumière des critères consacrés au paquet *Almunia* et à l'aide d'une recherche entre d'entreprises comparables dans le secteur concerné[3]. Cette position visant à établir un taux par défaut de l'ordre de 7 - 8% pour apprécier la normalité d'un bénéfice, partage également le Professeur Cossalter, en vertu de sa recherche concernant les États membres de l'Union européenne[4], qui, cependant, se diffère selon le secteur concerné.

---

[1] CJCE, 24 avril 2008, *Arcor AG & Co. KG c/ Bundesrepublik Deutschland,* aff. C-55/06, ECLI:EU:C:2008:244, point n° 69 ; cf. aussi point n° 71 à propos de l'objectif de la fixation d'une rémunération raisonnable.

[2] En ce sens, Vila J.-B., *Recherches sur la notion d'amortissement en matière de contrats administratifs, (*préf. Linditch F.), *op.cit.* ; Ziani S., « Les limites conceptuelles et prudentielles à la rentabilité d'un service public délégué », *op. cit.* À propos de la reconnaissance d'un taux raisonnable de rémunération.

[3] Décision de la Commission du 25 janvier 2012, C (2012) 178, concernant la mesure SA.14588 (C 20/2009) mise en exécution par la Belgique en faveur de Post-La Post, *JOUE* L-120, points 296 et s. V. aussi Décision de la Commission du 3 avril 2005, C (2005)1170, concernant l'aide d'Etat n ° N 382/2004 – France Mise en place d'une infrastructure haut débit sur le territoire de la région Limousin (DORSAL), *JOCE* C/230/2005, n° 29, appréciant comme une rémunération raisonnable un taux de rendement interne des capitaux investis à 9.62%, ainsi que Décision de la Commission du 16 novembre 2004, C (2004) 4343, concernant l'aide d'Etat N° 381/2004 -Projet de réseau de télécommunication haut débit des Pyrénées Atlantiques, n° 42, précisant se taux à 10.89% des capitaux investis.

[4] Cossalter Ph., *Les délégations d'activités publiques dans l'Union européenne, op. cit. n° 1274.*

813. Il s'ensuit alors que la recherche du plafond de la rémunération raisonnable du cocontractant de l'Administration aux termes concurrentiels, passe à travers la notion du bénéfice raisonnable. Les précisions de la jurisprudence de la Cour de justice relative aux compensations des services d'intérêt économique général, ainsi que l'expérience de la Commission européenne en la matière, transforment cet objectif souhaité en un plafond économiquement précis.

Conclusion Section I

814. La rationalité de la rémunération du cocontractant de l'Administration implique nécessairement la recherche d'un plafond. Inspiré par le principe de rentabilité limitée dégagée par la doctrine, cette délimitation est précisée à travers des contraintes s'inscrivant à la logique contractuelle ainsi qu'à la logique concurrentielle de la rémunération en matière de contrats de la commande publique.

815. D'une part, la limite est recherchée dans les champs de l'équité contractuelle. À cet égard, de manière générale, l'équilibre économique du contrat justifie sa hausse par rapport à la prestation rendue. Or, en matière de contrats de la commande publique, sa délimitation fait souvent l'objet d'une réglementation nationale qui précise directement ou indirectement son plafond.

816. D'autre part, la limite de la rémunération est recherchée aux termes de la libre concurrence. La mise en concurrence des contrats de la commande publique vise à l'attribution du contrat à l'opérateur présentant l'offre économiquement la plus avantageuse dans les conditions normales du marché concurrentiel. Or, comme remarque la Professeure Frison-Roche, « schématiquement on pourrait dire que l'activité économique d'intérêt général est à mi-chemin entre l'activité soumise au marché et à l'activité soustraite au marché. L'activité est économique parce qu'elle donne lieu à un marché ; elle est d'intérêt général parce qu'elle est associée à la réalisation d'un but étranger au marché »[1]. Par ce biais alors, la rationalité de la rémunération peut également être reprochée au regard des renseignements européens relatifs à l'exception des compensations des services d'intérêt

[1] En ce sens v. Frison-Roche M.-A.et Payet M.- St., *Droit de la concurrence*, coll. Précis, Dalloz, Paris, 2006, p. 67, n°71.

économique général. De ce point de vue, le plafond de la rémunération raisonnable en matière de contrats de la commande publique pourrait être identifié à celui du bénéfice raisonnable en matière de compensations de services d'intérêt économique général.

817. Cependant, la question de la délimitation de ce qu'il faut entendre par rémunération raisonnable du cocontractant de l'Administration ne constitue pas seulement une affaire d'évaluation préalable. Sa détermination institutionnelle implique également des mécanismes de contrôle continu, afin d'éliminer des phénomènes corruptifs liés aux surprofits du cocontractant de l'Administration.

Section II – LE CONTRÔLE DE LA RÉMUNÉRATION RAISONNABLE

818. La détermination d'une rémunération raisonnable et, plus précisément, sa délimitation, ne constitue pas un objectif abandonné aux affres du libre jeu de la concurrence. La concurrence pure et parfaite n'étant qu'une utopie, l'institutionnalisation de la procédure de passation s'avère indispensable. Ainsi, bien que la question paraisse de prime abord purement économique, force est de constater que sa rationalité implique nécessairement une essence de moralité du profit, une légitimité de la rémunération, ce qui renvoie à son analyse institutionnelle.

819. Le problème principal à envisager lors de la vérification de la rationalité de la rémunération est l'asymétrie d'informations entre le pouvoir adjudicateur et les opérateurs privés. La question se pose notamment par rapport aux phénomènes de surfacturation. Il se peut alors que les opérateurs privés présentent une surévaluation des coûts présentés dans leurs offres économiques, qui ne correspondent pas aux coûts réels. La contrepartie accordée révèle alors un profit supplémentaire au cocontractant de l'Administration, qui, à côté du taux de rémunération convenue, conduit à un surprofit du cocontractant de l'Administration. Si, dans les conditions normales du marché concurrentiel, la libre concurrence entre les candidats les force à présenter des offres économiques attractives et peut réduire ces phénomènes, cela ne signifie pas qu'ils ne sont pas possibles. En effet, ils sont souvent liés aux pratiques anticoncurrentielles comme les ententes des opérateurs accordant un prix élevé ou des abus de position dominante établissant des prix dissimulant des surprofits.

820. Il s'ensuit alors que la délimitation de la rémunération du cocontractant de l'Administration répondant à l'impératif d'une rentabilité limitée, passe à travers la question des mécanismes de son contrôle. En droit interne, il s'agit d'un contrôle exercé à plusieurs étapes, focalisé soit à la comptabilité des contrats de la commande publique, soit à la sanction de leurs irrégularités et des pratiques anticoncurrentielles **(§1)**. En droit européen, le contrôle de la rémunération du cocontractant de l'Administration peut être envisagé dans le cadre du contrôle des aides publiques **(§2)**.

§1 – LE CONTRÔLE AU NIVEAU NATIONAL

821. La délimitation efficace de la rémunération du cocontractant de l'Administration implique nécessairement un contrôle. À cet égard, les droits internes ont développé des mécanismes de contrôle, visant à empêcher la fixation des rémunérations excessives, ainsi qu'à sanctionner toute hausse postérieure, contraire aux principes de libre concurrence.

822. Acceptant que la rationalité de la rémunération passe, bien évidemment, à travers sa légalité, un contrôle de cette dernière se rend indispensable. Bien que la rémunération convenue lors de l'attribution du contrat de la commande publique ne soit pas directement contestable lorsqu'elle fait partie d'une décision du pouvoir exécutif, cela ne signifie qu'elle échappe à tout contrôle. En effet, des mécanismes de contrôle juridictionnel de la légalité de la procédure vérifient la régularité de la procédure de passation, accompagnés d'un contrôle comptable visant à vérifier la bonne exécution financière du contrat ainsi que la bonne gestion des deniers publics à ce propos. À titre complémentaire, les droits internes visent à contrôler la rémunération du cocontractant de l'Administration à travers des mécanismes de sanction des comportements anticoncurrentiels. La sanction de ces pratiques se trouve souvent liée à des phénomènes corruptifs lorsqu'elles ont pour effet l'octroi d'un avantage injustifié à l'autrui.

823. Par ce biais, on pourrait distinguer des mécanismes de contrôle de la rémunération du cocontractant de l'Administration visant à l'examen du comportement de l'opérateur privé **(i)** et de mécanismes visant à l'examen du comportement de l'Administration contractante **(ii)**.

A. Les mécanismes de contrôle des comportements opportunistes des opérateurs privés

824. Par construction, les opérateurs privés visent à l'optimisation de leur rémunération, dans sa détermination. Ainsi, la question de leurs comportements opportunistes se pose avec une acuité particulière. Même s'ils sont forcés de présenter des offres économiquement attractives afin d'obtenir l'attribution du contrat, ils cachent souvent des surprofits dans les offres présentées en adoptant des pratiques anticoncurrentielles. Les cas ne sont pas rares où l'établissement des prix et tarifs élevés est le produit des comportements monopolistiques d'un cocontractant abusant sa position dominante, ou, de même, le produit d'une entente entre plusieurs entreprises candidates exerçant leur activité dans le secteur concerné.

825. Outre ce danger, la question de la détermination de la rémunération du cocontractant de l'Administration ne se borne pas à sa seule fixation lors de la conclusion du contrat. Il se peut que le cocontractant de l'Administration exige un soutien financier à l'Administration, sous pression de perturbations voire interruption du service d'intérêt économique général concerné. Pour cette raison, le contrôle de la rémunération se matérialise à travers des mécanismes de supervision de l'exécution financière du contrat.

826. Par ce biais, la délimitation de la rémunération constitue une question de contrôle des comportements opportunistes des opérateurs privés. À ce propos, il convient d'aborder les mécanismes de contrôle prévus en droit français **(i)**, grec **(ii)** et allemand **(iii)**.

i. En droit français

827. D'une manière générale, en droit français, l'Observatoire économique de la commande publique (OECP) et les groupes d'étude des marchés (GEM) sont chargés de comparer et d'analyser les données relatives aux aspects économiques des contrats de la commande publique[1]. Leur rôle, en principe consultatif, offre aux pouvoirs adjudicateurs des informations nécessaires sur les prix du

[1] V. *supra* n°680.

marché *(open market value),* afin d'apprécier les offres présentées et choisir l'offre économiquement la plus avantageuse, incorporée ensuite à l'économie du contrat de la commande publique conclu. Ce dernier implique nécessairement un contrôle par le pouvoir adjudicateur lors de la procédure de passation, qui s'étend même à l'identification éventuelle des pratiques anticoncurrentielles adoptées par les candidats. Dans ce cas, le pouvoir adjudicateur est tenu de rejeter ladite offre. De plus, le contrôle de la délimitation de la rémunération se matérialise à travers un contrôle des pratiques anticoncurrentielles **(a)** et un contrôle comptable **(b)**.

a. Le contrôle des pratiques anticoncurrentielles

828. La sanction des pratiques anticoncurrentielles *per se* incombe à la seule Autorité de la concurrence[1]. En effet, l'office du juge administratif se borne à l'identification d'une pratique anticoncurrentielle comme irrégularité du contrat, position constante suite à la jurisprudence *Aéroport de Paris*[2] et *Société Million et Marais*[3] reprise en matière des arrêts du Conseil d'État, relatives aux cartels de la signalisation routière rendues en mars 2020[4]. Du fait que

---

[1]Cabanes C.- Neveu B., *Droit de la concurrence dans les contrats publics : pratiques anticoncurrentielles, abus de position dominante, contrôles et sanctions,* Le Moniteur, Paris, 2008, p. 141 et s.

[2] TC, 18 octobre 1999, *Aéroport de Paris*, req. n° 03174, concl. Schwarz R., *CJEG,* 2000, p. 18 ; *AJDA,* 2000, p. 1030 obs. Bazex M., précisant que: «Considérant que si dans la mesure où elles effectuent des activités de production, de distribution ou de services, les personnes publiques peuvent être sanctionnées par le Conseil de la Concurrence agissant sous le contrôle de l'autorité judiciaire, les décisions par lesquelles ces personnes assurent la mission de service public qui leur incombe au moyen des prérogatives de puissance publique, relèvent de la compétence de la juridiction administrative pour en apprécier la légalité et, le cas échéant, pour statuer sur la mise en jeu de la responsabilité encourue par ces personnes publiques ».

[3] CE, 3 novembre 1997, *Société Million et Marais, op. cit.*

[4] CE, 27 mars 2020, *SNCF Mobilités*, req. n° 418645, *Société Signalisation France c. Département de la Manche- Société Lacroix Signalisation c/ Département de l'Orne*, *Sté Signaux Girod c/ Départ. de l'Orne* req. n° 420491 – 421758 – 421833 ; CE 10 juillet 2020, *Société Lacroix Signalisation c/ Seine-Maritime*, req. n° 420045 ; *Rec.* ; *BJCP*, n°11, 2020, p. 400, concl. Le Corre M. ; *CP-ACCP*, n°218, 2021, p. 19, comm. Cabanes C.- Michaud R. ; *AJCT*, 2021, p. 36, comm. Dreyfus J.-D. ; *CP-ACCP*, n°213, 2020, p. 69, obs. Landot E. ; *AJ Contrats d'affaires- Concurrence-Distribution*, 2020, p. 482, note Amaro R. ; *CMP*, 2020, p. 7, obs. Lichère F. ; *AJDA*, 2020, p.1897, chron. Idoux P.- Glaser E.- Nicinski S. ; *CMP*, 2020, n°10, p.

la pratique anticoncurrentielle tombant sous la compétence de l'Autorité de la concurrence n'est pas, en principe, un acte détachable du contrat, la compétence du juge administratif exclut son intervention[1]. Bien qu'il soit difficile de contester directement la rémunération du cocontractant de l'Administration dans le contrat conclu, dans le cas où le comportement anticoncurrentiel est détachable de l'acte administratif, l'Autorité préserve sa compétence[2], en exerçant un contrôle complémentaire à celui des juridictions administratives et judiciaires. Tel fût le cas de l'affaire *BTP Sud* du 10 mars 2026[3] en vertu de laquelle l'Autorité de la concurrence a sanctionné ladite société pour avoir abusé de sa position dominante sur le marché de la fouriture de granulats sur le Territoire des îles Walis-et-Futuna, en appliquant une stratégie visant à obtenir certaines concessions de l'Administration. Parmi les éléments de l'instruction, un protocole d'accord entre la Société BTP et l'Administration a mis en lumière une hausse des prix de l'ordre de 75 % pratiquée en 2022. L'absence de justification économique à cette hausse Cependant, il est admis que la personne publique peut, alternativement ou cumulativement à l'action en nullité du contrat, demander l'indemnisation du préjudice qu'elle a subi en raison de cette pratique anticoncurrentielle[4].

26, note Ubaud- Bergeron M.; *JCP A*, 2020, 2071, p. 13, note Martin J. ; CE 10 juillet 2020, *Commune de la Guérinière*, req. n° 434353 – 434355 et CE 12 octobre 2020 ; *Société Mersen*, req. n° 432981 – 433423 – 433563 – 433564. V. à ce propos Lichère F., « Le nouveau régime contentieux des pratiques anticoncurrentielles dans les contrats administratifs », *CMP* n° 11, novembre 2020, p.7 ; Gaudemet M. « Commande publique et sanction des pratiques anticoncurrentielles », *CP-ACCP*, n°218, mars 2021, p.32-37.

[1] À propos des pratiques anticoncurrentielles en matière des contrats de la commande publique v. dossier « Identifier et sanctionner les pratiques anticoncurrentielles », *CP-ACCP*, n°182, décembre 2017, p.13 -74.

[2] Sur ce point. v. Guézou Ol., *Traité du contentieux de la commande publique, op. cit.* p. 796 et s..

[3] Aut.conc., 10 mars 2026, *BTP Sud.*, n° 26-D-02.

[4] CE, 10 juillet 2020, *Département Seine-Maritime*, *op.cit.*. V. aussi à propos de l'indemnisation du pouvoir adjudicateur en raison des pratiques anticoncurrentielles CE, 22 novembre 2019, *SNCF Mobilités*, req. n° 418645 ; CE, 27 mars 2020, *Département de l'Orne*, req. n° 421758 ; *CMP*, 2020, comm. 197, note Ubaud-Bergeron M. ; CE, 1er juin 2023, *Société Forbo Sarlino et autres*, req. n° 468098, *CMP*, 2023, comm. 224, note Ubaud- Bergeron M. ; CE, 9 mai 2023, req. n° 451710, 451839 et 451862, *CMP*, 2023, comm. 197, note Ubaud- Bergeron M. ; CE,

829. Dans ce cas, elle a été saisie à plusieurs reprises, afin de sanctionner des pratiques anticoncurrentielles en matière de contrats de la commande publique, entraînant des surprofits au cocontractant de l'Administration. En effet, il est souvent difficile d'accepter une pratique anticoncurrentielle[1]. Plus précisément, l'Autorité de la concurrence a condamné à plusieurs reprises des pratiques de « dumping » et des prix prédateurs[2], ainsi que le traitement

---

27 avril 2021, req. n° 440348, *CMP*, 2021, comm. 205, note Ubaud- Bergeron M. ; CE, 12 octobre 2020, *Sociétés Mersen et Mersen France Amiens*, req. n° 432981 ; CE, 27 mars 2020, *Société Signalisation France c/ Département de la Manche*, req. n° 420491.

[1] V. aussi CJUE, 8 décembre 2022, *AAS « BTA Baltic Insurance Company »*, aff. C-769/21, ECLI:EU:C:2022:973 ; *CMP*, 2023, comm. 68, note Ubaud- Bergeron M., selon lequel le droit de l'Union s'oppose à une réglementation nationale qui impose au pouvoir adjudicateur de mettre fin à une procédure de passation de marché public lorsque, en cas de retrait du soumissionnaire initialement retenu pour avoir déposé l'offre économiquement la plus avantageuse, le soumissionnaire ayant déposé l'offre suivante économiquement la plus avantageuse constitue avec ce dernier un opérateur économique unique.

[2] Cons. conc., 27 septembre 2002, décision n° 02-D-61, relative à la saisine de la Société moderne d'assainissement et de nettoiement (SMA), dirigée contre des pratiques relevées lors de l'attribution du marché d'exploitation de la décharge de Bagnols-en-Forêt. Plus précisément Pratique de « dumping » en matière des prix prédateurs dans un premier temps, répondu à l'appel d'offres lancé par le SITOM pour se désister subitement ; que, de son côté, la société France déchets n'a pas révélé son appartenance au groupe Lyonnaise des eaux afin de favoriser l'offre de la société MOS ; qu'en outre, la société Degrémont aurait fait bénéficier la société MOS d'une offre de prix très inférieure à celle prévue par le cahier des charges pour le traitement des lixiviats ; que, par ailleurs, le prix de "dumping" présenté par la société MOS à l'occasion de l'appel d'offre restreint résulte de l'appui logistique et financier dont dispose cette société de par son appartenance au groupe Lyonnaise des eaux et caractériserait un abus de position dominante. V. également Aut. conc., 24 juin 2010, décision n° 10-D-19 relative à des pratiques mises en œuvre sur les marchés de la fourniture de gaz, des installations de chauffage et de la gestion de réseaux de chaleur et de chaufferies collectives- pratique de prix prédateurs de GDF, consistant à octroyer des aides commerciales à ses nouveaux clients de manière à favoriser le chauffage individuel au gaz naturel au détriment des réseaux de chaleur. V. aussi la décision récente de l'Aut.conc. du 30 septembre 2019, n°19-D-19, selon laquelle une amende de 1,5 million euros été infligée à l'Ordre des Architectes pour avoir diffusé et rendu obligatoire un barème d'honoraires applicables aux architectes intervenant dans les marchés de maîtrise d'œuvre publics. V. également à propos des problématiques en matière de l'abus de position dominante dans les contrats de la commande publique Nuytten A.- Terraux M., « Abus de position dominante dans les marchés publics : état des lieux », *Revue Complément CP-ACCP*, mars 2021, n°

discriminatoire de certains opérateurs créant des entraves à l'accès des autres candidats faussant la libre concurrence[1].

830. Or, son rôle en matière de contrôle de la rémunération du cocontractant de l'Administration ne se borne pas au stade de la passation. Ainsi, elle peut sanctionner tout comportement susceptible de permettre une rémunération supplémentaire au profit du cocontractant de l'Administration en faussant la libre concurrence même suite à la conclusion du contrat. Comme précise l'Autorité de la concurrence, « lors d'un appel d'offres basé sur le critère du moins disant comme c'est le cas en l'espèce, chaque soumissionnaire subit deux incitations opposées : offrir un prix élevé pour maximiser son profit ; offrir un prix faible pour maximiser ses chances de remporter le marché. L'intégrité concurrentielle du marché suppose que chacun choisisse son risque et effectue son choix, solitairement, en fonction de l'information commune résultant du cahier des charges de l'appel d'offres que tous les opérateurs du marché partagent et de celles concernant sa situation propre, mais sans disposer d'aucune information privilégiée concernant un ou plusieurs concurrents. En effet, toute information privilégiée éclairant les choix opérés par les autres concurrents, spécialement les informations relatives aux prix que ces concurrents sont susceptibles d'avoir retenus, diminue artificiellement le risque pris par celui qui bénéficie de cette information au moment d'établir le prix de son offre, en réduisant ou supprimant l'incertitude dans laquelle il doit rester au regard du comportement des autres concurrents »[2]. Ainsi dans une décision de 2006, relative à des pratiques mises en œuvre dans le secteur des travaux publics dans la région Île-de-France[3], l'Autorité de la

218. À propos des prix prédateurs v. Nicinski S., *Droit public des affaires*, *op.cit.*, p.566-568, n°953-957.

[1] Avis n° 13-A-14 du 4 octobre 2013 relatif au projet de loi portant réforme ferroviaire.

[2] Cons. conc., 27 avril 2005, décision n° 05-D-17 relative à la situation de la concurrence dans le secteur des marchés de travaux de voirie en Côte d'Or.

[3] Cons. conc, décision n° 06-D-07, du 21 mars 2006 relative à des pratiques mises en œuvre dans le secteur des travaux publics dans la région Île-de-France, L'échange d'information entre eux a conduit à l'établissement des prix, autrefois « cassés » afin d'obtenir le marché, et autrefois relativement élevés, afin de permettre à une autre entreprise à se contracter. Parmi d'autres, il était précisé que « Ainsi les marchés publics, qui constituent le domaine où il est impératif que les règles de concurrence soient appliquées afin que les marchés soient attribués au meilleur prix pour réduire

concurrence[1] a condamné les « tours de table », s'agissant d'une entente[2] entre des entreprises- constructeurs pour convenir entre elles des marchés qu'elles souhaitent obtenir en fonction de leurs objectifs de chiffre d'affaires. L'échange d'informations entre les entreprises est souvent condamné du fait de son lien étroit avec la détermination des prix[3]. De plus, sont condamnés les pratiques discriminatoires approuvées tacitement par l'Administration, avalisant par exemple des tarifs proposés par un concessionnaire, soumis à aucune règle quant à leur détermination[4]. Dans ce cas, le concessionnaire a abusé sa position automatiquement dominante en tant que concessionnaire, afin d'obtenir des surprofits[5]. En ce sens, sont également condamnés des

---

les coûts des travaux dont les entreprises publiques ou les collectivités ont la charge, les entreprises se sont entendues pour obtenir l'attribution des marchés et s'arroger des profits indus au détriment de ceux qui financent les travaux à l'aide de fonds publics. Les entreprises ne peuvent pas soutenir pour leur défense que dans de nombreux cas, l'offre retenue était d'un montant inférieur à l'estimation de l'Administration. Seul le fonctionnement normal de la concurrence et l'incertitude sur le montant des offres proposées par les concurrents sont de nature à garantir l'obtention du juste prix ».

[1] En ce moment-là, sous l'appellation Conseil de la concurrence.

[2] À propos des ententes en matière des contrats de la commande publique v. Linditch F., « Ententes et marchés publics », fasc. 36, *Jcl Contrats et marchés publics*, 2022 et fasc. 119, *Jcl Concurrence Consommation*, 2022 ;Guézou Ol., *Traité de contentieux de la commande publique*, *op.cit.*, p. 760-786.

[3] À cet égard v. par exemple, Aut. conc. 5 octobre 2011, décision n° 11-D-13 ; Aut. conc., 10 mars 2010, décision n° 10-D-10 ; Aut. conc. 24 février 2010, décision n°11-D-07, not. points 130 et s.; Cons. conc. 22 décembre 2004, décision n° 04-D-78.

[4] CA Paris, 5 novembre 2008, *BOCCRF* 15 mai 2009 (Cons. conc., 13 septembre 2007, décision n° 07-D-28 relative à des pratiques mises en œuvre par le port autonome du Havre, la Compagnie industrielle des pondéreux du Havre, la Société havraise de transport et la Société Havre manutention) ; *Contr. conc. cons.* novembre 2007, comm. n°276 ; *AJDA* 2007, p. 348, obs. Nicinski.

[5] En guise d'illustration, v. Lichère F., « Le nouveau régime contentieux des pratiques anticoncurrentielles dans les contrats administratifs », *CMP, n°* 11, nov. 2020, p.7; Gaudemet M., « Commande publique et sanction des pratiques anticoncurrentielles », *CP-ACCP*, mars 2021, n° 218, p.32-37. V. aussi CE 27 mars 2020, *SNCF Mobilités*, req. n° 418645 ; CE 27 mars 2020, *Sté Signalisation France c/ Départ. de la Manche – Sté Lacroix Signalisation c/ Départ. de l'Orne – Sté Signaux Girod c/ Départ. De l'Orne* (ccls communes n° 420491 – 421758 – 421833 *CMP* n° 11, novembre 2020) ; CE 10 juillet 2020, *Sté Lacroix Signalisation c/ Seine-Maritime*, req. n° 420045 ; CE 10 juillet 2020, *Commune de la Guérinière*, req. n° 434353 – 434355 et CE 12 octobre 2020, *Société Mersen, req.* n° 432981 –

pratiques de détournement voire de « captation » de clientèle[1] éliminant la concurrence et permettant aux opérateurs abusant leur position dominante de pratiquer des prix et tarifs élevés.

831. L'Autorité de la Concurrence, au premier chef, ainsi que les juridictions pénales[2] et le Ministre de l'économie sont compétents pour infliger des sanctions. Dans l'immense majorité des cas, ces sanctions sont pécuniaires, prononcées par l'Autorité de la concurrence, et souvent suivies de sanctions à caractère correctif. De ce point de vue, le contrôle des pratiques anticoncurrentielles reçoit un caractère dissuasif du fait des montants élevés infligés par rapport au dommage à l'économie et à la gravité des faits[3]. Cette évaluation économique repose incontestablement sur la contrepartie du cocontractant de l'Administration, l'amende infligée étant calculée par rapport à l'excessivité de la rémunération. Cependant, une série de circonstances atténuantes ainsi que la coopération des entreprises en cours des enquêtes permettent des réductions considérables des sanctions pécuniaires, limitant leur apport dissuasif.

433423 – 433563 – 433564. CE, 27 mars 2020, *Société Signalisation France*, req. n°420491, *Rec.* V. également l'ensemble des conclusions de M. Le Corre sous ces décisions.

[1]CA Paris, 25 février 2004, *BOCCRF* 29 mars 1994 [Cons. conc. 18 mai 1993, décision n° 93-D-14 relative à des pratiques de la société des Pompes funèbres du Sud-Est (Roblot) à Cannes et dans les communes limitrophes]. Dans ce cas, « la société Roblot a persisté à facturer systématiquement aux familles le transfert à l''athanée' des corps des personnes décédées dans les établissements privés de retraite ou de soins, sans s'assurer au préalable de l'accord de ces familles ; que, s'agissant de l'information des familles, tant sur l'étendue des prestations monopolisées que sur les tarifs, ses pratiques ont eu pour objet et pour effet d'empêcher celles-ci de faire un choix éclairé ; qu'ainsi, alors que le concessionnaire de service public a été choisi pour sa capacité à offrir des funérailles décentes au meilleur prix, le comportement de la société Roblot a eu pour objet et pour effet de renchérir le coût réel des funérailles, certaines des prestations les moins onéreuses de la concession n'apparaissant même plus être fournies ».

[2] En France, l'article L. 420-6 du Code de commerce permet de punir « d'un emprisonnement de quatre ans et d'une amende de 75 000 euros » les personnes physiques et morales (depuis la loi Perben II) qui auraient pris part à une pratique anticoncurrentielle.

[3] V. en ce sens Cabanes C.- Neveu B., *Droit de la concurrence dans les contrats publics : pratiques anticoncurrentielles, abus de position dominante, contrôles et sanctions*, *op.cit.*, p. 141 et s. ; Guèzou Ol., *Traité du contentieux de la commande publique, op. cit.* p. 786-791.

b. Le contrôle comptable

832. Le comportement opportuniste du cocontractant de l'Administration ne se résume pas à l'adoption d'une pratique anticoncurrentielle. Il peut également s'efforcer à l'optimisation de sa rémunération en cours de son exécution, à travers des modifications du contrat. À cet égard, il était admis que l'Administration détient un pouvoir de contrôle vis-à-vis de son cocontractant, du fait de la qualification des contrats de la commande publique en contrats administratifs, même en l'absence de clauses contractuelles le prévoyant de manière explicite[1]. Cependant, ce pouvoir de contrôle, lié aux principes généraux du droit administratif, n'est pas codifié en tant que tel. Ainsi, l'article L.6 n°1 du Code de la commande publique précise que « l'autorité contractante exerce un pouvoir de contrôle sur l'exécution du contrat, selon les modalités fixées par le présent code, des dispositions particulières ou le contrat »[2]. En réalité, le Code prévoit ce contrôle pour l'ensemble des contrats de la commande publique[3]. À cet égard, il convient de discerner deux hypothèses : le contrôle comptable dans le cas où la rémunération du cocontractant de l'Administration provient des deniers publics et le contrôle comptable dans le cas où elle provient des résultats de l'exploitation[4].

833. En premier lieu, dans le cas où la rémunération provient des dépenses publiques, le contrôle comptable incombe à la Cour des comptes et aux chambres régionales des comptes. Ledit contrôle est prévu par le décret n°2012-1246 du 7 novembre 2012, relatif à la

---

[1] De Laubadère A. et al. *Traité des contrats administratifs, op. cit.,* n° 1180 et s. ; Péquignot G., *Théorie générale du contrat administratif, op. cit.*, p. 306 et s. ; Jèze G., *Les contrats administratifs, op. cit.,* t. II, 1932, p. 365.

[2] En ce sens, v. également conclusions Dacosta B. *RFDA*, 2013, p. 33 ; *BJCP*, 2013, n° 87 (concl.) sur l'arrêt CE, 21 décembre 2012, *Commune de Douai*, req. n° 342788, selon lequel « le pouvoir de contrôle se 'prête mal' à une consécration générale car la notion du contrôle n'est pas univoque. Elle peut recouvrir la simple surveillance exercée sur le cocontractant mais aussi englober un pouvoir de direction ; voire l'approbation préalable des actes du cocontractant. Or une partie de ces prérogatives ne peut exister sans texte. Affirmer l'existence d'un pouvoir général de contrôle aussi polysémique serait donc hasardeux. Seul existe un pouvoir de contrôle 'sectoriel' ».

[3] Contrôle pour les marchés de partenariat L.2234-1 CCP ; les contrats de concession L.3131-5 CCP, marchés publics CCAG encadrent le pouvoir de contrôle.

[4] Hoepffner H., « Code de la commande publique- Exécution des marchés publics », *CMP,* n°1, janvier 2019, dossier 7.

gestion budgétaire et comptable publique[1]. Son rôle consiste à vérifier sur pièces et sur place la régularité des recettes et des dépenses décrites dans les comptes et s'assure du bon emploi des crédits, fonds et valeurs gérés par les services et organismes relevant de leur compétence[2]. Ainsi, lors de ce contrôle, les modalités de passation et d'exécution des marchés publics sont examinées, afin de préciser toutes les fautes les plus graves ayant causé un préjudice financier significatif au pouvoir adjudicateur. Les Cahiers des clauses administratives générales précisent les mentions qui doivent impérativement être intégrées dans les factures, afin que le paiement puisse être exécuté sans problème[3]. Sinon, il a l'obligation de suspendre le paiement et de demander des explications complémentaires[4]. Autrement dit, son rôle consiste à vérifier la

---

[1] Décret n° 2012-1246 du 7 novembre 2012 relatif à la gestion budgétaire et comptable publique, *JORF* n°0262 du 10 novembre 2012, p.17713, texte n° 6 (modifié par le décret n° 2023-4 du 18 janvier 2023, *JORF* n°0016 du 19 janvier 2023, ayant unifié le régime de responsabilité des gestionnaires publics, supprimant le régime de responsabilité personnelle et pécuniaire des comptables. V. également CE, avis du 13 février n° 373.788, précisant que le rôle du comptable se borne à manier des fonds publics et de tenir les comptes de l'acheteur public, ainsi qu'Instruction du 15 avril 2016 relative aux pièces justificatifs des dépenses du secteur public local.

[2] À propos du fondement de ce contrôle comptable v. articles L.111-2, L. 131-1 à L.131-16 et L. 211-3 CJF.

[3] V. également annexe C, relatif à l'énonciation des mentions devant figurer sur les factures ou les mémoires du décret n° 2016-33 du 20 janvier 2016 fixant la liste des pièces justificatives des dépenses des collectivités territoriales, des établissements publics locaux et des établissements publics de santé, *JORF* n°0018 du 22 janvier 2016 texte n° 19 ainsi que l'annexe A de l'arrêté du 20 décembre 2013 portant nomenclature des pièces justificatives des dépenses de l'Etat, *JORF* n°0304 du 31 décembre 2013, texte n° 103.

[4] Article R.2396-3 CCP, prévoyant que « si le titulaire ne fournit pas aux dates prévues les renseignements demandés ou fournit des renseignements inexacts, l'acheteur peut, après mise en demeure restée sans effet, décider la suspension des paiements à intervenir dans la limite du dixième du montant du marché lorsque le manquement est le fait du titulaire ou retenir un montant équivalent. Après nouvelle mise en demeure infructueuse, cette retenue peut être transformée en retenue définitive par décision de l'acheteur, indépendamment de la résiliation éventuelle du marché aux torts du titulaire… ». En guise d'illustration, v. CE, 8 février 2012, Ministre du Budget des Comptes publics et de la Réforme de l'État, req. n° 342825, selon lequel les bons de commandes présentés en tant que pièces justificatives « ne présentaient, à elles seules et quelle que soit en tout état de cause leur validité juridique, ni incohérence au regard de la catégorie de la dépense définie dans la

régularité de la dépense et en aucun cas de la légalité de la procédure, qui tombe toujours dans la compétence des juridictions administratives.

834. En second lieu, dans le cas où la rémunération du cocontractant de l'Administration ne provient pas des fonds publics, ce contrôle par le comptable public n'est pas justifié. La rémunération ne constitue pas le résultat de la bonne gestion des deniers publics par l'Administration, mais le résultat de la gestion d'un service public à une ou plusieurs opérateurs privés, financée par leur propriété. Cela ne signifie guère que la délimitation de sa rémunération échappe à tout contrôle comptable. Le contrôle du concessionnaire par le concédant, entendu comme droit ainsi que comme devoir[1], est indispensable afin d'empêcher l'imposition des prix et tarifs aux destinataires du service public, permettant les surprofits du cocontractant de l'Administration. À cet égard, l'article L.1411-3 du Code général des collectivités territoriales et, désormais, l'article L.3131-5 du code de la commande publique prévoit que « le concessionnaire produit chaque année un rapport comportant notamment les comptes retraçant la totalité des opérations afférentes à l'exécution du contrat de concession et une analyse de la qualité des ouvrages ou des services. Lorsque la gestion d'un service public est concédée, y compris dans le cas prévu à l'article L. 1121-4, ce rapport permet en outre aux autorités concédantes d'apprécier les conditions d'exécution du service public » ; cela doit permettre aux autorités concédantes d'apprécier les conditions d'exécution du service public[2]. Ces obligations d'information sont en principe définies précisément dans le texte contractuel et approuvé également par le représentant du ministère public à la Chambre régionale des comptes lors de sa conclusion[3]. Ensuite, il incombe à la seule autorité concédante de superviser la bonne exécution financière, qui, cependant, laisse une marge de manœuvre considérablement étendue aux parties.

nomenclature applicable ni incohérence au regard de la nature et de l'objet de la dépense engagée ».

[1] Pintat P.- Mauvais G., « Le contrôle du délégataire par le délégant », *CP-ACCP*, n° 18, janvier 2003, p. 29-33.

[2] Modifié par l'article 52 de l'ordonnance du 29 janvier 2016 et ensuite par l'Ordonnance n° 2018-1074 du 26 novembre 2018 portant partie législative du code de la commande publique, *JORF* n°0281 du 5 décembre 2018 texte n° 20.

[3] V. *supra* n°679.

ii. En droit grec

835. À l'instar du droit français, en droit grec, le contrôle de la délimitation de la rémunération du cocontractant de l'Administration se matérialise à travers le contrôle des pratiques anticoncurrentielles **(a)** et à travers le contrôle comptable **(b)**.

a. Le contrôle des pratiques anticoncurrentielles

836. D'emblée, le pouvoir adjudicateur est tenu de rejeter des offres économiques présentées dont les prix sont le résultat de l'adoption des pratiques anticoncurrentielles. Cette démarche n'étant pas toujours aisée à réaliser, le contrôle des pratiques anticoncurrentielles permettant des surprofits en vertu de la rémunération du cocontractant de l'Administration fait l'objet d'un contrôle supplémentaire par l'Autorité de la concurrence en droit grec, comme le prévoit la loi n°3959/2011[1] relative à la protection de la concurrence.

837. En réalité, l'intervention de l'Autorité de la concurrence en matière de contrats de la commande publique n'est pas fréquente. Dans l'immense majorité des cas, les pratiques anticoncurrentielles sont considérées en tant qu'irrégularités du contrat, constatées et examinées en vertu du contrôle des référés précontractuel et contractuel ainsi que du recours en contestation de la validité du contrat (recours en annulation). Le contrôle précontractuel des contrats publics ayant une valeur économique élevée par la Cour des comptes grecque[2] ne se diffère pas. Bien que le contrôle exercé par la Haute juridiction publique économique grecque soit réputé être plein, d'office et préalable, il se borne aux limites d'un contrôle de légalité économique. Par conséquent, on regrette qu'elle hésite à bénéficier sa compétence permettant un contrôle d'efficacité économique[3], en se

---

[1] Loi n° 3959/2011 relative à la protection de la libre concurrence, *JO* A΄93/20.4.2011, ayant modifié la loi n° 703/1977.

[2] V. *supra* n°713.

[3] En ce sens v. Yannakopoulos C., *La protection de la libre concurrence pendant l'exécution des contrats administratifs (Η προστασία του ελεύθερου ανταγωνισμού κατά την εκτέλεση των διοικητικών συμβάσεων), op. cit.* p. 99 et s. et p. 613 et s. ; Yannakopoulos C. « La relation du contrôle précontractuel de la Cour des comptes

prononçant sur des conditions de la concurrence sur le marché, le respect des règles de la libre concurrence et, potentiellement, l'identification des pratiques anticoncurrentielles.

838. Il s'ensuit que l'Autorité de la concurrence grecque est la seule compétente à se saisir en matière des pratiques anticoncurrentielles adoptées par les opérateurs privés des contrats de la commande publique. Force est d'admettre que son intervention est relativement rare à ce propos. Il convient, cependant, de mentionner le cas de l'enquête en matière de pratiques anticoncurrentielles adoptées par des entreprises de construction dans la période 1989-2016. La décision de l'Autorité du 8 septembre 2017[1] a sanctionné lesdites pratiques, s'agissant notamment d'ententes et d'échange des informations sur les prix permettant l'établissement des prix et tarifs élevés, en infligeant auxdites entreprises des amendes administratives de 80 millions d'euros. En outre, lesdites entreprises sont condamnées d'une exclusion de participation aux procédures d'attribution pour une période de trois ans[2]. En dépit de sa sévérité flagrante, la sanction permet en réalité une application modérée. Ainsi, dans cette période, il est possible que les entreprises condamnées puissent participer à des procédures d'attribution des contrats de la commande publique, sous condition qu'elles prouvent, chaque fois, qu'elles ont pris des mesures nécessaires contre la répétition desdites pratiques anticoncurrentielles.

---

avec d'autres formes de contrôle des contrats publics dans l'ordre juridique national » (« Η σχέση του προσυμβατικού ελέγχου από το Ελεγκτικό Συνέδριο με μορφές ελέγχου νομιμότητας της ανάθεσης δημοσίων συμβάσεων στην εθνική έννομη τάξη »), *op. cit.* Ligomenou A., « Aspects de la jurisprudence de la Cour des comptes en matière de la libre concurrence dans les contrats publics » (« Πτυχές της νομολογίας του Ελεγκτικού Συνεδρίου σε θέματα ελεύθερου ανταγωνισμού επί δημοσίων συμβάσεων »), *op. cit.*

[1] Aut. conc. grecque, décision du 8 septembre 2018, n°642/2017, *JO* du 08.09.2017, B', p.3104.V. également à ce propos la décision n°674/2018 à propos de la passation du marché des travaux de construction du lycée à Lamia. Pour une analyse détailleuse de cette décision, v. Zevgolis N., *Le cartel en droit de la libre concurrence (Το Καρτέλ στο Δίκαιο του Ελεύθερου Ανταγωνισμού)*, 2e éd., Nomiki Vivliothiki, 2022, p.56-58.

[2] CJUE, 24 octobre 2018, *Vossloh Laeis GmbH C/Stadtwerke Munich GmbH*, aff. C-124/17, ECLI:EU:C:2018:855, selon lequel a durée maximale d'exclusion est calculée à compter de la date de la décision de cette autorité- le cas échéant jusqu'à 2020. V. également article 73, par. 10 et 74, par. 2 de la loi n° 4412/2016 à propos de la durée de la période d'exclusion des procédures de passation des contrats de la commande publique.

À cet égard, il était soutenu que leur condamnation s'épuisant à l'acceptation de la responsabilité de leur part et le paiement consécutif de l'amende infligée pourraient être considérées comme des mesures nécessaires satisfaisant cette condition, permettant aux entreprises condamnées de participer à la passation des contrats de la commande publique même dans la période d'exclusion[1]. De ce point de vue, le caractère dissuasif de la sanction de l'Autorité de la concurrence est considérablement réduit, ce qui diminue de manière consécutive l'efficacité dudit contrôle, notamment en prenant en considération la possibilité d'une infraction pénale[2]. Cependant, le Conseil d'État grecn'a pas partagé cette position[3]. Ayant suspendu la procédure de passation d'un contrat de concession attribué à une entreprise constructeur condamnée, la Haute juridiction administrative grecque a admis que le paiement de l'infraction de l'Autorité de la concurrence ne peut pas soi constituer une mesure suffisante de régularisation de la fonction de ces entreprises, confirmant ainsi l'illégalité de la participation desdites entreprises.

839. En revanche, la loi grecque relative aux contrats de la commande publique prévoit une procédure de contrôle comptable continue, visant à restreindre la marge de manœuvre du cocontractant de l'Administration à propos de l'optimisation de son profit au détriment de la bonne exécution du contrat ou de la bonne gestion des deniers publics.

b. Le contrôle comptable

840. La loi grecque n°4412/2016 relative aux contrats de la commande publique est marquée d'une description minutieuse de la procédure de contrôle, de vérification et d'approbation des documents et des factures présentées par le cocontractant de l'Administration, afin que le paiement de sa contrepartie soit autorisé.

---

[1] Autorité d'examen des recours précontentieux *(ΑΕΠΠ))* - desormais Autorité unique grecque des contrats de la commande publique (*Ενιαία Αρχή Δημοσίων Συμβάσεων- ΕΑΔΗΣΥ)*, décision n° 1082/2018.

[2] Androulakis I., *Le traitement pénal des ententes dans les procédures d'appel d'offres publiques (Ποινική αντιμετώπιση των καρτέλ στους δημόσιους διαγωνισμούς),* éd. P.N.Sakkoulas, Athènes, 2008.

[3] CE grec (comité de sursis), arrêt n° 40/2019.

841. C'est notamment en matière de marchés des travaux publics présentant une complexité technique et économique particulière, que les dispositions de la loi grecque prévoient une procédure formalisée. À cet égard, l'article 136 de la loi n°4412/2016 prévoit la procédure de supervision du maître d'œuvre par le Service de direction, s'agissant du comité technique de la personne publique contractante. Ce service est tenu de rédiger un rapport – en principe trimestriel – à l'attention du maître d'ouvrage, lui notifiant l'état de l'avancement des travaux, les sujétions éventuellement imprévues, ainsi que la possibilité de la nécessité des travaux supplémentaires et, le cas échéant, une évaluation de leur coût. À titre complémentaire, le paiement de la contrepartie du cocontractant de l'Administration, d'où il tirera sa rémunération, dépend des évaluations – en principe mensuelles – des travaux réalisés[1]. Cependant, même après la réforme de 2021 de la loi n° 4412/2016[2] et l'abolition de la certification des décomptes par le Service de direction, dans le cadre de laquelle ce dernier vérifiait les factures, les justificatifs et les autres documents présentés par le maître d'œuvre, la loi a conservé le système d'approbation décrit par la loi n° 4270/2014 relative aux principes de gestion financière et de surveillance[34]. En cas de faute entraînant les sommes indûment versées au cocontractant, ce dernier est tenu de le rendre suite à la rédaction d'un décompte négatif[5]. De même, en ce qui concerne les marchés de fournitures, où la question du paiement est bien plus simple, la loi prévoit les documents et justificatifs nécessaires afin que le versement de la contrepartie du cocontractant de l'Administration soit autorisé.

842. En ce qui concerne les contrats de concession, force est d'admettre que le concessionnaire détient une marge de manœuvre étendue, afin de poursuivre ses objectifs lucratifs. La question est

---

[1] À propos de la procédure de paiement du prix du cocontractant de l'Administration v. *infra* n° 982 et s.

[2] V. Loi n° 4782/2021, *JO A'* 36/09.03.2021. Dès lors, le maître d'œuvre déclare les quantités des travaux réalisés et sa déclaration est suivi par sa déclaration solennelle, confirmant la véracité et l'exactitude de cette déclaration.

[3] Loi n° 4270/2014, *JO A'*, 143/28.06.2014, relative à la transposition de la Directive 2011/85/UE.

[4] Articles 151et 152 de la loi n° 4412/2016.

[5] Article 151, paragraphe 1, alinéa 5 et article 152, paragraphe 9, de la loi n° 4412/2016.

souvent posée en matière de contrats de concession des grandes autoroutes et la possibilité de la hausse des tarifs des péages, en raison d'une exploitation déficitaire[1], en l'absence d'une autorité régulatrice. Le cas échéant, les autorités concédantes entreprennent de limiter la rémunération de leur cocontractant par voie contractuelle, en prévoyant des clauses de partage des surprofits en cas d'une exploitation dépassant les prévisions économiques.

843. Par ce biais de formalisation des procédures de supervision et de paiement s'effectue un contrôle comptable en vertu de la présentation et de l'examen des factures et des justificatifs. Tout simplement, le cocontractant de l'Administration ne sera payé que pour les prestations effectuées pour les prix et les coûts décrits dans les factures présentées.

iii. En droit allemand

844. Le contrôle des comportements opportunistes des opérateurs privés en droit allemand s'effectue à travers un contrôle des pratiques anticoncurrentielles largement pénalisé **(a)**, ainsi qu'à travers le contrôle que les pouvoirs adjudicateurs accordent à exercer à l'exécution des contrats, conformément aux stipulations contractuelles et aux règlements applicables en matière de contrats de la commande publique **(b)**.

a. Le contrôle des pratiques anticoncurrentielles

845. La Loi contre les restrictions à la libre concurrence (GWB), embrasse tant une partie significative du droit de la commande publique, ainsi que les règles interdisant les pratiques anticoncurrentielles. Sa quatrième partie[2] est consacrée aux contraintes de mise en concurrence imposables aux pouvoirs adjudicateurs, visant à attribuer des contrats dont la valeur dépasse les seuils européens *(Kartellvergaberecht)*, les autres dispositions de la loi régissent le comportent de toute entreprise qui opère sur le marché.

---

[1] V. à cet égard CE grec, arrêt n° 2589/2014 (préc.) admettant le droit du concessionnaire à construire un poste supplémentaire des péages dans la période d'exploitation de l'autoroute, ainsi que des arrêts plus récents n° 288/2023, 287/2023, 2034/2018.

[2] §§97-184 de la loi GWB.

À cet égard, tout comportement anticoncurrentiel est soumis au contrôle du Conseil de la concurrence[1]. Son rôle est souvent accompli par un contrôle pénal[2].

846. De prime abord, le droit allemand soumet le contrôle des pratiques anticoncurrentielles à la compétence du Conseil, à l'instar du droit français et du droit grec. Le Conseil fédéral de la concurrence *(Bundeskartellamt)* à l'aide des Offices de la concurrence des états fédérés *(Landeskartellbehörde)* est compétente pour poursuivre des enquêtes afin de détecter une pratique anticoncurrentielle[3], s'agissant d'une entente ou d'un abus de position dominante[4], conformément aux dispositions de la loi allemande contre les restrictions à la libre concurrence (GWB) des §48 et suivants, tels que prévus après la réforme de 2023[5], ainsi que pour infliger des amendes pécuniaires[6]. En guise d'illustration de son rôle en matière de contrôle de la rémunération, il convient de citer une décision de 2013 selon laquelle le Conseil de la concurrence allemand a infligé une astreinte aux entreprises de transports ferroviaires en raison d'une entente de répartition des lots dans le même contrat. L'entente considérait également un échange d'informations entre lesdites entreprises qui a entraîné une augmentation considérable du coût du service[7]. De même, sous le contrôle du Conseil fédéral de la concurrence tombe

---

[1] Hertwig S., *Pratique des contrats de la commande publique (Praxis der öffentlichen Auftragsvergabe), op. cit.* p. 224-225, n°474-475 ; Sulk J., *Le prix dans le droit de la commande publique (Der Preis im Vergaberecht), op. cit.*, p. 26-30.

[2] Pour une présentation de ce système de sanction des pratiques anticoncurrentielles en matière des contrats de la commande publique v. Burgi M., Droit de la commande publique (Vergaberecht), *op.cit.*, p.285-186.

[3] V. la brochure publiée par l'Autorité fédérale allemande de la concurrence en 2014, *Comment identifier les ententes de présentation irrecevables - Liste de contrôle à l'intention des autorités adjudicatrices (Wie erkennt man unzulässige Submissionsabsprachen – Eine Checkliste für Vergabestellen),* disponible sur le site de l'Autorité (www.bundeskartellamt.de).

[4] En guise d'illustration v. BKartA, décision du 09.06.2004, n° B 9-16/04 *BeckRS*, 2004, 14299, en matière d'un partenariat au secteur des transports. L'abus de la position dominante d'une entreprise découle du refus de ladite entreprise à coopérer avec les autres, nonobstant les conditions favorables et les tarifs du service prévus par la loi.

[5] Immenga U. -Mestmäcker, *Droit de la concurrence (Wettbewerbsrecht),* 7e éd, C.H. Beck, Berlin, 2025, t. 2.

[6] § 81, alinéa 1, n° 2 GWB.

[7] BKartA, décision du 6 septembre 2013, n°B12 – 16/12, B12 – 19/12.

également le comportement anticoncurrentiel des entreprises publiques. Tel fût le cas de l'affaire *Wasserpreise Wetzlar*[1]. Le cas échéant, la Cour fédéral de justice a admis la soumission des pratiques abusives dans la détermination des prix et tarifs de l'eau imposés aux consommateurs, bien que les entreprises concernées aient été publiques.

847. En outre, le droit de la concurrence allemand revêt une dimension fortement délictuelle[2]. En effet, le Code pénal allemand (StGB) prévoit à son §298, alinéa 1, que « toute personne qui présente une offre dans le cadre d'un appel d'offres à propos des biens ou des services, qui est fondé sur un accord illégal visant à persuader l'organisateur d'accepter une offre donnée, est passible d'une peine d'emprisonnement de cinq ans au maximum ou d'une astreinte pécuniaire »[3]. La pénalisation des pratiques anticoncurrentielles reçoit ainsi un caractère inévitablement dissuasif, prenant en considération que le code prévoit la possibilité d'une peine d'emprisonnement jusqu'à 5 ans ou d'une astreinte pécuniaire, en cas d'entente illicite[4].

848. En ce sens, la constatation des pratiques anticoncurrentielles sont également liées au délit de fraude, au sens du §263 du Code pénal allemand (StGB). Dans ce cadre, le contrôle pénal porte également sur la rémunération, lorsque le prix accordé au cocontractant de l'Administration dépasse le prix du marché. De même, l'obtention d'une rémunération excessive peut être sanctionnée au sens d'escroquerie dans les subventions *(Subventionsbetrug)* du §264, alinéa 1, du Code pénal allemand (StGB)[5]. Dans ce cas, l'excessivité

---

[1] BGH, arrêt du 02.02.2010, KVR 66/08, *NJW* 2010, p. 2573. V. également Säcker J., « Le contrôle relatif au droit de la concurrence sur les comportements abusifs en matière des prix et des tarifs de l'eau » (« Die kartellrechtliche Missbrauchskontrolle über Wasserpreise und Wassergebühren »), *NJW*, 2012, p. 1105.

[2] V. également l'expression *« rechtlich gebundenes Ermessen »* utilisée en ce sens par Maurer H., *Droit administratif général (Allgemeines Verwaltungsrecht), op. cit.* p. 128.

[3] Notre traduction. V. également §333, alinéa 2, du Code pénal allemand, à propos du délit de corruption active *(Vorteilsgewährung)* ; Kind,häuser-Neumann-Paeffgen, Code penal commenté (*StGB Strafgesetzbuch-StGB),*5e éd. Nomos, Baden-Baden, 2017, t. III, §298.

[4] Après la réforme par la loi du 20.11.2015 (*BGBl* I p. 2025)

[5] V. également §264a StGB. Kindhäuser-Neumann-Paeffgen, *Code pénal commenté (StGB Strafgesetzbuch-StGB), op. cit.* t. III, § 264.

de la rémunération du cocontractant de l'Administration est examinée à travers la preuve du préjudice subi qualifiant le délit de fraude. Cependant, il était considéré que, par ce biais, l'évaluation du préjudice n'était pas faisable en l'absence d'un prix du marché précis et aux alentours des prix hypothétiques[1]. La pénalisation des manquements au principe de la libre concurrence est, cependant, renforcée suite à la loi sur l'établissement et le fonctionnement d'un registre pour la protection de la concurrence en matière des marchés publics et concessions *(Wettbewerbsregistergesetz – WregG)* du 18 juillet 2017[2]. La loi prévoit des infractions pénales, afin de tendre vers la moralité professionnelle et la transparence dans les pratiques utilisées. En pratique, comme il est souvent remarqué,[3] on regrette que l'efficacité de ce contrôle pénal se heurte sur des problèmes de preuve des ententes sur les prix.

b. Le contrôle comptable

849. Rappelant que l'exécution des contrats de la commande publique est régie par le droit commun, il s'ensuit qu'*a priori* les autorités adjudicatrices ne détiennent pas un pouvoir exorbitant de contrôle sur l'exécution, à la différence de la France et de la Grèce. Cependant, cela ne signifie guère qu'en réalité, les autorités adjudicatrices n'exercent aucun contrôle.

850. En effet, lorsqu'un pouvoir adjudicateur attribue un contrat de la commande publique, il lui incombe à prévoir de voie contractuelle

---

[1] BGH 2 StR 102/91, arrêt du 08.01.1992, relatif à une entente entre entreprises constructeurs.

[2] Gesetz zur Einrichtung und zum Betrieb eines Registers zu Schutz des Wettbewerbs um
öffentliche Aufträge und Konzessionen vom 18. 7. 2017 (*BGBl* I p. 2739).

[3] Rapport du colloque organisé par Friedrich-Ebert-Stiftung et Transparency International - *Corruption en Allemagne : Poursuites pénales pour corruption : possibilités et limites (Korruption in Deutschland Strafverfolgung der Korruption: Möglichkeiten und Grenzen),* 8-9 décembre, 2004 à Berlin. 8-9 décembre, 2004, et plus récemment, Caspar C.- Neubauer R., « De la prévention de la corruption dans les autorités administratives communales (« Korruptionsprävention in kommunalen Verwaltungen »), *LKV*, 2011, p. 200 ; Simonis M., « Compliance dans le droit de la commande publique- les conséquences des manquements lors de l'attribution des contrats de la commande publique » («Vergaberechtliche Compliance- Die Folgen von Rechtsverstößen bei der Vergabe öffentliche Aufträge»), *CCZ,* 2016, p. 70.

les voies et les moyens de contrôle de son cocontractant. Bien évidemment, cela implique une technique contractuelle capable de systématiser ce contrôle. Or, en réalité, ce contrôle est déjà systématisé à travers les secondes parties des règlements consacrés aux marchés de travaux (VOB/B) et des fournitures (VOL/B). Ces pouvoirs de contrôle sont ainsi « indirectement préfigurés »[1]. Leur apport est significatif, compte tenu que pour les contrats dont la valeur dépasse les seuils européens, l'application de ces circulaires est obligatoire.

851. À propos des contrats de travaux, les §3 et 4 du règlement relatif à l'exécution des marchés des travaux (VOB/B) confient aux autorités adjudicatrices un pouvoir de contrôle assez large. Le règlement préfigure le contrôle des documents relatifs à l'exécution présentés par le titulaire du contrat[2], ainsi qu'elle conserve le droit de demander tout document supplémentaire au cocontractant de l'Administration relatif à l'exécution, notamment en ce qui concerne les spécifications techniques. Comme prévoit l'alinéa 2 du §3 VOB/B, les études et les plans réalisés par le pouvoir adjudicateur déterminent l'exécution du contrat et, par conséquent, le cocontractant de l'Administration doit impérativement les respecter. À côté de ce pouvoir étendu, le contrôle de l'exécution implique également un contrôle financier. Le §14 du règlement VOB/ B prévoit une procédure de facturation et de paiement. D'une manière générale, « le titulaire du contrat doit facturer ses services de façon vérifiable. Il établit les factures de manière claire et concise, en respectant l'ordre des articles et en utilisant les spécifications dans les parties constitutives du contrat. Les calculs de quantité, descriptions et autres documents nécessaires pour prouver le type et l'étendue de la prestation doivent être fournis ci- joints. Les modifications et compléments au contrat doivent être spécialement indiqués dans la facture ; ils sont facturés séparément sur demande »[3]. À titre complémentaire, le paiement de la contrepartie du cocontractant de l'Administration suit une procédure formalisée des avances et acomptes avec des délais à respecter, conformément aux stipulations

[1]Masing J., « Les prérogatives de contrôle exercées par l'Administration relativement à l'exécution des marchés publics en Allemagne », *op. cit.* p. 318.

[2] §3, alinéa 1, VOB/B. V. aussi §4, alinéa 2, VOB/B à propos du droit d'inspection de l'Administration.

[3] §14, alinéa 1, VOB/B (notre traduction).

contractuelles et sous conditions de présentation des factures et autres justificatifs nécessaires. De sa part, le pouvoir adjudicateur conserve le droit de ne pas verser des sommes contestées[1].

852. En ce qui concerne les contrats des fournitures, le règlement relatif à leur exécution prévoit de façon assez similaire le pouvoir de contrôle du pouvoir adjudicateur : contrôle des documents[2], obligation d'information du pouvoir adjudicateur permettant le contrôle du dernier[3]. En ce qui concerne le versement de la contrepartie, d'après le règlement, le cocontractant doit préciser d'une manière vérifiable les prix des prestations fournies dans la facture présentée[4], afin que l'Administration puisse procéder au paiement.

853. En matière de contrats de concession, force est d'admettre qu'en l'absence d'un tel règlement, les autorités concédantes ne sont pas autorisées *a priori* à contrôler l'exécution financière du contrat. Cependant, il incombe à la rédaction des contrats de concession de prévoir un contrôle comptable. De plus, il ne faut pas omettre que la majorité des contrats de concession considèrent en pratique l'exploitation des réseaux, dans les secteurs où les prix et tarifs sont en principe réglementés.

854. Sous ces considérations, il convient de procéder à quelques remarques d'un point de vue comparatif en ce qui concerne le contrôle des comportements des cocontractants visant à une rémunération potentiellement excessive. Plus précisément, le contrôle des pratiques anticoncurrentielles pénalisé en droit allemand présente un effet plus dissuasif par rapport au contrôle exercé par les Autorités de la concurrence française et grecque, dont la sanction se borne aux astreintes pécuniaires. En outre, ce contrôle se rend plus ample, en l'absence de question des actes détachables faussant la libre concurrence. Les points faibles demeurent cependant l'imputabilité des comportements anticoncurrentiels et l'identification de l'avantage entraîné au cocontractant de l'Administration s'agissant d'une rémunération excessive. Au-delà de cette différence, force est de constater la convergence des ordres juridiques comparés à propos de la prévision d'un contrôle comptable de l'exécution financière des

---

[1] §16, alinéa 2, VOB/B.
[2] §3 VOL/B.
[3] §4 VOL/B.
[4] §15 VOL/B.

contrats de la commande publique – notamment des marchés. Pourtant, la possibilité d'une rémunération excessive ne constitue pas seulement une affaire de comportements opportunistes des opérateurs privés, mais implique souvent leur aval par l'Administration.

B. Les mécanismes de contrôle des comportements corruptifs de l'Administration contractante

855. La possibilité d'acquisition des surprofits par le cocontractant privé est souvent liée aux comportements corruptifs où l'Administration est impliquée. Par conséquent, le contrôle des limites à la rémunération du cocontractant de l'Administration est étroitement lié au contrôle du comportement de l'Administration contractante.

856. Le contrôle de la rémunération du cocontractant de l'Administration constitue, avant tout, une question de bonne gestion des deniers publics. En ce sens il incombe aux autorités comptables, étatiques et régionales d'examiner sa rationalité ou son excessivité. Ce contrôle administratif et comptable des dépenses publique est, en principe, ciblé vers la légalité économique des contrats de la commande publique.

857. À côté de ce contrôle purement comptable, se trouve le contrôle de légalité du comportement de l'Administration. D'une manière générale, il est admis que, si toutes les contraintes de publicité et de mise en concurrence sont respectées lors de la passation du contrat de la commande publique, la contrepartie convenue est présumée légitime et la rémunération tirée par cette contrepartie raisonnable. Pour cette raison, le contentieux contestant la validité du contrat portant sur les irrégularités du contrat imputables à l'Administration contractante, contribue au contrôle des limites légales de la rémunération. Au-delà de ce cadre, il est également possible que le comportement de l'Administration soit passible de sanctions pénales. L'octroi d'un avantage économique injustifié au cocontractant de l'Administration peut constituer un délit corruptif, ou, plus précisément, un délit de favoritisme. D'ailleurs, il ne faut pas oublier que les directives européennes prévoient elles-mêmes l'existence d'une décision de justice définitif pour corruption en tant que motif d'exclusion des opérateurs économiques intéressés à caractère obligatoire[1]m ainsi que les cas où l'opérateur économique a conclu des accords avec d'autres opérateurs économiques en vue de fausser la concurrence[2] et celui de la distorsion de la concurrence résultant de la participation préalable des opérateurs économiques à la préparation de la procédure[3].

858. Sur le plan administratif ainsi que pénal, le contrôle du comportement de l'Administration, favorisant ou avalisant les intérêts particuliers, contribue au contrôle des limites à la rémunération en droit français **(i)**, en droit grec **(ii)** et en droit allemand **(iii)**.

i. En droit français

859. En droit français, le contrôle du comportement de l'Administration contractante vis-à-vis du respect des limites à la rémunération du cocontractant de l'Administration s'effectue à plusieurs étapes. D'une manière générale, les questions de légalité sont abordées en vertu du contrôle du juge des référés ou des recours en contestation de la validité du contrat. Plus ciblé, le contrôle comptable – administratif et juridictionnel – interdit les paiements d'où le cocontractant de l'Administration peut tirer d'une rémunération supplémentaire **(i)**. Dans le cas contraire, la responsabilité pénale de la personne publique ordonnateur du

[1] V. article 57, paragraphe 1, cas b, de la directive 2014/24.V. également article 35 de la directive 2014/23, selon lequel « [l]es États membres exigent des pouvoirs adjudicateurs et entités adjudicatrices qu'ils prennent les mesures appropriées permettant de lutter contre la fraude, le favoritisme et la corruption et de prévenir, de détecter et de corriger de manière efficace les conflits d'intérêts survenant lors du déroulement des procédures d'attribution de concession, afin d'éviter toute distorsion de concurrence et d'assurer la transparence de la procédure d'attribution et l'égalité de traitement de tous les candidats et soumissionnaires. La notion de conflit d'intérêts vise au moins les situations dans lesquelles des membres du personnel du pouvoir adjudicateur ou de l'entité adjudicatrice qui participent au déroulement de la procédure d'attribution de concession ou sont susceptibles d'en influencer l'issue ont, directement ou indirectement, un intérêt financier, économique ou un autre intérêt personnel qui pourrait être perçu comme compromettant leur impartialité et leur indépendance dans le cadre de la procédure d'attribution de concession .En ce qui concerne les conflits d'intérêts, les mesures adoptées ne vont pas au-delà de ce qui est strictement nécessaire pour prévenir un conflit d'intérêts potentiel ou éliminer le conflit d'intérêts détecté ».

[2] V. article 57, paragraphe 3 cas d, de la directive 2014/24.

[3] V. article 57, paragraphe 3 cas f, de la directive 2014/24.

paiement peut être engagée pour un avantage injustifié procuré à l'autrui **(ii)**

a. Le contrôle administratif et juridictionnel

860. D'une manière générale, le contentieux de la commande publique est ciblé vers la constatation et la sanction des vices de légalité du contrat à travers différentes voies de recours ouvertes aux concurrents évincés, ainsi qu'aux tiers justifiant un intérêt à agir : référé précontractuel et contractuel, déféré préfectoral[1], recours en contestation de la validité du contrat ainsi que recours en excès de pouvoir contre un acte d'exécution, considéré détachable du contrat[2]. Ce contrôle en vertu des recours des tiers vise à sanctionner l'Administration pour tout manquement à ses obligations de transparence et de mise en concurrence.

861. Ce contrôle couvre également les comportements des personnes publiques favorisant ou avalisant une pratique anticoncurrentielle des opérateurs privés[3]. Par cette voie, leurs comportements anticoncurrentiels peuvent être sanctionnés, même si leur activité ne tombe pas sous la compétence de l'Autorité de la concurrence. En ce sens, dans l'affaire *Société Decaux*[4], le Conseil d'État a condamné une prolongation sans cause du contrat qui serait susceptible de prolonger abusivement la position dominante à laquelle se trouve automatiquement le titulaire du contrat dès sa conclusion. Pour atteindre la cible d'une prolongation du contrat entraînant d'une

---

[1] V. en ce sens, CE, 21 juillet 1991, *Commune de Sainte-Marie,* req. n°117717, selon lequel le déféré préfectoral relevait de l'excès de pouvoir. Cependant, après l'arrêt CE 23 décembre 2011, *Ministère de l'Intérieur, de l'outre-mer, des collectivités territoriales et de l'immigration,* req. n°348647 ; *RFDA,* 2012, p.683, obs. Delvolvé P., la contestation des contrats passe sous le régime de plein contentieux.

[2] CE, 4 août 1905, *Martin,* req. n° 14220, *Rec.* 768 ; *GAJA*, 18e éd., n°15. V. également en ce sens, Hourcabie A.- Rigaudeau P.-O, « Les recours contre les actes d'exécution du contrat », *CCP*, 2013, n° 4-8, p. 38-40.

[3] Guézou Ol., « Droit de la concurrence et contrats publics- Contentieux administratif et pratiques anticoncurrentielles » *in Contrats : mélanges en l'honneur du professeur Michel Guibal, op.cit.* t.I, p. 107-140 (not. p. 107-122).

[4] En ce sens v. CE, 6 décembre 1995, *Société Decaux*, req. n° 148964 et 149403 ainsi que Cons. Conc. (fr.), 7 juillet 1998, décembre, décision n° 98-D-52 relative à des pratiques relevées dans le secteur de mobilier urbain *; BJCP*, n°1, 1998, p. 3.

rémunération accrue, les cocontractantes ont demandé une prolongation de la durée du contrat au motif qu'elle est indispensable pour la réalisation du contrat ou pour une meilleure performance. À l'inverse, il est admis que la stipulation du versement d'une aide d'État en vertu du contrat ne rend pas son contenu illicite justifiant l'annulation du contrat, dès lors qu'une telle aide a postérieurement été déclarée compatible par la Commission européenne[1]. Cependant, les vices révélant une volonté du pouvoir adjudicateur de favoriser un candidat, constituent des vices d'une particulière gravité, entraînant l'annulation du contrat[2].

862. En général, force est de constater que ce contrôle exercé par le juge des référés en vertu des recours en contestation de la validité du contrat est largement mis en œuvre, restreignant la marge de manœuvre de l'Administration de procéder à de tels comportements. Ainsi, l' efficacité de ces recours a contribué à l'évolution européenne des dernières années ainsi qu'à l'ouverture des personnes susceptibles de justifier leur intérêt à agir[3]. Néanmoins, cette protection s'avère parfois insuffisante à condamner tout comportement permettant l'enrichissement du cocontractant de l'Administration. En effet, un recours contre un avenant peut être rejeté comme irrecevable, du fait que ce dernier ne constitue pas un nouveau contrat qui aurait dû faire l'objet d'une procédure de mise en concurrence à laquelle le demandeur aurait eu vocation à participer[4], bien que la question du nouveau contrat ne soit pas si simple à aborder[5]. En second lieu, il ne faut pas omettre que l'office du juge se borne à sanctionner l'erreur manifeste d'appréciation de l'Administration. Ainsi, la question du contrôle de la rémunération du cocontractant de l'Administration peut échapper *per se* à sa compétence. On ne peut alors que présumer qu'en l'absence de manquement aux contraintes de transparence et de mise en concurrence, la rémunération qui s'en déduit est légitime. Il faut, cependant, lui reconnaître un caractère dissuasif, du fait de la gravité des sanctions, s'agissant au blocage de la signature du contrat,

---

[1] V. CE, 25 juin 2020, *Département de Seine-Saint-Denis*, req. n° 418446, *Rec.* (tables), *JCP A*, 2020, act. 397.
[2] CE, arrêt du 15 mars 2019, *Société anonyme gardéenne d'économie mixte (SAGEM),* req. n°413584, (publié au Rec.), *AJDA,* 2019, p. 606.
[3] Sur ces points, v. *supra* n°678 et s.
[4] CAA Marseille, 27 octobre 2014, *SAGEM*, req. n° 14MA01059.
[5] À propos de l'hypothèse du nouveau contrat, v. *infra* n°1463 et s.

son annulation – ouvrant la porte des actions indemnitaires des personnes lésées – ainsi que des sanctions pécuniaires[1] au détriment de l'Administration contractante.

863. À côté de ce contrôle plus ciblé vers la délimitation de la rémunération du cocontractant de l'Administration se trouve le contrôle comptable des contrats de la commande publique. Ce contrôle vise à objectiver la rémunération du contrat par rapport au contrat et aux pièces justificatives présentées. En premier lieu, il faut, avant tout, vérifier que le marché est imputé sur un crédit correspondant à sa nature ou sa destination. Ensuite, le comptable public est chargé du contrôle des paiements compte tenu des factures et autres documents relatifs, présentés par le cocontractant de l'Administration[2]. En réalité, son pouvoir de suspension de paiement se trouve limité du fait de la pratique des ordres de réquisition, prévus à l'article L.1617-2 du Code général des collectivités territoriales. Par ce biais, le pouvoir exécutif ordonnateur force le comptable à effectuer le paiement, malgré la justification insuffisante. En tout cas, cependant, l'ordre de réquisition doit être transmis à la Chambre régionale de comptes par le comptable[3]. En raison de l'autonomie financière des collectivités territoriales, le contrôle du comptable public se borne à un contrôle purement comptable et en aucun cas d'opportunité.

864. Par conséquent, s'agissant des dépenses publiques, le paiement de la contrepartie du cocontractant de l'Administration tombe sous l'emprise du contrôle de la Cour des comptes au niveau étatique, et des Chambres régionales et territoriales des comptes au niveau local[4]. Il est mené à partir des pièces justificatives produites par le comptable[5]. En raison de l'autonomie financière des

---

[1] Article L. 551-22 CJA.

[2] V. *supra* n°986.

[3] Castaigne B., « Le contrôle par le comptable public *in* Les contrôles financiers, comptables ou juridiques », *CP-ACCP*, n° 18, janvier 2003, p. 33-38.

[4] Loi n° 2001-1248 du 21 décembre 2001 relative aux chambres régionales des comptes et à la Cour des comptes (*JORF* n° 299, 26 décembre 2001, p. 20575). Lamarque D.- Miller G., « La loi du 21 décembre 2001 relative aux CRC et à la Cour des comptes et ses textes d'application- missions, compétences, procédures », *AJDA*, 2002, p. 740 ; Descheemaeker C., « Le contrôle des chambres régionales des comptes *in* Les contrôles financiers, comptables ou juridiques », *CP-ACCP*, n° 18, janvier 2003, p. 39-44.

[5] Article L.233-1 CJF.

collectivités territoriales, ce contrôle considère notamment les contrats de délégation de service public, portant sur le compte de la délégation, puisque, bien évidemment, les comptes de l'opérateur privé titulaire d'un marché public échappent à leur compétence. Son contrôle porte sur la régularité des actes et examine des données chiffrées, afin d'apprécier également la gestion économique.

865. Bien évidemment, l'institutionnalisation d'un contrôle de la contrepartie du cocontractant de l'Administration à plusieurs étapes contribue à la délimitation de la rémunération tirée. Au-delà du champ administratif, l'objectivisation à l'aide des pièces justificatives et des données chiffrées permet un contrôle juridictionnel par la Cour des comptes[1]. Cette possibilité est liée à de lourdes conséquences pour les personnes publiques, en raison des actes accomplis dans l'exercice de leurs fonctions. De plus, elle considère notamment les cas d'ordres de réquisition afin d'accorder un avantage injustifié à leur cocontractant. La gravité d'un tel comportement corruptif de leur part soulève des questions incombant aux juridictions pénales.

b. Le contrôle juridictionnel pénal

866. D'une manière générale, le comportement corruptif de l'Administration accordant un avantage injustifié à un opérateur privé en vertu d'un contrat de la commande publique est passible de poursuites pénales, lorsqu'il tombe sous la notion du délit de favoritisme prévu à l'article 432-14 du Code pénal[2]. Ainsi, est

---

[1] Il conviendrait mentionner que jusqu'à l'entrée en vigueur de l'ordonnance n° 2022-408 du 23 mars 2022, portant la création d'un nouveau régime unifié de responsabilité financière des gestionnaires publics (*JORF* n°0070 du 24 mars 2022,), ce contrôle appartenait à la Cour de discipline budgétaire et financière (article L312-1 CJF, abrogé par l'article 6 de l'ordonnance n° 2022-408 du 23 mars 2022.

[2]Suite à sa modification par la loi n° 2016-1691 du 9 décembre 2016 relative à la transparence, à la lutte contre la corruption et à la modernisation de la vie économique *JORF* n°0287 du 10 décembre 2016 texte n° 2, embrassant les marchés publics et les contrats de concession (v. également en ce sens Cass. crim., 17 avril 2019, pourvoi n°18-83.025, *AJDA,* 2019, p.905 à propos d'un maire coupable de délit du favoritisme et de prise illégale d'intérêt et 17 février 2016, pourvoi n°15-85.363 ayant anticipé l'extension de son champ d'application). Ainsi « Est puni de deux ans d'emprisonnement et d'une amende de 200.000 euros, dont le montant peut être porté au double du produit de l'infraction, le fait par une personne dépositaire de l'autorité publique ou chargée d'une mission de service public ou investi d'un mandat électif public ou exerçant les fonctions de représentant, administrateur ou

constitutif d'un délit de favoritisme le fait de procurer ou tenter de procurer à autrui un avantage injustifié par un acte contraire à certaines dispositions législatives ou réglementaires[1].

867. De prime abord, la loi permet une portée étendue de ce délit, visant à couvrir une large palette des phénomènes corruptifs en matière de contrats de la commande publique, permettant aux opérateurs privés de tirer des surprofits. En effet, il couvre tant la tentative ainsi que l'acte réussit de l'octroi d'un avantage. De même, la conception large de l'avantage permet la sanction de tout bénéfice, atout, profit pendant tous les stades de la vie du contrat[2]. Ainsi, il peut être considéré comme avantage, non seulement l'octroi d'une rémunération excessive qui ne correspond pas aux prix du marché ou à celle contractuellement prévue, mais également tout acte de l'Administration qui est contraire aux dispositions législatives ou réglementaires ayant pour objet de garantir la liberté d'accès et l'égalité des candidats[3]. En ce sens, il est admis que l'élément légal du

---

agent de l'État, des collectivités territoriales, des établissements publics, des sociétés d'économie mixte d'intérêt national chargées d'une mission de service public et des sociétés d'économie mixte locales ou par toute personne agissant pour le compte de l'une de celles susmentionnées de procurer un avantage injustifié par un acte contraire aux dispositions législatives ou réglementaires ayant pour objet de garantir la liberté d'accès et l'égalité des candidats dans les marchés publics et les contrats de concession ». Création par la loi n° 91-3 du 3 janvier 1991 relative à la transparence et à la régularité des procédures des marchés et soumettant la passation de certains contrats à des règles de publicité et de mise en concurrence (*JORF,* n° 4 *du* 5 janvier 1991, p. 336). Texte abrogé par l'article 118, I de la loi n° 2012-387 du 22 mars 2012 relative à la simplification du droit et à l'allégement des démarches administratives, *JORF*, n° 0071 du 23 mars 2012, p. 5226, devenu l'article 432-14 du Code pénal.

[1] V. à propos de l'avantage injustifié en tant que produit ou objet de l'infraction Crim. 22 juin 2022, FS-B, n° 21-85.671 ; Gallois J., « Favoritisme : objet et produit de l'infraction, une distinction nécessaire », *Dalloz actualité*, 20 septembre 2022.

[2] En guise d'illustration, v. Crim. 7 janv. 2026, F-B, n° 24-87.222, selon lequel La détermination des seuils d'un appel d'offres en fonction de la demande d'un candidat constitue un avantage injustifié procuré à ce dernier ; Gallois J., « Rappels utiles en matière de caractérisatin du délit du favoritisme », *Dalloz actualité*, 22 janvier 2026.

[3] Parmi d'autres, v. Prebissy-Schnall C., *La pénalisation du droit des marchés publics, coll. Bibliothèque de droit public,* t. 223, LGDJ, 2002 ; *ibid.* « La pénalisation du droit des marchés publics », *CP-ACCP*, janvier 2003, p. 44 ; *ibid.* « Vers une réforme du délit de favoritisme ? » *CP-ACCP*, janvier 2014, p. 72 ; Goutal Y., « Le délit de l'octroi d'un avantage injustifié », *RLCT,* février 2014, p. 61 ; Dal Farra T., « Délit de favoritisme et principe de légalité » *in Contrats publics-*

délit « peut parfaitement être constitué par les dispositions relatives au principe d'égalité devant la commande publique, et n'exige pas la violation d'une disposition procédurale particulière »[1].

868. En ce sens, le contrôle des juridictions pénales visant à condamner l'octroi de tout avantage injustifié à son cocontractant ou futur cocontractant se rattache au contrôle des limites à la rémunération du cocontractant de l'Administration *ex ante* ainsi qu'*ex post*. À titre d'exemple, on pourrait se référer à une décision de la chambre criminelle de la Cour de cassation, ayant reconnu coupable de délit de favoritisme le Maire de Théoule-sur-Mer, qui avait délibérément favorisé l'attribution du marché public à une entreprise qui a présenté une offre quatre fois supérieure à la valeur réelle des travaux estimés par les deux experts désignés par les juges d'instruction successifs[2]. Ainsi, le choix d'une offre qui n'est pas en réalité économiquement la plus avantageuse parmi les offres présentées est qualifiée en acte ayant procuré un avantage injustifié à autrui, s'agissant d'une rémunération excessive. De même, les actes créant des conditions discriminatoires ou permettant l'accès aux informations privilégiées peuvent être sanctionnés[3], ce qui peut relever de nouveaux défis de la pratique de *sourcing*[4] gagnant de plus en plus du terrain. L'étendue *ratione personae* du délit, rendant coupables non seulement les personnes publiques impliquées en tant qu'auteurs ou complices[5] ayant y participé, ainsi que l'opérateur privé bénéficiaire de l'avantage litigieux en tant que receleur ayant tiré un bénéfice[6].

Mélanges en l'honneur du Professeur M. Guibal, op. cit., t. I, p. 95 ; Guettier C., « La responsabilité pénale des collectivités territoriales en question(s) » *in Les collectivités locales- Mélanges en l'honneur de Jean Moreau*, Economica, Paris, 2002, p. 201-208. Pour une approche plus globale de la question de corruption en matière des contrats de la commande publique v. Berbari M., « Contrats publics, élus et argent », in *Contrats publics : Mélanges en l'honneur du professeur Michel Guibal, op. cit.*, p. 209-222.

[1] Cass. crim. 11 mai 2022, n° 21-85.272. À ce propos, v. Braconnier St., Précis du droit de la commande publique, op.cit., p. 573-579.

[2] Cass. crim. 15 mai 2008, pourvoi n°07-88369, *Bull. crim.* n° 121 :

[3] Guézou Ol. *Traité de contentieux de la commande publique*, *op.cit.*, p. 767-769.

[4] Durand D., « Regain d'actualité pour le délit du favoritisme », *CP-ACCP*, n° 187, mai 2018, p. 27 et s. À propos de la pratique de sourcing, v. *supra* n°533.

[5] Article 121-7 du Code pénal.

[6] Article 321-1, paragraphe 2, du Code pénal.

869. En dépit des apparences, l'efficacité de ce contrôle se heurte souvent aux problèmes de preuve et d'imputation du comportement. Un auteur illustre bien le cas : « la recherche du délit de favoritisme peut devenir un exercice inique puisque ce délit repose en partie, pour sa mise en œuvre, sur des règles parfois imprécises, parfois aléatoires dont l'interprétation peut révéler, au terme de l'instruction judiciaire, soit la non application ou une application erronée et de bonne foi des textes en l'absence d'expérience des marchés publics et d'intention frauduleuse ce qui engendre la relaxe, soit l'application sciemment ou volontairement erronée des textes sans volonté de dissimuler les faits au regard d'un avantage injustifié bénéficiant à l'entreprise, soit encore des manœuvres visant à dissimulés des intentions elles-mêmes cachées donnant un avantage injustifié à une entreprise, ce qui, dans ces deux derniers cas, engendre la reconnaissance du délit de favoritisme sous réserve que les faits ne soient pas prescrits »[1]. De plus, il est parfois difficile de prouver l'atteinte à la liberté d'accès[2], ou même l'absence de cause de l'avantage. Dans la plupart des cas l'absence de cause est appréciée aux termes d'une violation du droit de la commande publique[3]. Bien que cette solution semble résoudre le problème, en l'absence de décision administrative constatant l'irrégularité, il est difficile de prouver le délit sur un faisceau d'indices[4]. À ce point s'ajoutent des moyens relatifs à l'appréciation subjective de l'erreur, selon la personnalité et l'expérience de son auteur, y compris des circonstances atténuantes pour échapper à l'infraction. Telle est le cas des conditions prévues par l'article 122-3

---

[1] Pourcel E. « Délit de l'octroi d'avantage injustifié et droit des marchés publics : petite mise au point sur les éléments intentionnels et matériels d'un délit sui generis », *JCP A,* 21 novembre 2005, 1363.

[2] Cass. crim. 5 décembre 2018, n° de pourvoi : 17-86798 (inéd.) relatif à l'adoption d'une délibération autorisant à ordonner la dépense.

[3] En guise d'illustration, v. Cass. crim. 22 janvier 2014, pourvoi n° 13-80009 ; V. en ce sens, Guézou Ol., *Traité du contentieux de la commande publique, op. cit.,* p. 783. V. en guise d'illustration de cas de violation du droit de la commande publique CE, 8 décembre 2020, *Métropole Aix- Marseille-Provence*, req. n° 436532, *Rec.* (tables) ; concl. Pichon de Vendeuil M., *BJCP*, mars 2021, p. 111-115 ; *Revue Lamy de la Concurrence*, avril 2021, p. 22, comm. Lauer J. ; *JCP A* 1er mars 2021, p.27, comm. Linditch F. ; *CMP*, février 2021, p.20, comm. Ubaud-Bergeron M.

[4] Cependant, toute irrégularité ne procure pas nécessairement un avantage à autrui. V. en ce sens Cass. crim., 2 avril 1998, pourvoi n° 97-84191, *Bull. crim.* n° 2219 ; *BJCP,* 1999, p. 139, obs. Dal Farra T.

du Code pénal. Ainsi « la personne ayant accompli un acte contraire aux dispositions législatives ou réglementaires ayant pour objet de garantir la liberté d'accès et l'égalité des candidats dans les marchés publics et les délégations de service public, si elle ne saurait se prévaloir d'une ignorance de ces dispositions pour justifier son comportement, n'est pas déclarée responsable du délit à la condition qu' elle démontre, conformément aux prévisions de l'article 122-3 du code pénal, avoir cru, par une erreur de droit qu'elle n'était pas en mesure d'éviter, avoir pu légitimement accomplir l'acte »[1] .

870. Force est de constater que l'institution d'un contrôle par les juridictions pénales et la possibilité d'une condamnation pour délit de favoritisme ne saurait que dissuader les acteurs publics ainsi que les opérateurs privés de poursuivre de telles pratiques visant à une rémunération excessive des seconds, notamment au lendemain de la loi dite « Sapin II »[2]. Cependant, le décalage entre les astuces d'objectivité du droit administratif demandées et la subjectivité imposée par le principe d'individualisation des peines du droit pénal réduit l'efficacité de ce contrôle. À son tour, la rareté des condamnations réduit son caractère dissuasif.

871. Il s'ensuit alors que le droit français prévoit des contrôles externes sous la compétence des institutions administratives, ainsi que juridictionnels sous la compétence du juge administratif et pénal. Ils visent tant la prévention de l'accord d'une rémunération excessive que la sanction de son accroissement ultérieur. D'une façon assez assimilable, le droit grec prévoit également un mécanisme de contrôle des limites de la rémunération du cocontractant de l'Administration.

---

[1] Cass. crim. 23 juillet 2014, pourvoi n° 14-90024 (inéd.) ; *Droit pénal,* octobre 2014, comm. 124, obs. Véron M.

[2] Loi n° 2016-1691 du 9 décembre 2016 relative à la transparence, à la lutte contre la corruption et à la modernisation de la vie économique, *JORF* n°0287 du 10 décembre 2016 texte n° 2. V. aussi Avis relatif aux recommandations de l'Agence française anticorruption destinées à aider les personnes morales de droit public et de droit privé à prévenir et à détecter les faits de corruption, de trafic d'influence, de concussion, de prise illégale d'intérêts, de détournement de fonds publics et de favoritisme, *JORF* n° 0010 du 12 janvier 2021, texte n° 61.

.

ii. En droit grec

872. En droit grec, le contrôle des comportements corruptifs de l'Administration contractante en matière de contrats de la commande publique pèse notamment sur les juridictions administratives. Saisies sur des recours en urgence ainsi que sur le fond par concurrents évincés, les juridictions administratives se bornent à un contrôle de la légalité et de l'erreur manifeste d'appréciation de l'Administration contractante, alors que la Cour des comptes est chargée d'un contrôle préalable de la légalité économique des contrats de grande valeur **(a)**. Un contrôle par les juridictions pénales est aussi possible, bien qu'il soit relativement rare **(b)**.

a. Le contrôle administratif et juridictionnel

873. Le respect du droit de la commande publique par l'Administration contractante fait l'objet du contentieux de la commande publique. S'agissant d'un contrôle ciblé vers la contestation des irrégularités du contrat, le contrôle de la rémunération du cocontractant de l'Administration n'est abordé que par rapport à sa légalité.

874. Ainsi la question se pose dans le cadre des recours des tiers au contrat. Les procédures d'urgence des référés précontractuels et contractuels, se bornent au stade de la passation du contrat, permettant de contester toute irrégularité du fait d'un manquement aux obligations de transparence et de mise en concurrence[1]. Sur le fond, les concurrents évincés ont la possibilité de former une action indemnitaire et détiennent le droit de former un recours de plein contentieux qui peut entraîner la déclaration en nullité du contrat[2], à l'instar du recours *Tropic*[3] en droit français. Le contrôle exercé dans ce cadre porte sur le respect par le pouvoir adjudicateur des obligations de transparence et de mise en concurrence. Par

---

[1] À propos de la procédure auprès l'Autorité unique grecque des contrats de la commande publique (*Ενιαία Αρχή Δημοσίων Συμβάσεων- ΕΑΔΗΣΥ)* et les juridictions compétentes v. *supra* n° 678 et s.

[2] Article 368 paragraphe 1, de la loi n° 4412/2016, prévoyant la possibilité de déclaration de nullité du contrat. V. également article 7, alinéa 8, de la loi précédente n° 3886/2010 en matière du contentieux des contrats de la commande publique.

[3] V. *supra* n°681.

conséquent, en l'absence de manquement aux obligations de transparence ou de libre concurrence la rémunération est présumée légitime.

875. Ensuite, la question du contrôle des limites à la rémunération doit être abordée à travers l'exécution du contrat. À cet égard, le Conseil d'État grec a admis la possibilité de contester la validité d'un acte d'exécution d'une stipulation contractuelle par un tiers, considéré comme un acte détachable[1]. De même, un recours en excès de pouvoir peut être utilement formé contre une clause contractuelle qui était écartée de l'acte d'attribution du contrat, lorsque son objet n'était pas accepté de manière explicite[2]. Sur ce point, il est admis par le Conseil d'État que les tiers justifiant d'un intérêt à agir peuvent utilement former un recours en excès de pouvoir contre la loi ratifiant un contrat de concession, car leurs droits découlent de cette loi et non du contrat lui-même[3]. Ainsi, même si les tiers au contrat ne peuvent pas contester le contrat lui-même lors de son exécution, cela ne signifie qu'ils ne peuvent pas contester des actes d'exécution. En poussant ce syllogisme plus loin, on pourrait affirmer que ce contrôle de préservation de la légalité du contrat portant sur l'exécution, porte également sur la possibilité que la rémunération devienne excessive au-delà du contrat initialement prévu. Cependant, la position constante de la jurisprudence reconnaît une marge d'appréciation étendue de l'Administration contractacte et, par conséquent, refusant comme irrecevables les moyens contestant l'opportunité de l'évaluation des besoins par le pouvoir adjudicateur ou même de l'attribution du contrat[4]. En ce sens, la rémunération accordée au cocontractant de l'Administration peut échapper au contrôle juridictionnel au sens d'une appréciation technique de l'Administration.

---

[1] CE grec, arrêt n° 3814/2005. En ce sens, v. Yannakopoulos C., « Le contentieux des contrats publics en Europe-Grèce », *op. cit.*

[2] CE grec (Ass.), arrêt n° 1908/2001, *DiDik* 2003, p.370 ; *NoV* 2002, p.1186 à propos d'une clause d'option écartée de l'acte d'attribution.

[3] CE grec, arrêt n° 880/2016, *DiDik,* 2017, n° 1, p. 86-90 (not. p. 87).

[4] Arnaoutoglou F., *La demande en référé de la loi n° 3886/2010 (Η αίτηση ασφαλιστικών μέτρων του Ν. 3886/2010), op.cit.,* p. 108-125 à propos des irrégularités invocables ; Yannakopoulos C., « Le nouveau contentieux des contrats publics : une occasion manquée de plus » (« Η νέα δικονομία των δημοσίων συμβάσεων : ακόμη μια χαμένη ευκαιρία »), *op.cit.*

876. À titre complémentaire, l'Autorité hellénique de transparence (*Εθνική Αρχή Διαφάνειας)* est chargée d'un contrôle externe des phénomènes de corruption des gestionnaires publics. Ce contrôle, qui appartenait jusqu'en 2019 au Corps des inspecteurs des travaux publics, soumis au contrôle du Secrétariat général relatif à la lutte contre la corruption du Ministère de la justice[1] « repose sur le modèle des organes internationaux les plus performants et sur l'enregistrement et l'analyse approfondis des faiblesses de la situation actuelle, des exigences des conventions internationales sur la lutte contre la corruption et des politiques internationales les plus innovantes pour renforcer l'intégrité, ainsi que sur l'évaluation des options de réforme alternatives par rapport aux besoins et défis réels de la réalité grecque »[2].

877. La Cour des comptes grecque, conformément au paragraphe 1 de l'article 98 de la Constitution grecque, est, quant à elle, chargée d'un contrôle préalable des dépenses publiques ainsi que du contrôle préalable des contrats de la commande publique[3] de grande valeur économique. Si le premier contrôle se borne au contrôle des contreparties provenant des deniers publics, le second embrasse l'ensemble des contrats de la commande publique à grande valeur.

878. Ce contrôle focalisé sur la légalité économique des contrats de la commande publique, est un contrôle automatique, plein et externe. Il joue un rôle complémentaire et se distingue de celui des juridictions administratives et des autorités administratives indépendantes compétentes, potentiellement plus étendu[4]. Il ne vise pas à se montrer compétitif face à leur contrôle, mais, en revanche, il correspond à la nécessité de protéger des deniers publics *via* un contrôle consécutif des comportements défectueux voire corruptifs du pouvoir exécutif[5]. En ce sens, il peut même aborder des questions relatives à l'efficacité

---

[1] V. ancien article 179 de la loi n° 4412/2016, abrogé par l'article 119, paragraphe 21 de la loi n° 4622/2019 relative à l'État exécutif (*JO A'* 133/07.08.2019)

[2] V. l'exposé des motifs de la loi n° 4622/2019, p. 61-62.

[3] V., cependant, l'exception d'un contrôle ex post de la Cour des comptes en matière des tests de COVID-19 dans la période de crise sanitaire, justifiée par de motifs d'urgence et d'intérêt général, décision C. comptes grecque (Ass.), 742/2022.

[4] À propos de l'étendu de ce contrôle juridictionnel v. *supra* n°681 et s.

[5] Sur ce point, v. Kouloumpini Ev., « Le contrôle précontractuel de la Cour des comptes après les lois n° 4700/2020 et 4820/2021- Évolution jurisprudentielle et perspectives » (« Ο προσυμβατικός έλεγχος του ΕλΣυν μετά τους Ν. 4700/2020 και 4820/2021. Νομολογιακές εξελίξεις και προοπτικές»), *op.cit.*, p.60-89.

économique des contrats, en prenant en considération les conditions du marché, y compris la préservation des règles de la concurrence. De plus, dans son contrôle tombent également les contrats complémentaires et les avenants des contrats de la commande publique, sous condition que le contrat initial était également soumis à ce contrôle. Par ce biais, la Haute juridiction publique-économique grecque détient le pouvoir d'examiner, non seulement la légalité économique du contrat initial, mais aussi le pouvoir de poursuivre sa légalité économique tout au long de son exécution[1]. Sur le plan économique, cela signifie qu'elle peut mettre fin à tout avantage économique supplémentaire au cocontractant de l'Administration[2]. Ainsi, il est admis que les offres qui dépassent considérablement le montant du budget du contrat prévu doivent être rejetées et l'attribution éventuelle du contrat à un candidat présentant une telle offre est tenue pour illégale[3].

879. À l'instar des juridictions administratives, son office se borne au contrôle de l'erreur manifeste d'appréciation[4], ce qui signifie que les appréciations techniques de l'Administration y échappent. Par conséquent, un contrôle direct de la rémunération du cocontractant de l'Administration convenue, prévue en vertu du contrat, n'est *a priori* pas possible. Cependant, la Cour des comptes a été saisie à plusieurs reprises, afin de préciser un concept juridique vague, celui du profit,

---

[1] C. comptes grecque, décision n° 506/2014, *DiDik* 2014 n°2, p. 563 à propos de l'étendue du contrôle de la Cour de comptes par rapport à celui de l'Autorité administrative indépendante des contrats publics *(ΕΑΑΔΗΣΥ)*, également C. comptes grecque, 410/2016, *ThPDD,* 2016, n° 10, p. 983-984.précisant les conditions de conclusion d'un contrat complémentaire. En ce sens Kouloumpini E., « Le contrôle des contrats supplémentaires par la Cour des comptes- Une pathogénicité répétée » (« Ο έλεγχος των συμπληρωματικών συμβάσεων από το Ελεγκτικό Συνέδριο- Μια επαναλαμβανόμενη παθογένεια »), *ThPDD,* n° 10, 2015, p. 889-896.

[2] Sur ce point relatif à l'hypothèse de modification du contrat de la commande publique en cours de son exécution, v. *infra* n°1439 et s. à propos de la modification substantielle de l'équilibre économique du contrat.

[3] C. comptes grecque (Sect. VI), décisions n° 806/2012, 1646/2011. V. également Poulis S., « Contrôle préventif des contrats publics- Le fantôme de conflit des compétences » (« Προληπτικός έλεγχος δημοσίων συμβάσεων- Το φάντασμα της σύγκρουσης αρμοδιοτήτων »), *op. cit.,* p. 1063-1064.

[4] En guise d'illustration, v. C. comptes grecque (Grande Chambre), décisions n° 3495, 3648, 4/2012, 3035/2011 ; C.comptes (Sect. VI), décisions n°3206/2013, 1720/2012, 2779/2011, 1949, 2495/2009, 229/2006, 22/2005 ; C. comptes (Sect. VII) décision n° 391/2009.

au sens d'une rémunération raisonnable aux termes de légalité économique[1]. Néanmoins, son pouvoir peut s'étendre au contrôle des comportements de l'Administration contractante, avalisant ou favorisant des pratiques anticoncurrentielles. Cette hypothèse échappe au contrôle de l'Autorité de la concurrence, ce qui rend la saisine de la Cour des comptes indispensable[2]. Dans ce cadre, la Cour peut examiner si le bénéfice économique accordé au cocontractant de l'Administration - échappe aux limites de son pouvoir discrétionnaire et sert des intérêts personnels, étrangers à l'intérêt général. Autrement dit, si la rémunération convenue peut être considérée en tant que *profit raisonnable* elle peut condamner un mauvais usage de la marge d'appréciation du pouvoir adjudicateur, en ne permettant pas la signature du contrat.

880. En ce sens, ce contrôle universel, automatique et complet accentuant la dimension économique et financière des contrats de la commande publique ayant une valeur élevée est prometteur à freiner les phénomènes corruptifs. On regrette, cependant, la création jurisprudentielle de la solution de l' *erreur excusable (συγγνωστή πλάνη)* de l'Administration. Selon cette position, la Haute juridiction publique-économique grecque néglige des irrégularités techniques et procédurales imputables à l'Administration contractante, postulant que l'activité de l'Administration vise à la satisfaction de l'intérêt général. Ce moyen n'est invocable que par l'Administration[3] et sous condition qu'elle ait respecté la bonne foi tout au long du processus de la passation[4]. Ainsi, son erreurpeut peut être jugé excusable, dans le cas où le cadre réglementaire pertinent était trop complexe à être interprété par elle[5] et sous condition que son manquement ne porte atteint aux règles de transparence et de mise en concurrence[6]. Ses

---

[1] C. Comptes grecque, (Sect. VI) décisions n°2653/2012, 1724/2012,2090/2011, 3134/2009. À propos de la définition de la rémunération raisonnable v. *supra* n°761 et s.

[2] Aut. conc. grecque, (Sect.VI) n° 501/2010.

[3] C. comptes grecque (Sect. VI), décisions n° 64/2008 et 15/2008. v. également C. comptes grecque (Sect. VI), décision n° 250/2012, moyen irrecevable par le cocontractant de l'Administration.

[4] C. comptes grecque (Sect. VI), décision n°169/2008.

[5] C. comptes grecque (Sect. VI), décision n° 17/2007.

[6] C. comptes grecque (Sect. VI), décision n°3/2008. V. également C. comptes grecque (Sect. VI), décision n°8/2008, rejet du moyen de l'erreur excusable en raison d'un nombre suffisant des candidatures présentées.

défendeurs soutiennent qu'elle est justifiée par des raisons d'efficacité économique à l'aune de la satisfaction de l'intérêt général.

881. En effet, par cette voie, la Cour des comptes entreprend une subjectivisation de la légalité du contrat à travers l'examen de la volonté réelle de l'Administration. Or, cet examen échappe à la compétence de la Cour des comptes, qui exerce un contrôle de la légalité économique du contrat. Cela, cependant, ne signifie guère qu'il faut négliger les irrégularités du contrat *in fine*, afin de simplifier l'autorisation de la réalisation des dépenses ou la signature du contrat. En revanche, la forme protège le fond. Ainsi, le relâchement de la rigueur du traitement des irrégularités du contrat réduit l'efficacité de leur sanction. Dans la mesure où elles constituent d'irrégularités ayant des conséquences financières importantes, elles doivent entraîner le blocage de la signature ou l'annulation du contrat. Leur impunité au nom de l'assouplissement peut permettre des comportements corruptifs liées à l'acquisition de surprofits par le cocontractant. En ce sens, la Cour des comptes a approuvé la signature de contrats complémentaires ayant pour objet les travaux nécessaires, indispensables au bon fonctionnement du service, nonobstant le fait que lesdits travaux étaient rendus nécessaires en raison de la défaillance de l'étude initiale réalisée. Le cas échéant, l'erreur de l'Administration était considérée excusable, en raison de la bonne foi de l'Administration et en l'absence d'autres irrégularités[1]. De même, la pratique utilisée de manière constante par le pouvoir adjudicateur contraire à un nouveau cadre réglementaire est considérée également en tant que « erreur excusable »[2]. On peut alors constater que par cette voie la « boîte de Pandore » reste ouverte, susceptible de couvrir des dépenses irrégulières par un voile de légitimité. Heureusement, la Cour de comptes éprouve progressivement un certain scepticisme à propos de l'application de la solution de l'erreur excusable du pouvoir

---

[1] C. comptes grecque (Sect. VI), décision n°55/2008.

[2] C. comptes grecque (Sect. VI), décisions n°53/2008 et17/2007.

adjudicateur[1]. D'ailleurs, l'immense majorité de la doctrine l'a bien critiqué[2].

882. Il en ressort que le contrôle précontractuel de la Cour des comptes grecque en tant que contrôle de la légalité économique *sui generis,* a la potentialité de permettre un contrôle suffisant aux rémunérations excessives des cocontractants de l'Administration[3]. On regrette, cependant, que le législateur grec limite ce contrôle aux contrats de la commande publique d'une valeur trop élevée[4], en

---

[1] V. à ce propos C. comptes grecque (Ass.), décision n° 1716/2022, Sect. VII, décision n° 1344/2022. V. également Chatzigiannakis V., *Les contrôles de légalité en matière des marchés publics (Οι έλεγχοι νομιμότητας στις δημόσιες συμβάσεις), op. cit.*, p. 337-342.

[2] Parmi d'autres, v. notamment Degleris P., *Le droit fondamental à une protection juridictionnelle d'urgence efficace (et effective) en matière des contrats publics en période de crise : l'exemple de justice chère- la divergence entre droit et justice (Το θεμελιώδες δικαίωμα στην αποτελεσματική (και πραγματική) δικαστική προστασία στις δημόσιες συμβάσεις σε περίοδο κρίσης: το παράδειγμα της ακριβής δικαιοσύνης- μια αποκλίνουσα σχέση δικαίου και δικαιοσύνης),* Sakkoulas, Athènes-Théssalonique, 2016, p. 219- 222 ; Detsaridis Ch., « L'apport de l'erreur excusable du pouvoir adjudicateur comme critère de contrôle des contrats publics » (« Η συνδρομή της συγγνωστής πλάνης της αναθέτουσας αρχής ως κριτήριο ελέγχου των δημοσίων συμβάσεων»), *EDD,* 2014, n°5, p. 647-657; Ligomenou A., « La création jurisprudentielle de l'erreur excusable par la Cour des comptes et le comportement de l'Administration conformément à la bonne gestion des deniers publics » (« Η νομολογιακή διάπλαση της συγγνωστής πλάνης από το Ελεγκτικό Συνέδριο και η χρηστή δημοσιονομική συμπεριφορά της Διοίκησης») *in Mélanges à l'honneur de Lucas Théocharopoulos et Démetras Kontogiorga-Théocharopoulou,* 2009, coll. Nomos, éd. Université d'Aristotle de Théssalonique, 2009, t. III, p. 449 et s. ; Yannakopoulos C., « La relation du contrôle précontractuel de la Cour des comptes avec d'autres formes de contrôle des contrats publics dans l'ordre juridique national » (« Η σχέση του προσυμβατικού ελέγχου από το Ελεγκτικό Συνέδριο με μορφές ελέγχου νομιμότητας της ανάθεσης δημοσίων συμβάσεων στην εθνική έννομη τάξη »), *op.cit.,* p. 464.

[3] Pour une critique du rôle de la Cour des comptes grecque v. Dellis G., « La Cour des comptes comme garante de l'efficacité de l'action publique » (« Το Ελεγκτικό Συνέδριο ως εγγυητής της αποτελεσματικότητας της δημόσιας δράσης »), *EfDD,* 3/2023, p. 294-298.

[4] Selon l'article 324 de la loi n° 4700/2020 relative à la compétence de la Cour des comptes (*JO* A' 127/29.06.2020), sous l'emprise de son contrôle précontractuel tombent les marchés de travaux, de fournitures et de services, ainsi que les contrats d'achat de biens immobiliers, conclus par l'État, les collectivités territoriales et leurs personnes morales, les autres personnes morales de droit public et les entreprises ou organismes publics, dont les dépenses budgétisées dépassent le montant d'un million sept cent mille (1 700 000) euros, hors TVA. Dans les contrats de travaux, de

laissant de côté un nombre important de contrats. Le problème du manque de contrôle efficace s'aggrave, en prenant en considération la suppression du contrôle préalable de la Cour des comptes aux dépenses de l'État depuis le 1er janvier 2017 et des collectivités locales depuis le 1er janvier 2019[1], ainsi que d'autres pathogénies du système, rendant presque intouchable le pouvoir exécutif.

b. *Le contrôle juridictionnel pénal*

883. La question du contrôle pénal des rémunérations excessives accordées aux cocontractants de l'Administration reçoit progressivement une acuité particulière. La conjoncture économique de crise de la dette souveraine grecque des années 2010 a mis en lumière les défauts structurels chroniques d'un manque de contrôle de l'Administration, à travers des scandales en matière de contrats de la commande publique[2].

884. En principe, la question de la corruption de l'Administration est abordée vis-à-vis du droit pénal. À l'encontre du droit français, le Code pénal grec ne prévoit pas un délit de favoritisme en matière de contrats de la commande publique. Le traitement pénal des comportements corruptifs en la matière est ainsi, en principe, abordé

---

fournitures et de services, ainsi que dans les contrats d'achat immobilier, conclus par l'État, les collectivités locales et leurs entités juridiques, ainsi que d'autres entités juridiques de droit public, dont les dépenses budgétisées dépassent le montant de trois cent mille (300 000,00) euros, hors TVA, et dans la limite du pair. 1, un contrôle de légalité doit être effectué avant leur conclusion par le commissaire de la Cour des comptes chargé du contrôle ex post des comptes de ces services ou organismes. Cependant, pour les contrats financés par l'Union européenne, le seuil remonte à 5.000.000 euros.

[1] Article 10, paragraphe 10, alinéa aa de la loi n° 4337/2015, *JO* A'129 du 17 octobre 2015. V. également Rapport de la séance de l'Assemblé générale de la Cour des comptes grecque du 14 octobre 2015 exprimant son opposition à la suppression du contrôle préalable des dépenses publiques.

[2] Courakis N., «Confronting corruption in Greece », *The Art of Crime* (version anglaise sur internet), n°3, mai 2011, p. 28; *ibid.*, « Anti-corruption efforts in Greece: between law in books and law in action », *The Art of Crime* (version anglaise internet), n°7, juillet 2015, disponibles sur le site www.theartofcrime.gr. V. aussi Stathaki M. "Corruption in the fields of public procurement contracts: the example of French and Greek public procurement criminal law" in *Europe in Crisis: Crime, Criminal Justice and the way forward- Essays in honour of Nestor Courakis*, Ant. N. Sakkoulas, Athènes, 2017, p. 647-656.

en vertu du délit de corruption passive et active des autorités politiques[1], des fonctionnaires publics[2] et des magistrats[3], ainsi qu'en vertu de la fraude[4]. En réalité, ces délits visent notamment à condamner les personnes publiques ayant obtenu un avantage économique en contrepartie d'un avantage injustifié accordé au cocontractant de l'Administration. Par conséquent, l'absence d'un contrôle ciblé vers la sanction de l'acte de l'octroi d'un avantage désoriente de manière consécutive l'examen de l'avantage consenti au cocontractant de l'Administration.

885. Ce problème se rattache à un système de quasi-intouchabilité du pouvoir exécutif : morcellement de la législation, procédures lourdes et longues de (non-) contrôle des comités et des organes représentant les personnes publiques en tant que pouvoirs adjudicateurs, y compris le contrôle disciplinaire de leurs membres, la loi relative à la (non) responsabilité des ministres[5] et l'immunité parlementaire[6] ainsi que les difficultés relatives au contrôle supplémentaire de la situation économique des personnes politiques et des fonctionnaires[7], réduisent considérablement l'efficacité de la lutte contre la corruption[8]. Par conséquent, la possibilité d'un contrôle pénal des surprofits tirés par les procureurs de l'État et de ses

---

[1] Articles 159 du Code pénal grec.

[2] Article 235, paragraphe 1, du Code pénal grec.

[3] Article 237, paragraphe 1, du Code pénal grec

[4] Article 386 du Code pénal grec.

[5] Loi n° 3126/2003, *JO* A'66/19.03.2003 relative à la responsabilité pénale des Ministres, prévoyant que l'incrimination d'une infraction commise par des ministres s'élimine après la seconde session ordinaire de la législature après le moment de l'infraction commise. Le Parlement est le seul compétent à une poursuite sous condition d'une majorité absolue de 151 votes.

[6] Article 62, paragraphe 1, de la Constitution grecque.

[7] Loi n° 5026/2023, *JO* A' 45/28.02/2023.

[8] Degleris P., *Corruption et contrats publics : la péripétie législative et contentieuse des affaires de l'«Actionnaire majoritaire » et du « Certificat de transparence », (Διαφθορά και Δημόσιες Συμβάσεις. Η νομοθετική και δικαστική περιπέτεια του 'Βασικού μετόχου' και του 'Πιστοποιητικού Διαφάνειας'),* Nomiki Vivliothiki, Athènes, 2012 ; *(ibid), Le droit fondamental à une protection juridictionnelle d'urgence efficace (et effective) en matière des contrats publics en période de crise : l'exemple de justice chère- la divergence entre droit et justice (Το θεμελιώδες δικαίωμα στην αποτελεσματική (και πραγματική) δικαστική προστασία στις δημόσιες συμβάσεις σε περίοδο κρίσης: το παράδειγμα της ακριβής δικαιοσύνης- μια αποκλίνουσα σχέση δικαίου και δικαιοσύνης), op. cit.*, p. 191-261.

collectivités territoriales tend à perdre son caractère dissuasif, à l'encontre du droit allemand, comme il sera analysé tout de suite.

iii. *En droit allemand*

886. À l'instar des droits français et grec, en droit allemand, le comportement de l'Administration est soumis à un contrôle exercé à travers le contentieux de la commande publique, ainsi qu'à un contrôle exercé par les juridictions pénales. L'absence de contentieux objectif, au sens d'un recours en excès de pouvoir en matière de contrats de la commande publique, rend la question du contrôle de la rationalité de la rémunération du cocontractant de l'Administration plus compliquée. Ainsi, on se demande si la rémunération tombe sous le contrôle exercé à travers le contentieux de la commande publique ainsi que des mécanismes administratifs de contrôle **(a)**. Ensuite, postulant que la rémunération excessive du cocontractant peut être considérée comme un comportement corruptif de l'Administration, on abordera la question dans le cadre des délits prévus par le Code pénal allemand **(b)**.

a. *Le contrôle administratif et juridictionnel*

887. En droit allemand, les mécanismes de contrôle des contrats de la commande publique sont marqués par une certaine originalité voire une complexité. Admettant cette complexité, la question du contrôle de l'excessivité potentielle de la rémunération du cocontractant de l'Administration peut être abordée par rapport au contrôle administratif, au contrôle budgétaire et au contrôle juridictionnel en matière de contrats de la commande publique.

888. En premier lieu, l'Administration est soumise à un autocontrôle administratif exercé par l'État fédéral et les états fédérés sur les collectivités publiques, portant sur la légalité de leur activité[1]. Bien que leur activité contractuelle n'y échappe pas, ce contrôle est moins susceptible de porter sur les limites à la rémunération du cocontractant de l'Administration : d'une part, parce qu'il incombe à

---

[1] Stelkens Ul., « Le contrôle et le contentieux des contrats publics en Allemagne » *in* Folliot-Lalliot L. (sous dir.), *Contrôles et contentieux des contrats publics-Oversight and Challenges of Public Contracts*, *op.cit.*, p. 64-65.

l'État fédéral ou fédéré de l'exercer, car il jouit en la matière d'un pouvoir discrétionnaire ; d'autre part, la pratique démontre que ce contrôle n'est que très rarement mis en œuvre[1]. Par conséquent, même si ce contrôle pourrait porter sur la légalité de la rémunération du cocontractant de l'Administration au sens du respect du droit budgétaire et du droit de la commande publique, son efficacité demeure réduite.

889. En second lieu, la rémunération du cocontractant de l'Administration relève du contrôle budgétaire de l'État fédéral ou des états fédérés. Outre les règles de passation prévues à propos des contrats de la commande publique sous les seuils européens[2], le droit budgétaire prévoit la soumission de l'activité contractuelle de l'Administration au contrôle de la Cour des comptes de la Fédération ainsi que des états fédérés, conformément à l'article 114 de la Loi fondamentale *(Grundgesetz-GG)*. Ce contrôle répressif vise à la préservation de la bonne gestion des deniers publics et porte sur « la rentabilité et la régularité de la gestion budgétaire et économique de l'Administration»[3]. Par ce biais alors, toute dépense publique, y compris la contrepartie du cocontractant de l'Administration ainsi que tout supplément de prix potentiel, implique nécessairement son approbation. Bien que ce contrôle soit ciblé vers la légalité économique des contrats de la commande publique, force est d'admettre que son efficacité demeure limitée, compte tenu de son effet platonique sur les contrats déjà conclus.

890. En troisième lieu, la question se pose sur le terrain du contrôle juridictionnel. À cet égard, il existe la possibilité d'un contentieux des redevances pour les marchés de travaux et de services passés par les communes lors de la passation du contrat. Dans ce cadre, comme le précise le Professeur Stelkens, l'usager ou le bénéficiaire d'un service peut se plaindre car « le marché n'a pas été attribué à l'offre économiquement la plus avantageuse et a donc crée des coûts inutiles, ceux-ci ne doivent pas être pris en considération lors du calcul des frais récupérables par les redevances à payer »[4]. Cependant, cette

---

[1] *ibid.* p. 65.
[2] V. *supra* n°108 et s.
[3] *ibid.* p. 66.
[4] Comme précise le Professeur Stelkens, Stelkens Ul., « Le contrôle et le contentieux des contrats publics en Allemagne » *in* Folliot-Lalliot L. (sous dir.), *Contrôles*

dernière possibilité est rarement mise en œuvre. Rappelant le caractère nécessairement subjectif des recours administratifs en droit allemand, le contrôle juridictionnel est exercé, en principe, en vertu des recours des concurrents évincés.

891. En matière de contrats de la commande publique dont la valeur est supérieure aux seuils européens, le droit allemand prévoit une procédure d'urgence *(Nachprüfungsverfahren)* selon le §160 GWB. Par cette voie, le comportement des autorités publiques en droit allemand est soumis au contrôle exercé par les *Vergabekammern* rattachés au Conseil fédéral de la concurrence et des sections des *Vergabesenate* des cours de cassation des *Länder* (*Oberlandesgericht-OLG*)[1], chargés de vérifier leur respect aux obligations de transparence et de mise en concurrence imposées par le droit européen et le droit national. En ce sens, une large gamme de manquements à ses obligations peuvent être constatés, permettant le contrôle de la rémunération à travers la protection primaire *(Primärrechtsschutz)*, ce qui constitue un point de convergence avec les droits français et grec, sous l'influence du droit européen et les contraintes de la directive « recours » n°2007/66[2].

892. Ainsi, ce contrôle porte sur tout manquement susceptible de permettre une rémunération excessive. En ce qui concerne le calcul de la rémunération accordée au cocontractant de l'Administration, tout manquement ou imprécision relatifs au calcul de la contrepartie peut être utilement évoqué. Toute imprécision du calcul *(calcul mixte-Mischkalkulation)*[3] susceptible de cacher l'accord d'une rémunération excessive au cocontractant peut être utilement évoqué du fait de la *confiance déçue (enttäuschtes Vetrauen)* des concurrents évincés dans le cas où la contrepartie accordée n'est pas le résultat d'un calcul

---

et contentieux des contrats publics- Oversight and Challenges of Public Contracts, *op.cit.*, p. 53-54.

[1] V. *supra* n°696, à propos de la procédure auprès les *Vergabekammern* et les juridictions ordinaires.

[2] Directive n° 2007/66, *op.cit.*

[3] V. BGH arrêt du 18.05.2004- X ZB 7/04 ; Leinemann R., « Traitement des prix spéculatifs, des offres de dumping et des calculs mixtes » («Umgang mit Spekulationspreisen, Dumpingangebote und Mischkalkulationen »), *VergabeR*, 2008, p. 346-352. Selon cet arrêt, si le prix n'est pas indiqué à la place prévue entraînant une imprécision, l'offre saurait être écarté. V. également VK Lüneburg, 02.04.2012- VgK-08/12. V. également en ce sens Sulk J., *Le prix dans le droit de la commande publique (Der Preis im Vergaberecht)*, *op.cit.* p. 86-94.

transparent et justifié[1]. Par conséquent, la rationalité de la contrepartie et, consécutivement de la rémunération, est examinée à travers les documents et justificatifs précisant les prix. Une fois les prix sont clairement justifiés, une marge restant de la contrepartie accordée est admise, au sens d'un infra-subventionnement *(Quersubventionierung)*[2]. Par conséquent, bien que la marge d'appréciation soit reconnue, les contraintes prévues par la loi et les règlements la restreignent considérablement. Ce contrôle porte également sur la possibilité d'une évaluation spéculative voire frivole de la rémunération accordée au cocontractant de l'Administration, en l'absence des spécifications techniques dans l'avis d'appel au public[3].

893. Cependant, ce contrôle se heurte à plusieurs points obscurs. Tout d'abord, même constatés, les manquements aux obligations de transparence et de mise en concurrence ne produisent – *a priori* – aucun effet sur le contrat. La procédure de *Nachprüfungsverfahren* en cours de la passation du contrat n'aboutit qu'à la régularisation de la procédure de passation en cours. Outre ce problème, l'efficacité de ce contrôle se borne au moment de la conclusion du contrat. Autrement dit, un recours exercé auprès des *Vergabekammern* ne peut que suspendre la signature du contrat. Le référé contractuel du droit européen a été transposé en droit allemand par la prolongation de la procédure de passation. Ainsi, le contrat se trouve dans une situation de validité provisoire *(schwebende Unwirksamkeit)*[4] jusqu'à l'expiration du délai prévu par le droit européen. Une fois le contrat conclu et en l'absence de recours pour excès de pouvoir, les tiers au contrat ne peuvent plus le contester. En revanche, la question du contrôle est transmise au champ du contentieux subjectif et, plus précisément, de l'action indemnitaire des concurrents évincés *(Sekundärrechtsschutz)*[5]. À ce problème s'ajoute également celui des

---

[1] BGH, arrêt du 09.06.2011- X ZR 143/10 ; *NZBau* 2010, p. 498.

[2] OLG Düsseldorf, arrêt du 09.02.2009-VII Verg. 6608. À cet égard, v. également le terme utilisé de Quersubventionierung, V. Leinemenn R., *La passation des contrats de la commande publique (Die Vergabe öffentlicher Aufträge),* 5e éd., Köln, 2011, n° 660.

[3] BGH, arrêt du 25.02/1988 - VII ZR 310/86, *Wasserhaltung I* ; BauR 1998, p. 338(not. p. 340).

[4] §135 GWB.

[5] §179 GWB.

marchés *de facto*[1]. En l'absence d'une procédure préalable d'attribution à contester, ces contrats échappent à ce contrôle. Ainsi, si le pouvoir adjudicateur attribue un contrat sans aucune procédure de mise en concurrence et en accordant une rémunération, même excessive, à son cocontractant, ce contrat échappe au contrôle juridictionnel de *Nachprüfungsverfahren* auprès des *Vergabekammern.*

894. En ce qui concerne les contrats sous les seuils européens, ce contrôle juridictionnel est plus complexe. En absence d'une procédure d'urgence assimilable à celle de *Nachprüfungscverfahren,* les concurrents évincés ne peuvent que s'adresser par voie d'un recours informel auprès les autorités exerçant un contrôle hiérarchique aux pouvoirs adjudicateurs, conformément à l'article 17 de la Loi fondamentale. Cependant, une procédure de recours formalisée assimilable à celle de la Loi contre les entraves à la concurrence pour les contrats dont la valeur dépasse les seuils européens n'est consacrée que dans quatre états fédérés[2]. Même si on admet que cette procédure soit efficace, l'absence de tout contrôle suite à la conclusion du contrat demeure un point faible. De leur côté, les juridictions ordinaires ont entrepris à résoudre ce problème d'intouchabilité du contrat par le truchement de l'action prévue au §1004, alinéa 1, BGB *(actio negatoria -allgemeine Untelassungsanspruch)*[3].

895. Quel que soit le cas, le contrôle juridictionnel des limites à la rémunération se heurte notamment à l'absence de contestation de la validité du contrat suite à sa conclusion, permettant *a priori* des comportements corruptifs *ex post* de la part du pouvoir adjudicateur. Un contrat conclu peut être soit valide soit invalide. Partant de l'acception que tout contrat de la commande publique est régi par les règles du droit commun, un contrat conclu peut être invalidé en cas de

---

[1] Simonis, M., *La sanction des manquements graves au droit des marchés publics - Une recherche portant en particulier sur les de facto marchés publics (Die Ahndung schwerer Vergaberechtsverstöße Eine Untersuchung unter besonderer Berücksichtigung von De-Facto-Vergaben),* coll. Schriftenreihe des Forum Vergabe, n° 52, éd. Bundesanzeiger, 2015, p.140 et s.

[2] Il s'agit des Länder de Sachsen, Sachsen-Anhalt, Thüringen et de Hessen (en attente) ; Stelkens Ul., « Le contrôle et le contentieux des contrats publics en Allemagne » *in* Folliot-Lalliot L. (sous dir.), *Contrôles et contentieux des contrats publics- Oversight and Challenges of Public Contracts*, *op.cit.*, p. 48-49.

[3] Cette action permet également la formation d'un recours en référé conformément au §935 ZPO.

prohibition légale conformément au §134 BGB ou d'une atteinte aux bonnes mœurs conformément au §138 BGB, qui s'ajoutent à l'interdiction de conclusion d'un contrat lors d'une *Nachprüfungsverfahren*[1]. Le cas échéant, la nullité du contrat peut être constatée et être dépourvu d'effets *ex tunc*[2]. La possibilité de constatation de la validité du contrat est plus susceptible pour les contrats dont la valeur dépasse les seuils européens, du fait des contraintes de transparence et de publicité des décisions motivées d'attribution des contrats de la commande publique. En revanche, pour les contrats sous les seuils ne jouissant que d'un contrôle limité, la possibilité de constatation de leur nullité de corruption dans les cas relativement rares[3]. Cette lacune est considérable d'un point de vue économique, compte tenu que presque 90% des contrats sont conclus sous les seuils européens[4]. Par conséquent, l'efficacité de ce contrôle dépend également de la possibilité d'un contrôle pénal à cet égard.

b. Le contrôle juridictionnel pénal

896. La sanction de la corruption des autorités publiques se trouve à plusieurs dispositions dans le Code pénal allemand, impliquant à la fois des astreintes graves ainsi que la peine d'emprisonnement. Ces dispositions trouvent une application importante dans les contrats de la commande publique. Dans ce cadre relativement strict, force est

---

[1] Interdiction de conclusion du contrat en cas de *Nachprüfungsverfahren*, selon le §169 I GWB.

[2] À titre d'exemple, v. OLG Brandenburg, arrêt du 16 décembre 2015, 4 U 77/14, *NZBau*, 2016, p. 186 et s. V. sur ce point, *ibid.* p. 41 ; Schröder H.- Stelkens U., « Le contentieux des contrats publics en Europe- Allemagne », *op. cit.* ; Germain J., « Les recours juridictionnels ouverts au concurrent évincé contre un marché public communautaire après sa conclusion en France et en Allemagne », *op.cit.* ; Germain J., « Le recours d'un concurrent évincé du marché communautaire : comparaisons franco-allemandes », *op.cit.*

[3] En guise d'illustration, v. OLG Düsseldorf, arrêt du 13 janvier 2010, I-27 U1/09, *NZBau*, 2010, p. 331. V. sur ce point également Stelkens U., « Le contrôle et le contentieux des contrats publics en Allemagne » in Folliot- Lalliot L. (sous dir.), *Contrôles et contentieux des contrats publics- Oversight and Challenges of Public Contracts*, *op.cit.* p. 52-53.

[4] Burgi M.- Koch F., «Contracts below the Thresholds and List B Services from a German Perspective» in Caranta R.- Dragos (sous dir.), *Outside the EU Procurement Directives –Inside the Treaty?*, coll. The European Procurement Law Series vol. 4, DJOF Publishing, Copenhague, 2012, p. 120 et s. (not. p.147).

d'admettre que la possibilité du contrôle d'une rémunération excessive obtenue par le cocontractant de l'Administration ne peut être abordée que de manière accessoire.

897. En principe, le comportement corruptif des autorités publiques et des fonctionnaires peut être sanctionné en vertu des délits de corruption passive du §331*(Vorteilsannahme)*[1] et de « vénalité » des offices ou des charges du §332 *(Bestechlichkeit)* du Code pénal allemand (StGB)[2]. De même, le comportement corruptif des autorités publiques est souvent étroitement lié aux délits de probité, notamment la violation du secret de la fonction et l'obligation spéciale de garder le secret (§353b StGB)[3], la corruption de membres du Parlement (§108e StGB)[4], les détournements du pouvoir et les fraudes commises par les employés (§263, §266 StGB)[5], la séduction des infractions pénales (§357 StGB) ainsi que des irrégularités dans les procédures d'attribution.

898. De manière plus ciblé, l'examen de l'excessivité de la rémunération tombe sous l'emprise du délit de la fraude en matière des subventions *(Subventionsbetrug)*. Tant l'entreprise bénéficiaire ainsi que l'autorité ou l'institution impliquée peuvent être coupables de ce délit, conformément au premier cas du premier alinéa du §264 du Code pénal allemand. Dans ce cas, le bénéfice injustifié octroyé tombe sous l'office du juge pénal. En dépit de la fréquence et du préjudice financier aux deniers publics, il est fort douteux qu'en pratique l'identification du bénéfice est possible en vertu de ce contrôle[6]. Le point obscur demeure toujours l'imputabilité des

---

[1] À titre d'exemple v. BGH, arrêt du 09.05.2006 – 5 StR 453/05, *NJW* 2006, p.2050 ; *NStZ* 2006, p.389 relatif à la sanction du comportement corruptif d'un conseiller municipal ayant octroyé un avantage injustifié au titulaire du contrat relatif au projet de Katerberg Straße.

[2] Vorteilsgewährung); Kindhäuser-Neumann-Paeffgen, *Code penal commenté (StGB Strafgesetzbuch-StGB)*, *op. cit*, t. III, §§331, 332.

[3] *Ibid.* , t. III, §353.

[4] *Ibid.*, t. I, §108.

[5] *Ibid.*, t. III, §§263, 266. En ce sens, V. BGH, arrêt du 02.12.2005 - 5 StR 119/05 ; *NStB*, 2006, p. 210, relatif au scandale des déchets à Cologne ; V. également VG Cottbus, 31.07.2017 - 3 L 447/16, notamment n° 12 et 20 citant la possibilité d'une fraude entraînant l'illégalité d'un acte modifiant de manière unilatérale de l'avantage octroyé par la commune adjudicatrice.

[6] Caspar C.- Neubauer R., « De la prévention de la corruption dans les autorités administratives communales (« Korruptionsprävention in kommunalen

comportements corruptifs aux fonctionnaires publics et au pouvoir exécutif, en principe du fait de la complexité de l'organisation et de la fonction de l'Administration.

899. La pluralité des mécanismes susceptibles de porter un contrôle sur la rémunération témoigne l'impératif de la préservation de la moralité du profit. Force est d'admettre que l'implication du pouvoir exécutif ne permet qu'un contrôle qui se borne à l'erreur manifeste d'appréciation. Ainsi, la rémunération appréciée au sein du pouvoir discrétionnaire que l'Administration exerce dans le cadre de sa compétence contractuelle échappe souvent à un contrôle direct de sa rationalité. Par conséquent, un contrôle direct de la rémunération n'est possible qu'à propos des limites de son pouvoir discrétionnaire, autrement dit au sein de la légalité de son activité. À cet égard, le droit de l'Union européenne prévoit directement un tel mécanisme d'opposabilité des mesures prises par l'Administration dans leurs relations avec des opérateurs privés.

§2 – LE CONTRÔLE AU NIVEAU EUROPÉEN

900. Au niveau du droit européen, l'importance du respect de la libre concurrence et des règles du marché est accentuée. Bien qu'il soit admis que l'application des dispositions des articles 101 et 102 du Traité sur le fonctionnement de l'Union, relatifs à l'interdiction des pratiques anticoncurrentielles se borne aux transactions entre entreprises privées, le droit européen ne cesse pas de s'intéresser à la préservation de la libre concurrence dans les transactions économiques entre les autorités publiques et les opérateurs privés. À cet égard, l'interdiction des aides publiques et l'exception des compensations des services d'intérêt économique général circonscrit la marge de profit raisonnable qui peut être accordée aux entreprises par l'Administration.

901. Le rapprochement conceptuel ainsi que fonctionnel de la compensation de service d'intérêt économique général à la contrepartie du cocontractant de l'Administration dans les contrats de la commande publique permet un contrôle européen de la délimitation

---

Verwaltungen »), *op. cit.,* p. 202. Simonis M., « Compliance dans le droit de la commande publique- les conséquences des manquements lors de l'attribution des contrats de la commande publique » (« Vergaberechtliche Compliance- Die Folgen von Rechtsverstößen bei der Vergabe öffentliche Aufträge »), *op.cit.*

de la rémunération **(A)**. Dans ce cadre, les renseignements de la Commission européenne et de la Cour de justice ainsi que leur pénétration dans la jurisprudence nationale ont contribué à la rationalisation de la rémunération du cocontractant de l'Administration à travers la consécration des critères de son contrôle **(B)**.

A. Les mécanismes de contrôle

902. Le contrôle européen de la rémunération du cocontractant de l'Administration repose sur l'application du droit européen de la concurrence dans les contrats de la commande publique. S'agissant du droit primaire de l'Union prévu aux articles 101 et suivants, l'hypothèse considère l'ensemble des contrats de la commande publique, régis ou pas par les directives européennes du 26 février 2014.

903. Les règles des articles 101-102 du Traité, relatifs à l'interdiction des pratiques anticoncurrentielles, ne considèrent pas directement le comportement des autorités publiques, mais seulement celui des opérateurs privés. À cet égard, le Traité confie à la Commission européenne sous le contrôle de la Cour de justice le rôle de l'autorité européenne de la concurrence **(i)**. Plus directement, le contrôle des limites à la rémunération du cocontractant de l'Administration est exercé au niveau européen par le contrôle des aides publiques. En effet, remontant à la définition de l'aide publique, on pourrait déduire un rapprochement conceptuel et fonctionnel entre contrepartie en matière de contrats de la commande publique et compensation du service public. Par voie de conséquence, la notion de rémunération du cocontractant de l'Administration se rapproche de celle du bénéfice raisonnable, ce qui permet un contrôle de compatibilité des aides publiques **(ii)**.

i. Le contrôle des comportements opportunistes des opérateurs privés à travers le contrôle des pratiques anticoncurrentielles

904. Les dispositions des articles 101 et 102 du Traité sur le fonctionnement de l'Union européenne sont consacrées à l'interdiction des pratiques anticoncurrentielles dans le marché européen. À cet égard, le Traité confie un contrôle des pratiques anticoncurrentielles à la Commission, sous le contrôle de la Cour de justice.

905. Plus précisément, la Commission veille à l'application des principes fixés par les articles 101 et 102 interdisant l'abus de position dominante et les ententes. Son rôle consiste tant à la communication des instructions ainsi qu'à la sanction des pratiques anticoncurrentielles. Cette dernière est compétente avec les autorités nationales, sous le contrôle de la Cour de justice. La sanction des pratiques anticoncurrentielles constitue, même de manière indirecte, un contrôle sur les prix exercés par les entreprises. Comme a précisé la Cour, « la fonction de la concurrence en matière de prix est de maintenir les prix au niveau le plus bas possible et de favoriser la circulation des produits entre les États membres en vue de permettre ainsi une répartition optimale des activités en fonction de la productivité et de la capacité des entreprises [...] Il est dès lors contraire aux règles de concurrence du traité qu'un producteur coopère avec ses concurrents, de quelque manière que ce soit, pour déterminer une ligne d'action coordonnée relative à une hausse de prix et pour assurer la réussite par l'élimination préalable de toute incertitude quant au comportement relatif aux éléments essentiels de cette action, tels que taux, objet et lieu des hausses »[1]. On peut soutenir que ces dispositions portent sur l'ensemble des activités économiques des entreprises privées.

906. Force est d'admettre que ledit contrôle a un effet assez limité en matière de contrôle de la rémunération du cocontractant de l'Administration dans les contrats de la commande publique. Comme il est admis, ses dispositions considèrent l'activité économique des entreprises privées. Ainsi, leur portée et le contrôle consécutif en matière de contrats de la commande publique ne sauraient être qu'indirects[2]. De même, les dispositions du droit dérivé des directives européennes restreignent considérablement leur portée. Par

---

[1] CJCE, 14 juillet 1972, *Imperial Chemical Industries Ltd. (ICI) c/ Commission*, aff. C-48/69, ECLI:EU:C:1972:70.

[2] CJCE, 04 mai 1998, *Bodson, op. cit.* point n°18, précisant que « Comme la Commission l'a observé à juste titre, l'article 85 du traité s'applique, d'après ses termes mêmes, aux accords "entre entreprises" ; cette disposition ne vise pas les contrats de concession conclus entre des communes agissant dans leur qualité d'autorités publiques et des entreprises chargées de l'exécution d'un service public ».

conséquent, le contrôle de la rémunération du cocontractant de l'Administration porte dans l'immense majorité des cas sur les manquements aux obligations de transparence et de mise en concurrence prévus de manière assez détaillée, ainsi qu'au principe de préservation de la libre concurrence lors de l'exécution du contrat, au sens des dispositions des directives s'agissant de *lex specialis*. En l'absence d'un tel manquement, il est en principe présumé que la rémunération convenue est légitime. Même en matière de contrats de la commande publique échappant aux directives, la question d'atteinte à la concurrence est en principe abordée par rapport à l'atteinte aux libertés fondamentales européennes[1]. Ce choix s'explique également par le fait que les décisions de la Commission sont de la *soft law* et non des décisions juridictionnelles. Cependant, ses décisions doivent être respectées sous peine de voir la Commission saisir la Cour de justice d'un recours en manquement.

907. Sous ces réflexions, il convient de reconnaître une valeur plus consultative que dissuasive du contrôle des pratiques anticoncurrentielles par la Commission européenne. Autrement dit, leur portée se borne aux pratiques anticoncurrentielles en matière de contrats de la commande publique qui présentent un intérêt intracommunautaire et ne sont pas régis par les directives du 26 février 2014[2]. Dans ce cadre, un contrôle de la rémunération du cocontractant de l'Administration ne peut être abordé que de manière accessoire voire spontané. D'ailleurs, ledit contrôle est en principe exercé au niveau national par les autorités compétentes. Au niveau européen, l'intérêt du contrôle du respect des règles de la concurrence est toutefois transféré aux comportements des États membres.

---

[1] À titre d'exemple v. CJUE, 28 janvier 2016, *Consorzio Artigiano Servizio Taxi e Autonoleggio (CASTA) e.a. contre Azienda sanitaria locale di Ciriè, Chivasso e Ivrea (ASL TO4) et Regione Piemonte, op.cit.* ; CJUE, 11 décembre 2014, *Azienda sanitaria locale n. 5 « Spezzino » e.a. contre San Lorenzo Soc. coop. sociale et Croce Verde Cogema cooperativa sociale Onlus* aff. C-113/13, *op.cit.* ; CJCE, 18 décembre 2007, *Asociación Profesional de Empresas de Reparto y Manipulado de Correspondencia*, aff. C-220/06, ECLI:EU:C:2007:815.

[2] Directive n°2014/24 en matière des marchés publics des travaux, fournitures et services, *op.cit.,* directive n°2014/25/ du 26 février 2014 relative à la passation de marchés par des entités opérant dans les secteurs de l'eau, de l'énergie, des transports et des services postaux et abrogeant la directive 2004/17/CE, *JO* L 94 du 28.3.2014, p. 243-374., et directive n°2014/23 en matière des contrats de concession, *op. cit.*

ii. Le contrôle des comportements corruptifs de l'Administration à travers le contrôle des aides publiques

908. En vertu du droit européen de la concurrence l'équilibre entre la préservation de la libre concurrence est recherché, en vue du marché unique d'une part et la satisfaction de l'intérêt général poursuivi par les États membres de l'autre part. Cet équilibre entre les différents objectifs poursuivis est exprimé par l'interdiction des aides publiques faussant la libre concurrence dans le marché et l'exception des compensations de service d'intérêt économique général visant au bon fonctionnement desdits services. Entre l'interdiction d'une aide publique et l'exception d'une compensation de service public est née l'idée du bénéfice raisonnable depuis l'arrêt *Altmark*[1], permettant une marge de profit *stricto sensu* pour les personnes chargées des services d'intérêt économique général[2]. Partant de ce rapprochement conceptuel justifié par la soumission des deux notions aux principes de transparence et de préservation de la libre concurrence[3], ainsi que fonctionnel visant au soutien financier d'une obligation de service public[4], la question à aborder est de savoir si une rémunération excessive tombe sous l'interdiction des aides publiques.

909. Selon les dispositions de l'article 107 du Traité sur le fonctionnement de l'Union européenne, l'interdiction des aides publiques considère « les aides accordées par les États ou au moyen de ressources d'État sous quelque forme que ce soit qui faussent ou qui menacent de fausser la concurrence en favorisant certaines entreprises ou certaines productions ». De leur part, la Cour de justice[5] ainsi que

---

[1] CJCE, 23 juillet 2003, *Altmark Trans GmbH, op.cit.*

[2] V. *supra* n°805 et s.

[3] En guise d'illustration, v. *supra* n° 659 à propos de l'obligation pesant sur le candidat à expliquer si son offre repose sur l'obtention d'une aide publique.

[4] V. *supra* n°805 et s.

[5] CJCE, 11 juin 1996, *S.F.E.I. et autres*, aff. C-39/94, ECLI:EU:C:1996:285. V. également en ce sens CJCE, 29 avril 1999, *Espagne c/ Commission*, aff C-342/96, ECLI:EU:C:1999:210 ; CJCE, 15 mars 1994, *Banco exterior de Espana*, aff. C-387/92, ECLI:EU:C:1994:100 ; CJCE, 17 novembre 2009, *Presidente del Consiglio dei Ministri c/ Regione Sardegna*, aff. C-169/08, ECLI:EU:C:2009:709.

la Commission européenne[1] ont adopté une interprétation large de l'avantage consenti en vertu d'une aide, « parce qu'elle comprend non seulement des prestations positives telles que les subventions elles-mêmes, mais également des interventions qui, sous des formes diverses, allègent les charges qui normalement grèvent le budget d'une entreprise et qui, par-là, sans être des subventions au sens strict du mot, sont d'une même nature et ont des effets identiques ». En ce sens, force est d'admettre qu'une rémunération excessive accordée au cocontractant de l'Administration tombe sous la notion de l'aide[2], permettant, par conséquent, le contrôle au niveau européen.

910. En matière d'aides publiques, l'article 108 du Traité sur le fonctionnement de l'Union européenne ainsi que les articles 21-23 du Règlement 2015/1589/UE[3] prévoientt deux voies de contrôle, un contrôle préalable et un contrôle permanent.

911. Le premier, prévu à l'article 108, paragraphe 3 du Traité, consiste à ce que la Commission européenne contrôle des projets tendant à instituer ou à modifier des aides. Ainsi, les États membres sont tenus d'informer la Commission européenne de toute nouvelle mesure dans un temps utile, afin qu'elle se prononce sur sa compatibilité avec le marché intérieur. De même, il en ressort une obligation de notification des aides nouvelles, pesant sur les États membres[4].

912. Le second confère à la Commission européenne avec l'aide des États membres un contrôle permanent des régimes d'aides existants en vertu des contrôles du droit interne[5]. À l'encontre du

---

[1] Communication de la Commission relative à la notion d'« aide d'État » visée à l'article 107, paragraphe 1, du traité sur le fonctionnement de l'Union européenne, (2016/C 262/01).V. aussi à propos de la notion de l'aide d'État en matière du droit de la commande publique Ølykke G.-S., « The Notice on the Notion of State Aid and Public Procurement Law », *EstAL* 4/2016, p. 508-526.

[2] En ce sens, v. Baistrocchi P.A. , « Can the award of a public contract be deemed to constitute a state aid? », *ECLR,* 2003, n° 24, p. 510 et s. (not. p. 516); Hillger J., « The award of a public contract as state aid within the meaning of Article 87(1) EC», *PPLR,* 2003, p. 125.

[3] Règlement 2015/1589/UE du Conseil du 13 juillet 2015 portant modalités d'application de l'article 108 du traité sur le fonctionnement de l'Union européenne

[4] Nicinski S., *Droit public des affaires, op. cit.*, p. 301, n° 502 et s.

[5] Colin F., *Droit public économique*, op. cit. n°558-575 ; Colson J.-P.- Idoux P., *Droit public économique*, *op.cit.*, n°551 et s.; Fromont M.- Cartier Bresson A, « Aides économiques », *JCP A*, fasc. n° 257, n° 103; Karpenschif M., *Droit européen*

contrôle des pratiques anticoncurrentielles, ce contrôle de compatibilité tombe sous la compétence exclusive de la Commission, sous le contrôle du juge de l'Union européenne[1]. Cette méfiance envers les autorités nationales[2] pourrait être traduite également comme la nécessité d'un contrôle objectif et externe au niveau supranational. Ce choix parait raisonnable du fait qu'il s'agit d'un contrôle des autorités publiques et de l'adoption ou non de mesures qui portent atteinte à la libre concurrence dans le marché. Il constitue ainsi une garantie procédurale pour l'Administration et les entreprises privées.

913. Dans ce cadre, la Commission européenne dispose d'un pouvoir discrétionnaire pour apprécier la compatibilité d'une aide avec le marché intérieur, suivant les procédures prévues par les Traités. En cas d'aide illicite, l'État membre est tenu de modifier ou supprimer l'aide. De même, la Commission peut proposer une planification amiable de récupération du montant de l'aide, s'agissant d'une procédure de coopération entre la Commission et l'État membre condamné[3]. En tout cas d'inertie de la part de l'État, la Commission ou tout autre État intéressé peuvent saisir la Cour de justice par un recours en manquement de l'État[4]. Bien que cette possibilité se borne aux aides dont le montant dépasse un certain seuil[5], force est

---

des aides d'état, Bruyant, Bruxelles, 2017 ; Karagiannis V., La procédure administrative » («Η διοικητική διαδικασία») in Athanassiou L. (sous dir.), *Droit des aides d'État (Δίκαιο Κρατικών Ενισχύσεων)*, Nomiki Vivliothiki, Athènes, 2025, not. p. 173-230.

[1] CJUE, 19 décembre 2012, aff. C-288/11, *Mitteldeutsche Flughafen AG,* ECLI:EU:C:2012:821, point n° 79.

[2] Fromont M.- Cartier Bresson A, « Aides économiques », *op.cit.*,

[3] Communication de la Commission du 16 juillet 2018- *Code de bonnes pratiques pour la conduite des procédures de contrôle des aides d'État,* C (2018) 4412.

[4] Communication de la Commission du 25 octobre 2007, n° 2007/C272/05.

[5] Règlement n° 1407/2013, du 18 décembre 2013, concernant l'application des articles 107 et 108 du traité sur le fonctionnement de l'Union européenne aux aides *de minimis* (*JOUE* n° L 352 du 24 décembre 2013, p. 1), fixe un plafond au-dessous duquel les aides sont considérées comme ne satisfaisant pas à tous les critères de l'article 107, paragraphe 1er, TFUE. Ainsi les aides n'excédant pas un plafond de 200 000 euros sur une période de trois ans sont réputées ne pas menacer de fausser la concurrence. Les aides de faible importance (500 000 euros sur 3 exercices fiscaux) accordés à des entreprises en charge d'un service d'intérêt économique générale sont dispensées de l'obligation de notification en vertu du Règlement n° 360/12 du 25 avril 2012, *JOUE* n° L 114, 26 avril 2012.

d'admettre qu'elle porte une incidence significative sur le contrôle économique des aides d'une valeur importante.

914. Il s'ensuit alors qu'un contrôle des aides publiques sur la rémunération du cocontractant de l'Administration peut être envisageable. Les avantages d'un tel contrôle sont nombreux, notamment suivant la procédure d'un contrôle permanent. Bien évidemment, en tant que contrôle indépendant externe et supranational, il force les États membres à préserver une transparence dans leurs transactions économiques avec les entreprises privées sous peine d'être condamnés par la Cour de justice. Or, son efficacité ne s'arrête pas sur ces avantages d'impartialité. En outre, la procédure de récupération met obligatoirement des limites à une rémunération excessive convenue, imposant le versement de surprofit. Son efficacité se renforce également par sa portée étendue : d'une part, le contrôle continu permet la supervision de la rémunération tout au long de la vie du contrat ; d'autre part, l'interprétation large de l'avantage permet la modification voire la suppression non seulement des clauses accordant la rémunération au cocontractant de l'Administration, mais également de tout autre paramètre qui peut l'influencer. Ainsi, il peut être ordonné la modification ou l'annulation d'une clause, l'annulation d'un avenant autorisant la prolongation de la durée du contrat au-delà de la durée normale d'amortissement sans contrepartie, ou un acte accordant une exonération fiscale. Comme l'a précisé la Cour de justice, une aide illégalement octroyée – même compatible au marché – peut donner lieu au recours en dommages-intérêts[1].

915. Le contrôle de la compatibilité d'un avantage avec le droit européen des aides publiques permet l'examen d'un avantage susceptible de porter atteinte à la libre concurrence, y compris la rémunération du cocontractant de l'Administration étant définie comme un bénéfice financier accordé à un opérateur privé. L'excessivité de la rémunération peut être appréciée voire contrôlée par rapport à l'interdiction des aides publiques.

---

[1] CJUE, 23 janvier 2019, *Fallimento Traghetti del Mediterraneo* aff. C-387/17, *op.cit.*.

B. Les critères de contrôle

916. Le contrôle exercé par la Commission européenne dans le cadre des aides d'État repose nécessairement sur l'interprétation de l'avantage économique accordé au cocontractant de l'Administration, autrement dit sa rémunération. Il s'agit d'une interprétation visant à poser de limites à la rentabilité de la rémunération, mettant en lumière la notion d'une rémunération raisonnable, au sens des conditions normales du marché. L'émergence de ces limites repose sur la consécration de certains critères de comparaison aspirant à rationaliser d'un point de vue juridique un montant économique. Les critères d'appréciation de compatibilité d'un bénéfice avec le droit européen de la concurrence relatif aux aides publiques épousent une logique identique. Ainsi, ces critères peuvent être également employés en matière de contrats de la commande publique afin d'apprécier la rationalité de la rémunération par rapport aux règles du marché concurrentiel, répondant ainsi à l'impératif de la rentabilité limitée.

917. Le contrôle européen relatif aux aides publiques a entraîné l'émergence des critères d'appréciation **(i)**. Bien que tous les avantages susceptibles d'être qualifiés en aides publiques ne tombent pas sous le contrôle de la Commission européenne, les critères émergés peuvent être adoptés par les juridictions nationales, afin que la rationalité de la rémunération soit appréciée par rapport aux conditions du marché **(ii)**.

i. L'émergence des critères au niveau européen

918. La compatibilité d'un avantage avec l'interdiction des aides publiques susceptibles de fausser la libre concurrence ne peut être appréciée que par rapport aux conditions normales du marché. À cet égard, le critère de l'investisseur privé est utilisé afin d'apprécier si le pouvoir adjudicateur se comporte comme n'importe quel investisseur privé en accordant à son cocontractant sa rémunération. Par ce biais, la rationalité de la rémunération est appréciée par rapport au prix du marché dans des conditions normales **(a)**. Or, tel n'est pas toujours le cas. En effet, l'Administration peut attribuer un contrat de la commande publique en prenant en considération d'autres paramètres à côté du prix le plus intéressant. Dans ce cas, la rationalité de la rémunération du cocontractant de l'Administration ne s'explique pas par la logique entrepreneuriale. Sa compatibilité peut, cependant, être appréciée à l'aide des critères de la jurisprudence *Altmark,* affirmés et désormais institutionnalisés en vertu du paquet des directives *Almunia*[1] relatifs à l'exception de la compensation de service public **(b)**.

a. Le critère de l'investisseur privé

919. Les contrats de la commande publique en vertu desquels la rémunération stipulée constitue un prix sont, en principe, des marchés publics. Leur nature est, d'une manière générale, assimilable à un achat public, autrement dit à un contrat de vente commun. Ainsi, il n'est guère surprenant que les autorités publiques s'orientent vers un prix au sens du marché concurrentiel, qui, cependant, comportait nécessairement un avantage économique au profit de son titulaire pour conclure le contrat.

920. Ce rapport particulièrement étroit – mais pas exclusif – avec l'achat public explique sa détermination résultant de la confrontation de l'offre et la demande en vertu du processus concurrentiel de la passation du contrat. Une fois que les particularités liées à la satisfaction d'un service d'intérêt économique général sont prises en considération dès la formation de la demande exprimée par le pouvoir adjudicateur, il ne reste que la conclusion du contrat à un prix rapprochant celui du prix du marché. Ainsi, sa détermination concurrentielle ne s'oppose pas à sa détermination contractuelle. À l'inverse, elle vient la compléter[2]. La rémunération tirée d'un prix qui saurait être tenu comme raisonnable « n'est pas un prix de marché, mais doit être un montant en adéquation avec les mécanismes du

---

[1] Au *paquet Almunia* appartiennent la Décision n° 2012/21/UE de la Commission du 20 décembre 2011 (relative à l'application de l'article 106, paragraphe 2, du Traité sur le fonctionnement de l'Union européenne aux aides d'État sous forme de compensations de service public octroyées à certaines entreprises chargées de la gestion de services d'intérêt économique général ; Communication de la Commission relative à l'application des règles de l'Union européenne en matière d'aides d'État aux compensations octroyées pour la prestation de services d'intérêt économique général n°2012/C 08/02 ; Communication de la Commission-Encadrement de l'Union européenne applicable., *op.cit.*

[2] En ce sens, v. Narayan- Fourment H., *L'approche concurrentielle et contractuelle de la détermination du prix (dans les ventes commerciales et les contrats- cadre),* PUAM, Aix- Marseille, 2003, not. n° 190.

marché »[1]. Dans ce cas, la rémunération raisonnable, répondant au critère de l'offre économiquement la plus avantageuse, peut être définie au sein du prix le plus intéressant rapprochant le prix du marché, compte tenu des critères de qualité du service et autres considérations liées à la satisfaction de l'intérêt général. Par ce biais, l'appréciation et, par conséquent, la rationalisation du « quasi- prix du marché »[2] est effectuée autour de la notion d'un bénéfice raisonnable échappant à l'interdiction des aides publiques au sens de l'article 107 du TFUE.

921. Le processus concurrentiel visant à atteindre cet objectif au sens de l'attribution du contrat selon le critère de l'offre économiquement la plus avantageuse, implique nécessairement cette conciliation. Afin d'apprécier *ex post* si le résultat de ce processus de passation correspond vraiment aux conditions normales du marché, le critère de l'investisseur privé[3] est appliqué. Il s'agit d'un critère qui puise ses racines dans la jurisprudence de la Cour de justice depuis 1986[4], destiné à qualifier les interventions économiques de l'État en

---

[1]Ziani S., « Redevances et concurrence », *op. cit.*, n°16.

[2] *Ibid.* n°8-18.

[3] Également répandu comme *principe* ou *critère d'opérateur économique privé,* ou *créancier privé.* Cette dernière expression, cependant, n'a pas exactement le même sens v. *infra* n°919 et s.

[4] Le premier arrêt où on trouve l'application du critère de l'investisseur privé, c'est celui dit *Boch,* CJCE, 10 juillet 1986, *Belgique c/ Commission*, aff. C-40/85, ECLI:EU:C:1986:305, concernant l'Etat actionnaire dans le cas de prise de participation dans le capital d'une entreprise, prenant la forme d'une aide du gouvernement belge en faveur d'une entreprise produisant notamment des articles de vaisselle et de céramique sanitaire. V. notamment point 13 définissant le critère : « En vue de vérifier si une telle mesure présente le caractère d'une aide étatique, il est pertinent d'appliquer le critère, indiqué dans la décision de la Commission et, d'ailleurs, non contesté par le gouvernement belge, qui est basé sur les possibilités pour l'entreprise d'obtenir les sommes en cause sur les marchés privés des capitaux. Dans le cas d'une entreprise dont la quasi-totalité du capital social est détenue par les autorités publiques, il convient notamment d'apprécier si, dans des circonstances similaires, un associé privé se basant sur les possibilités de rentabilité prévisibles, abstraction faite de toute considération de caractère social ou de politique régionale ou sectorielle, aurait procédé à un tel apport en capital ». En plus, v. TPICE, 06.03.2003, *Westdeutsche Landesbank Girozentrale* aff. T-228/99 et 233/99 Rec. II-435 ainsi que les arrêts plus récents rendus par la Cour de Justice, not. CJUE, 01 octobre 2015 *Electrabel et Dunamenti Erőmű / Commission*, aff. C-357/14, ECLI:EU:C:2015:642 ; TUE, 30.06.2015, *Royaume des Pays-Bas et al. c/ Commission,* aff. T-186/13, T-190/13, T-193/13, *Concurrences*, n°4, 2015, p. 164-

tant qu'aides publiques, au sens de l'article 107, paragraphe1, TFUE, et utilisé dans l'ensemble de cas où l'Etat intervient en tant qu'opérateur économique (contractant, actionnaire ou créancier). Plus précisément, ce critère repose sur l'hypothèse qu'à la place de l'Administration se trouve un investisseur privé de dynamique similaire sur le marché. Ainsi, ce qu'il faut comparer est si leurs comportements sont assimilables. Sinon, l'intervention économique de l'opérateur public se heurte sur l'interdiction des aides publiques[1]. La Cour de Justice a accepté l'application de ce critère en matière des contrats de concession[2]. En poussant ce syllogisme plus loin, l'application du critère en matière de marchés publics épouse une logique identique. Certes, le paiement d'un prix constitue une intervention économique d'un opérateur public provenant de fonds publics d'où son cocontractant tire d'un avantage économique[3]. Par

---

166 TUE, 11 septembre 2012, *Corsica Ferries c/ Commission*, aff. T-565/08, *Concurrences*, n°4, 2012, p. 116-118 ;

[1] À propos de la définition du critère de l'investisseur privé v. Parish M., « On the private investor principle », *EL Rev.* 2003, p. 70 et s.; Karydis G., « Le principe de l'opérateur économique privé', critère de qualification des mesures étatiques en tant qu'aides d'État, au sens de l'article 87 par. 1 du Traité de Nice », *RTDEur.*, 2003, p. 389 et s.; Sgouridou Aik., « Evolutions récentes à propos de la notion de l'aide d'État » (« Πρόσφατες νομολογιακές εξελίξεις στην έννοια της κρατικής ενίσχυσης »), *DiSKE*, n° 2, 2004, p. 118-125.

[2] CJUE, 11 novembre 2021, *Autostrada Wielkopolska c. Commission et Pologne*, aff. C-933/19, ECLI:EU:C:2021:905, points n°105 et s. V. également points n° 108-109 précisant que « 108. ..., c'est donc sur la Commission que pèse la charge de prouver, en tenant compte, notamment, des informations fournies par l'État membre concerné, que les conditions d'application du principe de l'opérateur privé ne sont pas remplies, de sorte que l'intervention étatique en cause renferme un avantage, au sens de l'article 107, paragraphe 1, TFUE (10 décembre 2020, *Comune di Milano/Commission*, C-160/19 P, EU:C:2020:1012, point 110).

109 ; À cet égard, il convient de rappeler que, aux fins de l'appréciation de la question de savoir si la même mesure aurait été adoptée dans les conditions normales du marché par un opérateur privé, il convient de se référer à un tel opérateur se trouvant dans une situation la plus proche possible de celle de l'État concerné (voir, en ce sens, arrêt du 26 mars 2020, Larko/Commission, C-244/18 P, EU:C:2020:238, point 30 et jurisprudence citée).

[3] À propos de l'application du critère en matière des contrats de la commande publique v. Baistrocchi P.-A., « Can the award of a public contract be deemed to constitue state aid ? », *ECLR*, *op.cit.* : Hillger J., « The award of a public contract as state aid within the meaning of the article 87 (1) EC », *op.cit.* ; Metaxas A., « Aides d'État et participation aux activités des programmes opérationnels du 3e cadre d'appui communautaire » (« Κρατικές ενισχύσεις και συμμετοχή σε δράσεις

conséquent, les contraintes convergentes de la satisfaction de l'intérêt général et de la protection de la libre concurrence imposées en matière de contrats de la commande publique trouvent leur expression en vertu de ce critère de comparaison.

922. Plus précisément, il est évident d'une part que le pouvoir adjudicateur ne vise pas payer un surcoût des prestations fournies[1]. Cela s'opposait d'ailleurs à la satisfaction de l'intérêt général au sens d'une bonne gestion des deniers publics[2], outre qu'il rendait infructueux un processus concurrentiel de passation visant à l'obtention du meilleur rapport qualité-prix. D'autre part, le cocontractant de l'Administration aspire à tirer un profit de ce prix, sinon la conclusion du contrat serait sans issue pour lui. Un prix au sens des conditions normales du marché peut concilier ces deux intérêts contradictoires, et, par conséquent, il est raisonnable que l'Administration tende à conclure le contrat dans cette direction[3]. Ensuite, en appliquant le critère de l'investisseur privé – ou il vaudrait mieux dire *d'opérateur privé*[4] – ce qui est mis en examen est si la contrepartie d'où la rémunération est tirée excède ou pas le prix du marché ouvert – *Open Market Value (OMV)*. Sinon, le prix tombe sous l'emprise d'aide publique faussant ou tendant à fausser la libre concurrence entre les candidats. Il convient, cependant, de préciser

---

Επιχειρησιακών Προγραμμάτων του Γ' Κοινοτικού Πλαισίου Στήριξης »), *DiSKE*, n°3, 2004, p. 245-253 (not. pp. 250-251) ».

[1] CJCE, 27 novembre 2003, *Enirisorse SpA c/ Ministerio delle Finanze*, aff. C-34/01 à C-38/01, ECLI:EU:C:2003:640, ainsi que concl. de l'avocat général Stix-Hackl du 7 novembre 2002, ECLI:EU:C:2002:643, not. points n°153 et s..

[2] À propos de la bonne gestion des deniers publics v. *supra*, n°4.

[3] En ce sens v. CJCE, 5 octobre 1999, *France c/ Commission*, aff. C-251/97, ECLI:EU:C:1999:480, ainsi que les conclusions Fennelly du 26 novembre 1998, ECLI:EU:C:1998:572, not. point n° 19.

[4] Pour une analyse du critère de l'investisseur privé v. Konstantakou E., *Aides d'État & entreprises d'utilité publique (Κρατικές ενισχύσεις & κοινωφελείς υπηρεσίες)*, Nomiki Vivliothiki, Athènes, 2019, p. 45-52, ainsi que Kohler M., « New Trends Concerning the Application of the Private Investor Test. The EDF judgement of the General Court and its Consequences» *EstAL* 1/2011, p. 21. À propos d'une critique de l'application dudit critère v. Parish M., « On the private investor principle », *op.cit.* L'auteur, en présentant les difficultés inhérentes à un *critère subjectif* à propos de la comparaison d'un opérateur public à une entreprise privé, préfère l'expression *« private entrepreneur »* à l'encontre de *« private investor »*, relativisant la logique purement commerciale par la prise en compte, outre que la rentabilité, des considérations sociales etc.

que le marché pertinent pris en considération au sens du marché ouvert renvoie au sens de celui des produits ou des services faisant l'objet *lato sensu*, et non *stricto sensu*, au sens du marché pertinent circonscrit dans le cadre dudit contrat. Dans le cas contraire, la rémunération convenue pourrait être le résultat d'une pratique anticoncurrentielle entre les opérateurs privés présentant des offres ou un comportement corruptif entre certains opérateurs et le pouvoir adjudicateur.

923. Par ce biais, la rémunération est rationalisée en prévalant la réalité économique et la concurrence effective, en comparant « le comportement de l'État avec celui d'un hypothétique investisseur privé dans une situation comparable et de se demander si la modification a obéi à un critère de rationalité économique »[1]. Du fait du caractère abstrait et objectif du critère d'investisseur privé, sa rationalité peut être appréciée à tout moment, sous réserve des conditions normales du marché : en amont, en vertu de la pratique récemment émergente de *sourcing*[2] ; lors de l'attribution du contrat au sens de *Benchmarking* comparant les performances des différents prestataires et conditionner leur rémunération à leurs performances à ce propos[3] ; en aval, en permettant le contrôle juridictionnel, administratif, pénal ou comptable de la rémunération.

924. Pourtant, il faut regretter que le critère d'investisseur privé, en dépit de son efficacité évidente, présente certaines difficultés en

---

[1] CJUE, 3 avril 2014, aff. C-224/12, *Commission c/ Pays-Bas et ING Groep*, ECLI:EU:C:2014:213, points n° 35-36, ainsi que les conclusions de l'avocat général Sharpston E., présentées le 19 décembre 2013, point n°41. V. également Picod F., « Synthèse Aides d'état » n° 180, *JCl. Europe*, not. n° 15 ainsi que le dossier « Le test de l'opérateur aussi efficace : une nouvelle ère ? », *Concurrences*, n° 3 2013, p. 12-27.

[2] À propos de la notion de *sourcing*, v. *supra* n°533.

[3] Yvrande- Billon An., « Concurrence et délégation de services publics- Quelques enseignements de la théorie des coûts de transaction », *RFE*, n° 3, vol. XXII, 2008, p. 97-131. V. aussi Dellis G., *Utilité publique et marché. Tome A : La fin des clivages : la régulation publique des activités d'utilité publique par le marché (Κοινή Ωφέλεια και Αγορά. Τόμος Α': Το τέλος των διαχωριστικών γραμμών: η αγορακεντρική δημόσια ρύθμιση των κοινωφελών υπηρεσιών)*, Ant. N. Sakkoulas, Athènes- Komotini 2008, n° 111 note n° 22, selon lequel « [l]es coûts de transaction sont définis comme l'ensemble des frais supportés par les parties à une transaction autre que la contrepartie stricto sensu de cette transaction (le prix réel du bien ou du service). Les frais de transaction sont, par exemple, les frais administratifs pour l'entrepreneur pour obtenir les licences nécessaires ou les frais d'avocat ».

matière de son application en vertu des contrats de la commande publique. La comparaison entre un opérateur public et un opérateur privé n'est pas toujours aisée. Nonobstant l'exigence de prise en compte des opérateurs de même dynamique et dans des conditions similaires à propos de l'interprétation du critère[1], l'intervention économique de la part du secteur public ne répond pas à une logique purement commerciale. Tel fut le cas de l'arrêt *Chronopost SA c/ Ufex et al.* Dans cet arrêt, la Cour a estimé que la Commission a commis une erreur de droit en comparant le comportement de Chronopost qui jouit un monopole en vertu d'un secteur réservé avec une entreprise privée de la même taille, car le paramètre des conditions normales de marché n'était pas rempli : « l'existence d'une aide d'État en faveur de la SFMI-Chronopost peut être exclue si, d'une part, il est établi que la contrepartie exigée couvre dûment tous les coûts variables supplémentaires occasionnés par la fourniture de l'assistance logistique et commerciale, une contribution adéquate aux coûts fixes consécutifs à l'utilisation du réseau postal ainsi qu'une rémunération appropriée des capitaux propres dans la mesure où ils sont affectés à l'activité concurrentielle de la SFMI-Chronopost, et si, d'autre part, aucun indice ne donne à penser que ces éléments ont été sous-estimés ou fixés de manière arbitraire »[2]. Ainsi, il est proposé que le critère à appliquer est celui du créancier privé, évolution du critère de l'investisseur privé, au sens où l'Administration ne vise pas nécessairement la rentabilisation de son investissement, mais elle « a agi comme un créancier privé qui aurait essayé de réduire le risque

---

[1] En ce sens v. CJCE, 03 juillet 2003, *Chronopost SA, La Poste et al. c/ Ufex et al.*, aff. C-83/01 P, C-93/01P, C-94/01P, ECLI:EU:C:2003:388, not. point n° 33, ainsi que les conclusions de l'avocat général Tizzano A. présentées le 12 décembre 2002, ECLI:EU:C:2002:756, points n°25, 39, 46 et 55. Sgouridou « Evolutions récentes à propos de la notion de l'aide d'État » (« Πρόσφατες νομολογιακές εξελίξεις στην έννοια της κρατικής ενίσχυσης »), *op.cit.* Dans cette affaire, la Commission a estimé que Chronopost a octroyé une aide publique incompatible avec l'article 107 TFUE, en offrant à sa filiale de support technique et commercial. À propos des limites à l'interprétation du critère de l'investisseur privé v. aussi CJCE, 21 mars 1991, *Italie c/ Commission*, aff. C-305/89, ECLI:EU:C:1991:142R, point n° 20 ; CJCE, 14 décembre 1994, *Espagne c/ Commission,* aff. C-42/93, ECLI:EU:C:1994:326, point n° 13.

[2] CJCE, 03 juillet 2003, *Chronopost SA, La Poste et al. c/ Ufex et al., op. cit.,* point n° 40. V. également en ce sens, CJUE, 17 novembre 2022, *Volotea c/ Commission*, aff. C-331/20, ECLI:EU:C:2022:886, points n° 107-108 :

résultant des difficultés financières de son débiteur »[1]. En outre, il ne faut pas omettre que l'application dudit critère impose nécessairement que l'intervention économique soit imputable à l'État. Ainsi, il est jugé qu'une aide au profit d'une entreprise pesant sur les épaules des utilisateurs du service public, ne constitue pas une aide tombant sous l'interdiction de l'article 107 TFUE[2].

925. Ces derniers points constituent alors les limites d'interprétation du critère de l'investisseur privé, au sens que ce dernier permet une comparaison raisonnable uniquement dans le cas où l'Administration se comporte comme une entreprise privée de la même taille. Autrement dit, ce critère n'est opérationnel que dans les cas où le pouvoir adjudicateur est effectivement comparable à une entreprise privée cherchant un rapport qualité-prix au sein d'un prix concurrentiel de la prestation faisant l'objet du contrat. Par conséquent, le critère d'investisseur privé peut constituer un outil efficace de l'appréciation de la rémunération tirée d'un prix en principe dans le cadre des marchés publics, où l'ouverture à la concurrence de la procédure de passation se déroule dans les conditions normales du marché.

b. Les critères de l'arrêt Altmark

926. D'un point de vue fonctionnel, la contrepartie du cocontractant de l'Administration ainsi que la compensation de service public visent à soutenir financièrement une « obligation de service public » [3]. Cette expression est répandue dans plusieurs textes

---

[1] Aubry H. « Aides d'État : critère du créancier privé en économie du marché », *Rec. D.,* 2017, p. 42 et s.; cf. Décision de la Commission n° 2014/884/UE du 11 mars 2014 concernant l'aide d'État SA.34445 (12/C) mise en œuvre par le Danemark en faveur de la cession des actifs de FIH liés à l'immobilier à FSC [notifiée sous le numéro C (2014) 1280], ainsi que TUE, 12 décembre 2014. *Frucona Kosice a.s. c/ Commission,* aff. T-103/14, *DA* 2012 n° 88, note Bazex.

[2] En guise d'illustration v. CJCE, 16 mai 2002, *France c/ Commission*, aff. C-482/99 *op.cit.*, not. points n° 51 et s.

[3]À propos de la définition de l'obligation de service public, v. Boiteux M : « … par obligation de service public, elle (l'entreprise gestionnaire de service public) se devra adopter une discipline tarifaire d'intérêt général en « vendant au coût marginal » au lieu d'abuser de sa clientèle, captive, pour gagner le maximum d'argent. C'est par ce biais que j'ai rencontré pour la première fois en 1949, une 'obligation de service public » : renoncer à la poursuite du bénéfice maximum pour

européens notamment à propos des services en réseaux. Elle puise ses racines au règlement « transports » de 1969, avec la définition suivante : « Par obligations de service public, il faut entendre les obligations que, si elle considérait son propre intérêt commercial, l'entreprise de transport n'assumerait pas ou n'assumerait pas dans la même mesure ni dans les mêmes conditions »[1]. Dans ce cas, l'entreprise gestionnaire de service public « se devra adopter une discipline tarifaire d'intérêt général en ' vendant au coût marginal' au lieu d'abuser de sa clientèle, captive, pour gagner le maximum d'argent [autrement dit] renoncer à la poursuite du bénéfice maximum pour pratiquer une tarification d'intérêt général »[2]. La Cour de justice a également adopté cette position économique en vertu de sa jurisprudence en matière de service d'intérêt économique général[3], mettant des limites aux aspirations lucratives des opérateurs privés, au contrepied d'une vision purement marchande.

927. D'un point de vue conceptuel, l'idée de rémunération raisonnable en matière des contrats de la commande publique rapproche celle du bénéfice raisonnable, toutes les deux correspondantes à l'impératif d'une rentabilité limitée[4]. Comme le

---

pratiquer une tarification d'intérêt général, mentionné par Ziani S., *Du service public à l'obligation de service public*, *op.cit.*

[1] Article 2§1 du Règlement n° 1191/1969 du Conseil du 26 juin 1969, relatif à l'action des États membres en matière d'obligations inhérentes à la notion de service public dans les transports par chemin de fer, par route et par voie navigable, *JOCE* du 28/06/1969, n° L 156, p. 1-7. V. également la définition de l'article 2§1 du Règlement n° 1370/2007 du Parlement et du Conseil d 23 octobre 2007 relatif aux services publics de transport de voyageurs par chemin de fer et par route, *JOUE* , L. n° 315/1du 3/12/2007, selon lequel, l'obligation de service public consiste à « L'exigence définie ou déterminée par une autorité compétente en vue de garantir des services d'intérêt général de transports de voyageurs qu'un opérateur, s'il considérait son propre intérêt commercial, n'assumerait pas dans la même mesure ou dans les mêmes conditions sans contrepartie ».

[2]À propos de la définition de l'obligation de service public, v. Boiteux M : « … par obligation de service public, elle [l'entreprise gestionnaire de service public] se devra adopter une discipline tarifaire d'intérêt général en vendant au coût marginal au lieu d'abuser de sa clientèle, captive, pour gagner le maximum d'argent : renoncer à la poursuite du bénéfice maximum pour pratiquer une tarification d'intérêt général, mentionné par Ziani S., *Du service public à l'obligation de service public,* Coll. Bibliothèque de droit public, t. 285, LGDJ, Paris, 2015.

[3]TPICE, 15 juin 2005, *Fred Olsen*, aff. T-17/02, *Rec.* 2005 II, p. 2031 ; CJCE, 10 mai 2005, *Italie c/ Commission*, aff.C-400/99, ECLI:EU:C:2005:275.

[4] V. *supra* n°927.

précise la Commission européenne, « L'aide ne peut pas servir à subventionner les coûts d'un projet que l'entreprise aurait de toute façon supportés ni à compenser le risque commercial normal inhérent à une activité économique. Sans aide, le projet ne peut être réalisé ou doit être réalisé à une échelle ou à une taille réduite ou d'une manière différente qui limiterait significativement ses bénéfices escomptés. L'aide sera jugée proportionnée unique ment si le même résultat ne peut être obtenu avec une aide moins importante »[1].

928. Ce double rapprochement – fonctionnel et conceptuel – entre la compensation du service public échappant à l'interdiction des aides publiques et la contrepartie accordée au cocontractant de l'Administration en matière de contrats de la commande publique, conduit au rapprochement consécutif entre rémunération et bénéfice raisonnable. À cet égard, une décision de la Commission européenne, suite aux précisions du dernier paquet *Almunia,* emporte une confirmation, renvoyant au risque encouru, en tant que dénominateur commun justifiant le bénéfice en matière de compensations de service public et la rémunération en matière de contrats de la commande publique. Ainsi, « le bénéfice raisonnable auquel a droit l'opérateur historique doit être proportionnel au niveau du risque encouru. À l'oppose, si le contrat entre l'opérateur historique et les pouvoirs publics est tel que le service public ne s'accompagne pas d'un risque substantiel, le bénéfice raisonnable autorisé doit également être modeste »[2]. Par conséquent, on peut considérer qu'ils reposent sur la même logique. Autrement dit, les critères de compatibilité d'une compensation de service public peuvent s'appliquer pour rationaliser la contrepartie du cocontractant, y compris sa rémunération.

929. L'hypothèse considère notamment la rémunération liée aux résultats de l'exploitation, sans exclure la possibilité de son

[1] Communication n° 2014/C 188/02 de la Commission : « Critères relatifs à l'analyse de la compatibilité avec le marché intérieur des aides d'État destinées à promouvoir la lisation de projets importants d'intérêt européen commun », *JOUE* n° C-188 du 20 juin 2014, n° 28. À propos du caractère cumulatif des critères Altmark v. CJUE, 4 mars 2020, *CSTP Azienda della Mobilita SpA*, ECLI:EU:C:2020:150, aff. C-587/18. Dans cet arrêt, la Cour a jugé que la compensation des obligations de service public non définies constituent une aide d'État potentiellement incompatible.

[2] Décision de la Commission du 25 janvier 2012, *op. cit.,* points 253 et 254. V. également Cons. n° 20 de la directive 2014/23 du 26 février 2014 sur l'attribution des contrats de concession.

application en matière de prix[1]. Le critère de l'investisseur privé est parfois critiqué, en raison de son origine commerciale. Loin de vouloir réduire son incidence sur la rationalisation de la rémunération tirée d'un prix, force est d'admettre sa valeur explicative limitée pour un nombre significatif de contrats de la commande publique. Le recul du critère du prix le plus bas face à celui de l'offre économiquement la plus avantageuse formant l'économie du contrat signifie la relativisation du critère purement économique. La rationalisation de la rémunération doit donc prendre en considération des critères objectifs et abstraits, fruit d'une conciliation entre une logique purement commerciale du marché concurrentiel et les exigences de l'intérêt général[2]. Certes, on retrouve cette adaptation au sein des critères consacrés dans l'arrêt *Altmark,* tendant à préciser la notion des compensations de service d'intérêt économique général[3], échappant à l'interdiction générale des aides d'État de l'article 107 du TFUE[4].

---

[1] V. Parish M., « On the private investor principle », *op. cit.,* critiquant la sévérité de l'application du principe d'investisseur privé en matière des contrats de la commande publique.

[2] En guise d'illustration de services non rentables v. le cas de service public de transport urgent de malades, qui doit impérativement être assuré en permanence sur l'ensemble du territoire à de tarifs uniformes et à) des conditions de qualité similaires, « sans égard au degré de rentabilité de chaque opération individuelle », CJCE, 25 octobre 2001, *Firma Ambulanz Glöcker*, aff. C-475/99, ECLI:EU:C:2001:577, point n° 55.

[3] V. article 93 TFUE, selon lequel « Sont compatibles avec les traités les aides qui répondent aux besoins de la coordination des transports ou qui correspondent au remboursement de certaines servitudes inhérentes à la notion de service public », depuis le Traité de Rome (article 77 CEE).

[4] En ce sens, v. Ritleng D., « Financement du service public et aides d'État », *AJDA,* 2004, p. 1011 et s. Selon lui : « Les États membres ne sauraient perturber indûment le fonctionnement du marché intérieur, ce qui serait le cas si les compensations financières directes aboutissaient à une surcompensation du coût des obligations de service public. Dans la mesure où elles sont accordées sur ressources d'État, les possibilités offertes aux États membres d'accorder de telles aides financières pour la prestation d'un service d'intérêt économique général, qu'elles prennent la forme de subventions, d'exonérations ou de dégrèvements fiscaux, de réduction de charges sociales ou d'affectations de taxes, peuvent ainsi être singulièrement restreintes par le jeu des dispositions du traité relatives aux aides d'État ».À propos de la notion des aides d'État v. aussi Alexis A., « Services publics et aides d'État », *RDUE*, 2002, n°1, p. 63 et s. ; Chérot J.-Y., « Financement des obligations de service public et aides d'État », *Europe*, mai 2000, chron. p. 5 ; Triantafyllou D., « L'encadrement communautaire du financement du service public », *RTD eur.,* 1999, p. 21 ; *Service*

930. Plus précisément, depuis l'arrêt *Altmark,* sont établis les critères qualifiant une compensation de service publique échappent à l'interdiction des aides publiques[1]. Selon cette jurisprudence, une compensation de service public ne fausse ou ne tend pas à fausser la concurrence, quand les critères suivants sont remplis de manière cumulative: l'entreprise bénéficiaire doit être chargée de l'exécution des obligations de service public clairement définies ; les paramètres de calcul de compensation doivent être préalablement établis d'une manière transparente ; la compensation ne saurait pas dépasser ce qui est nécessaire pour couvrir tout ou partie des coûts occasionnés par l'exécution des obligations ; et, enfin, le montant de la contribution doit être déterminé sur la base d'une analyse des coûts normaux d'une entreprise moyenne et bien gérée[2]. Une fois ces conditions remplies, il est présumé que la rémunération tirée de cette contrepartie est raisonnable, au sens d'un avantage légitime et conforme aux règles de la concurrence et du droit de la commande publique.

931. Le paquet *Almunia* de 2012, remplaçant le paquet *Monti-Kroes* de 2005[3], visait à orienter les collectivités publiques des États

---

public et communauté européenne : entre intérêt général et marché- Colloque de Strasbourg 17-19 octobre 1996, La documentation française, 1998. ; Kovar R., « Droit communautaire et service public : esprit d'orthodoxie et pensée laïcisée », *RTD eur.* 1996, p. 215 et s.

[1]CJCE, 24 juillet 2004, *Altmark, op.cit.*. À propos des conditions v. *infra* n° 806. Cependant v. la position de la Commission avant l'arrêt Altmark, qui évaluait le financement du SIEG directement par rapport à la dérogation de l'article 106§2 (ex-article 86§2) (Décision du 8 février 1995 n° NN135/92), ensuite, cependant, abandonnée. Au contrepied de cette position v. TPICE, 27 février 1997, *FFSA c/ Commission,* aff. T-406/95, R. II-229 ainsi que TPICE, 10 mai 2000, *SIC/Commission*, aff. T-46/979, R. II-212, où le Tribunal a décidé que le contrôle doit être exercé par rapport aux effets portant sur la libre concurrence selon l'article 107 (ex-article 87TFUE) et non pas à la cause de la compensation.

[2] V.CJCE, 24 juillet 2004, *Altmark, op.cit.,* point n° 84. À propos du commentaire de la décision v. Rodrigues St., « Les subventions aux entreprises de service public ne sont plus nécessairement des aides d'État », *AJDA,* 2003, p. 1739 ; Bracq St., « Droit communautaire matériel et qualification juridique : le financement des obligations de service public au cœur de la tourmente », *RTD Eur.* 2004, p. 33 ; Richer L., « Subvention au délégataire et obligations de service public : l'arrêt Altmark », in dossier Subventions et contrats, *CP-ACCP*, n°28, décembre 2003, p. 34-36.

[3] Au paquet *Monti-Kroes* appartiennent la Décision de la Commission européenne du 28 novembre 2005concernant l'application des dispositions de l'article 86, paragraphe 2, du traité CE aux aides d'État sous forme de compensations de service

membres à propos des aides octroyées pour le financement des services d'intérêt économique général[1]. D'architecture principalement identique, ces deux « paquets » consolident les critères de la jurisprudence *Altmark*[2]. La justification de l'application de ces critères en matière d'une rémunération tirée de la gestion d'un service d'intérêt économique général est parfaitement présentée en vertu de la Communication de la Commission appartenant au paquet *Almunia* n°2012/C 8/02, selon laquelle : « lorsqu'il existe une rémunération communément admise sur le marché pour un service donné, cette rémunération offerte sur le marché constitue le meilleur montant de référence pour déterminer la compensation en l'absence d'appel d'offres. Lorsqu'une telle rémunération de référence n'existe pas sur le marché, le montant de la compensation doit être déterminé sur la base d'une analyse des coûts qu'une entreprise moyenne, bien gérée et adéquatement équipée de moyens matériels pour pouvoir satisfaire aux exigences de service public requises, aurait supportés pour exécuter ces obligations, compte tenu des recettes y relatives ainsi que d'un bénéfice raisonnable pour l'exécution de ces obligations. L'objectif est d'éviter que les coûts élevés d'une entreprise inefficace

---

public octroyées à certaines entreprises chargées de la gestion de services d'intérêt économique général [n° C(2005) 2673] (2005/842/C, la Directive n° 2006/111/CE de la Commission du 16 novembre 2006 relative à la transparence des relations financières entre les États membres les entreprises publiques ainsi qu' à la transparence financière dans certaines entreprises, ainsi que l' Encadrement communautaire des aides d'état sous forme de compensations de service public DG D(2004), *op.cit.*

[1]Décision n° 2012/21 de la Commission du 20 décembre 2011 relative à l'application de l'article 106, paragraphe 2, du traité sur le fonctionnement de l'Union européenne aux aides d'État sous forme de compensations de service public octroyées à certaines entreprises chargées de la gestion de services d'intérêt économique général [notifiée sous le numéro C (2011) 9380] ; Communication de la Commission du 20 décembre 2011, relative à l'application des règles de l'Union européenne en matière d'aides d'État aux compensations octroyées pour la prestation des services d'intérêt économique général (2012/C 08/02). V. Cattier R., « Subventionner un service public délégué – Encadrements interne et européen », *AJDA*, 2014, p. 1305 ; Martucci F., « Modernisation des aides d'État : une réforme en demi-teinte », *Revue CCC*, n° 6, juin 2014, dossier 17.

[2] Karpenschif M., « Du paquet Monti/Kroes au paquet Almunia : le financement des SIEG simplifié et sécurisé ? », *op.cit.* ; Karpenschif M., « Quand le droit européen des aides d'État s'invite dans le contentieux des délégations de service public », *JCP A*, n° 41, 15 octobre 2012, 2326 ; Kalflèche G.- Sorbara J.-G., « Les compensations de service public du Paquet Almunia, une obscure clartée », *op.cit.*

soient pris comme référence »[1]. De plus, l'article 19 de l'Encadrement de l'Union européenne applicable aux aides d'État sous forme de compensations de service public illustre bien l'interaction voire l'interdépendance entre le respect des règles européennes en ma ère des contrats de la commande publique et l'autorisation exceptionnelle des aides d'État en matière des services d'intérêt économique général[2].

Afin de préciser ce bénéfice, il est indispensable de calculer le coût. À ce propos, deux méthodes sont proposées par la Commission européenne : celle de répartition des coûts, selon laquelle le coût est calculé conformément aux principes généraux de la comptabilité[3], et celle de la *méthode du coût net évité*, qui « consiste à calculer le coût

---

[1] Communication de la Commission du 20 décembre 2011, relative à l'application des règles de l'Union européenne en matière d'aides d'État aux compensations octroyées pour la prestation des services d'intérêt économique général (2012/C 08/02), points 69-70. V. également en ce sens, CJUE, 10 juin 2010, *Fallimento Traghetti del Mediterraneo,* aff. C-140/2009*, op.cit.,* points n° 34-36 et 38-40.

[2] V. article 19 de la Communication de la Commission du 11.01.2012 - Encadrement de l'Union européenne applicable aux aides d'État sous forme de compensations de service public (2011) 2012/C 8/03, précisant les suivants : « Une aide ne pourra être considérée comme compatible avec le marché intérieur sur la base de l'article 106, paragraphe 2, du traité que si l'autorité responsable, au moment de confier la prestation du service à l'entreprise concernée, s'est conformée ou s'engage à se conformer aux règles de l'Union applicables dans le domaine des marchés publics. Cela comprend toutes les exigences en matière de transparence, d'égalité de traitement et de non-discrimination découlant directement du traité et, s'il y a lieu, du droit dérivé de l'Union. Toute aide ne respectant pas ces règles et exigences est réputée affecter le développement des échanges dans une mesure contraire aux intérêts de l'Union, au sens de l'article 106, paragraphe 2, du traité ». En ce sens, v. Konstantakou E., « Aides d'État et services d'intérêt général : Consignes de coordination » «(Κρατικές Ενισχύσεις & κοινωφελείς υπηρεσίες : Οδηγίες συντονισμού ») in Athanassiou L. (sous dir.), *Droit des aides d'État (Δίκαιο Κρατικών Ενισχύσεων)*, Nomiki Vivliothiki, Athènes, 2025, p.345-402, ainsi que *Aides d'État & entreprises d'utilité publique (Κρατικές ενισχύσεις & κοινωφελείς υπηρεσίες), op.cit.*, p. 252-259.

[3] Décision 2012/21/UE concernant les aides d'État sous forme de compensation de service public ; Encadrement de l'Union européenne du 20 décembre 2011 applicable aux aides d'État sous formes de compensation de service public (2012/C 08/03). À propos de l'application de ce principe v. Décision n° 2010/815/UE de la Commission du 15 décembre 2009 concernant l'aide d'État C 21/05 (ex PL 45/04) que la Pologne envisage de mettre à exécution en faveur de Poczta Polska au titre d'une compensation versée pour la prestation du service postal universel [notifiée sous le numéro C (2009) 9962].

net nécessaire, effectif ou escompté, pour exécuter les obligations de service public comme la différence entre le coût net supporté par le prestataire lorsqu'il exécute ces obligations et le coût ou bénéfice net du même prestataire lorsqu'il ne les exécute pas »[1]. Nonobstant la difficulté inhérente à cette dernière méthode, la Commission semble la préférer au détriment de la première [2].

932. Ces critères objectifs et établis de manière abstraite constituent en réalité une évolution du critère de l'investisseur privé, vers une direction moins commerciale. En tant que tels, ils permettent l'évaluation voire le contrôle de la rémunération du cocontractant de l'Administration même suite à la conclusion du contrat. Outre la possibilité du contrôle par la Commission européenne[3], ces critères permettent aux juridictions nationales et aux autres institutions compétentes un contrôle direct du respect des limites de la rémunération du cocontractant de l'Administration.

ii. L'adoption des critères par les juridictions nationales

933. Au fil de ces renseignements européens à propos des aides publiques, les juridictions nationales ont timidement commencé à adopter les critères d'appréciation des aides publiques en matière de contrats de la commande publique. Des exemples tirés de la jurisprudence française **(a)**, grec **(b)** et allemande **(c)** en portent une confirmation.

---

[1] Décision n° 2012/21 concernant les aides d'État sous forme de compensation de service public, *op.cit.* ; Encadrement de l'Union européenne du 20 décembre 2011 applicable aux aides d'État sous formes de compensation de service public (2012/C 08/03), point n° 25.

[2] V. Konstantakou E., *Aides d'État & entreprises d'utilité publique (Κρατικές ενισχύσεις & κοινωφελείς υπηρεσίες), op.cit.*, p. 145-149.

[3] V. *supra* n°908 et s. À titre d'exemple v. la décision de la Commission européenne du 12.12.2018 ayant permis la prolongation du contrat, sous condition de contrepartie versée par le concessionnaire conformément au prix du marché. Au cas contraire, la prolongation saurait être considérée en tant qu'aide publique. V. également la loi n° 4594/2019, *JO* A 29 du 19.02.2019, ratifiant le contrat prolongeant le contrat de concession relatif au développement de l'Aéroport International d'Athènes Elefthérios Vénizelos, signé le 31 juillet 1995 et ratifié par la loi n°2338/1995 (JO A 202 du &14 septembre 1995).

a. Des exemples tirés de la jurisprudence française

934. En droit français, on retrouve le contrôle de la rationalité de la rémunération tirée par le cocontractant de l'Administration en matière de contrats de la commande publique dans le contentieux administratif, dans le cadre du contrôle pour erreur manifeste d'appréciation du pouvoir adjudicateur.

935. Plus précisément, dans un arrêt du 3 octobre 2006 [1], était abordée la question de l'excessivité d'une rémunération au sens d'une aide publique. Le cas échéant le tarif d'achat fixé par arrêté était considéré comme excessif et entraînait un surcoût de l'électricité d'origine éolienne. Compte tenu des coûts d'investissement et d'exploitation évités aux acheteurs et de la prime permise, il était soutenu que la rémunération résultante constituait une aide publique. D'une manière plus claire, le Conseil d' État a précisé qu'« il n'en résulte pas nécessairement que le montant de la redevance ne puisse excéder le coût de la prestation fournie ; qu'il s'ensuit que le respect de la règle d'équivalence entre le tarif d'une redevance et la valeur de la prestation ou du service peut être assuré non seulement en retenant le prix de revient de ce dernier, mais aussi en fonction des caractéristiques du service, en tenant compte de la valeur économique de la prestation pour son bénéficiaire ; que, dans tous les cas, le tarif doit être établi selon des critères objectifs et rationnels, dans le respect du principe d'égalité entre les usagers du service public et des règles de la concurrence »[2]. Par ce biais, l'application des critères *Altmark* en vertu de la détermination des redevances et de la limite à la rémunération du cocontractant de l'Administration est admise[3].

936. Dans le même ordre d'idée, la jurisprudence française a timidement commencé à faire appel aux critères émergés en matière des aides publiques. À cet égard, elle renvoie au critère de

---

[1] CE, 3 octobre 2006, *Association Vent de colère- fédération nationale*, n°297722 (inéd.)

[2] CE, 7 octobre 2009, *Société d'équipement Tahiti et les Îles*, req. n° 309499, *PA*, du 21.12.2009, n° 253, p. 12, comm. Ziani S.

[3] V. en ce sens, CE, 17 mars 2025, *Commune de Béthune*, req. n° 492664, *Rec.* selon lequel il faut établir que la compensation versée dépasse ce qui serait ce qui est nécessaire pour couvrir les coûts occasionnés par l'exécution des obligations de service public, en tenant compte des recettes ainsi que d'un bénéfice raisonnable du délégataire, pour en déduire que cette contribution n'avait pas le caractère d'une aide d'État.

l'investisseur privé, afin d'apprécier le comportement de l'Administration en vertu d'un contrat de concession de service aéroportuaire et la rémunération tirée par les entreprises concessionnaires, s'agissant d'une aide publique[1]. La définition étendue de la condition de l'avantage consenti permet à la cour d'apprécier l'ensemble des conditions d'exécution accordées aux entreprises aéroportuaires concessionnaires, susceptibles de permettre une rémunération excessive à leur profit.

937. La jurisprudence française adopte progressivement les critères déduits de l'arrêt *Altmark,* repris par le paquet *Monti-Kroes*, et désormais par le paquet *Almunia*, depuis l'affaire *CMN (Corsica Ferries)*[2]. En se prononçant sur la compatibilité d'une subvention représentant la contrepartie des prestations effectuées par une entreprise pour exécuter des obligations de service public, le Conseil d'État français a explicitement fait application des critères *Altmark.* Ainsi, il est jugé que le troisième critère de la jurisprudence *Altmark* n'était pas rempli lorsque « le plafonnement de la compensation versée par la collectivité territoriale de la Corse n'avait pas été déterminé par rapport à la moyenne basse des taux de rentabilité observés pour des contrats du même type et que le mécanisme de reversement prévu par l'article 30.3 de la convention en cas d'économies liées à la baisse des prix du carburant ne permettait pas d'assurer que la totalité de la compensation versée aux co-délégataires ne dépassait pas ce qui était nécessaire pour couvrir tout ou partie des coûts occasionnées par l'exécution des obligations de service public »[3]. La rémunération excédant ce taux moyen de rentabilité suffit pour que la contrepartie accordée soit qualifiée en aide publique.

938. Le rapprochement entre le plafonnement de la rémunération du cocontractant de l'Administration et l'interdiction des aides publiques a été également abordé sur le terrain fiscal et la question de l'assujettissement à la TVA des subventions. Ainsi, une subvention versée par une collectivité territoriale à une entreprise délégataire de service public peut être accordé afin de baisser le coût du service

---

[1] CAA Nancy, 18 décembre 2003, *Société Ryanair et Britair,* req. n° 03NC00864.

[2] CE, 25 octobre 2017, *CMN* (*Corsica Ferries France)*, req. n° 403335 (inéd.) point n° 6 à propos de l'application des critères *Altmark*. V. également l'arrêt de la CAA Marseille, 4 juillet 2016, req. n° 15MA02101, confirmé par l'arrêt du 25 octobre 2017, *Société Corsica Ferries*, req. n°403335 (inéd.).

[3] *Ibid.* point n°8. CAA Marseille, 23 mai 2016, req. n° 14MA03579, (inéd).

pesant sur les usagers[1]. Or, en même temps, elle peut être assujettie à la TVA par dérogation au principe général de la non soumission des subventions – directes ainsi qu'indirectes – des services d'intérêt économique général par les collectivités locales s'il apparaît qu'elle vise à faire et qu'elle constitue alors un complément de prix versé par la collectivité publique[2]. Par ce biais, la soumission à la TVA est imposée par l'impératif d'une rentabilité limitée, et la possibilité d'une rémunération excessive du délégataire qui peut être qualifiée en aide publique, lorsque le risque d'exploitation est considérablement réduit.

b. Des exemples tirés de la jurisprudence grecque

939. En droit grec, la question de l'efficacité économique est notamment abordée en vertu du contrôle précontractuel de la Cour des comptes, ce qui lui permet un contrôle plus étendu. Force est de rappeler, cependant, que ce contrôle se borne aux contrats de la commande publique d'une valeur économique importante par définition de la loi.

940. À cet égard, la Cour des comptes grecque a entrepris d'apprécier les limites à la contrepartie accordée en matière des services aéroportuaires, en faisant application des critères *Altmark*[3]. La Haute juridiction publique-économique grecque a précisé en matière de l'exploitation des lignes aériennes desservant les zones isolées, que ce contrôle doit être effectué par le pouvoir adjudicateur au stade de sélection des offres. Ce contrôle est obligatoire quelle que soit la procédure de passation, ouverte ou restreinte. La question de l'excessivité de la rémunération tombe également sous le contrôle de la Cour des comptes, qui est tenu de vérifier sa rationalité en vertu du contrôle de sa légalité[4]. Ainsi, ce contrôle porte sur la contrepartie à sa globalité, au prisme de sa compatibilité avec les aides publiques et non seulement sur la rémunération accordée. Par ce biais, la Cour des

---

[1] CAA Lyon 12 octobre 2010, *Commune de Firminy*, req. n° 08LY00118, *CMP* 2010, n° 423, note Eckert G.
[2] CE, 10 juin 2010, *Société Carilis,* req. n° 301586 *; AJDA* 2011, p. 453, note Collet M.
[3] C. comptes grecque (Grande Chambre.), décision n° 6026/2015.
[4] C. comptes grecque (Grande Chambre), décision n° 2840/2012.

comptes grecque identifie explicitement la rémunération excessive comme une aide publique illégale[1].

941. Si en droit français et en droit grec, le plafonnement de la rémunération du cocontractant de l'Administration conformément aux règles des aides publiques permet la qualification d'une rémunération excessive en irrégularité supplémentaire du contrat, en droit allemand il ouvre une nouvelle voie de constatation de la validité du contrat.

c. *Des exemples tirés de la jurisprudence allemande*

942. En droit allemand, le rapport entre le droit de la commande publique et le droit des aides publiques considère en principe l'obligation de justification de la compatibilité d'une aide octroyée lors de la présentation d'une offre[2], ainsi qu'à l'obligation de notification d'une aide à la Commission européenne.

943. La jurisprudence a déjà entrepris de résoudre le problème d'une rémunération excessive au sens d'une aide publique. En ce sens, il est jugé qu'en cas de manquement important aux règles de passation et même si l'autorité ayant octroyé la subvention ne peut prouver que ce manquement a abouti à des coûts supplémentaires[3], la demande de remboursement d'une subvention est presque toujours considérée

---

[1] C. comptes grecque (Grande Chambre), décision n° 6026/2015, point n° 8.1. V. à ce propos également Konstantakou E., « Les contrats de services » (« Οι συμβάσεις υπηρεσιών ») in Kouloumpini E., *La Cour des comptes dans le contexte budgétaire actuel (Το Ελεγκτικό Συνέδριο στο σύγχρονο δημοσιονομικό περιβάλλον)*, op.cit., p.158-184.

[2] V. en ce sens, Sulk J., *Le prix dans le droit de la commande publique (Der Preis im Vergaberecht), op. cit.*, p. 33-34. V. également à ce propos Möller J., « Droit Droit des aides d'état et des marchés publics – Entre aubaine et risque de récupération » (« Zuwendungen und Vergaberecht – Zwischen Geldsegen und dem Risiko der Rückforderung »), *NZBau*, 2025, p. 483.

[3] BVerwG, arrêt du 13 février 2013, 3 B58/12; *NVwZ* 2013, p. 1082-1085 (not. p 1082-1083), note Burgi M ; Kirst M., « Pas de récupération légale d'une aide en cas de manquements (graves) aux règles de passation des marchés publics sans conséquences » (« Keine Regelmäßige Rückforderung von Zuwendungen bei folgenlosen (schweren) Vergabeverstößen »), *NZBau*, 2013, p. 481-483 ; Troild T. « Droit de la commande publique et droit administratif » (« Vergaberecht und Verwaltungsrecht »), *NVwZ*, 2015 ; p. 549-555 ; Stelkens Ul. « Le contrôle et le contentieux des contrats publics en Allemagne » in Folliot- Lalliot L. (sous dir.), *Contrôles et contentieux des contrats publics- Oversight and Challenges of Public Contracts, op. cit.*, p. 54.

comme légale d'une manière indépendante. Or, par cette voie, seul l'avantage financier octroyé par une subvention en vertu d'un contrat peut être restitué. En tout état de cause, cette solution ne constitue pas encore une jurisprudence constante.

944. La possibilité d'identification des limites à la rémunération excessive du cocontractant de l'Administration à l'interdiction des aides publiques revêt une importance significative, rappelant qu'en droit allemand, les manquements aux obligations de transparence et de libre concurrence ne portent – *a priori* – aucune incidence sur la validité du contrat. Pour des raisons liées aux particularités du contentieux administratif allemand[1], le contrat attribué est présumé légal et jouit d'une immunité face à la constatation de sa validité une fois qu'il est signé. La seule possibilité susceptible de permettre la constatation de sa validité, même *ex post,* et la restitution des sommes dues est la violation des règles du droit commun, comme la prohibition légale prévue au §134 BGB[2]. L'interdiction des aides publiques prévue par le droit primaire de Union et, par conséquent, tombant sous l'emprise d'une telle prohibition[3], est susceptible de permettre la contestation de la validité du contrat par le truchement de l'action prévu au §1004, alinéa 1, BGB *(actio negatoria - allgemeine Unterlassungsanspruch)*[4]. Par extension, une aide publique illégale peut aussi avoir des conséquences pénales, au sens de la fraude en matière de subventions, prévue au §264 du Code pénal allemand.

945. Cette possibilité est déjà adoptée en droit allemand. Ainsi, il est admis qu'une aide illégale entraîne l'invalidité du contrat[5]. De plus, bien qu'il soit admis que le §823 BGB ne soit pas applicable[6], elle peut également permettre une action en dommages-intérêts, suite à la jurisprudence récente de la Cour de justice, une fois que l'aide est illégale[7].

---

[1] V. *supra* n° 696 et s. et n°896-899.

[2] OLG Schleswig arrêt du 20.05.2008 - 6 U 54/06.

[3] Guarrata A., « Le rapport entre droit d'attribution des contrats de la commande publique et droit des aides publiques : Best friends- Faux amis » (« Das Verhältnis von Vegabe-und Beihilferecht- Best friends- Faux amis »), *NZBau*, 2018, p. 443 et s. (not. p. 444), à propos du manquement à l'obligation de notification à la Commission.

[4] V. sur cette possibilité *supra* n°894.

[5] VG Gelsenkirchen, arrêt du 19.12.2008 – 14 K 2147/07, not. point n° 60.

[6] BGH, du 10.02.2011 - I ZR 213/08

[7] CJUE, 23 janvier 2019, *Fallimento Traghetti del Mediterraneo, op. cit.*

946. Par ce biais, la contestation de la validité du contrat de la commande publique en raison du manquement aux règles de la libre concurrence peut être apportée même après la conclusion du contrat, si la rémunération du cocontractant de l'Administration se rend excessive *ex post*, permettant la résiliation du contrat par les parties et la restitution des sommes dues.

Conclusion Section II

947. L'impératif d'une rentabilité limitée régissant la rémunération du cocontractant de l'Administration en matière de contrats de la commande publique ne peut être préservé que sous condition d'un contrôle efficace de la rémunération et dans ses limites. À ce propos, les droits français, grec et allemand prévoient des mécanismes de contrôle divers : d'une part, des contrôles portant sur le comportement potentiellement opportuniste des opérateurs privés afin d'optimiser leur rémunération, soit à travers des pratiques anticoncurrentielles, soit en compromettant l'exécution du contrat ; d'autre part, des contrôles portant sur le comportement potentiellement corruptif du pouvoir exécutif permettant un gaspillage des deniers publics ou avalisant des pratiques anticoncurrentielles.

948. Cependant, force est d'admettre que ces contrôles ne portent que d'une manière indirecte sur la rémunération du cocontractant de l'Administration. Le contrôle exercé par le juge – administratif ou judiciaire – saisissant par les tiers au contrat prévalant, force est d'admettre que son efficacité, en ce qui concerne la rémunération, se trouve réduite pour deux raisons : d'une part, du fait de l'étendue de l'office du juge national qui se borne à l'erreur manifeste d'appréciation en ce qui concerne les décisions du pouvoir exécutif ; d'autre part, à travers les difficultés de preuve et d'imputabilité des comportements opportunistes ou corruptifs. À ces problèmes s'ajoute également celui de l'appréciation des limites à la rationalité de la rémunération.

949. À l'échelon européen, le contrôle de la rémunération se trouve étroitement lié à celui des aides publiques. Cela s'explique par le rapprochement conceptuel et fonctionnel entre bénéfice raisonnable en vertu des compensations de service public et la rémunération raisonnable en vertu des contrats de la commande publique correspondant au même impératif de rentabilité limitée. Par conséquent, la rémunération excessive peut tomber sous le contrôle de la Commission européenne et être qualifiée en aide publique. Bien que ce contrôle se borne aux aides dépassant les seuils *de minimis*, ce qui est également important est l'émergence des critères d'appréciation : le critère de l'investisseur privé, ainsi que les critères de la jurisprudence *Altmark.*

Conclusion Chapitre II

950. Les impératifs de la satisfaction de l'intérêt général et de la bonne gestion des deniers publics imposent le principe d'une rentabilité limitée des contrats de la commande publique. À son tour, ce principe impose la moralité du profit du cocontractant de l'Administration, autrement dit, une rationalisation de la rémunération. À cet égard, la rémunération est déterminée dans le cadre des prix et tarifs permettant la bonne exécution financière du contrat. La rationalité de la rémunération s'explique alors par l'équité contractuelle et l'équilibre économique du contrat.

951. En même temps, la détermination de la rémunération constitue le résultat d'un processus de concurrence, conformément aux règles de transparence et de libre concurrence du droit de la commande publique. Par conséquent, la rémunération ainsi forgée par les deux forces du marché, l'offre et la demande, est présumée raisonnable et doit être préservée lors de l'exécution du contrat. Autrement dit, aucun avantage financier supplémentaire ne peut être octroyé une fois que le contrat est attribué.

952. La question qui s'ensuit de cet impératif de préservation de la rémunération est celle de la possibilité d'identification de tout avantage rendant la rémunération excessive. À ce propos, aux mécanismes de contrôle des contrats de la commande publique et de leur économie à l'échelon national s'ajoute le contrôle des aides publiques qui peut être exercé au niveau européen. Ce dernier s'explique par le rapprochement de la rémunération avec le bénéfice raisonnable justifié en matière de compensations de service d'intérêt économique général. De plus, le critère de l'investisseur privé ainsi que les critères de la jurisprudence *Altmark* contribuent à la rationalisation voire à la détermination de la rémunération d'une manière objective et abstraite.

953. En ce sens, l'efficacité économique est interprétée voire contrôlée à travers la légalité du contrat de la commande publique et, par extension, de la rémunération convenue.

Conclusion Titre II

954. La détermination de la rémunération implique nécessairement sa circonscription quantitative. Bien qu'elle soit le résultat d'un calcul économique, la question de sa détermination est profondément juridique. Autrement dit, la rationalité de la rémunération du cocontractant de l'Administration passe nécessairement à travers sa légalité.

955. D'une part, empruntant le chemin de la raison, pour qu'une rémunération soit possible, il faut que la contrepartie convenue couvre au moins le coût lié à l'objet du contrat. Autrement dit, le seuil de la rémunération est la couverture du coût. Cependant, il apparaît souvent que les offres économiques présentées ne couvrent pas ce coût. Cette pratique se matérialise, en principe, à travers des rabais excessifs, sur la base desquels sont proposés les prix prédateurs. Or, le choix d'une telle offre, *a priori* attractive, est susceptible de compromettre l'exécution du contrat de la commande publique.

956. D'autre part, la légitimité de la rémunération implique nécessairement son plafonnement. Cet impératif de moralité du profit, étroitement lié au principe de bonne gestion des deniers publics, est soumis aux contraintes du droit de la commande publique et du droit de la concurrence. Ainsi, le plafond de la rémunération s'identifie à l'avantage qui n'est pas susceptible de fausser la libre concurrence. Pour emprunter les termes européens, le plafond de la rémunération se trouve dans sa qualification en aide publique. Ce plafond considère tant sa détermination lors de la conclusion du contrat, que sa préservation lors de l'exécution du contrat.

957. Dans ce cadre, la rémunération est alors déterminée conformément aux contraintes du droit de la commande publique et du droit de la concurrence lors du processus concurrentiel de passation. Elle est déterminée de manière institutionnelle : en amont, par des évaluations conformes à ces contraintes et en aval par des mécanismes – nationaux et européens – de contrôle : le seuil de la rémunération et le problème des prix prédateurs tombent sous le contrôle des offres anormalement basses ; le plafond de la rémunération tombe sous le contrôle comptable et juridictionnel au niveau national et à l'interdiction des aides publiques.

958. Cette approche permet non seulement la compréhension de la nature dynamique de la rémunération, mais contribue également à la sécurité juridique, au sens de la préservation des intérêts des parties, ainsi que des tiers (concurrents évincés, usagers etc.). L'analyse institutionnelle de la rémunération conduit à sa rationalisation à travers des critères juridiques objectifs et abstraits.

Conclusion Partie I

959. L'esquisse de la notion de la rémunération ainsi que son examen comparatif en vertu du droit français, grec et allemand impliquent inévitablement la construction de son concept unique. Partant d'une définition étroite de la rémunération, entendue comme la marge de profit tirée par le cocontractant de l'Administration dans les contrats de la commande publique, cette notion est construite sur les plans qualitatif et quantitatif.

960. D'un point de vue qualitatif, la définition contractuelle de la rémunération est affirmée, au sens où elle constitue un droit consenti du cocontractant de l'Administration à tirer un profit de la contreprestation financière. Cette acception combine des indices provenant d'une conception subjective (droit du cocontractant – obligation de l'Administration), et passant à une conception objective (rémunération tirée d'un prix - rémunération tirée des résultats de l'exploitation). Le couplage de ces deux conceptions a pour résultat sa qualification en situation juridique créée lors de la conclusion du contrat. Cette qualification permet de rationaliser la nature intangible de la rémunération ainsi que la possibilité de son adaptation (révision) en raison du risque inhérent.

961. D'un point de vue quantitatif, la notion de rémunération implique sa détermination. Bien évidemment, elle est fixée par le contrat, résultat de l'accord des volontés des parties, ou, plus précisément, de la compétence contractuelle de l'Administration et du consentement de son cocontractant. En parallèle, elle est déterminée par le jeu de la libre concurrence lors du stade de passation du contrat, qui est régi par le droit de la commande publique et les règles de la libre concurrence. Leur imbrication crée un cadre institutionnel de détermination de la rémunération et contribue à sa rationalisation.

Ainsi, une rémunération évaluée conformément au droit de la commande publique, forgée par le jeu entre l'offre et la demande lors du processus concurrentiel de la passation et contrôlée par des mécanismes nationaux et européens, doit être considérée comme raisonnable. Cette notion, ainsi institutionnalisée, dépasse la distinction entre passation et exécution du contrat de la commande publique.

BIBLIOGRAPHIE

(Classification par rapport à l'objet du document, indépendamment de la langue dans laquelle il est rédigé)

I. OUVRAGES GÉNÉRAUX, TRAITÉS ET MANUELS

FRANCE

Amilhat M., Contentieux des contrats publics, LexisNexis, Paris, 2025.

Braconnier St., *Précis du droit de la commande publique*, 8e édition, LeMoniteur, Paris, 2025

Chapus R., *Droit administratif général,* 15e éd., Montchréstien, Paris, 2001.

Colin F., *Droit public économique*, 6e éd., Gualino, Paris, 2017.

Colson J.-P.- Idoux P., *Droit public économique*, 10e éd. LGDJ, Paris, 2018.

Combe E., *Économie et politique de la concurrence*, Dalloz, 2005.

De Gaudemar H.- Mongoin D., *Les grandes conclusions de la jurisprudence administrative (GCJA)*, 1re éd., LGDJ, Paris 2015.

De Laubadère A. Venezia J.-C., Gaudemet Yv., *Traité de droit administratif*, 12e éd. LGDJ, Paris, 1992.

De Laubadère A.- Moderne F.- Delvolvé P., *Traité des contrats administratifs,* 2e éd. LGDJ, Paris, 1983-1984.

Delvolvé P., *Droit public de l'économie*, Dalloz, Paris, 1998.

Drago R.- Auby J.-B., *Traité de contentieux administratif*, LGDJ, 3e éd., 1984, t. I.

Du Marais B., *Droit public de la régulation économique,* coll. Amphi, 2004.

Eckert G., *Droit public des affaires,* 2e éd., LGDJ, Paris, 2013.

Frison-Roche M.-A.et Payet M.- St., *Droit de la concurrence*, coll. Précis, Dalloz, Paris, 2006.

Gaudemet Yv., *Traité de droit administratif*, t. II, 15é éd. LGDJ, Paris, 2014.

Gaudemet Yv., *Traité de droit administratif,* t. I, LGDJ, Paris 2011.

Gaudemet Yv. et al., *Les grands avis du Conseil d'État,* 3e éd., Dalloz, 2008.

Guettier Ch., *Droit des contrats administratifs,* 3e éd., PUF, coll. Thémis Droit, Paris, 2011.

Guézou Ol., *Traité de contentieux de la commande publique,* coll. Référence juridique, LeMoniteur, Paris, 2015.

Guglielmi G.- Koubi G., *Droit du service public*, 4e éd., Montchrestien-Lextenso, Paris, 2016.

Hauriou M., *Principes de droit public*, 2e éd., Sirey, 1916.

Hauriou M., *Précis de droit administratif et de droit public*, 6e éd. 1907, Sirey.

Hoepffner H., *Droit des contrats administratifs*, 4e édition, Dalloz, Paris, 2024.

Jèze G., *Théorie générale des contrats de l'administration: formation et exécution des contrats,* 3e éd., M. Giard, Paris, 1934.

Jèze G., *Cours des finances publiques*, Giard, Paris, 1931.

Jèze G., *Les contrats administratifs de l'État, des départements, des communes et des établissements publics*, Giard, Paris, 1927.

Kelsen H. (traduit par Eisenmann Ch.), *Théorie pure du droit,* Dalloz, Paris, 1962.

Lambert-Faivre Yv.- Leveneur L., *Droit des assurances*, Dalloz, Paris, 2001.

Lassale F., *Traité systématique des droits acquis- Conciliation du droit positif et de la philosophie du droit*, Paris, Giard, 1904.

Lenica F., *Droit des contrats publics,* notes Master Droit Notarial, Université Paris Dauphine, (ressource en ligne) : http://www.adndauphine.com/blog/Cours_et_Sujets/Entrees/2011/1/5_Cours_et_sujets_2010-2011_files/3%20-%20Droit%20des%20contrats%20publics%20%28M.%20LENICA%29.pdf

Long M.- Weil P.-Braibant G.- Delvolvé P.- Genevois B. - *Les grands arrêts de la jurisprudence administrative,* 25e éd., Lefebvre Dalloz, Paris, 2025.

Malaurie- Vignal M., *Droit de la concurrence interne et européen*, 6e éd. Sirey, Paris, 2014.

Nicinski S., *Droit public des affaires,* 10e éd., LGDJ, Paris, 2025.

Pothier, *Traité des obligations,* Siffrein, Paris, 1821.

Rapp L.- Terneyre Ph., *Droit public des affaires*, Lamy, Paris, 2020.

Richer L.- Lichère F., *Droit des contrats administratifs*, 13e éd. LGDJ, Paris, 2024.

Seiller B., *Droit administratif,* 9e éd., Flammarion, Paris, 2024.

Terre F.- Simler Ph.- Lequette Y., *Droit civil, Les obligations,* v. 2, 6e éd., coll. Précis, Dalloz, 1999.

GRÈCE

Aristote, *Éthique à Nicomaque (Ηθικά Νικομάχεια).*

Chrysogonos C.- Vlachopoulos Sp., *Droits individuels et sociaux (Ατομικά και Κοινωνικά Δικαιώματα),* 4e éd., Nomiki Vivliothiki, Athènes, 2017.

Dagtoglou P., *Droit administratif général (Γενικό Διοικητικό Δίκαιο)*, 7e éd., Sakkoulas, Athènes- Théssalonique, 2014.

Dagtoglou P., *Droits individuels (Ατομικά Δικαιώματα)*, 4e éd., Sakkoulas, Athènes- Théssalonique, 2012.

Dellis G., *Le nouveau droit des contrats de la commande publique (Το νέο Δίκαιο των Δημοσίων Συμβάσεων)*, 2e édition, Nomiki Vivliothiki, Athènes, 2024.

Dendias M., *Droit administratif (Διοικητικό Δίκαιο),* 5e éd., Pantazis, Athènes, 1964.

Flogaitis Sp., *Le contrat administratif- Notion et Nature (Η διοικητική σύμβαση- Έννοια και φύση),* Ant. N. Sakkoulas, Athènes- Komotini, 1991.

Gerontas Ap., *Droit des travaux publics (Δίκαιο Δημοσίων έργων)*, Sakkoulas, Athènes- Thessalonique, 2009.

Kalavros K., *Arbitrage commerciale internationale (Διεθνής εμπορική διαιτησία),* t. I, 2e éd., Sakkoulas, Athènes- Théssalonique, 2023.

Korsos D., *Droit administratif (Διοικητικό Δίκαιο),* 2e éd., A.N. Sakkoulas, Athènes- Komotini, 1995.

Kyriakopoulos I., *Droit administratif grec (Ελληνικόν Διοικητικόν Δίκαιον),* 4e éd. Théssalonique, 1961.

Lazaratos P., *Droit du contentieux administratif, (Διοικητικό Δικονομικό Δίκαιο)*, 6e éd., Nomiki Vivliothiki, Athènes, 2025.

Moustaira El., *Droit comparé- cours universitaires (Συγκριτικό Δίκαιο-Πανεπιστημιακές Παραδόσεις)*, Ant.N. Sakkoulas, Athènes, 2004.

Pampoukis Ch., *Arbitrage (Διαιτησία),* Nomiki Vivliothiki, Athènes, 2023.

Papachatzis G., *Système du droit administratif existent en Grèce (Σύστημα του ισχύοντος στην Ελλάδα διοικητικού δικαίου),* 7e éd., Athènes, 1991.

Raikos D. – Vlachou Ev. – Savvidi Ev., *Contrats publics – Loi n°4412/2016 – Commentaire article par article (Δημόσιες Συμβάσεις N.4412/2016 – Ερμηνεία κατ' άρθρο),* t.1, Sakkoulas, Athènes – Théssalonique, 2018.

Raikos D., *Droit des contrats publics (Δίκαιο Δημοσίων Συμβάσεων),* 5e éd. Sakkoulas, Athènes-Théssalonique, 2026.

Spiliotopoulos Ep., *Manuel du droit administratif (Εγχειρίδιο Διοικητικού Δικαίου),* 13e édition, Nomiki Vivliothiki, Athènes, 2011.

Stassinopoulos M., *Cours de droit administratif (Μαθήματα Διοικητικού Δικαίου),* 2e éd., Athènes, 1957.

Tachos A., *Droit administratif grec (Ελληνικό Διοικητικό Δίκαιο),* 9e éd. Sakkoulas, Athènes-Théssalonique, 2008.

Tomaras D., *Contrats publics (Δημόσιες Συμβάσεις),* 4e éd., Nomiki Vivliothiki, 2023.

Vathrakokilis V., *Commentaire et Jurisprudence du Code civil, (Ερμηνεία και Νομολογία Αστικού Κώδικα),* t. II, Sakkoulas Athènes, 2003.

ALLEMAGNE

Burgi M., *Droits des contrats de la commande publique (Vergaberecht)*, 4 éd., C.H. Beck, Munich, 2025.

Cramer/ Kandel/ Preussner, *Commentaire VOB/B (Beck OK Kommentar VOB/B)*, 59e éd., C.H.Beck, Munich, 2025.

Detterbeck St., *Droit administratif général et contentieux administratif (Allgemeines Verwaltungsrecht mit Verwaltungsprozessrecht),* 23e éd., C.H. Beck, Munich, 2025

Durig/ Herzog/ Scholz, Loi *fondamentale – Commentaire (Grundgesetz Kommentar),* 106e éd., C.H.Beck, Munich, 2025.

Ergbuth W. - Guckelberger A., Droit *administratif général (Allgemeines Verwaltungsrecht),* 9e éd., Nomos, Baden – Baden, 2018.

Forsthoff E., *Traité de droit administratif allemand,* traduit par Fromont M., Bruxelles, 1969.

Forsthoff E., *L'Administration comme fournisseur des services (Die Verwaltung als Leistungsträger),* Stuttgart et Berlin, 1938.

Gehrlein M., *Loi de procédure civile allemande- Commentaire (ZPO-Kommentar),* 17e éd., Wolters Kluwer, Würth, 2025.

Graf von Westphalen/ Thüsing/ Pump, *Droit des contrats et mise en œuvre de AGB (Vertragsrecht und AGB-Klauselwerke),* 50e éd., C.H.Beck, Munich, 2024.

Hoffman-Riem- Schmidt-Aßmann- Voßkuhle, *Principes du droit administratif (Grundlagen des Verwaltungsrechts),* 2e éd., Beck, Munich, 2012.

Immenga U. -Mestmäcker, *Droit de la concurrence (Wettbewerbsrecht),* 7e éd, C.H. Beck, Berlin, 2025, t. 2.

Kindhäuser-Neumann-Paeffgen, Code penal commenté (*StGB Strafgesetzbuch-StGB),*5e éd. Nomos, Baden-Baden, 2017.

Kleeman, *Histoire de la forteresse d'Ingolstadt (Gesichte der Festung Ingoldstadt),* 1883.

Kniffka R.- Koebler W. et al., *Précis du droit de construction (Kompendium des Baurechts)*, 5e édition, C.H. Beck, 2018.

Maurer H., *Allgemeines Verwaltungsrecht (Droit administratif général)*, 18e éd. 2011.

Michaelis / Rhösa / Greiffenhagen / Pauka, *Tarification dans les marchés publics* (*Preisbildung bei öffentlichen Aufträgen)*, 110e révision, Decker, Heidelberg, 2024.

Ullrich H., *La politique de concurrence en Allemagne fédérale*, coll. Que sais-je ?, PUF, 1996.

Von Münch In. - Kunig Ph., *Loi fondamentale – Commentaire (Grundgesetz Kommentar)*, 8e éd., C.H. Beck, Munich, 2025.

Von Staudingers J., *Commentaire du Code civil avec Loi d'introduction et Lois annexes (Kommentar zum Bürgerlichen Gesetzbuch mit Einfûhrungsgesetz und Nebengesetzen),* Sellier- de Gruyter, Berlin, 2014.

Werner- Pastor, *Le processus de construction (Der Bauprozess)*, 16e éd., éd.Werner, Hürth , 2017.

Ziekow/Völlink, *Droit de la commande publique* (*Vergaberecht*), 5e.éd., C.H.Beck, Munich, 2024.

Ziekow J., *Commentaire de la Loi sur la procédure administrative non-contentieuse (VwVfG Kommentar),* éd. Kohlhammer, Stuttgart, 2012.

EUROPE

Dubouis L.- Blumann Cl., *Droit matériel de l'Union européenne,* 7e éd. Montchrestien, Paris, 2015.

Fromont M., *Droit administratif des États européens*, coll. Thémis-Droit, PUF, 2006.

Richer L., *L'Europe des marchés publics,* L.G.D.J. Lextenso éditions, Paris, 2009.

Sicilianos L.-A.et al., *Convention européenne des droits de l'Homme-Commentaire – (Ευρωπαϊκή Σύμβαση Δικαιωμάτων του Ανθρώπου-Ερμηνεία κατ' άρθρο)*, 2e éd., Nomiki Vivliothiki, 2017.

Sudre F., *Les grandes décisions de la Cour européenne des droits de l'homme*, PUF, Paris, 2017.

DROIT COMPARÉ

Constantinesco L.-J., *Traité de droit comparé,* LGDJ, Paris, 1974.
Sacco R., *La Comparaison juridique au service de la connaissance du droit,* Économica, Paris, 1991.

OUVRAGES ÉCONOMIQUES

Cantillon R., *Essai sur la nature du commerce en général,* [1755], *Institut national d'études démographiques [Quissac, Dusserre-Telmon],* Paris, 1997.
Chamberlin E., *The theory of monopolistic competition*, New York, 1933.
Coase R., *Law and Economics* at Chicago, vol. 36, n°1.1, Part 2.
Hawley F.B., *Enterprise and the Productive Progress,* New York, 1907.
Keynes J.-M., *A Treatise on Probability, vol. VIII,* Collected Writings, Mac Millan, Londres 1973 (1921).
Knight F., *Risk, Uncertainty and Profit,* Boston, New York, Houghton Mifflin Company, 1921.
Posner R., *Antitrust Law*, Chicago University Press, 2e éd. 2001.
Robinson J., *The economics of imperfect competition*, Londres, 1933.
Smith A., *La richesse des nations*, 1776.
Walras L., *Les éléments d'économie politique pure*, 1874.

II. OUVRAGES SPÉCIALISÉS

FRANCE

Bergeal C.- Lenica F., *Le contentieux des marchés publics*, 2e édition, Editions du Moniteur, Paris, 2010.
Bettinger Ch., *La concession de service public et de travaux publics*, Berger-Levrault, Paris, 1979.
Bezançon X., *Les services publics en France, du Moyen-Age à la Révolution*, Presses des Ponts et Chaussées, 1997.

Bezançon X.- Cucchiarini Ch.- Cossalter Ph., *Le guide de la commande publique : marchés publics, contrats de partenariats publics-privés, délégations de service public,* coll.Guides juridiques marchés publics, LeMoniteur, Paris 2017.

Bourdon P., *Le contentieux indemnitaire de la nullité du contrat administratif,* coll. Logiques Juridiques, L'Harmattan, Paris, 2008.

Brenet F.- Melleray F., *Les contrats de partenariat de l'ordonnance du 17 juin 2004,* LexisNexis, Litec, Paris, 2005.

Cabanes C.- Neveu B., *Droit de la concurrence dans les contrats publics : pratiques anticoncurrentielles, abus de position dominante, contrôles et sanctions,* Le Moniteur, Paris, 2008.

Caston A.- Ajaccio X.- Porte R., *L'assurance construction*, 4e éd., coll. Guides juridiques, LeMoniteur, Paris, 2022.

Caston A., *La responsabilité des constructeurs*, coll. Analyse juridique, LeMoniteur, Paris, 2006.

Catz J., *Les constructeurs et le risque du sol,* Collection Actualité juridique, éd. Moniteur, Paris, 1985.

Cubaynes C., *La durée des contrats administratifs*, Bibliothèque de droit public, LGDJ, Paris, 2022.

Duez P., *La responsabilité de la puissance publique en dehors du contrat*, Dalloz, 2e éd. 1938.

Fabre- Magnan M., *De l'obligation d'information dans les contrats. Essai d'une théorie,* LGDJ, Paris, 1992.

Guézou Ol., *Traité de contentieux de la commande publique*, coll. Référence juridique, 3e éd., LeMoniteur, Paris, 2023.

Hess R., *La Sociologie d'intervention*, Collection : Le sociologue, Presses Universitaires de France, 1981.

Hiol St. (sous dir.), *Regards croisés sur les dix ans de la jurisprudence Tarn-et-Garonne*, coll. Droit et Science Politique, Mare &Martin, Paris 2025.

Hoepffner H., *Les garanties des constructeurs en droit public*, coll. Systèmes, Lextenso-LGDJ, Paris, 2018.

Klein L. – Sevino Al., *Délégation de service public, pratique de passation,* éd. EFE, Paris, 2013.

Lefevre M., *Pratique des contrats publics,* éd. Eyrolles, Paris, 1995.

Lepoint G., *L'Histoire des marchés d'État en France*, Dalloz, Paris 1962.

Marcou G.- Vickermann R. - Luchaire Yv., *Le tunnel sous la Manche entre États et marchés*, PU Lille, 1992.

Marois B., *Le risque- pays,* PUF, Paris, 1990.

Martinez B.- Serr F., *Exécution des marchés publics*, 5ᵉ édition, LeMoniteur, Paris, 2025.

Méric- Pesqueux- Solé, *La « Société du Risque » : analyse et critique*, coll. Gestion, Economica, Paris, 2009.

Moderne F., *Les quasi- contrats administratifs*, coll. Droit pubic, Sirey, Paris 1995.

Narayan- Fourment H., *L'approche concurrentielle et contractuelle de la détermination du prix (dans les ventes commerciales et les contrats-cadre),* PUAM, Aix- Marseille, 2003.

Orlando C.- Séguin G., *Intégrer le coût global dans les projets de construction les composantes du coût global et sa mise en œuvre*, CSTB éd., Marne-la-Valée, 2013.

Peyrical J.-M., *Les avenants aux contrats publics*, Le Moniteur, Paris, 2005.

Sevino Al., *Le mémento du référé précontractuel, procédure, moyens et jurisprudence*, Eyrolles, Paris, 2007.

Villemeur A., *Sûreté de fonctionnement des systèmes industriels*, Eyrolles, 1988.

GRÈCE

Androulakis I., *Le traitement pénal des ententes dans les procédures d'appel d'offres publiques (Ποινική αντιμετώπιση των καρτέλ στους δημόσιους διαγωνισμούς),* éd. P.N.Sakkoulas, Athènes, 2008.

Arnaoutoglou F., *La demande en référé de la loi n° 3886/2010 (Η αίτηση ασφαλιστικών μέτρων του Ν. 3886/2010),* éd. Nomiki Vivliothiki, Athènes, 2011.

Chatzigiannakis V., *Les contrôles de légalité en matière des marchés publics (Οι έλεγχοι νομιμότητας στις δημόσιες συμβάσεις),* Nomiki Vivliothiki, Athènes, 2023.

Dellis G., *Utilité publique et marché. Tome A : La fin des clivages : la régulation publique des activités d'utilité publique par le marché (Κοινή Ωφέλεια και Αγορά. Τόμος Α': Το τέλος των διαχωριστικών γραμμών: η αγορακεντρική δημόσια ρύθμιση των κοινωφελών υπηρεσιών),* Ant. N. Sakkoulas, Athènes- Komotini 2008.

Degleris P., *Le droit fondamental à une protection juridictionnelle d'urgence efficace (et effective) en matière des contrats publics en période de crise : l'exemple de justice chère- la divergence entre droit et justice (Το θεμελιώδες δικαίωμα στην αποτελεσματική (και πραγματική) δικαστική προστασία στις δημόσιες συμβάσεις σε περίοδο κρίσης : το παράδειγμα της ακριβής δικαιοσύνης- μια αποκλίνουσα σχέση δικαίου και δικαιοσύνης),* Sakkoulas, Athènes- Théssalonique, 2016.

Degleris P., *Corruption et contrats publics : la péripétie législative et contentieuse des affaires de l' « Actionnaire majoritaire » et du « Certificat de transparence », (Διαφθορά και Δημόσιες Συμβάσεις. Η νομοθετική και δικαστική περιπέτεια του 'Βασικού μετόχου' και του 'Πιστοποιητικού Διαφάνειας'),* Nomiki Vivliothiki, Athènes, 2012.

Dellis G., *La justice administrative à la recheche de la vitesse- Renversant le mythe de la Belle au bois dormant (Η Διοικητική Δικαιοσύνη σε αναζήτηση ταχύτητας- Ανατρέποντας το μύθο της Ωραίας Κοιμωμένης),* Nomiki Vivliothiki, Athènes ; 2013.

Detsaridis Ch., *Les principes de confiance légitime et de bonne foi en droit administratif (Οι αρχές της δικαιολογημένης εμπιστοσύνης και της καλής πίστης στο διοικητικό δίκαιο)*, Sakkoulas, Athènes-Théssalonique, 2003.

Fortsakis Th., *Arbitrage et contentieux administratif (Διαιτησία και διοικητικές διαφορές),* coll. Études - Institut de l'histoire constitutionnelle grecque et de la science constitutionnelle, n° 10, éd. P.N. Sakkoulas - Droit et Économie, Athènes, 1998.

Karathanasopoulos E., *Le contrôle précontractuel par la Cour des comptes, Ο προσυμβατικός έλεγχος από το Ελ. Σ.*, Nomiki Vivliothiki, Athènes, 2010.

Karmou V.- Economou P. – Trova E., *L'arbitrage de construction, (Η κατασκευαστική διαιτησία)*, Sakkoulas, Athènes, 2016.

Konstantakou E., *Aides d'État & entreprises d'utilité publique (Κρατικές ενισχύσεις & κοινωφελείς υπηρεσίες),* Nomiki Vivliothiki, Athènes, 2019.

Korsos D., *Le contrat de droit administratif (Η σύμβασις του διοικητικού δικαίου),* Ant. N. Sakkoulas, Athènes, 1961.

Kouloumpini E., Le principe de proportionnalité devant la Cour des comptes (Η αρχή της αναλογικότητας ενώπιον του Ελεγκτικού Συνεδρίου), Nomiki Vivliothiki, Athènes, 2023.

Koutras D.- Skouris P.- Trova H., *Les contrats de concession et les partenariats public-privé- La nouvelle loi n° 3389/2005 (Οι συμβάσεις παραχώρησης και οι Συμπράξεις Δημοσίου και Ιδιωτικού Τομέα- Ο νέος νόμος 3389/2005),* éd. Ellinika grammata, Athènes, 2005.

Kyvelos S., *Le recours quasi- juridictionnel, (Η ενδικοφανής προσφυγή),* 2e édition, Sakkoulas, Athènes, 2016.

Lazaratos P., *La protection juridictionnelle provisoire selon le Code de la justice administrative (Η προσωρινή δικαστική προστασία κατά τον Κώδικα Διοικητικής Δικονομίας),* Ant. N. Sakkoulas, Athènes, 2002.

Mavrommati A., *La jurisprudence de la Cour des Comptes en matière du contrôle de la procédure de passation des contrats de la commande publique (Η Νομολογία του Ελεγκτικού Συνεδρίου για τον Προσυμβατικό Έλεγχο των Δημοσίων Συμβάσεων),* Nomiki Vivliothiki, Athènes, 2024.

Mentis G., *De la défense et de la libéralisation du débiteur surendetté (Άμυνα και ελευθέρωση του υπερχρεωμένου οφειλέτη)*, éd. P. N. Sakkoulas (Droit et Économie), 2012.

Milionis N., *La Cour des comptes- Tendances contemporaines et évolutions» (Το ελεγκτικό Συνέδριο- Σύγχρονες τάσεις και εξελίξεις),* Nomiki Vivliothiki, Athènes, 2012.

Mitkidis Ch., *Contrat d'exécution des travaux publics (Σύμβαση εκτέλεσης δημοσίων έργων)*, 2e edition, Nomiki Vivliothiki, Athènes, 2021.

Pavlopoulos P., *La responsabilité civile du secteur public (Η αστική ευθύνη του Δημοσίου)*, éd. Ant. N. Sakkoulas, Athènes- Komotini, 1989, t. II.

Pararas P., *Liberté économique- Article 5 paragraphe 1 de la Constitution (Οικονομική Ελευθερία- Άρθρο 2 παρ. 1 Σ),* Sakkoulas, Athènes- Théssalonique, 2019.

Remelis C., *La demande en référé auprès le Conseil d'État (Loi n° 2522/1997)- L'origine européenne du référé en matière des travaux publics, les fournitures et les services (Η αίτηση ασφαλιστικών μέτρων ενώπιων του ΣτΕ (ν. 2522/1997)- Οι κοινοτικές καταβολές της προσωρινής προστασίας στα δημόσια έργα, τις προμήθειες και τις υπηρεσίες)*, Sakkoulas, Athènes- Théssalonique, 2000.

Rovlias Nt., *Travaux publics et études- La nouvelle loi n° 4412/2016 relative aux marchés publics, (Δημόσια έργα και μελέτες- Ο νέος νόμος 4412/2016 για τις δημόσιες συμβάσεις),* Nomiki Vivliothiki, Athènes, 2017.

Sampanis G.- Synodinos Ch., *Contrats publics- protection sous les seuils européens (Συμβάσεις του Δημοσίου- Προστασία κάτω από τα ευρωπαϊκά κατώφλια)*, Nomiki Vivliothiki, Athènes, 2010.

Théocharopoulos L., *Le principe d'égalité devant les charges publiques et la responsabilité civile de l'État (Η αρχή της ισότητος στα δημόσια βάρη και η αστική ευθύνη του κράτους)*, Ant.N. Sakkoulas, Athènes, 1988.

Tsironas Ath., *Les demandes pour enrichissement sans cause de l'exécution des contrats administratifs (Οι αξιώσεις αδικαιολόγητου πλουτισμού από την εκτέλεση διοικητικών συμβάσεων),* Sakkoulas, Athènes- Théssalonique, 2007.

Venieris I., *Partenariats public-privé- le cadre contractuel (ΣΔΙΤ- Συμπράξεις Δημοσίου και Ιδιωτικού Τομέα- Το Συμβατικό Πλαίσιο),* Nomiki Vivliothiki, Athènes, 2007.

Vlachopoulos Sp./ Sotiropoulos D., *Contrats de la commande publique : Qu'est-ce qui a changé dans le cadre réglementaire et la pratique administrative après la révision de la loi 4412/2016 (Δημόσιες Συμβάσεις: Τι άλλαξε στο ρυθμιστικό πλαίσιο και στη διοικητική πρακτική μετά την αναθεώρηση του ν. 4412/2016)*, diaNEOsis, mars, 2024.

Yannakopoulos C., *La protection de la libre concurrence lors de l'exécution des contrats administratifs, (Η προστασία του ελεύθερου ανταγωνισμού κατά την εκτέλεση των διοικητικών συμβάσεων),* éd. A.N. Sakkoulas, Athènes- Komotini, 2006.

Yannakopoulos C., *L'opacité requise par la concurrence effective en droit communautaire des marchés publics (Η αδιαφάνεια που απαιτεί ο αποτελεσματικός ανταγωνισμός στο κοινοτικό δίκαιο των δημοσίων συμβάσεων),* A.N. Sakkoulas, Athènes- Komotini, 2003.

Zacharopoulou A. – Anastopoulou E., *Les marchés publics verts*, Nomiki Vivliothiki, Athènes, 2024.

Zevgolis N., *Le cartel en droit de la libre concurrence (Το Καρτέλ στο Δίκαιο του Ελεύθερου Ανταγωνισμού)*, 2e éd., Nomiki Vivliothiki, Athènes, 2022.

ALLEMAGNE

Antweiler Cl.- Ziekow J., *Droit de la commande publique: Loi contre les distorsions à la libre concurrence – Commentaire (Vergaberecht: Gesetz gegen Wettbewerbsbeschränkungen – Kommentar)*, Beck, Munich, 2013.

Baüer M., *Liberté contractuelle et Loi fondamentale- normativité et effectivité de la liberté contractuelle des individus de point de vue constitutionnel (Vertragsfreiheit und Grundgesetz- Normativität und Faktizität individueller Vertragsfreiheit im verfassungsrechtlicher Perspektive)*, Nomos, Baden- Baden, 2000.

Burgi/Dreher, Commentaire du §22 in *Beck'scher Commentaire du droit de la commande publique (Beck'scher Vergaberechtskommentar),* t. 2, 3e éd. C.H.Beck, 2019.

Byok, J.- Jaeger W.- Bormann G., *Commentaire du droit de la commande publique- Explications sur les dispositions de la Loi GWB et du règlement VgV (Kommentar zum Vergaberecht: Erläuterungen zu den vergaberechtlichen Vorschriften des GWB und der VgV),* 3e éd., Verlag Recht und Wirtschaft, Frankfort sur le Main, 2011.

Fleiner F., *Institutions du droit administratif allemand (Institutionen des Deutsches Verwaltungsrechts),* 5e éd., ed. J.C.B. Mohr, Tübingen 1928.

Frielinghaus H., *Le cadre juridique de l'allocation des risques dans les contrats de construction, notamment à propos de la répartition proportionnelle des risques (RechtlicherRahmen der Risikoallokation in Bauverträgen Unterbesonderer Berücksichtigung quotaler Risikozuweisung),* Nomos, Baden-Baden, 2014.

Gabriel M.- Krohn W.-Neun An., *Manuel de la commande publique (Handbuch des Vergaberechts),* Beck., Munich, 2014.

Graf von Westphalen F. – Thüsing G., *Droit des contrats et mise en œuvre d'AGB (Vertragsrecht und AGB-Klauselwerke), 41e* éd., C.H. Beck, Munich, 2018.

Grau Ul., *Évolution historique et perspectives du droit de la commande publique (Historische Entwicklung und Perspektiven des Rechts der öffentlichen Aufträge*), éd. P. Lang, Frankfort sur le Main, 2004.

Hereth F.- Ludwig O.-Naschold R., *Commentaire VOB (« Kommentar zur VOB),* Bauverlag Wiesbaden,1954.

Hertwig S., *Pratique des contrats de la commande publique (Praxis der öffentlichen Auftragsvergabe),* -6e éd., C.H. Beck, Munich, 2016.

Ingestau- Korbion, Circulaire VOB, *(VOB)*, 1ère éd., 1960.

Kapellmann K./ Schiffers K.-H./ Markus J., *Rémunération, accords complémentaires et conséquence des retards dans les contrats de construction (Vergütung, Nachträge und Behinderungsfolgen beim Bauvertrag, inheitspreisvertrag),* tome 1, 8e éd., Hürth Wolters Kluwer, 2024.

Kapellmann K./ Schiffers K.-H./ Markus J., *Rémunération, accords complémentaires et conséquence des retards dans les contrats de construction (Vergütung, Nachträge und Behinderungsfolgen beim*

Bauvertrag, inheitspreisvertrag), tome 2, 7e éd., Hürth Wolters Kluwer, 2025.

Kapellmann K./Messerschmidt (sous dir.) *VOB/A, B,* 9e éd., C.H. Beck, Munich, 2025.

Koch M., *L'activité économique des communes- Un montant de la politique d'ordre économique et financier (Die wirtschaftliche Betätigung der Gemeinden- Ein Betrag zur finanzwirtschaftlichen Ordungspolitik)*, Duncker& Humbolt, Berlin, 1992.

Kulartz H.-P., Kus Al., Portz N., *Commentaire sur la Loi GWB- Droit de la commande publique (Kommentar zum GWB-Vergaberecht),* Werner, Neuwied, 2014.

Kunz/Kramer, *Droit des transports ferroviaires (Eisenbahnrecht),* 46e éd. 2016.

Lange H., *Dommages-Intérêts (Schadenersatz)*, Mohr, Tübingen, 1979.

Leinemenn R., *La passation des contrats de la commande publique (Die Vergabe öffentlicher Aufträge),* 5e éd., Cologne, 2011.

Locher-Koeble, *Kommentar HOAI (Commentaire sous la réglementation d'honoraires pour des architectes et ingénieurs*, 10e éd., Werner, Düsseldorf, 2009.

Loewenheim, Meesen, Riesenkampff, *Droit de la concurrence (Kartellrecht)* 2e éd. C.H. Beck, 2009.

Lohmann M., *La réglementation incitative en tant que concurrence à médiation gouvernementale: analyse des approches réglementaires axées sur l'efficacité dans le secteur des réseaux de distribution d'électricité, à l'aide de l'exemple des mesures de soutien de l'État dans le cas de risques existentiels pour l'entreprise* (*Anreizregulierung als hoheitlich vermittelter Wettbewerb: eine Analyse effizienzorientierter Regulierungsansätze beim Stromnetzbereich am Beispiel staatlicher Unterstützungsmaßnahmen bei existenzbedrohenden Unternehmensrisiken)* , Nomos, Baden-Baden, 2007.

Preussner M. – Kandel R.- Jansen G., *Commentaire VOB (Beck OK Kommentar VOB)*, 35e éd., 2019.

Prieß H.-J., *Protection juridique dans le droit de la commande publique (Rechtsschutz im Vergaberecht),* Heymann, Cologne, 2006.

Prömper St., *Régulation- une nouvelle forme de surveillance ? (Regulierung- eine neue Form der Aufsicht ?),* coll. Saarbrücken Schriften zum öffentlichen Recht, n° 10, éd. Alma Mater, Saarbrucken, 2013.

Pünder H. - Schellenberg M., *Droit de la commande publique (Vergaberecht),* 3e éd., Nomos, Baden – Baden, 2019.

Schmidt - Aßmann E., *Le droit administratif général comme idée d'ordre- Fondements et mission du système du droit administratif (Das allgemeine Verwaltugsrecht als Ordnungsidee-Grundlagen und Aufgaben der verwaltungsrechtlichen Systembildung),* 2e éd., Springer, Berlin-Heidelberg, 2006.

Simonis, M., *La sanction des manquements graves au droit des marchés publics -Une recherche portant en particulier sur les de facto marchés publics (Die Ahndung schwerer Vergaberechtsverstöße Eine Untersuchung unter besonderer Berücksichtigung von De-Facto-Vergaben),* coll. Schriftenreihe des Forum Vergabe, n° 52, éd. Bundesanzeiger, Cologne, 2015.

Stumpf C.A., *Règlement alternatif des différends par négociation dans le droit administratif (Alternative Streitbeilegung im Verwaltungsrecht)*, Mohr Siebeck, Tübingen, 2006.

Theobald Ch., *Régulation incitative: une recherche critique (Anreizregulierung: eine kritische Untersuchung),* Beck, Munich, 2008.

Werner Ul.- Pastor W., *Le processus de construction (Der Bauprozess)*, 16e éd., éd.Werner, 2017.

Zanner Ch., *VOB/B à propos des droits à revendiquer (VOB/B nach Ansprüchen),* 6e éd. Coll. Bau- und Architektenrecht nach Ansprüchen, Spring Vieweg, Wiesbaden, 2017, p. 154-156.

Ziekow J.- Völling U.- C., *Commentaire sous la Loi contre les restrictions de la concurrence (GWB- Kommentar)*, 3e éd., éd. C.H. Beck, 2018.

EUROPE

Immenga U. –Mestmäcker E.-J. (sous dir.), *Droit de la concurrence – Commentaire du droit européen de la concurrence (Wettbewerbsrecht - Kommentar zum Europäischen Kartellrecht.),* 5e éd, Berlin, 2014.

Karpenschif M., *Droit européen des aides d'état,* Bruyant, Bruxelles, 2017.

Koutoupa- Rengakou E., *Contrats publics et droit communautaire- Procédures de passation et protection contentieuse (Δημόσιες συμβάσεις και κοινοτικό δίκαιο- Διαδικασίες ανάθεσης και έννομη προστασία),* coll. Études de droit public, t. 2, Sakkoulas, Théssalonique, 1995.

Trova El.- Skouris V., *Le droit communautaire des contrats publics (Το κοινοτικό δίκαιο των δημοσίων συμβάσεων),* éd. Sakkoulas, Athènes-Thessalonique, 2009.

Yannakopoulos C., *Marchés publics et contrats de concession- Les grands arrêts de la Cour de justice de l'Union européenne, (Δημόσιες συμβάσεις και συμβάσεις παραχώρησης- Μεγάλες αποφάσεις του Δικαστηρίου της Ευρωπαϊκής Ένωσης)*, coll. Grands arrêts, Sakkoulas, Athènes, 2019.

OUVRAGES ÉCONOMIQUES

Boulat P.-A- Chabert Ph., *Les swaps : technique contractuelle et régime juridique*, Masson, Paris, 1992.

Laffont J.-J. et Tirole J., *Théorie des incitations et réglementation,* coll. Économie et statistiques avancées, Economica, Paris, 2013 (traduction française du livre publié sous le titre *A Theory of Incentives in Procurement and Regulation,* The MIT Press, Massachusetts, 1993).

III. THÈSES ET MÉMOIRES

FRANCE

Bayle G., *L'enrichissement sans cause en droit administratif*, coll. Bibliothèque de droit public, t. 111, LGDJ, Paris, 1973.

Barthélemy J., *Essai d'une théorie des droits subjectifs des administrés dans le droit administratif*, (dact.), Paris, 1899.

Bezançon X., *Essai sur les contrats de travaux et de services publics-Contribution à l'histoire administrative de la délégation de mission publique*, (préf. Long M), Coll. Bibliothèque de droit public, t. 206, LGDJ, Paris, 1999.

Bourdon P., *Le contrat administratif illégal*, (préf. Richer L.), coll. Nouvelle Bibliothèque de Thèses, v. 131, Dalloz, Paris, 2014.

Camguilhem B., *Recherche sur les fondements de la responsabilité sans faute en droit administratif*, (préf. Seiller B.), coll. Nouvelle Bibliothèque de Thèses, n°132, Dalloz, Paris, 2014.

Catz J., *Le risque du sol dans le règlement des marchés de travaux publics et privés*, (thèse dact. Université Paris II), Paris, 1980.

Chapus R., *Responsabilité publique et responsabilité privée*, (préf. Waline M.), LGDJ, Paris 1954.

Charouli An., *Les considérations sociales et environnementales dans la passation des marchés publics*, (thèse dact.) Université Paris I, Panthéon- Sorbonne.

Clamour G., *Intérêt général et concurrence : essai sur la pérennité du droit public en économie du marché*, (préf. J.-L. Autin), coll. Nouvelle bibliothèque de thèses, v. 51, Dalloz, Paris 2006.

Davignon J.-F., *La responsabilité objective de la puissance publique*, (thèse dact.) Lyon II, 1976.

Fin-Langer L., *L'équilibre contractuel*, coll. Bibliothèque de droit privé, n° 366, LGDJ, Paris, 2002.

Gabayet N., *L'aléa dans les contrats publics en droit anglais et droit français*, (préf. Lichère F.), coll. Bibliothèque de droit public, t. 288, LGDJ, Paris, 2015.

Guèzou Ol., *Les comportements anticoncurrentiels dans la passation des marchés publics* (thèse microfiche- Université Paris X), 1998.

Hoepffner H., *La modification du contrat administratif,* (préf. Gaudemet Yv.), coll. Bibliothèque de droit public, LGDJ, Paris, 2009.

Houin R., *La distinction des contrats synallagmatiques et unilatéraux,* (thèse), Université de Paris, 1937.

Labrot É., *L'imprévision - Étude comparée droit public - droit privé des contrats*, (préf. Fraysse F.), coll. Logiques juridiques, L'Harmattan, Paris, 2016.

Llorens F., *Contrats d'entreprise et marchés de travaux publics – Contribution à la comparaison entre contrat de droit privé et contrat administratif,* coll. Bibliothèque de droit public, LGDJ, Paris, 1981.

Maetz Ol., *Les droits fondamentaux des personnes publiques,* (Thèse- Université de Strasbourg), Fondation Varenne, coll. de Thèses, 2011.

Marcus L., *L'unité des contrats publics*, coll. Nouvelle Bibliothèque des Thèses, Dalloz, Paris, 2010.

Moulin P., *Le principe de mutabilité en droit administratif,* coll. Nouvelle Bibliothèque des Thèses, Dalloz, Paris, 2025.

Nicolas V., *Essai d'une nouvelle analyse du contrat d'assurance,* coll. Bibliothèque du droit privé », t. 267, LGDJ, Paris, 1996.

Noguellou R., *La transmission des obligations en droit administratif,* (préf. Gaudemet Yv.), coll. Bibliothèque de droit public, t. 241, LGDJ, Paris, 2004.

Oum-Oum F.-J., *La responsabilité contractuelle en droit administratif,* (préf. Sabiani F.), LGDJ, Paris, 2014.

Patrikios A., *L'arbitrage en matière administrative*, (préf. Gaudemet Yv.), coll. Bibliothèque de droit public, t. 189, LGDJ, Paris, 1998.

Péquignot G., *Théorie du contrat administratif,* (thèse- Faculté de droit de Montpellier), Pédone A., Paris, 1945.

Picod Yv., *Le devoir de loyauté dans l'exécution du contrat,* (préf. Couturier G.), coll. Bibliothèque de droit privé, t.208, LGDJ, Paris, 1989.

Pinaud X., *L'intégration des considérations sociales et environnementales dans les marchés publics,* (mémoire dact.),

Université de Limoges- CRIDEAU-CNRS/INRA, Limoges, 2001-2002.

Potvin- Solis L., *L'effet des jurisprudences européennes sur la jurisprudence du Conseil d'État français*, coll. Bibliothèque de droit public, n° 187, LGDJ, Paris 1999.

Pouyayd, D., *La nullité du contrat administratif,* (préf. Weil P.), coll. Bibliothèque de droit public, n° 158, LGDJ, Paris, 1991.

Prebissy-Schnall C., *La pénalisation du droit des marchés publics » coll. Bibliothèque de droit public,* t. 223, LGDJ, 2002.

Rambaud R., *L'institution de la régulation*, (préf. Marcou G.), coll. Logiques juridiques, L'Harmattant, Paris, 2012.

Riem Fr., *La notion de la transparence dans le droit de la concurrence,* coll. Logiques juridiques, L'Harmattan, Paris, 2002.

Tallineau L., *Les actes particuliers non créateurs des droits - Essai critique de la théorie des droits acquis,* (dact.), Poitiers, 1972.

Terneyre Ph., *La responsabilité contractuelle des personnes publiques en droit administratif,* coll. Science et droit administratifs, Economica, Paris, 1984.

Umbaud – Bergeron M., *La mutabilité du contrat administratif,* Université Montpellier I, (dactyl.), 2004.

Valette B., *Contrats de commande publique et activité accessoire* (préf. Linditch F.), Bruyant, Bruxelles, 2016.

Vidal L., *L'équilibre financier du contrat dans la jurisprudence administrative*, (préf. Bréchon-Moulènes Ch.), Bruyant, Bruxelles, 2005.

Vila J.-B., *Recherches sur la notion d'amortissement en matière de contrats administratifs,* (préf. Linditch F.) L'Harmattan, coll. Logiques juridiques, Paris, 2016.

Yannakopoulos C., *La notion des droits acquis en droit administratif français*, (préf. Gaudemet Yv.), coll. Bibliothèque de droit public, t. 188, LGDJ, Paris, 1997.

Zevounou L., *Les usages de la notion de la concurrence en droit*, coll. Bibliothèque de droit public, n° 272, LGDJ, Paris 2012.

Ziani S., *Du service public à l'obligation de service public*, (préf. Eckert G.) coll. Bibliothèque de droit public, t.285, Paris, 2015.

GRÈCE

Gkitsakis I., *La concession de service et des travaux publics (Η παραχώρηση δημόσιας υπηρεσίας και δημοσίου έργου),* coll. « Études de droit administratif », Sakkoulas, Athènes- Théssalonique, 2006.

Kavvada D., *La protection des droits de propriété du titulaire d'un contrat public, selon la CEDH et le droit communautaire, (Η προστασία των περιουσιακών δικαιωμάτων του αναδόχου δημοσίας συμβάσεως σύμφωνα με την ΕΣΔΑ και το κοινοτικό δίκαιο),* (préf. Fortsakis Th. –Flogaitis S.), Nomiki Vivliothiki, Athènes, 2019.

Kitsos I., *Partenariats public-privé et contrats de concession (Συμπράξεις Δημοσίου- Ιδιωτικού Τομέα και Συμβάσεις Παραχώρησης),* Sakkoulas, Athènes-Théssalonique, 2014.

Koimtzoglou I., *Des formes des changements imprévus des conditions d'exécution des contrats administratifs, (Μορφές της απρόβλεπτης μεταβολής των συνθηκών εκτέλεσης των διοικητικών συμβάσεων)*, coll. Etudes de droit administratif (Μελέτες Διοικητικού Δικαίου) n° 5, éd. Sakkoulas, Théssalonique, 1997.

Rammos A., *Les personnes morales comme bénéficiaires des droits constitutionnels (Τα νομικά πρόσωπα ως φορείς συνταγματικών δικαιωμάτων),* (mémoire dact.) Université d'Athènes, 2004.

ALLEMAGNE

Constantinesco L., *La résolution des contrats synallagmatiques en droit allemand*, Rousseau, Paris, 1940.

Stelkens U., *Droit privé de l'Administration- À propos de l'engagement de droit privé de l'Administration, son portée et conséquences (Verwaltungsprivatrecht- Zur Privatrechtsbindung der Verwaltung, deren Reichweite und Konsequenzen),* coll. Schriften zum öffentlichen Recht, n° 994, Duncker & Humbolt, Berlin, 2005.

Sulk J., *Le prix dans le droit de la commande publique* (*Der Preis im Vergaberecht)* coll. *Schriften zum Vergaberecht,* n° 1, Duncker & Humblot, Berlin, 2015.

Vlachopoulos G., *L'injonction de payer (Mahnverfahren) en droit allemand - Présentation de la pratique juridictionnelle allemande en grec, (Η Διαταγή πληρωμής (Mahnverfahren) στο γερμανικό δίκαιο- Παρουσίαση της γερμανικής δικαστηριακής πρακτικής στην ελληνική γλώσσα)*, DVH-Verlag, Munich, 2004, p.56 et s.

IV. ARTICLES ET ETUDES

FRANCE

Abbatucci S.- Sablier B.- Sablier V., « Crise de l'acier- Le retour de l'imprévision dans les marchés des travaux », *AJDA*, 2004, p. 2192.

Alliez Q., « Durée et indemnité de résiliation des contrats de concession : le Conseil d'État réaffirme sa jurisprudence, *AJDA*, 2022, p. 584.

Amilhat M., « La théorie des sujétions techniques imprévues, une construction jurisprudentielle dépassée ? », *AJDA*, 2022, p. 2169.

Amilhat M., « Le code, les principes fondamentaux et la notion de la commande publique », *AJDA,* 2019, p.793.

Antoine J., « La mutabilité contractuelle née de faits nouveaux extérieurs aux parties - Analyse comparée entre droit des contrats administratifs et droit privé des obligations », *RFDA*, 2004, p. 80.

Antoine J., « Les pouvoirs de sanction du cocontractant défaillant (Approche comparée entre droit des contrats administratifs et droit privé des obligations) », *PA,* 7 octobre 2002, n° 200, p. 4 et s.

Aubry H., « Aides d'État : critère du créancier privé en économie du marché », *Rec. D.,* 2017, p. 42.

Auby J.-B., « La durée des conventions de délégation de service public », *LPA,* 13 mars 1996, n°32, p. 12.

Auby J.-F., « La délégation de service public : Premier bilan et perspectives », *RDP,* 1996, p. 1095-1115.

Aynés L.- Bénabent A., « Force majeure et révision pour imprévision », *Revue Contrats*, mars 2021, p. 157.

Aynes L., « Le contrat, loi des parties », *Cahiers du Conseil constitutionnel*, n° 17 (dossier *Loi et contrat*), 2005.

Bailleux L., « Le prix ferme : conditions de recours et actualisation », *CP-ACCP,* n°199, juin 2019, p.32-36.

Barbé V., « Les aspects environnementaux et sociaux des marchés publics et des contrats de partenariat », *JCP A*, n° 48 novembre 2008, 2274.

Barbier R.- Peyrical J.-M – Cailloce R., « Le prix dans les marchés de partenariat », *CP-ACCP*, n°199 (dossier), juin 2019, p.25-31.

Barreaud Ol., « Prise en compte du risque d'inflation dans les marchés : méthodologie et pratique », *CP-ACCP*, 2013, n° 130, p. 63-68.

Bazex M., « Le droit public de la concurrence », *RFDA*, 1998, p. 781.

Benchikh L., « La définition des besoins et le choix du bon contrat », *CP-ACCP*, numéro spécial 10 ans, 2010, p. 100-103.

Benjamin M.- Yv., « Le partenariat d'innovation et les clauses de propriété intellectuelle », *CP- ACCP,* n° 143, mai 2014, p. 51.

Bénoit E. – Scaillierez A., « Prix abusivement bas et offre anormalement basse : des notions complémentaires », *CP-ACCP*, n°182, décembre 2017, p. 40-43.

Benoît F.-P., « De l'inexistence d'un pouvoir de modification unilatérale dans les contrats administratifs », *JCP*, 1963, I, p. 1175.

Bergeal C., « Les clauses sociales dans le code des marchés publics », *CP- ACCP*, n° 122, juin 2012, p. 36-39.

Bergeal C., « Clause de paiement différé et marchés publics », *AJDA,* 1999, p. 364.

Berlia G., « Contribution à l'interprétation des traités », *Recueil des Cours*, 1965, t. 114, I, Chapitre V, p. 283-333.

Bernard C.- Yéo F., « Répartition et traitement des risques dans la commande publique », *AJDA*, 2025, p.23.

Bigas X., « Le prix du marché public : notions et caractéristiques », *CP-ACCP*, n°97- dossier « Les marchés publics à quel prix ? », p. 24-28.

Boiteaux M., « L'amortissement peut-il jouer un rôle dans le calcul économique ? », *Revue de la Recherche opérationnelle,* 1960, vol. 1 p. 232-250- traduit en anglais : « The Role of Amortization in Investment Programming », *International Economic Papers*, n° 10, p. 147-162.

Bonnotte Ch., « Les conventions de service public et le temps », *RFDA,* 2005, p. 89-104.

Boudrand P., « La variation des prix », *CP-ACCP-* n° 52, 2005, p. 28-36.

Boulois N., « Le contrat public au service des politiques de développement durable : limites et perspectives », *RFDA,* 2014, p. 617.

Bourrachot F., « Le régime des réclamations », *CP-ACCP*, n° 90, juillet-août 2009, p. 57-62.

Bourrel A., « Recours en reprise des relations contractuelles : l'absence d'urgence à suspendre la décision de résiliation d'un contrat », *AJDA,* 2012, p. 1234.

Bousquet J., « Concession d'aménagement, transaction et renonciation au paiement des intérêts moratoires », *AJDA*, 2021, p. 1873.

Braconnier St.-Meslin S., « Code de la commande publique-Contrats de concession », *CMP,* janvier 2019, n°1, dossier n° 11.

Braconnier St., « Regards sur le nouveau droit des concessions », *JCP*, n° 14, 2016, doctr. 413.

Braconnier St., « La consécration du critère du risque opérationnel dans la directive 'concession' », *CP-ACCP*, n° 141, mars 2014, p. 26-31.

Braconnier St.- Le Coq M., « Unicité et intangibilité du décompte : quelles conséquences pratiques ? », *CMP*, juin 2014, n° 6, 6.

Braconnier St.- Noguellou R., « L'influence de la crise économique sur les marchés publics et les contrats de partenariat public- privé », *RDI*, 2010, n° 1, p. 24.

Braconnier St., « Les parades étatiques », *RDC,* 2010, n° 1, p. 444.

Braconnier St., « L'indemnisation des préjudices nés de la rupture anticipée d'un contrat public d'affaires pour motif d'intérêt général », *AJDA,* 2009, p. 2035.

Bracq S.- Sarré D., « Point de départ du délai de paiement : les cas particuliers prévus par le décret du 29 mars 2013 », *CP-ACCP*, n°135, septembre 2013, p. 45-48.

Bracq St., « Droit communautaire matériel et qualification juridique : le financement des obligations de service public au cœur de la tourmente », *RTD Eur.* 2004, p. 33.

Bréchon- Moulènes Ch., « Liberté contractuelle des personnes publiques », *AJDA,* 1998, p. 643.

Bréchot F.-X., « À la recherche de l'offre économiquement la plus avantageuse », *AJDA,* 2019, p.1503.

Brenet F., « La codification des textes 'épars' du droit de la commande publique, *AJDA,* 2019, p. 389.

Bureau D., « Économie des instruments de protection de l'environnement », *Revue française d'économie,* n° 4, XIX, 2005, p. 83-109.

Burel Aur.- Dreyfus J.-D., « La caducité des contrats administratifs », *CP-ACCP*, avril 2015, n° 153, dossier « L'extinction des rapports contractuels », p. 22-25.

Cabanes Ch.- Michelin V., « Indemnisation en cas d'annulation et de résiliation : précisions jurisprudentielles », *CP-ACCP,* n°190, septembre 2018, p. 60-63.

Cabanes Ch. - Couette J., « Réforme du Code de justice administrative et délais de recours en matière d'exécution de marchés publics de travaux », *CP - ACCP*, mars 2017, n° 174, p.71.

Cabanes X., « L'usager et la rémunération du service rendu », *RFDA,* 2013, p. 482-485.

Calmette J.-F., « L'évolution de la prise en compte de l'analyse économique par le juge administratif », *DA*, n° 7 juillet 2006, étude 14.

Capitant D., « Le risque économique, nouveau critère de la délégation de service public », *Revue Lamy des Collectivités territoriales*, n° 43, février 2009, p. 40-43.

Cassia P., « Les sentences arbitrales internationales : une compétence de contrôle partagée entre les juridictions françaises », *AJDA* 2010, p.1564.

Chauvaux D.-Girardot T.-X., « Incidence de la loi Sapin sur le champ d'application du Code des marchés publics », *AJDA,* 1996, p. 729.

Chevallier J., « L'État régulateur », *RFAP*, 2004/3 (n° 111), p. 473- 482.

Chevallier J., « L'État de droit », *RDP,* 1988, n° 2, p.313 et s.

Clamour G., « Code de la commande publique - Dispositions propres de l'ordonnance et du décret portant Code de la commande publique », *CMP,* n°1, janvier 2019, dossier n°14.

Clamour G., « Le nouveau droit des concessions », *DA,* n° 3, mars 2016, étude 5.

Clouzot L., « La théorie de l'imprévision en droit des contrats administratifs : une improbable désuétude », *RFDA* 2010, p. 937.

Clouzot L., « La théorie de l'imprévision en droit des contrats administratifs : une improbable désuétude », *RFDA*, 2010, p. 937.

Coleman F., « Le financement privé des équipements publics après Commune de Douai », *AJDA*, 2022, p. 2298.

Cossalter Ph., « Les concessions à durée endogène », *DA*, n° 5, mai 2006, ét. 9.

Coupé C., « Offres anormalement basses et droit communautaire », *CP-ACCP*, n° 142, avril 2014, p. 27-30.

Couvreur S. – Larmet A.,« Subvention ou commande publique : les enjeux d'une juste qualification », *Juris associations*, 2026, n° 733, p. 16.

Daboussy S. – Gaudon A., « Le 'prix' comme critère de qualification des contrats de la commande publique », *CP-ACCP*, n°199, juin 2019, p.47-50.

Dacosta B., « L'écriture du code », *AJDA,* 2019, p. 376.

Dacosta B., « Le juge du référé-mesures utiles peut-il suspendre l'exécution d'un marché public ? », *BJCP* 2009, n° 67, p. 492.

De Béchillon D., « Le contrat comme norme dans le droit public positif », *RFDA,* 1992, p. 15.

De Fenoyl Ér., « Rationaliser l'imprévision- Pour une approche raisonnable de 'l'imprévision positive' », *AJDA*, 2025, p. 68.

De Laubadère A., « Du pouvoir de l'Administration d'imposer unilatéralement des changements aux dispositions des contrats administratifs », *RDP,* 1954, p. 36.

Delelis Ph., « Contenu et exécution des contrats de concession », *CMP*, n° 3, 2016, dossier 5.

Delvolvé P., « Les contrats de la commande publique », *RFDA*, 2016, p. 200.

Delvolvé P., « Les contrats globaux », *RFDA,* 2004, p. 1079.

De Montgolfier J.-F., « Dossier : Le droit des biens et des obligations), *Cahiers du Conseil Constitutionnel,* n° 31, mars 2011.

Denizot Ar., « Les modalités d'indemnisation du cocontractant à la suite d'une résiliation unilatérale dans l'intérêt général », *JCP A,* décembre 2012, n° 51-52, 2395.

Descheemaeker C., « Le contrôle des chambres régionales des comptes *in* Les contrôles financiers, comptables ou juridiques », *CP-ACCP*, n° 18, janvier 2003, p. 39-44.

De Sigoyer V., « Suivi d'exécution des clauses incitatives et risques juridiques associés », *CP-ACCP*, n° 147, octobre 2014, p. 53-56.

Devillers P., « Le décompte général et définitif dans les marchés de travaux (état des lieux- juin 2014) », *CMP*, 2014, n° 1, étude 9.

Douence J.-C., « Observations sur l'application à certains contrats de la distinction entre marchés et délégations fondée sur le mode de rémunération », *RFDA*, 1999, p. 1134.

Douence J.-C., « Les contrats de délégation de service public », *RFDA*, 1993, p. 936.

Dreyfus J.-D., « La définition légale des délégations de service public », *AJDA,* 2002, p. 38.

Drouineau Th., « La rémunération des maîtres d'œuvre : une valse à trois temps », *CP-ACCP*, n° 172- dossier « État de lieux de la maîtrise d'œuvre », janvier 2017, p.66-68.

Dubreuil Ch.- A., « La force majeure en droit des contrats administratifs – Remarques sur l'actualité d'une théorie jurisprudentielle », *AJDA*, 2022, p. 2162.

Ducarouge F., « Le juge administratif et les modes alternatifs de règlement des conflits : transaction, médiation, conciliation, et arbitrage en droit public français », *RFDA*, 1996, p. 86.

Dufau J., « Le pouvoir de modification unilatérale de l'Administration et les contrats de concession de services publics », *AJDA*, 1955, p. 65

Du Marais B., « Le droit de la commande publique est-il un droit de la concurrence ? », *Gaz. Pal.*, 2007, n° 84-86, p. 2-6.

Durand D., « Regain d'actualité pour le délit du favoritisme », *CP-ACCP*, n° 187, mai 2018, p. 27.

Dyens S., « La distinction entre durée et délai d'exécution dans les marchés publics de travaux : une coquetterie des juristes ? », *CP-ACCP,* n° 150, janvier 2015, p. 18-22.

Dyens S., « La durée des délégations de service public, entre substantialité et malléabilité », *Revue Lamy des collectivités territoriales,* 2013, p. 96.

Eckert G., « Le droit de la commande publique au temps de la pandémie de covid-19 », *CMP*, 2020, étude n°4.

Eckert G., « Code de la commande publique : la sécurité juridique au service de l'efficacité économique ? », *CMP,* n° 1, janvier 2019, rep. 1.

Eckert G., « Les pouvoirs de l'Administration dans l'exécution du contrat et la théorie générale des contrats administratifs », *CMP*, 2010, n° 10, étude 9.

Eckert G., « La garantie à première demande dans les marchés publics », *CMP,* 2001, « Pratique professionnelle », n° 9.

Eisenmann Ch., « Sur le degré d'originalité du régime de la responsabilité extracontractuelle des personnes (collectivités) publiques », *RDP*, 1949, 1, n° 742 et 751.

Fatôme E., « Les avenants », *AJDA*, 1998, p. 760.

Fatôme E.- Terneyre Ph., « Le statut des biens de retour. Après l'arrêt Commune de Douai », *AJDA* 2013, p. 724.

Favoreu L.- Roux A., « La libre administration des collectivités territoriales est-elle une liberté fondamentale ? », *Cahiers du Conseil Constitutionnel*, n° 12, mai 2002, disponible sur : https://www.conseil-constitutionnel.fr/nouveaux-cahiers-du-conseil-constitutionnel/la-libre-administration-des-collectivites-territoriales-est-elle-une-liberte-fondamentale

Fernandez – Begault El., « Les intérêts moratoires en cas de retard de paiement : renforcement d'un droit », *CP-ACCP,* n° 135, septembre 2013, p. 53-56.

Finon J.-F., « Biens de retour : quel préjudice pour les concessionnaires exploitants des remontées mécaniques ? », *AJDA*, 2012, p. 1863.

Foussard D., « L'arbitrage en droit administratif » *Revue Arbitrage*, 1990, n° 1, p. 3-54.

Frackowiak C., « Des ordonnances de transposition au code de la commande publique», *AJDA,* 2019, p. 395.

Frison-Roche M.-A., « Proposition pour une notion : l'opérateur crucial », *D.*, 2006, p. 1895.

Frison-Roche M.-A., « Contrat, concurrence, régulation », *RTDCiv.*, 2004, p. 451.

Fromont M., « Le contrôle de l'appréciation des faits économiques dans la jurisprudence administrative », *AJDA,* 1961, p. 306.

Gahdoun P.- Yv., « Le Conseil constitutionnel et le contrat » in *Nouveaux Cahiers du Conseil,* n° 31, mars 2011, (disponible sur http://www.conseil-constitutionnel.fr/conseil-constitutionnel/francais/nouveaux-cahiers-du-conseil/cahier-n-31/le-conseil-constitutionnel-et-le-contrat.96754.html).

Gallot J., « Qu'est-ce que la régulation ? Contribution pour une définition », *Conc. Cons.,* n°119, 2001, p.37-44.

Gallois J., « Favoritisme : objet et produit de l'infraction, une distinction nécessaire », *Dalloz actualité*, 20 septembre 2022.

Gardelin M., « Le prix révisable dans les marchés publics », *CP-ACCP*, n°199, juin 2019, p.37-41.

Gaudemet M., « Commande publique et sanction des pratiques anticoncurrentielles », *CP-ACCP*, n°218, mars 2021, p.32-37.

Gaudemet Yv., « Pour une nouvelle théorie générale du droit des contrats administratifs- mesurer les difficultés d'une entreprise nécessaire », *RDP*, 2010, n° 2, p. 313.

Gaudemet Yv., « Le contrat administratif, un contrat hors la loi », *Cahiers du Conseil constitutionnel*, n° 17 (dossier *Loi et contrat*), 2005.

Gaudemet Yv., « Les contrats de partenariat public-privé: étude historique et critique », *BJCP*, n° 36, 2004, p. 331-339.

Gaudemet Yv., « L'arbitrage : aspects de droit public-État de la question », *Revue Arbitrage*, 1992, n° 2, p. 241-258.

Gély M.- L., « L'article 53 du CMP et le critère social d'attribution des marchés publics », *CP- ACCP*, n° 122, 2012, p. 40-42.

Germain J., « Les recours juridictionnels ouverts au concurrent évincé contre un marché public communautaire après sa conclusion en France et en Allemagne », *RFDA*, 2009, p. 49.

Germain J., « Le recours d'un concurrent évincé du marché communautaire : comparaisons franco-allemandes », *AJDA*, 2009, p. 469.

Ghestin J., « La notion du contrat », *D.* 1990, chr. 147.

Girardi J.-L., « Les conséquences d'un retard de paiement dû au comptable public », *CP-ACCP*, septembre 2013, n° 135, p. 36-39.

Gonzague Ph., « Concessions : la possibilité d'un prix », *AJDA,* 2019, p.737.

Gourdou P.- Terneyre Ph., « Peut-on améliorer les référés en matière contractuelle », *AJDA,* 2014, p. 2055.

Goutal Y., « Le délit de l'octroi d'un avantage injustifié », *RLCT,* février 2014, p. 61.

Grange C., « Travaux supplémentaires et responsabilité du maître d'œuvre, limite à la jurisprudence Région Haute Normandie », *CP-ACCP*, n° 185, mars 2018, p.71-74.

Grolleau G- Salhi S., « L'externalité et la transaction environnementale les deux faces de la même pièce ? », *Économie rurale,* n° 322, mai-juin 2009, (mise en ligne le 5 mai 2011).

Guézou Ol., « Les frontières du droit de la commande publique - Les frontières contentieuses de la validité du contrat administratif : une logique de régulation », *RFDA*, 2026, p.251.

Guézou Ol., « Droit de la concurrence et droit des marchés publics : vers une notion transversale de mise en libre concurrence », *CP-ACCP*, n° 20 (dossier), mars 2003, p. 43.

Guglielmi G., « Nullité du contrat : responsabilité partagée et enrichissement sans cause », *D.*, 2001, p. 1048.

Guillerm M., « Le référé mesures utiles en matière contractuelle », *CP-ACCP*, n° 132, mai 2013, p. 51-54.

Guinard D., « De l'effectivité du droit de la concurrence dans le droit de la commande publique – Regard récent sur la sélection des offres des candidats par les pouvoirs adjudicateurs », *CMP*, n° 2 février 2011, ét. 3.

Hache Ol., « La rémunération des maîtres d'œuvre », *CP-ACCP*, n° 172-dossier « État de lieux de la maîtrise d'œuvre », janvier 2017, p. 62-65.

Hauton M., « L'extension de la durée des contrats de concession », *CP-ACCP*, n° 183, janvier 2018, p. 51-55.

Hertzog, R., « Linéament d'une théorie des subventions », *RFFP*, n° 23, 1988, p. 5-45.

Hoepffner H., « La théorie des biens de retour en dehors des concessions de service public », *AJDA*, 2022, p.2291.

Hoepffner H.- Ubaud-Bergeron M., « La théorie de l'imprévision : retour vers le futur », *AJDA*, 2022, p. 2156.

Hoepffner H., « L'indemnisation des surcoûts liés à l'épidémie de covid-19 dans les contrats de la commande publique », *CMP*, 2020, étude n°6 .

Hoepffner H., « Code de la commande publique- Exécution des marchés publics », *CMP*, n°1, janvier 2019, dossier 7.

Hoepffner H., « L'obligation de garantir la conformité de l'ouvrage aux stipulations du contrat », *AJDA*, 2015, p. 67.

Hourcabie A.- Rigaudeau P.-O., « Les recours contre les actes d'exécution du contrat », *CCP*, 2013, n° 4-8, p. 38-40.

Hourson S., « Repenser les référés en matière contractuelle », *RFDA*, 2021, p. 692.

Hul S., « La responsabilité de l'acheteur public en cas de nullité du contrat », *AJDA*, 2004, p.1648.

Idoux P., « Les considérations sociales et environnementales », *RFDA,* 2016, p. 260.

Kalogeropoulos M., « Commande publique et droit de propriété des opérateurs privés », *AJDA*, 2021, p. 2326.

Kirat Th. et al., « Le risque dans le contrat administratif ou la nécessaire reconnaissance de la dimension économique du contrat », *RIDE,* 2005/3 t. XIX, 3, p. 219-318.

Kiss A., « Droit et risque », *APD,* 1991, p.49.

Komninos A. – Bosco D. – Marty F. - Sakellariou-Witt S. – Zenger H., « Le test de l'opérateur aussi efficace : Une nouvelle ère ? », *Concurrences,* septembre 2013 n° 3-2013, p. 12, art. n° 53042.

Laazouzi M., « L'impérativité, l'arbitrage international des contrats administratifs et le conflit de lois- À propos de l'arrêt du Tribunal des conflits du 17 mai 2010, *Inserm c/ Fondation Saugstad » Rev. crit. DIP,* 2010, p. 653.

Lafaix J.-F., « La sanction de la libéralité publique incluse dans la concession Autolib' », *AJDA*, 2024, p. 1920.

Lafaix J.-F., « Les biens de retour », *RFDA*, 2020, p. 937.

Lafaix, J.-F., « La codification et la fin des contrats », *RFDA,* 2019, p.227.

Laffite Ol., « Prix forfaitaire et marchés de travaux : de l'intangibilité de principe à la réalité des aléas d'exécution », *CP-ACCP*, n°199, juin 2019, p. 65-69.

Lajoye Chr., « De la valeur constitutionnelle de la liberté contractuelle », *C.R.D.F,* n° 1, 2002, p. 118-133.

Lamarque D.- Miller G., « La loi du 21 décembre 2001 relative aux CRC et à la Cour des comptes et ses textes d'application- missions, compétences, procédures », *AJDA*, 2002, p. 740.

Lamy V., « Des signes et des lettres- À propos des méthodes d'évaluation des offres dans les concessions », *AJDA*, 2022, p. 1847.

Lanzarone Er.- Rudloff C., « Les conditions de mise en œuvre de la jurisprudence Béziers 2 en matière de référé suspension : une suspension platonique ? », *CP-ACCP*, 2017, n° 177, p. 49-53.

Laugier V., « Le contrat administratif rétroactif », *AJDA*, 2021, p. 1366.

Le Fustec Y., « Qu'est-ce que le sourcing ? » - dossier « Le sourcing : pratiques et recommandations » *CP-ACCP,* n° 185, mars 2018, p. 18-21.

Lehoux F., « L'intérêt d'anticiper les modalités de résiliation pour motif d'intérêt général », *CP-ACCP*, avril 2015, n° 153, dossier, p. 36-40

Lekkou Ef., « La mutabilité des services publics, un principe en mutation ? », *RFDA*, 2021, p. 978.

Lemasurien J., « À propos du service des Postes et Télécommunications- Réflexions sur la distinction des services publics administratifs et des services publics industriels et commerciaux », *AJDA,* 1969, p. 139-155.

Lequien M. – Cuche P., « La notion de bancabilité dans les opérations de financement privé d'équipements publics », *DA,* n° 12, décembre 2004, étude 22.

Letellier H. et Vaseux Th., « Les mentions relatives à la durée dans les pièces constitutives du marché », *CP-ACCP*, n° 150, janvier 2015, p.23-26.

Letellier H., « La détermination des procédures de dévolution en fonction des besoins préalablement déterminés », *CP-ACCP*, n° 149, février 2014, p. 24-27.

Letellier H ., « Le pouvoir du contrôle du juge administratif sur les pénalités de retard », *CP- ACCP*, n°60, novembre 2006, p. 93-98.

Libert X., « Les modifications du marché en cours d'exécution : avenants, décisions de poursuivre, régularisations », *AJDA*, 1994, p. 65.

Lichère F., « Biens affectés au service public appartenant à un tiers : des biens de retour dans certaines circonstances », *AJDA*, 2025, p. 1831.

Lichère F., « Du nouveau sur le plan européen sur la modification des marchés publics », *AJDA*, 2024, p. 620.

Lichère F., « Le nouveau régime contentieux des pratiques anticoncurrentielles dans les contrats administratifs », *CMP* n° 11, novembre 2020, p.7.

Lichère F., « La commande publique, la crise sanitaire et la relance économique », *AJDA*, 2020, p. 1105.

Limouzin-Lamothe Ph., « Les avenants : observations complémentaires », *AJDA*, 1998, p. 767.

Linditch F., « Le nouveau droit des marchés pas à pas - Des avenants aux modifications en cours d'exécution», *JCP A,* n° 26, 4 juillet 2016, 2186.

Linditch F., « Recherche sur la place de l'amortissement en droit administratif », *AJDA*, 1996, p. 100.

Llorens F.- Soler- Couteaux F., « Le statut du décompte général et définitif dans les marchés publics : grandeur ou décadence ? », *CMP*, 2015, n° 1, rep. 1,

Llorens F.et Soler- Couteaux P., « Le gratuit et l'onéreux », *CMP,* 2013, n° 3, repère 3.

Llorens F., « Typologie des contrats de la commande publique », *CMP*, n° 5, mai 2005, ét. 7.

Marchand J., « Contrats de délégation de service public. Durée du contrat public et durée d'amortissement- Réflexions autour de la décision du Conseil d'État du 4 juillet 2012 », *JCP Adm.,*n° 3, mars 2013, étude 6.

Marcou G., « La notion juridique de la régulation », *AJDA*, 2006, p. 247.

Marcou G., « L'expérience française de financement privé des infrastructures et des équipements » in *Annuaire des Collectivités Locales de GRALE*, Litec, Paris 1999, p. 61-99.

Marcou G., « La notion de délégation de service public après la loi du 29 janvier 1993 (I) », *RFDA,* 1994, p. 691 et p. 875 (suite et fin).

Marcou G., « L'entrée en service du tunnel sous la Manche et la frontière franco-britannique », *Annuaire français de droit international*, n° 39, 1993, p. 833-849.

Martin J., « Note sous l'arrêt CE, 24 mai 2017, *Société Régal des Iles* c/ *Commune de Saint-Benoît », AJDA,* 2017, p.1957.

Martucci F., « Concessions entre entités dans le secteur public », *JCP A*, 5 mai 2014, n° 18-19, 2138.
Mattei- Dawance G., « L'arbitrage en droit public », *Gaz. Pal.*, 1987, n° 2, p. 470.
Melleray F.- Noguellou R., « La codification de règles jurisprudentielles », *AJDA,* 2019, p. 381
Ménémenis Al., « L'ordonnance sur les contrats de partenariat: heureuse innovation ou occasion manquée? », *AJDA,* 2004, p. 1737.
Mescheriakoff S.A., « L'arrêt du *Bac d'Eloka*. Légende et réalité d'une gestion privée de la puissance publique », *RDP,* 1988, p. 1059-1081.
Metzger Ol., « Clauses d'insertion sociale : les questions à se poser lors de la passation des marchés publics », *CP- ACCP*, n° 122, juin 2012, p. 47-49.
Michalis I., « La rationalisation du régime de résiliation unilatérale du contrat administratif par l'administration », *RFDA*, 2021, p. 290.
Michelet J.-Cessac M., « Cession du contrat et silence de la personne publique », *AJDA*, 2008, p. 1073.
Milhat C., « L'appréhension juridique du risque financier dans les contrats de gestion déléguée de service public », *CMP,* octobre 2006, n° 10.
Minaire G. – Perois Em., « Définition des besoins et enjeux dans la rédaction du CCTP », *CP-ACCP*, n°191 (dossier), octobre 2018, p. 58-63.
Mocaer T.-Fekri U., « Le référé provision, une procédure de contestation du décompte général d'un marché de travaux », *CP-ACCP*, 2017, n° 177, dossier « Contentieux des contrats publics : actualité des référés », p. 58-61.
Moderne F., « Responsabilité contractuelle et devoir de conseil du maître d'œuvre- Quelques observations à partir des arrêts lus par le Conseil d'État le 16 février 2009 (*Société Jacques Rougerie*, req. n° 294214) et par la Cour de cassation le 14 janvier 2009 (*Gloor c/ Depollier et al.,* pourvoi n° 07-20.245 », *RFDA*, 2009, p. 474.
Moderne F., « La liberté contractuelle est-elle vraiment et pleinement constitutionnelle ? », *RFDA,* 2006, p. 2.

Mongouachon Cl., « L'ordolibéralisme : Contexte historique et contenu dogmatique », *Concurrences*, 2011, n° 4, p. 70-78.

Morales M., « Le prix négatif dans les marchés publics », *AJDA,* 2015, p.1527.

Moreau D., « La rémunération du titulaire d'un marché public par des recettes propres », *CP-ACCP,* n° 97, mars 2010, dossier « Les marchés publics à quel prix ? », p 64-71.

Moreau D., « Prise en compte du caractère captif de la clientèle dans l'identification des contrats portant sur la gestion d'un service public », *RJEP,* janvier 2010, p. 22.

Moreau D., « Le régime des recettes dans les contrats publics », *AJDA,* 2007, p. 1513.

Moreau D., « Les risques de requalification des subventions en marchés ou en délégations de service public », *AJDA,* 2002, p. 902.

Morica É., « Les clauses incitatives de respect et d'optimisation des coûts en marché de maîtrise d'œuvre », *CP-ACCP*, n° 147, octobre 2014, p. 31-36.

Morot- Monomy C., « Vice de violence économique et contrats administratifs », *AJDA,* 2019, p. 1387.

Mounier B., « La portée limitée du référée suspension dans le contentieux relatif à l'exécution des contrats », *CP- ACCP*, n° 163, mars 2016, p. 26.

Mrad D., « Nouvelles considérations sur les marchés de substitution », *AJDA*, 2021, p. 2038.

Myhlé L., « La maîtrise des délais passe-t-elle par l'incitation ? », *CP-ACCP*, n°147, octobre 2014, p. 20-23.

Niay D., « La réduction des délais de paiement : les dispositifs successifs », *CP-ACCP*, n° 135, septembre 2013, p. 32-36.

Nicinski S., « Que reste-t-il de la délégation de service public ? », *AJDA*, 2023, p. 162.

Nicinski S., « Le droit public des affaires face à la crise sanitaire », *AJDA*, 2020, p. 1717.

Nicinski S., « Qualification, requalification des contrats », *CP-ACCP,* n° 180, octobre 2017, p. 18.

Nicinski S., « La délégation de service public et le temps », *AJDA,* 2013, p. 1441.

Nicinski S., « Le mode de régulation », *RFDA*, 2010, p. 735.

Nicolas V., « Contribution à l'étude du risque dans le contrat d'assurance », *RGDA,* 1998, n° 4, p. 367.

Noblet M., « Pénalités et primes ou l'art de nouer un partenariat constructif et vigilant », *CCP*, avril 2013, p. 6-24.

Noguellou R., « Les marchés publics et les concessions face à la crise sanitaire », *RDI*, 2020, p. 360.

Noguellou R., « Confirmation de la jurisprudence sur les contrats de coopération entre personnes publiques », *RDI*, 2013, p.213.

Nuytten A.- Terraux M., « Abus de position dominante dans les marchés publics : état des lieux », *Revue Complément CP-ACCP*, mars 2021, n° 218.

Orsoni G., « La gérance est un marché public », *RTD Comm.,* 1999, p. 854.

Pérès C., « La liberté contractuelle et le Conseil Constitutionnel », *Revue des contrats,* 1er octobre 2013, n° 4, p. 1285.

Perois M., « Conseils pratiques pour la mise en œuvre des clauses de révision dans les marchés publics », *CP- ACCP,* n° 199, juin 2019, p.42-46.

Peyrical J.-M., « Pénalités dans les marchés publics : de nouvelles précisions sur les possibilités de modulation par le juge », *CP- ACCP,* n° 180, octobre 2017, p. 72-75.

Pez Th., « Le risque, les concessions et les marchés », *RFDA*, 2016, p. 237.

Pez Th., « L'ordre public économique », *Les nouveaux Cahiers du Conseil constitutionnel*, 2015/4 (n° 49), p. 43-57.

Pez Th., « Le risque d'exploitation et la rémunération substantiellement liée aux résultats de l'exploitation (À propos de l'arrêt du Conseil d'État du 7 novembre 2008, *Département de la Vendée*) », *BJCP*, n° 62, 2009, p. 7-20.

Pfersmann Ot., « Le droit comparé comme interprétation et comme théorie du droit », *RIDC,* v. 52 n° 2, p. 280.

Picard Et., « La liberté contractuelle des personnes publiques constitue-t-elle un droit fondamental ? », *AJDA*, 1998, p. 651.

Pintat P.- N'Gouah-Beaud A., « Le partenariat d'innovation: une procédure à suivre », *CP- ACCP*, n° 143, mai 2014, p. 46.

Pintat P.- Chachereau M., « Calcul du délai de paiement : un principe simple aux modalités d'application complexes », *CP-ACCP*, n°135, septembre 2013, p.40-44.

Pintat P.- Mauvais G., « Le contrôle du délégataire par le délégant », *CP-ACCP*, n° 18, janvier 2003, p. 29-33.

Ponthoreau M.-C., « Le droit comparé en question(s). Entre pragmatisme et outil épistémologique ». *RIDC,* vol. 57 n°1,2005. pp. 7-27.

Pourcel E., « Délit de l'octroi d'avantage injustifié et droit des marchés publics : petite mise au point sur les éléments intentionnels et matériels d'un délit sui generis », *JCP A,* 21 novembre 2005, 1363.

Pouyaud D., « La résiliation pour irrégularité du contrat administratif », *RFDA*, 2021, p. 275.

Pouyaud D., « Que reste-t-il du recours pour excès de pouvoir dans le contentieux du contrat ? », *RFDA,* 2015, p. 727.

Pouyaud D., « Le contentieux des contrats publics en Europe- France », *RFDA,* 2011, p. 6.

Pradines D.- Janicot Th., « Quand le 'retour fait aimer l'adieu' », *AJDA*, 2022, p.1204.

Preat D., « Délégations de service public : l'éclairage décisif du critère de la rémunération », *PA.,* n°84, 1996, p. 30.

Prebissy-Schnall C., « Vers une réforme du délit de favoritisme ? » *CP-ACCP*, janvier 2014, p. 72.

Prebissy-Schnall C., « La pénalisation du droit des marchés publics », *CP-ACCP*, janvier 2003, p. 44.

Priéto C., « Pouvoir de marché et liberté des entreprises, les fondements de la politique de la concurrence », *D.,* 2006, p. 1603.

Puisoye J., « Les juridictions arbitrales dans le contentieux administratif », *AJDA,* 1969, p. 277-284.

Rakotondrahaso F., « L'indemnisation dans la résiliation des contrats administratifs », *CMP*, n° 1, 2014, étude 1.

Ramus G., « La rémunération du maître d'œuvre », *CP-ACCP,* n° 79-dossier « Les marchés de maîtrise d'œuvre », juillet-août 2008, p. 55-59.

Rapp L., « Contrats publics et politiques économiques, la porte étroite : relance et encouragements sectoriels », *RFDA,* 2014, p. 623.

Raymundie Ol., « Une régie intéressée peut être qualifié de marchés publics », *AJDA,* 2002, p.338.

Renouard L., « Les contrats de subvention », *dossier Subventions et contrats, CP- ACCP,* n° 28, décembre 2003, p. 28-33.

Ribs J., « Ombres et incertitudes de l'arbitrage pour les personnes morales de droit public français », *JCP*, 1990, I, p. 3465.

Riccardi D., « Le coût financier, un motif d'intérêt général pour faire obstacle à la résiliation », *AJDA,* 2017, p. 2198.

Richer L., « Sur une altération profonde et irréversible », *AJDA*, 2023, p. 1625.

Richer L., « L'imprévision et les marchés publics- Réflexions à partir de la circulaire du 27 mars 2022 », *AJDA*, 2022, p. 1497.

Richer L., « La fin des contrats », *RFDA,* 2016, p. 294.

Richer L., « Constitution, contrats et commande publique » *in Nouveaux Cahiers du Conseil constitutionnel,* n° 37, 2012, (disponible sur http://www.conseil-constitutionnel.fr/conseil-constitutionnel/francais/nouveaux-cahiers-du-conseil/cahier-n-37/constitution-contrats-et-commande-publique.115642.html)

Richer L., « L'indemnisation du préjudice causé par une résiliation pour motif d'intérêt général », *CP-ACCP*, décembre 2003, n° 28, p. 57-58.

Richer L., « La résiliation unilatérale : motifs et procédures de rupture », *CP-ACCP,* 2002, n° 16, p. 30

Riem F., « Concurrence effective ou concurrence efficace ? L'ordre concurrentiel en trompe-l'œil », *RIDE,* 2008, n°1, (t. XXII, 1), p. 67-91.

Rolin F., « La liberté contractuelle des personnes publiques », *Revue des contrats,* 01 avril 2004, n° 2, p. 423.

Rolin F., « Réflexions sur la communauté de régime des clauses pénales et des sanctions pécuniaires en droit des contrats administratifs, à propos du pouvoir juridictionnel de modulation des sanctions contractuelles », *RdC*, n° 2, avril 2007, p.451.

Rombauts T., « La relance des contreparties », *DA,* juillet 2010, n° 7, étude 13.

Roquette R., « Contribution à la classification des contrats synallagmatiques de l'administration », *AJDA,* 1995, p. 483.

Roulet L., « Contrats de concession de service public : à qui profite le risque ? », *AJDA*, 2020, p. 1830.

Rouveyran Th.- Jeanneau El., « La rédaction des clauses relatives à la performance dans les marchés publics », *CP-ACCP,* n° 159, novembre 2015, p.70-74.

Rouveyran Th.et Haouas Il., « Les critères environnementaux et sociaux dans les marchés publics », *Cahiers de droit de l'entreprise*, n° 5 septembre 2013, doss. 13.

Ruellan A. - Hugé A., « Le partage des risques et la portée matérielle des théories de la force majeure, du fait du prince et de l'imprévision », *AJDA* 2006, p.1597.

Santoni L.- Couton X., « Avenants aux concessions d'aménagement 'mutabilité versus stabilité' », *Const.-Urb.*, n° 12, décembre 2011, étude 14.

Seraglini C., « Observations sous la décision T. confl., 11 avr. 2016, *Fosmax* », *JCP* 2016, 900.

Sestier J.-F., « Les biens de retour, entre liberté contractuelle et encadrement aménagé», *CP-ACCP,* n° 131, 2013, p. 79-82.

Sibony An.-L.– Defossez Al., « Liberté d'établissement et libre prestation des services », *RTDEur.,* 2009, p. 511.

Simmonet Y., « Application de l'exception in house aux opérations dites « internes horizontales » : retour vers le futur ? », *AJDA*, 2014, p. 2001.

Sourzat L., « La mutabilité du contrat administratif : une théorie renouvellée », *AJDA*, 2022, p. 2175.

Sur- Le Liboux, M.-T., « Les prix et les services dans les délégations de service public », *AJDA,* 1996, p. 642.

Symchowicz N.- Lauret R., « La question de modification des marchés publics dans les nouvelles directives *», BJCP*, n° 95 (dossier spécial), juillet- août 2014, p. 263-272.

Symchowicz N.- Le Bouëdec P., « Rédaction du contrat et anticipation des circonstances nouvelles », *CP- ACCP* 2006, n° 52, p. 20.

Symchovicz N., « Contrats administratifs et mise en concurrence : la question des cessions », *AJDA*, 2000, p. 104.

Symchowicz N., « Délégation de service public- Le délicat critère de la rémunération », *Revue LeMoniteur des travaux publics et du bâtiment,* 8 mai 1998.

Symchowicz N., « La notion de délégation de service public, critique des fondements de la jurisprudence « Préfet des Bouches-du-Rhône », *AJDA*, 1998, p. 195.

Taillefait A., « Marchés publics : les hésitations de l'Administration à restituer la retenue de la garantie », *CP- ACCP*, n° 111, juin 2011, p. 52-54.

Terneyre Ph., « Concessions autoroutières, pourquoi tant de haine ? », *AJDA*, 2021, p. 436.

Terneyre Ph., « Le fait du prince dans les contrats administratifs : De quoi parle-t-on ? », *AJDA*, 2022, p. 2181.

Terneyre Ph., « La durée du contrat », *RFDA,* 2016, p.276.

Terneyre Ph., « La liberté contractuelle est-elle un droit fondamental ? Le point de vue constitutionnel », *AJDA,* 1998, p. 667.

Terrien G., « Les intérêts dus au cocontractant » *CP-ACCP*, 2009, n° 90, dossier, p. 64-67.

Thebault M.- Zeltz L., « La condition d'urgence en référé : récentes illustrations rendues dans la sphère contractuelle », *CP-ACCP*, 2017, n° 177, p. 54-57.

Timsit G., « La régulation- la notion et le phénomène », *RFAP*, 2004/1 (n° 109), p. 5-11.

Tirolien C. - Chachereau M., « Les clauses incitatives à la qualité » *in* dossier Les clauses incitatives et performantielles, *CP-ACCP*, n°147, octobre 2014, p. 24-29.

Trigeaud B., « Le décompte définitif dans le règlement des marchés publics », *RDP*, 2016, n° 2, p. 497.

Truchet D., « Unité et diversité des 'grands principes' de service public », *AJDA*, 1997, p. 38.

Ubaud-Bergeron M., « Code de la commande publique- Champ d'application du Code de la commande publique », *CMP,* n°1, janvier 2019, dossier n° 5.

Untermaier El., « Redevances et rentabilité des activités et des biens publics », *RFFP,* n° 120, p. 119-129.

Valette B., « Recettes accessoires du délégataire, l'éternelle oubliée ? », *JCP A*, n° 18-19, 5 mai 2014, 2141.

Vidal L., « Le juge administratif, l'économie et le contrat - réflexions à propos de deux arrêts du Conseil d'Etat », *RFDA,* 1999, p. 1147.

Vieu P., « Un mythe français : la gratuité d'usage des autoroutes », *RFDA*, 2024, p. 695.

Vila J.-B., « La disparition anticipée du contrat de délégation de service public », *Encyclopédie Dalloz des collectivités locales,* Chapitre 4 (folio n° 3130), avril 2022, n°125.

Vila J.-B., « Précisions sur la mise en œuvre des critères de sélection des offres en marchés publics », *AJDA*, 2017, p. 477.

Vila J.-B., « Indemnisation du cocontractant selon le mode de résiliation de la DSP », *CP-ACCP,* 2015, n° 153, p. 70-74.

Vila J.-B., « Recherches sur le rôle de l'amortissement pour rationaliser la rémunération du cocontractant- Cas des délégations de services publics et des partenariats public-privé », *CMP,* 2010, n° 5, étude 5.

Vincent- Legoux M.- C., « Contrôle du juge de cassation sur la qualification juridique des faits de transfert d'un risque d'exploitation », *AJDA*, 2022, p.1408.

Ubaud- Bergeron M., « L'évolution du pouvoir de modification unilatérale des contrats administratifs », *RFDA*, 2023, p. 470.

Yannakopoulos C., « L'apport de la protection de la libre concurrence à la théorie du contrat administratif », *RDP*, 2008, 20 août 2008, n° 2, p. 421.

Yolka Ph., « Biens de retour : quelle conception des concessions ? », *AJDA*, 2025, p. 1937.

Ziani S., « Les limites conceptuelles et prudentielles à la rentabilité d'un service public délégué », *DA*, n°5, mai 2011, étude 10.

GRÈCE

Chasapis P., « Contrats des travaux publics en Grèce: Inexécution et rapports avec les conditions prévues par le Code civil- Interdiction des travaux non prévus au contrat et inexécution du contrat », (« Συμβάσεις Δημοσίων έργων στην Ελλάδα: Ανώμαλη εξέλιξη και σχέσεις με αιρέσεις του Αστικού Κώδικα, Απαγόρευση αναγκαίων εξωσυμβατικών εργασιών και σχέση με ανώμαλη εξέλιξη της σύμβαση »), *DiDik*, 1997, p. 1381-1392.

Chatzigiannakis V.-Vlami K., « Les systèmes parallèles de contrôle administratif de légalité en matière des contrats de la commande publique » (« Τα παράλληλα συστήματα διοικητικού ελέγχου νομιμότητας στις δημόσιες συμβάσεις »), disponible sur www.nomarchia.gr (consulté le 23.07.2025).

Chatzigiannakis V., « Le nouveau système contentieux de l'article 372 de la loi n° 4412/2016 » («Το νέο δικονομικό σύστημα του άρθρου 372 του Ν. 4412/2016»), *ThPDD,* 12/2022, p. 1315-1329.

Chrysanthakis Ch., « La loi n° 4446/2016 : vers une réforme (légère) du procès administratif » (« Ο Ν. 4446/2016 : προς μια (ήπια) μεταρρύθμιση της Διοικητικής Δίκης »), *ThPDD*, 2017, n° 1, p. 40-44.

Courakis N., « Anti-corruption efforts in Greece: between law in books and law in action », *The Art of Crime* (version anglaise internet), n°7, juillet 2015, disponible sur: www.theartofcrime.gr.

Courakis N., « Confronting corruption in Greece », *The Art of Crime* (version anglaise sur internet), n°3, mai 2011, p. 28, disponible sur : www.theartofcrime.gr.

Dagtoglou P., « La constitutionnalité de l'accord d'arbitrage » (« Η συνταγματικότητα της συμφωνίας περί διαιτησίας »), *DiDik,* 1992, p. 4.

Dellis G., « La Cour des comptes comme garante de l'efficacité de l'action publique » (« Το Ελεγκτικό Συνέδριο ως εγγυητής της αποτελεσματικότητας της δημόσιας δράσης »), *EfDD*, 3/2023, p. 294-298.

Dellis G., « La provision accordée par le juge administratif. Une originalité du droit français » (« Η προσωρινή επιδίκαση χρηματικών αξιώσεων από το διοικητικό δικαστή. Μια καινοτομία του γαλλικού δικαίου »), *DiDik,* 1994, p. 1.

Despotopoulos C., « La notion de synallagma chez Aristote », in *Sur la notion du contrat- ADP*, 1968, n° 13, p. 115-127.

Detsaridis Ch., « Le nouveau cadre juridique de recours précontentieux dans le stade de passation - L'Autorité d'examen des recours précontentieux («Το νέο νομικό πλαίσιο των ενδικοφανών προσφυγών στο προσυμβατικό στάδιο- Η Αρχή εξέτασης Προδικαστικών Προσφυγών»), *ThPDD*, 2018, n°2, p. 139.

Detsaridis Ch., « L'apport de l'erreur excusable du pouvoir adjudicateur comme critère de contrôle des contrats publics » (« Η συνδρομή της συγγνωστής πλάνης της αναθέτουσας αρχής ως κριτήριο ελέγχου των δημοσίων συμβάσεων»), *EDD,* 2014, n°5, p. 647-657.

Ekonomou M., « La possibilité de prononciation d'injonction de payer contre le secteur public grec en cas de litige résultant d'un contrat administratif et la nécessité de mise en conformité avec le droit européen - Données jurisprudentielles et initiatives législatives » («Η δυνατότητα έκδοσης διαταγής πληρωμής κατά του Ελληνικού Δημοσίου για διαφορά που απορρέει από διοικητική σύμβαση και η αναγκαιότητα εναρμόνισης με το ενωσιακό δίκαιο- Νομολογιακά δεδομένα και νομοθετικές πρωτοβουλίες»), *ToS.,* 2015, n° 1-2, p. 155-184.

Economou M., « L'interaction continue entre droit de la libre concurrence et le droit des contrats publics » («Η διαρκής αλληλεπίδραση του δικαίου του ελεύθερου ανταγωνισμού και του δικαίου των δημοσίων συμβάσεων»), *ThPDD,* 2009 n° 10, p. 1091-1103.

Farhoud I., « Les intérêts moratoires en tant que calcul abstrait de perte dans un environnement de crise » («Οι τόκοι υπερημερίας ως αφηρημένος υπολογισμός της ζημίας σε περιβάλλον κρίσης»), *EfAD,* 2015, n°5, p. 407-425.

Georgiadis A.- Pavlopoulos P., « La responsabilité précontractuelle en vertu des contrats administratifs » (« Η ευθύνη από τις διαπραγματεύσεις στο πλαίσιο των διοικητικών συμβάσεων»), *NoV.*, 1987, p. 701 et s.

Gerontas Ap., « *L'application des articles 200, 288 et 388 du Code civil en matière des contrats publics* » («Η εφαρμογή των άρθρων 200, 288 και 388 του ΑΚ στις δημόσιες συμβάσεις»), *DiDik*, 2017, n° 5, p. 695-701.

Giannakou F., « La faculté du maître d'ouvrage de revenir aux décomptes approuvés pendant l'exécution des contrats publics » («Η δυνατότητα επανόδου του κυρίου του έργου επί εγκριθέντων λογαριασμών κατά την εκτέλεση δημοσίων συμβάσεων»), *DiDik*, n°4, 2019, p.539-544.

Ioakemidis S., « L'application de l'article 409 aux contrats administratifs » («Η εφαρμογή της ΑΚ 409 στις διοικητικές συμβάσεις»), *ChID,* n°2, 2015, p. 113-114.

Kallikaki K., « L'application des dispositions du Code civil en matière des contrats publics » (« Η εφαρμογή διατάξεων του ΑΚ στις δημόσιες συμβάσεις»), *DiDik,* n°4, 2019, p. 561-568.

Kallikaki Kl., « L'injonction de payer dans le procès administratif - une première évaluation » («Η διαταγή πληρωμής στη διοικητική δίκη-Μια πρώτη αποτίμηση»), *Revue Droit public*, 2017, n° 2, p. 157-169.

Kallikaki C., « La conciliation juridictionnelle de règlement des litiges en matière des contrats administratifs- Premières réflexions » (« Ενδοδικαστική επίλυση διαφορών από διοικητικές συμβάσεις-

Πρώτοι προβληματισμοί »), disponible sur : endodikastiki_epilusi_diaforon_dioikitikes_symvaseis-Kallikaki.pdf, mis en ligne le 22.07.2017.

Kapellaki N., « Les interventions directes de l'administration au contrat administratif » (« Οι άμεσες επεμβάσεις της διοικήσεως στη διοικητική σύμβαση »), *DiDik*, 1994, n° 6, p. 547-560.

Karathanasopoulos Ev., « Le contrôle préventif de légalité par la Cour des comptes à la lumière de sa jurisprudence » (« Ο προληπτικός έλεγχος των δημοσίων συμβάσεων από το Ελεγκτικό Συνέδριο υπό το φως της νομολογίας του »), *ThPDD*, 2013, n°12, p. 1050-1065.

Karavokyris I., « Contrôle précontractuel de légalité par la Cour des comptes » (« Προσυμβατικός έλεγχος νομιμότητας από το Ελεγκτικό Συνέδριο »), *ThPDD,* 2008, p.1149.

Katsiyannis F., « L'office du juge administratif dans les contrats administratifs dans le cadre de modulation des pénalités dans la mesure appropriée, selon l'article 409 du Code civil », (« Η διαπλαστική εξουσία του διοικητικού δικαστή στις διοικητικές συμβάσεις στο πλαίσιο μετριασμού της ποινικής ρήτρας στο προσήκον μέτρο κατά 409 ΑΚ3», *NoV*, 2016, n° 5, p. 1114-1119.

Kitsos I., « La reprise des autoroutes grecques, concédées aux constructeurs privés : la restitution de l'équilibre économique bouleversé des contrats de concession » (« Η επανέναρξη των παραχωρημένων σε ιδιώτες αναδόχους αυτοκινητοδρόμων : η αποκατάσταση της διαταραχθείσας οικονομικής ισορροπίας των συμβάσεων παρ αχώρησης»), *EDD*, 2014, n° 2, p. 247-257.

Koimtzoglou I., « Les interventions directes de l'Administration sur le contrat administratif en tant que principe général, au-delà de la loi ou le contrat ?» (« Οι άμεσες επεμβάσεις της διοίκησης στη διοικητική σύμβαση ως γενική αρχή, πέραν του νόμου ή της σύμβασης;»), *DiDik,*1995, n° 7, p.299-310.

Konstantakou E., « Questions d'actualité relatives au contrôle précontractuel des marchés publics par la Cour des comptes – Le contrôle de l'économicité et de l'efficacité au stade précontractuel de l'attribution d'un marché public par la Cour des comptes » (« Επίκαιρα ζητήματα σχετικά με τον προσυμβατικό έλεγχοτων δημοσίων συμβάσεων από το Ελεγκτικό Συνέδριο - Ο έλεγχος τηςοικονομικότητας και της αποτελεσματικότητας κατά το προσυμβατικόστάδιο ανάθεσης μίας δημόσιας σύμβασης από το Ελεγκτικό Συνέδριο »), *ThPDD*, 8-9, 2025, p. 776-784.

Korsos D., « La théorie du fait du prince en droit administratif français et grec » (« Η θεωρία της ζημιογόνου πράξεως της αρχής- fait du prince- ἔν τω γαλλικῷ και το παρ'ἡμιν διοικητικῷ δικαίῳ »), *EDD*, 1969, p. 28-41.

Kouloumpini E., « Le contrôle des contrats supplémentaires par la Cour des comptes- Une pathogénicité répétée » (« Ο έλεγχος των συμπληρωματικών συμβάσεων από το Ελεγκτικό Συνέδριο- Μια επαναλαμβανόμενη παθογένεια »), *ThPDD,* n° 10, 2015, p. 889-896.

Kourti G., « Le contrôle des contrats de valeur économique élevée par la Cour des comptes et les règles qui le régissent » (« Ο έλεγχος των συμβάσεων μεγάλης οικονομικής αξίας από το Ελεγκτικό Συνέδριο και οι κανόνες που τον διέπουν ») *DiSKE*, 2005, p. 293.

Kouvaras I., « Loi n° 4446/2016 : Une première présentation des dispositions à propos du procès administratif » (N. 4446/2016 : Μια πρώτη παρουσίαση των διατάξεων για τη διοικητική δίκη », *ThpDD*, 2017, n° 1, p. 45-61.

Lazaratos P., « L'information administrative de l'individu à propos du recours quasi-contentieux et les recours juridictionnels qu'il a à sa disposition », (« Η διοικητική ενημέρωση του ιδιώτη ως προς την ενδικοφανή προσφυγή και τα ένδικα βοηθήματα που διαθέτει »), *DiDik,* 1995, p. 801.

Ligomenou A., « Aspects de la jurisprudence de la Cour des comptes en matière de la libre concurrence dans les contrats publics » (« Πτυχές της νομολογίας του Ελεγκτικού Συνεδρίου σε θέματα ελεύθερου ανταγωνισμού επί δημοσίων συμβάσεων »), *ThPDD*, 2015, n° 3, p. 193-199.

Mavrommati A., « Modification en cours d'exécution d'un contrat à foret valeur économique et l'augmentation du prix : la jurisprudence de la Cour des comptes » (« Τροποποίηση εκτελούμενης σύμβασης υψηλής οικονομικής αξίας μεαύξηση τιμής - Η νομολογία του Ελεγκτικού Συνεδρίου) », *ThPDD* 2023, 11, p. 1137-1144.

Moukiou Ch., « La crise grecque et le droit public », *RFDA,* 2016, p. 835.

Mouzouraki P., « L'application des dispositions du Code civil en matière des contrats administratifs » (« Η εφαρμογή διατάξεων του ΑΚ στις διοικητικές συμβάσεις») in *Mélanges à l'honneur du Professeur Ap S. Georgiades (Γενέθλιον Απ. Σ. Γεωργιάδη),* Sakkoulas, Athènes- Komotini, 2006, t. 2, p. 2275-2313.

Mpardoutsos D., « Critères de distinction des contrats administratifs. Question de la jurisprudence », *DiDik*, 1994, n° 6, p. 783-793.

Papadopoulou M., « L'autonomisation du droit de l'exécution des travaux publics de dispositions législatives et de principes généraux » (« Η αυτονόμηση του δικαίου της εκτέλεσης δημοσίων έργων από διατάξεις αναγκαστικού δικαίου και από γενικές αρχές»), *DiDik*, n°4, 2019, p.534-538.

Papathéodorou I., « Les marchés publics verts- L'obligation des états membres d'intégrer dans les plans d'action nationaux des critères verts et la jurisprudence de la Cour des comptes grecque » (« Οι πράσινες δημόσιες συμβάσεις- Η υποχρέωση των κρατών μελών για την ενσωμάτωση στα Εθνικά Σχέδια Δράσης πράσινων κριτηρίων και η νομολογία του Ελεγκτικού Συνεδρίου»), *ThPP*, 4/2025, p. 324-329.

Pavlopoulos P., « L'enrichissement sans cause en droit public - À la limite des rapports entre droit public et droit privé » (« Ο αδικαιολόγητος πλουτισμός στο Δημόσιο Δίκαιο, Στο όριο των σχέσεων δημοσίου και ιδιωτικού δικαίου »), *NoV,* 1998, p. 145-167.

Pavlopoulos P., « *Hypothèses de responsabilité civile des contrats administratifs* » («Ζητήματα αστικής ευθύνης από διοικητικές συμβάσεις»), *DiDik,* 1990, p. 1009 -1021.

Pavlopoulos P., « Règles de retrait des actes administratifs » (« Κανόνες ανάκλησης διοικητικών πράξεων »), *EDD,* 1988, p. 459.

Poulis S., « Contrôle préventif des contrats publics- Le fantôme de conflit des compétences » (« Προληπτικός έλεγχος δημοσίων συμβάσεων- Το φάντασμα της σύγκρουσης αρμοδιοτήτων »), *ThPDD,* 2012, n° 12, p. 1045-1065.

Sakkelariou A., « Le contrôle des contrats publics par la Cour des comptes à la base du principe de l'efficacité économique » (« Ο έλεγχος των δημοσίων συμβάσεων από το Ελεγκτικό Συνέδριο με βάση την αρχή της οικονομικότητας »), *ThPDD,* 2018, n° 2, p. 152.

Samartzis K., « L'injonction de payer devant les juridictions administratives » (« Η διαταγή πληρωμής ενώπιον των διοικητικών δικαστηρίων »), *ThPDD*, 2015, n° 7, p. 635.

Stathaki M., «Les marchés publics comme levier de promotion des politiques environnementales », *Dialogues en vertu de l'Administration publique (Revue de l'Université Panteion),* 3/2023, p. 271-284.

Trova El., « Le contrat de concession des travaux publics devant les juridictions grecques : un visiteur soudain et inattendu » (« Η σύμβαση παραχώρησης δημοσίων έργων στα ελληνικά δικαστήρια : ένας ξαφνικός και απρόσμενος επισκέπτης »), *DiDik,* 2003, n° 15 p.603-621.

Vlachopoulos Sp., « L'obligation de l'administration à informer la personne intéressée à propos de la faculté et les conditions d'exercice du recours quasi-contentieux » (« Η υποχρέωση της διοίκησης να ενημερώνει τον ενδιαφερόμενο σχετικά με τη δυνατότητα και τις προϋποθέσεις ασκήσεως της ενδικοφανούς προσφυγής ») *DiDik,* 1995, p. 547.

Yannakopoulos C., « Le règlement des différends de l'Administration ou des personnes publiques par voie arbitrale » (« Η διαιτητική επίλυση διαφορών του Δημοσίου ή των νομικών προσώπων δημοσίου δικαίου »), *EDD*, n° 6, 2017, p.654-661.

Yannakopoulos C., « Le nouveau contentieux des contrats publics : une occasion manquée de plus » (« Η νέα δικονομία των δημοσίων συμβάσεων: ακόμη μια χαμένη ευκαιρία»), *EDD,* 2010, n° 5, p. 595-605.

Yannakopoulos C., «La succession des personnes publiques » --(« Η διαδοχή των δημοσίων νομικών προσώπων»), *Journal du droit* *administratif (Εφημερίδα Διοικητικού Δικαίου)*,2008, n° 4, pp. 569-582.

Yannakopoulos C., « La réglementation des offres anormalement basses régis par la loi n°3263/2004 » («Η ρύθμιση των ασυνήθιστα χαμηλών προσφορών στον N. 3263/2004»), *DiSKE,* 2005, p. 304.

Yannakopoulos C., « La conception institutionnelle de la compétence des organes publics » (« Η θεσμική θεώρηση της αρμοδιότητας των διοικητικών οργάνων »), *La Constitution (Το Σύνταγμα),* 2003, n° 6, p. 1101 et s.

ALLEMAGNE

Althaus S. « Modification de la prestation selon le §2 V VOB/B : Calcul du nouveau prix pour les frais supplémentaires basé sur les coûts réels engagés » (« Leistungsänderung nach § 2 V VOB/B : Bildung des neuen Preises für Mehraufwand nach tatsächlich erforderlichen Kosten »), *NZBau*, 2022, p. 505.

Bestermann A.- Petersen M., « Droit de la commande publique et droit relatif au contrôle des prix- Nullité au sens du droit civil dans la passation en cas de dépassement du prix autorisé », (« Vergaberecht und Preisrecht- Zivilrechtliche Umwirksamkeit des Auftrages bei Überschreitung des preisrechtlich zulässigen Höchtspreises »), *ZfBR,* 2008, p. 22.

Bestermann A.- Petersen M., « Le droit des prix- Résidu insignifiant du dernier millénaire ou pratique complétant le droit de la commande publique » (« Das Preisrecht - Bedeutungsloses Relikt aus dem letzten Jahrtausend oder praxisrelevante Ergänzung des Vergaberechts »), *ZfBR* 2007, p. 767.

Bick Ul., « Le recours juridictionnel en référé *(Eilrechtsschutz)* », *RFDA,* 2016, p. 627.

Braun Ch., « Protection de droit civil à propos des contrats sous les seuils » (« Zivilrecthlicher Rechtschutz bei Vergaben unterhalb der Schwellenwerte »), *NZBau,* 2008, p. 160-162.

Breitling T., « Perte et évaluation de l'état selon le nouveau droit » (« Abnahme und Zustandsfeststellung nach neuem Recht »), *NZBau, 2017*, p. 393.

Bündeberger Ul., « Réorganisation des clauses relatives au prix dans les contrats de prestation d'energie d'électricité et de gaz » (« Neugestaltung von Preisanpassungsklauseln in Energielieferungsverträgen über Elektrizität und Gas »), *NJW* 2013, p.3601.

Burgi M.- Zimmermann P., « Les concessions d'approvisionnement et les concessions d'utilisation en tant qu'instruments politiques de l'État » (« Beschaffungskonzession und Nutzungskonzession als Gestaltungsinstrumente des Staates »), *NZBau*, 2023, p. 635.

Burgi M., «Le contrat de concession de service: procédure, critères et protection juridique» (Die Vergabe von Dienstleistungskonzession: Verfahren, Vergabekriterien, Rechtsschutz, *NZBau*, 2005, p. 610.

Caspar C.- Neubauer R., « De la prévention de la corruption dans les autorités administratives communales (« Korruptionsprävention in kommunalen Verwaltungen »), *LKV*, 2011, p. 200.

Englert K., « Volume supplémentaire 2023 VOB/C : l'ignorance n'est pas une excuse pour le non-respect des règles » (« Ergänzungsband 2023 VOB/C : Unwissenheit schütz vor Anwendung nicht ! »), *NZBau*, 2023, p. 761.

Erbguth W., « Protection provisoire contre les actes administratifs » (« Einstweiliger Rechtsschutz gegen Verwaltungsakte »), *JA,* 2008, p. 357-365.

Glahs H., « Influences du droit des marchés publics sur l'interprétation des marchés publics de construction » (« Einflüsse des Vergaberechts auf die Auslegung von öffentlichen Bauaufträgen »), *NZBau*, 2020, p. 213.

Glawe R.- Zinger Ch., « Protection juridique dans les marchés publics : plaidoyer en faveur des Chambres d'examen des marchés publics » (« Vergaberechtsschutz : Ein Plädoyer für die Vergabekammern »), *NZBau*, 2023, p. 145.

Gottwalt L.- Gaus M., « L'application du droit des contrats de la commande publique en temps de crise » (« Vergaberechtsanwendung in der Krise »), *NZBau,* 2023, p. 498.

Gutiérrez Posse H., « La maxime ut res magis valeat quam pereat (Interprétation en fonction de l''effet utile'. Les interprétations 'extensives' et restrictives' », *Österreichische Zeitschrift für öffentliches Recht,* 1972, n° 23, p 229-254.

Habermann H., « Calcul des prix dans le marché de travaux publics selon VOB, dans le cas de modification unilatérale de la prestation » (« Preisermittlung im VOB-Vertrag bei einsitiger Leistungsänderung »), *NJW- Spezial*, 2013, p.300.

Hattenhauer D.- Butzert C., « L'établissement des aspects écologiques, sociaux, innovateurs et qualitatives lors de la procédure de passation » (« Die Etablierung ökologischer, sozialer, innovativer und qualitativer Aspekte im Vergabeverfahren »), *ZfBR* 2017, p. 129.

Hövelberndt A., « Assomption d'un risque économique comme condition de la concession de service », („Übernahme eines wirtschaftlichen Risikos als Voraussetzung der Dienstleustungskonzession"), *NZBau*, 2010, p. 599.

Hübner A.– Frauer A., « Le droit de la commande publique et l'insolvabilité – Le Debt-Equity Swap à sa dimension relative au droit de la commande publique », (« Vergaberecht und Insolvenz Der Debt-Equity-Swap in seiner vergaberechtlichen Dimension ») , *NZBau,* 2011, p. 142.

Jacquemet- Gauché A., « Le principe de légalité en droit administratif allemand », *RFDA*, 2022, p. 217.

Jäger J., « L'attribution des contrats d'échange de GES par les maîtres d'ouvrage sectoriels (qui seront à nouveau économiquement viables dès 2025) : contrat ou concession ? » « Die (ab 2025 wieder wirtschaftlich interessante) Vergabe des Handels von THG-Quoten durch Sektorenauftraggeber : Auftrag oder Konzession ? »], *ZfBR* 2025, p.132.

Jochem R., « Garantie des coûts de construction et circulaire relative aux honoraires pour les prestations des architectes et les ingénieurs » (« Baukostengarantie und HOAI »), *NZBau*, 2013, p. 352-356.

Kirst M., « Pas de récupération légale d'une aide en cas de manquements (graves) aux règles de passation des marchés publics sans conséquences » (« Keine Regelmäßige Rückforderung von Zuwendungen bei folgenlosen (schweren) Vergabeverstößen »), *NZBau*, 2013, p. 481-483.

Knopp L., « Exploitation des papiers à travers de contrat de concession?» (« Papierverwentung via 'Dienstleistungskonzession'?», *DöV,* 2004, n° 14, p. 604-610.

Kobelt R., « Interdiction du transfert des risques déraisonnables dans le cadre du droit des marchés publics » («Verbot der Verlagerung unzumutbarer Risiken im Vergabevertragsrecht ») , *NZBau*, 2023, p. 365.

Krohn W., « Modifications du contrat et droit de la commande publique- Quand existe-t-il une obligation de nouvelle mise en concurrence ? » (« Vertragsänderungen und Vergaberecht- Wann besteht eine Pflicht zur Neuausschreibung ?»), *NZBau*, 2008, n° 10, p. 619-626.

Kues J.-H., « Période difficile pour les contrats de construction en raison des sanctions et de la guerre » (« Schwierige Zeiten für Bauverträge aufgrund von Sanktionen und Krieg »), *NZBau*, 2022, p. 319**.**

Kupfer D., « La réforme du droit d'attribution des concessions d'énergie- Modification du §46 EnWG » (« Die Neufassung des Rechts zur Vergabe von Energiekonzessionen Novellierung des § 46 EnWG, *NVwZ* 2017, p. 428.

Kutscher-Puis F., « Détermination du prix de vente : l'expérience allemande », *RIDC*, v. 49, n° 1, 1997, p. 175-185.

Lausen I., « Offres à prix anormalement bas », (« Angebote mit unangemessen niedrigen Preisen »), *NZBau,* 2018, p. 585.

Lehmann M., « Les conséquences de l'anéantissement du contrat : leçons du droit allemand », *RDC*, n° 4, 2013, p. 1654.

Leinemann R., « Le nouveau droit de résiliation dans le cas de modification du contrat selon le §133 GWB » ("Das neue

Kündigungsrecht bei Auftragsänderungen nach § 133 GWB"), *VergabeN,* 2016, n° 9, p. 130 et s.

Leinemann R., « Traitement des prix spéculatifs, des offres de dumping et des calculs mixtes » (« Umgang mit Spekulationspreisen, Dumpingangebote und Mischkalkulationen »), *VergabeR*, 2008, p. 346-352.

Marcou G., « Les modes de gestion des services publics locaux en Allemagne et le problème de l'ouverture à la concurrence », *RFDA,* 1995, p. 462.

Möller J., « Droit Droit des aides d'état et des marchés publics – Entre aubaine et risque de récupération » (« Zuwendungen und Vergaberecht – Zwischen Geldsegen und dem Risiko der Rückforderung »), *NZBau*, 2025, p. 483.

Müller S., « Le droit de la commande publique dans le système juridique » (« Das Vergaberecht im Rechtssystem »), *VergabeR*, 2024, p. 239.

Müller H. -P., « Tarification des services indirects liés aux marchés publics » (« Preisbildung bei mittelbaren Leistungen zu öffentlichem Auftrag »), *NZBau*, 2025, p. 419.

Müller H.- P., « Une réglementation extrêmement agréable- Les modifications du contrat pendant son exécution-§ 132 GWB » (« Eine schrecklich nette Vorschrift – Auftragsänderungen während der Vertragslaufzeit -§ 132 GWB »), *ZfBR*, 2019, p. 444.

Oberhauser I., « Modifications du contrat avec l'accord des parties » (« Änderungen des Vertrags durch Einvernehmen der Parteien »), *NZBau*, 2019, p. 3.

Optitz M., « Aucune obligation d'appliquer le VOB/B » (« Kein Zwang zur Anwendung der VOB/B »), *NZBau*, 2024, p. 249.

Orlowski M., « Le droit positif des contrats de consrtuction- Vue globale et prise de position sur le projet de la loi du Gouvernement fédéral (« Das gesetzliche Bauvertragsrecht – Übersicht und Stellungnahme zum Gesetzesentwurf der Bundesregierung »), *ZfBR,* 2016, p. 419.

Pache E.- Knauff, M., « À propos de la relation administrative résultante d'un acte administratif et du droit à l'opposition selon les règles de la Loi sur l'organisation des juridictions administratives » (« Zum Verhältnis von Ausgangs- und Widerspruchsbehörde nach den Regelungen der VwGO »), *DöV,* 2004, p. 656–660.

Pauka M., « De la pratique de vérification des prix » (« Aus der Praxis der Preisprüfungen »), *VergabeR*, 2024, p. 399.

Pauka M., « Éléments du prix du remboursement des coûts dans la gestion de projet intégré » (« Kostenelemente des Selbstkostenerstattungspreises in Integrierter Projektabwicklung »), *NZBau*, 2024, p. 139.

Pauka M. –Chrobot G., « Droit public des prix et droit de la commande publique- Remarques sur § 2 al. 4 VOL/A, notamment à propos de l'implication de sous-traitant » (« Öffentliches Preisrecht und Vergaberecht- Hinweise zu §2Abs.4 VOL/A, insbesondere bei der Einbeziehung von Unterauftragnehemern »), *VergR,* 2011, p. 405-412.

Pauka M.- Chrobot G., « Droit public relatif au contrôle des prix et droit de la commande publique » («Ôffentliches Preisrecht und Vergaberecht »), *VergabeR,* 2011, n° 3, p. 405-412 ; Bestermann A.-Petersen M., « Droit de la commande publique et droit relatif au contrôle des prix- Nullité au sens du droit civil dans la passation en cas de dépassement du prix autorisé ») («Vergaberecht und Preisrecht-Zivilrechtliche Umwirksamkeit des Auftrages bei Überschreitung des preisrechtlich zulässigen Höchtspreises »), *ZfBR,* 2008, p. 22.

Roth F., « Le droit public relatif au contrôle des prix dans le champ de conflit entre droit civil et droit de la commande publique » (« Das öffentliche Preisrecht im Spannungsfeld zwischen Zivilrecht und Vergaberecht »), *NZBau,* 2015, p. 209.

Rusch D.- Portner D., « Indemnisation par le client des avantages acquis par l'opérateur existant par des moyens non concurrentiels » (« Ausgleich wettbewerbsfrei erworbener Vorteile des Bestandsbetreibers durch Auftraggeber »), *NZBau*, 2025, p. 361.

Säcker J., « Le contrôle relatif au droit de la concurrence sur les comportements abusifs en matière des prix et des tarifs de l'eau » (« Die kartellrechtliche Missbrauchskontrolle über Wasserpreise und Wassergebühren »), *NJW*, 2012, p. 1105.

Schmidt-Aßmann E., « L'administration et le principe de légalité », *RFAP*, n° 78, avril –juin 1996, p. 279-290.

Schröder H.- Stelkens U., « Le contentieux des contrats publics en Europe- Allemagne », *RFDA,* 2011, p. 16.

Schule A., « Bonne foi et bonnes mœurs en droit administratif » (« Treu und Glauben im Verwaltungsrecht »), *VerwArch,* n° 38, p. 401.

Schulze R., « Les divergences franco-allemandes dans la théorie du contrat- Rapport de synthèse », *RDC*, n° 4, 2013, p. 1720.

Seidenberg A., « Explosions de prix et ajustements de prix selon le Code civil allemand (BGB)- Aperçu des réglementations juridiques applicables » (« Preisexplosionen und Preisanpassungen nach BGB- Ein Überblick über in Betracht kommende gesetzliche Regelungen »), *NZBau*, 2022, p. 257.

Shirvani F.- Heidebach M., « Moyens de protection contre l'administration et protection provisoire » (« Hauptsacherechtsbehelf und vorläufiger Rechtsschutz »), *DÖV*, 2010, p. 254-261.

Siegel T., « Le droit budgétaire de la commande publique » (« Das Haushaltsvergaberecht »), *VerwArch n*°107, 2016, p. 7 et s.

Simonis M., « Compliance dans le droit de la commande publique- les conséquences des manquements lors de l'attribution des contrats de la commande publique » («Vergaberechtliche Compliance- Die Folgen von Rechtsverstößen bei der Vergabe öffentliche Aufträge»), *CCZ,* 2016, p. 70.

Steinbeiß-Winkelmann, « Suppression de la procédure précontentieuse- un progrès ? », « Abschaffung des Widerspruchsverfahrens- ein Fortschritt ? », *NVwZ,* 2009, p. 686.

Steiner Ud., « L'action générale en matière du contentieux administratif » (« Die allgemeine Leistungsklage im Verwaltungsprozeß »), *JuS*, 1984, p. 853-859.

Stelkens U., « *Pacta sunt servanda* en droit administratif allemand et français » (« *Pacta sunt servanda* im deutschen und französischen Verwaltungsvertragsrecht,»), *DVBI,* 2012, n° 15, p. 609-615.

Tilmann W., « Questions juridiques à propos de la procédure contentieuse de contrôle des contrats de la commande publique »

(« Rechtsfrage des gerichtlichen Vergabe-Kontrollsverfahres », *WuW*, 1999, n° 4, p. 342-350.

Troild T., « Droit de la commande publique et droit administratif » (« Vergaberecht und Verwaltungsrecht »), *NVwZ*, 2015 ; p. 549-555.

Von Rintelen C., « L'actualisation des prix selon le §2 V et VI de la circulaire VOB/B à la lumière de nouceau droit des contrats des travaux » (« Die Preisfortschreibung nach §2V und VI VOB/B im Lichte des neuen Bauvertragsrechts »), *NZBau,* 2017, p. 315-325.

Weise St., « Partage du risque par le contrat de concession » (« Risikoverteilung beim Konzessionsvertrag »), *NJW-Spezial* 2020, p.44.

Werner M.- Köster T., « L'interprétation de l'élément constitutif d' 'onérosité' au sens du §99 alinéa 1 de la Loi GWB » (« Die Auslegung des Tatbestandsmerkmals „entgeltlich" i.S. von §§99 Absatz I GWB»), *NZBau,* 2003, p. 420.

Wesseling Ul.- Jansen A., « L'ordonnance selon le §80 VVwGO », (« Der Beschluss nach §80 V VwGO »), *JuS,* 2009, p. 332.

Wolf/Kurtz, « Reformbedarf des Vergaberechts im Bereich ESG » (« Nécessité d'une réforme du droit des marchés publics dans le domaine des critères environnementaux, sociaux et de gouvernance - ESG », *NZBau*, 2025, p. 216-220.

Zabel L., « Les exigences relatives aux clauses d'ajustement des prix en matière des contrats de gaz et des fournitures de chauffage urbain » (« Die Anforderungen an Preisanpassungsklauseln in Gas- und Fernwärmelieferveträgen »), *KommJur,* 2011, p. 289.

EUROPE

Alexis A., « Services publics et aides d'État », *RDUE*, 2002, n°1, p. 63.

Baier S., « No significant disadvantage: first case-law on the new admissibility criterion introduced by Protocole n° 14 to the European Convention on Human Rights », *EYHR*, 2011, p. 405-413

Baistrocchi P.A., « Can the award of a public contract be deemed to constitute a state aid? », *ECLR,* 2003, n° 24, p. 510.

Braconnier St., « Regards sur les nouvelles directives marchés et concessions - Deuxième Partie : Passation et exécution des marchés et concessions », *JCP G*, n° 20, 19 mai 2014, doctr. 596.

Braconnier St., « La typologie des contrats publics d'affaires face à l'évolution du champ d'application des nouvelles directives », *AJDA*, 2014, p. 832.

Bracq St., « Droit communautaire matériel et qualification juridique : le financement des obligations de service public au cœur de la tourmente », *RTD Eur.* 2004, p. 33.

Broux G. et al., « La 'coopération public-public' à l'aune des nouvelles directives communautaires : entre opportunités et incertitudes », *JCP A*,6 octobre 2014, n° 40, 2275.

Cattier R., « Subventionner un service public délégué – Encadrements interne et européen », *AJDA*, 2014, p. 130.

Charrel N. - Gaspar Th., « Le nouveau régime juridique de modification des marchés en cours d'exécution », *CP- ACCP*, n° 144, juin 2014, (dossier), p. 54-61.

Chérot J.-Y., « Financement des obligations de service public et aides d'État », *Europe*, mai 2000, chron. p. 5.

Chrysogonos C., « La (non-) application de la CEDH par les juridictions grecques » (« Η (μη) εφαρμογή της ΕΣΔΑ από τα ελληνικά δικαστήρια »), *ToS*, 2002, n° 5, p.677-684.

Cossalter Ph., « Le coût du cycle de vie, nouveau Graal des acheteurs publics ? », *CMP*, n° 6, juin 2014, dossier 10.

Dal Farra Th., « La consécration des partenariats d'innovation dans les nouvelles directives relatives aux marchés publics », *BJCP*, n° 95 juillet- août 2014, p.254.

De Géry Ph., « Délais de paiement : les nouvelles règles issus de la transposition de la directive 2011/7/UE », *CP-ACCP*, n° 132, 2013, p. 73-76.

Dieu F., « Les considérations sociales et environnementales dans la nouvelle directive Marchés du 26 février 2014 », *BJCP*, 2014, n° 96 (dossier spécial), p.326-334.

Dyens S., « Les critères d'attribution de concession : un véritable bouleversement ? », *CP- ACCP* n° 141 mars 2014, p. 54-58.

Eckert G., « La directive sur l'attribution de contrats de concession ou l'affermissement du droit de la commande publique » *RJEP,* n° 722, 2014, étude 6.

Eckert G., « Les délégations de service public sous l'influence du droit de l'Union européenne », *RJEP*, n° 704, janvier 2013, étude 1.

Frackowiak C.- Delaloy G., « Nouvelles directives européennes sur les marchés publics et les concessions : quels changements pour le droit français de la commande publique ? », *BJCP*, n° 94, 2014, p. 155-163.

Frackowiak C.- Delaloy G., « Nouvelles directives européennes sur les marchés publics et les concessions : quels changements pour le droit français de la commande publique ? « Pour une rationalisation de l'architecture du droit français de la commande publique, *BJCP,* n° 95 2014, p. 219-253.

Freis-Janik Is.- Stumpf W., « À propos de la nouvelle directive sur le retard de paiements RL 2011/7/EU » (« Zur neuen Zahlungsverzugsrichtlinie RL 2011/7/EU »), *FLF,* 2013, n° 2, p. 53-58.

Georgakopoulos F., « La mise en conformité aux décisions de la Cour européenne des droits de l'homme- Les expériences grecques » (« Η συμμόρφωση στις αποφάσεις του Ευρωπαϊκού Δικαστηρίου των Δικαιωμάτων του Ανθρώπου- Οι ελληνικές εμπειρίες »), *ToS,* 2002, n° 4, p. 559-575.

Guarrata A., « Le rapport entre droit d'attribution des contrats de la commande publique et droit des aides publiques : Best friends- Faux amis » (« Das Verhältnis von Vegabe-und Beihilferecht- Best friends- Faux amis »), *NZBau*, 2018, p. 443.

Hillger J., « The award of a public contract as state aid within the meaning of Article 87(1) EC», *PPLR,* 2003, p. 125.

Hoepffner H., « L'exécution des marchés publics et des concessions saisie par la concurrence : requiem pour la mutabilité des contrats administratifs de la commande publique », *CMP*, n° 6, juillet 2014, dossier 16.

Hoepffner H., « La nouvelle directive Concessions- Sécuriser le cadre juridique des concessions et préserver la liberté des concédants: une conciliation impossible? », *Europe, n°6*, juin 2014, étude 5.

Hoepffner H., « La nouvelle directive Marchés publics : simple consolidation des acquis ou véritable modernisation ? », *Europe*, mai 2014, n° 5, étude 3.

Jennert C., « La notion de la concession de service en droit communautaire – en même temps une contribution à la notion de l'onérosité dans les contrats de services » (« Der Begriff der Dienstleistungskonzessionim Gemeinschaftsrecht. Zugleich ein Beitrag zum Entgeltlichkeitsbegriff des Dienstleistungsauftrags »), *NZBau*, 2005, p. 131.

Kalflèche G.- Sorbara J.-G., « Les compensations de service public du Paquet Almunia, une obscure clarté », *Europe,* n°6, juin 2012, étude 7.

Kalflèche G., « Les concessions : faut-il avoir peur du rapprochement avec les marchés? », *CMP,* n° 6, juin 2014, dossier 4.

Kalflèche G., « Secteur public et concurrence : la convergence des droits- À propos des droits de la concurrence et de la commande publique », *AJDA,* 2007, p. 2420.

Kaloudas Ch., « La conception française du service public à l'épreuve du droit de l'Union européenne », *RdUE*, n° 566, mars 2013, p. 156-181.

Karpenschif M., « Pouvoirs adjudicateurs, unités opérationnelles, centrales d'achat et entités adjudicatrices : évolutions ou révolution ? », *CMP*, n°6, juin 2014, dossier 5.

Karpenschif M., « Quand le droit européen des aides d'État s'invite dans le contentieux des délégations de service public », *JCP A*, n° 41, 15 octobre 2012, 2326 .

Karpenschif M., « Du paquet Monti/Kroes au paquet Almunia : le financement des SIEG facilité et sécurisé ? », *JCP A*, 2012, 2006.

Karpenschif M., « Définition du pouvoir adjudicateur par la Cour de justice des communautés européennes », *AJDA*, 2004, p. 526.

Karydis G., « Le principe de l'opérateur économique privé', critère de qualification des mesures étatiques en tant qu'aides d'État, au sens de l'article 87 par. 1 du Traité de Nice », *RTDEur.*, 2003, p. 389.

Kohler M., « New Trends Concerning the Application of the Private Investor Test. The EDF judgement of the General Court and its Consequences» *EstAL* 1/2011, p. 21.

Kovar R., « Droit communautaire et service public : esprit d'orthodoxie et pensée laïcisée », *RTD eur.* 1996, p. 215.

Llorens F. et Soler-Couteaux P., « La typologie des contrats de la commande publique résistera-t-elle à la réforme des directives marchés publics ? », *CMP,* octobre 2013, n° 10, rep. 9.

Lombard F., « La codification du critère de distinction marché/ concession : le critère du risque opérationnel », *JCP A* n° 18-19, 5 mai 2014, étude 2137.

Maddalon Ph., « Paquet Altmark : quelle sécurité juridique ? », *Contr. Conc. Cons.*, n° 4, avril 2006, étude n° 5.

Martucci F., « Modernisation des aides d'État : une réforme en demi-teinte », *Revue CCC*, n° 6, juin 2014, dossier 17.

Metaxas A., « Aides d'État et participation aux activités des programmes opérationnels du 3e cadre d'appui communautaire » (« Κρατικές ενισχύσεις και συμμετοχή σε δράσεις Επιχειρησιακών Προγραμμάτων του Γ' Κοινοτικού Πλαισίου Στήριξης »), *DiSKE,* n°3, 2004, p. 245-253.

Moiroux J., « Nouvelle directive sur les contrats de concession : quels impacts potentiels ou avérés sur la loi Sapin? », *JCP A*, n° 22, 2 Juin 2014, 2168.

Noguellou R., «Les nouvelles directives et l'exécution des contrats », *AJDA,* 2014, p. 854.

Ølykke G.-S., « The Notice on the Notion of State Aid and Public Procurement Law », *EstAL* 4/2016, p. 508-526.

Parish M., « On the private investor principle », *EL Rev.* 2003, p. 70.

Richer L., « Subvention au délégataire et obligations de service public : l'arrêt Altmark », in dossier Subventions et contrats, *CP-ACCP*, n°28, décembre 2003, p. 34-36.

Rodrigues St., « Les subventions aux entreprises de service public ne sont plus nécessairement des aides d'État », *AJDA,* 2003, p. 1739.

Rosenkötter A., « Modification des contrats de la commande publique selon les nouvelles directives » (« Vergabeänderungen nach neuen Richtilinien »), *VergR,* 2014, n° 2a, p. 290-295.

Seurot L., « L'offre anormalement basse dans le droit des marchés publics », *AJDA*, 2014, p. 204.

Sgouridou Aik., « Evolutions récentes à propos de la notion de l'aide d'État » (« Πρόσφατες νομολογιακές εξελίξεις στην έννοια της κρατικής ενίσχυσης »), *DiSKE,* n° 2, 2004, p. 118-125.

Sicilianos L-A., « L'élargissement de la compétence consultative de la cour européenne des droits de l'homme- A propos du Protocole n°16 à la Convention européenne des droits de l'homme », *RTDH* 2014, p.28.

Sorbara J.-G., « Marchés publics et innovation », *CMP,* n° 6, juin 2014, dossier 13.

Terneyre Ph., « La notion du marché public : rupture ou continuité ? », *CMP*, n° 6, juin 2014, dossier 3.

Thieffry P., « Le nouvel encadrement des aides d'État à l'environnement (2014-2020) : règlement d'exemption par catégorie, lignes directrices et communication sur les projets importants d'intérêt européen commun », *RTD Eur*, 2015, p. 475.

Thieffry P., « Chronique Droit européen de l'environnement- Le verdissement de la commande publique acte II : prise en compte de l'analyse du cycle de vie et des procédés et méthodes de production », *RTD Eur*. 2015, p. 470.

Thieffry P., « Compensation des charges de service public. Les contradictions du 'paquet Almunia' », *AJDA,* 2012, p. 300.

Triantafyllou D., « L'encadrement communautaire du financement du service public », *RTD eur.,* 1999, p. 21.

Tulkens F., « The link between manifest ill-foundedness and absence of a significant disadvantage as inadmissibility criteria for individual applications », *ItYBIL,* 2010, n° 20, p. 169-179.

Yannakopoulos C., « Le contentieux des contrats publics en Europe-Grèce », *RFDA*, 2011, p. 31.

Vila J.-B., « L'équilibre économique de la délégation de service public à la lumière de la directive concessions », *DA*, n° 11, novembre 2014, étude 17.

ARTICLES ÉCONOMIQUES

Brousseau E. - Glachant J.-M., « Économie des contrats et renouvellements de l'analyse économique », *Revue d'économie industrielle,* vol. 92, 2e et 3eme trimestres 2000, p. 23-50.

Dasgupta P.-Hammond P.- Maskin E., «The Implementation of Social Choice Rules», *Review of Economic Studies*, 1979, n° 146, p. 377-389.

Flyvbjerg B., "What You Should Know about Megaprojects and Why: An Overview," *Project Management Journal*, vol. 45, n° 2, avril- mai 2014, p. 6-19.

Green J. - Laffont J.-J., « Characterization of Satisfactory Mechanisms for the Revelation of Preferences for public goods », *Econometrica*, 1977, n° 45, p. 427-438.

Ghertman M., « Oliver Williamson et la théorie des coûts de transaction », *RFdG*, 2003, n°1 (vol. 142), p. 43-63.

Harris M. – Raviv A., « Optimal Incentive Contracts with Imperfect Information», *Journal of Economic Theory*, 1979, n° 20, p. 231-259.

Hart O., « Incomplete contracts and public ownership: Remarks and an application to Public Private Partnerships », *Economic Journal*, n° 113 (vol. 485), p. C69-C76.

Hart O. - Shleifer A. – Vishny R.W., «The Proper Score of Government: Theory and an Application du Prisons », *Quarterly Journal of Economics*, 1997, n° 4 (vol. 112), p. 1127-1161.

Laffont J.-J., «À propos de l'émergence de la théorie des incitations », *RFdG,* 2006, n°1 (vol.n° 160), p. 177-189.

Myerson R., « Incentive Compatibility and the Bargaining Problem », *Econometrica,* 1979, n° 47, p. 61-73.

Quile J.-J., « L'incertitude et le risque : à propos de Frank Knight (1885-1972) » *Problèmes économiques* n° 2707, avril 2001, p. 4.

Tirole J., « Concessions, concurrence et incitations », *REF*, 1999, n° 51, p. 79-92.
Williamson O.E., « Transaction Cost Economics: The Governance of Contractual Relations», *Journal of Law and Economics, Vol.* 22, No. 2 (octobre 1979), p. 233-261.
Yvrande- Billon An., « Concurrence et délégation de services publics- Quelques enseignements de la théorie des coûts de transaction », *RFE*, n° 3, vol. XXII, 2008, p. 97-131.

V. CONCLUSIONS

FRANCE

Arrighi de Casanova J., « Conclusions sur l'arrêt TC, 16 juin 1997, *Époux Muet, Société la Fontaine de mars c/ Banque de France* », *RFDA*, 1997, p. 823.
Bergeal C., « Conclusions sur l'arrêt CE, 21 février 2000, *Société Uni-Marbres* », *BJCP*, mai 2000, p. 191.
Bergeal C., « Conclusions sur l'arrêt CE, 2 juillet 1997, *SA Bouygues et autres* », *BJCP*, novembre 1999, p. 620 ; *CJEG* 1999, p. 357.
Bergeal C., Conclusions sur l'arrêt CE, 23 mars 1999, *SA Méribel 92, BJCP,* juillet 1999, p. 444.
Bergeal C., « Conclusions sur l'arrêt CE, 30 juin 1999, *Syndicat mixte du traitement des ordures ménagères centre-ouest seine et marnais (SMITOM)* », *AJDA,* 1999, p. 714.
Bergeal C., « Notion du marché public » (conclusion sur l'arrêt CE, 7 avril 1999, *Commune de Guilherand-Granges,* req. n° 156008) *AJDA,* 1999, p. 517.
Bergeal C., « Conclusions sur l'arrêt CE, 29 décembre 1997, *Département de Paris* » *Mon.TP*, 2 mai 1998, suppl. TO, p. 395.
Blum L., « Conclusions sur l'arrêt CE, 31 juillet 1912, *Société des granits porphyroïdes des Vosgues », D.* 1916, 3.35 ; *S.* 1917.3.15.
Blum L., « Conclusions sur l'arrêt CE, 11 mars 1910, *Compagnie générale française des tramways* », *D.* 1912.3.49.

Boissy L., « Note sous l'arrêt CAA Paris, 4 octobre 2013, *Syndicat Intercommunal d'élimination et de valorisation des déchets de la région de Rungis (SIEVD) », AJDA*, 2013, p. 2270.

Boulois N., « Conclusions sur l'arrêt CE, 31 juillet 2009, *Société Jonathan Loisirs », BJCP*, 2012, p. 482.

Boulois N., « Conclusions sur l'arrêt CE, 23 mai 2011, *Commune Six-Fours-les-Plages* », *BJCP* 2011, n° 77, p. 258.

Boulois N., « Conclusions sur l'arrêt CE 28 janvier 2011, *Société Cabinet d'Études Marc Merlin », BJCP* mars 2011, p. 90.

Boulois N., « Conclusions sur l'arrêt CE, 16 décembre 2009, *Société d'architecture Groupe 6* », *BJCP*, avril 2010, p. 134.

Boulois N., « Conclusions sur l'arrêt CE, 6 novembre 2009, *Société Prest'action », RJEP,* n° 671, janvier 2010, comm. 1.

Boulois N., « Conclusions sur l'arrêt CE, 7 novembre 2008, *Département de la Vendée,* req. n° 291794 » *BJCP*, n° 62, 2009, p. 55-60.

Boulois N., « Conclusions sur l'arrêt CE, 6 avril 2007, *Centre hospitalier de Boulogne-sur-Mer »*, *RFDA*, 2007, p. 712.

Boulois N., « Conclusions sur l'arrêt CE, 8 juin 2005, *Ville de Caen »*, *BJCP* septembre 2005.

Casas D., « Conclusions sur l'arrêt CE, 26 novembre 2007, *Société Les Travaux du Midi* », *BJCP*, 2008, p. 24.

Casas D., « Conclusions sur l'arrêt CE Ass., 16 juillet 2007, *Société Tropic travaux signalisation*, *RFDA*, 2007, p. 696.

Casas D., « Conclusions sur l'arrêt CE, 24 novembre 2006, *Mme A »*, *BJCP*, 2007, p. 50.

Casas D., « Les marchés publics comme contrats à titre onéreux » (conclusions sur les arrêts CE, Ass., 4 novembre 2005, *Sté Jean-Claude Decaux,* req. n° 247298 et 247929), *RFDA*, 2005, p. 1083.

Celerier T., « Conclusions sur l'arrêt TA Paris, 14 décembre 1999, *Société Dataib* », *BJCP*, 2000, p. 175.

Chantepy Ch., « Marchés d'entreprise de travaux publics : marchés publics ou délégations de service public ? Conclusions sur CE, 15 avril 1996, *Préfet des Bouches-du-Rhône* », *RFDA,* 1996, p.715.

Chardeau J., « Conclusions sur l'arrêt CE Ass. 21 nov. 1958, *Syndicat national des transporteurs aériens », D.* 1959, p. 572.

Chardenet P., « Conclusions sur l'arrêt CE, 30 mars 1916, *Compagnie Générale d'éclairage de Bordeaux* » *D.* 1916.3.25 ; *RDP,* 1916, p. 206 et 388 ; *S.* 1916.3.17.

Corneille L., « Conclusions sur l'arrêt CE, 23 mars 1917, *Péchin », S.* 1922, 3, 38.

Corneille L., « Conclusions sur l'arrêt CE, 3 décembre 1920, *Fromassol », RDP,* 1920, p. 64.

Cortot- Boucher Em., « Conclusions sur l'arrêt CE, 21 mars 2011 *Commune de Béziers* » ; *RFDA* 2011, p.507.

Dacosta B., « Conclusions sur l'arrêt CE Ass., 4 avril 2014, *Département de Tarn-et-Garonne* », *BJCP* 2014, p.204.

Dacosta B., « Conclusions sur l'arrêt CE, 21 décembre 2012, *Commune de Douai », RFDA*, 2013, p. 33 ; *BJCP*, 2013, n° 87.

Dacosta B., « Conclusions sur l'arrêt CE, 15 mai 2013, *Communauté des communes d'Epinal Golbey* », *BJCP* septembre 2013, p. 372.

Dacosta B., « Conclusions sur l'arrêt CE ass. 21 décembre 2012, *Commune de Douai* », *RFDA,* 2013, p. 33.

Dacosta B., « Conclusions sur l'arrêt CE, 8 février 2010, *Commune des Chartres Métropole », BJCP,* 2010, p. 208.

Dacosta B., « Conclusions sur l'arrêt CE, 3 juin 2009, *Commune de Saint-Germain-en-Laye », BJCP,* n°66, septembre- octobre 2009, p. 365.

Dacosta B., « Conclusions sur l'arrêt CE, 5 juin 2009, *Sté Avenance Enseignement et Santé, », BJCP,* n°66, septembre- octobre 2009, p.393-398.

Dacosta B., « Conclusions sur l'arrêt CE, 29 décembre 2008, *OPHLM de Puteaux », BJCP,* 2009, p. 123.

De la Verpillière C., « Conclusions sur l'arrêt CE, 2 janvier 1988, *Société civile immobilière « La Colline » c/ Commune de la Benisson-Dieu* », *CJEG,* 1988, p. 328.

Devys C., « Conclusions sur l'arrêt CE, 16 juillet 2007, *Syndicat national de défense de l'exercice libéral de la médecine à l'hôpital », RFDA,* 2007, p. 1269.

Fombeur P., « Conclusions sur l'arrêt CE sect. 28 févr. 2001, *Préfet des Alpes-Maritimes* », *RFDA,* 2001, p. 399.

Fournier J., « Conclusions sur l'arrêt CE, 2 décembre 1966, *Société France-Reconstruction-Plan, Rec.*,635 ; *AJDA,* 1967 p. 372.

Fratacci St., « Conclusions sur l'arrêt CE, 10 mai 1996, *FNTP et FNB », RFDA*, 1997, p. 73.

Galmot Yv., « Conclusions sur l'arrêt CE, 14 octobre 1966, *Ministre de la Reconstruction c/ Ville de Bordeaux », RDP*, 1967, p. 159.

Genevois B., « Conclusions sur l'arrêt CE, 6 mai 1985, *Association Eurolat*, *RFDA*, 1986, p. 21.

Glaser Em., « Conclusions sur l'arrêt CE, 28 décembre 2009, *Commune de Béziers* » *BJCP* 2010, p.138, *RFDA* 2010, p.506.

Glaser E., « Conclusions sur l'arrêt CE, 25 octobre 2004, *Commune du Castellet* », *RJEP,* 2005, p. 69.

Guyomar. M., « Conclusions sur la décision T.confl., 17 mai 2010, *Institut national de la santé et de la recherche médicale* », *RFDA* 2010, p. 959.

Habchi H., « Conclusions sur l'arrêt TA Grenoble, 27 mars 2012, *SIVU domaine skiable Les Houches-Saint-Gervais », BJCP*, 2012, p. 400.

Heumann C., « Conclusions sur l'arrêt CE, 14 avril 1961, *Ministère de la Reconstruction et du Logement c/ Société Sud Aviation* », *RDP* 1961, p. 655.

Kahn J., « Conclusions sur l'arrêt CE, 2 mai 1958, *Distillerie de Magnac Laval*, *AJDA*, 1958, p.282.

Labetouille D., « Conclusions sur l'arrêt CE, 5 novembre 1982, *Société Propétrol, AJDA*, 1983, p. 259.

Laurent P., « Conclusions sur l'arrêt CE Ass., 16 novembre 1956, *Union syndicale des industries aéronautiques* », *D.*1956, p.759 ; *AJDA*, 1956, p. 489- 490.

Le Corre M., « Conclusions sur l'arrêt CE, 28 mars 2022, *Commune de Saint Flaive-des- Loups* », *BJCP* juillet 2022, p. 195.

Le Corre M., « Conclusions sur l'arrêt CE, 20 novembre 2020, *Association Trans'Club* », *BJCP*, 2021, p. 141.

Le Corre M., « Conclusions sur l'arrêt CE 10 juillet 2020, *Société Lacroix Signalisation c/ Seine-Maritime*, req. n° 420045 ; *Rec.* ; *BJCP*, n°11, 2020, p. 400.

Le Corre M., « Conclusions sur l'arrêt CE, 6 mai 2019, *Société Icade Promotion* », *BJCP*, juin 2019, p. 271.

Le Corre M., « Conclusions sur l'arrêt CE, 14 octobre 2019, *Société Les téléskis de la Croix Fry* », *BJCP*, 2020, p. 34.

Legal H., « Conclusions sur l'arrêt CE, 26 juillet 1991, *Commune de Sainte-Marie (Réunion)* », *RFDA*, 1991, p. 966.

Lévis D. V., « Conclusions sur l'arrêt CE, 18 novembre 1988, *Ville d'Amiens* », *RFDA*, 1990, p. 23.

Louis J.-J., « Conclusions sur l'arrêt CAA Marseille, 1 mars 2004, *Groupement agricole exploitation en commun « L'Aurier », BJCP,* n° 38, p. 16.

Massot J., « Conclusions sur l'arrêt TC, 12 janvier 1987, *Compagnie des Eaux et de l'Ozone » RFDA,* 1987 p. 284.

Maugüé Ch., « Conclusions sur l'arrêt CE, 4 novembre 1994, *Département de la Sarthe* », *AJDA*, 1994, p. 898.

Pellissier G., « Conclusions sur l'arrêt CE, 10 juillet 2020, *Société Comptoir Négoce Équipements* », *Rec.*, p. 281.

Pelissier G., « Conclusions sur l'arrêt CE, 26 février 2020, *Commune Saint-Julien-en-Genevois* », *BJCP*, 2020, n° 130, p. 186.

Pelissier G., « Conclusions sur l'arrêt CE, 27 janvier 2020, *Toulouse Métropole c/ Suez Eau France*, req. n° 422101 ; *BJCP*, 2020, p. 199.

Pellissier G., « Conclusions sur l'arrêt CE, 27 janvier 2020, *Société Atelier d'architecture Bégué Peyrichou et associés* », *BJCP*, mai 2020, p. 181.

Pellissier G., « Conclusions sur l'arrêt CE, 19 juillet 2017, *Centre hospitalier interdépartementale de l'enfant et de l'adolescent* », *BJCP*, 2017, n°115, p. 388.

Pellissier G., « Conclusions sur l'arrêt CE 14 février 2017, *Sté de manutention portuaire d'Aquitaine », BJCP,* 2017, n° 112, p. 153.

Pellissier G., « Conclusions sur l'arrêt CE, 29 septembre 2014, *Commune de Nantes », BJCP* janvier 2015, p. 45.

Pellissier G., « Conclusions sur l'arrêt CE, 6 novembre 2013, *Région Auvergne », RJEP*, 2014, n°71, comm. 22.

Pichon de Vendeuil M., « Conclusions sur l'arrêt CE, 8 décembre 2020, *Métropole Aix- Marseille-Provence* », concl. *BJCP*, mars 2021, p. 111-115.

Pivetau D., « Conclusions sur l'arrêt CE 25 juillet 2001, *Commune de Gravelines* », *AJDA*, 2002 p. 46.

Pochard M., « Conclusions sur l'arrêt CE, 10 novembre 1993, *Commune de Mirebeau-sur-Bèze c/ M. Roux* », *CJEG,* 1994, p. 145-147.

Rees Ph., « Conclusions sur l'arrêt TA Strasbourg, 7 mars 2013, *Département du Bas-Rhin », JCP A,* 25 novembre 2013, n° 48, 2343.

Romieu J., « Conclusions sur l'arrêt CE, 31 mai 1907, *Deplanque », S.* 1907, 3, p. 82.

Romieu J., « Conclusions sur l'arrêt CE, 4 août 1905, *Martin* », *D.*1907.3.49.

Schwarz R., « Conclusions sur l'arrêt TC, 18 octobre 1999, *Aéroport de Paris », CJEG,* 2000, p. 18.

Stahl J.-H., « Conclusions sur l'arrêt CE, 3 novembre 1997, *Société Million et Marais* », *CJEG,* 1997, p.441.

Tardieu A., « Conclusions sur l'arrêt CE 29 janvier 1909, *Compagnie des messageries maritimes et Compagnie générale transatlantique* », *D.*, 1910, n° 3, p. 89.

Trottier T., « Conclusions sur l'arrêt CAA Marseille, 26 juin 2003, *Compagnie générale de stationnement c/ Ville de Toulon* », *BJCP,* 2004, n°32, p.26.

EUROPE

Cosmas G., « Conclusions sur l'arrêt CJCE, 18 novembre 1999, *Teckal,* aff. C-107/98 », présentées le 1er juillet 1999, *Rec. CJCE* 1999, I, p.8123.

Darmon M., « Conclusions sur l'arrêt CJUE du 7 décembre 1993, *Wirth,* aff. C-109/92 », présentées le 14 juillet 1993, *Rec.* 1993, I, p. 6455.

Fennelly N., « Conclusions sur l'arrêt CJCE, 7 décembre 2000, *Telaustria Verlags GmbH Telefonadress,* aff. C-324/98 », présentées le 18 décembre 2000, *Rec. CJCE,* 2000, I, p. 10747.

Gulmann Cl., « Conclusions sur l'arrêt CJCE, 26 avril 1994, *Commission c/ Italie,* aff. 272/91 », présentées le 14 juillet 1993, *Rec. CJCE,* 1994, I, p. 1411.

Kokott J., « Conclusions sur l'arrêt CJUE, 10 mai 2012, *Commission c/ Pays-Bas,* aff. C-368/10 », présentées le 15 décembre 2011 (publication au recueil numérique).

Kokkot J., « Conclusions sur l'arrêt CJCE, *Satakunnan Markkinapörssi et Satamedia,* aff. C-73/07 », présentées le 8 mai 2008, (publication au recueil numérique).

Kokkot J., « Conclusions sur l'arrêt *Pressetext,* aff. C-454/06 *»,* présentées le 18 mars 2007.

La Pergola A., « Conclusions sur l'arrêt CJCE, 10 novembre 1998, *Gemeente Arnhem et Gemeente Rheden c/ BFI Holding BV,* aff. C-360/96, présentées le 19 février 1998 *Rec. CJCE*, 1998I-06821.

Léger Ph., « Conclusions sur l'arrêt CJCE, 12 juillet 2001, aff. C-399/1998, *Ordine degli Architetti delle Province di Milano et Lodi »,* présentées le 7 décembre 2000, *Rec. CJCE,* 2001, I, p.5414.

Léger Ph., « Conclusions sur l'arrêt CJCE, 15 janvier. 1998, *Mannesmann aff.* C-44/96 » présentées le 16 septembre 1997, Rec. *CJCE,* 1998, I, p. 77.

Mazak J., « Conclusions sur l'arrêt CJUE, 10 mars 2011, *Privater Rettungsdienst und Krankentransport Stadler*, présentées le 9 septembre, *Rec. CJCE,* 2011, p. I-1335, p.26.

Ruiz D.- Colomer J., « Conclusions sur l'arrêt CJCE, 15 mai 2008, SECAP et Santorso, aff. C-147/06 et C-148/06 », présentées le 27 novembre 2007 *Rec. CJCE,* 2007 I – 3567.

Sharpston E., « Conclusions sur l'arrêt CJUE, 3 avr. 2014, aff. C-224/12 P, *Comm. c/ Pays-Bas et ING Groep* », présentées le 19 décembre 2013.

Sharpston E., « Conclusions sur l'arrêt CJCE, 29 octobre 2009, *Club Hotel Loutraki AE- Athinaïki Techniki AE* », présentées le 9 octobre 2009.

Tizzano A., « Conclusions sur l'arrêt CJCE, 03.07.2003, *Chronopost SA, La Poste et al. c/ Ufex et al.*, aff. C-83/01 P, C-93/01P, C-94/01P, présentées le 12.12.2002.

VI. CHRONIQUES, NOTES, OBSERVATIONS ET COMMENTAIRES DE JURISPRUDENCE

FRANCE

Alfandari E., « Note sous l'arrêt CE, 6 mai 1985, *Association Eurolat, Rev. dr. san. et soc.*, 1986, p. 293.

Alhama F., « Note sous l'arrêt CE, 21 novembre 2018, *SNCF Réseau »*, *AJDA*, 2019, p.595.

Amaro R., « Note sous l'arrêt CE 10 juillet 2020, *Société Lacroix Signalisation c/ Seine-Maritime* », *AJ Contrats d'affaires-Concurrence- Distribution*, 2020, p. 482.

Amilhat M., « Note sous l'arrêt CE Ass., 4 avril 2014, *Département de Tarn-et-Garonne* », *JCP A,* 2014, 2154.

Amilhat M., « Commentaire sous l'arrêt CE, 7 mars 2014, *CHU-Hôpitaux de Rouen, JCP A,* n° 38-39, 22 sept. 2014, 2269.

Aubin E., « Note sous l'arrêt CE, 11 août 2009, *Société Maison Comba »*, *RLCT,* 2009, n° 52, p. 11.

Auby J.-M., « Observations sous l'arrêt CE, 2 janvier 1988, *Société civile immobilière « La Colline » c/ Commune de la Benisson-Dieu »*, *AJDA*, 1988 p. 407.

Auby J.-M., Note sous l'arrêt CE, 2 février 1983, *Union des Transports publics, urbains et régionaux, RDP*, 1984, p. 212.

Auby J.-M., « Note sous l'arrêt CE, 2 février 1983, *Union des Transports publics, urbains et régionaux* », *RDP,* 1984, p. 212.

Bain-Thouverez J., « Observations sous l'arrêt CE, 28 janvier 2011, *Société Cabinet d'Études Marc Merlin* », *Gaz. du Palais* 20 mai 2011, p. 46.

Bazex M., « Commentaire sous la décision Cons. const., 30 novembre 2006, n° 2006-243 DC- loi relative au secteur de l'énergie », *DA*, 2007, comm. 14.

Bazex M.- Blazy S., « Note sous l'arrêt CE, 25 avril 2007, *Fédération nationale de l'aviation marchande et al.*, req. n° 291976, 291977, 292040, *DA*, 2007, comm. 110

Bazex M., « Observations sous l'arrêt TC, 18 octobre 1999, *Aéroport de Paris*, *AJDA*, 2000, p. 1030.

Benoit-Cattin Ph., « Note sous l'arrêt CE, 23 mai 2011, *Commune Six-Fours-les-Plages* », *Constr.-Urb.* 2011, comm. 106.

Benoît L., « Note sous l'arrêt CAA Marseille, 20 juillet 1999, *Commune de Toulon*, *AJDA*, 2000, p. 266.

Bergougnous G., « Observations sous la décision Cons. const., décision du 10 juin 2010, n° 2010-607 DC », *Constitutions* 2010, p. 377.

Blaevoet C., « Note sous l'arrêt CE, 15 juillet 1949, *Ville d'Elbeuf », D.* 1950, p.60.

Bonnet B., « Note sous l'arrêt CE Ass., 8 avril 2009, *Commune d'Olivet », JCP A* 2009, n° 27, p. 35-38.

Bouquet J., « Observations sous l'arrêt CE, 16 décembre 2022, *SNC Grasse-vacances* », *AJDA*, 2023, p. 672.

Bourdon P., « Note sous l'arrêt CE Ass., 4 avril 2014, *Département de Tarn-et-Garonne* », *JCP*, 2014, 732.

Bourrel A., « Note sous l'arrêt TA Pau ord., 16 janvier 2012, *Société ESBTP Roca »*, *AJDA*, 2012, p. 1234.

Bousquet J.-B., « Observations sous l'arrêt CE, 29 décembre 2008, *OPHLM de Puteaux », DA*, 2009, comm. 70.

Braconnier S., « Note sous l'arrêt CE Ass., 4 avril 2014, *Département de Tarn-et-Garonne* », *RDI* 2014, p.344.

Braconnier S., « Observations sous l'arrêt CE, 25 mars 2013, *Département de l'Isère »*, *RDI* 2013, p. 365.

Braconnier S., « Note sous l'arrêt CE Ass., 8 avril 2009, *Commune d'Olivet* », *CMP,* n° 5, 1 mai 2013 p. 43-44.

Braconnier S., « Observations sous l'arrêt CE, 12 mars 2012, *Dynacité* », *RDI*, 2012, p. 279.

Braconnier S., « Note sous l'arrêt CE, 21 mars 2011 *Commune de Béziers* », *RDI* 2011, p.270.

Braconnier S., « Observations sous la décision T.confl., 17 mai 2010, *Institut national de la santé et de la recherche médicale* », *RDI* 2010, p. 551.

Braconnier S., « Note sous l'arrêt CE Ass., 16 juillet 2007, *Société Tropic travaux signalisation* », *AJDA* 2007, p. 1497.

Braconnier S., « Un contrat en péril: le marché d'entreprise de travaux publics. À propos des arrêts du CE du 8 février 1999, *Préfet des Bouches-du-Rhône c/ Commune de Ciotat* et du 30 juin 1999 *Département de l'Orne, Société Gespace France* », *RFDA,* 1999, p. 1172.

Branjon R. - Le Chatelier G., « Commentaire sous l'arrêt CE Ass., 8 avril 2009, *Commune d'Olivet », CP-ACCP*, n° 113, 2011, p. 52-54.

Bréchon-Moulènes C., « Note sou sl'arrêt TA Rouen 28 avril 2000, *Entreprise Jean Lefebvre Normandie* », *AJDA,* 2000, p. 842.

Brenet F., « Observations sous l'arrêt CE, 10 juillet 2020, *Société Comptoir Négoce Équipements* », *DA*, octobre 2020, comm. p. 36.

Brenet F., « Note sous l'arrêt CE, 1er juillet 2019, *Association pour le musée des Îles Saint Pierre et Miquelon* », *DA*, 2019, comm. 52.

Brenet F., « Commentaire sous l'arrêt CE, 27 février 2019, *Société Opilo », DA*, n°5, mai 2019, comm. 26.

Brenet F., « Note sous l'arrêt CE Ass., 4 avril 2014, *Département de Tarn-et-Garonne », DA* 2014, n° 36.

Brenet F., « Note sous l'arrêt CE, 15 mai 2013, *Communauté des communes d'Epinal Golbey », DA* août 2013, p. 46.

Brenet F., « Note sous l'arrêt CE, 21 mai 2010, *Commune d'Ajaccio,* req. n° 333737*; DA* 2010, comm 110.

Brenet F. et Melleray F., « Commentaire sous l'arrêt CE, 21 mars 2011 *Commune de Béziers* », *DA* 2011, n° 46.

Bretonneau A.- Lessi J., « Chronique sous l'arrêt CE Ass., 4 avril 2014, *Département de Tarn-et-Garonne* », *AJDA* 2014, p.1035.

Buy F., « Note sous l'arrêt CE Ass., 16 juillet 2007, *Société Tropic travaux signalisation* », *LPA*, 17 oct. 2007, n° 208.

Cabanes C.- Michaud R., « Commentaire sous l'arrêt CE 10 juillet 2020, *Société Lacroix Signalisation c/ Seine-Maritime* », *CP-ACCP*, n°218, 2021, p. 19.

Cabanes C. - Polderman B., « Note sous l'arrêt CAA Marseille, 28 avril 2014, *Préfet des Bouches-du-Rhône* », *CP-ACCP,* juillet 2014, n° 145, p. 74-78.

Cabanes C. - Michelin V., « Observations sous l'arrêt CE, 7 mai 2013, *Société Segex* », *CP- ACCP*, n° 135, septembre 2013, p. 79-82.

Cabanes Ch. - Neveu B., « Note sous l'arrêt CE Ass., 8 avril 2009, *Commune d'Olivet* », *CP-ACCP,* n° 95, 2010, p. 67-69-n° 109, 2011, p. 70-73.

Capitant D., « Observations sous l'arrêt CE ass. 21 décembre 2012, *Commune de Douai* », *D.,* 2013, p. 252.

Capitant D., « Commentaire sous l'arrêt CE, 7 novembre 2008, *Département de la Vendée* », *Revue Lamy des Collectivités territoriales,* février 2009, n° 43, p. 40-43.

Capitant D., « Note sous l'arrêt CE Ass., 16 juillet 2007, *Société Tropic travaux signalisation* », *D.* 2007, p. 2500.

Cassia P., « Note sous la décision T.confl., 17 mai 2010, *Institut national de la santé et de la recherche médicale* », *AJDA* 2010, p. 1047.

Chamard- Heim C., « Note sous l'arrêt CE, 10 octobre 2022, *Communauté d'agglomération du Grand Angoulême* », *CMP*, 2022, n°12, p. 21.

Chauvaux D.-Girardot T.-X., « Incidence de la loi Sapin sur le champ d'application du Code des marchés publics » (chronique), *AJDA,* 1996, p. 729.

Clarenc C., « Note sous la décision Cons. const., 30 novembre 2006, n° 2006-243 DC- loi relative au secteur de l'énergie », *LPA*, 4 janvier 2007, n° 4, p. 3.

Claeys A., « Commentaire sous l'arrêt CE, 16 novembre 2005, *Commune de Nogent-sur-Marne* », *CP-ACCP*, mai 2006, n° 55, p.79-82.

Clay T., « Observations sous la décision T.confl., 17 mai 2010, *Institut national de la santé et de la recherche médicale* », *D.*, 2010, p. 2933.

Collet M., « Commentaire sous l'arrêt CE, 5 mai 2010, *M. Bernard* », *Dr. fisc.* 2010, n°29-34, comm. 427.

Coronat J., « Observations sous l'arrêt CE, 29 décembre 2008*, OPHLM de Puteaux* », *RDI*, 2009, p. 248.

Corouge É., « Observations sous l'arrêt CAA Paris, 23 juin 2006, *SARL Serbois* », *JCP A,* n° 49, 2006, p. 1297.

Cossalter Ph., « Commentaire sous l'arrêt CE, 21 mars 2011 *Commune de Béziers* », *RJEP* octobre 2011, comm.26.

Cossalter Ph., « Une décision de résiliation d'un contrat administratif peut faire l'objet d'un recours en reprise des relations contractuelles accompagné d'une requête en référé suspension », *RJEP*, 2011, n° 690, comm. 44.

Cossalter Ph., « Observations sous l'arrêt CE Ass., 16 juillet 2007, *Société Tropic travaux signalisation* », *DA,* 2007, comm. n° 142.

Dal Farra T., « Observations sous l'arrêt Cass. crim., 2 avril 1998 », *BJCP,* 1999, p. 139.

D'Avout L.-Bollée S., « Observations sous la décision T.confl., 17 mai 2010, *Institut national de la santé et de la recherche médicale* », *D.*, 2010, p. 2633.

De Bellescize R., « Note sous la décision Cons. const., 30 novembre 2006, n° 2006-243 DC- loi relative au secteur de l'énergie », *RFDA*, 2006, p. 1163.

De Gaudemar H., « Note sous l'arrêt CE, 29 septembre 2014, *Commune de Nantes », RDI*, 2015, p. 81.

Degoffe M., « Observations sous l'arrêt CE, 10 mai 1996, *Fédération nationale des travaux publics et Fédératon nationale du bâtiment* », *RDI* 2002, p. 62.

Delacour Ér., « Commentaire sous l'arrêt CAA Paris, 16 décembre 2008, *Commune Boulogne- Billancourt* », *CMP*, n° 3, mars 2009, comm. 97.

Delacour Ér., « Note sous l'arrêt CE, 16 novembre 2005, *Commune de Nogent-sur-Marne* », *CMP*, 2006, n° 46.

De Lanversan J., « Note sous l'arrêt CE, 14 avril 1961, *Ministère de la Reconstruction et du Logement c/ Société Sud Aviation* », *JCP* 1961-II-12255.

De Laubadère A., « Note sous l'arrêt CE, 2 mai 1958, *Distillerie de Magnac Laval* », *D.* 1958, p. 730.

Delaunay B., « Observations sous l'arrêt CE, 9 juillet 2010, *Commune de Lorry-les-Metz* », *RDI,* 2011, p. 172.

Delelis Ph., « Note sous l'arrêt CE, 28 décembre 2001, *Centre National d'Enseignement à Distance* », *CMP,* n° 3, 2002, comm. 58.

Delpech X., « Observations sous la décision du T.confl., 17 mai 2010, *Institut national de la santé et de la recherche médicale* », *D.* 2010, p. 1359.

Delpirou D., « Note sous l'arrêt CE, 2 janvier 1988, *Société civile immobilière La Colline » c/ Commune de la Benisson-Dieu* », *CJEG,* 1988, p. 328.

Delvolvé P., « Note sous l'arrêt CE Ass., 4 avril 2014*, Département de Tarn-et-Garonne* », *RFDA*, 2014, p.438.

Delvolvé P., « Observations sous l'arrêt CE 23 décembre 2011, *Ministère de l'Intérieur, de l'outre-mer, des collectivités territoriales et de l'immigration* », *RFDA,* 2012, p.683.

Delvolvé P., « Note sous l'arrêt CE Ass., 16 juillet 2007, *Société Tropic travaux signalisation* », *RJEP,* 2007, p. 327.

Delvolvé P., « Les arrêts et le système de la concession de service public-note sous CE, 16 avril 1986, *Compagnie luxembourgeoise de télédiffusion et autres* », *RFDA,* 1987, p. 2.

Deumier P., « Note sous l'arrêt CE Ass., 8 avril 2009, *Commune d'Olivet* », *RTDCiv*, 2010, p. 58-62.

Devès C., « Note sous l'arrêt CE, 30 septembre 1996, *Société stéphanoise des eaux et Ville Saint-Etienne* », *DA,* 1996, comm. 557.

Devillers P., « Note sous l'arrêt CE, 6 mai 2019, *Société Icade Promotion*,
CMP, 2019, comm. 226.
Devillers P., « Note sous l'arrêt CE, 13 avril 2018, *Sté Eiffage Construction », CMP,* n°6, juin 2018, comm. 131.
Devillers P., « Note sous l'arrêt CE, 29 septembre 2014, *Commune de Nantes », CMP*, novembre 2014, p. 29.
Devillers P., « Observations sous l'arrêt CE, 15 mai 2013, *Communauté des communes d'Epinal Golbey », CMP,* juillet 2013, p. 25.
Devillers P., « Note sous l'arrêt CE, 20 mars 2013, *Centre hospitalier des Versailles », CMP*, 2013, n°5, comm. 135.
Devilliers P., « Observations sous l'arrêt CE, 28 janvier 2011, *Société Cabinet d'Études Marc Merlin », CMP* mars 2011, p. 21.
Devillers P., « Observations sous l'arrêt CE, 21 mai 2010, *Commune d'Ajaccio, CMP,* 2010, comm. 239.
Didriche O., « Observations sous l'arrêt CE ass. 21 décembre 2012, *Commune de Douai* », *AJCT*, 2013, p.91.
Didriche O., « Note sous l'arrêt CE, 28 décembre 2009, *Commune de Béziers », AJCT* novembre 2010, p.114.
Dieu F., « La notion de prix en matière de marché public de mobilier urbain » (Commentaire sous les arrêts CE, Ass., 4 novembre 2005, *Sté Jean- Claude Decaux,* req. n° 247298 et 247929), *PA,* n° 177, 2006, p. 4.
Dieu F., « Note sous l'arrêt TA Nice, 24 février 2006, *J.-F.Knecht », AJDA,* 2006, p. 1615.
Distel M., « Note sous l'arrêt CAA Paris, 28 septembre 2004, *Commune de Bondy », BJCP,* 2005, n° 41, p. 263.
Dietenhoeffer J., « Note sous l'arrêt CE, 10 juillet 2020, req. n° 429522 », *CMP*, 2020, comm. 277.
Dietenhoeffer J., « Note sous l'arrêt CE, 27 février 2019, *Société Opilo », CMP,* n°5, mai 2019, comm. 172.
Domino X. – Bretonneau A., « Chronique sous l'arrêt CE, 7 mai 2013, *Société auxiliaire de parcs de la région parisienne (SAPP)* », *AJDA,* 2013, p. 1273.

Domino X.- Bretonneau A., « Chronique sous l'arrêt CE ass. 21 décembre 2012, *Commune de Douai* », *AJDA,* 2013 p. 7 et 457.

Dreyfus J.-D., « Commentaire sous l'arrêt CE 10 juillet 2020, *Société Lacroix Signalisation c/ Seine-Maritime* », *AJCT*, 2021, p. 36.

Dreyfus J.-D., « Note sous l'arrêt CE, 29 décembre 2008, *OPHLM de Puteaux* », *AJDA*, 2009, p. 268.

Dreyfus J.-D., « Observations sous l'arrêt CE Ass., 16 juillet 2007, *Société Tropic travaux signalisation* », *RDI* 2007, p. 429.

Dreyfus J.-D., « Note sous l'arrêt CAA Paris, 23 juin 2006, *SARL Serbois* », *AJDA* 2006, p. 2461.

Dufau V., « À propos de la notion de redevance (II) », *DA,* n°6, juin 2000, chron. 12.

Dufau V., « À propos de la notion de redevance (I) », *DA*, n° 5 mai 2000, chron. 9.

Eckert G., «Commentaire sous l'arrêt CE, 1er juin 2023, *Centre hospitalier de Capesterre Belle- Eau* », *CMP* août 2023, comm. 226.

Eckert G., « Note sous l'arrêt CAA Douai, 21 février 2023, *SA Auxiliaire des Parcs* », *CMP*, 2023, comm. 149.

Eckert G., « Précisions sur la mise en concurrence consécutive à la résiliation d'un marché public », *CMP*, n° 3, mars 2023, comm. 90.

Eckert G., « Note sous l'arrêt CE, 16 décembre 2022, *SNC Grasse-vacances*, req. n° 455186», *CMP*, 2023, comm. 90.

Eckert G., « Note sous l'arrêt CE, 9 juin 2021, *Ville de Paris* », *CMP*, 2021, comm. 247.

Eckert G., « Note sous l'arrêt CE, 20 novembre 2020, *Association Trans'Club* », *CMP*, 2021, comm. 62.

Eckert G., « Note sous l'arrêt CE, 26 février 2020, *Commune Saint-Julien-en-Genevois* », *CMP*, 2020, comm. 158.

Eckert G., « Note sous l'arrêt CE, 6 novembre 2020, *Commune Saint-Amand-les-Eaux et Société casino de Saint-Amand-les-Eaux* », *CMP*, 2020, comm. 20.

Eckert G., « Note sous l'arrêt CE, 1er juillet 2019, *Association pour le musée des Îles Saint Pierre et Miquelon* », *CMP*, 2019, comm. 326.

Eckert G., « Note sous l'arrêt CE, 6 mai 2019, *Société CVT Loisirs* », *CMP*, 2019, comm. 237.

Eckert G., « Observations sous l'arrêt CE, 25 mai 2018, *Commune Saint-Thibault-des-Vignes et Sté Philippe Verdiaud Publicité* », *CMP*, n° 7, juillet 2018, comm. 165.

Eckert G., « Note sous l'arrêt CE, 20 juin 2018, *Société La communication hospitalière* », *CMP*, 2018, comm. n° 191.

Eckert G., « Note sous l'arrêt CE, 25 octobre 2017, *Commune de Croisic* », *CMP*, 2017, comm. 281.

Eckert G., « Note sous l'arrêt CE 14 février 2017, *Sté de manutention portuaire d'Aquitaine* », *CMP* avril 2017, comm. 99.

Eckert G., « Note sous l'arrêt CE, 3 novembre 2014, *Société Bancillon BTP*, req. n° 372040 : *CMP*, 2015, comm. 8.

Eckert G., « Commentaire sous l'arrêt CE, 7 mars 2014, *CHU-Hôpitaux de Rouen* », *CMP* 2014, comm. 151.

Eckert G., « CAA Lyon, 9 janvier 2014, *Société Ronzat* », *CMP*, 2014, comm. 79.

Eckert G., « Note sous l'arrêt CE ass. 21 décembre 2012, *Commune de Douai* », *CMP*, 2013, comm. 41.

Eckert G., « Observations sous l'arrêt CE, 15 mai 2013, *Communauté des communes d'Epinal Golbey* », *RJEP*, novembre 2013, p. 11.

Eckert G., « Note sous l'arrêt CE, 10 juillet 2013, *Société Banque Calédonienne d'investissement* », *CMP*, 2013, comm. 249.

Eckert G., « Note sous l'arrêt CE, 4 juillet 2012, *Commune d'agglomération de Chartres métropole (CACM)* », *CMP*, 2012, n° 257.

Eckert G., « Note sous l'arrêt CE, 23 mai 2011, *Commune Six-Fours-les-Plages* », *CMP*, 2011, comm. 195.

Eckert G., « Observations sous l'arrêt CE, 8 février 2010, *Commune des Chartres Métropole* », *CMP*, 2010, comm. 147.

Eckert G., « Note sous l'arrêt CE, 31 juillet 2009, *Société Jonathan Loisirs* », *CMP* 2009, comm. 332.

Eckert G., « Note sous l'arrêt CE, 5 juin 2009, *Sté Avenance Enseignement et Santé* », *CMP*, n°7, juillet 2009, comm. 36.

Eckert G., « Note sous l'arrêt CE, 29 décembre 2008, *OPHLM de Puteaux », CMP,* 2009, comm. 40.

Eckert G., « Note sous l'arrêt CE, 26 mars 2008, *Société Spie Batignolles », CMP,* 2008, comm. 91.

Eckert G., « Note sous CE, 26 mars 2008, *Région Réunion », CMP,* n° 5, mai 2008, comm. 90.

Eckert G., « Commentaire sous la décision Cons. const., 30 novembre 2006, n° 2006-243 DC- loi relative au secteur de l'énergie », *CMP*, 2007, comm. 24.

Eckert G., « Note sous l'arrêt CE, 29 octobre 2004, *Sueur et autres », CMP*, décembre 2004, p. 20.

Eckert G., « Note sous l'arrêt CAA Bordeaux, 28 oct. 2003, *Sapibat Guyane », CMP* 2004, comm. 8.

Eckert G., « Note sous l'arrêt CE, 17 octobre 2003, *Ministre de l'intérieur, de la sécurité intérieure et des libertés locales c/ synd.Intercommunal d'assainissement le Beausset, la Cadière et le Castellet », CMP*, décembre 2003, p. 22.

Erstein L., « Observations sous l'arrêt CE, 10 juillet 2020, *Commune La Guérinière », JCP A*, 2020, act. 433.

Erstein L., « Observations sous l'arrêt Conseil d'État, dans son arrêt du 9 juin 2021, *CNB* », *JCP A*, 2021, act. 403.

Eveillard G., « Note sous l'arrêt CE ass. 21 décembre 2012, *Commune de Douai* », *DA*, 2013, comm. 20.

Fabre B., « Observations sous l'arrêt CE, 29 décembre 1997, *Département de Paris* », *Mon.TP*, 2 mai 1998, suppl. TO, p.47.

Fatôme E., « Note sous l'arrêt Cons. const. 26 juin 2003, n° 2003-473 DC, Loi habilitant le gouvernement à simplifier le droit », *AJDA,* 2003, p. 1404.

Favoreu L.- Philip L., « Note sous la décision Cons. const. n° 76-92 L, du 6 octobre 1976, Nature juridique de dispositions de la loi n° 67-1175 du 28 décembre 1967 portant réforme du régime relatif au droit de port et de navigation modifiée par l'article 64 de la loi de finances pour 1974 », *RDP*, 1977.

Févrot O., « Note sous l'arrêt CAA Nancy du 20 décembre 2007, *Société Vivendi c/ Commune Saint-Dizier », CMP,* 2008, note

Févrot O., « Oxymore pour les contrats administratifs : la modification unilatérale consentie des clauses financières », note sous l'arrêt CAA Nancy, 20 déc. 2007, *Sté Vivendi c/ Cne Saint-Dizier*, *CMP,* n° 4, avril 2008, comm. 77.

Frackowiak C., « Chronique sous l'arrêt CE 14 février 2017, *Sté de manutention portuaire d'Aquitaine », BJCP,* 2017, n° 112, p. 147.

Gabayet N., « Note sous l'arrêt CE, 27 janvier 2020, *Société Atelier d'architecture Bégué Peyrichou et associés* », *JCP A* 20 juillet 2020, p. 35.

Galabert J.-M. – Gentot M., « Chronique sous l'arrêt CE, 14 avril 1961, *Ministère de la Reconstruction et du Logement c/ Société Sud Aviation », AJDA,* 1961, p. 372.

Galland A., « Note sous l'arrêt CE, 29 septembre 2014, *Commune de Nantes », CP-ACCP*, février 2015, p. 63.

Galland A., « Observations sous l'arrêt CE, 6 novembre 2013, *Région Auvergne »*, *RDI*, 2014, p. 164.

Gallois J., « Commentaire sous l'arret Crim. 7 janv. 2026, F-B, n° 24-87.222 », *Dalloz actualité*, 22 janvier 2026.

Gaudemet M., « Note sous l'arrêt CE Ass., 16 juillet 2007, *Société Tropic travaux signalisation* », *LPA,* 24 juill. 2007, n° 147, p. 9.

Gaudemet M.- Dizier A., « Note sous l'arrêt CE Ass., 4 avril 2014, *Département de Tarn-et-Garonne* », *D.* 2014, p.1179.

Gaudemet Y., « Note sous l'arrêt CE, 3 novembre 1997, *Société Million et Marais* », *RDP*, 1998, p.256.

Gaudemet Y.- Lapp C. et Steimer A., « Chronique sous la décision T.confl., 17 mai 2010, *Institut national de la santé et de la recherche médicale »*, *D.* 2011, p. 2552.

Geffray Ed., « Note sous l'arrêt CE Ass., 8 avril 2009, *Commune d'Olivet », RFDA*, 2009, p. 449.

Giacuzzo J.-F., « L'arrêt *Société des Granits porphyroïdes des Vosges*, Légende, réalité... et grandeur », *AJDA* 2013, p.2474.

Girardot T.-X. – Raynaud F., « Chronique sous l'arrêt CE, 3 novembre 1997, *Société Million et Marais* », *AJDA,* 1997, p. 945.

Glaser Em., « Chronique sous l'arrêt 17 juin 2022, *Société Lacroix City Saint- Herblain* », *AJDA*, 2022, p. 1878.

Glaser Em., « Note sous l'arrêt CE, 9 mai 2012, *Région Champagne-Ardenne* », *RLCT,* juillet 2012, n° 81.

Glaser Em., « Commentaire sous l'arrpet CE Ass., 8 avril 2009, *Commune d'Olivet* », *Lamy Coll. Terr.*, n° 50, 2009, p 38-41.

Glaser Em., « Commentaire sous l'avis du CE, 8 juin 2000, section des finances, n° 364803 ; *BJCP* mars 2001, p. 94.

Gourdou J. et Terneyre Ph., « Note sous l'arrêt CE, 28 décembre 2009, *Commune de Béziers* », *RJEP* juin 2010, p.19.

Gourdou J., « Note sous l'arrêt CE, 21 mars 2011 *Commune de Béziers* », *RJEP,* février 2013, comm.11.

Gros M., « L'erreur de Léon Blum ? À propos du centenaire de l'arrêt Société des granits porphyroïdes des Vosges », *AJDA,* 2013, p. 1489.

Gueiller Ph. - Boda J.-S., « Note sous l'arrêt CE, 4 juillet 2012, *Commune d'agglomération de Chartres métropole (CACM)* », *CP-ACCP*, n° 127, décembre 2012, p. 66-69.

Guézou Ol., « Note sous l'arrêt CE, 3 novembre 1997, *Société Million et Marais* », *AJDA*, 1998, p.247.

Guibal M., « Note sous l'arrêt CE, 11 décembre 1991, *Sonexa* », *CMP*, 1992, p. 31.

Guillaumont O., « Observations sous l'arrêt CE Ass., 16 juillet 2007, *Société Tropic travaux signalisation* », *Gaz. Pal.* n° 251, 8 sept. 2007, p. 6.

Guyomar M. – Collin P., « Chronique sous l'arrêt CE sect. 28 févr. 2001, *Préfet des Alpes-Maritimes* », *AJDA,* 2001, p. 461 et 465.

Guyomar M. – Collin P., « Chronique sous l'arrêt CE sect. 19 janv. 2001, *Confédération nationale des radios libres* », *AJDA* 2001, p.150 et p. 152.

Haïm V., « Note sous l'arrêt CE, 8 décembre 1995, *Commune de Saint-Tropez* », *AJDA*, 1996, p. 448.

Harriague J-Ph., « Délimitation du périmètre des concessions de services : l'insuffisance de la notion de « gestion confiée» », *CMP*, juin 2017, chron. 5.

Haulbert M., « Note sous l'arrêt CE, 25 mai 2018, *Société Philippe Védiaud Publicité »*, *AJDA,* 2018, p. 1725.

Hauriou M., « Note sous l'arrêt CE, 27 juin 1919, *Sté gaz et électricité Nice* », S. 1920, p. 25.

Hauriou M., « Note sous l'arrêt CE, 30 mars 1916, *Compagnie Générale d'éclairage de Bordeaux* », *S.* 1916.3.17.

Hauriou M., « Observations sous l'arrêt CE, 30 mai 1913, *Préfet de l'Eure »,* S. 1915, 3, 9.

Hauriou M., « Commentaire sous l'arrêt CE, 11 mars 1910, *Compagnie générale française des tramways* », *S.* 1911.3.1.

Hauriou M., « Note sous l'arrêt CE, 31 mai 1907, *Deplanque », S.* 1907, 3, p. 113.

Hauriou M., « Note sous l'arrêt CE, 4 août 1905, *Martin* », *S.* 1902.3.17, note Hauriou M.

Hoepffner H., « Note sous l'arrêt CAA Nancy, 29 novembre 2022, *SNC Parking Paixhans et la SA Holding Metz Saint Jacques* », *CMP*, 2023, comm. 48.

Hoepffner H., « Note sous l'arrêt CE, 27 janvier 2020, *Société Atelier d'architecture Bégué Peyrichou et associés* », *RDI* juillet 2020, p. 398.

Hoepffner H., « Note sous l'arrêt CE, 14 octobre 2019, *Société Les téléskis de la Croix Fry* »*CMP*, 2019, comm. 378.

Hoepffner H., « Observations sous l'arrêt CAA Bordeaux, 28 août 2018, *Centre hospitalier Louis Constant Fleming* », *CMP,* n°11, novembre 2018, comm. 249.

Hoepffner H., « Note sous l'arrêt CAA Nancy, 7 juillet 2016, *Grenke Location* », *CMP,* 2016, comm. 237.

Hoepffner H., « Note sous l'arrêt CE, 29 septembre 2014, *Commune de Nantes », AJDA*, 2015, p. 67.

Hul S., « Observations sous l'arrêt CE, 10 juillet 2020, *Société Comptoir Négoce Équipements* », *AJCT*, 2021, p. 34.

Hul S., « Observations sous l'arrêt CE, 26 février 2020, *Commune Saint-Julien-en-Genevois* », *JCP A*, 2020, p. 2115.

Hul S., « Observations sou s l'arrêt CE, 25 mai 2018, *Office public de l'habitat Hauts-de-Seine Habitat et autres », AJCT,* 2018, p. 512.

Hul S., « Note sous l'arrêt CE Ass., 4 avril 2014, *Département de Tarn-et-Garonne* », *JCP A*, 2014, 2153.

Hul S., « Observations sous l'arrêt CE, 25 mars 2013, *Département de l'Isère », AJCT,* 2013, p. 294.

Hul S., « Note sous l'arrêt CAA Marseille, 30 mars 2004, *SA Carlson Wagonlit Travel* », *AJDA*, 2004, p. 1648.

Idoux P.- Glaser E.- Nicinski S., « Chronique sous l'arrêt CE 10 juillet 2020, *Société Lacroix Signalisation c/ Seine-Maritime* », *AJDA*, 2020, p.1897, chron.

Idoux P.- Marc E., « Chronique sous l'arrêt CE, 31 juillet 2009, *Société Jonathan Loisirs », RLCT* octobre 2009.

Idoux P.- Cafarelli F., « Observations sous l'arrêt CE, 11 août 2009, *Société Maison Comba », DA,* 2009, comm. 148.

Janicot L. – Lafaix J.-F., « Commentaire sous l'arrêt CE, 10 juillet 2020, *Société Comptoir Négoce Équipements* », *AJDA*, 2023, p. 1393.

Janicot L.- Lafaix J.-F., « Note sous l'arrêt CE Ass., 4 avril 2014, *Département de Tarn-et-Garonne* », *RDP,* 2014. p. 1175.

Jèze G., « Note sous l'arrêt CE, 4 août 1905, *Martin* », *RDP,* 1906, p. 249.

Jèze G., « Note sous CE, 10 février 1935, *Ville de Toulon*», *RDP*, 1935, p. 783.

Jèze G., « Note sous l'arrêt l'arrêt CE, 30 mars 1916, *Compagnie Générale d'éclairage de Bordeaux* » *RDP,* 1916, p. 206 et 388.

Jèze G., « Note sous l'arrêt CE, 31 juillet 1912, *Société des granits porphyroïdes des Vosgues* », *RDP* 1914, p. 145.

Jèze G., « Note sous l'arrêt CE, 11 mars 1910, *Compagnie générale française des tramways* », *RDP,* 1910, p.270.

Jèze G., « Note sous l'arrêt CE, 31 mai 1907, *Deplanque », RDP*, 1907, p. 678.

Lafaix J.-F., « Note sous l'arrêt CE Ass., 4 avril 2014, *Département de Tarn-et-Garonne »*, *RJEP*, juillet 2014, p.26.

Landot E., « Observations sous l'arrêt CE 10 juillet 2020, *Société Lacroix Signalisation c/ Seine-Maritime* », *CP-ACCP*, n°213, 2020, p. 69.

Le Chatellier G., « Note sous l'arrêt CE, 23 février 2004, *Région Réunion »*, *DA,* 2004, comm. 76.

Lallet A. et Domino X., « Chronique sous l'arrêt CE, 28 décembre 2009, *Commune de Béziers », AJDA,* 2011, p.665.

Lallet A.- Domino X., « Retour à Béziers » (chronique de jurisprudence), *AJDA,* 2011, p. 665.

Lallet A., « Note sous l'arrêt CE, 21 mars 2011 *Commune de Béziers* », *AJDA* 2011, p.670.

Landais C.-Lenica F., « Chronique sous l'arrêt CE, 29 octobre 2004, *Sueur et autres », AJDA*, 2004, p. 2383.

Lanzarone Er.– Rudloff C., « Commentaire sous l'arrêt CE, 16 novembre 2016, *Commune d'Erstein* », *CP-ACCP*, n° 177, juin 2017, p. 49-53.

Lasserre B., « Note sous l'arrêt CE, 3 novembre 1997, *Société Million et Marais* », *AJDA*, 2014, p.110.

Lauer J., « Commentaire sous l'arrêt CE, 8 décembre 2020, Métropole Aix- Marseille-Provence », *Revue Lamy de la Concurrence*, avril 2021, p. 22.

Lecat J.-P.– Massot J., « Chronique sous l'arrêt CE, 2 décembre 1966, *Société France-Reconstruction-Plan* », *AJDA,* 1967, p. 360.

Lecat J.-P.– Massot J., « Chronique sous l'arrêt 14 octobre 1966, *Ministre de la Reconstruction c/ Ville de Bordeaux », AJDA*, 1967, p. 160.

Le Chatelier G., « Note sous l'arrêt CE, 21 mars 2011 *Commune de Béziers* », *CP-ACCP,* mai 2011, p. 64.

Le Chatellier G., « Note sous l'arrêt CE Ass., 8 avril 2009, *Commune d'Olivet », AJDA*, 2013, p. 1092-1101.

Lemaire S., « Note sous la décision du T.confl., 17 mai 2010, *Institut national de la santé et de la recherche médicale », D.,* p. 2633.

Lenica F.– Boucher J., « Chronique sous l'arrêt CE Ass., 16 juillet 2007, *Société Tropic travaux signalisation* », *AJDA,* 2007, p. 1577.

Leroy A.- M., « Chronique sous l'arrêt «CE Ass., 16 juillet 2007, Société Tropic travaux signalisation », *BJCP.,* 2008, p. 79.

Lichère F., « Observations sous l'arrêt CE 10 juillet 2020, *Société Lacroix Signalisation c/ Seine-Maritime* », *CMP*, 2020, p. 7.

Liéber S.-J.et Botteghi D., « Chronique sous l'arrêt CE, 28 décembre 2009, *Commune de Béziers* », *AJDA,* 2010, p.142.

Liéber S.-J. et Botteghi D., « Chronique sous l'arrêt CE Ass., 8 avril 2009, *Commune d'Olivet* », *AJDA*, 2009, p. 1091.

Linditch F., « Commentaire sous l'arrêt CE, 8 décembre 2020, *Métropole Aix- Marseille-Provence* », *JCP A* 1er mars 2021, p.27.

Linditch F., « Note sous l'arrêt CE, 21 mars 2011 *Commune de Béziers* », *JCP A*, 2011, comm.2171.

Linditch F., « Note sous l'arrêt CE, 23 mai 2011, *Commune Six-Fours-les-Plages* », *JCP A*, 2011, 2329.

Linditch F., « Note sous l'arrêt CE, 16 décembre 2009, *Société d'architecture Groupe 6* », *JCP A*, 18 janvier 2010, p. 29.

Linditch F., « Note sous l'arrêt CE, 28 décembre 2009, *Commune de Béziers* », *JCP A,* 2010, comm. 2072.

Linditch F., « Note sous l'arrêt CE, 9 décembre 2009, n° 328803, *Dép. Eure* », *JCP A*, 2010, 2020.

Linditch F., « Note sous l'arrêt CE, 29 décembre 2008, *OPHLM de Puteaux* », *JCP A*, 2009, p. 2050.

Linditch F., « Note sous l'arrêt CE Ass., 16 juillet 2007, *Société Tropic travaux signalisation* », *JCP A* 2007, p. 2212.

Linditch F., « Le Conseil d'État fidèle à sa jurisprudence : les contrats de mobilier urbain sont des marchés publics de service » (Commentaire sous les arrêts CE, Ass., 4 novembre 2005, *Sté Jean-Claude Decaux,* req. n° 247298 et 247929) », *JC A,* n° 50, 2005, comm. 1381.

Linditch F., « Au secours, le critère social revient ! », *JCP A*, n° 8, 2005, note 1085.

Linditch F., « Note sous l'arrêt CE, 7 mars 2014, *CHU-Hôpitaux de Rouen », JCP A,* comm. 2308.

Linditch F., « Note sous l'arrêt CE, 23 juin 2010, *Commune de Châtel »,* *JCP A,* 13 septembre 2010, p. 30.

Linditch F., « Note sous l'arrêt CE Ass., 8 avril 2009, *Commune d'Olivet », JCP A* 2009, n°27, p. 29-32.

Llorens F., « Note sous l'arrêt CAA Bordeaux, 3 mai 2011, *Société Gagne* », *CMP*, n° 7, 2011, comm. 207.

Llorens F., « Note sous l'arrêt CAA Bordeaux, 25 février 2010, *Commune Sainte-Rose », CMP*, 2010, n°5, comm. 183.

Llorens F., « Note sous l'arrêt CE, 29 décembre 2008, *Commune de Montpellier », CMP*, 2009, comm. 56.

Llorens F., « Note sous l'arrêt CAA Lyon, 11 déc. 2008, n° 06LY00776, *Synd. mixte de gestion des déchets du Faucigny-Genevois-Bassin Bellegardien-Pays de Gex-Haut Bugey (SIDEFAGE) », CMP*, 2009, n°2, comm. n° 50.

Llorens F., « Note sous l'arrêt CE, 10 août 2005, *Sté Entreprise de travaux publics de l'Ouest (ETPO)* », *CMP*, décembre 2005, n° 12, comm. 313.

Llorens F., « Chronique sous l'avis CE, 8 juin 2000, section des finances, n° 364803 », *CMP*, 2000, chron. 1.

Llorens F., « Observatios sous l'arrêt CE, 13 mai 1987, *Société Citra France c/ Ministre des Transports », RDP* 1988, p. 1427.

Llorens F., « Note sous l'arrêt CE, 6 mai 1985, *Association Eurolat », LPA*, 23 octobre 1986, p. 4.

Llorens F., « Commentaire sous l'arrêt CE, 2 février 1983, *Union des Transports publics, urbains et régionaux* », *RFDA,* 1984, p. 45.

Llorens F.– Soler– Couteaux P., « Observations sous l'arrêt CE Ass., 4 avril 2014, Département de Tarn-et-Garonne », *CMP* mai 2014 comm.n° 5.

Llorens F.– Soler– Couteaux P., « Observations sous l'arrêt CE ass. 21 décembre 2012, Commune de Douai », *CMP,* 2013, rep. 2.

Llorens F.– Soler– Couteaux P., « Commentaire sous l'arrêt CAA Paris, 3 avril 2007, *Min. Défense c/ Sté Echelles Riffaud Développement* », *CMP*, 2007, comm. 178.

Llorens F.– Soler– Couteaux P., « Observations sous l'arrêt CE Ass., 16 juillet 2007, *Société Tropic travaux signalisation* », *CMP*, 2007, rep. n° 8.

Llorens F.– Soler– Couteaux P., « Note sous l'arrêt TA Amiens, 9 novembre 2006, *Préfecture Oise »*, *CMP*, 2007, comm. 73.

Llorens F.– Terneyre Ph., « Note sous l'arrêt CE, 29 décembre 1997, *Département de Paris* », *RDI*, 1998, p. 242.

Llorens F.– Terneyre Ph., « Observations sous l'arrêt CE, 13 juin 1997, *Commune d'Aulnay-Sous-Bois* », *RDI*, 1997, p. 584.

Llorens F.– Terneyre Ph., « Note sous l'arrêt CE, 8 décembre 1995, *Commune de Saint-Tropez »*, *RDI* 1996, p. 207.

Llorens F.– Terneyre Ph., « Observations sous l'arrêt CE, 8 mars 1996, *Commune de Petit-Bourg »*, *RDI*, 1996, p. 370.

Llorens F.– Terneyre Ph., « Chronique sous l'arrêt CE, 10 mai 1996, Fédération nationale des travaux publics et Fédératon nationale du bâtiment », *RDI*, 1996, p. 369.

Loquin E., « Observations sous la décision T.confl., 17 mai 2010, *Institut national de la santé et de la recherche médicale »*, *RTD com.*, 2010, p. 525.

Maljean-Dubois S., « Note sous l'arrêt CE, 10 mai 1996, *Fédération nationale des travaux publics et Fédératon nationale du bâtiment* », *AJDA*, 1997 p. 196.

Malverti C.- Beaufils C., « Chronique sous l'arrêt CE, 1er juillet 2019, *Association pour le musée des Îles Saint Pierre et Miquelon* », *AJDA*, 2019, p. 1750.

Marcou G., « Commentaire sous la décision Cons. const. n° 2006-543 DC du 30 novembre 2006, Loi relative au secteur de l'énergie », *AJDA*, 2007, p. 192.

Marcovici L., « Commentaire sous l'arrêt CAA Marseille, 5 mars 2001, *Préfet du Var* », *AJDA*, 2001, p. 968.

Martin J., « Observations sous l'arrêt CE, 16 décembre 2022, *SNC Grasse-vacances* », *JCP A*, 2023, p. 2008.

Martin J., « Note sous l'arrêt CE 10 juillet 2020, *Société Lacroix Signalisation c/ Seine-Maritime* », *JCP A*, 2020, 2071, p. 13.

Martin J., « Note sous l'arrêt CE, 25 mars 2013, *Département de l'Isère* », *AJDA*, 2013, p. 1398.

Maublanc J.-V., « Note sous l'arrêt CE 14 février 2017, *Sté de manutention portuaire d'Aquitaine », AJDA* 2017, p. 1453.

Maugüé Ch., « Observations sous l'arrêt CE ass. 21 décembre 2012, *Commune de Douai »*, *BJCP*, 2013, n° 87.

Maugüé Ch., « Observations sous l'arrêt CE, 24 novembre 2006, *Mme A »*, *BJCP*, 2007, p. 50.

Maugüé Ch., « Observations sous l'arrêt CE, 25 octobre 2004, *Commune du Castellet*, *BJCP*, 2005, n°38, p. 51.

Maugüé Ch., « Commentaire sous l'arrêt CAA Marseille, 5 mars 2001, *Préfet du Var* », *BJCP,* n° 20, 2002, p. 53.

Maugüé Ch. – Schwartz R., « Chronique sous l'arrêt CE, 26 juillet 1991, *Commune de Sainte-Marie (Réunion)* », *AJDA,* 1991, p. 693.

Melleray F., « Commentaire sous l'arrêt CE Ass., 8 avril 2009, *Commune d'Olivet », DA,* 2009, n° 6, p. 23-25.

Ménéménis Al., « Contrats de mobilier urbain : quelques éléments de réflexion sur les arrêts Decaux », (Commentaire sous s arrêts CE, Ass., 4 novembre 2005, *Sté Jean- Claude Decaux,* req. n° 247298 et 247929), *AJDA,* 2006, p. 120.

Ménéménis Al., « Note sous l'arrêt CE, 29 octobre 2004, *Sueur et autres », DA,* janvier 2005, p. 22.

Ménémenis Al., « Commentaire sous la décision du Conseil constitutionnel du 26 juin 2003 », *DA,* 2003, n° 191.

Mestre A., « Note sous l'arrêt CE, 15 juillet 1949, *Ville d'Elbeuf », S.* 1950.3.61.

Mestre A., « Note sous l'arrêt CE, 27 juin 1930, *Philippe », S.* 1931.3.57.

Moderne F., Pouyaud D., Canedo- Paris M. et Vincent- Legroux M.-C., « Notes sous l'arrêt CE Ass., 16 juillet 2007, *Société Tropic travaux signalisation*, *RFDA* 2007, p.917 à 951.

Moderne F., « Note sous l'arrêt CE, 6 avril 2007, *Centre hospitalier de Boulogne-sur-Mer* », *RFDA*, 2007, p. 724 - *AJDA,* 2007, p. 1011- *RDI,* 2007, p. 525.

Moderne F., « Observations sous l'arrêt CE, 17 mars 2004, *Commune de Beaulieu-sur-Loire »*, *RDI*, 2004, p. 388.

Moderne F., « Note sous l'arrêt CE, 14 décembre 1988, *Établissement public d'aménagement de la ville nouveau de Saint-Quentin-en – Yvelines* », *LPA*, 7 juillet 1989, p. 4.

Mogenier P.-A., « Commentaire sous l'arrêt CE, 10 octobre 2022, *Communauté d'agglomération du Grand Angoulême* », *CP-ACCP*, 2022, n° 240.

Molina P., « Commentaire sous la décision Cons. const., 30 novembre 2006, n° 2006-243 DC- loi relative au secteur de l'énergie », *RJEP/ CJEG*, 2007, p. 41.

Morales M., « Note sous l'arrêt CE, 28 mars 2022, *Commune de Saint Flaive-des- Loups »*, *RDI*, juin 2021, p. 350.

Moreau D., « Observations sous l'arrêt CE, 9 décembre 2009, n° 328803, *Dép. Eure »*, *RJEP* 2010, comm.24.

Moreau D., « Note sous l'arrêt CAA Douai, 31 décembre 2012, *Société Colas Nord Picardie »*, *AJDA,* 2013, p. 913.

Moreau J. et Fatôme Et., « Note sous l'arrêt CE, 6 mai 1985, *Association Eurolat »*, *AJDA*, 1985, p. 620.

Mouton S., « Note sous la décision du Cons. const., 10 juin 2010, n° 2010-607 DC », *D.* 2010, p. 2553.

Muller É., « Observations sous l'arrêt CE, 9 août 2023, *Société mutuelle d'assurance du bâtiment et des travaux publics »*, *CMP*, 2023, comm. 304.

Muller É., « Observations sous l'arrêt CAA Paris, 4 juillet 2023, *Commune de Fontainebleau* »,*CMP*, 2023, comm. 274.

Muller É., « Observations sous l'arrêt CE, 7 octobre 2020 », *CMP*, 2020, comm. 337.

Muller É., « Observations sous l'arrêt CE, 13 juillet 2020, *CMP*, 2020, comm. 263.

Muller É., « Observations sous l'arrêt CE, 10 juillet 2020, *Commune La Guérinière* », *CMP*, 2020, comm. 164.

Muller É., « Observations sous l'arrêt CE, 25 mars 2020, *Ministre de la Transition écologique et solidaire* », *CMP*, 2020, comm. 203.

Muller M., « Observations sous l'arrêt CE, 23 janvier 2020, *Société Touristique de la Trinité* », *CMP*, 2020, comm. 125.

Neveu B. – Polderman B., « Commentaire sous l'arrêt CE, 9 mars 2018, *Compagnie des parcs et passeurs du Mont-Saint-Michel* », *CP-ACCP,* n°190, septembre 2018, p.56-59.

Nicinski S., « Note sous l'arrêt CE Ass., 8 avril 2009, *Commune d'Olivet », AJDA*, 2009, p. 1747-1754.

Noguellou R., « Observations sous l'arrêt CE, 1er juillet 2019, *Association pour le musée des Îles Saint Pierre et Miquelon* », *RDI*, 2019, p. 568.

Noguellou R., « Confirmation de la jurisprudence sur les contrats de coopération entre personnes publiques », *RDI*, 2013, p.213.

Noguellou R., « Note sous l'arrêt CE, 3 octobre 2012, *Sté Eiffage Travaux Publics Méditerranée »*, *RDI,* 2012, p. 623.

Noguellou R., « Observations sous l'arrêt CE, 9 mai 2012, *Région Champagne- Ardenne »*, *RDI*, 2012, p. 404.

Noguellou R., « Note sous l'arrêt CE, 28 décembre 2009, *Commune de Béziers », RDI* 2010, p. 265.

Noguellou R., « Note sous l'arrêt CE, 16 décembre 2009, *Société d'architecture Groupe 6* », *RDI,* mars 2010, p. 156.

Olivier F., « Commentaire sous l'arrêt CE, 9 décembre 2009, n° 328803, *Dép. Eure », CMP,* 2010, comm. 60.

Olivier F., « Note sous l'arrêt CAA Paris, 23 juin 2006, *SARL Serbois »*, *CMP* 2006, comm. 288.

Orsoni G., « Note sous l'arrêt CE Ass., 8 avril 2009, *Commune d'Olivet », RTDCom.*, 2009, p. 699-701.

Orsoni G., « Observations sous l'arrêt CE, 10 mai 1996, *Fédération nationale des travaux publics et Fédératon nationale du bâtiment »*, *RTC,* 2002, p. 284.

Pacteau B., « Observations sous l'arrêt CAA Bordeaux 6 sept. 2007, *Mutuelles de Poitiers Assurances », JCP Adm.* 2008, 2012.

Pauliat H., « Commentaire sous l'arrêt CE, 28 décembre 2009, *Commune de Béziers », RDP,* 2010, p.553.

Pietri J.-P., « Note sous l'arrêt CE, 26 mars 2018, *Service départemental d'incendie et de secours de l'Hérault* », *CMP*, n°7, juillet 2018, comm. 159.

Pietri J.-P., « Note sous l'arrêt CE, 12 novembre 2015, *Régie des eaux du canal de Belletrud* », *CMP*, 2015, comm. 235.

Pietri J.-P., « Commentaire sous l'arrêt CE, 21 mars 2011 *Commune de Béziers* », *CMP,* mai 2011, n° 150.

Pietri J.-P., « Intérêts compensatoires et mauvais vouloir », note sous l'arrêt CE, 17 novembre 2008, *Entreprise Aubelec et MA*, *CMP*, janvier 2009, n° 1, comm. 6.

Pietri J.-P., « Observations sous l'arrêt CE Ass., 16 juillet 2007, *Société Tropic travaux signalisation* », *CMP,* 2007, comm. n° 254.

Pietri J.-P., « Note sous CAA Bordeaux, 12 mai 2007, n°05BX01003, *Syndicat industriel carriers de la Réunion », CMP,* 2007, comm. 208.

Pietri J.-P., « Commentaire sous l'arrêt CE, 8 juin 2005, *Ville de Caen »*, *CMP,* octobre 2005, p. 17.

Pietri J.-P., « Commentaire sous l'arrêt CE, 25 octobre 2004, *Commune du Castellet »*, *CMP*, décembre 2004, p. 42.

Plessix B., « Commentaire sous arrêt CE Ass., 8 avril 2009, *Commune d'Olivet », RJEP,* n° 668, 2009, p. 19-25.

Plessix B., « Chronique sous l'arrêt CE Ass., 16 juillet 2007, *Société Tropic travaux signalisation* », *JCP* 2007. I, p. 193.

Pongérard- Payet H., « Le critère social exprès d'attribution : un cadeau en trompe-l'œil fait aux élus », *AJDA*, 2006, p. 635.

Pontier J.-M., « Note sous l'arrêt CAA Paris, 20 octobre 2011, *Société Brame et Lorenceau*, req., n° 09PA05557, *AJDA,* 2012, p. 47.

Poupeau D., « Note sous l'arrêt CE, 6 novembre 2013, *Région Auvergne* », *AJDA*, 2013, p. 2234.

Poupeau D., « Observations sous l'arrêt CE, 7 mai 2013, *Société auxiliaire de parcs de la région parisienne (SAPP*), *AJDA* 2013, p. 951.

Pouyaud D., « Note sous l'arrêt CE, 8 mars 2023, *Syndicat intercommunal de la périphérie de Paris pour les énergies et les réseaux de communication (SIPPEREC)* », *RFDA*, 2023, p. 485.

Pouyaud D., « Commentaire sous l'arrêt CE, 21 mars 2011 *Commune de Béziers* », *RFDA,* 2011, p.518.

Pouyaud D., « Commentaire sous l'arrêt CE, 28 décembre 2009, *Commune de Béziers », RFDA* 2010, p.519.

Raimbault P., « Note sous l'arrêt CE Ass., 16 juillet 2007, *Société Tropic travaux signalisation* », *Gaz. Pal.,* 27 septembre 2007, n° 270, p. 10.

Rees Ph., « Note sous l'arrêt CE, 18 décembre 2020, *Société Treuils et Grues Labor* », *CMP*, 2021, comm. 205.

Rees Ph., « Note sous l'arrêt CE, 10 juillet 2020, *Société Comptoir Négoce Équipements* », *CMP*, 2020, comm. 257.

Rees Ph., « Note sous l'arrêt CE, 27 janvier 2020, *Société Atelier d'architecture Bégué Peyrichou et associés* », *CMP*, avril 2020, p. 23.

Rees Ph., « Note sous l'arrêt CE, 28 juin 2019, *Société Icade Promotion* », *CMP*, 2019, comm. 303.

Rees Ph., « Note sous l'arrêt CE Ass., 4 avril 2014, *Département de Tarn-et-Garonne », CMP* mai 2014 comm. n°7.

Rees Ph., « Commentaire sous l'arrêt CE, 28 décembre 2009, *Commune de Béziers », CMP* mars 2010, comm.38.

Pietri J.-P., « Note sous l'arrêt CE, 26 mars 2018, *Service départemental d'incendie et de secours de l'Hérault* », *CMP*, n°7, juillet 2018, comm. 159.

Riccardi D., « Note sous l'arrêt CE, 10 octobre 2018, *Centre Hospitalier de Vendôme*, req. n° 410501, *AJDA,* 2019, p.338.

Riccardi D., « Commentaire sous l'arrêt CE, 5 juillet 2017, *Société Auxifip* », *AJDA,* 2017, p. 2198.

Richer L., « Note sous l'arrêt CE 14 février 2017, *Sté de manutention portuaire d'Aquitaine », DA* avril 2017, comm. 16.

Richer L., « Le Conseil constitutionnel et le "droit commun" de la "commande publique" et de la domanialité publique- À propos de la décision du Conseil constitutionnel n° 2003-473 DC du 26 juin 2003 », *AJDA*, 2003, p. 2348.

Richer L., « Observations sous l'avis du CE, 8 juin 2000, section des finances, n° 364803 », *AJDA,* 2000, p. 758.

Richer L., « Note sous l'arrêt CE, 10 mai 1996, *Fédération nationale des travaux publics et Fédératon nationale du bâtiment* », *CP- ACCP,* n° 5 novembre 2001, p. 30.

Rollin F., « Note sous l'arrêt CE Ass., 4 avril 2014, *Département de Tarn-et-Garonne », RDP* 2014, p.1198.

Rolin F. - Brunet P., « Chronique sous l'arrêt CE Ass., 16 juillet 2007, *Société Tropic travaux signalisation* », *RDC* 2008 p. 465.

Rolin F., « De la distinction entre marché public et délégation de service public » (Commentaire sous s arrêts CE, Ass., 4 novembre 2005, *Sté Jean- Claude Decaux,* req. n° 247298 et 247929), *Revue LeMoniteur des Contrats,* n° 2, 2006, p. 485 et s.

Roll Em. - Guénégou S., « Commentaire sous l'arrêt CE Ass., 8 avril 2009, *Commune d'Olivet* », *CP-ACCP*, n° 150, 2015 p. 25-28.

Rotoullié J.- C., « Note sous l'arrêt CE, 10 juillet 2020, *Société Comptoir Négoce Équipements* », *AJDA*, 2021, p. 164.

Rouault M.-C., « Note sous l'arrêt CE, 16 décembre 2009, *Société d'architecture Groupe 6* », *JCP A*, 1er février 2010, p. 19.

Rouault M.-C., « Note sous l'arrêt CE Ass., 16 juillet 2007, *Société Tropic travaux signalisation* », *JCP A* 2007, p. 2221.

Rouault M.-C., « Note sous l'arrêt CE, 11 décembre 1991, *Sonexa », JCP* 1992, n° IV, p. 80.

Roussel S. er Nicolas Ch., « Chronique sous l'arrêt CE, 25 mai 2018, *Office public de l'habitat Hauts-de-Seine Habitat et autres », AJDA,* 2018, p.1140.

Rousset O., « Note sous l'arrêt TA Dijon, 18 mars 2004, *Société Prest'action », AJDA,* 2004, p. 980.

Rouvillois F., « Note sous l'arrêt CE, 25 mai 2018, *Office public de l'habitat Hauts-de-Seine Habitat et autres », AJDA,* 2018, p. 1050.

Schoettl J.-E. et Fatôme E., « Commentaire sous l'arrêt Cons. const. 26 juin 2003, n° 2003-473 DC, Loi habilitant le gouvernement à simplifier le droit », *AJDA,* 2003, p.1391.

Schwartz R., « Observations sous l'arrêt CE, 18 novembre 2011, *Communauté de communes de Verdun », BJCP* 2012 n° 80, p. 19-20.

Schwartz R., « Observations sous l'arrêt TA Paris, 14 décembre 1999, *Société Dataib* », p. 175.

Sée A., « Commentaire sous l'arrêt CE, 7 mars 2014, *CHU-Hôpitaux de Rouen* », *JCP A*, 2014, comm.32.

Seiller B., « Commentaire sous l'arrêt CE, 28 décembre 2009, *Commune de Béziers », Gaz. Pal.* 16 mars 2010, p. 13.

Seiller B., « Note sous l'arrêt CE Ass., 16 juillet 2007, *Société Tropic travaux signalisation* », *JCP A* 2007, p. 2227.

Seiller B., « Note sous l'arrêt CE sect. 19 janv. 2001, *Confédération nationale des radios libres », D.* 2001, p. 1414.

Seiller B. - Braconnier S. – Dacosta B., « Débat sous l'arrêt CE Ass., 4 avril 2014, *Département de Tarn-et-Garonne* », *RDP* 2014, p.1148.

Sestier J.-F., « Note sous l'arrêt CE Ass., 4 avril 2014, *Département de Tarn-et-Garonne* », *JCP A,* 2014, 2152.

Soler- Couteaux P., « Note sous l'arrêt CE, 23 mai 2011, *Commune Six-Fours-les-Plages* », *RDI,* 2011, p. 193.

Stourm G.- Seveno F.-Ol., « Le prix d'un marché n'est pas toujours payé en numéraire », *Revue Le Moniteur des travaux publics et du bâtiment,* 5 juillet 2013, p. 38-39.

Teboul G., « Observations sous l'arrêt CE, 19 décembre 1990, *Société TP Cotentin* », *AJDA*, 1991, p. 394.

Terneyre Ph., « Note sous l'arrêt CE Ass., 4 avril 2014, *Département de Tarn-et-Garonne* », *BJCP* 2014, p.204.

Terneyre Ph., « Note sous l'arrêt CE, 29 octobre 2004, *Sueur et autres », RFDA*, 2004, p. 1228.

Terneyre Ph., « Observations sous l'arrêt CE, 13 juin 1997, *Commune d'Aulnay-Sous-Bois », D.* 1998, p. 230.

Terneyre Ph., « Note sous l'arrêt CE, 10 mai 1996, *Fédération nationale des travaux publics et Fédératon nationale du bâtiment* », *D.* 1997, p. 110.

Terneyre Ph., « Marchés d'entreprise de travaux publics : marchés publics ou délégations de service public- Note sous Conseil d'Etat, 15 avril 1996, *Préfet des Bouches-du-Rhône* », *RFDA,* n° 4, 1996, p. 718.

Terneyre Ph., « Note sous l'arrêt CE, 8 décembre 1995, *Commune de Saint-Tropez », D.* 1996, p. 319.

Tesson F., « Observations sous l'arrêt CE, 1er juillet 2019, *Association pour le musée des Îles Saint Pierre et Miquelon* », JCP *A*, 2019, act. 487.

Ubaud- Bergeron M., « Note sous l'arrêt CE, 1er juin 2023, *Société Forbo Sarlino et autres* », *CMP*, 2023, comm. 224.

Ubaud- Bergeron M., « Note sous les arrêts CE, 9 mai 2023, req. n° 451710, 451839 et 451862 », *CMP*, 2023, comm. 197.

Ubaud- Bergeron M., « Note sous l'arrêt CAA Marseille, 28 novembre 2022, *Société Cathédrale d'Images* », *CMP*, 2023, comm. 59.

Ubaud-Bergeron M., « Note sous l'arrêt CE, 17 juin 2022, *Société Lacroix City Saint- Herblain* », *CMP*, 2022, comm.260.

Ubaud- Bergeron M., « Note sous l'arrêt CJUE, 14 juillet 2022, *Association Estatal de Entidades de Servicios de Atencion a Domicilio*, aff. C-436/20 », *CMP*, 2022, comm. n° 258.

Ubaud- Bergeron M., « Note sous l'arrêt CE, 27 avril 2021, req. n° 440348 », *CMP*, 2021, comm. 205.

Ubaud-Bergeron M., « Note sous l'arrêt CE, 8 décembre 2020, *Métropole Aix- Marseille-Provence* », *CMP*, février 2021, p.20.

Ubaud- Bergeron M., « Note sous l'arrêt CE, 27 mars 2020, *Département de l'Orne* », *CMP*, 2020, comm. 197.

Ubaud- Bergeron M., « Note sous l'arrêt CE 10 juillet 2020, *Société Lacroix Signalisation c/ Seine-Maritime* », *CMP*, 2020, n°10, p. 26.

Ubaud- Bergeon M., « Note sous l'arrêt TA Grenoble, 27 mars 2012, *SIVU domaine skiable Les Houches-Saint-Gervais », CMP*, 2012, comm. 161.

Ubaud- Bergeron M., « Commentaire sous l'arrêt CE, 21 mars 2011 *Commune de Béziers* », *JCP* 2011, comm.658.

Ubaud- Bergeron M., « Note sous l'arrêt CE Ass., 16 juillet 2007, *Société Tropic travaux signalisation* », *JCP* 2007 II p. 10156.

Vandermeeren R., « Observations sous l'arrêt CE sect. 28 févr. 2001, *Préfet des Alpes-Maritimes* », *D.* 2002, p. 2222.

Vandermeeren R., « Observations sous l'arrêt CE sect. 19 janv. 2001, *Confédération nationale des radios libres* » , *D.* 2002, p. 2220.

Véron M., « Observations sous l'arrêt Cass. crim. 23juillet 2014 », *Droit pénal,* octobre 2014, comm. 124.

Vidal L., « Le juge administratif, l'économie et le contrat - réflexions à propos de deux arrêts du Conseil d'Etat », *RFDA,* 1999, p. 1147.

Videlin J.-C., « Commentaire sous l'arrêt CE, 29 septembre 2016, *Communauté urbaine du Grand Dijon* », *DA,* 2016, comm. 64.

Vila J.-B., « Note sous l'arrêt CE, 10 juillet 2020, *Commune La Guérinière* », *JCP A*, 2020, n° 2288.

Vila J.-B., « Note sous l'arrêt CE, 27 janvier 2020, *Toulouse Métropole c/ Suez Eau France* », *JCP A*, 2020, p. 2146,

Vila J.-B., « Équilibre entre intangibilité et révision du prix d'un marché public : une application conditionnée de la formule d'indexation », *CMP*, n° 2, février 2012, comm.44.

Vila J.-B., « Équilibre entre intangibilité et révision du prix d'un marché public : une application conditionnée de la formule d'indexation (Commentaire sous l'arrêt CAA Bordeaux, 3 mai 2011, *Sté Gagne*) », *CMP,* n°2, 2010, comm. 44.

Vila J.-B., « Note sous l'arrêt CE, 8 février 2010, *Commune des Chartres Métropole* », *JCP Adm.*, 2010, comm. 2146.

Vila J.-B., « Note sous l'arrêt CE, 11 août 2009, *Société Maison Comba* », *JCP A*, 2009, 2261, note

Wels Y., « Note sous l'arrêt CE Ass., 8 avril 2009, *Commune d'Olivet* », *JCP A* n°2 16 janvier 2012, p. 3-4.

Wels Y., « Note sous l'arrêt CE Ass., 8 avril 2009, *Commune d'Olivet* », *JCP A* n° 9, 2011 p. 19-21.

Zimmer W., « Note sous l'arrêt CE Ass., 8 avril 2009, *Commune d'Olivet* » *CMP*, n° 12, 1 décembre 2015, p. 25-28.

Zimmer W., « Note sous l'arrêt CE, 29 mai 2013, *Ministre de l' Intérieur c/ Société Artéis* », *CMP,* 2013, comm. 187.

Zimmer W., « Note sous l'arrêt CAA Lyon, 15 décembre 2011, *Association des contribuables actifs lyonnais* », *CMP*, 2012, comm. 42.

Zimmer W., « Note sous l'arrêt CE 12 janvier 2011, *Département du Doubs* », *CMP* mars 2011, p. 36.

Zimmer W., « Note sous l'arrêt CE, 31 juillet 2009, *Société Campenon Bernard et al.* », *CMP,* 2009, n° 11, comm. 349.

Zimmer W., « Note sous l'arrêt CE, 24 novembre 2006, *Mme A* », *CMP*, 2007, comm. 9.

Zimmer W., « Note sous l'arrêt CAA Bordeaux, 7 mars 2006, *SCP d'architectes Dubosc et Landowski* », *CMP,* 2006, comm. 168.

GRÈCE

Argyros A., « Observations sous l'arrêt CE grec, n° 4467/2012 », *NoV*, 2012, p. 2539-2547.

Finokaliotis C.- Kyvelos S., « Observations sous l'arrêt CAA Larisa arrêt n° 19/2011, *ThPDD* 2012, n° 11, p. 953-959.

Fragkakis N., « Observations sous l'arrêt n° 4467/2012 », *ThPDD*, 2012, n° 12, p. 1088-1097.

Lazaratos P., « L'injonction de payer concernant des créances résultantes des relations de droit public- Réflexions à l'occasion de l'arrêt AED 18/2005, relatif à la compétence de l'injoction de payer » (« Η διαταγή πληρωμής για χρηματικές αξιώσεις από σχέσεις δημοσίου δικαίου- Σκέψεις με αφορμή την ΑΕΔ 18/2005 για τη δικαιοδοσία εκδόσεως διαταγής πληρωμής »), *Dik.* 2006, p. 297 et s.

Mpeis C., « Observations sous la décision de la Cour spéciale suprême grecque n° 18//2005 », *Dik.* 2006, p. 144.

Pavlopoulos P., « Des hypothèses de responsabilité civile dans les contrats administratifs - Commentaire sous l'arrêt CAA Athènes

3024/1990 » (« Ζητήματα αστικής ευθύνης από Διοικητικές Συμβάσεις – Σχόλιο στην απόφαση ΔΕφΑθ 3024/1990 »), *DiDik*, 1990, n° 2, p. 1009-1021.

Samartzis K., « Commentaire sous l'arrêt CAA Athènes (comité des sursis),n° 252/2020 *ThPDD*, 10/2020, p. 923-928.

Statheas G., « Observations sous la décision de la Cour spéciale suprême grecque n° 18//2005 », *Dik.* 2006, p. 312.

Synodinos Ch., « Observations sous l'arrêt CE grec, arrêt n° 606/2008 », *ThPDD*, 1010, p. 1075.

Yannakopoulos C., « Chronique Jurisprudences nationales intéressant le droit de l'Union européenne - Un dialogue vivant », *RTDEur.*, 2017, p. 107.

ALLEMAGNE

Burgi M., Note sous l'arrêt BVerwG, 13 février 2013, *NVwZ* 2013, p. 1082-1085.

Gartz B., « Note sous l'arrêt BGH du 19 janvier 2023, VII ZR 34/20 (OLG Naumburg) », *NJW*, 2023, p.1356.

Gehler H., « Commentaire sous l'arrêt OLG Naumburg 3.11.2005- 1 Verg. 9/05 », *NZBau,* 2006, p. 58-63.

Gehlen H., « Commentaire sous l'arrêt OLG Frankfort-sur-le-Main, 7.9.2004- 11 Verg. 11/04, *NZBau,* 2004, p. 692- 696.

Gröning R., « Commentaire sous l'arrêt KG, arrêt du 11.11.2004- 2 Verg. 16/04 », *NZBau, 2005,* p. 538- 544.

Merkens D., « Note sous l'arrêt BGH du 19 janvier 2023, VII ZR 34/20 (OLG Naumburg) », *NZBau*, 2023, p. 305.

Steffen M., « Commentaire sous l'arrêt BGH du 19 janvier 2023, VII ZR 34/20 (OLG Naumburg) », *NJW-Spezial* 2023, p. 204.

Zirbe H.-P., « Commentaire sous l'arrêt OLG Düsseldorf, 27 octobre 2004, *Altpapierverwendung, VergabeR,* 2005, p.97-99.

EUROPE

Aubert M., Broussy E.et Cassagnabère H., « Commentaire sous l'arrêt CJUE, 19 décembre 2012, *Azienta Sanitaria Locale di Lecce, Università del Salento* » *AJDA*, 2012, p. 2407, *ibid*, 2013, p. 335- chronique de jurisprudence.

Aubert M., Broussy E. et Cassagnabère H., « Chronique sous l'arrêt CJUE 19 décembre 2012, *Azienda Sanitaria Locale di Lecce, Università del Salento*,», *AJDA* 2013, p. 335.

Ballester R., « Note sous l'arrêt CJCE, 17 décembre. 2002, *Concordia Bus Finland Oy Ab c/ Helsinki kaupunki et HKL- Bussiliikenne* », *RDUE*, n° 4 2002, p. 835-838.

Belorgey J.-M,. Gervasoni S. et. Lambert C., « Chronique sous l'arrêt CJCE 11 janvier. 2005, *Stadt Halle*», *AJDA*, 2005, p.1108.

Bazex M., « Note sous l'arrêt TUE, 12 décembre 2014. *Frucona Kosice a.s. c/ Commission* », *DA* 2012 n° 88.

Bossuyt M., « Commentaire sous l'arrêt CEDH 13 juin 1979, *Marckx*, série A, n° 31 », *RBDI* 1980, p. 53.

Capitant D., « Observations sous l'arrêt CJUE 19 décembre 2012, *Azienda Sanitaria Locale di Lecce, Università del Salento*», *D.* 2013, p. 309.

Clément-Wilz L. et Martucci F., « Note sous l'arrêt CJUE, 19 décembre 2012, *Azienta Sanitaria Locale di Lecce, Università del Salento* », *RMCUE*, 2013, p. 350.

Delelis Ph., « Note sous l'arrêt CJCE, 4 décembre 2003, *EVN AG et Wienstrom GmbH c/ Republik Österreich*», *CMP*, 2004, comm. 28.

Dreyfus J.-D., « Note sous l'arrêt CJUE, 19 décembre 2012, *Azienta Sanitaria Locale di Lecce, Università del Salento*» *AJDA*, 2013, p. 630.

Dreyfus J.-D., « Note sous l'arrêt CJCE, 19 juin 2008, *Pressetext* », *AJDA*, 2008, p. 2008.

Dreyfus J.-D., « Observations sous l'arrêt CJCE 11 janvier. 2005, *Stadt Halle* », *RDI* 2005, p. 123.

Durviaux A.-L., « Commentaire sous l'arrêt CJUE, 19 décembre 2012, *Azienta Sanitaria Locale di Lecce, Università del Salento*», *RTD Eur.*, 2013, p. 339.

Eckert G., « Note sous l'arrêt CJCE, 13 octobre 2005, *Parking Brixen GmbH.*», *CMP,* 2005, comm. 306.

Hoepffner H., « Note sous l'arrêt CJCE, 21 septembre 2023, *Romaqua Group SA*, aff. C-510/22 », *CMP*, 2023, comm. 335.

Hoepffner H., « Note sous l'arrêt CJCE, 9 juin 2009, *Commission c/ Allemagne,*», *CMP,* 2009, comm. n°226.

Hoepffner H., « Note sous l'arrêt CJCE, 19 juin 2008, *Pressetext* », *RFDA*, 2011, p. 98.

Hübner A., «Note sous l'arrêt CJCE, 19 juin 2008, *Pressetext », NZBau* 2008, p. 513.

Jennert C., « L'arrêt Parking Brixen: charge du risque d'exploitation comme critère de distinction pour la concession de service public ? La CJCE met les communes avant la décision entre privilèges 'in-house' soumise en concurrence » („Das Urteil 'Parking Brixen' : Übernahme des Betriebsrisikos als rechtssicheres Abgrenzungsmerkmal für die Dienstleistungskonzession? Der EuGH stellt die Kommunen vor die Entscheidung für In-House-Privilegierung oder Beteiligung am Wettbewerb"), *NZBau*, 2005, p. 623.

Lambert C., « Note sous l'arrêt CJCE, 26 sept. 2000, *Commission c/ France*», *AJDA*, 2000, p. 1055.

Lawrence Durviaux A., « Observations sous l'arrêt CJUE, 10 mai 2012, Commission c/ Pays-Bas», *RTD eur.* ,2013, p. 357.

Llorens F., « Note sous l'arrêt CJCE, 19 juin 2003, *Hackermüller*», *CMP*, 2003, comm. 1077.

Llorens F., « Note sous l'arrêt CJCE, 27 février 2003, *Santex*»,*CMP* 2003, comm. 102.

Llorens F., «Note sous l'arrêt CJCE, 17 décembre. 2002, *Concordia Bus Finland Oy Ab c/ Helsinki kaupunki et HKL- Bussiliikenne*», *CMP,* n°11 2002, comm. 225.

Llorens F., « Note sous l'arrêt CJCE, 26 sept. 2000, *Commission c/ France», CMP* 2000, comm. 37 et 38.

Llorens F. - Solène- Couteaux P., « *Observations sous l'arrêt CJCE, 26 sept. 2000, Commission c/ France*», *RDI*, 2001, p. 61.

Maugüe Ch., « Note sous l'arrêt CJCE, 4 décembre 2003, *EVN AG et Wienstrom GmbH c/ Republik Österreich* », *BJCP* n° 34, 2004, p. 201.

Mayeur- Carpentier C., Clément- Wilz L., Martucci F., « Chronique sous l'arrêt CJUE, 19 décembre 2012, *Azienta Sanitaria Locale di Lecce, Università del Salento* », *RFDA,* 2013 p. 36.

Mayeur- Carpentier C., Clément- Wilz L., Martucci F., « Chronique sous l'arrêt CJUE, 10 mai 2012, Commission c/ Pays-Bas», *RFDA* 2012, p. 961.

Meisse É., « Observations sous l'arrêt CJCE, 18 juillet 2007, *Commission c/ Italie*, aff. C-382/05 », *Europe,* 2007, comm. 252.

Ménéménis Al., « Observations sous l'arrêt CJCE, 11 mai 2006, *Carbotermo et Consorzio Alisei», DA,* octobre 2006, n° 10, comm. 148.

Ménéménis A., « Note sous l'arrêt CJCE, 17 décembre. 2002*, Concordia Bus Finland Oy Ab c/ Helsinki kaupunki et HKL- Bussiliikenne », DA*, n° 11 2002, comm. 174.

Noguellou R., « Observations sous l'arrêt CJUE, 19 décembre 2012, *Azienta Sanitaria Locale di Lecce, Università del Salento*» *RDI,* 2013 p. 213.

Noguellou R., « Observations sous l'arrêt CJUE, 10 mars 2011, *Privater Rettungsdienst und Krankentransport Stadler* », *DA,* 2011, comm. 45.

Noguellou R., « Commentaire sous l'arrêt CJCE, 9 juin 2009, *Commission c/ Allemagne*», *RDI* 2009, p. 469.

Noguellou R., « Observations sous l'arrêt CJCE, 19 juin 2008, *Pressetext* », *RDI*, 2008, p. 501.

Noguellou R., « Note sous l'arrêt CJCE, 19 juin 2008, *Pressetext », DA*, 2008, comm. 132.

Pelloux R., « Observations sous l'arrêt CEDH 13 juin 1979, *Marckx,* série A, n° 31 », *AFDI,* 1980, p. 317.

Proot Ph., « Commentaire sous l'arrêt CJCE, 9 juin 2009, Commission c/ Allemagne», *JCP A* 2009, 2158.

Ritleng D., « Note sous l'arrêt CJCE, 19 juin 2003, *Hackermüller* », *Europe*, 2003, comm. 278.

Ritleng D., « Note sous l'arrêt CJCE, 27 février 2003, *Santex* », *Europe*, 2003, comm. 129.

Rodrigues S., « Les subventions aux entreprises de service public ne sont plus nécessairement des aides d'État (Commentaire sous l'arrêt CJCE, arrêt du 24 juillet 2003, *Altmark Trans*, aff. C-280/00) », *AJDA*, 2003, p. 1739.

Rodrigues S., Bernard- Glanz C. et Lévi L., « Chronique sous l'arrêt CJUE, 19 décembre 2012, *Azienta Sanitaria Locale di Lecce, Università del Salento* », *RMCUE* 2013, p. 350.

Rodrigues S., Bernard- Glanz C. et Lévi L., « Chronique sous l'arrêt CJUE, 10 mai 2012, *Commission c/ Pays-Bas* », *Rev.UE*, 2013, p. 350.

Rolin F., « Commentaire sous l'arrêt CJCE 11 janvier. 2005, *Stadt Halle*», *AJDA* 2005, p. 898.

Rolland P., « Observations sous l'arrêt CEDH 13 juin 1979, *Marckx*, série A, n° 31 », *JDI*, 1982, p. 183.

Sibony A.-L. et Defossez A., « Chronique sous l'arrêt CJCE, 19 juin 2008, *Pressetext* », *RTDEur.*, 2009, p. 511.

Sudre F., « Observations sous l'arrêt CEDH, 9 décembre 1994, *Raffineries grecques Stran Stratis Andreadis c/ Grèce* », *JCP* 1995, I, 3823.

Thieffry P., « Observations sous l'arrêt CJUE, 10 mai 2012, *Commission c/ Pays-Bas* », *RTD eur.*, 2013 p. 410.

Ubaud- Bergeron M., « Note sous l'arrêt CJUE, 8 décembre 2022, *AAS 'BTA Baltic Insurance Company'*, aff. C-769/21 », *CMP*, 2023, comm. 68.

Zimmer W., « Note sous l'arrêt CJCE, 10 novembre 2011, *Norma-A SIA Dekom SIA* », *CMP*, 2012 comm 8.

Zimmer W., « Observations sous l'arrêt CJUE, 10 mars 2011, *Privater Rettungsdienst und Krankentransport Stadler* », *CMP*, 2011, comm. 147.

Zimmer W., « Note sous l'arrêt CJCE, 19 juin 2008, *Pressetext », CMP*, n° 8, août 2008, comm. 186.
Zimmer W., « Note sous l'arrêt CJCE, 18 juillet 2007 *Commission c/ Italie* », *CMP*, 2007, comm. 238.
Zimmer W., « L'incidence des considérations environnementales sur le droit des marchés publics – À propos de l'arrêt CJCE du 10 avril 2003, *Commission contre République fédérale d'Allemagne* », *CMP,* n° 7 2003, chr. 16.

V. MÉLANGES ET OUVRAGES COLLECTIFS

FRANCE

Bauby P. et Boubal J.-C., « La prise en compte de la notion de service public dans la construction européenne » in Warin Ph., *Quelle modernisation des services publics ?,* La Découverte, 1997, p. 309-332.
Berbari M., « Contrats publics, élus et argent », in *Contrats publics, mélanges en l'honneur du professeur Michel Guibal,* PUM, Montpellier, 2006, p. 209-222.
Beuve J.- Saussier St., « L'analyse économique des partenariats public-privé » in *Économie des partenariats public-privé*, De boeck, 2015, p.47-69.
Brunet A.- Ghozi A., « La fonction du prix en droit de la concurrence » in *Mélanges Christian Mouly*, Litec, Paris 1998, t. II, p. 27-48.
Capitant D., « L'influence du droit communautaire sur le contentieux des marchés publics : expérience française », in Parision V. (sous dir.), *Droits internes, droit communautaire et principes supranationaux (Diritti interni, diritto comunitario e principi sovranazionali)*, éd. Giuffré, Milan, 2009, p. 29-47.
Chevallier J., « La rationalisation de la production juridique », in Chevallier J.- Morand (sous dir.), *L'État propulsif- contribution à l'étude des instruments de l'action de l'État,* coll. Manuels 2000, Droit public et institutions juridiques, Paris, 1991.

Chever L.- Le Lannier Au., « Les outils de régulation des partenariats public-privé » in *Économie des partenariats public- privé,* De Boeck, 2015, p.84-85.

Dal Farra T., « Délit de favoritisme et principe de légalité » *in Contrats publics, mélanges en l'honneur du professeur Michel Guibal,* PUM, Montpellier, 2006, t. I, p. 95.

Deguergue M., « L'exorbitance du droit de la responsabilité administrative », in Melleray F. (s.d.), *L'exorbitance du droit administratif en question(s)*, LGDJ, 2004, p. 201 – 218.

De Laubadère A., « Les éléments d'originalité de la responsabilité contractuelle de l'Administration » in *L'évolution du droit public : études offertes à Achille Mestre*, Sirey, Paris, 1956, p. 390.

Djean J.-P., « Partage des responsabilités et de risques entre les partenaires » in Martinand Cl. et al.,*L'expérience française de financement privé des équipements publics,* Economica, Paris, 1993, pp. 51-61.

Douence J.-C., « Le critère financier de la délégation de service public à l'épreuve de la pratique contractuelle », in *Mouvement du droit public- Mélanges en l'honneur de Frank Moderne,* Dalloz, Paris, 2004, p. 501-520.

Flécheux G., « Renaissance de la notion de bonne foi et de loyauté dans le droit des contrats » in *Le contrat au début du XXIe siècle- Études offertes à Jacques Ghestin*, LGDJ, Paris, 2001, p. 344.

Glaser Em., « Béziers I, à propos d'un "notamment" » in *Mélanges en l'honneur du Professeur Laurent Richer- À propos des contrats des personnes publiques*, LGDJ, Paris, 2013, p. 642.

Guettier C., « La responsabilité pénale des collectivités territoriales en question(s) » *in Les collectivités locales- Mélanges en l'honneur de Jean Moreau*, Economica, Paris, 2002, p. 201-208.

Guengant Al.- Uhaldeborde J.-M., « Economie et finances locales » in *Annuaire des collectivités locales*, t. 14, 1994. pp. 301-332.

Guézou Ol., « Droit de la concurrence et contrats publics- Contentieux administratif et pratiques anticoncurrentielles » *in Contrats publics,* *mélanges en l'honneur du professeur Michel Guibal,* PUM, Montpellier, 2006, t. I, p. 107-140.

Hauriou M., « La théorie dc l'institution et de la fondation. Essai de vitalisme social », *in Aux sources du droit : le pouvoir, l'ordre et la liberté, Cahiers de la Nouvelle Journée,* n° 23 (réimprimé Université de Caen, 1990.

Kirat Th. - Marty F., « L'économie de la répartition des risques dans les contrats administratifs : les problématiques économiques », in Kirat Th. (sous dir.), *Économie et droit du contrat administratif,* La documentation française, Paris, 2005, p. 25-56.

Lafaix J.-F., « La loyauté des relations contractuelles au regard de la théorie du contrat » in *Mélanges en l'honneur du Professeur Laurent Richer- À propos des contrats des personnes publiques*, LGDJ, Paris, 2013, p. 369.

Lardeux G., « Équilibre contractuel et sécurité juridique » in Lardeux G. (sous dir.), *L'équilibre du contrat*, PUAM, Aix-en-Provence, 2012, p. 65-74.

Lichère F., « Examen des offres en marché public » in Richer L. (sous dir.), *Encyclopédie du droit de la commande publique*, EFE, Paris,2022

Llorens F., « Remarques sur la rémunération du cocontractant comme critère de la délégation de service public » in *Gouverner, administrer, juger : liber amicorum Jean Waline*, Dalloz, Paris, 2002, p. 301-318.

Marc E., « De l'anatocisme- Brèves observations sur l'émergence supposée d'un droit commun des contrats », in *Les contrats publics- Mélanges en l'honneur du Professeur M. Guibal,* PUM, Montpellier, 2006, t. I, p. 305-319.

Marcou G., « L'ordre public économique aujourd'hui- un essai de redéfinition » in *Annales de la régulation,* vol. 2, 2009, p. 85.

Marcou G., « L'expérience française de financement privé des infrastructures » in *Annuaire des Collectivités Locales de GRALE,* 1999, p. 79.

Marcou G., « Partenariat et urbanisation : L'exemple de Disneyland Paris et du Secteur IV de la ville nouvelle de Marne-la-Vallée » in

Mélanges en l'honneur de Henri Jacquot, Presses Universitaires d'Orléans, 2006, p. 363-384.

Martinez V., « Les péripéties du critère social dans l'attribution des marchés publics », *in Contrats publics, Mélanges en l'honneur du Professeur Michel Guibal,* PUM, Montpellier, 2006, t. II, p. 251-267.

Marty N., « Contrats publics et droit européen des droits de l'homme » in *Contrats publics, mélanges en l'honneur du professeur Michel Guibal,* PUM, Montpellier, 2006, t. 1, p. 321-340.

Millard E., « Hauriou et la théorie de l'institution ». *Droit et Société,* Ed. juridiques associées -L.G.D.J., 1995, p.381-412.

Nicinski S., « Le dogme de l'autonomie de la volonté dans les contrats administratifs » in *Les contrats publics- Mélanges en l'honneur du Professeur M. Guibal*, PUM, Montpellier, 2006, p. 45.

Noguellou R., « La fin du contrat - éléments de comparaison entre le droit public et le droit privé » in *Les contrats publics-Mélanges en l'honneur du Professeur M. Guibal,* PUM, Montpellier, 2006, t. I , p. 341-365.

Paillet V., « Quelques réflexions sur les rapports entre responsabilité administrative contractuelle et extracontractuelle [sur la tyrannie du principe de primauté] » in *Contrats publics- Mélanges en l'honneur du Professeur Michel Guibal*, PUM, Montpellier, 2006, t. I, p. 553.

Picard Et., « L'état du droit comparé en France en 1999 » in *L'avenir du droit comparé*, Société de législation comparé, p. 149-152.

Pirovano A., « L'expansion de l'ordre concurrentiel dans les pays de l'Union européenne », *in L'ordre concurrentiel. Mélanges en l'honneur d'Antoine Pirovano*, éd. Frison-Roche, Paris, 2003, p. 133.

Ribot C., « La commande publique éco-responsable », in *Contrats publics- Mélanges en l'honneur du Professeur Michel Guibal*, PUM, Montpellier, 2006, t.II, p. 283-301.

Richer L., « Une protection renforcée des garanties de transparence et de non-discrimination ; le référé contractuel » in Teitgen-Colly C. (sous dir.), *Perspectives contentieuses des réformes de la justice administrative,* LGDJ, Paris, 2011. p. 165- 174.

Seiller B., « La loyauté [hors] des relations contractuelles » in *Mélanges en l'honneur du Professeur Laurent Richer- À propos des contrats des personnes publiques*, LGDJ, Paris, 2013, p. 435-449.

Seiller B., « La modulation des effets dans le temps de la règle prétorienne. Tentative iconoclaste de systématisation », in *Le dialogue des juges- Mélanges en l'honneur de Bruno Genevois*, Dalloz, 2009, p. 977.

Spielmann D., « Obligations positives et effet horizontal des dispositions de la Convention » in Sudre F., *L'interprétation de la Convention européenne des droits de l'homme*, coll. Droit et Justice, Bruyant, Bruxelles, 1998, p. 133.

Vidal L., « L'économie de la répartition des risques dans les contrats : les liens entre droit et économie », in Kirat Th. (sous dir.) *Économie et droit du contrat administratif*, in Kirat Th. (sous dir.), *Économie et droit du contrat administratif*, La documentation française, Paris, 2005, p.57-192.

GRÈCE

Dagtoglou P., « Fondement constitutionnel de la demande d'indemnisation dans le cas de résiliation du contrat administratif par voie législative » (« Συνταγματική θεμελίωση αξιώσεως αποζημιώσεως επί νομοθετικής λύσεως διοικητικής συμβάσεως ») in *Avis (Γνωμοδοτήσεις)*, Ant. N. Sakkoulas, Athènes-Komotini, 1999, p. 351-357

École nationale de la magistrature - Ktistakis G. (sous dir.), *L'effet de la Convention européenne des droits de l'homme sur l'interprétation et la mise en œuvre du droit grec (Η επίδραση της Ευρωπαϊκής Σύμβασης των Δικαιωμάτων του Ανθρώπου στην ερμηνεία και την εφαρμογή του ελληνικού δικαίου)*, Ant.N.Sakkoulas, Athènes-Komotini, 2002.

Fortsakis Th., « La gestion administrative des risques en Grèce », in Centre des recherches administratives d'Aix-en-Provence – Bouches-du-Rhône, « La gestion administrative des risques en Europe »,

Annuaire européen d'administration publique, Aix-en-Provence, 2001, p. 89.

Georgiadis Ap., « L'inexécution de l'obligation en matière des contrats administratifs- Un cas d'interaction entre le droit civil et le droit administratif » («Η ανώμαλη εξέλιξη της ενοχής στις διοικητικές συμβάσεις- Μια περίπτωση αλληλεπίδρασης Αστικού και Διοικητικού Δικαίου ») in *Mélanges à l'honneur du Professeur Pr. Pavlopoulos*, Sakkoulas, Athènes-Komotini, 2024, p. 919-943.

Gerontas Ap., « Contrats de l'Administration » («Συμβάσεις της Διοίκησης») in Gerontas A.- Lytras S.- Pavlopoulos P.- Siouti G.– Flogaitis S., *Droit administratif*, 3e éd., Sakkoulas, Athènes-Komotini, 2015, p. 330-331.

Gerontas Ap., « Le contrôle précontractuel des contrats publics par la Cour des comptes » («Ο προσυμβατικός έλεγχος των δημοσίων συμβάσεων από το Ελ.Σ ») in *Transparence et Indépendance en matière du contrôle de l'argent public- Mélanges en l'honneur des 170 ans de la Cour des comptes (Διαφάνεια και Ανεξαρτησία στον έλεγχο του δημοσίου χρήματος, Τιμητικός τόμος για τα 170 χρόνια του ΕλΣ)*, éd. Ant. N. Sakkoulas, 2004, p. 65.

Kampitsis El., « Offres anormalement basses » (« Ασυνήθιστα χαμηλές προσφορές») in Kouloumpini E.-E. – Mazos El. (sous dir.), *Contrats publics – Loi n°4412/2016 – Approche jurisprudentielle et mise en œuvre pratique (Δημόσιες Συμβάσεις – Ν.4412/2016 – Νομολογιακή προσέγγιση και πρακτική εφαρμογή),* 2e éd., Nomiki Vivliothiki, Athènes, 2024, p. 659-687.

Karagiannis V., La procédure administrative » («Η διοικητική διαδικασία») in Athanassiou L. (sous dir.), *Droit des aides d'État (Δίκαιο Κρατικών Ενισχύσεων)*, Nomiki Vivliothiki, Athènes, 2025, p. 173-230.

Konstantakou E., «Aides d'État et services d'intérêt général : Consignes de coordination » «(Κρατικές Ενισχύσεις & κοινωφελείς υπηρεσίες: Οδηγίες συντονισμού ») in Athanassiou L. (sous dir.), *Droit des aides d'État (Δίκαιο Κρατικών Ενισχύσεων)*, Nomiki Vivliothiki, Athènes, 2025, p.345-402.

Konstantakou E., « Les contrats de services » (« Οι συμβάσεις υπηρεσιών ») in Kouloumpini Ev. (sous dir.), *La Cour des comptes dans l'environnement public- économique moderne (Το Ελεγκτικό Συνέδριο στο σύγχρονο δημοσιονομικό περιβάλλον),* Nomiki Vivliothiki, 2023, Athènes, p.158-184.

Kouloumpini E., « Le contrôle précontractuel de la Cour des comptes après les lois n° 4700/2020 et 4820/2021- Évolution jurisprudentielle et perspectives » («Ο προσυμβατικός έλεγχος του ΕλΣυν μετά τους Ν. 4700/2020 και 4820/2021. Νομολογιακές εξελίξεις και προοπτικές») in Kouloumpini Ev. (sous dir.), *La Cour des comptes dans l'environnement public- économique moderne (Το Ελεγκτικό Συνέδριο στο σύγχρονο δημοσιονομικό περιβάλλον),* Nomiki Vivliothiki, Athènes, 2023, p.60-89/

Kouloumpini E., « Le contrôle des contrats de valeur économique élevée auxquels le secteur public ou une autre personne morale similaire- article 98 alinéa 1 n° 2 de la Constitution » (« Ο έλεγχος συμβάσεων μεγάλης οικονομικής αξίας στις οποίες αντισυμβαλλόμενος είναι το Δημόσιο ή άλλο πρόσωπο που εξομοιώνεται με το Δημόσιο από την άποψη αυτή (άρθρο 98παρ 1 εδ. β' Σ ») in *La Cour des comptes,* Nomiki Vivliothiki 2016, p. 169-289.

Ligomenou A., « La création jurisprudentielle de l'erreur excusable par la Cour des comptes et le comportement de l'Administration conformément à la bonne gestion des deniers publics » (« Η νομολογιακή διάπλαση της συγγνωστής πλάνης από το Ελεγκτικό Συνέδριο και η χρηστή δημοσιονομική συμπεριφορά της Διοίκησης») *in Mélanges à l'honneur de Lucas Théocharopoulos et Démetras Kontogiorga-Théocharopoulou*, 2009, coll. Nomos, éd. Université d'Aristotle de Théssalonique, 2009, t. III, p. 449.

Mavrommati A., « Publicité, transparence et efficience dans les contrats de la commande publique » («Δημοσιότητα, Διαφάνεια και Αποδοτικότητα στις δημόσιες συμβάσεις»), in Kouloumpini E.-E. – Mazos El. (sous dir.), *Contrats publics – Loi n°4412/2016 – Approche jurisprudentielle et mise en œuvre pratique (Δημόσιες*

Συμβάσεις – Ν.4412/2016 – Νομολογιακή προσέγγιση και πρακτική εφαρμογή), Nomiki Vivliothiki, Athènes, 2019, p.223-238.

Mouzouraki P., « *L'application des dispositions du Code civil en matière des contrats administratifs* » (« Η εφαρμογή διατάξεων του ΑΚ στις διοικητικές συμβάσεις») in *Mélanges à l'honneur du Professeur Ap S. Georgiades (Γενέθλιον Απ. Σ. Γεωργιάδη),* Sakkoulas, Athènes-Komotiní, 2006, t. 2, p. 2275-2313.

Panagos Th., « Contrats publics et aides d'État » (« Δημόσιες Συμβάσεις και Κρατικές Ενισχύσεις ») in Christianos V.- Rodopoulos M. (sous dir.), *Droit des aides d'État (Δίκαιο Κρατικών Ενισχύσεων),* Nomiki Vivliothiki, Athènes, 2020, p. 533-555.

Papachatzis G., « Formes de droits et obligations réciproques entre le pouvoir politique et les particuliers en droit administratif » («Μορφαί αμοιβαίων δικαιωμάτων και υποχρεώσεων μεταξύ πολιτικής εξουσίας και ιδιωτών εν τω διοικητικώ δικαίω»), in *Mélanges en l'honneur de la Cour des comptes 1833-1983*, Athènes, 1984, p. 175.

Sakkelariou A., « La modification des contrats publics pendant leur durée » («Η τροποποίηση των δημοσίων συμβάσεων κατά τη διάρκειά τους») in in Kouloumpini E.-E. – Mazos El. (sous dir.), *Contrats publics – Loi n°4412/2016 – Approche jurisprudentielle et mise en œuvre pratique (Δημόσιες Συμβάσεις – Ν.4412/2016 – Νομολογιακή προσέγγιση και πρακτική εφαρμογή),* Nomiki Vivliothiki, Athènes, 2019, p. 727-764.

Stathaki M., «Corruption in the fields of public procurement contracts: the example of French and Greek public procurement criminal law» in *Europe in Crisis: Crime, Criminal Justice and the way forward-Essays in honour of Nestor Courakis,* Ant. N. Sakkoulas, Athènes, 2017, p. 647-656.

Tsiliotis Ch., « La liberté professionnelle et la liberté d'entreprendre » in Vlachopoulos Sp., *Droits fondamentaux (Θεμελιώδη Δικαιώματα),* Nomiki Vivliothiki, Athènes, 2017.

Vrontakis M., « La question de la protection constitutionnelle de la propriété des personnes publiques » (« Το ζήτημα της Συνταγματικής Προστασίας της Ιδιοκτησίας των Δημόσιων Νομικών Προσώπων »), in *Tome honoraire du Conseil d'État (Τιμητικός Τόμος του Συμβουλίου της Επικρατείας),* 1929 – 1979, vol.B', 1982.

ALLEMAGNE

Boldt A., « Structures de rémunération innovantes pour les marchés publics de travaux publics : Est-il possible de conclure efficacement des contrats de remboursement des coûts conformes au droit des prix et des marchés publics ? » (« Innovative Vergütungsgestaltung bei Bauaufträgen öffentlicher Auftraggeber: Können Selbstkostenerstattungsverträge preis- und vergaberechtlich wirksam vereinbart werden? ») in *Mélanges en l'honneur de Stefan Leupertz,* C.H. Beck, Munich, 2021.

Bonk- Neumann, « Contrat de droit public » (« Öffentlich-rechtlicher Vertrag ») in Stelkens et al., *Commentaire sous la Loi sur la procédure administrative non-contentieuse (VwVfG Kommentar),* 8e éd. Beck, Munich, 2014, p. 1959-2030.

Capitant D., « Die Rechtschutzfrage im Frankreich » (« La question de protection juridictionnelle en France ») in *Dreizehnte Badenweiler Gespräche- Dokumentation der Veranstaltung vom 13 bis 15 Mai 2009 (Schriftenreihe des forum Vergabe e.V.),* t. 28, Bundesanzeiger Verlag, 2009, p. 11-17.

Jennert C., « Partenariat Public-Privé, y compris la concession de services et des travaux » (« Öffentlich –Private Partnerschaft einschließlich Dienstleistungs-und Baukonzession »), *in* Müller-Wrede M. (sous dir.), *Manuel du droit de la commande publique (Kompendium des Vergaberechts)·* Bundesanzeiger, Cologne, 2012, p. 301-338.

Masing J., « Les prérogatives de contrôle exercées par l'administration relativement à l'exécution des marchés publics en Allemagne » in *Le contrôle des marchés publics, coll.* Bibliothèque de l'Institut André Tunc t. 21, éd. IRJS, Paris, 2009, p. 311-321.

Pünder H., «Commande publique» («Öffentliche Auftrag») in *Précis du droit de la commande publique (Kompendium des Vergaberechts),* Bundesanzeiger, Cologne, 2013, pp. 189-245.

Ranieri F., « Les sanctions de l'inexécution du contrat en droit allemand » in Fontaine M.- Viney G. (sous dir.), *Les sanctions de l'inexécution des obligations contractuelles - études de droit comparé,* Bruyant, Bruxelles, 2001, p. 811-835.

Reinker J., « Contrat de droit public » (« Öffentlich-rechtlicher Vertrag ») in Bauer - Heckmann – Ruge- Schallbruch, *Loi sur la procédure administrative non-contentieuse (Verwaltungsverfahrensgesetz –VwVfG),* 2e éd. , Beck, Wiesbaden, 2014, p. 716-734.

Stelkens Ul., « Le contrôle et le contentieux des contrats publics en Allemagne » in Folliot-Lalliot L. (sous dir.), *Contrôles et contentieux des contrats publics- Oversight and Challenges of Public Contracts,* Bruyant, Bruxelles, 2018, p. 33-66.

Stelkens Ul., « Administrative Appeals in Germany» in Dragos D. – Bogdana N. (sous dir.), *Alternative Dispute Resolution in European Administrative Law,* Springer, Berlin - Heidelberg, 2014.

Stelkens Ul. – Schröder H., « Allemagne/ Germany » in Noguellou R.- Stelkens Ul. (sous dir.) *Droit comparé des contrats publics,* Collection droit administratif, Bruyant, Bruxelles, 2010, p. 307-338

EUROPE

Arrowsmith S., « Application of the EC Treaty and directives to horizontal policies: a critical view », in Arrowsmith S.-Kunzlik P., *Social and Environmental Policies in EU Procurement Law,* Cambridge University Press, 2009, p. 147-248.

Burgi M.- Koch F., «Contracts below the Thresholds and List B Services from a German Perspective» in Caranta R.- Dragos (sous dir.), *Outside the EU Procurement Directives –Inside the Treaty?,* coll. The European Procurement Law Series vol. 4, DJOF Publishing, Copenhague, 2012.

Dourneau-Josette P.-Lambert Abdelgawad E. (sous dir.), *Quel filtrage des requêtes par la Cour européenne des droits de l'homme?*, Éditions du Conseil d'Europe, Strasbourg, 2011.

École nationale de la magistrature – Ktistakis G. (sous dir.), *L'effet de la Convention européenne des droits de l'homme sur l'interprétation et la mise en œuvre du droit grec (Η επίδραση της Ευρωπαϊκής Σύμβασης των Δικαιωμάτων του Ανθρώπου στην ερμηνεία και την εφαρμογή του ελληνικού δικαίου)*, Ant.N.Sakkoulas, Athènes-Komotini, 2002.

Flauss J.-F.- Lambert Abdelgawad El. (sous dir.), *La pratique d'indemnisation par la Cour européenne des droits de l'homme*, Publications de l'Institut international des droits de l'homme- Institut Réné Cassin de Strasbourg, Bruyant, Bruxelles, 2011.

Pettiti Ch., « La stratégie de la partie requérante face à la perspective d'octroi de dommages et intérêts par la Cour européenne des droits de l'homme » in Flauss J.-F.- Lambert Abdelgawad El. (sous dir.), *La pratique d'indemnisation par la Cour européenne des droits de l'homme*, Publications de l'Institut international des droits de l'homme- Institut Réné Cassin de Strasbourg, Bruyant, Bruxelles, 2011, p. 55-74.

Sicilianos L.-A., « L'objectif primordial du Protocole n° 14 additionnel : alléger la charge de travail de la Cour » in Cohen-Jonathan G.- Flauss J.F. (sous dir.), *La réforme du système de contrôle contentieux de la Convention européenne des droits de l'homme*, Bruyant, Bruxelles, 2005, p.55-78.

Zwaak L., « The procedure before the European Court of Human Rights » in Van Dijk P.- Van Hoof F.- Van Rijn A.- Zwaak L. (sous dir.), *Theory and practice of the European Convention on Human Rights,* 4e éd. Antwerpen ; Oxfrord : Intersentia, 2006, p. 125-204.

DROIT COMPARÉ

Jansen N., «Comparative Law and Comparative Knowledge » in *The Oxford Handbook of Comparative Law*, Oxford University Press, 2006.

Ralf M., « The functional method of comparative law », *in The Oxford Handbook of Comparative Law*, *op. cit.* p. 339-382.

VI. DICTIONNAIRES, FASCICULES ET RÉPERTOIRES

FRANCE

Alland, D.- Rials St. (sous dir.), *Dictionnaire de la culture juridique*, Lamy-PUF, 2003.

Cabanes A. « Abus de position dominante dans les contrats publics », *JCl CMP,* fasc. 37.

Cornu G., *Vocabulaire juridique,* Association Henri Capitant, éd. PUF, 2011.

De Géry Ph., « Opérations financières et comptables », Classeur à mises à jour LeMoniteur, mars 2016, n° V. 230.

Delaunay B.– Moderne F., « Responsabilité des constructeurs (droit public) : responsabilité contractuelle-dossier 481 », *Dalloz Action Droit de la Construction*, n°481.100- 481.140.

Eckert G., « Exécution de la convention de délégation de service public », *JCP Adm.*, fasc. n° 430, n° 88.

Folliot-Lalliot L., « Responsabilité contractuelle » *Jurisclasseur Collectivités Territoriales*, fasc. n°942, dernière mise à jour : 19 avril 2017, (consulté le 27 mars 2019).

Folliot- Lalliot L., « Responsabilités liées aux contrats administratifs », *JCP A*, fasc. 943.

Fromont M.– Cartier Bresson A., « Aides économiques », *JCPA,* fasc. n° 257, n° 103 (dernière mise à jour le 18 octobre 2018).

Heiss R., « Analyse institutionnelle », *Encyclopædia Universalis* [en ligne], consulté le 19 mars 2019. Disponible sur : http://www.universalis-edu.com/encyclopedie/analyse-institutionnelle/

Kovar R.– Poillot – Peruzzetto S., « Politique de la concurrence » *Rép. droit européen Dalloz*, août 2005 (actualisation avril 2016), n° 40.

Le Bouëdec P. – Fernandez Begaud El., « Durée du marché », *CMP*, fasc. 54.

Le Petit Robert, *Société du nouveau Littré,* Le Robert, 2013.

Le Tourneau Ph.– Poumadère M., « Bonne foi », *Rép. dr. Civ.* Dalloz, 2017 (actualisation juillet 2025).

Linditch F., « Ententes et marchés publics », fasc. 36, *Jcl Contrats et marchés publics*, 2022 et fasc. 119, *Jcl Concurrence Consommation*, 2022.

Magnet J., *Lexique- Droit budgétaire et comptabilité publique*, Paris PUF, 1980.

Malinvaud E., « Microéconomie– Théorie microéconomique », Encyclopædia Universalis [en ligne], consulté le 14 mai 2015. URL : http://www.universalis-edu.com/encyclopedie/microeconomie-theorie-microeconomique/

Ortega Ol., *Clausier- Contrats de la commande publique* : *Dictionnaire commenté des clauses*, LeMoniteur, Paris 2010.

Pacteau B., « Arbitrage en droit administratif », *JC Proc. civ.*, fasc. 1048.

Picod F., « Synthèse Aides d'état » n° 180, *JCl. Europe*,(mise à jour le 01.09.2018, consulté le 14.01.2019.

Picod Yv.– Auguet Yv.– Gomy M., « Concurrence (Obligation de non-) » *in Répertoire commercial*, février 2009.

Prebissy-Schnall C., « Exécution du marché- Pouvoirs de l'administration », *JCP A.*, fasc. 638, n° 42-43.

Prieto C., « Fondamentaux du droit européen de la concurrence », *JCP Europe*, synthèse n° 130.

Roman-Séquence B. – Amilhat M., « Avenants et contrats complémentaires », *JCP CMP*, fasc. 65 n° 28.

Taillefait An., « Paiement du marché », *CMP*, fasc. 150.

Terneyre Ph., « Responsabilité contractuelle » in *Répertoire de la responsabilité de la puissance publique,* mai 2018 (consulté le 27 mars 2019).

Vila J.-B., « La disparition anticipée du contrat de délégation de service public », *Encyclopédie Dalloz des collectivités territoriales,* Chapitre 5 (folio n° 3132), juin 2017, n°167.

GRÈCE

Fortsakis Th. (sous dir.), *Dictionnaire juridique grec-français / français-grec*, Nomiki Vivliothiki, Athènes, 2013.

Spiliotopoulos Ep. – Chrysanthakis Ch. – Politis Ch., *Dictionnaire de terminologie juridique – Droit public (Λεξικό Νομικής Ορολογίας-Δημόσιο Δίκαιο),* Nomiki Vivliothiki, Athènes, 2014.

ALLEMAGNE

Gkortsos Ch. (sous dir.), *Dictionnaire de termes juridiques allemand-grec/ grec-allemand (Γερμανο-Ελληνικό / Ελληνο- Γερμανικό Λεξικό Νομικών Όρων - Deutsch-Griechisches / Griechisches-Deutsches Rechtswörterbuch),* Nomiki Vivliothiki, Athènes, 2013.

IX. ACTES DE COLLOQUE

FRANCE

Clamour G.– Terneyre Ph. (sous.dir.), *Financement et contrats publics : les moyens juridiques à disposition des personnes publiques pour un financement optimal de leurs contrats publics- actes du colloque du 19 avril 2013, Université Montpellier*1.

Delvolvé P., Intervention au colloque de l'Association française d'arbitrage, à la Chambre de commerce et d'industrie de Paris le 17 décembre 1990, p. 13-36, disponible sur : http://www.afa-arbitrage.com/afa/uploads/2016/07/Manifestation-1990-Arbitrage_et_droit_administratif_par_M_le_Professeur_Pierre_Delvolve.pdf;

Gaudemet Y., « Intervention […] relative à l'arrêt AREA du Conseil d'État (3 mars 1989) au cours du rapport de M. Jarrosson », *Revue de l'Arbitrage*, 1992, n° 2, p. 279-284.

Marcou G., « Le partenariat public-privé : retrait ou renouveau de l'intervention publique ? » in *Partenariat public-privé et collectivités territoriales,* coll. Les séminaires de la Caisse des dépôts, La documentation française, Paris, 2002, p. 13-50.

Rousseau A.-E., « Table ronde Évaluation de la dépense réelle » in Clamour G.- Terneyre Ph. (sous dir.), *Financement et contrats publics : les moyens juridiques à disposition des personnes publiques pour un financement optimal de leurs contrats publics- actes du colloque du 19 avril 2013, Université Montpellier* 1, Éditions du CREAM, Montpellier, 2014, p. 45-64.

Sauvé J.- M., « L'actualité du contentieux des contrats publics » Clôture aux 4èmes États généraux du droit administratif- Vendredi 27 juin 2014, *Service public et communauté européenne : entre intérêt général et marché-* Colloque de Strasbourg 17-19 octobre 1996, La documentation française, 1998.

Vidal L., « La construction historique du droit de l'exécution des contrats administratifs », in Bouhier V. – Ricardi D. (sous dir.), *L'exécution des contrats administratifs - actes du colloque des 27 et 28 avril 2017, L'exécution des contrats administratifs. Quelle mutation pour un droit adapté aux enjeux du XXIème siècle,* éditions Le Moniteur, Paris, 2018, p. 27-45.

GRÈCE

Dellis G., « L'étendu du contrôle précontractuel de légalité par la Cour des comptes » (Το εύρος του προσυμβατικού ελέγχου νομιμότητας από το Ελεγκτικό Συνέδριο)- Intervention au colloque du 17/10/2013 "le contrôle des contrats publics par la Cour de Comptes", organisé par l'Université d'Athènes, *EDD* 2013, n° 4, p. 450-456.

Kouloumpini E., « Le coût administratif raisonnable comme un élément déterminant la meilleure offre économique. L'appréciation étendue du juge financier » («Το εύλογο διοικητικό κόστος ως στοιχείο διαμόρφωσης της βέλτιστης οικονομικής προσφοράς. Η ευρεία κρίση του δημοσιονομικού δικαστή»), intervention au colloque du Barreau d'Athènes du 12.12.2016 « Marchés publics et contrats de concession : Lois n° 4412 et 4413/2016 ».

Markakis K., *Aspects du contrat d'exécution des travaux publics dans les droits grecs anciens et les lois de Platon – Compte rendu officiel de la 2e Conférence de l'Association des juges administratifs (Στοιχεία της συμβάσεως εκτελέσεως δημοσίου έργου στ αρχαία ελληνικά δίκαια και τους νόμους του Πλάτωνα- Επίσημα Πρακτικά Β' Συνεδρίου της Ένωσης Διοικητικών Δικαστών),* Athènes 1990.

Yannakopoulos C., « La relation du contrôle précontractuelf de la Cour des comptes avec d'autres formes de contrôle des contrats publics dans l'ordre juridique national » (« Η σχέση του προσυμβατικού ελέγχου από το Ελεγκτικό Συνέδριο με μορφές ελέγχου νομιμότητας της ανάθεσης δημοσίων συμβάσεων στην εθνική έννομη τάξη »), Intervention au colloque du 17/10/2013 "le contrôle des contrats publics par la Cour de Comptes", organisé par l'Université d'Athènes, *EDD*, n° 4, 2013, p. 457-465.

ALLEMAGNE

Rapport du colloque organisé par Friedrich-Ebert-Stiftung et Transparency International - *Corruption en Allemagne: Poursuites pénales pour corruption : possibilités et limites (Korruption in Deutschland Strafverfolgung der Korruption: Möglichkeiten und Grenzen),* 8-9 décembre, 2004 à Berlin. 8-9 décembre, 2004.

X. RAPPORTS ET ETUDES

FRANCE

Conseil d'État (Section des rapports et des études), *Collectivités publiques et concurrence, Rapport public 2002*, La documentation française, Paris, 2002.

Conseil français de la concurrence, Rapport d'activité, 1992.

Direction des affaires juridiques du ministère de l'Économie des finances et de la souveraineté industrielle et économique, *Guide sur le prix dans les marchés publics,* novembre 2023 (mise à jour juin 2024).

Direction des Affaires Juridiques, fiche technique « Les avances », mise à jour le 01.01.2020.

Direction des Affaires Juridiques, fiche technique « Les acomptes », mise à jour le 01.04.2019.

Direction des Affaires Juridiques, Fiche technique « Les modalités de modification des contrats en cours d'exécution », 1er avril 2019.

Direction des Affaires Juridiques, Fiche technique « Les modalités de modification des contrats en cours d'exécution », 1er avril 2019.

Direction des Affaires Juridiques, fiche technique « Les offres anormalement basses », 21 novembre 2016.

Direction des Affaires Juridiques, *Guide relatif à la prise en compte du coût global dans les marchés de maîtrise d'œuvre et de travaux* de la J, publié en mai 2010, disponible sur: daj_guide_coût_global.pdf.

OECP, *Guide sur les aspects sociaux de la commande publique*, 2022, mise à jour 2023.

Rapport public du Conseil d'Etat, *Régler autrement les conflits : conciliation, transaction, arbitrage en matière administrative*, EDCE, 4 février 1993.

Ratheaux O., « Répartition des gains dans les partenariats public-privé : effets comparés des modalités d'assiette d'une redevance de concession » (document de travail), Agence Française de Développement- Département de la Recherche, juin 2007.

GRÈCE

Autorité unique indépendante des contrats publics (ΕΑΑΔΗΣΥ), directive technique n°1/2018 du 14.09.2018.

Autorité unique indépendante des contrats publics (ΕΑΑΔΗΣΥ), directive technique n°22/2017 (décision n°44/09.06.2017).

Autorité d'examen des recours précontentieux (ΑΕΠΠ), Rapport annuel 2017.

Autorité unique indépendante des marchés publics (ΕΑΑΔΗΣΥ), Rapport n ° 11/2015.

Autorité unique indépendante des marchés publics (ΕΑΑΔΗΣΥ), *Contrats publics- Questions cruciales et derniers développements, Actes de la conférence 21-29 novembre 2019 (Δημόσιες Συμβάσεις- Κρίσιμα θέματα και νεότερες εξελίξεις, Πρακτικά Συνεδρίου 21-29 Νοεμβρίου 2019),* Sakkoulas, Athènes- Théssalonique, 2019.

Conseil juridique grec (*Νομικό Συμβούλιο του Κράτους - ΝΣΚ*), avis n° 34/2022.

ALLEMAGNE

Brüning Ch.- Hoffjan A., « Évaluation du niveau du taux d'intérêt lié au prix, de sa base d'évaluation et- dans ce contexte- du niveau du profit imputé- Étude commandée par le ministère fédéral de l'Économie et de la Protection du climat » (« Evaluierung der Höhe des preisrechtlichen Zinssatzes, seiner Bemessungsgrundlage sowie – in diesem Zusammenhang – der Höhe des kalkulatorischen Gewinns- Studie im Auftrag des Bundesministeriums für Wirtschaft und Klimaschutz »), disponible sur https://www.bundeswirtschaftsministerium.de/Redaktion/DE/Downloads/P-R/241028-evaluierung-preisrechtlicher-zinssatz-endfassung.pdf?__blob=publicationFile&v=6.

Autorité fédérale allemande de la concurrence, *Comment identifier les ententes de présentation irrecevables - Liste de contrôle à l'intention* *des autorités adjudicatrices (Wie erkennt man unzulässige Submissionsabsprachen – Eine Checkliste für Vergabestellen)*, brochure publiée en 2014, disponible sur le site de l'Autorité (www.bundeskartellamt.de).

EUROPE

Alexander I.-Irwin T., « Price Caps, Rate-of-Return Regulation, and Cost of Capital », *View Point : Public Policy for the Private Sector* , The World Bank Group, September 1996.

Commission européenne DG environnement : *Etude sur l'évaluation économique des frais externes environnementaux de l'élimination des décharges et l'incinération des déchets. Rapport principal final* ; octobre 2000.

European Commission, Public Procurement Scoreboard, Reporting period : 01/2018-12/2018, disponible sur : https://ec.europa.eu/internal_market/scoreboard/_docs/2019/performance_per_policy_area/public_procurement_en.pdf

European Semester Thematic Factsheet, Public Procurement, publié le 22.11.2017, disponible sur https://ec.europa.eu/info/sites/info/files/file_import/european-semester_thematic-factsheet_public-procurement_en_0.pdf

Eurostat, Décision relative au traitement des partenariats public privé du 11 février 2004 STAT/04/18.

Guide législative sur les projets d'infrastructure à financement privé, CNUDCI, 2000, disponible sur : http://www.uncitral.org/uncitral/fr/uncitral_texts/procurement_infrastructure/2001Guide_PFIP.html

Thouvenot A., « De la subvention aux marchés publics : les associations face à la mise en concurrence », disponible sur : http://www.lagazettedescommunes.com/95479/de-la-subvention-aux-marches-publics-les-associations-face-a-la-mise-en-concurrence

Union européenne, *Acheter vert! Un manuel sur les marchés publics écologiques*, 3e éd. Office des publications de l'Union européenne, 2016.

XI. SITES INTERNET

Deutsche Institution für Schiedsgerichtsbarkeit -DIS, disponible sur : http://www.disarb.org/de/16/regeln/-id37

Union européenne, Public procurment, https://single-market-economy.

Mercante A., « Le difficile contrôle des marchés franciliens », Les Echos, 16/12/2015, disponible à l'adresse : ECH_le-difficile-controle-des-marches-publics-franciliens.htm

Commission européenne, Question écrite adressée à la Commission européenne à propos de la qualification de la crise économique en imprévision, disponible sur : http://www.europarl.europa.eu/

UNISDR, Nations Unis, Stratégie internationale de prévention des catastrophes des Nations Unies version 2009: http://www.unisdr.org/we/inform/terminology

INDEX THÉMATIQUE

(Les chiffres entre crochets renvoient aux numéros des paragraphes)

A

B

E

F

G

N

O

P

S

T

TABLE DES MATIÈRES

Structures éditoriales du groupe L'Harmattan

L'Harmattan Italie
Via degli Artisti, 15
10124 Torino
harmattan.italia@gmail.com

L'Harmattan Hongrie
Kossuth l. u. 14-16.
1053 Budapest
harmattan@harmattan.hu

L'Harmattan Sénégal
10 VDN en face Mermoz
BP 45034 Dakar-Fann
senharmattan@gmail.com

L'Harmattan Cameroun
TSINGA/FECAFOOT
BP 11486 Yaoundé
inkoukam@gmail.com

L'Harmattan Burkina Faso
Achille Somé – tengnule@hotmail.fr

L'Harmattan Guinée
Almamya, rue KA 028 OKB Agency
BP 3470 Conakry
harmattanguinee@yahoo.fr

L'Harmattan RDC
185, avenue Nyangwe
Commune de Lingwala – Kinshasa
matangilamusadila@yahoo.fr

L'Harmattan Congo
67, boulevard Denis-Sassou-N'Guesso
BP 2874 Brazzaville
harmattan.congo@yahoo.fr

L'Harmattan Mali
Sirakoro-Meguetana V31
Bamako
syllaka@yahoo.fr

L'Harmattan Togo
Djidjole – Lomé
Maison Amela
face EPP BATOME
ddamela@aol.com

L'Harmattan Côte d'Ivoire
Résidence Karl – Cité des Arts
Abidjan-Cocody
03 BP 1588 Abidjan
espace_harmattan.ci@hotmail.fr

L'Harmattan Algérie
22, rue Moulay-Mohamed
31000 Oran
info2@harmattan-algerie.com

L'Harmattan Maroc
5, rue Ferrane-Kouicha, Talaâ-Elkbira
Chrableyine, Fès-Médine
30000 Fès
harmattan.maroc@gmail.com

Nos librairies en France

Librairie internationale
16, rue des Écoles – 75005 Paris
librairie.internationale@harmattan.fr
01 40 46 79 11
www.librairieharmattan.com

Librairie l'Espace Harmattan
21 bis, rue des Écoles – 75005 Paris
librairie.espace@harmattan.fr
01 43 29 49 42

Lib. sciences humaines & histoire
21, rue des Écoles – 75005 Paris
librairie.sh@harmattan.fr
01 46 34 13 71
www.librairieharmattansh.com

Lib. Méditerranée & Moyen-Orient
7, rue des Carmes – 75005 Paris
librairie.mediterranee@harmattan.fr
01 43 29 71 15

Librairie Le Lucernaire
53, rue Notre-Dame-des-Champs – 75006 Paris
librairie@lucernaire.fr
01 42 22 67 13

www.ingramcontent.com/pod-product-compliance
Lightning Source LLC
LaVergne TN
LVHW021739071126
851857LV00039B/539